“十三五”国家重点出版物出版规划项目

མཁས་དབང་ཁྲི་རུ་ཚེ་རྣམ་མཆོག་གི་གསུང་འབུམ། པོད་བཅུ་དྲུག་པ།

༄། །དཔལ་མཉམ་མེད་མར་པ་བཀའ་བརྒྱུད་ཀྱི་གྲུབ་པའི་མཐའ་ རྣམ་པར་ངེས་པར་བྱེད་པ་མདོར་བསྡུས་སུ་བརྗོད་པ་ དྭགས་བརྒྱུད་གྲུབ་པའི་མེ་ལོང་ ཞེས་བྱ་བ་བཞུགས་སོ། །

གཙོ་སྒྲིག་པ། བསོད་ནམས་འཚེ་མེད།
གཙོ་སྒྲིག་གཞོན་པ། གཡང་མེར།

བོད་ལྗོངས་མི་དམངས་དཔེ་སྐྲུན་ཁང་།

民族文字出版专项资金资助项目

图书在版编目(CIP)数据

藏传佛教教派之噶举派:藏文/索朗其美主编. —
拉萨:西藏人民出版社,2019.12(措如·次郎大师文集)
ISBN 978-7-223-06213-8

Ⅰ.①藏… Ⅱ.①索… Ⅲ.①噶举派—研究—藏语
Ⅳ.①B946.6

中国版本图书馆 CIP 数据核字(2019)第 055613 号

措如·次郎大师文集 第十六卷

藏传佛教教派之噶举派

策 划	刚 组
主 编	索朗其美
副主编	央 美
责任编辑	巴桑旺庆 索朗卓玛
封面设计	格桑罗布
出版发行	西藏人民出版社(拉萨市林廓北路 20 号)
印 刷	西藏新华印刷厂
开 本	787×960 1/16
印 张	21.5
字 数	280 千
版 次	2019 年 12 月第 1 版
印 次	2019 年 12 月第 1 次印刷
印 数	01-2,000
书 号	ISBN978-7-223-06213-8
定 价	42.00 元

སྔོན་འགྲོའི་གཏམ།

ཇི་སྐད་དུ། སྔོན་གྱི་རྒྱལ་པོ་གྲགས་པའི་གཟུགས། །ངག་གི་རང་བཞིན་མི་ཡོང་ཐོབ། །དེ་དག་ཉེར་བར་མི་གནས་ཀྱང་། །རང་ཉིད་ཉམས་པ་མེད་ལ་ལྟོས། །ཞེས་གསུངས་པ་ལྟར། དམ་པ་ཉིད་སྐུ་ཞི་བར་གཤེགས་ཟིན་ཀྱང་ཁོང་གིས་ང་ཚོ་རྗེས་རབས་པ་རྣམས་ལ་ཐུན་མོང་མ་ཡིན་པའི་ཁྱད་ཆོས་དུ་མས་ཕྱུག་ཅིང་འཛམ་གླིང་རིག་གནས་བང་མཛོད་ནང་གི་རྒྱན་ལྟ་བུར་རིན་བྲལ་གསུང་རྩོམ་མང་དག་ཅིག་བཞག་ཡོད་པས་དེ་དག་མི་ཉམས་གོང་སྤེལ་དང་ཉམས་པ་སོར་ཆུད་ཡོང་ཆེད་དུ་མི་ལོ་བཅུ་ཕྲག་ལྷག་ཙམ་རིང་དུ་རང་གི་མིག་གི་མཐོང་ནུས་ཉམས་ཞན་དུ་སོང་བ་དང་། ཁྲག་ཤེད་མཐོ་བས་རྒྱུན་དུ་མགོ་ན་བ་སོགས་ཀྱི་དཀའ་ངལ་འཕྲད་ཀྱང་ངལ་བ་ཁྱད་བསད་ཀྱིས་མ་བསྐྱལ་དང་བླངས་དང་བསྡུ་སྒྲིག་དང་གློག་ཀླད་ནང་དུ་འཇུག་པ། སྒྲ་ཐག་གི་ནང་དོན་རྣམས་ཡི་གེར་འགོད་པ་བཅས་བྱས་ཏེ། ཐོག་མར་རང་གིས་འགྲོ་གྲོན་སྒོར་ཁྲི་ཉི་ཤུ་ཙམ་བཏང་ནས་དཔེ་རིང་རྣམ་པའི་ཐོག་ནས་ཚར་ལྔ་བཅུ་ནང་ཁུལ་དཔྱད་གཞིར་བོད་ཡོངས་ཀྱི་དཔེ་མཛོད་ཁང་དང་སྨན་ཁང་། དགོན་སྡེ་ཁ་ཤས་བཅས་སུ་རིན་མེད་དུ་ཕུལ་བ་ཡིན། འོན་ཀྱང་དེས་རིག་པ་གང་དེར་

བརྗོན་པའི་རྒྱ་ཆེའི་ཀློག་པ་པོའི་ཐུགས་འདུན་ཡོངས་སུ་སྐོང་ཐབས་མེད་པས་ལོ་ཤས་སྔོན་དུ་བོད་ལྗོངས་མི་དམངས་དཔེ་སྐྲུན་ཁང་ལ་དེབ་གཟུགས་ཅན་གྱི་དཔེ་དེབ་ཐོག་ནས་རྒྱལ་ཡོངས་སུ་དཔེ་སྐྲུན་འགྲེམས་སྤེལ་ཐུབ་པའི་རེ་ཞུ་བྱས་རུང་། གཅིག་ནས་གསུང་འབུམ་གྱི་གྲངས་འབོར་མང་བས་དཔེ་སྐྲུན་འགྲོ་སོང་ཆེ་བ་དང་། གཉིས་ནས་སྒྲ་གཞུང་སོགས་ཞུ་དག་བྱེད་པའི་ལས་ཀ་རྒྱ་ཆེ་བས་ད་བར་ནར་འགྱངས་སུ་ལུས། ད་ལམ་བོད་ལྗོངས་མི་དམངས་དཔེ་སྐྲུན་ཁང་གིས་གོང་རིམ་ལ་སྙན་ཞུ་འབུམ་ལམ་དུ་རྒྱལ་ཁབ་གསར་འགྱུར་དཔེ་སྐྲུན་སྤྱི་ཁྱབ་རྩུའུ་དང་ལྗོངས་གསར་འགྱུར་དཔེ་སྐྲུན་ཅུད་ཀྱི་ཐུགས་ཁུར་ཟབ་བཞེས་འོག་རྒྱལ་ཁབ་ཀྱི་ལོ་ལྔ་ཚན་བཅུ་གསུམ་པའི་དཔེ་སྐྲུན་འཆར་འགོད་ནང་དུ་ཚུད་པ་མ་ཟད། གྲངས་ཉུང་མི་རིགས་ཡི་གེའི་དཔེ་སྐྲུན་མ་དངུལ་གྱི་རྒྱབ་སྐྱོར་རྣམ་གྲངས་ཐོབ་པས་དཔེ་སྐྲུན་གྱི་བྱ་བ་ལམ་ལྷོངས་ཡོང་རྒྱུར་རྨ་བྱའི་རྔ་བར་འབྲུག་སྐད་ཐོས་པ་ལྟ་བུའི་རྒྱུ་རུ་འགྱུར།

ད་ལམ་དཔེ་སྐྲུན་ཐུབ་པའི་དམ་པ་ཁོང་གི་གསུང་འབུམ་འདི་དག་ནི་དེ་སྔོན་དངོས་སུ་པར་སྐྲུན་ཟིན་པ་དང་མ་ཟིན་པ། གསུང་ཐོར་བུར་ལུས་པ་དང་། ཕྱག་བྲིས་ཕྱག་བསྐུར་མའི་དཔེ་མཚོན་ཁ་ཤས་བཅས་ལས་གྲུབ་ཅིང་། ནང་དོན་ལ་གསོ་བ་རིག་པ་དང་། སྒྲ་རིག་པ། ནང་དོན་རིག་པ། སྐར་རྩིས། སྙན་ངག ལོ་རྒྱུས་སོགས་ཁྱོན་པོད་བཅོ་བརྒྱད་ཡོད། དེ་ཡང་པོད་དང་པོ་མཁན་ཆེན་ཁྲི་རུ་ཚེ་རྣམ་མཆོག་གི་རྣམ་ཐར་བོད་རྒྱ་དབྱིན་གསུམ་པར་རེས་

ཅན་དང་། པོད་གཉིས་པ་ནས་བདུན་པ་བར་དཔལ་ལྡན་རྒྱུད་བཞིའི་འགྲེལ་པ། པོད་བརྒྱད་པར་ལུས་ཀྱི་གནས་ལུགས་དང་སྨན་རྫས་སོགས་ཀྱི་དཔེ་རིས་ཚོན་ཁྲ་ཅན། པོད་དགུ་པ་དང་བཅུ་པ་དབྱངས་ཅན་སྒྲ་མདོའི་འགྲེལ་པ། པོད་བཅུ་གཅིག་པ་དང་། བཅུ་གཉིས་པ། བཅུ་གསུམ་པ་ཙནྡྲ་པའི་འགྲེལ་པ། པོད་བཅུ་བཞི་པ་རྙིང་མ་པའི་གྲུབ་མཐའ་སྤྱི་བཤད། པོད་བཅོ་ལྔ་པ་བཀའ་བརྒྱུད་པའི་གྲུབ་མཐའ་སྤྱི་བཤད། པོད་བཅུ་དྲུག་པ་དངུལ་ཆུ་བཅོ་བརྒྱ་སོགས་ཀྱི་སྦྱོར་ཐབས། པོད་བཅུ་བདུན་པ་རྒྱུད་བླ་མའི་འགྲེལ་པ། པོད་བཅོ་བརྒྱད་པ་གསུང་ཐོར་བུ་ཕྱོགས་བསྒྲིགས་བཅས་ཡིན།

སྐྱེར་མཁས་དབང་ཁོང་གིས་བརྩམས་གནང་བའི་གཞུང་ལ་ཁྱད་ཆོས་མང་དུ་ཡོད་པ་ནི་སྨོས་མ་དགོས་ཀྱང་། འདིར་རགས་ཙམ་ཞུས་ན་དམིགས་བསལ་གྱི་ཁྱད་ཆོས་འདི་ལྟར་ལྡན་པ་སྟེ།

༡ རྩོད་བྱེད་ཀྱི་ཚིག་སྦྱོར་བདེ་ཞིང་བློ་རིག་མཐོ་དམན་ཀུན་གྱིས་རང་དགོས་ལྟར་གོ་བདེ་བ་དང་།

༢ བརྗོད་དོན་རྒྱ་ཆེ་ཞིང་གཏིང་ཟབ་ལ། དམིགས་ས་དམིགས་ཡུལ་ཁ་གསལ་ཞིང་ནང་དོན་རྒྱ་ཆེ་བ།

༣ རྩོམ་གྱི་གྲངས་དང་འབོར་ཚད་ལ་དམིགས་ནས་བརྩམས་གནང་བ་མ་ཡིན་པར་སྤུས་ཚད་གཙིགས་སུ་བཟུང་བའི་དབང་གིས་མཁས་པའི་གདེངས་ཡོད་པའི་རྩོམ་ཡིག་འབའ་ཞིག་ཡིན་པ།

༤ རང་སེམས་ཀྱིས་བཞག་པའི་ནོར་ལ་མི་གཅེས་མཁན་གྱི་སྐྱེ་བོ་བླུན་པོ་དེ་རིགས་ཀྱི་མཚང་བརྗོལ་ཞིང་རང་གི་ནོར་བུའི་གཟི་འོད་ཕྱོགས་བཅུར་ཁྱབ་པར་བྱས་ཡོད་པ།

༥ ལོ་རྒྱུས་གང་ཡང་བཀའ་བསྟན་གཞུང་བཞིན་ཆེད་དུ་འཛིན་ས་དཔེན་ན་ཡང་གང་གི་དགོས་པ་བཞིན་རང་རེའི་མེས་པོའི་གསོ་རིག་ལོ་རྒྱུས་སོགས་ཀྱི་ཐད་ལ་རང་གི་ལྟ་བ་གསལ་བཏོན་གནང་ཡོད་པ་མ་ཟད་དེ་དག་ནི་ལེགས་བཤད་གདམས་ངག་ཅིག་ཡིན་པའོ། །

གཞན་ཡང་ངས་མཚམས་འདིར་ངེས་པ་དོན་གྱི་པཎྜི་ཏ་མཁན་ཆེན་ཁྲོ་རུ་ཚེ་རྣམ་མཆོག་གི་གསུང་འབུམ་དཔེ་སྐྲུན་གྱི་བྱ་བར་ཤུགས་ཆེའི་རྒྱབ་སྐྱོར་གནང་མཁན་བོད་ལྗོངས་མི་དམངས་དཔེ་སྐྲུན་ཁང་དང་ལྷག་དོན་དུ་ཀན་ཀྲང་བཙུགས་ལགས་དང་པ་སངས་དབང་ཆེན་ལགས་སོགས་ལ་བཀའ་དྲིན་བླ་མེད་ཆེ་ཞུ་རྒྱུ་དང་། དེ་བཞིན་ཐེངས་འདིར་གསུང་འབུམ་ཕྱོགས་བསྒྲིགས་ཀྱི་ལས་ཀའི་ནང་ཞུ་དག་སོགས་ཀྱི་བྱ་བ་དང་། རྣམ་ཐར་རྒྱ་ཡིག་དང་དབྱིན་ཡིག་ལ་བསྒྱུར་མཁན། ལྗོངས་སྨན་རྩིས་ཁང་གི་ཀན་ཡུམ་པ་ལགས། གླིང་དབོན་པདྨ་སྐལ་བཟང་ལགས། དཔལ་བརྩེགས་བོད་ཡིག་དཔེ་རྙིང་ཁང་གི་ཀན་ཐུབ་བསྟན་ཉི་མ་ལགས། ཚེ་རིང་ཆོས་རྒྱལ་ལགས། མཁན་བསོད་དགེ་ལགས། ནང་ཆེན་བཀྲ་ཤིས་ལགས། བོད་ལྗོངས་བརྙན་འཕྲིན་ལས་ཁུངས་ཀྱི་ཕུར་སྒྲོན་ལགས། དབང་ཕྱུག་རྡོ་རྗེ། སྐལ་དབྱངས། རྟ་མགྲིན་ཚེ་བསྟན། གླིང་

སྨན་གཡུང་དྲུང་བཀྲ་ཤིས། སྐལ་བཟང་རྒྱ་མཚོ། རིག་འཛིན། ཚེ་དབྱངས། ཟླ་བ་
ཕན་ཐོགས། བསོད་ནམས་ཚེ་རིང་། འཇིགས་མེད། དགེ་འདུན་རྒྱ་མཚོ། བཀྲ་
ཤིས་ནོར་བུ། རྡོ་རྗེ་ཚེ་འཕེལ། ཀརྨ་ཚེ་བསྟན་རྡོ་རྗེ། བཀྲ་ཤིས་མཚོ་མོ། ལེགས་
སྐྱེས་མ། པདྨ། འོད་མཛེས། རིག་འཛིན་སྒྲོལ་མ་སོགས་དངོས་ཤུགས་གང་ཐད་
ནས་བྱ་བ་འདིར་རྒྱབ་སྐྱོར་གནང་མཁན་རྣམ་པར་སྙིང་ཐག་པ་ནས་བཀའ་
དྲིན་ཆེ་ཞུ་རྒྱུ་ཡིན།

སྤྱིར་དམ་པ་ཁོང་ལ་བུ་སློབ་ནི་མདོ་དབུས་ཁམས་གསུམ་ལ་ནམ་མཁའི་
སྐར་ཚོགས་བཞིན་ཤིན་ཏུ་མང་པོ་ཡོད། ཡིན་ནའང་དེ་སྐད་དུ། དམ་པ་རྣམས་
དང་ཕལ་པ་ལ། །བྱས་པ་མཉམ་ཡང་དྲིན་མི་འདྲ། །ཞིང་ལ་ས་བོན་ཁྱད་མེད་
ཀྱང་། །ལོ་ཏོག་ཁྱད་པར་དཔག་ཏུ་མེད། །ཅེས་འཇིག་རྟེན་གྱི་ཆོས་ཉིད་ལྟར་
སློབ་མ་ཕལ་ཆེ་བ་ནི་རང་ཉིད་ཀྱི་འཚོ་གོས་དང་དབང་གྲགས་ཀྱི་འབྲུག་སྒྲ་
སྒྲོག་པ་སོགས་ལ་འབད་དང་འབད་བཞིན་པ་ལས་དམ་པར་རྗེས་དྲན་དང་
ལྷག་དོན་ལས་ཀ་འདི་རིགས་ཐད་གོ་མེད་ཚོར་མེད་ཀྱི་ཧིང་ངེ་འཛིན་ལ་
ཞུགས་པ་ལས་རྒྱབ་སྐྱོར་དང་དྲན་སྐུལ་མཐོང་ཆེན་སོགས་གནང་མཁན་ཉུང་
ཉུང་ཙམ་དུ་མཐོང་། འོན་ཀྱང་ད་རེས་གསུང་འབུམ་དཔེ་སྐྲུན་བྱས་པ་འདིས་
སླད་རང་རེ་རྗེས་འབྲངས་སློབ་མ་ཚོས་མྱུ་མཐུད་བཤེས་གཉེན་ཁོང་གི་བཀའ་
སློབ་དང་། ཐུགས་འདུན། ལྟ་བ། དགོངས་དོན་བཅས་ཚུལ་བཞིན་གོ་བ་བླངས་
ཏེ་ལག་ལེན་དངོས་ཀྱི་ནང་རྒྱུན་འཁྱོངས་འབད་འབུངས་བྱེད་དགོས་པའི་སློབ་

སྟོན་གྱི་དྲན་སྐུལ་བཟང་པོ་ཞིག་ཀྱང་ཡོང་བར་སྨོས་མེད་རེད།

མཇུག་ཏུ་གསལ་ཞུ་བྱ་རྒྱུར། མཁན་ཆེན་དམ་པའི་གསུང་འབུམ་འདིར་ཕྱིར་ན་འདྲ་མིན་རྒྱ་ཆེ་ཞིང་། འགོར་ཚད་མང་བ། ནང་དོན་སྣ་གྲངས་མང་བ། ཁྱད་པར་དུ་སྒྲ་རིག་པའི་སྐོར་སྤྱི་དང་སྒོས་སུ་ཙནྡྲ་པར་གཅིག་ན་ཞུ་དག་མཁྱེན་མཁན་དང་གཏིང་ཟབ་མོ་མཁྱེན་མཁན་ཉུང་བ། གཉིས་སུ་ཡི་གེ་བརྩེགས་མ་ཤིན་ཏུ་མང་བས་སློག་ཀླད་ནང་འཇུག་དཀའ་བ་སོགས་མདོར་ན་ཡི་གེ་མ་དག་པ་དང་ཆད་ལྷག་སོགས་ཡོད་སྲིད་པ་ནི་གདོན་མི་ཟ་བས་རྒྱ་ཆེའི་ཀློག་པ་པོས་དགོངས་བཞེས་དང་བསམ་འཆར་ལྷུག་སྤྲོལ་ཡོད་པ་ཞུ། དགེའོ། །

བསོད་ནམས་འཆི་མེད་ནས།

བོད་ས་ཕག་ལོའི་ཟླ་ཚེས་དགེ་བའི་ཉིན་ལ་སྦྱར།

རྗེས་པ་ཕོ་ཇོ་སྒྲུང་མདོར་བསྡུས།

ངེས་པ་དོན་གྱི་པཎྜི་ཏ་ཁྲོ་རུ་ཚེ་རྣམ་རིན་པོ་ཆེ་མཆོག་ནི་ཁམས་སྡེ་དགེ་ཁྲོ་རུར་མེ་ཕོ་སྟག་སྟེ་སྤྱི་ལོ༡༩༢༨ལོར་ཟླ་༤པའི་ཚེས་༨ཉིན་ངོ་མཚར་བའི་ལྟས་དུ་མ་དང་བཅས་ཏེ་སྐུ་འཁྲུངས། མཚན་ལ་ཚེ་རིང་རྣམ་རྒྱལ་ཞེས་བཏགས། སྐུ་ཆུང་དུས་ནས་སི་ཏུ་པདྨ་དབང་མཆོག་རྒྱལ་པོ་ལ་གཙུག་ཕུད་ཕུལ་བ་དང་དེ་རྗེས་མཁས་དབང་དུ་མ་བསྟེན་ཏེ་རིག་པའི་གནས་ཁག་ལ་སྦྱངས་པ་རྟར་གྱིས་བཞེས། དགུང་ལོ་ཉི་ཤུའི་སྐོར་ལ་ཀཿཐོག་མཁན་ཆེན་རྒྱལ་མཚན་འོད་ཟེར་གྱི་མདུན་ནས་བསྙེན་པར་རྫོགས་པ་དགེ་སློང་གི་སྡོམ་པ་བཞེས། མཚན་ཀརྨ་བསོད་ནམས་མཆོག་ལྡན་དུ་གསོལ། དེ་ལྟར་གསན་སྦྱངས་མཐར་ཕྱིན་ཏེ་མཁས་པ་ཆེན་པོར་འགྱུར་ནས་ཐོག་མར་ཀཿཐོག་དགོན་པའི་སྐྱོར་དཔོན་དང་། རིག་གནས་མཁན་པོ་མཛད། ༡༩༥༨ལོར་དགུང་གྲངས་སོ་བཞི་བཞེས་སྐབས་རང་དགོན་ཁྲོ་རུ་དགོན་དུ་ཕྱིར་ཕེབས་ཀྱིས་མཁན་པོ་མཛད་ནས་ཁྲོ་རུ་མཁན་ཆེན་ཞེས་ཡོངས་སུ་གྲགས།

༡༩༧༣ལོའི་སྟོ་རྗེས་སུ་བོད་ལྗོངས་ཀྱི་སྲོ་བོ་དང་ལྷ་ས་སྤྱི་བདེ་སྨན་ཁང་དང་། སྨན་རྩིས་ཁང་། བོད་སྨན་སློབ་གྲྭ་དང་། དཔྱིན་ཇི་སོགས་ས་ཕྱོགས་

གང་སར་ཕེབས་ནས་ཉམ་ཐག་ནད་པ་དུ་མའི་སྲོག་བསྐྱབས་པ་དང་། བཅོས་དཀའ་བའི་ནད་རིགས་ཀྱི་གཉེན་པོ་ཁྲ་མན་མང་སྦྱོར་སོགས་གསར་བཟོ་གནང་། ལྷག་པར་དུ་མདོ་དབུས་ཁམས་གསུམ་ལ་བྱོན་ནས་དངུལ་ཆུ་བཙོ་བཀྲུ་ཆེན་མོ་དང་རིན་ཆེན་རིགས་སོགས་ཀྱི་སྨན་སྦྱོར་ལག་ལེན་ཇི་བཞིན་གནང་ནས་དངུལ་ཆུ་བཙོ་བཀྲུའི་ལག་ལེན་བསྐྱར་གསོ་མཛད།

༡༩༨༣ལོའི་དབྱར་དུས་སུ་བོད་ལྗོངས་སྨན་རྩིས་ཁང་གི་ཡོན་ཀྲུང་བྱམས་པ་ཕྲིན་ལས་མཆོག་གི་རྒྱབ་སྐྱོར་ལྟར་སྨན་རྩིས་ཁང་གི་སྨན་པ་དང་། བོད་ལྗོངས་སྤྱི་ཚོགས་ཚན་རིག་ཁང་གི་ཞིབ་འཇུག་མི་སྣ། བོད་ལྗོངས་སློབ་ཆེན་གྱི་དགེ་རྒན་སོགས་ལ་ཀ་ཙན་དབྱངས་གསུམ་དང་སྡེབ་སྦྱོར་སོགས་དཔེ་མཁྱུད་མེད་པར་སློབ་ཁྲིད་མཛད་དེ་སློབ་མ་དུ་མ་གསོ་སྐྱོང་གནང་།

བོད་ལྗོངས་གསོ་རིག་སློབ་གླིང་དངོས་སུ་བཙུགས་རྗེས་སྔ་རྗེས་སུ་བོད་ལྗོངས་གསོ་རིག་སློབ་ཆེན་གྱི་ཡོན་ཀྲུང་སྐུ་གཞོན་པ་དང་། ཡོན་ཀྲུང་གི་འགན་བཞེས་ཏེ་སློབ་གྲྭ་ཡོངས་ཀྱི་སྲིད་འཛིན་བྱ་བ་བསྐྱངས་པ་དང་། སློབ་ཁྲིད་ནང་དོན་ཐད་ཁོང་སྐུ་ངོ་མས་བཀོད་སྒྲིག་གནང་ཞིང་། སློབ་དེབ་རྩོམ་སྒྲིག་དང་སློབ་ཁྲིད་ཐད་ཀྱང་འགོ་ཁྲིད་དེ་རྒྱང་འཛིན་གྱི་དགེ་རྒན་དཔུང་ཁག་གསོ་སྐྱོང་གནང་བ་མ་ཟད། ཞིང་ལྗོངས་ལྷ་དང་ཤིན་ཅང་། ནང་སོག་གི་སློབ་མ་མང་པོ་གསོ་སྐྱོང་གནང་ནས་བོད་ཀྱི་གསོ་བ་རིག་པས་གཙོས་པའི་རིག་གནས་སྤྱི་བྱེ་བྲག་ཀུན་ལ་མཛད་རྗེས་དཔག་ཏུ་མེད་པ་མཛད། གཞན་

ཡང་སྔ་རྗེས་སུ་རྒྱལ་ཡོངས་སྲིད་གྲོས་ཀྱི་ཨུ་ཡོན་དང་། ཀྲུང་གོ་ནང་བསྟན་མཐུན་ཚོགས་ཀྱི་རྒྱུན་ལས་ལས་འཛིན། བོད་ལྗོངས་ནང་བསྟན་མཐུན་ཚོགས་ཀྱི་རྒྱུན་ལས་ཚོགས་གཙོ་སྐུ་གཞོན་སོགས་གནང་བ་དང་། སྐབས་དང་པོའི་གཡུ་ཐོག་གསེར་གྱི་བུམ་པའི་བྱ་དགའ་སོགས་པའི་གཟེངས་བསྟོད་དུ་མས་མངའ་གསོལ་ཞུལ་ཡོད།

མདོར་ན་ཁོང་གིས་བོད་ཀྱི་སྲོལ་རྒྱུན་རིག་གནས་མཐའ་དག་ཉམས་པ་སོར་ཆུད་དང་། མི་ཉམས་གོང་འཕེལ་གྱི་སྒོ་ནས་རང་རྒྱལ་གྱི་དཔལ་ཡོན་གཉིས་དར་རྒྱས་ཡོང་ཆེད་ང་། རྒྱུན་འཛིན་པ་མི་རབས་རྗེས་མ་གསོ་སྐྱོང་བྱ་རྒྱུ་སོགས་ཀྱི་ཐད་ལ་མཁྱེན་ནུས་ཡོད་རྒུ་འདོན་སྤེལ་གྱིས་རང་དཔེ་གཞན་སྟོན་གྱི་མཛད་པ་རླབས་པོ་ཆེ་བསྐྲུངས་ཤིང་། མཐར་སྤྱི་ལོ་༢༠༠༥ལོའི་ཟླ་༡༠ཚེས་༡༨དང་བོད་རབ་བྱུང་༡༧པའི་ཤིང་བྱིལ་ཟླ་དགུ་པའི་ཚེས་དྲུག་ཉིན་པེ་ཅིང་དུ་དགོངས་པ་གཞན་དོན་དུ་གཤེགས་སོ།།

དཀར་ཆག

མཆོད་བརྗོད་དང་དམ་བཅའ།

༄༅། །ན་མཿཤྲཱི་སྭཱ་ཀུ་རུ་ཧཱུྃ གང་གི་རང་བཞིན་སྤྲོས་དང་བྲལ་ཡང་གཟུགས་སྐུའི་སྤྲོས་པ་ཅི་ཡང་སྟོན། །བརྗོད་བྲལ་ཚིག་གི་སྒྲ་ལས་འདས་ཀྱང་གཉོམ་མེད་རང་སྒྲའི་དབྱངས་སྙན་འཆར། །བདག་གཞན་གཉིས་སྣང་མཚན་མས་དག་ཀྱང་ཐུགས་རྗེའི་མཚན་མ་ཕན་བདེའི་གཞི། །དངོས་མེད་དངོས་པོ་ཀུན་གྱི་ཁྱབ་བདག་རྡོ་རྗེ་འཆང་དབང་ལ་ཕྱག་འཚལ། །གང་ཐུགས་ཞི་བ་མཆོག་གི་སེམ་ལྡན་ཤེས་བྱའི་མཁའ་ལ་མཁྱེན་རབ་ཡེ་ཤེས་གང་བའི་དངོས། །སྲིད་པའི་མཚན་མོར་མི་ཤེས་འགྲོ་བ་རྣམ་པར་འཁྲུམས་ལ་སྙིང་རྗེའི་བསིལ་ཟེར་གཡོ་བ་ཉིད། །ལུས་ཅན་བསམ་པའི་ཁྱད་པར་ཇི་བཞིན་ཐེག་པ་གསུམ་གྱི་ཆོས་ཚུལ་འོད་སྣང་འགྱེད་པའི་གསུང་། །བྲལ་སྨིན་ལུས་རྫོགས་སྟོན་མཆོག་ཟླ་བ་ཤཱཀྱའི་རྒྱལ་པོའི་ཞབས་སེན་འོད་རྟུལ་སྤྱི་བོས་ལེན། །གང་གི་ཐུགས་རྗེ་ཆ་ཙམ་ཞུགས་ཀྱང་དྲང་ངེས་གཞུང་བརྒྱའི་དོན་འབྱེད་ཅིང་། །ཇི་བཞིན་འཆད་རྩོད་རྩོམ་པའི་ཚེ་ན་འཛིགས་བྲལ་བློ་གྲོས་ཐོགས་མེད་སྤྲུལ། །ཕལ་གྱི་སྙིག་གྱུར་ཟབ་མོའི་དེ་ཉིད་མངོན་སུམ་བདེ་བླག་རྟོགས་མཛད་པ། །ལྷ་མཆོག་འཇམ་པའི་རྡོ་རྗེར་འདུད་དོ་སླར་ཡང་སྤོབས་པ་མཆོག་སྦྱིན་མཛོད། །ཟབ་གསལ་གཉུག་མའི་དེ་ཉིད་མངོན་གྱུར་སྒྲོ་བཏགས་ཆོས་ཀུན་རྫུན་དུ་གཟིགས། །དབྱིངས་རིག་དབྱེར་མེད་མཁའ་འདྲའི་ངོ་བོར་གཞི་ལམ་འབྲས་བུ་མ་ལུས་རྫོགས། །ཡེ་ཤེས་སྐུ་ཅན་མདའ་བསྣུན་ཞབས་སོགས་འཕགས་ཡུལ་གྲུབ་པ་མཆོག་རྣམས་དང་། །བསྟན་པའི་སྲོལ་འབྱེད་མར་པ་མི་ལ་མེས་རྔོག་མཚུར་བཅས་སྤྱི་བོར་བསྟེན། །རྒྱལ་བ་ཉིད་ལས་སྔོན་བྱང་ཆུབ་ཀྱང་རྒྱལ་སྲས་ཟླ་འོད་གཞོན་ནུའི་ཚུལ། །གངས་ཅན་འགྲོ་ལ་བརྩེ་བས་གར་བསྒྱུར་དགེ་སློང་འཚོ་བྱེད་ཅེས་བྱ་བར། །རྒྱལ་བས་ལུང་བསྟན་སྙིགས་མའི་དུས་འདིར་ངེས་དོན་ཆོས་སྒྲ་ཆེར་

སྒྲོགས་པ། །སྙམ་པོ་པ་ཞེས་ས་གསུམ་ཡོངས་གྲགས་སྟོན་པ་གཉིས་པ་དེ་ལ་འདུད། །ཁ་བ་ཅན་འདིར་མཁས་བཙུན་ཕལ་དང་གསང་སྔགས་གྲུབ་པ་རློམ་རྣམས་ཀྱིས། །རྟོག་གེས་དཔྱད་ཅིང་སྒོང་བས་བསླུབས་ཀྱང་ཕྱོགས་རེ་ཙམ་ལས་མ་འགྲུབ་པའི། །སེམས་ཀྱི་གནས་ལུགས་རང་ཞལ་གཟིགས་ནས་ཚོགས་མེད་གཞན་ལ་སྟོན་མཁས་པ། །མཉམ་མེད་མར་པ་བཀའ་བརྒྱུད་ཅེས་གྲགས་བརྒྱུད་པ་བཅས་ལ་གུས་པས་འདུད། །འཇིག་རྟེན་གསུམ་གྱི་ཆེ་རྒྱའི་ཐོར་ཚུགས་ནོར་བུ་འབར་བས་སྤྲ་བ་ཡང་། །ཁྱེད་ཞབས་རི་མོའི་འོད་རྡུལ་གྱིས་མཛེས་ལྟར་བཅས་འགྲོ་བ་འདྲེན་པའི་དཔལ། །རྒྱལ་སྲས་རྒྱ་མཚོའི་སྙིང་སྟོབས་གཅིག་བསྡུས་ཡང་དར་བསྟན་པའི་ཤིང་རྟ་ཆེ། །འོད་སྣང་མཐའ་ཡས་ཀུན་གཟིགས་མགོན་པོ་ཆོས་ཀྱི་རྒྱལ་མཚན་རྒྱལ་ཕྱུར་ཅིག །དྲང་སྲོང་ཆེན་པོ་ཐམས་ཅད་གཟིགས་པ་ཡིས། །འགྲོ་ཀུན་བྱང་ཆུབ་བགྲོ་བའི་ཐེམ་སྐམ་སུ། །སྡེ་སྣོད་གསུམ་དང་རྒྱུད་སྡེ་བཞི་སོགས་ཀྱིས། །ཆོས་ཀྱི་དྲིལ་ཆེན་ཞིང་ཁམས་ཀུན་ཏུ་བསྒྲགས། །བཞེད་དོན་ཆུ་ཀླུང་འབུམ་ཕྲག་འབབ་པའི་རྒྱུན། །རྒྱལ་བའི་ལུང་རིགས་མ་དྲོས་མཚོར་གཅིག་ཀྱང་། །སྣ་ཚོགས་དོན་གྱི་འཇུག་སྒོམ་མཐའ་ཀླས་པས། །གྲུབ་པའི་མཐའ་ཞེས་སོ་སོའི་གླུ་ངོར་གྲུབ། །བསྟན་པའི་སྙིང་པོ་ཕྱག་རྒྱ་ཆེན་པོ་ཞེས། །ཐ་སྙད་རྫུན་གྱི་འཁྲུལ་འཁོར་འཇིག་བྱེད་ཅིང་། །བློས་བྱས་སྒྱུང་རིག་སྣ་ཚོགས་སུན་འབྱིན་པའི། །ལམ་འདི་མདོ་རྒྱུད་ཀུན་གྱི་ངེས་དོན་ཡིན། །དྲང་ངེས་གསུང་རབ་མང་དུ་ཐོབ་པ་དང་། །དེ་དོན་ལེགས་པར་བསམ་ཞིང་དཔྱད་བྱས་ཏེ། །ཡང་དག་དོན་གྱི་སྒོམ་པ་ལ་སྦྱོར་བ། །རྣམ་གྲོལ་འདོད་རྣམས་དོན་དུ་གཉེར་བྱ་ཡིན། །རྣམ་ཀུན་མཆོག་ལྡན་ཕྱག་རྒྱ་ཆེན་པོ་ཟབ་མོའི་མཛོད་ལ་དབང་བསྒྱུར་བ། །འཕགས་པའི་ཡུལ་དུ་གྲུབ་བརྒྱའི་སྤྱི་མེས་བྲམ་ཟེ་ཆེན་པོ་ས་ར་ཧ། །གངས་ཅན་འདི་ན་གྲུབ་བརྒྱའི་གྲོལ་ཕྱུག་མཉམ་མེད་དྭགས་པོའི་བཀའ་བརྒྱུད་ཅེས། །མཁས་དང་གྲུབ་པ་གཟུར་གནས་ཡོངས་ཀྱིས་བསྔགས་བརྗོད་མེ་ཏོག་ཆར་དུ་བསྒྲིལ། །དེ་ཕྱིར་དེ་ཡི་བཀའ་སྲོལ་ནི། །མཁས་པ་རྣམས་ཀྱི་གསུང་བཞིན་དུ། །ཇི་ཙམ་ནུས་ཤིག་འདིར་བཀོད་ནས། །ཚུལ་དེའི་རིང་ལུགས་གསལ་བར་བྱ། །

མར་པ་བཀའ་བརྒྱུད་ཀྱི་གྲུབ་མཐའི་རྣམ་པར་ངེས་པ།

དེ་ལ་འདི་སྐད་ཅེས། མི་བརྗེད་འཇིག་རྟེན་གྱི་ཁམས་འདི་ན། དབང་དང་། མཐུ་སྟོབས་དང་། དཔལ་འབྱོར་གྱིས་ཤིན་ཏུ་སྐྱེམས་པ་ཚངས་པ་དང་། བརྒྱ་བྱིན་དང་། ཁྱབ་འཇུག་དང་། དབང་ཕྱུག་ལ་སོགས་པ་སྲིད་པའི་ཆེ་རྒུ་རྣམས་ཀྱིས་ཕྱག་བྱས་ཤིང་། དྲང་སྲོང་གྲུབ་པ་མཆོག་གིས་ཀྱང་རབ་ཏུ་བསྟོད་ཅིང་བསྔགས། ལྷ་དང་ལྷ་མིན་དྲི་ཟ་གྲུལ་བུམ་མིའམ་ཅི་ཀླུ་མཆོག་རྣམས་ཀྱིས་ཀྱང་མགོ་བོས་ཕྱག་བྱས་པས། སྲིད་ཞི་མ་ལུས་པའི་གཙུག་ནོར་གྱི་རྩེ་མོར་ཞབས་སེན་ལེགས་པར་བཀོད་ཅིང་། དམིགས་པ་མེད་པའི་ཐུགས་རྗེ་ཆེན་པོའི་ཕྲིན་ལས་ཚད་མེད་པས་སྲིད་པ་གསུམ་གྱི་ཁམས་ཞིང་གི་རྡུལ་སྙེད་དང་འཚམས་པའི་འགྲོ་བ་རྣམས་ཀྱི་མ་འདྲིས་པའི་མཛའ་བཤེས་སུ་གྱུར་པ་ནི་རྒྱལ་བ་བུ་རམ་ཤིང་པ་མཉམ་མེད་ཤཱཀྱའི་སེངྒེ་ཡིན་ལ། དེ་ཉིད་ཀྱིས་ལེགས་པར་གསུངས་པའི་ལུང་དང་རྟོགས་པའི་བསྟན་པ་རིན་པོ་ཆེའི་གྲིབ་བསིལ་ལ་ངལ་བསོའི་དབུགས་འབྱིན་ཐོབ་པ་རྣམས་འཕྲལ་ཡུན་གྱི་ཕན་བདེ་མ་ལུས་པའི་འབྱུང་གནས་གཅིག་པུར་ངེས་པ་ནི་དམ་པའི་ཆོས་ཁོ་ན་ཡིན་ནོ། །དེའི་ཕྱིར་བདག་ཅག་གི་སྟོན་པ་ཡང་དག་པར་རྫོགས་པའི་སངས་རྒྱས་ཀྱིས་གདུལ་བྱ་རྣམས་ཀྱི་ཁམས་དང་། བསམ་པ་དང་། དབང་པོའི་རིམ་པ་མཐའ་ཡས་པ་དང་མཐུན་པར་ཆོས་ཀྱི་སྒོ་མོ་བསམ་གྱིས་མི་ཁྱབ་པ་ཞིག་གསུངས་པ་རྣམས་མཐར་ཐུག་རྣམ་གྲོལ་ཞི་བ་ཆེན་པོའི་གྲོང་ཁྱེར་དུ་འཇུག་པའི་ཐབས་སླ་ན་མེད་པ་ཞིག་ཡིན་པར་གནད་གཅིག་ཏུ་འབབ་ན་ཡང་། གནས་སྐབས་སུ་བརྒྱུད་འཛིན་མཁས་གྲུབ་སོ་སོའི་བློ་གྲོས་ཀྱི་རྩལ་མི་འདྲ་བའི་ཁྱད་པར་ལས་གཞི་ལྟ་བ་གཏན་ལ་འབེབས་ཚུལ་དང་། ལམ་སྒོམ་པས་ཉམས་སུ་ལེན་ཚུལ། ཐོབ་བྱ་འབྲས་བུ་མངོན་དུ་འགྱུར་ཚུལ་བཅས་ལ་རང་རང་གི་དགོངས་པ་གཏད་ཕྱོགས་དང་། མདོ་རྒྱུད་བྱེ་

གྲག་པ་རེ་རེ་རྩལ་དུ་བཏོན་མི་བཏོན་གྱི་ཁྱད་པར་དང་། གདུལ་བྱ་ལམ་ལ་བཀྲི་བའི་ཐབས་ཚུལ་མི་འདྲ་བ་ཅུང་ཟད་རེའི་དབང་ལས་གྲུབ་པའི་མཐའ་མི་འདྲ་བ་སྣ་ཚོགས་ཞིག་བྱུང་བ་སྟེ། ལེགས་སྦྱར་སྐད་དུ་སིདྡྷཱནྟ་ཞེས་པ། སིདྡྷི་ནི་གྲུབ་པ་དང་། ཨནྟ་ནི་མཐའ་ལ་འཇུག་པ། མཚམས་སྦྱར་བས་སིདྡྷཱནྟ་ཞེས་གྲུབ་པ་གྲུབ་མཐའོ། དོན་གྱི་གནས་ལུགས་སམ་ཡང་དག་པའི་གནས་ཚུལ་དངོས་དེ་ནི་འདི་ལས་གཞན་མེད་དོ། འདི་ཁོ་ནའོ་སྙམ་དུ་རང་རང་གི་བློ་ངོར་རིགས་པས་གྲུབ་པའམ་ཐེ་ཚོམ་མེད་པར་ཐག་བཅད་པའི་ཆ་ནི་གྲུབ་པའི་མཐའ་ཡིན། འདི་ཉིད་རིགས་པའི་ལམ་ནས་སྨྲ་བས་ན་གྲུབ་མཐའ་སྨྲ་ཞེས་བཤད་དོ། །

སྤྱིར་མིའི་རིགས་ལ་གྲུབ་མཐར་ཞུགས་པ་དང་། མ་ཞུགས་པ་གཉིས་ཡོད། གྲུབ་མཐར་ཞུགས་པ་ལའང་ཕྱི་པ་ནང་པ་གཉིས། ནང་པ་ལའང་གྲུབ་མཐའ་སྨྲ་བ་བཞིར་བྱུང་བ་སོགས་ནི་འོག་ཏུ་ཅུང་ཟད་སྟོན་ནོ། དེ་བཞིན་དུ་གངས་ཅན་བོད་ཀྱི་ཡུལ་དུའང་ཀུན་མཁྱེན་རྒྱལ་བའི་བསྟན་པ་རིན་པོ་ཆེ་ཕྱོགས་མཐར་དར་ཞིང་རྒྱས་པའི་དུས་ཙམ་ནས་བཟུང་བོད་ཀྱི་མཁས་པ་དང་། གྲུབ་པ་སོ་སོའི་བློ་གྲོས་ཀྱི་རྩལ་དང་། བཤད་པ་དང་། སྒྲུབ་པའི་བཀའ་བབས་ཀྱི་ཁྱད་པར་ལས་གྲུབ་པའི་མཐའ་ཅུང་ཟད་མི་འདྲ་བ་འགའ་ཞིག་བྱུང་བ་ནི། ཇི་སྐད་དུ། རྙིང་མ་བཀའ་གདམས་ལམ་འབྲས་བཀའ་བརྒྱུད་པ། །ཤངས་པ་ཞི་བྱེད་སྦྱོར་དྲུག་བསྙེན་སྒྲུབ་སྟེ། །སྒྲུབ་བརྒྱུད་འཛིན་པའི་ཤིང་རྟ་ཆེ་བརྒྱད་དོ། །ཞེས་དང་། ཆོས་བློན་ཐོན་མི་བེ་རོ་སྐ་ཅོག་ཞང་། །གཉུབས་ཆེན་རིན་བཟང་རྔོག་ལོ་ས་སྐྱ་པ། །བུ་སྟོན་བཤད་རྒྱུན་འདེགས་པའི་ཀ་ཆེན་བཅུ། ཞེས་པ་ལྟར་བཤད་སྒྲུབ་ཤིང་རྟ་བཅོ་བརྒྱད་དུ་གྲགས་པའི་གྲུབ་པའི་མཐའ་དེ་དག་བྱུང་ཡང་དེང་སང་གི་དུས་ཀུན་ལ་ཡོངས་སུ་གྲགས་ཆེ་བ། རྙིང་མ། བཀའ་བརྒྱུད། ས་སྐྱ། དགེ་ལུགས་ཏེ་གྲུབ་མཐའ་ཆེན་པོ་བཞི་ཡིན། བཞི་པོ་དེ་དག་ཅི་རིགས་པའི་ནང་དུ། བོད་ཡུལ་བཤད་སྒྲུབ་ཤིང་རྟ་བཅོ་བརྒྱད་ཀྱི་བཤད་རྒྱུད་དང་། སྒྲུབ་བརྒྱུད་ཀྱི་བཀའ་སྲོལ་ཕལ་ཆེར་འབུར་དུ་དོན་ཆེ་ཆུང་ཙམ་ལས་རྒྱུན་མ་ཆད་པར་གནས་ཡོད་པ་དང་། བཤད་པ་དང་སྒྲུབ་པ་ཅི་རིགས་པའི་སྒོ་ནས་ཉམས་སུ་ལེན་བཞིན་ཡོད་པ་ནི།

གྲུབ་མཐའ་དེ་དག་བུ་རམ་སྒོར་མོ་དང་འདྲ་བར་དོན་གྱི་གནད་གཅིག་ཏུ་འབབས་པའི་རྒྱུ་མཚན་གྱིས་ཡིན་ཏེ། པཎ་ཆེན་ཐམས་ཅད་མཁྱེན་པའི་ཕྱག་ཆེན་རྩ་བའི་གཞུང་ལམ་ལས། ལྷན་ཅིག་སྐྱེས་སྦྱོར་ཀུའུ་མ། །ཞྭ་ལྷན་རོ་སྙོམས་ཡི་གེ་བཞི། །ཞི་བྱེད་གཅོད་ཡུལ་རྫོགས་ཆེན་དང་། །དབུ་མའི་ལྟ་ཁྲིད་ལ་སོགས་པ། །སོ་སོར་མིང་འདོགས་མང་ན་ཡང་། །ངེས་དོན་ལུང་རིགས་ལ་མཁས་ཤིང་། །ཉམས་མྱོང་ཅན་གྱི་རྣལ་འབྱོར་པས། །དཔྱད་ན་དགོངས་པ་གཅིག་ཏུ་འབབ། ཞེས་དང་། རྗེ་ལྷ་པ་ཆེན་པོས། རིས་མེད་གྲུབ་མཐའི་བུར་ཤིང་འོ་མ་སོགས། འདྲ་མིན་མངར་བའི་ཁྱད་པར་ཤིན་ཏུ་ཆེ། ཞེས་སོགས་མང་དུ་གསུངས་པ་ལྟར་དང་། གཞན་ཡང་མཁས་གྲུབ་མི་ཕམ་པས། ཕྱག་ཆེན་ལས་འབྲས་ཞི་བྱེད་དང་། །ཟུང་འཇུག་དབུ་མ་ཆེན་པོ་སོགས། །མཚན་གྱི་རྣམ་གྲངས་སོ་སོར་གྲགས། །དོན་ལ་སེམས་ལས་འདས་པ་ཡི། །ཡེ་ཤེས་ཡིན་ཕྱིར་ཀུན་ཀྱང་མཉམ། །ཞེས་སོགས་གསུངས་པ་ལྟར་མཐར་ཐུག་གི་གནད་ལ་མི་གཅིག་པ་མེད་ཀྱང་། གནས་སྐབས་སུ་གྲུབ་པའི་མཐའ་ཅུང་ཟད་མི་འདྲ་བ་རེ་བྱུང་བ་དེ་དག་གི་ནང་ནས། ད་ལམ་སྐབས་སུ་བབས་པ་ཡུལ་ཁ་བ་ཅན་གྱི་ལྗོངས་འདིར། དགྱེས་པ་རྡོ་རྗེ་མིའི་གར་དུ་སྣང་བ། རྒྱུད་སྡེ་རྒྱ་མཚོའི་མངའ་བདག མཆོག་གི་དེ་ཁོ་ན་ཉིད་མངོན་སུམ་དུ་རྟོགས་པ་མཐར་ཕྱིན་པས། སྐལ་ལྡན་དབང་རྣོན་ཚེ་ལུས་གཅིག་གིས་སངས་རྒྱས་ཐོབ་པར་བྱེད་པའི་ཆོས་སྟོན་པ་པོ། མཁས་དང་གྲུབ་པའི་བདག་ཉིད། རྡོ་རྗེ་འཛིན་པ་ཐམས་ཅད་ཀྱི་གཙུག་གི་ནོར་བུས། དྲི་མ་མེད་པའི་འོད་དཀར་གྱི་ཞབས་སེན་ལ་མངོན་པར་བཏུད་པ། ལོ་ཙཱ་བ་ཆེན་པོ་དཔལ་མར་པ་ཆོས་ཀྱི་བློ་གྲོས་དང་། གྲུབ་པའི་རིང་ལུགས་འཛམ་བུའི་གླིང་ན་འགྲན་ཟླ་མེད་པར་འཛིན་པའི་དབང་པོ། མཁྱེན་བརྩེ་ནུས་པའི་ཡོན་ཏན་རིན་པོ་ཆེ་ཐམས་ཅད་ཀྱིས་གང་བའི་རྒྱ་མཚོ། དཔལ་རྗེ་བཙུན་རས་པ་ཆེན་པོ། མི་ལ་བཞད་པའི་རྡོ་རྗེ། རྒྱལ་བའི་སྲས་པོ་ཟླ་འོད་གཞོན་ནུར་སྔོག་གར་གྱི་རྣམ་པར་རོལ་པ། ངེས་པ་དོན་གྱི་ཆོས་ཀྱི་སྒྲ་ཆེན་པོ་སྒྲོགས་པས་ཐུབ་པའི་དགོངས་པ་གསལ་བར་བྱེད་པ་པོར་རྒྱལ་བ་ཉིད་ཀྱིས་ལུང་གི་བསྟན་པ། །བཀའ་ཕྱག་ཆུ་བོ་གཅིག་འདྲེས་ཀྱི་གདམས་པས

སྐལ་ལྡན་གྱི་སློབ་མ་ཚེ་ལུས་གཅིག་ལ་སངས་རྒྱས་ཀྱི་ས་ལ་བཀྲི་བར་བྱེད་པའི་སྟོན་པ་ཆེན་པོ། དཔལ་མཉམ་མེད་སྒམ་པོ་པ་ཞེས་ས་གསུམ་ན་ཡོངས་སུ་གྲགས་པ་སྟེ། སྐྱེས་བུ་ཆེན་པོ་དེ་གསུམ་ནི་བཀའ་བརྒྱུད་གོང་མ་རྣམ་གསུམ་ཞེས་སྒྲུབ་བརྒྱུད་ཀུན་གྱི་བསྟན་པའི་བདག་པོ་ཡིན་ལ། བཀའ་བརྒྱུད་ཆེ་བཞི་ཆུང་བརྒྱད་ཅེས་གྲགས་པ་ཐམས་ཅད་ཀྱང་འདི་གསུམ་གྱི་བརྒྱུད་པ་འཛིན་པ་ཤ་སྟག་ཡིན་པར་མ་ཟད། བོད་ཡུལ་གྱི་བཤད་སྒྲུབ་བསྟན་པའི་བདག་པོ་ཆེན་པོ། མཁས་པ་དང་། སྒྲུབ་པ་སྟོན་པ་གཉིས་པ་ལྟ་བུར་གྱུར་པ་མང་པོ་ཞིག་ཀྱང་འདི་དག་གི་བཀའ་སྲོལ་གྱི་རྒྱུན་འཛིན་པར་སྣང་བས། དེ་དག་གིས་སྒྲུབ་བརྒྱུད་རིན་པོ་ཆེ་འདི་ཉིད་ཇི་ལྟར་སྲོལ་གཏོད་པའི་ཚུལ་དང་། ལྟ་སྒོམ་གྱི་ཚུལ་རྣམ་པར་ངེས་པ་མདོ་ཙམ་ཞིག་གླེང་བར་བྱའོ། །

མངའ་བདག་མར་པ་བཀའ་བརྒྱུད་ཀྱི་རིང་ལུགས་ནི། རྒྱལ་བ་རྡོ་རྗེ་འཆང་གི་བཀའ་དྲི་མ་མེད་པ། །བདེ་དགྱེས་གསང་གསུམ་སྒྱུ་ཐོད་གདན་གསུམ་ལ་སོགས་པའི་བླ་མེད་ཀྱི་རྒྱུད་སྡེ་རྣམས་ཀྱིས་གཙོ་བོར་བྱས་པའི་མདོ་སྔགས་ཀྱི་གཞུང་ལུགས་རྒྱ་མཚོ་ལྟ་བུ་ལ་བཤད་པ་དང་སྒྲུབ་པའི་སྒོ་ནས་ཉམས་སུ་ལེན་པའི་ཚུལ་ལ་ཁྱད་པར་དུ་འཕགས་པའི་རིང་ལུགས་ཞིག་ཡིན། རིང་ལུགས་དེ་ཉིད་ཐོག་མར་རྒྱལ་བ་རྡོ་རྗེ་འཆང་ནས་གྲུབ་ཆེན་ཏེ་ལོ་པ་ལས་བརྒྱུད་པ་ཞིག་ཡིན། །གྲུབ་པའི་དབང་ཕྱུག་ཏེ་ལོ་པ་དེ་ཐུན་མོང་ལྟར་ན་ཤིང་རྟ་ཆེན་པོ་འཕགས་མཆོག་ཀླུ་སྒྲུབ་ཞབས་ཀྱིས་རྗེས་སུ་བཟུང་ནས། རྒྱ་ཕ་རོལ་དུ་ཕྱིན་པའི་ལམ་ལ་སློབ་པའི་ཚུལ་བསྟན་ནས་འགྲན་ཟླ་མེད་པའི་མཁས་པ་ཆེན་པོར་གྱུར། མཆོག་གི་དེ་ཁོ་ན་ཉིད་ཀྱི་རྟོགས་པ་མངོན་དུ་གྱུར་རན་པ་ན་ཧུབ་ཕྱོགས་སོ་མ་པུ་རིའི་གཙུག་ལག་ཁང་དུ་ལོ་བཅུ་གཉིས་བར་དུ་སྒྲུབ་པ་མཛད་ནས་ལམ་གྱི་རྟོགས་པ་སྦྱོང་པས་གྲུབ་པ་ཆེན་པོའི་ས་བརྙེས་ནས། རྡོ་རྗེ་རྡོ་རྗེའི་སྐུ་དབྱངས་གསུངས་པ་ཙམ་གྱིས་གྲོང་ཁྱེར་འབུམ་ཕྲག་བཅུ་གཉིས་ཀྱི་སྐྱེ་བོ་རྣམས་གྲོལ་བ་ཐོབ། སློབ་མ་གྲུབ་པ་ཐོབ་པ་བརྒྱད་ཀྱིས་ཀྱང་དེ་བཞིན་དུ་འགྲོ་བའི་དོན་མཛད་པར་གྲགས། གྲུབ་ཆེན་ཏེ་ལོ་པ་ལ། རིང་བརྒྱུད་དང་ཉེ་བརྒྱུད་ཀྱི་བཀའ་གཉིས་སུ་བབས་པ་

ལས། རིང་བརྒྱུད་ཀྱི་བཀའ་བབས་ནི། ཉིད་ཀྱི་ཞལ་ནས། ཀླུ་སྒྲུབ་ཙརྻ་ལྭ་བ་པ། མ་ཏི་སྐལ་བ་བཟང་མོ་སྟེ། བཀའ་བབས་བཞི་ཡི་བླ་མ་བསྟེན། ཞེས་པ་ལྟར་བཀའ་བབས་བཞི་སྟེ། བཀའ་བབས་དང་པོ། རྡོ་རྗེ་འཆང་ནས། རྒྱལ་པོ་ཨིནྡྲ་བྷུ་ཏི། ཀླུ་ལས་གྱུར་པའི་རྣལ་འབྱོར་མ། ས་བདག་བི་སུ་ཀལྤ། གྲུབ་ཆེན་ས་ར་ཧ། འཕགས་མཆོག་ཀླུ་སྒྲུབ་ཞབས་ལས། པ་རྒྱུད་གསང་བ་འདུས་པ་དང་དེའི་རྫོགས་རིམ་རིམ་ལྔ་དམར་ཁྲིད། རྡོ་རྗེ་གདན་བཞི་རྒྱུད་མན་ངག་དང་བཅས་པ། ཆོས་དྲུག་ནང་གི་སྒྱུ་ལུས་དང་། འཕོ་བ་དང་གྲོང་འཇུག་རྣམས་གསན་ནས་དེ་དག་གི་བཀའ་བབས། བཀའ་བབས་གཉིས་པ། རྡོ་རྗེ་འཆང་ནས། ཡེ་ཤེས་ཀྱི་མཁའ་འགྲོ་མ། ཀུ་ཀུ་རི་པ། ཙརྻ་པ་ལས་རྒྱུད་མ་ཧཱ་མཱ་ཡཱ་དང་། ཆོས་དྲུག་ནང་གི་རྨི་ལམ་གྱི་སྐོར་རྣམས་གསན་ནས་བཀའ་བབས། བཀའ་བབས་གསུམ་པ། རྡོ་རྗེ་འཆང་ནས། ཕྱག་ན་རྡོ་རྗེ། ཌོམ་བི་ཧེ་རུ་ཀ། ཧྲི་ན་བཛྲ། ལྭ་བ་པ་ལས་བདེ་མཆོག་སོགས་མ་རྒྱུད་མཐའ་དག་དང་། ཆོས་དྲུག་ནང་གི་འོད་གསལ་གཙོ་བོར་གྱུར་པའི་རྫོགས་རིམ་གྱི་སྐོར་རྣམས་གསན་ཏེ་དེ་དག་གི་བཀའ་བབས། བཀའ་བབས་བཞི་པ། རྡོ་རྗེ་འཆང་ནས། ཕྱག་ན་རྡོ་རྗེ། ཡན་ལག་མེད་པའི་རྡོ་རྗེ། པདྨ་བཛྲ། མཁའ་འགྲོ་མ་སྐལ་བཟང་མོ། དེ་ལས་དཔལ་དགྱེས་པ་རྡོ་རྗེའི་རྩ་བཤད་ཀྱི་རྒྱུད་རྣམས་དང་། ཆོས་དྲུག་གི་གདམས་པ་མཐའ་དག་གསན་པས་དེ་ལས་ཁྱད་པར་དུ་གཏུམ་མོའི་བཀའ་བབས་པ་སྟེ། དེ་ལྟར་རྒྱལ་བ་རྡོ་རྗེ་འཆང་གི་རྟོགས་པ་དོན་གྱི་བརྒྱུད་པ་རྗེ་ཏེ་ལོ་པའི་ཐུགས་རྒྱུད་ལ་ཡོངས་སུ་འཕོས་པའོ། །ཡང་ཙརྻ་པ་ལས་གཏུམ་མོ་དང་། ཀླུ་སྒྲུབ་ལས་སྒྱུ་ལུས་དང་། འོད་གསལ། །ལྭ་བ་པ་ལས་རྨི་ལམ། སུ་ཁ་སིདྡྷི་ལས་བར་དོ་དང་། འཕོ་བའི་བཀའ་བབས་པ་དང་། གཞན་ཡང་། ཨིནྡྲ་བྷུ་ཏི་བར་པ་ལས་གཞན་ལུས་ཤེས་རབ་དང་། མཱ་ཏངྒི་ལས་གྲོང་འཇུག་གི་གདམས་པ་གཞན་པ་སོགས་རིང་བརྒྱུད་ཀྱི་བཀའ་བབས་འདི་ལ་ཅུང་ཟད་མི་འདྲ་བ་འགའ་ཞིག་མཆིས་ཀྱང་། དཔལ་རང་བྱུང་རྡོ་རྗེས། ཡང་དག་པར་རྫོགས་པའི་སངས་རྒྱས་རྡོ་རྗེ་འཆང་ཆེན་པོས་གསང་བའི་བདག་པོ་ལ་སོགས་པའི་བྱང་ཆུབ་སེམས་དཔའ་རྣམས་ལ་གསུངས། དེ་རྣམས་ནས་བཀའ་

བཞི་བརྒྱུད་པའི་བླ་མ་རྣམས་ལ་བརྒྱུད་དེ། ཀླུ་སྒྲུབ། ཛྙཏུ་དེ་བ། ཟླ་བ་གྲགས་པ། ལྷ་ཧཱུྃ་གི་རྣམས་ལྷོའི་བརྒྱུད་པའོ། ཊོམྦྷི་པ། བི་ན་ས། ལྭ་བ་པ། ཨིནྡྲ་བྷཱུ་ཏི་རྣམས་ནུབ་ཀྱི་བརྒྱུད་པའོ། །ལཱུ་ཨི་པ། ཊེངྐི་པ། དཱ་རི་ཀ་པ། སུ་ཁ་ཧྡ་རི་རྣམས་བྱང་གི་བརྒྱུད་པའོ། །སུ་ཁ་མ་ཧྲ་སིདྡྷི། ཐང་ལོ་པ། ཤིང་ལོ་པ། ཀརྞ་རི་པ་རྣམས་ནི་ཤར་གྱི་བརྒྱུད་པ་སྟེ། ཞེས་གསུངས་པ་ལྟར་རོ། །

ཉེ་བརྒྱུད་ལྟར་ན། །ཏེ་ལོ་ང་ལ་མི་ཡི་བླ་མ་མེད། །ང་ཡི་བླ་མ་ཐམས་ཅད་མཁྱེན་པ་ཡིན། །ཞེས་གསུངས་པ་ལྟར། སངས་རྒྱས་རྡོ་རྗེ་འཆང་དངོས་ལས། གསང་སྔགས་རྒྱུད་སྡེ་བཞིའི་གདམས་པ་གསན་པ་དང་། རྡོ་རྗེ་རྣལ་འབྱོར་མས། སྙན་བརྒྱུད་ནོར་བུ་སྐོར་གསུམ་གྱི་མཛོད་གཏད་པས་གདམས་པའི་བཅུད་ཐམས་ཅད་གྲུབ་ཆེན་འདི་ལ་འདུས་པ་དང་། དེས་ཡུན་རིང་དུ་འགྲོ་བའི་དོན་མཛད་ནས་སྐུ་ལུས་མ་སྤངས་པར་མཁའ་སྤྱོད་དུ་བཞུད་པ་ཡིན་ནོ། །དེ་ཡི་སློབ་མ་ནི་ཆེས་མང་ན་ཡང་སྐབས་འདིར་འཆད་བྱ་ནི་ཇོ་བོ་ནཱ་རོ་ཏ་པ་ཡིན། དེ་ནི་རྒྱལ་པོ་མ་ཧཱ་པཱ་ལའི་བུ་རྒྱལ་པོ་ཤྲཱི་ཡ་པཱ་ལའི་སྐབས་སུ་ཁ་ཆེར་བྲམ་ཟེའི་རིགས་ཀྱི་ཁྱད་པར་ནཱ་རོཏྟ་མ་སྟེ་མི་མཆོག་ཞེས་པའི་རིགས་སུ་འཁྲུངས་པས་ནཱ་རོ་ཏ་པ་ཞེས་གྲགས། ཆུང་ངུ་ནས་རིག་བྱེད་ཀྱི་གཞུང་ལུགས་ལ་ཤིན་ཏུ་མཁས་པར་བསླབ། ཆོས་ལ་མོས་པས། །ཡུལ་དབུས་སུ་བྱོན་ནས་མཁན་པོ་ཡེ་ཤེས་འོད་ལས་རབ་ཏུ་བྱུང་། མཚན་སྙན་གྲགས་བཟང་པོར་བཏགས། ཐེག་པ་ཆེ་ཆུང་གི་སྡེ་སྣོད་ཐམས་ཅད་ལ་མཁས་པར་མཛད་གསང་སྔགས་ཕྱི་ནང་གི་རྒྱུད་སྡེ་ཐམས་ཅད་ཀྱང་ཞུས་ཏེ་པཎྜི་ཏ་ཆེན་པོར་གྱུར་པ་ན། ན་ལེནྡྲ་དང་། བི་ཀྲ་མ་ལ་ཤཱི་ལའི་བྱང་སྒོ་སྲུང་བ་མཛད། མུ་སྟེགས་ཀྱི་རྒོལ་བ་ཐམས་ཅད་ཚར་བཅད་པས་དཔལ་འཇིགས་མེད་གྲགས་པ་ཞེས་བསྟགས་པར་བྱས། ཉན་བཤད་རྒྱ་ཆེར་མཛད་པ་ལ་རང་སེམས་བ་འཛོ་བའི་ཡུད་ཙམ་དུའང་མི་གནས་པར་འདུག་པས་མཚན་རེ་བཞིན་འཁོར་ལོ་བདེ་མཆོག་གི་རྣལ་འབྱོར་རྟག་ཏུ་བསྒོམས་པས། ཐུན་མོང་གི་དངོས་གྲུབ་དང་གཞན་སེམས་མཁྱེན་པ་སོགས་བྱུང་། མཁའ་འགྲོ་མང་པོས་ཞལ་བསྟན་ཏེ། ཤར་ཕྱོགས་ན་སློབ་

དཔོན་ཏེ་ལོ་པ་ཞེས་བྱ་བ་ཡོད་པས་དེའི་དྲུང་དུ་སོང་ཞིག དངོས་གྲུབ་ཐོབ་པར་འགྱུར་རོ་ཞེས་བསྐུལ་བ་ལྟར། ཏེ་ལོ་པ་བཙལ་བས་མཇལ། དེའི་སྤྱན་སྔར་དཀའ་ཆེན་བཅུ་གཉིས་སྤྱད་པའི་སྒོ་ནས་བླ་མ་མཉེས་པར་བྱས་ཏེ་བསྙེན་པ་ལས་མཐར་ཆོག་དང་བརྡ་ལ་བརྟེན་ནས་གསང་སྔགས་ཀྱི་དོན་ཐམས་ཅད་ཁོང་དུ་ཆུད་ཅིང་གྲུབ་པའི་སར་གཤེགས་པའི་རྣམ་པར་ཐར་པ་ནི་འཕགས་བོད་ཀུན་ལ་ཡོངས་སུ་གྲགས་པས་འདིར་རྒྱས་པ་མ་བྲིས་སོ། །སློབ་དཔོན་འདིའི་སློབ་མ་ནི། ཤཱནྟི་པ་སོགས་སྒོ་སྲུང་གི་པཎྜི་ཏ་རྣམས་དང་། དཔལ་ལྡན་ཨ་ཏི་ཤ་སོགས་བསྟན་པའི་བདག་པོ་མང་པོ་དང་། བཤད་རྒྱུད་འཛིན་པ་ལ་ཕ་རྒྱུད་ལ་མཁས་པ་བཞི་ནི། ནག་པོ་འཇིག་མེད་རྡོ་རྗེ། པི་ཏོ་ཏ་དྲུ། ཛ་ཡཱ་ཀ་ར། ཁ་ཆེ་ཨཱ་ཀ་ར་སིཾ་ཏ་སྟེ་བཞི་དང་། མ་ན་ཀ་ཤྲཱི །ཛྙཱ་ན་མ་ཏི། ཕམ་ཐིང་པ་ཆེན་པོ། པྲཛྙཱ་རཀྵི་ཏ་སྟེ་མ་རྒྱུད་ལ་མཁས་པ་བཞི། དཔལ་མཆོག་ནོར་སྦྲི་པ། རི་རི་པ། ཀཎྷ་པ། ཀ་སོ་རི་པ་སྟེ་དངོས་གྲུབ་ཐོབ་པའི་སློབ་མ་བཞི་ལ་སོགས་པ་རྣམས་ནི་རང་རེ་བོད་ལ་ཡོངས་སུ་གྲགས་པ་ཙམ་སྟེ་དེ་སྐབས་ཀྱི་འཕགས་ཡུལ་གྱི་པཎ་གྲུབ་ཕལ་ཆེར་འདིའི་ཞབས་པད་ལ་བཏུགས་པ་ཡིན་ཞེས་གྲགས་སོ། །

བཀའ་བརྒྱུད་གསེར་ཕྲེང་ལྟར་ན། རྡོ་རྗེ་འཆང་དང་བཀའ་བཞི་བརྒྱུད་པའི་བླ་མ་ཏེ་ལོ་པ་དང་ནཱ་རོ་པ་སོགས་ཀྱི་རྣམ་པར་ཐར་པ་རྒྱས་པར་བཤད་པ་མཛད་ཀྱང་འདིར་ས་བོན་ཙམ་སྨོས་པས་འཐུས་པར་བྱས་སོ། །

ད་ལམ་འདིར་མཉམ་མེད་མར་པ་བཀའ་བརྒྱུད་ཀྱི་གྲུབ་པའི་མཐའ་རྣམ་པར་ངེས་པར་བྱེད་པ་ལ། སྒྲུབ་བརྒྱུད་རིན་པོ་ཆེ་འདི་ཉིད་བོད་ཡུལ་དུ་ཐོག་མར་སྲོལ་གཏོད་པ་པོ་དང་ཇི་ལྟར་སྲོལ་གཏོད་པའི་ཚུལ་དང་། དེའི་བརྒྱུད་འཛིན་བཀའ་བརྒྱུད་ཆེ་བཞི་ཆུང་བརྒྱད་ཇི་ལྟར་བྱུང་བའི་ཚུལ། ཆོས་ཀྱི་རྒྱལ་པོ་འགྲོ་མགོན་བཀའ་བརྒྱུད་པའི་གྲུབ་མཐའི་རིང་ལུགས་དངོས་བཤད་པ། ཞར་བྱུང་དུ་ཤངས་པ་བཀའ་བརྒྱུད་ཀྱི་རིང་ལུགས་བཤད་པའོ། །

ས་བཅད་དང་པོ། སྒྲུབ་བརྒྱུད་རིན་པོ་ཆེ་འདི་ཉིད་བོད་དུ་ཐོག་མར་ཇི་ལྟར་སྲོལ་བཏོད་པའི་སྐོར།

དེ་ལ། སྲོལ་གཏོད་པ་པོ་ནི། རྗེ་མར་པ་ཆོས་ཀྱི་བློ་གྲོས་དང་། རྗེ་བཙུན་རས་ཆེན་པ་མི་ལ་བཞད་པའི་རྡོ་རྗེ། མཉམ་མེད་དྭགས་པོ་ལྷ་འོད་གཞོན་ནུ་སྟེ་བཀའ་བརྒྱུད་གོང་མ་གསུམ་ཞེས་གྲགས་པ་ལས། །

དང་པོ། སྦྲ་སྦྲུར་མར་པ་ལོ་ཙྪ་ནས་བརྒྱུད་ཚུལ་བཤད་པ།

གངས་རིའི་ཁྲོད་འདིར་རྡོ་རྗེ་ཐེག་པའི་བཤད་པ་དང་སྒྲུབ་པ་ཐམས་ཅད་ཀྱི་བསྟན་པའི་བདག་པོ་ཆེན་པོ་བྱང་ཆུབ་སེམས་དཔའ་ཆེན་པོ་བློ་གྲོས་རིན་ཆེན་གྱི་རྣམ་པར་འཕྲུལ་པ་ལྷོ་བྲག་པ་སྟེ་རྗེ་བཙུན་མར་པ་ཆོས་ཀྱི་བློ་གྲོས་ཀྱི་ངོ་མཚར་བའི་རྣམ་པ་ཐར་པ་ཙུང་ཟད་བརྗོད་ན། ཧེ་རུ་ཀ་དཔལ་མཁའ་བདག་ལོ་ཙྪ་བ་འདི་རྒྱུད་སྡེ་རབ་འབྱམས་རྒྱ་མཚོའི་དབང་ཕྱུག་རྒྱལ་བ་རྡོ་རྗེ་འཆང་ཆེན་དངོས་སུ་གྲུབ་ཀྱང་། གདུལ་བྱའི་དབང་གིས་སྤྲུལ་པ་དང་ཡང་སྤྲུལ་གྱི་རྣམ་པ་ཐ་མལ་གྱི་སྤྱོད་པ་དང་རྗེས་སུ་མཐུན་པར་མཛད་དེ་རིགས་ཀྱི་སྐྱེ་བ་བཞེས་པའི་ཚུལ་ནི། ཡུལ་ལྷོ་བྲག་ཆུ་ཁྱེར་དུ། གདུང་རུས་མར་པ། ཡབ་དབང་ཕྱུག་འོད་ཟེར་དང་། ཡུམ་སྐལ་ལྡན་སྐྱིད་གཉིས་ཀྱི་སྲས་སུ་ཆུ་མོ་བྱི་བ་ལ་སྐུ་འཁྲུངས། ཀ་ཐོག་པ་ཆེན་པོ་རིག་འཛིན་ཚེ་དབང་ནོར་བུས་ལྷུགས་ཕྱིར་འཁྲུངས་པར་བཞེད་པའང་ཡོད། གཞོན་ནུ་ནས་ཡི་གེ་འབྲི་ཀློག་མཁས་པར་མཁྱེན། སྐུ་ཆུང་དུའི་དུས་སུ་སྤྱོད་པ་རྒོད་ཅིང་རྩུབ་པ་རྩེད་གྲོགས་སུས་ཀྱང་སླགས་མི་འཁེལ་བ་ཞིག་ཡོད་པས། ཡབ་ཡུམ་གྱིས་རྒྱུད་དུལ་དུ་རེ་ནས་དགུང་ལོ་བཅུ་གཉིས་ལོན་པར་ཆོས་ལ་བཙུགས་པས་མང་མཁར་མྱུ་གུ་ལུང་དུ་འབྲོག་མི་ལོ་ཙྪ་ལས་ལོ་ཙྪ་བྱང་བར་བསླབ། དེར་གསང་སྔགས་ཀྱི་ཆོས་ཞུར་འདོད་ཀྱང་ཡོན་ཆེ་བ་བཀའ་དོག་པས།

རྒྱ་གར་དུ་འགྲོ་བའི་སྤྱོབས་པ་སྐྱེས་ཏེ་ཀ་ཙ་རྣམས་གསེར་དུ་བསྒྱུར་ནས་ཀློག་སྐྱ་ཆེན་པོ་དེ་སྟག་སྡེར་ཕེབས་པ་དང་འགྲུལ་ནས་སྒྲོར་ཕུར་ཕེབས། སྨྲ་ལེན་དང་རྫོང་བ་ལེགས་པོར་མཛད། །

སླད་ནས་ཁོང་གི་བུ་ཀུན་གྱིས་སྨྲ་ལེན་བྱེད་པའི་ཆད་ཐོ་བྱས་ནས་མང་ཡུལ་དུ་ཕེབས་ཏེ་གཉོས་འབྱུང་པོ་དང་སྟབས་གཅིག་བལ་ཡུལ་དུ་ཕེབས་ནས་ལོ་གསུམ་དུ་བཞུགས། བལ་པོ་ཕམ་ཐིང་པ་རྣམ་རྒྱལ་དབང་པོའི་སྡེ་ལ་གདན་བཞིའི་བདག་གདན་གྱི་བཤད་བཀའ་ཞུས། སྒྲ་ཚན་དང་སྨན་དཔྱད་སོགས་ཞར་ལ་བསླབས་པས་མཁས་པར་གྱུར། །དེ་ནས་རྗེ་ནཱ་རོ་པའི་སྙན་པ་གསན་ཏེ། བལ་པོ་བཛྲི་པ་དང་འགྲུལ་ནས་རྒྱ་གར་དུ་ཕྱིན། །ཕི་ཀྲ་མ་ལ་ཤཱི་ལར་འབྱོར། །དགེ་ཚུལ་ཤེས་རབ་སེནྡྷེ་དང་མཇལ། དེ་སྐབས་ཇོ་བོ་རྗེ་དབུས་ཀྱི་ཀ་ཆེན་ཛྙཱ་ན་ཤྲཱི་མི་ཏྲའི་ཉེ་གནས་ཡིན་འདུག ནཱ་རོ་པ་རྒྱ་གར་ཤར་ཕྱོགས་སུ་ཕྱིན་པ་ལྗོངས་མེ་ཏོག་རྒྱས་པར་དཔལ་ནཱ་རོ་པ་དང་མཇལ། ཚོགས་འཁོར་དང་གསེར་གྱི་མཎྜལ་ཕུལ་ནས་ཞུ་བ་ཕུལ། ཐོག་མར་དཔལ་དགྱེས་པ་རྡོ་རྗེ་ལྷ་དགུའི་དཀྱིལ་འཁོར་དུ་དབང་བསྐུར་སྐབས་དཀྱིལ་འཁོར་མངོན་སུམ་དུ་སྤྲུལ་ནས་དབང་ལྷ་དང་བླ་མ་གང་ལ་ཞུ་འདེམས་ཞིག་གསུངས་པས། ད་རེས་ལྷ་མངོན་སུམ་ལ་ཞུ་ཞུས་པས། དཀྱིལ་འཁོར་ཐུགས་ཀར་བསྡུས་ཏེ། བྱིན་རླབས་ཀྱི་རྩ་བ་བླ་མ་ཡིན་པས། ཁྱོད་ཀྱིས་བླ་མ་ལས་ཡི་དམ་འདམ་པས། མི་རྒྱུད་ཀྱིས་ཕན་མི་ཐོགས། ཆོས་བརྒྱུད་ཆུ་བོའི་གཞུང་ལྟར་རིང་བར་ལུང་བསྟན། དབང་དོན་གྱི་ཡེ་ཤེས་ངོ་འཕྲོད། དེ་ནས་པུལླ་ཧ་རིར་ཕེབས་ནས་རྡོ་རྗེ་གུར་དང་། རྒྱུད་བརྟག་གཉིས། སམ་བུ་ཊི་གསུམ་གྱི་བཤད་བཀའ་དང་དབང་ལུང་མན་ངག་བསྲེ་འཕོ་གནད་ཀྱི་གདམས་པ་དང་། གདན་བཞི་མ་ཧཱ་མཱ་ཡཱ་སོགས་དང་། གུར་གྱི་མགོན་པོ་དུད་སོལ་མ་བཅས་གནང་། དེ་ནས་བླ་མ་ལ་གསང་བ་འདུས་པ་གནང་བ་ཞུས་པས་ནུབ་དུ་ལཀྵྨི་ཏྲའི་དགོན་པར་གཙུག་ལག་ཁང་ཟླ་བ་རྒྱས་པ་ན་པཎྜི་ཏ་ཡེ་ཤེས་སྙིང་པོ་བྱ་བ་ཕ་རྒྱུད་གསང་བ་འདུས་པའི་མངའ་བདག་ཅིག་བཞུགས་པ་དེར་སོང་གསུངས་པ་བཞིན་དུ་ཕྱིན་ཏེ། ཡེ་ཤེས་སྙིང་པོ་དང་མཇལ། གསང་བ་

འདུས་པ་འཕགས་སྐོར་དབང་དང་རྒྱུད་འགྲེལ་མན་ངག་བཅས་པ་ཞུས་ཏེ་བླ་མའི་དྲུང་དུ་ཚུར་འཁོར་ནས་ཁ་ཆེའི་པཎྜི་ཏ་ཆེན་པོ་རྫོ་ན་ཤྲཱི་ཀར་སིདྡྷི་ཞེས་བྱ་བ་དེ་གསང་འདུས་ཞུ་བར་ཕྱིན་པ་དང་འགྲིགས་ནས་གསོལ་བ་བཏབ་པས་ད་ལམ་འཆད་པའི་དུས་དང་རྟེན་འབྱུང་འགྲིགས་གསུངས་ནས་དེ་དང་ལྷན་ཅིག་དབང་རྒྱུད་བཤད་མན་ངག་བཅས་ཚང་བར་གནང་བས་ཁྱད་པར་མེད་པ་ལས་མང་ངག་དངོས་ཟབ་པར་བྱུང་། པཎྜི་ཏ་དེ་ནི་ནཱ་རོ་པས་ཀྱང་ཞེ་ས་འབུམ་དགོས་པ་ཞིག་འདུག་ཅིང་། རྗེ་བོ་ཆེན་པོས་ཀྱང་དེ་ལ་འདུས་པ་འཕགས་སྐོར་ཞུ་དགོས་པ་ལམ་བྱུང་གསུངས་པ་ཐོས་ཏེ། པཎྜི་ཏ་དེ་བོད་དུ་ཕྱིན་དུས་ནག་ཚོ་ལོ་ཙཱ་ལ་འདུས་པ་འཕགས་སྐོར་རྣམས་གནང་ནས་བོད་འདི་དག་ནཱ་རོ་ཏ་པའི་ཐུགས་སྲས་བདག་གི་གྲོགས་པོ་མར་པ་ལོ་ཙྪའི་གདུལ་བྱར་འདུག་གོ་ཞེས་དེ་ཉིད་ནས་ལོག་སྟེ་ཨོ་རྒྱན་དུ་བཞུད་པར་གྲགས་སོ། །འགོས་ལོ་ཆེན་པོའི་འཕགས་སྐོར་གྱི་བླ་མ་ཡང་པཎྜི་ཏ་འདི་ཉིད་དེ་མངའ་བདག་མར་པའི་ཆོས་གྲོགས་སོ། །

ཡང་བླ་མ་ལ་མ་རྒྱུད་མ་ཧཱ་མཱ་ཡཱ་གནང་བར་ཞུས་པས། བླ་བའི་ཞལ་ནས་ཕྱོ་དུག་མཚོའི་གླིང་ན་པཎྜི་ཏ་ཞི་བ་བཟང་པོ་བྱ་བ་མ་རྒྱུད་ཀྱི་བདག་པོ་ཞིག་བཞུགས་ཡོད་པས་དེར་སོང་ནས་ཞུས་ཤིག་གསུངས། ལམ་འཇིགས་པ་ཆེ་བས་བར་ཆད་མི་འབྱུང་བའི་བྱིན་རླབས་མཛོད་དེ་ཕྱིན་པས་དུག་མཚོའི་གླིང་གི་རི་ལ་དཔལ་ཞི་བ་བཟང་པོ་དང་མཇལ། ཚོགས་དང་གསེར་གྱི་མཎྜལ་ཕུལ་ནས་གསོལ་བ་བཏབ་པས། མ་ཧཱ་མཱ་ཡཱའི་རྒྱུད་ཀྱི་བཤད་པ་དབང་དང་སྒྲུབ་ཐབས་རྣལ་འབྱོར་གསུམ་ལ་སོགས་པའི་མན་ངག་ཀུན་གནང་སྟེ་ཕྱག་སྤྱི་བོར་བཞག་སྟེ་བྱིན་གྱིས་བརླབས་ནས། ད་སོངས་ཤིག་དང་ལམ་དུ་བར་ཆད་མི་འབྱུང་ཞིང་མྱུར་དུ་ཕྱིན་པར་འགྱུར་ཞེས་གསུངས། དེར་བླ་མའི་བྱིན་རླབས་ཀྱིས་རྗེས་བཙུན་གྱི་སྐུ་རས་བལ་གྱི་འདབ་མ་ལྟར་ཡང་བར་གྱུར་ཏེ་ཕྱིན་པས་ཞག་གསུམ་ན་པུ་ལ་ཧ་རིའི་དགོན་པར་རྗེ་བོ་ནཱ་རོ་པ་ཆེན་པོའི་དྲུང་དུ་མཇལ། །སྐར་བླ་མ་ནཱ་རོ་པ་ཉིད་ཀྱིས་ སྔ་མ་ལས་བཤད་པ་ཟབ་རྒྱས་ཆེ་ཅམ་ཞིག་ལས་གཞན་ཁྱད་མེད་པ་ཞིག་གནང་། དེར་རྗེ་བཙུན་མེ་ཏྲི་པའི་སྐན་པ་གསན་པ

དང་། བླ་མས་ཀྱང་གནང་སྟེ་རྒྱ་གར་ཤར་ཕྱོགས་སུ་ཕྱིན། རི་བོ་མེ་འབར་གྱི་དུར་ཁྲོད་དངོས་གྲུབ་ཅན་གྱི་དགོན་པར་མངའ་བདག་མེ་ཏྲི་པ་དང་མཇལ། ཐུགས་རྗེས་ལྷག་པར་གཟུང་། འཇམ་དཔལ་མཚན་བརྗོད་ཀྱི་རྣམ་བཤད་དང་ཕྱག་རྒྱ་ཆེན་པོའི་གདམས་པ་རྣམས་ཞུས། དགྱེས་པ་རྡོ་རྗེའི་དབང་རྒྱུད་མན་ངག་དང་བཅས་པ་ཞུས་ཤིང་། ངོ་མཚར་བའི་རྫུ་འཕྲུལ་དུ་མ་ཡང་མཇལ་ཏེ། ཇི་སྐད་དུ། །ཤིང་ཉ་གྲོ་དྷའི་བསིལ་གྲིབ་ལ། །རྗེ་མངའ་བདག་མེ་ཏྲི་བཞུགས་པ་མཇལ། །རྒྱུད་ཟབ་མོ་བསྐོད་པ་གསུར་བླངས་དང་། །ཡི་དམ་དགྱེས་པ་རྡོ་རྗེ་ཞུས། །མཁའ་ནས་མེ་ཏོག་ཆར་དུ་བབས། །སྒྲོན་ཤིང་མར་མེ་མཛུབ་གང་ལ། །ཞག་བདུན་བར་དུ་སྣང་བ་བྱུང་། །བེམ་པོར་གྱུར་པའི་སྡོང་ཤིང་དེས། །རབ་ཏུ་མ་བཟོད་གཡོ་འགྱུལ་བྱས། །སྤྲུལ་པའི་ཙེ་སྤྱང་དམར་པོ་བདུན། །དངོས་སུ་གཏོར་མ་ལེན་པ་མཐོང་། །ས་གསུམ་གནས་པའི་ཌཱ་ཀི་ཡིས། །གཟུགས་མེད་ཐུགས་ཀྱི་རང་སྒྲ་སྒྲོགས། །བར་སྣང་གང་བའི་ཞིང་སྐྱོང་རྣམས། །སྣ་ཚོགས་རོལ་མོ་སྒྲོགས་པ་ཐོས། །ཞེས་པ་ལྟར་རོ། །མངའ་བདག་མེ་ཏྲི་གུཧྱ་འདི་ཉིད་དཔལ་ཤ་བ་རི་པ་དང་དངོས་སུ་མཇལ་ཞིང་ཕྱག་རྒྱ་ཆེན་པོའི་ཡེ་ཤེས་བརྙེས་པ་དང་། རྒྱལ་བས་ལུང་བསྟན་ཤཱནྟི་པ་ཆེན་པོའི་སློབ་མའི་མཆོག་ཡིན་ཅིང་སློབ་དཔོན་འདི་ནི་འཕགས་ཡུལ་གྱི་ཐལ་རང་རྣམས་ཀྱི་སེམས་ཙམ་རྣམ་རྫུན་དུ་སྒྲོགས་པའི་ངེས་དོན་ཟབ་མོ་དབུ་མ་ཆེན་པོའི་ལྟ་བ་འཛིན་པ་ཡིན་ནོ། །

དེ་ནས་མངའ་བདག་མེ་ཏྲི་པའི་གཟུངས་མ་ཚུ་ཤིང་གི་སྙེ་མ་ཅན་བྱ་བ་དེ་མཇལ་ནས་གསེར་གྱི་མཎྜལ་ཕུལ་གསོལ་བ་བཏབ་པས་གསང་གདན་ལེའུ་དང་པོའི་རྣལ་འབྱོར་ནམ་མཁའི་དབང་བསྐུར་དང་། རྫ་བའི་དཀྱིལ་འཁོར་གྱི་དབང་དང་གསང་གདན་གྱི་སྐོར་གནང་། །དེ་ནས་ནཱ་རོའི་ཞབས་པད་དུ་འཁོར་སྐབས་རྒྱ་ཚད་འདར་བུས་གྲོངས་པ་ལ་ཐུག་པ་བསྟུན་ཡང་བླ་མའི་ཐུགས་རྗེས་ཞི་བར་མཛད། བླ་མས་ལུང་བསྟན་ཏེ་དུར་ཁྲོད་སོ་ས་གླིང་དུ་ཕྱིན་ནས་རྣལ་འབྱོར་མ་མི་རུས་ཀྱི་རྒྱན་ཅན་མ་ལ་གདན་བཞི་ཞོགས་པར་ཞུས། བླ་མ་ནཱ་རོ་པ་ལས་ཀྱང་གདན་བཞིའི་དབང་རྒྱུད་ཟབ་ཁྲིད་མཐའ་རྒྱས་སུ་ཞུས་ཤིང་། །དགྱེས་རྡོར་

གྱི་དབང་དང་རྒྱུད་བཤད་ལུང་བདུན་གསན་པ་དང་། །གཞན་ཡང་གཉེད་སྐོར་རྣམས་དང་སྒྲོལ་མ་འབྱུང་བ། མི་གཡོ་བླ་མེད། སེམས་འགྲེལ་སྐོར་གསུམ་སོགས་རྒྱུད་སྡེའི་དབང་རྒྱུད་མན་ངག་ཐམས་ཅད་བུམ་པ་གང་བྱོའི་ཚུལ་དུ་གསན་པར་མཛད་ནའང་། །སྐབས་དེར་གདུལ་བྱ་དུས་ལ་མ་བབས་པའམ། དུས་དེར་བོད་རྣམས་བདེ་དགྱེས་གསང་གསུམ་ཁོ་ན་ཟེར་བའི་སྐབས་ཡིན་འདུག་པས། དོན་གཉེར་མེད་པའམ་ཅི་ལྟར་ནའང་སྒྲོལ་མ་འབྱུང་བ་དང་སེམས་འགྲེལ་གྱི་སྐོར་སོགས་བོད་ཡུལ་འདིར་སུ་ལའང་གནང་སྐད་མི་འདུག་ཅིང་དེ་ལ་རྗེ་པདྨ་དཀར་པོས་ལོ་ཙཱ་ཆེན་པོས་རྒྱུད་སྡེ་རྒྱ་མཚོ་ཙམ་མཁྱེན་པ་ལས་ཕྱོགས་འདིར་བུམ་པ་གང་ཙམ་གནང་བ་ཞེས་གསུངས་པ་ལྟར་རོ། དེ་ནས་དུར་ཁྲོད་སོ་སོ་གླིང་དུ་ཚོགས་འཁོར་ལ་སོང་དང་ཌཱ་ཀི་མས་རྗེས་སུ་འཛིན་པར་འགྱུར་གསུངས་པ་ལྟར་བྱོན་པས་རྗེ་བཙུན་རྡོ་རྗེ་རྣལ་འབྱོར་མ་མེ་མོའི་རྣམ་པ་དང་མཇལ། ཞལ་གྱི་གྲི་གུག་གིས་ཐུགས་ཀ་ཕྱེས་ཏེ་ཨཏྟ་སྤུགས་ཀྱི་འཁོར་ལོ་བསྟན་ནས་བརྡ་བཞིའི་དབང་བསྐུར། རྡོ་རྗེ་གདན་དུ་སངས་རྒྱས་ཀྱི་ཚོམས་མཆེ་བ་མཇལ་བར་སོང་ཞིག་དང་དོན་ཆེན་པོ་ཡོད་གསུངས་པ་ལྟར་བྱོན་པས། ཚོམས་མཆེ་བའི་སྒྲོམ་གྱི་ནང་དུ་ཐར་མེད་པའི་ཏཱ་ལའི་ལོ་མ་ལ་ལི་ཁྲིས་སིནྡྷུ་ལའི་ཡི་གེར་བྲིས་པའི་རྡོ་རྗེ་རྣལ་འབྱོར་མའི་སྒྲུབ་ཐབས་འདུག་པ་མཁའ་འགྲོས་གནང་བར་གོ་ནས། དཀོར་གཉེར་ལས་སློང་སྟེ་བོད་དུ་སྤྱན་དྲངས་ནས་ཕྱིས་བོད་སྐད་དུ་བསྒྱུར་བ་ནི་ད་ལྟའི་སྒྲུབ་ཐབས་འདི་གའོ། དཔལ་ས་ར་ཧ་པའི་ཡེ་ཤེས་ཀྱི་སྐུ་དང་མཇལ་ཏེ་མ་ཧཱ་མཱ་ཡཱའི་དབང་རྒྱུད་མན་ངག་དང་བཅས་པ་གནང་། གཞན་ཡང་ཇི་སྐད་དུ། རྗེ་ནཱ་རོ་ཏ་པས་གཙོར་མཛད་པའི། །གྲུབ་ཐོབ་ཀྱི་བླ་མ་རྣམས་དང་མཇལ། །སྦྱོར་རྒྱུད་སྡེ་བཞི་ཡི་མན་ངག་ཞུས། ཞེས་སོགས་དང་། ལར་དུར་ཁྲོད་ཞུལ་བའི་རྣལ་འབྱོར་པ། ཤིང་དྲུང་ན་གནས་པའི་ཀུ་ས་ལི། །ཡོངས་སུ་མ་གྲགས་འགའ་ཡོད་དེ། །རྫོགས་རིམ་ཁ་འཐོར་མང་དུ་ཞུས། །ངོ་མཚར་ཅན་གྱི་སྒྲུབ་ཐབས་དང་། །ཕྲན་ཚོགས་གདམས་ངག་རྩིས་ལས་འདས། །ཆོས་འབྲེལ་ཙམ་གྱི་བླ་མ་དང་། །དཔལ་སིདྡྷ་ལ་པས་སྔ་དྲངས་པའི། །མངོན་ཤེས་གྲུབ་རྟགས་མངའ་བརྙེས་པའི། །སྣང་བ་

འགྱུར་ངེས་བཅུ་གསུམ་བཞུགས། ཆོས་སྐྱོན་ལམ་གྱི་འབྲེལ་ཐོགས་བཅུ་གསུམ་དང་། ཁྱད་པར་གྲུབ་ཐོབ་ཞལ་ལྔ་བཞུགས། །རྗེ་འགྲན་གྱི་དོ་མེད་རྣམ་གཉིས་ཏེ། གཙོ་བོ་པཎ་ཆེན་ནཱ་རོ་པ། དེ་འོག་རྒྱལ་བ་མེ་ཏྲི་པ། ཞེས་གསུངས་པ་ལྟར་རོ། །དེ་ནས་བོད་དུ་གསེར་ཚོལ་ལ་ཕེབས་ནས་བལ་ཡུལ་དུ་འབྱོར་སྐབས་ཆུ་རྒྱུས་པས་ཕྱུག་དཔེ་འགའ་ཞིག་ཆུ་ལ་ཤོར་བས་གྲོགས་ཞིག་ལས་གསེར་ཉོ་བཞི་ཙམ་སྐྱིས་ཏེ་རྒྱ་གར་དུ་ལོག་པས། ནཱ་རོ་པས་ཁྱོད་ཀྱིས་བོད་ནས་གསེར་ཡོན་པ་ལས་ཆོས་ཀྱི་སྒྲོ་འདོགས་གཅོད་དུ་འོང་པ་དགའ་གསུངས། སྔར་མ་ཐོབ་པའི་གདམས་ངག་མང་པོ་ཞུས་ཏེ་ལོ་གཅིག་བཞུགས། དེ་ལྟར་རྒྱ་གར་དུ་ལོ་བདུན། ཐར་ཚུར་དུ་ལོ་ལྔ་སྟེ་ཁྱོན་ལོ་བཅུ་གཉིས་བཞུགས། དེ་ནས་རྒྱུད་སྒྲུབ་ཐབས་དང་བཅས་པའི་རྒྱ་དཔེ་རྣམས་ལ་དོགས་གཅོད་དང་གཞི་འགྱུར་མཛད། དེ་ནས་བླ་མ་གཉོས་ལོ་ཙྪ་བ་བོད་ཡུལ་དུ་ཆས། དེ་ཡང་སྟོན་ལོ་ཙྪ་བ་རྣམས་ཀྱི་སྤྱི་ལུགས་ལ། རྒྱ་དཔེ་ཁུར་བའི་ཨ་ཙ་ར་དང་། རྨ་བྱའི་གདུགས་བསྐོར་ནས་ཕེབས་པ་ཡིན་པས། རྗེ་འདི་པས་རྒྱ་དཔེ་རྒྱབ་ཏུ་བསྣམས་ནས་ཕེབས་པས། གཉོས་ལོས། ཁྱེད་ནི་པཎ་ཆེན་ནཱ་རོ་པའི་ཐུགས་སྲས་རྒྱ་གར་ནའང་མཐོང་ཆེན་པོ་བྱེད། སློབ་གཉེར་དང་སྦྱངས་རྟོགས་ང་ལས་ཁྱད་པར་གྱི་ཆེ་བ་ཡིན་ཙ་ན་འདི་ལྟར་ སྨུ་ཧོ་བའི་ཆས་མི་དགོས་གསུངས་ནས། ཁོང་གི་ཞབས་ཕྱི་ཨ་ཙ་ར་ཞིག་ལ་རྒྱ་དཔེ་སོགས་ཁུར་བཅུག་གསེར་ཕྲན་ཚེགས་ཀྱང་སྐྱེ་འགྲུལ་གཞན་ནས་བརྙེབ་སྙེ་བྱེད་པ་ཡིན་ནོ། །

ལོ་རྒྱུས་དང་མགུར་འབུམ་རྣམས་སུ་གཉོས་ལོས་མར་པའི་རྒྱ་དཔེ་རྣམས་ཆུ་ལ་འཕངས་ཟེར་བ་བྲིས་པ་སྣང་བ་ནི་ཕྱིས་ཀྱི་ཕྱོགས་རིས་ཅན་འགས་བསླད་པར་མངོན་ཏེ། ལོ་ཙྪ་བའི་རྣམ་ཐར་སྟར་གྱི་དཔེ་རྙིང་གཉིས་ཙམ་མཐོང་བར་བཤད་མ་ཐག་པ་དེ་ལྟར་སྣང་ཞིང་། རྒྱ་དཔེ་ཆུ་ལ་སྐྱུར་བའི་ལོ་རྒྱུས་དང་། འབེལ་གཏམ་མཛད་ཚུལ་རྣམས་ཀྱང་མི་འདུག་གོ གསང་བ་འདུས་པ་ཞུ་དགོས་པ་སོགས་ཀྱི་སྐུལ་མ་དེ་རྣམས་ནི་ནཱ་རོ་པས་ལུང་བསྟན་པར་གསུངས་འདུག་ཅིང་རྗེ་དཔལ་པོ་གཙུག་ལག་ཕྲེང་བའི་ཆོས་འབྱུང་དུའང་དེ་ལྟའི་སྒྲོས་ཙམ་ཡང་མི་སྣང་ལ། སྟོན་གསང་ཐུགས་ཚུལ་བཞིན་སྤྱོད་པའི་སྐབས་གསང་ནས་སྤྱོད་

པ་ཕོ་ན་ཡིན་པ་ལ། ཚོང་འདུས་སུ་གསང་སྔགས་འཕེལ་གཏམ་བྱེད་པའི་ལུགས་མེད་ཅིང་། དཔལ་རིག་པ་འཛིན་པ་ཚེ་དབང་ནོར་བུས་གཟིགས་པའི་མར་པའི་རྣམ་ཐར་རྣམས་སུའང་གཉོས་ལོས་རྒྱ་དཔེ་ཆུ་ལ་འཕངས་པའི་གཏམ་དེ་མི་བདེན་ཚུལ་དང་། གཉོས་ལོས་རྗེ་མར་པར་རྒྱ་གར་དུ་ཕན་གདགས་མང་པོ་མཛད་པའི་དྲིན་ལན་དུ་རྗེ་ནཱ་རོ་པའི་ཐུགས་དམ་རྟེན་བདེ་མཆོག་གི་རྡོ་སྐུ་དང་རྒྱ་དཔེ་སོགས་འཕགས་ཡུལ་གྱི་ཡོ་བྱད་ཁ་ཤས་གནང་བ་ལས་རྡོ་སྐུ་ནི་ད་ལྟ་ཡང་གྱེ་རེ་ལྷ་པའི་ནང་རྟེན་དུ་བཞུགས་པ་ཡོང་པས་མཇལ་གསུངས་འདུག་པ་བཞིན་དང་། ལར་ཡང་བླ་མ་དེ་ཐུགས་རྒྱུད་ཆེས་བཟང་བས་དཔལ་རྡོ་རྗེ་འཇིགས་མཛད་ཆེན་པོ་གྲུབ་ཅིང་ནུས་མཐུ་ཆེན་པོ་མངའ་བ་རྭ་ལོ་ལས་ནུས་མཐུ་ཆེས་ཆེ་བ་ཡིན་ཀྱང་སྲོག་ཆགས་གྲོག་སྦུར་ཞིག་ལའང་གནོད་པ་མི་མཛད་པ་ཞིག་ཡིན་པས་འབྲི་གུང་སྐྱོབས་པས་མགར་དམ་པ་ཆོས་སྡིང་པ་ལ་འཇིགས་མཛད་གཉོས་ལུགས་ཞུས་ཤིག གསུངས་པ་ལྟར་སྐྱེས་བུ་དམ་པ་དེས་ཕྲག་དོག་གི་སྒོ་ནས་རྒྱུད་ཀྱི་གླེགས་བམ་ཚུར་བསྐུར་བའི་སྡིག་སྤྱོད་དེ་འདྲ་མི་གནང་བས་ཀྱང་མཚོན་ནོ། །ཞེས་འབེ་ལོ་ཚེ་དབང་ཀུན་ཁྱབ་ནས་གསུངས་ས། དེ་ནས་སྤྱིར་ཕུར་གློག་སྐྱ་ཆེན་པོ་འདས་པའི་རྗོ་སྲུས་ཤེས་རབ་བརྩེགས་ཀྱིས་རྗེ་མར་པའི་ཞབས་ནས་བཏེགས། དེར་མ་ཧཱ་མཱ་ཡཱའི་ཆོས་བསྡུགས། དེ་ནས་རང་ཡུལ་དུ་ཕེབས། སྟོ་ལ་ཡག་གི་བ་རང་ཕྲ་བ་ཅན་སོགས་སློབ་མ་མང་པོར་དཔལ་གསང་བ་འདུས་པ་སོགས་ཀྱི་ཆོས་འཁོར་བསྐོར། རྗེ་བོ་མར་པ་དཀོན་ཅོག་གིས་ས་ཡུལ་དེར་ཕུན་འཁྲོག་ས། བར་དུ་དགོན་མལ། མདའ་ཏུ་ཞིང་འདེབས་ཚོག་པའི་མཐའ་གན་ཕུལ། དེ་ནས་བྱང་ན་མ་རའི་གསེར་ཁ་རྔོལ་བ་དང་ཐུག དེར་ལྷ་གཡག་དཀར་པོ་ཞིག་ཤི་བའི་རོ་ལ་གྲོང་འཇུག་མཛད་པས་ཐམས་ཅད་ངོ་མཚར་ནས་དད་པ་བྱས་ཏེ་གསེར་མང་དུ་རྙེད་ནས་སླར་རྒྱ་གར་དུ་ཐོན། བླ་མ་རྣམས་ལ་གཏང་རག་གི་མལ་ཚོགས་འཁོར་རྒྱས་པ་དང་མཆོད་པས་མཉེས་པར་བྱས་ཏེ། དེ་སྐབས་ནཱ་རོ་པ་སྤྱོད་པ་ལ་གཤེགས་སྐབས་ཡིན་ཀྱང་མཇལ་ཏེ། ནཱ་རོ་པའི་དྲུང་ནས་བདེ་མཆོག་ལྷ་དྲིལ་ནག་གསུམ་ཡང་རྒྱལ་བཟང་གི་ལུགས་སོགས་རྩ་རྒྱུད་ཀྱི་ལུགས་སྲོལ་མི་འདྲ་བ་དུ་མ་དང་། གཞན་ཡང་

ཀུན་སྤྱོད་དང་ཨ་རྒྱི་རྫ་ནའི་སྐོར་སོགས་དང་། འདུས་པ་ཞབས་ལུགས་དང་། གཤེད་སྐོར་སོགས་སྔར་མ་ཞུས་པའི་ཆོས་འཁོར་རྣམས་ཞུས་སྔར་གསན་པ་རྣམས་ཀྱི་དཔེ་བྲིས་ནས་བོད་དུ་འགྲོ་བའི་གནང་བ་ཞུས་པས། ལོ་ཙཱ་བ་ཁྱོད་རྗེ་ཏི་ལོ་པ་ཆེན་པོས་ལུང་གིས་བསྟན་པ་ཡིན། བྱང་ཕྱོགས་སུ་འགྲོ་བའི་དོན་རྒྱ་ཆེན་པོ་འབྱུང་ཞེས་གསུངས།

སླར་རྒྱ་གར་དུ་ལན་གཅིག་ཤོག་གསུངས་པ་ལྟར། ཐེངས་གཅིག་འབྱོན་པའི་དམ་བཅའ་ཕུལ། མི་ཏྲི་པ་ལས། དགྱེས་རྡོར་དང་བདེ་མཆོག་ཕག་མོ་སངས་རྒྱས་ཐོད་པ་ལྷ་ཉེར་ལྔ་པ་དང་དགུ་པ་སོགས་རྒྱུད་དང་གདམས་ངག་མང་དུ་ཞུས། གཞན་ཡང་སྔར་མ་གསན་པ་རྣམས་གསན། གསན་པ་རྣམས་ལ་དོགས་གཅོད་དང་འགྱུར་བཅོས་མཛད་དེ་གཏན་ལ་ཕབ། བླ་མ་རྣམས་ལ་ཕྱོན་ཕྱག་འཚལ་ནས་བལ་པོ་བརྒྱུད་སླར་བོད་དུ་ཕེབས། མེས་རྔོག་མཚུར་སོགས་རྗེས་སུ་བཟུང་ནས་གསང་བ་འདུས་པ། དགྱེས་རྡོར། མ་ཧཱ་མཱ་ཡཱ། བདེ་མཆོག་སོགས་ཀྱི་དབང་དང་། རྒྱུད་བཤད། སྒྲུབ་ཐབས། མན་ངག་མང་པོ་གནང་། དེ་ནས་འཕན་ཡུལ་ནས་བྱང་འདམ་གྱི་བར་ཕེབས། སྙིང་དྲུང་དུ་མར་པ་མགོ་ཡག་གིས་གདན་དྲངས་གསེར་སྲང་བཞི་བཅུ་སོགས་ཕུལ། དེར་ཕོ་རངས་ཞིག་ཏུ་མཁའ་འགྲོ་མ་དར་གྱི་གོས་དང་རུས་པའི་རྒྱན་ལྡན་བཞིས་མགྲིན་གཅིག་ཏུ། ཏི་ལོས་ལུང་བསྟན་ན་རོའི་བུ། ལྷུན་གྲུབ་ཆོས་ཀྱི་བློ་གྲོས་ཁྱོད། པུཎྜ་ཧ་རིའི་དགོན་པ་ན། རྣལ་འབྱོར་དབང་ཕྱུག་ནཱ་རོ་པ། སྐྱེ་བ་མེད་པའི་དབྱིངས་སུ་ཡལ། ཁྱེད་བཞུད་ན་ངེད་དང་འགྲོགས་པར་གཤེགས། ཞེས་བསྐུལ་བས་རྗེ་ཉིད་སླར་རྒྱ་གར་དུ་འབྱོན་པར་ཐུགས་ཐག་བཅད། མར་པ་མགོ་ཡག་སོགས་ལ་ཆོས་འཁོར་རྣམས་ཚར་བར་མཛད། རང་གི་ཡུལ་དུ་བྱོན། ཞིང་གཅིག་གསེར་དུ་དྲིལ། གསེར་སྲང་ཕྱེད་སུམ་བརྒྱ་ཕྱག་ཏུ་བྱུང་བ་བསྡམས། མགོ་ཡག་གིས་རྟ་ཁྲ་བོ་མགོ་དཀར་སོགས་ཕུལ་ནས་མང་ཡུལ་བར་དུ་བསྐྱལ། ལམ་དུ་ཇོ་བོ་རྗེ་དང་མཇལ་ནས་ཁྱོད་ཀྱི་བླ་མ་ནཱ་རོ་པ་ནི་ན་ཞིང་གི་ལོ་གསར་ཀྱི་ཉ་ལ་མཁའ་སྤྱོད་དུ་གཤེགས་ཟིན་པས། ངེད་ཀྱི་ལོ་ཙཱ་བྱས་ན་ནཱ་རོ་པའི་ཆོས་གདམས་ངག་ཐམས་ཅད་ང་ཡིས་ཐོབ་པ་ཡིན་གསུངས་པས། བླ་མ་ལ་ལན་གཅིག་མཇལ་

བའི་དམ་བཅའ་ཕུལ་ཡོད་ཞུས་པས། ངོ་ན་ཁྱོད་སྐལ་པ་དང་ལྡན་པ་ཞིག་ཏུ་འདུག་པས་མཇལ་བར་ངེས་སོ་ཞེས་ལུང་བསྟན་ཞེས་ཇོ་བོའི་རྣམ་ཐར་དཔེ་རྙིང་མ་བཅོས་པ་རྣམས་ན་འདུག་གོ །དེ་ནས་བལ་ཡུལ་དུ་ཕེབས་ནས་བླ་མ་ཛྷི་བ་དང་ཕམ་ཐིང་བ་དང་མཇལ། ཚོགས་འཁོར་མཛད་པས་བླ་མ་མཁའ་སྤྱོད་དུ་གཤེགས་ཟིན་ཁྱོད་ལོ་གཅིག་གིས་ཕྱི་ཟེར། དེ་ནས་རྒྱ་གར་དུ་ཕྱིན། དགེ་ཚུལ་བ་དང་མཇལ། ལོ་རྒྱུས་རྣམས་ཞིབ་ཏུ་དྲིས་པས། བླ་མ་སྤྱོད་པར་གཤེགས་ཁར། ཁྱེད་ཅིས་ཀྱང་སླེབས་འོང་བས། འདི་གཏོད་ཅིག་གསུངས་ཀྱིན་འདུག་ཅེས་གསུངས་ནས། བྱིན་རླབས་ཆེན་འགའ་ཞིག་གཏད། བླ་མའི་ཐུགས་རྗེ་དང་ཁྱེད་ཀྱི་མོས་གུས་ལ་བརྟེན། བླ་མ་མཇལ་བ་འོང་ཞེས་པའི་དབུགས་དབྱུང་མཛད། དེ་ནས་མཻ་ཏྲི་པ་དང་། པྲཛྙཱ་རཀྵི་ཏ། ཛྙཱ་ན་ཀ་ར། ཤཱ་ཀ་ར་སིངྷ། ཛ་ཡ་ཀ་ར། རི་རི་པ་རྣམས་དང་མཇལ། ཚོགས་འཁོར་ཕུལ་ནས་གསོལ་བ་བཏབ་པས་བླ་མ་མཇལ་བར་ལུང་བསྟན། དཔལ་ནག་པོ་ཤཱནྟི་བྷ་དྲ་མཇལ། དེར་གསེར་གྱི་མཎྜ་དང་ཚོགས་ཀྱི་འཁོར་ལོ་མཛད་པས། མ་ཧཱ་མཱ་ཡཱའི་ཡིག་འབྲུ་ཕྲགས་ཀྱི་དཀྱིལ་འཁོར་གཟིགས། ཟབ་མོ་ཕྲགས་ཀྱི་དེ་ཉིད་ཐུགས་སུ་ཆུད་ཅིང་། དཔལ་ནཱ་རོ་པ་མཇལ་བར་ལུང་བསྟན་པར་མཛད་དོ། ཞི་བ་བཟང་པོ་འདི་ནི་མར་འགོས་གཉིས་ཀའི་བླ་མ་ཡིན་ནོ། །དེ་ནས་དཔལ་ཡེ་ཤེས་སྙིང་པོའི་དྲུང་དུ་ཕྱིན་ནས་གསེར་གྱི་མཎྜལ་ཕུལ་བས། གདམས་ངག་གནང་ཞིང་བྱིན་གྱིས་བརླབས། ནཱ་རོ་པ་མཇལ་བར་ལུང་བསྟན་པས་མྱུར་དུ་མཇལ་ལོ་སྙམ་པའི་ཕྲོད་པ་སྐྱེས། དེར་མཎྜལ་དང་གསོལ་བ་བཏབ་པས་འཇའ་ཚོན་གྱི་རྣམ་པ་འོལ་སྤྱི་དང་། མི་གསལ་བ་དང་། གསལ་བ་དག་རིམ་པར་མཇལ་ཡང་སྐུའི་རྗེས་མ་སླེབས་པར་ཡལ། དེར་ཐོད་པ་རྣམ་སྣང་གིས་གང་བ་བདུད་རྩིར་བྱིན་གྱིས་བརླབས་པ་ཞིག་འདུག་པ་གསོལ་བས་ཏིང་འཛིན་དཔག་མེད་བསྐྱེས། དེ་ནས་གསོལ་བ་བཏབ་པས་ཌ་མ་རུའི་སྒྲ་དང་བཅས་ཏེ་ནཱ་རོ་པ་མངོན་སུམ་དུ་ཕྱིན་ཏེ་ས་ལ་བབ། ཕྱག་དང་མཎྜལ་ཕུལ་ནས་གསོལ་བ་བཏབ་པས་གསེར་རྣམས་དང་པོར་མ་བཞེས། ནན་གྱིས་ཞུས་པས་བཞེས་ཏེ་བླ་མ་དཀོན་ཅིག་མཆོད་གསུངས་ནས་གཏོར་བ་ན། འཕངས་

སྐམ་པ་ན་སྣར་ཡང་གསེར་ཚང་མ་ཕྱིར་གནང་སྟེ། འདི་ཐམས་ཅད་གསེར་གླིང་ཡིན་ནོ་གསུངས་པས་ས་གཞི་ཐམས་ཅད་གསེར་དུ་སོང་། དེར་སྣར་ཚོགས་འཁོར་ཐུལ་གསུངས་པས་ཉ་ཕོག་ཞིག་ཡོད་པ་ཚལ་པ་མང་པོ་བྱས་པས་བཟའ་བཅའི་རིགས་སྣ་དྲུག་ཅུར་སོང་། དེར་ཚོགས་འཁོར་མཛད་དཔལ་དགྱེས་པ་རྡོ་རྗེ་དང་འཁོལ་ལོ་སྡོམ་པའི་དབང་བསྐུར་བས་དབང་གི་ཡེ་ཤེས་ཇི་ལྟ་བ་འབྲུངས། དེར་ཟླ་བ་གསུམ་དུ་བཞུགས་ཞེས་གྲགས། དེ་ནས་མངའ་བདག་མེ་ཏྲི་པ་སོགས་ལ་ཕྱི་ཕྱག་མཛད། གསེར་ལྷག་མ་རྣམས་ཀྱིས་བྱང་ཆུབ་ཆེན་པོ་སོགས་ལ་མཆོད་པ་མཛད། རྡོ་རྗེ་གདན་གྱི་དུས་མཆོད་སྐབས་སྲིན་པོ་ལུས་ཚད་ཆེ་བ་ཞིག་ཤི་བའི་རོ་ལ་གྲོང་འཇུག་མཛད་དེ་རོ་ཕྱི་རོལ་ཏུ་དོར་བས་ཐམས་ཅད་ཀྱིས་ལོ་ཙཱ་བ་གྲུབ་ཐོབ་ཏུ་བསྐུར། དེ་ནས་བལ་པོར་ཐེབས། མི་མཉམ་རྡོ་རྗེ་ཞེས་ཀྱི་ཡ་ཞུ་ས་ཡིན་པ་དེའི་གདན་སར་ཐེབས་ནས་ཚོགས་འཁོར་མཛད། རིན་ཆེན་ཚུལ་གྱི་གཙུག་ལག་ཁང་དུ་བཞུགས་སྐབས་ཐོ་རངས་ཀྱི་མནལ་ལམ་དུ་མངའ་བདག་མེ་ཏྲི་པ་སེནྡྷེ་ལ་ཆིབས་པ་བྱོན་ཏེ་སྐྱེ་མེད་བརྗོད་མེད་ཀྱི་བརྡ་བསྟན། མང་ཡུལ་དུ་མར་པ་མགོ་ཡག་བསུ་མར་འབྱོར། མང་ཡུལ་གླང་པོ་མཁར་དུ་ཟུར་བན་གཙུག་ཏོར་དང་སྟོན་པ་རྒྱལ་རྒྱལ་གྱིས་དབང་དང་གདམས་པ་ཞུས། ཉང་སྟོད་སྟག་ཚང་དུ་མེས་སྟོན་ཆེན་པོས་བསུས། མཁར་སྒོང་དཀར་པོ་ཞེས་པ་མར་པ་མགོ་ཡག་གི་གཉེན་ཚན་ཞིག་གིས་ཆོས་གཞི་བཙུགས། དེ་ནས་ལྷོ་བྲག་ཏུ་ཐེབས་སོ། །

དེའང་རྒྱ་གར་དུ་འབྱོན་ཐེངས་དང་པོ་ལ་ལོ་བཅུ་དགུ། བར་པ་ལ་དྲུག་ད་རེས་རྒྱ་གར་རང་དུ་ལོ་གཅིག་བཞུགས། དགུང་ལོ་བཅུ་གཉིས་ནས་ལྔ་བཅུ་རྩ་གཉིས་ཀྱི་བར་སྦྱོང་པ་མཛད་པས་ལོ་བཞི་བཅུ། དཔལ་ནཱ་རོ་པ་རང་བསྟེན་པ་ལ་སྤྱི་ཕྱི་བསྡོམས་པས་ལོ་བཅུ་དྲུག་ཟླ་བ་བདུན་དུ་བསྟེན་པ་སྟེ། རྗེ་ཉིད་ཀྱིས། མར་སྟོན་ཆོས་ཀྱི་བློ་གྲོས་ང་། །ཚེ་སུམ་གཉིས་རྒྱ་གར་ཡུལ་དུ་བསྐྱལ། །ལོ་བཞི་བཅུའི་བར་དུ་ཐོས་བསམ་བྱས། །ཞེས་དང་། རྒྱ་གར་ཡུལ་དུ་ལན་གསུམ་ཕྱིན། ལུས་སྲོག་ལ་མ་བལྟས་དམ་ཆོས་བཙལ། ཞེས་སོགས་གསུངས་པ་ལྟར་རོ། །བོད་དུ་ཐེབས་ནས་དགོང་ལོ་ལྔ་བཅུ་ང་གཉིས་བཞེས་པའི་སྐབས། བདག་མེད་

མ་སོགས་བཙུན་མོ་དགུ་ཁབ་ཏུ་བཞེས། ནང་ལྷར་གྲུབ་པ་ཆེན་པོའི་ས་ལ་བཞུགས་ཀྱང་། ཕྱི་སྣང་ཚུལ་འཇིག་རྟེན་ཀུན་སྤྱོད་ཁྱིམ་པའི་ཚུལ་དང་མཐུན་པར་བཞུགས། རྗེ་མི་ལ་ཡང་དུས་འདི་ཙམ་ན་ཞབས་པད་དུ་སླེབས་ཏེ་སྐྱོ་བ་དང་སྒྲོ་བས་རྗེས་སུ་འཛིན་པར་མཛད། རྗེ་མོ་དགུ་ལ་དར་མ་མདོ་སྡེ་སོགས་སྲས་མེད་སྲིད་དགུ་འཁྲུངས་པའི་ཚུལ་བསྟན། སྐབས་སྐབས་སུ་སྐལ་ལྡན་རྣམས་ཀྱི་སྣང་ངོར་གྲོང་འཇུག་སོགས་ཐུན་མོང་གི་གྲུབ་རྟགས་རྣམས་བསྟན་ཅིང་། ཐུན་མོང་མ་ཡིན་པའི་སློབ་མ་དམ་པ་རྣམས་ཀྱི་ངོར་ཟབ་པར་ཟིལ་གནོད་དང་སྐུའི་བཀོད་པ་བཅས་སྦྲུས་བཅས་བདེ་ཆེན་གྱི་སྤྱོད་པ་སྐྱོང་ཞིང་དཀྱིལ་འཁོར་འཁོར་ལོ་མངོན་སུམ་དུ་སྣང་བ་སོགས་མཆོག་གི་སྒྱུ་འཕྲུལ་གྱི་རོལ་རྩེད་ཅིར་ཡང་བསྒྱུར་ཞིང་། གདུལ་བྱ་རྣམས་ལ་སྨིན་གྲོལ་ཆོས་ཀྱི་འཁོར་ལོ་རྒྱུན་མི་ཆད་པ་བསྐོར་བར་མཛད་པ་རྡོ་རྗེ་ཅན་གྱི་རྒྱལ་ཚབ་དམ་པར་བཞུགས་པ་ཞིག་གོ །

དེ་ནས་སྐལ་ལྡན་སློབ་མའི་ཚོགས་ཆེས་མང་པོ་ཞིག་ལ་རང་རང་གི་སྐལ་བ་ཇི་ལྟ་བའི་ཆོས་ཀྱི་འཁོར་ལོ་བསྐོར་ནས། ལམ་སྟོན་པར་མཛད་པས་གྲུབ་པ་བརྙེས་པ་མང་དུ་མཆིས་པ་ལས་ཁྱད་པར་དུ་རྔོག་ཆོས་སྐུ་རྡོ་རྗེ་ལ་དགྱེས་རྡོར། རྡོ་རྗེ་གུར། མ་ཧཱ་མཱ་ཡཱ་གདན་བཞི་རྩ་བཤད་འགྲེལ་པ་མན་ངག་དང་བཅས་པ་གནང་། རྗེས་ཀྱི་རྒྱུད་པ་བདུན་ཚུན་རྡོ་རྗེ་དྲིལ་བུ་འཛིན་ཤེས་པས་ཚོག་པ་ཁོ་བོ་རང་གིས་བྱིན་གྱིས་རློབ་པ་ཡིན་གསུངས། མེས་སྟོན་ཚོན་པོ་ལ་བདེ་དགྱེས་གསང་གསུམ། མ་ཧཱ་མཱ་ཡཱ། སངས་རྒྱས་ཐོད་པ་མན་ངག་དང་བཅས་པ་གནང་། རོལ་གྱི་མཚུར་སྟོན་དབང་ངེ་ལ་གསང་བ་འདུས་པ་ལུགས་གསུམ། རྩ་རྒྱུད་སྒྲོན་གསལ། རྒྱུད་ཕྱི་མ་རྩ་འགྲེལ། བསྐྱེད་རྫོགས་ཀྱི་མན་ངག་དགྱེས་རྡོར་སོགས་གནང་། འདི་གསུམ་ལ་བཤད་རྒྱུན་མུ་ཏིག་སྟར་ལ་རྒྱུས་པ་ལྟ་བུའི་བཀའ་བབས། གཞན་ཡང་རོལ་པ་གག་སྟོན་ལ་སྒྱུ་ལུས་ཀྱི་བཀའ་བབས། གྲའི་མིའུ་ཆུང་ལ་འཕོ་བའི་བཀའ་བབས། ཚུང་གོང་དཔལ་ལེ་ལ་རིམ་ལྔའི་བཀའ་བབས། དགེ་བཤེས་ཁེ་གད་ལ་གཞུང་བཤད་ཀྱི་བཀའ་བབས། མཇལ་བ་ལ་ཐུ་བ་ཀློག་སྐྱ། སྙིང་དྲུང་གི་མར་པ་མགོ་ཡག་གཉིས་དང་། གཉལ་གྱི་ཤུད་ཀྱི་ལྷ་

བ་ཙན། འཕྲང་གི་རྒྱ་སྟོན་ཞིག་པོ། གཙང་རོང་རྒྱ་མཁར་གྱི་ཞང་སྟོན་ནོ། ཁེ་གད་ནི་ལོ་ཙཱ་བ་འཁོར་ལོ་གྲགས་ཀྱི་ཡབ། རྗེ་བཙུན་གྲོངས་ནས་རྒྱུད་འགྲེལ་གྱི་རྒྱ་དཔེ་ཕལ་ཆེར་འདིའི་ལག་ཏུ་བྱུང་། མར་པ་བྱ་ཟེ་བ། མྱང་སྨོམ་སྤྲང་ལྷག་ལྷ་རྗེ་སེ་རིང་སོགས་རྒྱུད་དབང་མན་ངག་གིས་རྗེས་སུ་བཟུང་བ་ཤིན་ཏུ་མང་། གཞན་ཡང་སྙེ་པ་ཏི་སྨོམ་ནི་རྗེ་བཙུན་གྱི་ཆིབས་ཁ་པ་སྐྱུ་ལུས་འདི་ཁས་མཁའ་སྤྱོད་དུ་ཕྱིན། ཙ་མི་ལོ་ཙཱ། མར་པོ་སོགས་ཆོས་ཀྱི་འབྲེལ་བ་ཙམ་གྱི་སློབ་མ་མང་ངོ་། རྫོ་མོ་གཞན་བརྒྱད་དེ་ཚོགས་ཀྱི་འཁོལ་ལོ་བསྐོར་པར་དགྱེས་རྫོར་སྤྲུལ་པའི་ལྷ་དགུར་དངོས་སུ་སྟོན། གཙོ་མོའི་སྲས་སུ་མདོ་སྡེ་འབྲུངས། རྒྱུད་མན་ངག་དང་བཅས་པ་ལ་སྦྱངས་པ་ཆེ། དགུང་ལོ་ཉེར་གཅིག་པ་ལ་རྟས་བརྡབས་ནས་དབུ་ཆག གྲོལ་འཇུག་ནུས་པས་བོད་དུ་གདུལ་བྱ་མེད་པས་གྲོང་འཇུག་བཏུབ་པའི་མི་རོ་མ་རྙེད་ནས་ཕུག་རོན་གྱི་རོ་ལ་གྲོང་འཇུག་མཛད་ནས་རྒྱ་གར་དུ་འཕུར། རྒྱ་གར་ཤར་ཕྱོགས་སུ་བྲམ་ཟེ་གཞོན་ནུ་སློ་བུར་གྲོངས་པ་ཞིག་གི་རོ་ལ་གྲོང་འཇུག་བྱས་ལ་ཕྱིན་ལས་མཛད་ཅེས་ཀྱང་གྲགས་སོ། །

དེ་ནས་བླ་མའི་ཞལ་ནས། ནཱ་རོ་པཎ་ཆེན་གྱི་བུ་རྒྱུད་འདི་རྟེན་འབྲེལ་ལ་མངའ་བརྙེས་པས་ཁྱེད་བུ་ཆེན་རྣམས་ཀྱིས་རྨི་ལམ་སྒྲུགས་ཤིག་གསུངས་པས་དེར་བུ་ཆེན་རྣམས་ཀྱིས་རྨི་ལམ་བཟུང་བས་རྨི་ལམ་ལེགས་པ་ཡོན་བྱུང་ཞིང་ཁྱད་པར་དུ་རྗེ་བཙུན་མི་ལ་ལ་ཀ་ཆེན་བཞིའི་རྨི་ལམ་བྱུང་བ་མགུར་དུ་སྙན་གསན་ཕུལ་བས། དེ་དག་གི་བརྡའ་གྲོལ་མགུར་དུ་བཞེངས་པའི་དོན་བསྡུ་ན། ཤར་གྱི་ཀ་ཆེན་ནི་དོལ་གྱི་མཚུར་སྟོན་དབང་ངེ། ཀ་ཐོག་ཏུ་སེངྒེ་འགྲིང་བ་ནི་བུ་ཆེན་བཞི། ལྷོ་ཡི་ཀ་ཆེན་རྔོག་སྟོན། སྟག་མོ་ངར་བ་ནི་བུ་ཆེན་བཞི། ནུབ་ཀྱི་ཀ་ཆེན་མེས་སྟོན། ཁྱུང་ལྡིང་བ་བུ་ཆེན་བཞི། བྱང་གི་ཀ་ཆེན་མི་ལ། རྒོད་ལྡིང་བ་བུ་ཆེན་བཞི་ཡིན་པ་སོགས་ཀྱི་ལུང་བསྟན་བྱུང་། ཡང་བུ་ཆེན་རྣམས་ཆོས་གང་དང་གང་གི་བཀའ་བབ་དང་ཕྲིན་ལས་ལ་དབང་བ་ཐོ་རངས་ཀྱི་རྟེན་འབྱུང་ལ་ཡེ་ཤེས་ཀྱིས་གཟིགས་པས། རྔོག་ཆོས་རྡོར་གྱིས་རྒྱུད་འགྲེལ་འགའ་ལ་བཤད་སྒྲུབ་མཛད་པ་གཟིགས་པས། ནཱ་རོའི་རྒྱན་དྲུག་དང་། ཐུགས་དམ་པདྨ་རཱ་ག དགང་གཟར་བླུགས། རྒྱུད་འགྲེལ་གྱི་དཔེ་རྣམས་གཏད་དེ། བཤད་རྒྱུད་

གྱི་བཀའ་གཏད་གཙོ་བོར་བཤད་པའི་སྒོ་ནས་འགྲོ་དོན་གྱིས་ཞིག་གསུངས། མཚུར་སྟོན་གྱིས་འཕོ་བ་བསྒོམ་པས། འཕོ་བའི་མན་ངག་དང་། ནཱ་རོའི་དབུ་ལོ། ཕྱག་སེན། བདུད་རྩི་རིལ་བུ། རིགས་ལྔའི་དབུ་རྒྱན་རྣམས་གནང་ནས་འཕོ་བའི་བཀའ་བབ་ཏུ་ལུང་བསྟན། མེས་སྟོན་གྱིས་འོད་གསལ་སྒོམ་པས། འོད་གསལ་གྱི་གདམས་པ་དང་། ནཱ་རོའི་རྡོ་རྗེ་དྲིལ་བུ། ཌཱ་མ་རུ། ཀ་ཕྲེས་ཀྱི་ཐོད་གཟུགས་རྣམས་གནང་། གཙོ་བོར་འོད་གསལ་གྱི་བཀའ་གཏད་པར་མཛད། རྗེ་མི་ལས་གཏུམ་མོ་སྒོམ་པས། གཏུམ་མོ་སོགས་ཆོས་དྲུག་གི་གདམས་པ་དང་། མཻ་ཏྲིའི་དབུ་ཞྭ། ནཱ་རོའི་ན་བཟའ་རྣམས་གནང་ནས་གཡའ་རི་དང་གངས་ཁྲོད་དུ་རྩེ་གཅིག་ཏུ་བསྒྲུབ་པའི་རྒྱལ་མཚན་ཚུགས་ཞིག་པར་བཀའ་སྩལ་ཏོ། །དེ་ལྟར་དཀའ་བ་དཔག་ཏུ་མེད་པས་བཙལ་བའི་རྒྱུད་མན་ངག་རྣམས་ཀྱིས་སངས་རྒྱས་ཀྱི་བསྟན་པ་དར་ཞིང་རྒྱས་པར་མཛད། སྐུ་གསུང་ཐུགས་ཡོན་ཏན་ཕྲིན་ལས་ཀྱི་སྒོ་ནས་འགྲོ་བ་དཔག་ཏུ་མེད་པའི་དོན་མཛད། ཉིད་དང་གཉིས་སུ་མེད་པའི་སྤྲུལ་པའི་སྐུ་སློབ་མ་ངོ་མཚར་ཅན་རང་རང་གི་འཕྲིན་ལས་ཀྱི་མངའ་དབང་ལ་བསྐོས། སོ་སོར་ལུང་བསྟན་དང་རྗེས་སུ་གནང་བ་རྫོགས་པར་མཛད་དོ། །

གཞན་སྣང་གི་སྐུའི་བཀོད་པ་བསྡུ་བའི་ཚུལ་བསྟན་པའི་དུས་ལ་བབ་ཏེ་དགུང་ལོ་བརྒྱད་ཅུ་རྩ་བརྒྱད་པ་ས་མོ་ཡོས་ཀྱི་ལོའི་ཧ་ཟླ་བའི་ཡར་ཚེས་གསུམ་གྱི་ནམ་ལངས་པའི་ཚེ་གྲྭ་སློབ་རྣམས་བསྡུས་ཏེ་བླ་མའི་ཞལ་ནས་ཁྲིད་རྣམས་མཇལ་དང་མཆོད་པ་ཚོགས་ཀྱི་འཁོར་ལོ་རྒྱ་ཆེན་པོ་མཛོད། མོས་གུས་བསམ་གྱིས་མི་ཁྱབ་པས་གསོལ་བ་དྲག་ཏུ་ཐོབ། སངས་རྒྱས་བྱང་སེམས་ཡི་དམ་ལྷ་ཚོགས་དཔའ་བོ་དང་རྣལ་འབྱོར་མ་ཆོས་སྐྱོང་སྲུང་མའི་ཚོགས་ སྤྲིན་གྱི་ཕུང་པོ་གཏིབ་པ་ལྟ་བུ་ནམ་མཁའ་དང་བར་སྣང་ཐམས་ཅད་གང་བར་བྱོན་ཏེ་ཐམས་ཅད་བོ་བོ་དང་དབྱེར་མེད་དུ་འདུག་གསུངས། ཇི་ལྟར་གསུངས་པ་བཞིན་མཆོད་པ་དང་གཏོར་མ་ཚོགས་ཀྱི་འཁོར་ལོ་རྒྱ་ཆེན་པོ་ཕུལ། དེའི་ཚེ་རྗེ་བཙུན་ཡུད་ཙམ་ཏིང་ངེ་འཛིན་ལ་བཞུགས་པའི་ཚུལ་བསྟན་པའི་ཐུགས་ཀ་ནས་འོད་ཟེར་དཀར་པོ་གཅིག་བྱུང་བ་ཇོ་མོ་བདག་མེད་པའི་

ཐུགས་ཀར་ཐིམ། བདག་མེད་མ་འོད་ཀྱི་གོང་བུར་གྱུར་ཏེ་རྗེ་བཙུན་དང་གཉིས་སུ་མེད་པར་གྱུར་པའི་མོད་ལ་སྐུ་གདུང་གི་གདུལ་བྱ་གཟིགས་ནས་སྐུའི་སྤྱི་བོ་ནས་དབུའི་ཚངས་བུག་གི་ཐད་ཀྱི་རུས་པ་ཟུར་གསུམ་པ་དབུ་སྐྲ་དང་བཅས་པ་ཞིག་ཆོག་སྒྲ་དང་བཅས་ཏེ་འདོམ་གང་ཙམ་དུ་འཕར། དེ་དང་དུས་མཚུངས་སུ། འོད་ཀྱི་གོང་བུ་ཟླ་བའི་དཀྱིལ་འཁོར་ལྟ་བུ་ཞིག་ནམ་མཁའ་ལ་མདའ་འཕངས་པ་བཞིན་དུ་གྱུར་ཏེ་ བླ་མ་ཡི་དམ་མཁའ་འགྲོའི་ཚོགས་གདུགས་རྒྱལ་མཚན་རོལ་མོ་སོགས་མཆོད་པའི་སྤྲིན་དང་ལྷན་དུ་གཤེགས། ཡུལ་ལྷོ་བྲག་ལུང་པར་འཇའ་དང་མེ་ཏོག་གི་ཆར་ཞག་སུམ་ཅུ་སོ་བདུན་དུ་རྒྱུན་མ་ཆད་དུ་བྱུང་བར་གྲགས་སོ། །སྐུ་གདུང་ནི་རྔོག་མདོ་སྡེས་གཞུང་ཞེས་བྱ་བའི་ཡུལ་ན་གདན་འདྲེན་ཞུས་ནས་དངུལ་གྱི་གདུང་རྟེན་བཞེངས། གསེར་གྱི་གདུང་ཁང་དུ་གཞུགས་སུ་གསོལ་ཏེ་མཐོང་བ་དང་། ཐོས་པ་དང་། དྲན་པ་ཐམས་ཅད་བླ་ན་མེད་པའི་བྱང་ཆུབ་ཆེན་པོ་ལ་བཀོད་པར་མཛད་དོ། །

དེ་ལྟར་རྣམ་པར་ཐར་པ་རགས་བསྡུས་ཙམ་བསྟན་ནས། སླར་ཡང་རྗེ་མར་པ་ཆོས་ཀྱི་བློ་གྲོས་ཀྱིས་སྒྲུབ་བརྒྱུད་རིན་པོ་ཆེ་འདི་ཉིད་ཀྱི་བསྟན་པའི་སྲོལ་ཇི་ལྟར་ཕྱེས་པའི་ཚུལ་བསྟན་པ་ནི། རྗེ་མི་བསྐྱོད་ཞབས་ཀྱིས། དགྱེས་མཛད་རྡོ་རྗེ་དཔལ་ལྡན་འདུས་པ་དང་། །ཁྱབ་བདག་དུས་འཁོར་དཔལ་ལྡན་རྡོ་རྗེ་སེམས། །རྡོ་རྗེ་སློབ་དཔོན་གཟུགས་སུ་མངོན་སྤྲུལ་པ། །ལོ་ཙྪ་ཆེན་པོའི་ཞབས་ལ་གསོལ་བ་འདེབས། །ཞེས་དང་། མཁས་པའི་དབང་པོ་ལྷུང་སྐྱ་རོལ་པའི་རྡོ་རྗེས། འཇིག་རྟེན་སྣང་དོར་རྟོན་པའི་མིག་གཅིག་པུ། །སྐྱེས་མཆོག་རིན་ཆེན་བཟང་པོའི་དཔལ་མངལ་དང་། །གསང་བ་བླ་མེད་ཆོས་ཀྱི་རྡོ་རྗེ་མཛོད། །བློ་གྲོས་སྐྱེམ་པར་ཐོགས་པའི་སྒྲ་བསྒྱུར་སོགས། ཞེས་བསྔགས་བརྗོད་གནང་བའི་ལྷོ་བྲག་མར་པ་ཆོས་ཀྱི་བློ་གྲོས་ནི། ཐོག་མར་འབྲོག་མི་ལོ་ཙྪ་བའི་དྲུང་ནས་ལོ་ཙྪ་བསླབས། དེ་ནས་རྒྱ་གར་དང་བལ་པོར་ལན་མང་ཕེབས། པཎ་ཆེན་ནཱ་རོ་པ་ཉིད་སྡེ་རྗེས་བསྟེན་ནས་ལོ་བཅུ་དྲུག་དང་ཟླ་བ་བདུན་བསྟེན་ནས་དགྱེས་པ་རྡོ་རྗེ། གསང་བ་འདུས་པ་གཙོ་བོར་གྱུར་པའི་རྒྱུད་སྡེ་དུ་མའི་

དབང་དང་། བཤད་པ། གདམས་ངག ལག་ལེན་དང་བཅས་པ་ཞིབ་ཏུ་སྦྱངས། ཁྱད་པར་རྒྱ་གར་དུ་ཐེངས་རྗེས་མར་ཕེབས་སྐབས། ན་རོ་པ་མཁའ་སྤྱོད་དུ་གཤེགས་ཟིན་ཡང་གསོལ་བ་བཏབ་པས་བླ་མའི་ཐུགས་རྗེ་དང་། སློབ་མའི་དད་པ་ཁྱད་པར་ཅན་ལ་བརྟེན་བྱང་པུཥྤ་ཧ་རིའི་དགོན་པར་མངོན་སུམ་དུ་མཇལ་ཏེ་ཟླ་བ་དྲུག་ཏུ། བདེ་མཆོག་ཡབ་ཡུམ་གྱི་སྙན་རྒྱུད་རྫོགས་པར་ཞུས། རྗེ་ན་རོ་པས་བསྟན་པའི་བདག་པོར་དབང་བསྐུར་ཏེ་ཆོས་བརྒྱུད་ཆུ་བོའི་རྒྱུན་ལས་རིང་བར་ལུས་བསྟན། རྒྱལ་བ་མེ་ཏྲི་པ་ལ་བརྟེན་ནས་ཕྱག་རྒྱ་ཆེན་པོའི་རྟོགས་པ་ཐུགས་ལ་འཁྲུངས། ནུབ་ཕྱོགས་བུལ་ཀླུའི་ཧྲའི་མཁས་པ་ཆེན་པོ་ཡེ་ཤེས་སྙིང་པོ། སྟོ་དུག་མཚོའི་གླིང་ན་བཞུགས་པའི་གྲུབ་ཆེན་ཞི་བ་བཟང་པོ། ཧྲི་ཀྲི་མ་མི་ཏུས་རྒྱུན་ཅན་ལ་སོགས་པའི་མཁས་གྲུབ་ཀྱི་བླ་མ་བརྒྱ་རྩ་བརྒྱད་ལ་བཏུགས། མདོ་དང་། རྒྱུད་ཀྱི་བཤད་པ། གདམས་ངག ལག་ལེན་མཐའ་ཡས་པ་གསན། ཁྱད་པར་དུ། ན་རོ་པ། མེ་ཏྲི་པ་གཉིས་ཀས། བྱང་ཕྱོགས་ཁ་བ་ཅན་དུ་གསང་བ་འདུས་པའི་རྒྱལ་ཚབ་ཏུ་དབང་བསྐུར། བདེ་དགྱེས་གསང་གསུམ་གཙོས་པའི་རྒྱུད་སྡེ་རྒྱ་མཚོའི་བཤད་སྒྲུབ་ཀྱི་བསྟན་པའི་བདག་པོར་མངའ་གསོལ་ཞིང་བསྟན་པ་ཡོངས་སུ་གཏད་པ་ཕྱག་ཏུ་བཞེས་ནས་སླར་བོད་གངས་ཅན་དུ་ཕེབས་ནས་བསྟན་པའི་སྲོལ་གཏོད་པར་མཛད་དོ། །འདི་ལ་བཤད་རྒྱུད་དང་། སྒྲུབ་བརྒྱུད་ཀྱི་བཀའ་སྲོལ་ཆེན་པོ་རྣམ་པ་གཉིས་སུ་མཆིས་པ་ལས་དེའི་ཆོས་བརྒྱུད་འཛིན་པ་ལ་བཀའ་བརྒྱུད་ཅེས་གྲགས་སོ། །དེའང་བཀའ་བརྒྱུད་ཅེས་པའི་མཚན་འདི་ཐུན་མོང་ལྟར་ན། བདག་ཅག་གི་སྟོན་པ་ཡང་དག་པར་རྫོགས་པའི་སངས་རྒྱས་ཀྱི་བཀའ་སྡེ་སྣོད་གསུམ་དང་། རྒྱུད་སྡེ་བཞིའི་དོན་མཐའ་དག་གི་བརྒྱུད་པ་བཤད་སྒྲུབ་ལས་གསུམ་གྱི་སྒོ་ནས་འཛིན་པས་ན་བཀའ་བརྒྱུད་ཅེས་པའམ། ཐུན་མོང་མ་ཡིན་པ་ལྟར་ན། རྒྱལ་བ་རྡོ་རྗེ་འཆང་ནས་བཀའ་བབས་ཀྱི་ཆུ་བོ་ཆེན་པོ་བཞི་ལྷན་ཅིག་ཏུ་གྲུབ་པའི་དབང་ཕྱུག་ཏེ་ལོ་པ་ལ་འདུས་པའི་གདམས་ངག་གི་རྒྱ་མཚོ་ཆེན་པོ་དེའི་ཆོས་ཀྱི་རྒྱུན་འཛིན་པའང་བརྒྱུད་པ་འཛིན་པ་ལ་བཀའ་བརྒྱུད་པ་དང་། བཀའ་བབས་བཞིའི་གདམས་པ་ཡོངས་རྫོགས་མར་པ་ཆོས་ཀྱི་བློ་གྲོས་ནས་བརྒྱུར་

ཞུས་གཏན་ལ་ཕབ་སྟེ་བོད་ཀྱི་ཡུལ་དུ་བཤད་སྒྲུབ་གཉིས་ཀའི་ཤིང་རྟའི་སྲོལ་བཟང་པོ་ཕྱེས་པར་བརྟེན། སྲོལ་འབྱེད་པ་པོའི་སློབ་དཔོན་གྱི་མཚན་དང་སྦྱར་ནས་མར་པ་བཀའ་བརྒྱུད་ཅེས་གྲགས་པ་ཡིན་ནོ། །ཀུན་མཁྱེན་པདྨ་དཀར་པོ་སོགས་ལ་ལས། མི་ལ་རས་པ། གླིང་ཆེན་རས་པ་སོགས་རས་དཀར་གྱི་ན་བཟའ་གྱོན་པའི་ཆོས་བརྒྱུད་འཛིན་པས་ན་དཀར་བརྒྱུད་ཅེས་གསུངས་པ་ཡང་ཡོད་དོ། །

དེ་ལ། རྗེ་མར་པ་ཆོས་ཀྱི་བློ་གྲོས་ཀྱི་གསང་བ་བསམ་གྱིས་མི་ཁྱབ་པའི་བཀོད་པ་ལ་བརྟེན་ནས། བོད་ཁ་བ་ཅན་གྱི་གདུལ་བྱ་མཐའ་ཡས་པ་ལ། ཐུན་མོང་དང་། ཐུན་མོང་མ་ཡིན་པའི་ཟབ་ཆོས་མང་དུ་བསྟན་ནས་གྲོལ་བར་མཛད་པ་དང་། ལྷག་པར་དུ། དཔལ་གསང་བ་འདུས་པ་དང་། འཁོར་ལོ་བདེ་མཆོག་དགྱེས་པ་རྡོ་རྗེ། མ་ཧཱ་མཱ་ཡཱ། རྡོ་རྗེ་གདན་བཞི་ལ་སོགས་པའི་རྒྱུད་སྡེ་རྣམས་ཀྱི་དབང་དང་། སྒྲུབ་ཐབས། རྒྱུད་བཤད། བསྐྱེད་རྫོགས་སོགས་ཀྱི་ཟབ་ཆོས་མང་དུ་བསྟན་ནས། གསང་སྔགས་རྡོ་རྗེ་ཐེག་པའི་བསྟན་པ་རིན་པོ་ཆེ་ཡུལ་གངས་ཅན་དུ་དར་ཞིང་རྒྱས་པའི་ཕྲིན་ལས་རྒྱ་ཆེར་མཛད་དེ། གསང་སྔགས་གསར་མའི་བསྟན་པའི་སྲོལ་ཕྱེས་པའང་ཡིན་ནོ། །དེ་ལྟར་ཡང་། ཐུའུ་ཀན་ཆོས་ཀྱི་ཉི་མས་བོད་ལ་བསྟན་པ་ཕྱི་དར་གྱི་ཐོག་མར་གསང་སྔགས་གསར་མའི་འགྱུར་འགོ་ནི་ཡོངས་སུ་གྲགས་པ། ལོ་ཆེན་རིན་ཆེན་བཟང་པོ་ནས་ཡིན་པར་གྲགས་ནའང་། དེ་དང་དུས་མཚུངས་པར། འབྲོག་མི་ཤཱཀྱ་ཡེ་ཤེས། མངའ་བདག་མར་པ་ལོ་ཙཱ་ཆོས་ཀྱི་བློ་གྲོས་སོགས་ཀྱང་ཡིན་ལ། མར་པ་ལོ་ཙཱ་ནས་ཕ་རྒྱུད་གསང་བ་འདུས་པ། །མ་རྒྱུད་མ་ཧཱ་མཱ་ཡཱ། །སྙིང་པོ་དགྱེས་པ་རྡོ་རྗེ། །ཡང་སྙིང་འཁོར་ལོ་བདེ་མཆོག བཀའ་སྲུང་ཅན་གྱི་གདན་བཞི་ལ་སོགས་པའི་དབང་བཀའ། བཤད་བཀའ། མན་ངག་གི་བཀའ་རྣམས་རྒྱ་ཆེར་སྤེལ་བས་མཁས་གྲུབ་ཀྱིས་བོད་ཡུལ་བཀང་། གསང་སྔགས་ཀྱི་བསྟན་པའི་བདག་པོ་གྱུར་ཏེ། འདི་ནས་གསང་སྔགས་གསར་མའི་བསྟན་པའི་དབུ་ཚུགས་པ་ཡིན་ནོ། །ཞེས་གསུངས་པ་ལྟར་རོ། །སྐབས་དེར་ཕྱི་འགྱུར་གསར་མའི་བསྟན་པ་གཞི་ནས་འགོ་ཚུགས་པའི་དུས་སྐབས་ཡིན་པར་བརྟེན།

རྒྱུད་དང་། སྒྲུབ་ཐབས། འགྲེལ་པ་སོགས་ཚད་མར་གྱུར་པའི་རྒྱ་གཞུང་རྣམས་ལེགས་སྦྱར་གྱི་སྐད་ལས་བོད་སྐད་དུ་འགྱུར་མཛད་རྒྱུར་གཙོ་བོར་མཛད་པ་ལས། གསར་རྙིམ་གནང་རྒྱུ་གཙོ་བོར་མ་མཛད་པས། ཁྱིས་ཀྱི་མཁས་པ་རྣམས་དང་འདྲ་བའི་རྙིམ་ཆོས་མང་པོ་ཡོད་པ་མ་ཐོས་ཀྱང་། རྒྱུད་བརྟག་གཉིས་ཀྱི་འགྲེལ་བ་བཀའ་ཡང་དག་པའི་ཚད་མ་དང་། བདེ་མཆོག་གི་རྫོགས་རིམ། སྣན་རྒྱུད་ཤོག་དྲིལ་མ། དགྱེས་རྡོར་གྱི་སྤྱི་དོན། འབུམ་ཆུང་ཉི་མ། དགྱེས་རྡོར་ལེའུ་དང་པོའི་ཊཱི་ཀཱ། གུར་གྱི་མན་ངག་སྲོག་ཤིང་། ཆོས་དྲུག་གི་བཀའ་དཔེ་མ། ཚིགས་སུ་བཅད་པ་བརྒྱད་པ། ཨེ་ཝཾ་གི་མན་ངག་ཨཙྪའི་བསྲུང་འཁོར། ནཱ་ཡཱའི་ལྷག་ཆུང་། རྡོ་རྗེ་གདན་བཞིའི་སྒྲུབ་ཐབས། མཐུ་ཆུང་ཁྱེར་བཟློག ལས་རྒྱའི་ཆོས་བཅོ་ལྔ་སོགས་ལས་ཕྲན་ཚེགས་ཀྱི་སྐོར། བཀའ་སྲུང་ལྷ་མོ་དུད་སོལ་མའི་སྒྲུབ་ཁྲིན། མན་ངག་སྐོར་སོགས་མེད་ཐབས་མེད་པ་འགའ་ཞིག་གསར་བརྩམས་ཀྱང་མཛད་ལ། གཞན་ཡང་གང་ལ་གང་འདུལ་གྱི་གདུལ་བྱའི་ངོར། དེ་དང་དེའི་བློ་དང་འཚམས་པའི་མགུར་དབྱངས་དང་། རྟོགས་པ་དོན་གྱི་དོ་ཧ་ཚིག་ཉུང་ལ་དོན་ཟབ་པ་མགུར་དུ་བཞེངས་པའི་རྣམ་པར་གསུངས་པ། ལྟ་སྒོམ་སྤྱོད་པའི་རྣམ་བཞག་ཚང་ལ་མ་ནོར་བ་བསླབ་བྱའི་ཚུལ་དུ་གདམས་པའི་མགུར་དང་། ལམ་ཁྱེར་སྙིང་པོ་དྲིལ་བའི་མགུར་དབྱངས་སོགས་ནི་མང་དུ་གསུངས་ཤིང་སློབ་མའི་ཚོགས་བསམ་གྱིས་མི་ཁྱབ་པ་ཞིག་མཆིས་ལ། ལྷག་པར་དུ་ཐུགས་ཀྱི་སྲས་བཞི། དབུ་ཚེའི་བཤེས་གཉེན་བཅུ་སོགས་གདམས་ངག་འཛིན་པའི་སློབ་མ་མང་དུ་བྱོན་པའི་ནང་ནས་གཙོ་བོར་ཀ་ཆེན་བཞིར་གྲགས་པ་ལ་བཤད་སྒྲུབ་གཉིས་ཀྱི་བཀའ་བབས་ཏེ། གཞུང་གི་རྟོག་ཆོས་སྐུ་རྡོ་རྗེ། དོལ་གྱི་མཚུར་སྟོན་དབང་གི་རྡོ་རྗེ། གཙང་རོང་གི་མེས་སྟོན་ཚོན་པོ་བསོད་ནམས་རྒྱལ་མཚན་གསུམ་ལ་བཤད་པའི་བཀའ་བབས་ཤིང་། དེ་ལས། རྗེ་མར་པའི་བཤད་བརྒྱུད་ཀྱི་བཀའ་བབས་ཀ་ཆེན་བཞི་ལས་སྔོའི་ཀ་བ་རྟོག་སྟོན་ཆོས་རྡོར་ནི། རབ་བྱུང་དང་པོའི་ཁོངས་སུ། བོད་ཡུལ་དབུས་ཀྱི་སྟོ་ཕྱོགས་གཞུང་རི་བོ་ཞེས་པར། ཡབ་དེ་བ་དང་། ཡུམ་འོད་ལྡན་མ་ཞེས་པའི་སྲས་སུ་འཁྲུངས། ལྷ་ཐོ་རི་གཉན་བཙན་གྱི་དུས་སུ། རྟོག་ཟིང་པོ་རྗེ་བྱ་བ་ཞིག

བྱུང་བ། བོད་ཀྱི་མིའུ་རིགས་བཞི་ལས། སྟོང་དུ་གཏོགས་པ། རྔོག་ལོ་ཙཱ་བ་ཁུ་དཔོན་དང་ཡབ་ཚན་དྲུང་ཡིན། ཡབ་ཆོས་སོགས་ལ་མཁས་པར་གྱུར་ཆེ་བ་བཟའ་ཆོས་མཚོ་ཁབ་ཏུ་བཞེས་གཞུན་སེ་ལུང་དུ་དགེ་བཤེས་སྒྲེར་ཆུང་པ་ལ་རྙིང་མའི་ཆོས་སྐོར་གསན་སྦྱོར་ཕུའི་ཆག་ལོ་དང་ཡང་མཇལ། བྲེ་མ་ལུང་ལས་མཚན་བརྗོད་གསན། དེ་དུས་དགེ་བཤེས་སྒྲེར་ཆུང་པས་རྗེ་མར་པའི་བསྔགས་པ་བརྗོད་ཅིང་སྙིང་ནས་རང་ཆོས་བྱེད་ན་སྐྱེས་མཆོག་མར་པ་ལོ་ཙཱའི་སྤྱན་སྔར་འདོང་ངམ་ཞེས་གསུང་པས་མཚན་ཐོས་པ་ཙམ་གྱིས་དད་པ་རང་དབང་མེད་པ་སྐྱེས་ནས་དེ་ནུབ་རང་ཆོས་འཁྲུ་དྲིལ་ཏེ་ནང་པར་གཞུང་དུ་སོག དེ་དུས་རྔོག་པ་དགུང་ལོ་བཅུ་དྲུག་ཙམ་ཡིན་ཕྱུག་རྟེན་འབུལ་བ་རྒྱ་ཆེན་དང་བཅས་ལྷོ་གྲོ་བོ་ལུང་དུ་ཕྱིན་ནས་རྗེ་མར་པ་མཇལ། ཐོག་མར་བདག་མེད་ལྷ་མོ་བཅོ་ལྔ་ཞུས་ནས་ཉམས་སུ་བླངས་པས་རིང་པོར་མ་ཐོགས་པར་ལྷ་མོ་བཅོ་ལྔའི་དཀྱིལ་འཁོར་དངོས་སུ་གཟིགས་པ་ན་བླ་མ་ལ་བདག་སྐལ་བར་ལྡན་པ་ཡིན་ནམ་ཆོས་འདི་བྱིན་རླབས་ཆེ་བ་ཡིན་ཞུས་པས་བླ་མའི་ཞལ་ནས་གཉིས་ཀ་ཡིན་གསུང་། གཞུང་རི་བོར་གདན་དྲངས་ནས་རང་ལ་ཡོད་པའི་དངོས་པོ་མཐའ་དག་ཕུལ་བའི་སྒོང་དག་ལན་གསུམ་མཛད་ནས་རིམ་པར་དགྱེས་རྡོར་རྒྱ་འགྲེལ་གདན་བཞི་མ་ཧཱ་མཱ་ཡཱ་རྣམས་ཀྱི་རྒྱུད་དང་གདམས་ངག་དཔག་མེད་གསན། ཆོས་སྐྱོན་དུད་སོལ་ལྷ་མོ་གནང་། ཁྲིད་པར་བསྲེ་འཕོ་གནད་ཀྱི་མཚམས་སྦྱོར་རྣམས་གནང་། དགྱེས་རྡོར་ལྷ་དགུ བདག་མེད་ལྷ་མོ་བཅོ་ལྔ། གདན་བཞི་ལྷ་མང་། ཡེ་ཤེས་དབང་ཕྱུག་མ་ཧཱ་མཱ་ཡཱ་ལྷ་ལྔ། གུར་རིགས་བསྡུས་ཏེ་རྗེ་མར་པ་ལས་བྱུང་བ་དྲུག་དང་། སྒྲོ་ཏི་ལུགས་ཀྱི་འཇམ་དཔལ་གསང་ལྡན་ཏེ་བདུན་ལ་རྔོག་པའི་དཀྱིར་འཁོར་བདུན་དུ་གྲགས། ཞིང་གི་བར་ན་ནེའུ་སེང་ཁྲུང་འདྲ་བ་ཡོད་པར་ལྷ་ཁང་བཏབ་པས་གཞུང་རི་བོ་ཁྲུང་ལྡིང་ཟེར། འདི་ཐོས་པ་དང་བསྒྲུབ་པ་སྟབས་སུ་མཛད་པས་ཡེ་ཤེས་ཀྱི་སྐུ་བརྙེས། འཆད་ཉན་མཛད་པས་སློབ་མ་བསམ་གྱིས་མི་ཁྱབ་པ་ཐོན། བདེ་དགྱེས་གསང་གསུམ་གྱི་བཤད་པ་རྔོག་ལུགས་ཞེས་པའི་བཤད་རྒྱུན་འདི་སྲོལ་གཏོད། །ད་ལྟ་བར་བཤད་རྒྱུན་མ་ཆད་པར་བཞུགས་ཡོད། དགུང་ལོ་དྲུག་ཅུ་རྩ་བརྒྱད་ལ་

དབེན་གནས་ནས་བཙས་མ་ཐ་བའི་དུས་གསུངས་ཆེན་པོས་པོས་ཏེ། ངའི་ཕྱི་ལ་སུ་འགྲོ་འདོད་ཤོག་གསུངས་པ་ལ། གཞན་སུའང་མ་བྱུང་བར་ཀུན་གྱིས་མཐོང་བར་ནམ་མཁའ་ལ་གཤེགས་ཏེ་སྐུ་ལུས་འདིས་མཁའ་སྤྱོད་དུ་ཕྱིན་ནོ། །དེ་ལ་སློབ་མ་རྣམས་ཀླུ་གོང་པ། ས་ལྷ་བ་ཅན། རྔོག་མུན་པ་ཅན། སུམ་པ་ཕོད་ཀ་ཅན་དང་ཁྱད་པར་རིགས་ཆོས་གཉིས་ཀའི་སྲས་རྔོག་ཞེ་སྡང་རྡོ་རྗེ་ལས་བརྒྱུད་པ་སྤྲ་ཕྱི་མང་པོ་ཕྱིན་པ་རྣམས་ཀྱིས་བརྩམས་པའི་རྒྱུད་འགྲེལ་ཀྱང་མང་དུ་བཞུགས་པ་བཅས་ནི་རྗེ་མར་པའི་བཀའ་བརྒྱུད་ལས་རྔོག་པའི་བཀའ་བརྒྱུད་དུ་གྲགས་སོ། །

ཤར་གྱི་ཀ་ཆེན་མཚུར་སྟོན་དབང་གི་རྡོ་རྗེ་ནི་ཡུལ་དོམ་མདའ་གདུང་མཚུར་ཡབ་སྔགས་པ་ཤིན་ཏུ་མཐུ་ཆེ་བ་ཞིག་གི་སྲས་སུ་འཁྲུངས། དགེ་བཤེས་ལྕེ་བ་སོགས་ལས་སློབ་གཉེར་ལ་བརྩོན་འགྲུབ་ཆེན་པོ་མཛད། སྐུ་བསོད་རྒྱས། འབུམ་བཞེངས་པའི་ཡིག་མཁན་དང་འཁྲོས་གཏམ་ལ་ད་ལྟ་གསང་བ་འདུས་པ་ལ་སུ་མཁས་དྲིས་པས་ཁོང་རྣམས་མར་པ་ལྷོ་བྲག་པ་མཁས་ཟེར་བའི་སྐད་པ་ཐོས་ཏེ་གྲོ་བོ་ལུང་དུ་ཕྱིན་བླ་མའི་སྐུ་དགྲ་མར་པ་མོན་ནག་བཏུལ། ཕྱིས་དོལ་དུ་སྤྱན་དྲངས་ཤིང་གསང་བ་འདུས་པའི་རྒྱུད་མན་ངག་རྫོགས་པར་གནང་། དེ་ལ་སློབ་མའི་གཙོ་བོ། ཁམས་པ་རོ་མཉམ་རྡོ་རྗེ། ཁོན་གད་པ་ཀྱཻ་རྡོ། མཆིམས་སྟོན་བསོད་ནམས་རྒྱལ་མཚན་གསུམ་ལས་ཁམས་པ་རོ་མཉམ་རྡོ་རྗེ་ནི་རྒྱ་གར་དུ་མཻ་ཏྲི་པ་ལ་གསང་འདུས་ཞུ་སྐམ་ཕྱིན་པས་གཤེགས་ནས་མ་མཇལ། གཞན་རྐན་པ་མ་རྙེད་པར་བོད་དུ་ཕྱིན་ནས་མཚུར་ལ་རྫོགས་པར་ཞུས། ཁོན་གད་པ་ཀྱཻ་རྡོ་ནི་མང་ར་སེང་གེ་རྒྱལ་མཚན་སོགས་ཀྱི་སློབ་མ་གསང་འདུས་ལ་ཤིན་ཏུ་མཁས་པ་ཡིན་ཡང་མན་ངག་མ་བྱུང་བས་མཚུར་ལ་བསྙེན་ཞིང་ཉམས་ལེན་མཛད་པས་སྒྱུ་མ་ལྟ་བུའི་ཏིང་ངེ་འཛིན་མཐར་ཕྱིན་ནོ། །དེ་ནས་རིམ་པས་བྱང་ཁ་བ་བསོད་ནམས་རིན་ཆེན་ལ། དེས་ཐུར་ལ་བ་ཚུལ་ཁྲིམས་སྐྱབས་ལ། དེས་ཐང་དཔེ་བ་འཕགས་པ་སྐྱབས་ལ། དེས་གསེར་སྡིངས་པ་གཞོན་ནུ་འོད་ལ། དེས་ཀུན་མཁྱེན་ཆོས་སྐུ་འོད་ཟེར་ལ། དེས་ཀུན་མཁྱེན་འཕགས་འོད་ལ། དེས་ཀུན་མཁྱེན་བུ་སྟོན་རིན་པོ་ཆེ་ལ་

གནང་ནས་ངའི་ཆོས་རྣམས་མ་ཤིའི་བར་དུ་འཆད་དགོས་གསུངས་བུ་སྟོན་གྱི་ཞལ་ནས་ཀྱང་འཕགས་པའི་གསུངས་མ་ཚིག་པས་མི་ཚེ་བཤད་པ་ལ་སྐྱོལ་དགོས་བྱུང་གསུངས་བུ་སྟོན་རིན་པོ་ཆེ་ལ་དཔལ་ལྡན་བླ་མ་དམ་པ་དང་ཤར་པ་ཡེ་ཤེས་རྒྱ་མཚོ་གཉིས་ཀྱིས་རིམ་ལྔའི་ཁྲིད་ལུགས་འདི་གསན་ནས་ས་སྐྱ་པ་རྣམས་ལ་དེང་སང་གི་བར་དུ་རྒྱུན་མ་ཆད་པར་བཞུགས། ཡང་ཀུན་མཁྱེན་བུ་སྟོན་གྱི་དངོས་སློབ་རེད་མདའ་བ་ལ་རྗེ་ཙོང་ཁ་པ་ཆེན་པོས་གསན་ཏེ་ཉམས་བཞེས་ཀྱི་སྙིང་པོ་འདི་མཛད། ཀུན་མཁྱེན་བུ་སྟོན་རིན་པོ་ཆེས་མཛད་པའི་རིམ་ལྔའི་མན་ངག་དང་། དེ་གང་ལ་བརྟེན་པའི་གསེར་སྡིངས་པའི་མན་ངག་རྣམས་དཔྱད་པའི་གཞིར་མཛད་སྔགས་མཚན་ཉིད་ཀྱི་གསུང་རབ་སྤྱི་དང་བྱེ་བྲག་འདུས་པའི་རྩ་བཤད་ཀྱི་རྒྱུད་དང་། རྒྱ་གར་ནས་བྱུང་བའི་འགྲེལ་པ་ཆེན་པོ་རྣམས་དང་། བོད་ཀྱི་ལུགས་རྣམས་ལ་ཡང་ལེགས་པར་བརྟགས་ཤིང་དཔྱད་ནས་རིམ་ལྔའི་ཁྲིད་ཡིག་དང་། དེའི་དོན་རྒྱས་པར་འཆད་པ་རིམ་ལྔ་གསལ་བའི་སྒྲོན་མེ་མཛད་དེ་གསང་བ་འདུས་པའི་ལུགས་ཉམས་པ་རྣམས་གསོ་བར་མཛད། དེས་ཀ་པླ་ལ་བདུད་རྩིས་བཀང་བ་ཞིག་སློབ་བུའི་དབུས་སུ་ཕྱུར་ནས་འདི་སུས་འཐུང་བ་ལ་ངའི་རྒྱུད་ཀྱི་བཀའ་བབས་གསུངས་པ་ལ་གཞན་སུས་ཀྱང་ལེན་མ་ནུས་སྐབས་ཐང་པ་ཤེས་རབ་འབྱུང་གནས་ཀྱིས་བླངས། དེས་གཙང་དང་། དེ་ལས་དབུར་སྟོད་ཀྱི་རྒྱུད་སྟོད་སྨད་དུ་གྱེས་པ་འདི་དག་མངའ་བདག་མར་པའི་ལུགས་ཀྱི་བརྒྱུད་འཛིན་ཆེན་པོར་གྱུར་པ་ཡིན་ནོ། །

ནུབ་ཀྱི་ཀ་ཆེན་གཙང་རོང་གི་མེས་སྟོན་ཚོན་པོ་ནི་མྱང་སྟོད་སྟག་ཚལ་དུ་འཁྲུངས། མཚན་བསོད་ནམས་རྒྱལ་མཚན། གནས་གཞིར་དོ་བཏབ། རྗེ་མར་པ་ལ་འབུམ་མོ་ཆེ་ལན་གསུམ་མཛད་པས་ཞབས་ཏོག་གིས་མཉེས་པ་ཡིན། མ་ཧཱ་མཱ་ཡཱ་དང་གདམས་ངག་མཐའ་ཡས་པར་གནང་། བརྟག་གཉིས་ལ་ཊཱི་ཀཱ་མཛད། དགྱེས་བདེ་གསང་གསུམ་མཱ་ཡཱ་ཐོད་པ་རྣམས་ལ་བཤད་གྲྭ་བཙུགས། སློབ་མ་ཞང་བསོད་ནམས་མཁའ་སོགས་གྲུབ་ཐོབ་དུ་མ་བྱོན་པ་ནི་མེས་སྟོན་ལུགས་ཀྱི་བཤད་རྒྱུན་ལ་མེས་སྟོན་བཀའ་བརྒྱུད་དུ་གྲགས་སོ། །དེ་དག་གིས

གསང་བ་འདུས་པ་ལ་སོགས་པའི་དབང་དང་། རྒྱུད་ཀྱི་བཤད་པ་རྒྱ་ཆེར་སྤེལ་བས་སློབ་མའི་ཚོགས་ཤིན་ཏུ་མང་ལ། གངས་ཅན་ལྗོངས་སུ་གསང་འདུས་དང་། དགྱེས་རྡོར་སོགས་ཀྱི་བཤད་སྲོལ་ཕལ་ཆེར་མར་པའི་བཤད་རྒྱུན་མེས་རྫོག་མཚུར་གསུམ་གྱི་བཤད་སྲོལ་གཙོ་ཆེ་བ་ཡིན་ལ། གསང་འདུས་དང་། དགྱེས་རྡོར་བརྟག་གཉིས་སོགས་ཀྱི་བཤད་སྲོལ་ད་ལྟའི་བར་དུ་མ་ཉམས་པར་བཞུགས་ཡོད་ལ། མཚུར་སྟོན་དབང་གི་རྡོ་རྗེ་ལས་བརྒྱུད་པའི་གསང་བ་འདུས་པའི་དབང་དང་། རྒྱུད་ཀྱི་བཤད་པའི་བཀའ་སྲོལ་དེ་ཉིད་ལ་སྐབས་དེའི་མཁས་པ་ཕལ་ཆེར་གྱིས་གཏུག་ཡོད་ཅིང་། ཁྱད་པར་དུ་ཀུན་མཁྱེན་བུ་སྟོན་རིན་པོ་ཆེ་དང་། རྗེ་ཙོང་ཁ་པ་ཆེན་པོ་སོགས་ཀྱིས་ཀྱང་བཤད་རྒྱུན་འདི་ཉིད་བཞེས་པས། བཀའ་དགེ་རྫོ་ཞྭ་དག་གི་ནང་དུའང་བཤད་སྒྲུབ་ཀྱི་རྒྱུན་མ་ཉམས་པར་བཞུགས་ཡོད་པར་བརྟེན། བདེ་དགྱེས་གསང་གསུམ་ལ་སོགས་པ་རྡོ་རྗེ་ཐེག་པ་གཙོ་བོར་གྱུར་པའི་ཀུན་མཁྱེན་རྒྱལ་བའི་བསྟན་པ་རིན་པོ་ཆེ་ཕྱི་མའི་མཐར་ཡང་ཉམས་པ་མེད་པའི་ཕྲིན་ལས་ཀྱི་སྣང་བ་དཀར་པོ་ཕྱོགས་དུས་ཀུན་ཏུ་དར་ཞིང་རྒྱས་པར་མཛད་དེ་བསྟན་པའི་སྲོལ་ཕྱེས་པ་ཡིན་ནོ། །

གཉིས་པ། གྲུབ་ཆེན་མི་ལ་རས་པ་ནས་བརྒྱུད་ཚུལ་བཤད་པ།

གདོད་ནས་དྲི་བྲལ་ཤེལ་གྱི་མཆོད་སྡོང་ཆེ། །ལྷར་སྣང་ཉེས་དྲིས་སྦགས་པའི་ཚུལ་བསྟན་པ། །དཀའ་སྤྱད་སྨིན་གྲོལ་བདུད་རྩིས་ལེགས་བཀྲུས་པས། །རྟོགས་པའི་འོད་ཟེར་རབ་འབར་མི་ལ་རྗེ། །གངས་ཅན་གྲུབ་བརྒྱའི་བཙུག་རྒྱན་བྱང་གི་ཀ་ཆེན་རྗེ་བཙུན་མི་ལ་རས་པ་ནི་བླ་མ་མར་པའི་སྒྲུབ་བརྒྱུད་ཀྱི་བཀའ་བབས་ཆེན་པོ་ཡིན། རྣལ་འབྱོར་གྱི་དབང་ཕྱུག་ཆེན་པོ་དེའི་འཁྲུངས་ཡུལ་ནི་ལ་སྟོད་མང་ཡུལ་གུང་ཐང་གི་བྱེ་བྲག་སྐྱ་རྗ་རྩ་བྱ་བར་གདུང་ཁྱུང་པོ་ཁྱད་པར་མི་ལ། ཡབ་ཤེས་རབ་རྒྱལ་མཚན་དང་ཡུམ་མྱང་ཚ་དཀར་རྒྱན་གྱི་སྲས་སུ་ལྕགས་ཕོ་འབྲུག་གི་ལོ་ལ་སྐུ་བལྟམས། ཡབ་ཀྱིས་བུ་སྐྱེས་པ་ཐོས་པས་དགའ་ནས་མཚན་ཐོས་པ་དགའ་གསོལ། རྗེ་བཙུན་སྐུ་ཆུང་ངུའི་དུས་ནས་ཡབ་གྲོངས་པས་ཁུ་བོ་དང་ཨ་ནེས་ནོར་གཞིས་འཕྲོགས་ཏེ་བཀོས། དབྱར་ཨ་ཁུའི་གཡོག་དང་དགུན་ཨ་ནེའི་གཡོག་བཅོས་ཤིན་ཏུ་སྡུག་པ་བྱུང་། ཡུམ་གྱི་བཀས་དབུས་སུ་བྱོན་ནས་ཡར་ལུང་ན་གཉགས་གཡུང་སྟོན་ཁྲོ་རྒྱལ་དང་གཙང་རོང་གི་ལྷ་རྗེ་སྣུབས་ཆུང་བ་གཉིས་ལ་མཐུ་དང་སེར་བའི་གདམས་ངག་ཞུས་ནས་ཡུལ་གྱི་དགྲ་ཐམས་ཅད་བཏྲགས་པར་མཛད། དེར་སྣུབས་ཆུང་ལ་མ་ཕུར་གཤིན་གསུམ་སྒྱུ་འཕྲུལ་དང་བཅས་པ་བསླབས། བླ་མ་རྣམ་གཉིས་ཀྱི་ཕྱག་ཕྱིར་ལོ་ཤས་གནས་པ་མཛད་ཀྱང་། མི་མང་པོ་བསད་པའི་སྡིག་ལ་འགྱོད་ནས་ཆོས་དྲན་དྲག་ཉིན་ཟས་མི་དྲན་མཚན་གཉིད་དུ་མི་འགྲོ་བའི་སྐྱོ་ཤས་དང་ངེས་འབྱུང་ཡོད་རུང་ཆོས་ལ་འགྲོ་ཟེར་མ་ནུས་པའི་ཚེ་ན། བླ་མ་གཉགས་ཀྱི་ཡོན་བདག་བཟང་པོ་ཞིག་ཤི་བས་བླ་མ་ཐུགས་སྐྱོ་སྟེ་ཆོས་བྱེད་པའི་གསུང་གླེང་བྱུང་བ་དང་ངའི་འདོད་པ་གྲུབ་སྙམ་བདག་གིས་ཆོས་བྱ་བ་ཞུས་པས་བླ་མས་མཐུན་རྐྱེན་རྣམས་སྦྱར་ནས་གཙང་རོང་དུ་བླ་མ་རོང་སྟོན་ལྷ་དགའ་བྱ་བ་དེར་སོང་ལ་སྒྲུབ་པ་ཡང་དག་གྱིས་ཤིག་གསུངས། དེར་རྫོགས་ཆེན་གསན་ཀྱང་རྒྱུད་ཐོག་ལ་མ་ཕེབས། དེའི་ཚེ་བླ་མའི་ཞལ་ནས།

ངས་ཁྱོད་མི་འཛོངས་པར་འདུག་པས། ད་ཁྱོད་རང་ལྷོ་བྲག་གྲོ་བོ་ལུང་ཞེས་བྱ་བའི་དགོན་པ་ན། རྒྱ་གར་གྱི་གྲུབ་ཆེན་ནཱ་རོ་པའི་དངོས་སློབ་སྐྱེས་མཆོག་སྒྲ་སྒྱུར་གྱི་རྒྱལ་པོ་མར་པ་ལོ་ཙྪ་ཞེས་བྱ་བ་སྔགས་གསར་མའི་གྲུབ་ཐོབ། ས་གསུམ་ན་འགྲན་ཟླ་དང་བྲལ་བ་ཞིག་བཞུགས། དེ་དང་ཁྱོད་རང་ཚེ་སྔ་མ་ནས་ལས་འབྲེལ་འདུག་པས་དེར་སོངས་ཤིག་གསུངས། སྒྲ་སྒྱུར་མར་པའི་མཚན་ཐོས་པ་ཙམ་གྱིས་དགའ་བདེ་མཆི་མ་འཁྲུག་པའི་སེམས་གྲུས་ཚད་མེད་པ་ཞིག་བྱུང་བས་བློ་རྩེ་གཅིག་ཏུ་དྲིལ་ནས་དེ་མ་ཐག་ཕྱིན། རྗེ་མར་པ་ལ་ཡང་མནལ་ལམ་དུ་པཎ་ཆེན་ནཱ་རོ་པ་བྱོན་ཏེ་བཻཌཱུརྻ་ལས་གྲུབ་པའི་རྡོ་རྗེ་དྲི་མས་ཐུང་ཟད་གོས་པ་ཞིག་དང་། གསེར་གྱི་བུམ་པ་བདུད་རྩིས་གང་བ་ཞིག་གནང་ནས་རྡོ་རྗེའི་དྲི་མ་འདི་ཁྲུས་ལ་རྒྱལ་མཚན་གྱི་རྩེ་ལ་ཕྱུར་ཅིག་གསུངས་པ་ལྟར་བྱས་པས་འོད་ཀྱིས་འཛམ་གླིང་ཁྱབ་པ་གཟིགས་པ་དང་། དུས་མཚུངས་སུ་ཡུམ་བདག་མེད་པའི་མནལ་ལམ་དུའང་ཨུ་རྒྱན་ནས་ཡིན་ཟེར་བའི་བུད་མེད་གཉིས་ཀྱིས་ཤེལ་གྱི་མཆོད་རྟེན་ཕྱི་དྲི་མས་ཐུང་ཟད་གོས་པ་ཞིག་ཁྱེར་བྱུང་བ་ཁྲུས་བྱས་རིའི་རྩེ་མོར་བསྐྱལ་བ་ལ་ཐམས་ཅད་ཀྱིས་ཕྱག་མཆོད་བྱེད་པ། མཆོད་རྟེན་དེ་ལས་ཉི་ཟླ་ལྟ་བུའི་འོད་ཆེན་པོ་དང་མཆོད་རྟེན་དེ་འདྲ་མང་པོ་འཕྲོས་ཏེ་རི་རྩེ་ཀུན་གང་བའི་དགོན་གཉེར་བུད་མེད་ཀྱིས་བྱེད་པ་ཞིག་རྨིས་བྱུང་བ་ནངས་པར་བླ་མ་ལ་ཞུས་པས་ཐུགས་དགྱེས་པ་ཞིག་བྱུང་ནུང་ང་རྒྱལ་མི་སྐྱེ་བའི་ཕྱིར་ཕྲུ་སློག་པ་ལྟར་མཛད་ནས་བསུ་བར་ཕེབས། དེར་མཐོང་མ་ཐག་ཏུ་སྣང་བ་འགྱུར་བའི་དགའ་བདེ་བྱུང་ལོ་རྒྱུས་ཞུས་ཏེ་མཇལ་སྣ་བཙལ་བས་ཕྲུ་འདི་སློག་ཆང་འདི་འཐུང་གསུང་བ་ལྟར་ཕྲུ་སློག་སྟེ་བཀའི་ཐོག་མ་བསྒྲུབས། ཆང་ལྷག་མ་མ་ལུས་པ་གསོལ་བས་གདམས་ངག་གི་སྣོད་དུ་དགོངས། བླ་མ་ལ་བདག་ལ་སྟོད་ནས་འོངས་པའི་མི་སྡིག་པོ་ཆེ་ཞིག་ལགས་པས་ལུས་ངག་ཡིད་གསུམ་ཡང་འབུལ། ལྟོ་གོས་ཆོས་གསུམ་ཡང་ཞུ། ཚེ་འདིར་འཚང་རྒྱ་བ་ཞིག་ཐུགས་རྗེས་འཛིན་པར་ཞུ་ཞུས་པས། བླ་མས་གདམས་ངག་ཡོད། སངས་རྒྱ་མི་རྒྱ་ཁྱོད་རང་གི་སྙིང་རུས་ལ་རག་ལས་གསུངས། དེར་སྡིག་པ་བྱུང་བའི་ཆེད་དུ་སྐྱུ་མཁར་ཀླུམ་པོ་སོག་ག་ཟླ་གམ་གྲུ་གསུམ་རྣམས་བརྩིགས་ཤིང་བཤིགས་པ་ཐམས་ཅད་ལ་མི་ལ་

རང་མིན་པ་རྗེ་ལག་མགོ་ཙམ་ཞིག་དང་། ས་ཁྲིམ་གང་སྐྱོལ་རོགས་མེད་པས་རྒྱབ་ལ་སྣོལ་མིག་དང་ཡན་ལག་ཐམས་ཅད་རྩ་དང་སེར་ཀར་སོང་བའི་སྡུག་བསྔལ་མྱོང་། དེའི་བར་ལ་རྔོག་མེས་མཚུར་སོགས་དབང་གསན་པ་ལ་བྱོན་པའི་དབང་གྲལ་དུ་འཚངས་པས། གྲལ་ནས་བཏོན་ཏེ་ཕྱག་འབེབས་འཚི་ལ་གཏུགས་པ་གནང་བ་དང་། དུས་རྒྱུན་དུའང་རྐྱེན་ཕྲ་མོ་རེ་ལ་བསྣད་བཏགས་ནས་བཀའ་བཀྱོན་ཕྱག་འབེབས་མཛད། ཡི་ཆད་ཆེན་པོ་ཐེངས་བདུན་སོང་ཡང་དད་པ་སྐད་ཅིག་ཀྱང་མ་ལོག བདག་གིས་སྡིག་པ་དེ་ཙམ་བྱས་ཧྲེང་ཚེ་འདི་ལ་ལམ་བསྒྲོད་པ་ཞིག་མ་བྱུང་ན་འགྲོ་ས་དམྱལ་བ་མིན་པ་མེད། ཚེ་གཅིག་ལ་སངས་རྒྱ་བའི་ལམ་བླ་མ་གཞན་ལ་མེད་པས་བླ་མས་ཅི་གསུངས་བསྒྲུབས་ཏེ་མཉེས་པ་ཞིག་བྱ་དགོས་བསམ་པ་ཁོ་ན་བྱུང་། དེ་དུས་ཡུམ་གྱིས་སྙིང་རྗེས་མ་བཟོད་ནས་བྱིན་རླབས་རྟེན་འགའ་དང་ཕྱག་ཐམ་ཡིག་རྫུས་བཅས་སྐུར་ཏེ་བླ་མ་རྔོག་པའི་དྲུང་དུ་བརྫངས། བླ་མ་རྔོག་པས་བསད་པ་གསོ་ནུས་པའི་རྫུ་འཕྲུལ་བསྟན་ནས་རང་རེ་རྗེ་བོ་ནཱ་རོ་མེ་ཏྲིའི་བརྒྱུད་པ་ལ་སྡིག་པོ་ཆེ་བཙན་ཐབས་སུ་སངས་རྒྱས་པའི་གདམས་པ་ཡོད་ཚུལ་གསུངས་པས་བླ་མ་ཡབ་སྲས་ལ་སངས་རྒྱས་དངོས་སུ་མཐོང་སྟེ་བླ་མ་རྔོག་པས་ཆོས་གནང་བ་རྣམས་ཡེངས་མེད་དུ་བསྒོམས་རུང་བླ་མ་མར་པའི་བཀའ་མ་གྲོལ་བས་མྱོང་བ་མ་སྐྱེས། དེར་སྲས་ཆེ་འདོན་གྱི་དུས་སུ་བླ་མ་རྔོག་པའི་ཕྱག་ཕྱིར་ཡོང་། སྐབས་ཤིག་ན་ཚོགས་མཆོད་ཅིག་བྱས་པའི་གྲལ་དུ་བླ་མ་མར་པས་ཕྱག་སྡིགས་མཛུབ་རྔོག་ལ་གཏད་དེ་ཆོས་སྐུ་རྡོ་རྗེ་ཟེར་བ་མ་བཅོལ་བ་བྱེད་མཁན་ཁྱོད་ཀྱིས་མཐུ་ཆེན་ལ་དབང་དང་གདམས་ངག་སྟེར་བའི་རྒྱུ་མཚན་ཅི་ཡིན་གསུངས། བླ་མ་རྔོག་པ་ཐུགས་སྐྲག་སྟེ་ཕྱག་ཐུལ་ནས། བླ་མ་རིན་པོ་ཆེ་བདག་ལ་བླ་མ་རང་གིས་མཐུ་ཆེན་ལ་དབང་བསྐུར་གདམས་ངག་སྟོན་གསུངས་པའི་ཕྱག་རྟགས་ན་རོའི་སྐུ་རྒྱན་ཐུགས་དམ་པདྨ་རཱ་ག་རྟེན་དང་བཅས་པ་གནང་བྱུང་བས་བཀའ་བསྒྲུབས་པ་ལགས། དེས་ན་བདག་ལ་ཐུགས་ཁྲེལ་བཀའ་བཀྱོན་མེད་པ་མཁྱེན་ཞུས་པ་ན། མཐུ་ཆེན་ཁྱོད་ལ་སུས་བསྐུར་གསུངས། མཐུ་ཆེན་གྱིས་སྙིང་ཐོན་འགྲོ་བ་ལྟ་བུའི་སྡུག་བསྔལ་དང་། འཇིགས་སྐྲག་སྐད་མི་ཐོན་པ་ལྟ་བུ་བྱུང་སྟེ། བདག་ལ་ཡུམ་

གྱིས་གནང་བ་ལགས་ཞུས་པས་ཧར་གྱིས་བཞེངས་ཏེ་ཡུམ་ལ་ཡང་བཀའ་བསྐྱོན་གནང་བའི་མཐར་བཞུགས་གདན་གྱི་ཁར་ཕྱིན་ནས་རྗོག་སྟོན་ཆོས་རྗེར་ཟེར་བའི་མ་བཙོལ་བ་བྱེད་མཁན་ཁྲིད་རང་། ངའི་རྟེན་རྣམས་ད་ལྟ་རང་ལོངས་ཤོག་ཅིག་གསུངས། དབུ་གཏུམ་ནས་བཞུགས་པ་ལ་དེ་མ་ཐག་བླ་མ་རྗོག་པས་ཕྱག་ཕུལ། རྟེན་རྣམས་ལོན་པར་ཆས་ནས་ཕྱིར་ཐོན་པ་ན། མཐུ་ཆེན་གྱིས་ན་བཟའ་ལ་འཇུས་ནས་ཕྱག་ཕྱིར་འགྲོ་བར་ཞུས་པས། བླ་མའི་བཀའ་མ་གྲོལ་བར་ངས་ཁྱེད་ཁྲིད་རུང་ད་ལན་གྱི་འདི་དང་འདྲ་བླ་མས་རྗེས་སུ་འཛིན་ཏེ་འོང་། ཕྱིས་ངེས་པར་རྗེས་སུ་མི་འཛིན་ན་བླ་མ་ལ་གནང་བ་ཞུས་ཏེ་ཕན་ཅི་ཐོགས་བྱེད་གསུངས་པ་ལ། འོ་ན་བདག་སྡིག་སྒྲིབ་ཆེ་བའི་ཞོར་ལ་བླ་མ་དང་ཡུམ་ལ་ཡང་འོ་བརྒྱལ་འདི་འདྲ་བྱུང་། ད་ལན་གྱི་ལུས་འདི་ཆོས་མི་ཐོབ་པའི་ཁར་སྡིག་པ་ཆེ་ལ་མང་བར་གསོག་པས་ལྡེབས་ནས་ཤི་བསྡད། ཕྱི་མར་ཆོས་ཐོབ་པའི་མི་ལུས་ཤིག་ཏུ་སྐྱེ་བར་ཐུགས་རྗེས་འཛིན་པར་ཞུ་བྱས་ལྡེབ་པར་བརྩམས་པ་ན། བླ་མས་བུ་དེ་འདྲ་མ་བྱེད་གསང་སྔགས་བླ་མེད་ཀྱི་ལུགས་ལ་ཕུང་པོ་སངས་རྒྱས་ཀྱི་བདག་ཉིད་ཡིན་པས་དེ་ལ་བརྙས་ན་རྩ་ལྟུང་ཐོག མདོ་ལུགས་ལའང་རང་སྲོག་རང་གིས་བཅོད་པ་སྡིག་པ་ཆེ་ཤོས་སུ་གསུངས་པ་ཡིན་ཚུལ་སོགས་ཞལ་ཏ་གནང་བའི་བར་ལ་བླ་མ་མར་པ་དགོངས་པ་ལས་བཞེངས་ཏེ། ཐུགས་ཞི་བའི་ངང་ནས་ཡུམ་ལ་བླ་མ་རྗོག་པ་སོགས་གར་སོང་གསུངས་པ་ལ། བླ་མ་རྗོག་པ་རྟེན་རྣམས་ལེན་དུ་ཕྱིན་པ་ལ་མཐུ་ཆེན་ནས་ཞུ་བ་འདི་ལྟར་འབུལ་བ་དང་ལན་འདི་ལྟར་གནང་བཞིན་བཞུགས་གདའ་ཞུས་པས་གསང་སྔགས་ཀྱི་སློབ་མ་ཞེས་བྱ་བ་དེ་འདྲ་ཞིག་དགོས་རྒྱུ་ཡང་ཡིན། ཡིན་པ་བཞིན་བྱུང་གིས། ངའི་བུ་སློབ་རྣམས་སྙིང་རྗེ་བས་བོས་ཤོག་ཅིག་གསུངས། གྲྭ་པ་ཞིག་བླ་མ་རྗོག་པ་གདན་འདྲེན་དུ་བྱུང་བས། མཐུ་ཆེན་གྱིས་ལས་ངན་པོ་ང་འདྲ་བ་ནི་བླ་མ་ཐུགས་ཞི་རུང་སྐུ་དྲུང་དུ་འགྲོར་མེད་པས་ཕྱིན་རུང་བཀའ་བསྐྱོན་དང་ཕྱག་འཕེབས་ལས་མི་འོང་ཟེར་ནས་བཤུམས་པས་བླ་མ་རྗོག་པས་ཁྲིད་རང་ཡར་སོང་ལ་བླ་མའི་སྤྱན་སྔར་མཐུ་ཆེན་ཕྱིན་ཨེ་ཆོག་ལྟོས། དེ་མིན་ང་འདིར་མ་བསྡད་ན་འདིས་གང་མིན་བྱས་ཉེན་འདུག་གསུངས། དེ་བཞིན་

བླ་མ་མར་པ་ལ་ཞུས་པས། བླ་མ་མར་པའི་ཞལ་ནས། སྔར་ཡིན་ན་ཁོ་བདེན། ད་རེས་འབོད་པའི་མགྲོན་གྱི་གཙོ་བོ་མཐུ་ཆེན་ཡིན་པས་བདག་མེད་མ་སོང་ལ་བོས་ཤིག་གསུངས། དེར་ཡུམ་ཞལ་འཛུམ་བག་དང་བཅས་བྱོན་ཏེ། མཐུ་ཆེན་ཁྱོད་ང་མི་དགོས་བླ་མའི་ཐུགས་རྗེས་གཏིང་ནས་རྗེས་སུ་འཛིན་པར་འདུག དེའི་རྟགས་ལ་ད་རེས་མགྲོན་གྱི་གཙོ་བོ་མཐུ་ཆེན་ཡིན། ཁྱོད་རང་སོང་ལ་བོས་ཤིག་གསུང་འདུག་དགའ་བར་གྱིས་ལ་འདོང་ངོ་གསུང་བ་ལ། ཡུམ་གྱི་སེམས་གསོ་ཡིན་ནམ། བདེན་ནས་ཐུན་སྐམ་པའི་ཐེ་ཚོམ་ལོག་གེ་བ་ཞིག་ལ་བླ་མའི་དྲུང་དུ་སླེབས་པ་ན། བུ་ཆེན་དེར་ཡོད་ཀུན་ཡང་འཛོམས་ཟིན་འདུག་དེའི་ཚེ་བླ་མའི་ཞལ་ནས། བརྟགས་ན་རང་རེ་ཀུན་ལ་སྐྱོན་མེད། ངས་ནི་མཐུ་ཆེན་གྱི་སྡིག་པ་སྦྱོང་ཐབས་སུ་སྡུག་གཏོང་བ་མ་གཏོགས། རང་འདོད་ཀྱི་མཁར་ལས་ཡིན་ན་ཞི་བའི་སྒོ་ནས་བཙལ་བས་ཆོག་པས་ང་བདེན། བདག་མེད་མ་སྐྱིར་བུད་མེད་སེམས་ཆུང་། ཁྱད་པར་སྙིང་རྗེ་ཆེ་བས་ཁོ་ལ་སྙིང་རྗེ་ནས་ཡིག་བརྫུས་བསྒྱུར། རྔོག་གིས་ཡི་གེ་ལྟར་བྱེད་པ་བདེན་ཏེ། འོན་ཀྱང་རྟེན་རྣམས་རེ་ཞིག་འདིར་སྐྱོལ་ཕྱིས་ཁྱོད་རང་ལ་སྟེར་བ་ཡིན། མཐུ་ཆེན་ནི་ཆོས་ཀྱི་འདོད་པས་གདུང་བས་ཆོས་ཅི་ཐོབ་ཀྱི་ཐབས་བྱེད་པས་འདེན། འདི་གནམ་པ་ཅི་སྣང་ཏུང་ཐམས་ཅད་ཆོས་ཕྱོགས་ནས་ཡུས་ཐེག་པ་ཡིན་པས་ངོ་བོ་བྱང་ཆུབ་ཀྱི་ལམ་དུ་འགྲོ་བས། ཁྱོད་བུ་སློབ་ལས་དང་པོ་པ་རྣམས་དད་པ་མ་ལོག་ཅིག ལར་བུ་འདི་ལ་ཡི་ཆད་ཆེན་པོ་ལན་དགུ་ཐོང་ན་ལམ་ལྷག་མེད་དུ་སངས་རྒྱ་བ་ཡིན་ཏེ། དེ་ལྟར་མ་བྱུང་བས་སྡིག་སྒྲིབ་ཀྱི་ལྷག་མ་ཙུང་ཟད་ཅིག་ལུས་པ་བདག་མེད་མ་བློ་ཆུང་བས་ལན་པས་ད་དུང་དཀའ་བ་ཙུང་ཟད་སྤྱོད་དགོས། འདི་ངས་སྐལ་ལྡན་དུ་ཤེས་ནས་ཕྲུ་སློག་པའི་ཟློལ་གྱིས་བསུ་རུ་ཕྱིན་པ་ཡིན། གསུངས། ཚོགས་གྲལ་དེ་ཉིད་དུ་སྐྲ་བཅད། ལུས་བསྒྱུར་མཚན་མནལ་ལམ་དུ་ནཱ་རོས་བཏགས་པ་བཞིན་རྡོ་རྗེ་རྒྱལ་མཚན་ཞེས་བཏགས། དགེ་བསྙེན་དང་བྱང་ཆུབ་སེམས་ཀྱི་སྡོམ་པ་དང་བསླབ་བྱ་གནང་སྟེ་ནང་མཆོད་ཀྱི་ཀ་པཱ་ལ་ལ་ཐུགས་གཏད་བྱིན་རླབས་མཛད་པས། ནང་མཆོད་འོད་ཟེར་ཁ་དོག་ལྔ་ལྡན་དུ་ཁོལ་བ་ཀུན་གྱིས་དངོས་སུ་མཐོང་། ཐོག་མར་བླ་མ་ཡི་

དམ་མཚོད། དེ་ནས་བླ་མ་རང་གིས་བཞེས། དེ་ནང་ང་ལ་གནང་བྱུང་བ་ལྷག་མ་མ་ལུས་པར་འཐུངས་པས། བླ་མའི་ཞལ་ནས་རྟེན་འབྲེལ་བཟང་། གསང་སྔགས་སྨིན་བྱེད་ཀྱི་དབང་བསྐུར་ནི་སང་གནང་ནས་རིམ་པ་བཞིན་བྱའོ་གསུངས་པས། དེའི་ཚེ་མི་ལའི་ཐུགས་ལ། ངའི་འདི་རྨི་ལམ་ཡིན་ནམ་མངོན་སུམ་ཡིན། རྨི་ལམ་ཡིན་ན་གཉིད་མ་སད་ན་དགའ་སྙམ་པའི་དགའ་སྤྲོ་ཚད་མེད་པ་ཞིག་བྱུང་སྟེ། ཡང་དགའ་དྲགས་ཏུ་ཤོར་བའི་ངང་ནས་ཕྱག་ཕྱུལ་ཚོགས་ཀྱི་འཁོར་ལོར་དགྱེས་པར་རོལ། དེར་སང་ནས་བདེ་མཆོག་དྲུག་ཅུ་རྩ་གཉིས་ཀྱི་དཀྱིལ་འཁོར་རྒྱས་པ་བཞེངས་ནས་དབང་བསྐུར་བའི་དཀྱིལ་འཁོར་བསྟན་པའི་ཚེ། འདི་མཚོན་བྱེད་དཔེའི་དཀྱིལ་འཁོར་ཡིན། མཚོན་བྱ་དོན་གྱི་དཀྱིལ་འཁོར་འདི་ན་ཞེས་བར་སྣང་ལ་དཔལ་འཁོར་ལོ་སྡོམ་པ་དྲུག་ཅུ་རྩ་གཉིས་ཀྱི་དཀྱིལ་འཁོར་རྟེན་བརྟེན་པར་བཅས་མངོན་སུམ་དུ་བཞུགས་པ་མཛལ། བླ་མ་དང་དཀྱིལ་འཁོར་གྱི་ལྷས་མགྲིན་གཅིག་ཏུ་གསང་མཚན་དཔལ་བཞད་པ་རྡོ་རྗེར་བཏགས་ཏེ། རྒྱུད་ཀྱི་ལུང་རྣམས་རྒྱས་པར་གནང་ནས་མན་ངག་གི་ཉམས་ལེན་དང་། ཕྱག་ལེན་རྣམས་མཐིལ་ཕྱིར་པར་བསྟན་ཏེ། ཁྱོད་ང་ལ་བླ་མ་མཁའ་འགྲོས་གནང་བའི་སློབ་མར་བྱུང་བས། ངས་ཀྱང་ཁྱོད་རང་གི་སྡིག་སྒྲིབ་སྦྱོང་ཕྱིར་ཞི་རྒྱས་དབང་དྲག་གི་མཁར་ལས་བཙོལ་བ་དང་། དབང་གྲལ་ནས་བཏོན་པ་སོགས་མི་འཚམས་པ་དུ་མའི་སྒོ་ནས་ཡིད་ཚད་མང་པོ་བཏང་བ་ལ་ལོག་ལྟ་མ་སྐྱེས་པ་དེས། ཁྱོད་ཀྱི་བུ་བརྒྱུད་རྣམས་དང་པོར་དད་བརྩོན་ཤེས་རབ་སྙིང་རྗེ་ཆེ་བ་སོགས་སློབ་མའི་ཆོས་ཀུན་ཚང་བ་དང་། བར་དུ་ཚེ་འདིའི་འདོད་ཡོན་ལ་ཞེན་པ་ཆུང་ཞིང་། དཀའ་སྤྱད་སྙིང་རུས་ཀྱིས་རི་ལ་སྒོམ་སྲན་ཆེ་བ་དང་། མཐར་ཉམས་མྱོང་བྱིན་རླབས་མཁྱེན་བརྩེར་ལྡན་ཕྱིར་མཚན་ལྡན་གྱི་བླ་མ་ཤ་སྟག་འབྱུང་བས་བཀའ་བརྒྱུད་ཀྱི་བསྟན་པ་ཟླ་བ་ཡར་གྱི་ངོ་ལྟར་བྱེད་པ་ཡིན་པས་དགའ་བར་གྱིས་ཤིག་གསུངས་ལུང་བསྟན། དབུགས་དབྱུང་། གཟེངས་བསྟོད་སྤྲོ་བ་བསྐྱེད་པ་མཛད་དོ། །དེ་ནས་བཙམས་ཏེ་དགྱེས་པ་རྡོ་རྗེ། མ་ཧཱ་མཱ་ཡཱ། རྡོ་རྗེ་གདན་བཞི། སངས་རྒྱས་ཐོད་པ། གསང་བ་འདུས་པ། དེ་དག་གི་རྒྱུད་འགྲེལ་དབང་དང་སྒྲུབ་ཐབས།

རིམ་པ་གཉིས་ཀྱི་དོན་མཐར་ཐུག་སྟོན་པའི་སྙིང་པོ་སྐོར། ཁྱད་པར་དུ་བསྲེ་འཕོ་གནད་ཀྱི་
མཚམས་སྦྱོར་ལ་སླར་ཁྲིད་མཛད། ལྷོ་བྲག་སྟག་ཉའི་བྲག་ལ་སྒོམ་དུ་བཅུག་སྒོམ་ནས་ཟླ་བ་
བཅུ་གཅིག་སོང་བ་དང་བླ་མ་ལ་རྟོགས་པ་ཕུལ་བས་བླ་མ་ཐུགས་མཉེས། ཡང་སྔར་བཞིན་
བསྒོམ་པའི་ཚེ་ནུབ་གཅིག་རྗེ་བཙུན་མི་ལའི་མནལ་ལམ་དུ་བུད་མེད་སྔོ་བསངས་མ་དར་གྱི་ན་
བཟའ་དང་། རུས་པའི་རྒྱན་གྱིས་མཛེས་པ་ཞིག་གིས། བུ་ཁྱོད་ལ་ཡུན་དུ་བསྒོམས་པས
སངས་རྒྱ་བའི་ཕྱག་རྒྱ་ཆེན་པོ་དང་། ཆོས་དྲུག་གི་གདམས་ངག་དེ་འདུག་སྟེ། སྐད་ཅིག་མ་
གཅིག་བསྒོམས་པས་སངས་རྒྱ་བ་འཕོ་བ་གྲོང་འཇུག་གི་གདམས་ངག་དེ་མི་འདུག་པ་ཞུས་
ཤིག་ཟེར་སོང་བ་ལ། མཁའ་འགྲོའི་ལུང་བསྟན་ཡིན་ནམ། བདུད་ཀྱི་བར་ཆད་ཡིན་མི་ཤེས།
བླ་མ་དུས་གསུམ་གྱི་སངས་རྒྱས་ཀྱིས་མི་མཁྱེན་པ་མེད་སྙམ་པས་བླ་མའི་དྲུང་དུ་ཕྱིན། དེ་
བཞིན་ཞུས་པས། བླ་མ་རང་ལའང་མཁའ་འགྲོའི་བརྡས་བསྐུལ་ཏེ། ནཱ་རོ་པ་དང་མཇལ་དུ་
འབྱོན་དགོངས་རྒྱ་གར་དུ་གདམས་ངག་ཞུ་བར་བྱོན། ནཱ་རོ་པ་སྤྱོད་པ་ལ་གཤེགས་པ་དང་
ཐུག སྒྲོག་ལ་མ་ཕྱོས་པར་འཚོལ་སྙམ་གསོལ་བ་འདེབས་ཤིང་བཙལ་བས་མཇལ་ནས་ཕུ་ལ་
ཏ་རིང་འཕོ་བ་གྲོང་འཇུག་གི་གདམས་ངག་ཞུས་པས། པཎ་ཆེན་ནཱ་རོའི་ཞལ་ནས། འདི་
ཁྱོད་རང་དྲན་ནམ་ལུང་བསྟན་བྱུང་གསུང་བ་ལ། འདི་བདག་རང་དྲན་པ་མིན་བདག་ལ་
ལུང་བསྟན་བྱུང་བའང་མིན། བདག་ལ་སློབ་མ་ཐོས་པ་དགའ་ཞེས་བྱ་བ་ཞིག་ཡོད་པ་དེ་ལ་
མཁའ་འགྲོའི་ལུང་བསྟན་བྱུང་བས། ཞུར་འོང་བ་ལགས་ཞུས་པས། ཨེ་མཚར་ཆེ། བོད་
མུན་ནག་གི་གླིང་ན་སྐྱེས་བུ་གངས་ལ་ཉི་མ་ཤར་བ་འདྲ་བ་ཡང་ཡོད་པར་འདུག་གསུངས།
ཕྱག་གཉིས་སྤྱི་བོར་ཐལ་མོ་སྦྱར་ཏེ། བྱང་ཕྱོགས་མུན་པའི་སྨག་རུམ་ན། གངས་ལ་ཉི་མ་
ཤར་འདྲ་བའི། །ཐོས་པ་དགའ་ཞེས་བྱ་བ་ཡི། །སྐྱེས་བུ་དེ་ལ་ཕྱག་འཚལ་ལོ། །ཞེས་
གསུངས་ཤིང་དབུ་གུག་གུག་པ་ལན་གསུམ་མཛད་པས་རྒྱ་གར་གྱི་རི་དང་ཤིང་རྣམས་ཀྱང་
བོད་ཀྱི་ཕྱོགས་ལ་འགོ་གུག་གུག་པ་ལན་གསུམ་བྱུང་བ་དུས་ད་ལྟའི་བར་དུ་ཡང་ཕུ་ལ་ཏ་རིའི་
རི་དང་ཤིང་རྣམས་བོད་ཀྱི་ཕྱོགས་ལ་མགོ་གུག་གེ་ཡོད་ཅེས་གྲགས་སོ། །དེར་མཁའ་འགྲོ་

སྙན་རྒྱུད་ཀྱི་གདམས་ངག་རྣམས་རྫོགས་པར་གནང་ནས་ཕྲིན་ལས་ཀྱི་ཆོས་རྒྱུད་ཆུ་བོའི་གཞུང་ལས་རིང་བ་འོང་བའི་ལུང་བསྟན་ཐོབ་སྟེ་བོད་དུ་གདན་ཕེབས། དགྱེས་རྡོར་གྱི་ཚོགས་འཁོར་མཛད་པས་སློབ་མ་རྣམས་ཀྱིས་བླ་མ་དགྱེས་རྡོར་སྤྲུལ་པའི་ལྷ་དགུ་དངོས་སུ་མཐོང་། གཞན་འཁོར་ལོ་བདེ་མཆོག་ལ་སོགས་པའི་ཡི་དམ་དུ་མ་སྣང་། གྲོང་འཇུག་མཛད་པ་སོགས་ཡོན་ཏན་སངས་རྒྱས་དང་མཉམ་པར་གཟིགས་པས་ཅི་གསུང་བའི་བཀའ་ལ་སྐད་ཅིག་ཀྱང་མི་འགོང་པའི་དམ་བཅའ་མཛད་དོ། །བླ་མའི་སྐུ་དྲུང་དུ་ཚར་གཅོད་ལ་ལོ་བཞི། རྗེས་འཛིན་མཛད་ནས་ལོ་གཉིས་དང་ཟླ་བ་བརྒྱད་བཞུགས། དེ་ནས་མནལ་ལམ་གྱིས་སྐུལ་ཏེ་བླམ་ལ་ལན་གཅིག་ཡུལ་དུ་འགྲོ་བ་ཞུས་པས། ད་འགྲོ་ནའང་གཏོང་བས་ཚིག་ཕྱིས་འདིར་འོང་རྗེས་བྱས་རུང་རྟེན་འབྲེལ་གྱིས་རང་རེ་ཕ་བུ་ཚེ་འདིར་མི་འཕྲད་ཀྱང་ཁྱོད་ཀྱིས་སངས་རྒྱས་ཀྱི་བསྟན་པ་ཉིན་མོར་བྱེད་པ་དང་། ཁྱད་པར་སྒྲུབ་རྒྱུད་ཀྱི་བསྟན་པ་དར་རྒྱས་སུ་བྱེད་པ་ཡིན་གསུངས། བླ་མས་དཀྱིལ་འཁོར་བཞེངས། ཡུམ་གྱིས་མཆོད་པ་བཤམས་ནས། མཁའ་འགྲོ་སྙན་རྒྱུད་ཀྱི་སྨིན་ལམ་བཟའི་དབང་དང་། གྲོལ་ལམ་གྱི་གདམས་ངག་གཞན་ལ་མ་གྲགས་པའི་ཚིག་བརྒྱུད་རྣམས་རྫོགས་པར་གནང་ནས་གདམས་ངག་འདི་རྣམས་ང་ལ་རྗོ་བོ་ནཱ་རོ་པས་ཁྱོད་རང་ལ་སྟེར་དགོས་པའི་ལུང་བསྟན་ཡོད་པས་བྱིན་པ་ཡིན། ཁྱོད་ཀྱིས་ཀྱང་མཁའ་འགྲོས་ལུང་བསྟན་པའི་སློབ་མ་ཐོག་མར་གང་བྱུང་བ་ལ་བརྒྱུད་པ་བཅུ་གསུམ་མ་རྫོགས་ཀྱི་བར་དུ་ཚིག་རྒྱུད་ཀྱི་རྒྱས་ཐེབ་ལ་བྱིན་ཅིག་ཁྱོད་ཀྱི་སྒྲུབ་པའི་མཆོད་པ་དང་། སྙིང་རུས་ལ་མགུ་བ་ཡིན་པས་སྙིང་རུས་སྐྱེད་ལ་སྒྲུབ་པའི་རྒྱལ་མཚན་ཚུགས་ཤིག ངས་ཁྱོད་ལ་ཆོས་རྣམས་སྒྱུ་མ་ལྟ་བུར་ངོ་སྤྲད་པས་དེ་བཞིན་ཉམས་སུ་ལོངས་གནས་གཡའ་ཁྲོད་དང་གངས་ཁྲོད། ནགས་ཁྲོད་རྣམས་བསྟེན། དེ་རྣམས་ཀྱི་ནང་ནས་ཀྱང་། ལ་སྟོད་རྒྱལ་གྱི་ཤྲི་འདི་རྒྱ་གར་གྱི་གྲུབ་ཆེན་རྣམས་ཀྱིས་བྱིན་གྱིས་བརླབས་པའི་རི་ཡིན་པས་དེ་ལ་སྒོམས། གངས་ཏི་སེ་སངས་རྒྱས་ཀྱིས་ལུང་བསྟན་པའི་རི་བོ་གངས་ཅན་དང་འཁོར་ལོ་སྡོམ་པའི་ཕོ་བྲང་ཡིན་པས་དེ་ལ་སྒོམས། ལ་ཕྱི་གངས་ར་ཡུལ་ཉི་ཤུ་རྩ་བཞིའི་ཡ་གྱལ་གོ་དཱ་ཝ་རི་ཡིན་པས་

དེ་ལ་སྙོམས། མང་ཡུལ་གྱི་རི་བོ་དཔལ་འབར་དང་། བལ་ཡུལ་གྱི་ཡོལ་མོ་གངས་ར་མདོ་ཕལ་པོ་ཆེ་ནས་ལུང་བསྟན་པའི་གནས་ཡིན། བྲིན་གྱི་ཆུ་བར་ཞིང་སྐྱོང་གི་མཁའ་འགྲོ་བཞུགས་ཤིང་འདུ་བའི་གནས་ཡིན། ཤར་ཕྱོགས་ན་གནས་ཆེན་དེ་ཝི་ཀོ་ཊི་དང་ཙཱ་རི་འབྲེལ་ནས་ཡོད། དེ་ནི་མ་འོངས་པ་ན་ཁྱོད་ཀྱི་བུ་རྒྱུད་ཀྱིས་འཛིན་པ་ཞིག་འོང་བ་ཡིན། ལུང་བསྟན་པའི་གནས་དེ་རྣམས་སུ་སྒྲུབ་པ་གཙོ་བོར་ཐོན་ཅིག་སྒྲུབ་པ་ནུས་ན། བླ་མའི་ཞབས་ཏོག་ཕ་མའི་དྲིན་ལན། སེམས་ཅན་གྱི་འགྲོ་དོན་རྣམས་དེ་ཀ་རང་གིས་གྲུབ་པ་ཡིན། རང་གཞན་ཀུན་གྱི་དོན་ཡིན་ནོ་གསུངས་དོན་བརྒྱུད་ཀྱི་བསྟན་པ་གཏད། སྡུག་ཐུག་པའི་དུས་སུ་འདི་ལ་ལྟོས་གསུངས་ནས་ཤོག་དྲིལ་ལ་ཐམ་ཅན་གསུམ་ནང་། ཕྱག་སྤྱི་བོར་བཞག་ནས་སྨོན་ལམ་མཛད་དེ་ཡུལ་དུ་ལོག ལམ་དུ་བླ་མ་རྔོག་ལ་ཕྱག་སྐྱེལ་དུ་ཕྱིན། གདམས་ངག་རྣམས་གོ་བསྟུར་བྱས་ནས་ཕྱིན་པས་ཞག་གསུམ་ལ་ཡུལ་དུ་ཕེབས། མནལ་ལམ་བཞིན་གཟིགས་པས་སྐྱོ་ཤས་ཆེར་སྐྱེས་ཏེ་ཧང་ཚུགས་ཕུག་ཏུ་ཕྱིན། འཚོ་བ་བསོད་སྙོམས་ལ་བརྟེན་ནས་བསྒོམས། དེ་ནས་བྲག་དཀར་རྟ་སོར་ཕྱིན། འཚོ་བ་ཕྱེའི་དྲི་ཙམ་ཡོད་པ་ལོ་གསུམ་ཅིའང་མེད་པ་ཟྭ་རང་གི་ཚོད་མ་ལ་བརྟེན་པ་ལོ་དྲུག་ཏུ་བརྩོན་འགྲུས་དྲག་པོས་བསྒོམས་པས་གེགས་བྱུང་ཆེ་བླ་མས་གནང་བའི་ཤོག་དྲིལ་ལ་ལྟས་པས་སྐྱོན་འཛིན་ཡོན་ཏན་དུ་ངོ་འཕྲོད་ནས་བྱང་ཆུབ་ཀྱི་སེམས་རང་བྱུང་གིས་གྱེན་དུ་ལོག གསང་གནས་ཀྱི་རྩ་མདུད་གྲོལ། ས་དང་པོ་དང་གཉིས་པ་ནོན། རླུང་ལ་རང་དབང་ཐོབ། དེ་ཁོ་ན་ཉིད་ཀྱི་ཡེ་ཤེས་ཤར། གྲུབ་པ་ཐོབ་ནས་སྨིན་ཕྲུགས་གྲིབ་མའི་རི་དང་ཕན་ཚུན་འཕུར་ཞིང་བསྒོམས། ལ་ཕྱིར་ཕྱིན་ནས་ལྷ་ཆེན་པོ་ཚོགས་ཀྱི་བདག་པོ་དམ་ལ་བཏགས། སྙིང་གི་རྩ་མདུད་གྲོལ། ས་དྲུག་པ་ནོན། ལིང་པའི་བྲག་ཏུ་དབུ་མའི་མར་སྣར་མེ་རླུང་ཚུད་པའི་རྟེན་འབྲེལ་བྲག་སྲིན་མོའི་ཆོ་འཕྲུལ་སྣང་བ་དང་། ཆུ་བར་དུ་ཚེ་རིང་མས་བསམ་གཏན་གྱི་དྲོད་ཤུལ་ཕྱིར་ཆོ་འཕྲུལ་བསྟན་པས་གསུང་ངག་བདེན་པའི་ཚིག་གིས་བཀྲོལ། ཕྱག་རྒྱ་གཉན་པོའི་ཟིལ་འོག་ཏུ་མནན། རང་རྟགས་སྲོག་གི་སྙིང་པོ་བཞེས། བཀའ་འབངས་བགྱིད་པར་བཅས་ལ་ཕབས། ལྷག་པར་བཀྲ་ཤིས་ཚེ་རིང་མས་

གཙོས་པ་རྣམས་ལ། ལྟ་བ་དབུ་མར་གཏན་ལ་ཕབས། སྒོམ་པ་ལམ་གྱི་རིམ་པ་བསྐྱེད་རྫོགས་ཀྱི་གནད་གཅུན། སྤྱོད་པ་འཕྲང་སྒྲོལ་གནད་ཀྱི་བར་དོར་ཕྱི་ནས་བསྟན། བཀའ་གསང་སྙན་རྒྱུད་ཀྱི་གདམས་པ་རྣམས་ཀྱི་གཉེར་གཏད། རྗེ་བཙུན་ཉིད་ཀྱི་ལས་ཀྱི་ཕྱག་རྒྱར་བཞེས། ཕྱི་རབས་རྣམས་ཀྱི་མགོན་སྐྱབས་དཔུང་གཉེན་དུ་འགྱུར་བར་མཛད་པས། ངའི་བསྟན་པ་མི་མ་ཡིན་ཚེ་རིང་མ་དང་། མི་དབུས་པ་སྟོང་པ་གཉིས་ཀྱིས་འཛིན་པ་ཡིན་གསུངས། དེ་དུས་མཁྱེན་པ་ཡོངས་སྤྱོད་ཀྱི་འཁོར་ལོ་དྭངས་མས་གང་བས་ས་བརྒྱད་པའི་རྟོགས་པ་བརྙེས། དེ་ནས་གངས་ཏི་སེར་བྱོན། རྫུ་འཕྲུལ་སྣ་ཚོགས་བསྟན། སྙན་པས་ས་སྟེང་ཁྱབ་པོ། །

སྐབས་དེར་བསྟན་བཅོས་རྩོམ་པའི་སྤྲོས་པ་ཆེར་མེད་པའི་དུས་སྐབས་ཤིག་ཡིན་རུང་། དགོས་ངེས་ལ་བརྟེན་དཔལ་འཁོར་ལོ་བདེ་མཆོག་གི་རྒྱུད་ཀྱི་འགྲེལ་བ་དང་། བསྐྱེད་རྫོགས་ཀྱི་མན་ངག་ཟིན་བྲིས། དབུ་མ་ཡང་དག་པར་བརྗོད་པ་སོགས་ཀྱི་བསྟན་བཅོས་འགའ་ཤས་དང་། མི་དང་། མི་མ་ཡིན་པའི་སློབ་མའི་ཚོགས་ལ་གདམས་པའི་མགུར་འབུམ་ཤིན་ཏུ་མང་པོ་བཞུགས་པ(མི་ལའི་མགུར་འབུམ) ཞེས་བོད་ཡོངས་ལ་གྲགས་ཆེ་བ་དང་། ཀུན་གྱིས་ཚད་མར་འཛིན་པ་འདི་ནི། ལ་ལ་ནི་ལྟ་བ་ཕྱག་རྒྱ་ཆེན་པོ་དང་། སྒོམ་པ་ན་རོ་ཆོས་དྲུག་གི་ཟབ་གནད་སྟོན་པའི་གཞུང་ཆེན་པོ་ཞིག་ཡིན་ལ། ལ་ལ་ནི་སྐབས་ཀྱི་གདུལ་བྱ་སོ་སོའི་བློ་དང་མཚམས་པར་སྟོན་པའི་མན་ངག་སོགས་ཀྱི་ཐོར་བུའི་སྐོར་ཡང་ཡོད་པ་བཅས། མདོར་ན། རྒྱ་གར་གྲུབ་ཆེན་རྣམས་ཀྱི་དོ་ཧ་དང་འདྲ་བ་གདམས་ངག་གི་གླེགས་བམ་ཆེན་པོ་ཞིག་ཡིན་ནོ། །སྒྲུབ་བརྒྱུད་རིན་པོ་ཆེའི་བསྟན་པ་ཡོངས་རྫོགས་རྗེ་སྒམ་པོ་པ་ལ་གཏད་དེ་དགུང་ལོ་གྱ་བཞིར་ཤར་ཕྱོགས་མངོན་དགའི་ཞིང་དུ་གཤེགས་སོ། སློབ་མ་སྣང་བ་དག་པའི་ངོར་སྐུ་གདུང་མ་བྱུང་། འབྲིང་གི་ངོར་ཤེལ་གྱི་མཆོད་རྟེན་དུ་བྱས་པ་དང་། སེང་གེ་ལ་བཅིབས་པ་མཁའ་འགྲོས་སྤྱན་དྲངས་པར་མཐོང་། ཐ་མས་བྲིན་དང་། ཆུ་བར་གཉིས་སུ་སྤུར་གཉིས་བྱུང་བར་གྲགས། ལྷ་དང་མཁའ་འགྲོའི་མཆོད་པ་བློས་མི་འཁྱུད་པ་བྱུང་། བོད་དུ་ཀུན་མཐུན་སྣང་གྲུབ་པའི་རྫུ་འཕྲུལ་སྟོན་པ་འདི་ལམ་ལྷག་པ་ལྟ་ཅི་མཉམ་པའང་མ་བྱུང་

ང་། །དེ་ལྟར་རྣལ་འབྱོར་གྱི་དབང་ཕྱུག་ཆེན་པོ་མི་ལ་རས་པའི་རྣམ་ཐར་ལ་ཐུན་མོང་སྲིད་པ་འཇིག་རྟེན་པའི་མཛད་པ་གསུམ་དང་། མཆོག་གྱུར་ཞི་བ་མྱ་ངན་ལས་འདས་པའི་མཛད་པ་དགུ་སྟེ་ཡ་མཚན་ཞིང་ངོ་མཚར་བའི་མཛད་པ་བཅུ་གཉིས་ཀྱི་སྒོ་ནས། ཚེ་གཅིག་དང་ལུས་གཅིག་གིས་སྐུ་བཞི་ཡེ་ཤེས་ལྔའི་བདག་ཉིད་ཁྱབ་བདག་རྡོ་རྗེ་འཆང་ཆེན་པོའི་གོ་འཕང་བརྙེས་ཏེ་བོད་ཡུལ་འདིར་སངས་རྒྱས་ཀྱི་བསྟན་པ་ཉིན་མོར་བྱས་ཤིང་སེམས་ཅན་རྣམས་གནས་སྐབས་དང་མཐར་ཐུག་གི་སྡུག་བསྔལ་རྒྱུ་འབྲས་དང་བཅས་པ་ལས་སློག་ཅིང་། བདེ་བ་རྒྱུ་འབྲས་དང་བཅས་པ་ལ་བཀོད་པའི་ཕྲིན་ལས་རྒྱ་ཆེར་པོ་སྲིད་མཐའི་བར་དུ་རྒྱུན་མི་འཆད་པས་ནམ་མཁའ་དང་མཉམ་པའི་འགྲོ་དོན་མཛད་པའི་རྣམ་ཐར་བརྗོད་ཀྱིས་མི་ལང་ལ་འདིར་ཙུང་ཟད་བཤད་པ་ནི་བླ་མ་བརྒྱུད་པའི་ཆེ་བ་བརྗོད་པ་དང་། རྗེ་བཙུན་ཉིད་ཀྱིས། སེམས་ཅན་སུ་དང་གང་གི་རྣ་བར་ངའི་མིང་ལན་གཅིག་ཐོས་པ་ལ་དད་པ་སྐྱེས་པ་དེ་རྣམས་ལ། སྐྱེ་བ་བདུན་གྱི་བར་དུ་ངན་སོང་མེད་ཅིང་། ཚེ་རབས་བདུན་དྲན་པར་འགྱུར་བ་རྒྱལ་བ་གོང་མ་རྣམས་ཀྱི་ལུང་བསྟན་ཡིན་ནོ། །ཞེས་ཞལ་གྱིས་བཞེས་པས་སེམས་ཅན་གྱི་དོན་ཆེར་པོར་འགྱུར་བར་དམིགས་ཏེ་བཀོད་པ་ཡིན། ཞིབ་པ་ནི་རྣམ་ཐར་རྒྱས་པ་ཐར་པ་དང་ཐམས་ཅད་མཁྱེན་པའི་ལམ་བསྟན་སོགས་ལས་གསལ་ལོ། །

དེ་ལྟར་དགེ་བའི་བཤེས་གཉེན་བཀའ་བཞིན་སྒྲུབ་པས་མཉེས་པར་བྱས་པ་དང་། བླ་མའི་བྱིན་རླབས་དང་། སློབ་མའི་དད་པའི་སྟོབས་ཀྱིས། ཕྱག་རྒྱ་ཆེན་པོའི་རྟོགས་པ་མངོན་དུ་གྱུར་ཏེ། ཚེ་བློས་བཏང་གི་སྒོ་ནས་སྒྲུབ་པའི་རྒྱལ་མཚན་འཛིན་པའི་སྲོལ་གཏོད་པ་མཛད་དོ། །

རྗེ་བཙུན་རང་ལ་ཡི་དམ་མཁའ་འགྲོའི་ལུང་བསྟན་པ་ལྟར་གྱི་ཐུགས་ཀྱི་སྲས་བརྒྱད་ཅྱོན་པ་ནི་ཉི་མ་ལྷ་བུའི་མཉམ་མེད་དྭགས་པོ་རིན་པོ་ཆེ། ཟླ་བ་ལྟ་བུའི་གུང་ཐང་གི་རས་ཆུང་རྡོ་རྗེ་གྲགས་པ། རྒྱ་སྐར་ལྟ་བུའི་ཁྱིམ་ལུང་གི་ངན་རྫོང་སྟོན་པ་བྱང་ཆུབ་རྒྱལ་པོ། རྒྱལ་ཁྲིམ་སྨད་ཀྱི་རས་པ་ཞི་བ་འོད། མདོ་བཀྲའི་སེ་བན་རས་པ། གཉི་ཤང་གི་ཁྲི་ར་རས་པ། ༼སྨུས་ཀྱི་

འབྲི་སྒོམ་རས་པ། རག་མའི་རས་པ་སངས་རྒྱས་སྐྱབས་ཏེ་བརྒྱད། གཤེན་སྒོམ་རས་པ་སོགས་ཉེ་བའི་སྲས་བཅུ་གསུམ། མཚོ་ལྷའི་རས་ཆུང་མ་སོགས་སྲས་རྣམས་ཀྱི་སྲིང་བཞི་ས་ལམ་མཐར་ཕྱིན་པའི་རྣལ་འབྱོར་ཕོ་མོ་ཉེར་ལྔ། རྗེ་བོ་རས་པ་སོགས་སྐར་ཕྲན་ལྟ་བུའི་གནས་ལུགས་རང་ཞལ་མཐོང་བའི་རྟོགས་ལྡན་ཕྱིར་མི་ལྡོག་པ་བརྒྱ། རང་བྱུང་གི་སྒོམ་ཉམས་བཟང་པོ་འཁྲུངས་པ་གོང་འཕེལ་དུ་གྱུར་ཅིང་ལམ་ལ་དྲོད་ཐོབ་པའི་སྐྱེས་ཆེན་བརྒྱ་རྩ་བརྒྱད། འཇིག་རྟེན་འདིའི་བྱ་བ་བཏང་བའི་ཆོས་དང་མཐུན་ངེས་ཀྱི་སྒོམ་ཆེན་ཕོ་མོ་ལམ་སྣ་ཟིན་པ་སྟོང་རྩ་གཅིག ཆོས་འབྲེལ་ཐོབ་པས་ངན་སོང་གི་ལམ་རྒྱུན་ཆད་པའི་གདུལ་བྱ་སྐལ་ལྡན་སྐྱེ་བོ་ཕལ་པ་བརྩིས་ལས་འདས་པ་སྟེ་མིའི་བུ་སློབ་རྣམས་དང་། ཚེ་རིང་མཆེད་ལྔ་དང་ལིང་བ་བྲག་སྲིན་མོ་ལ་སོགས་ཏེ་དཀར་ཕྱོགས་སྐྱོང་བའི་མི་མ་ཡིན་གྱི་བུ་སློབ་དཔག་ཏུ་མེད་པ་རྣམས་བྱུང་བ་ཡིན་ནོ། །

རྗེ་བཙུན་གྱི་སློབ་མ་ཟླ་བ་ལྟ་བུའི་རས་ཆུང་རྡོ་རྗེ་གྲགས་པ་ནི་ཡུལ་གུང་ཐང་ཕྲང་རར་ཡབ་གཉན་དར་མ་གྲགས་ཞེས་བྱ་བའི་སྲས་སུ་འཁྲུངས། མཚན་རྡོ་རྗེ་གྲགས་པ་ཟེར། སྐུ་འབྲས་གཙང་བ་ལྷའི་བུ་དང་འདྲ་བ་ཕྱོན། གཞོན་པའི་ཚེ་ཉིད་ནས་ཀློག་ཡིག་མཁས་པར་མཁྱེན། དགུང་ལོ་བརྒྱད་ལ་ཕེབས་དུས་ཡབ་གཤེགས། ལོ་བཅུ་གཅིག་ཐོག་ཏུ་རྗེ་བཙུན་མི་ལ་རས་པ་གུང་ཐང་གི་གྲོག་པོ་ཞིག་ན་བཞུགས་པ་དང་མཇལ། ཀློག་བསླབས་པའི་ཡོན་རྣམས་རྗེ་བཙུན་ལ་ཕུལ་བས་མ་དང་ཁུ་བོས་རྗེ་བཙུན་དང་གཉིས་ལ་འབར། དབང་མེད་ཁྲིད་ནས་སྦྲུ་ཀློག་བྱེད་བཅུག་པས་མཛེ་ནད་ཀྱིས་ཟིན། དེ་ནས་མ་དང་ཁུ་བོས་ཀྱང་མི་ལའི་ཚར་རྒྱུག་ཟེར། དེར་རྗེ་བཙུན་གྱིས་ཀླན་ལུགས་ཀྱི་ཕྱག་ན་རྡོ་རྗེའི་སྒྲུབ་ཐབས་གནང་། བཟླས་པ་བྱས། དེ་ནས་རྗེ་བཙུན་གྱི་དྲུང་དུ་མ་བསྙད་པར་ཕོང་སྟོང་རྣམས་སུ་ཉལ་ཞིང་བསྡད། དེའི་ཚེ་ཨ་ཙ་ར་གསུམ་བྱུང་བས་དེ་རྣམས་ཀྱིས་སྙིང་རྗེ་བྱས་རྒྱ་གར་དུ་ཁྲིད། འཕྲུལ་སྐད་སྦྱངས་པས་སྐད་བྱང་མཐར་ཐུག་པ་ཞིག་མཁྱེན། ཏ་བ་ས་ཏའི་གྲོང་ཁྱེར་དུ་བླ་མ་བ་ལ་ཙནྡྲ་མཇལ། བླ་མས་གཏུམ་པོ་ཁྱུང་ཤམ་ཅན་གནང་ནས་བཟླས་པ་བྱས་པས་རིང་པོར་

མ་ལོན་པར་མཛོ་ལྷག་མ་མེད་པར་སོས། སླར་བལ་པོར་འོངས་ནས་ཨ་ཏུ་ལ་ད་ཤ་ལ་སོགས་པ་ལས་བདེ་མཆོག་ལ་སོགས་པའི་རྒྱུད་འགའ་རེ་ཡང་གནང་། དེ་ནས་ཇོ་བཙུན་གྱི་དྲུང་དུ་འཁོར་བ་ན་དབང་དང་གདམས་ངག་མང་དུ་གསན། བསྒོམས་པས་གཏུམ་མོའི་དྲོད་རྟགས་ཐོན། རས་ཆེན་རས་ཆུང་ཞེས་ཡབ་དང་མཚུངས་པའི་གྲགས་པ་ཐོབ། ཇོ་བཙུན་གྱི་ཞལ་ནས་རྒྱ་གར་ན་ལུས་མེད་མཁའ་འགྲོའི་ཆོས་སྐོར་དགུ་ཡོད་པ་ལ་ཇོ་མར་པའི་གསུངས་ཀྱིས་ངས་ལྔ་ལས་མ་ཐོབ། ད་དུང་བཞི་ཡོད་པ་དེ་ཕྱིས་ནས་ནཱ་རོའི་བུ་རྒྱུད་གཅིག་ལ་ཞུས་ནས་ཡོངས་ཤིག་གསུང་བ་ཡིན་པས། ད་ཁྱེད་ཀྱིས་རྒྱ་གར་དུ་སོང་ལ་ཆོས་དེ་རྣམས་ཚང་པར་ཡོང་ཞིག་ཅེས་གསུངས་པས་རྒྱ་གར་དུ་ཕྱི་མ་བྱོན། བླ་མ་ནཱ་རོ་དང་མེ་ཏྲི་གཉིས་ཀྱི་དངོས་སློབ་ཏི་ཕུ་པ་ལ་གདམས་ངག་ཚང་བར་ཞུས། གཞན་ཡང་མ་གཅིག་གྲུབ་པའི་རྒྱལ་མོ་ལ་ཚེ་དཔག་མེད་པའི་སྒྲུབ་ཐབས་ཕྱི་ནང་གསང་བ་དེ་ཕོ་ན་ཉིད་ཀྱི་ལས་ཚོགས། རྟ་མགྲིན་ལ་སོགས་པའི་ཤམ་བུ་དང་བཅས་པ་གསན་ནས་སྐུ་ཚེ་ཞག་བདུན་ལས་མེད་པ་དེ་བརྒྱད་ཅུ་རྩ་བརྒྱད་ཐུབ་པར་ལུང་བསྟན། གདམས་ངག་རྣམས་ཚང་བར་བྱས་ནས་ལོག་བྱོན་ཏེ་བལ་པོར་ཕེབས། ཧཱ་རི་མས་བསུས་ཏེ་དཔེ་རྣམས་ཀྱི་ལྷག་ཆད་བསལ། ཚུར་བྱོན་པར་ཐུགས་ལ་ཁེངས་པ་ཙུང་ཟད་འཁྲུངས་པ་ཇོ་བཙུན་གྱིས་རྫུ་འཕྲུལ་བསྟན་ནས་དེ་བཟློག་བླ་མ་ལ་གདམས་ངག་རྣམས་སྐྱེས་སུ་ཕུལ། ཇོ་བཙུན་གྱིས་མར་པ་ལ་གསན་པ་ཐམས་ཅད་ཐུགས་སྲས་རས་ཆུང་པ་ལ་ཚང་བར་བཞུགས་པར་གྲགས། དེ་ནས་དབུ་རུ་བྱང་ཕྱོགས་སུ་ཕེབས། སུམ་འཕྲེང་དུ་བལ་པོ་ཨ་སུ་མཇལ། བལ་འགྱུར་གྱི་དོ་ཧ་གསན། དེ་ནས་ལྷོར་བྱོན་ཏེ་མཁར་ཆུར་བཞུགས། བླ་མའི་བཀས་རོ་སྙོམས་ད་ལྟ་སྟོན་པའི་དུས་མིན་པས་བོད་ཡུལ་གྱི་བྲག་མཁའ་འགྲོ་དང་ལྷ་འདྲེ་ཐམས་ཅད་འདུ་བ་ཞིག་ཡོད་པ་དེར་སྦོས། མི་རབས་གསུམ་ན་ཆོས་འདིའི་བདག་པོ་འོང་གསུངས་པ་ལྟར། ནཱ་རོ་པའི་རོ་སྙོམས་སྐོར་དྲུག་གི་ཆོས་རྣམས་གཏེར་དུ་སྦས། ཕྱིས་བྱར་དུ་བཞུགས་པའི་ཚེ་ཁྲུང་ཚང་པས་མཇལ་ཞིང་། ལོ་རོར་བཞུགས་པའི་ཚེ་ཆོས་རྒྱལ་རིན་ཆེན་གླིང་པས་མཇལ་ནས་སྙན་བརྒྱུད་ཀྱི་གདམས་པ་རྣམས་གནང་། འཕྲིན་ལས་ཡུན་རིང་དུ

བསྐྱངས་ནས་མཐར་ཚེ་གོང་གི་ཕྱུག་པ་ནི་གྲུབ་རྒྱལ་མ་དང་། མི་ལ་གཉིས་ཀས་ལྷུང་པོ་ཅན་དང་ཁྱད་པར་མེད་པར་ལུང་བསྟན་པའི་གནས་ཡིན་ལ་གནས་དེ་ཉིད་ནས་སྐུ་ལུས་མ་སྤངས་པར་མཁའ་སྤྱོད་དུ་ཕྱིན་པ་དང་། མཁའ་འགྲོ་བཙུན་ཆུང་མ་ཡང་ཚོགས་ཀྱི་དབུས་ནས་མཁའ་སྤྱོད་དུ་ཕྱིན་ནོ། ། དེ་ལ་སྤྱིར་སློབ་མ་མང་ཡང་། ལོ་ཁྲི་མགོ་པ་དང་། གཙང་པ་སུམ་པ་སོགས་བཅུ་གཉིས་ཀྱིས་དབང་ཡང་རྫོགས་ལ་ཡེ་ཤེས་ཀྱང་ངོས་ཟིན། ཡར་ཀླུང་པ་ལྷ་རྗེ་ལྷ་འབར་གྱིས་མིང་དབང་རྫོགས་ཀྱང་ཡེ་ཤེས་ངོས་མ་ཟིན་ཟེར། གཞན་ཡང་ཉེ་གནས་རིན་ཆེན་གྲགས། ཧ་ཤོད་རས་པ། སྒོམ་ཆེན་སྨོན་ལམ། མངའ་རིས་པ་གསལ་མཆོག ཇོ་མོ་སྒྲོ་མོ། ལྷ་པ་བྱང་སྟོན། མཚུར་སྟོན་དབང་ངེ། དུས་གསུམ་མཁྱེན་པ། ཙ་རི་སྒོམ་ཆུང་ལ་སོགས་པ་རྣམས་སོ། །རྗེ་སླ་འོད་གཞོན་ནུ། སྔེའུ་ཟུར་པ། བྱ་ཡུལ་པ་སོགས་དགེ་བའི་བཤེས་གཉེན་དུ་མས་ཀྱང་གཙུག་གི་ནོར་བུར་བསྟེན་ཏོ། །

གསུམ་པ། མཉམ་མེད་དྭགས་པོ་ལྷ་རྗེ་ནས་བརྒྱུད་ཚུལ་བཤད་པ།

ལྟ་སྤྱོད་སྒོམ་པའི་གཞུང་ལུགས་འོ་མའི་མཚོ། །
མཁྱེན་པའི་ཡེ་ཤེས་མན་ཧྲ་རས་སྦུབ་པ། །
རྒྱལ་བསྟན་གསལ་མཛད་མཉམ་མེད་སྒམ་པོ་པས། །
བཀའ་ཕྱག་ཆུ་བོ་གཅིག་ཏུ་འདྲེས་པར་མཛད། །

ཆོས་ཀྱི་རྒྱལ་པོ་མཉམ་མེད་དྭགས་པོ་ལྷ་རྗེ་ཟླ་འོད་གཞོན་ནུའི་རྣམ་པར་ཐར་པ་ཅུང་ཟད་བརྗོད་ན། ཇི་སྐད་དུ། །མི་ཧོག་ཟླ་མཛེས་པད་མའི་བླ་མ་ནི། །ཐུབ་པའི་སྤྱན་སྔར་ཟླ་འོད་གཞོན་ནུར་གྱུར། །གངས་རིའི་ཁྲོད་འདིར་དགེ་སློང་འཚོ་བྱེད་ཅེས། །རྒྱལ་བས་ལུང་བསྟན་ཁྱེད་ལ་ཕྱག་འཚལ་ལོ། །ཞེས་གསུངས་པ་ལྟར། སྔོན་བྱུང་བ་འདས་པའི་དུས་ན་བྱང་ཆུབ་སེམས་དཔའ་མི་ཧོག་ཟླ་མཛེས་ཞེས་བྱ་བར་གྱུར་པ་དང་། བདག་ཅག་གི་སྟོན་པ་ཐུབ་པའི་དབང་པོའི་སྤྱན་སྔར་མདོ་ཏིང་འཛིན་རྒྱལ་པོ་ཞུ་བ་པོ་བྱང་ཆུབ་སེམས་དཔའ་ཟླ་འོད་གཞོན་ནུར་གྱུར་པ་སྟེ། ཏིང་ངེ་འཛིན་རྒྱལ་པོ་ལས། ཡེ་ཤེས་ཟླ་མེད་འདི་ནི་རབ་བསྒྲུབས་ནས། །ཕྱི་དུས་མོད་ལ་དེ་ཡི་འཇིག་རྟེན་དུ། །རྒྱལ་བ་དྲི་མེད་འོད་ཅེས་བྱ་བར་འགྱུར། །ཟླ་འོད་གཞོན་ནུར་གྱུར་པ་བདག་ཉིད་ཀྱི། །ལུང་བསྟན་འདི་ཐོས་དགའ་བ་རྒྱས་གྱུར་ཏོ། ཞེས་དང་། སྙིང་རྗེ་པདྨ་དཀར་པོའི་མདོ་ལས། ཀུན་དགའ་བོ། ང་འདས་ནས་བྱང་ཕྱོགས་ཀྱི་རྒྱུད་ཆུ་བོ་རོ་ཧི་ཏའི་ཀླུང་འགྲམ་ན། དགེ་སློང་འཚོ་བྱེད་ཅེས་བྱ་བ། སྔོན་གྱི་རྒྱལ་བ་ལ་ལྷག་པར་བྱ་བ་བྱས་པ། སངས་རྒྱས་བརྒྱ་སྟོང་མང་པོ་ལ་བསྙེན་བཀུར་བྱས་པ། དགེ་བའི་རྩ་བ་བསྐྱེད་པ། ཐེག་པ་ཆེན་པོ་ལ་ཡང་དག་པར་ཞུགས་པ། སྐྱེ་བོ་མང་པོ་ལ་ཕན་པ་དང་བདེ་བའི་ཕྱིར་ཞུགས་པ། མང་དུ་ཐོས་པ། བྱང་ཆུབ་སེམས་དཔའི་སྡེ་སྣོད་འཛིན་པ། །ཐེག་པ་ཆེན་པོའི་བསྔགས་པ་བརྗོད་པ། ཐེག་པ་ཆེན་པོ་ཡང་དག་པ་སྟོན་པ་ཞིག

འབྱུང་བར་འགྱུར་ཏེ། ཞེས་ལུང་བསྟན་པའི་སྐྱེས་བུ་དེ་སྐུ་འཁྲུངས་པའི་ཡུལ་ནི། བོད་ཡུལ་དབུས་ཀྱི་ལྗོངས་ཕྱོགས། གནས་ཀྱི་བྱེ་བྲག་སེར་ལུང་། གདུང་རུས་སྣེ་བ། ཡབ་སྣེ་བ་རྒྱལ་པོ་དང་ཡུམ་ཤེས་རབ་མོ་ཚེ་ལྷམ་བྱ་བ་གཉིས་ཀྱི་སྲས་སུ་ས་མོ་ལུག་གི་ལོ་སྤྱི་ལོ་༡༠༧༨ལ་ངོ་མཚར་གྱི་ལྟས་མང་པོ་དང་བཅས་ཏེ་སྐུ་འཁྲུངས། མཚན་དར་མ་གྲགས་ཞེས་གསོལ། སྐུ་ཆུང་ངུའི་དུས་ནས་རྒྱ་གར་གྱི་མཁས་པ་སྐྱེ་མེད་སོགས་བསྟེན་ནས་ཡི་གེ་དང་སྒྲ་དང་རྩིས་སོགས་རིག་པའི་གནས་རྣམས་ནན་ཏན་གྱིས་སློབ་སྦྱོང་ཞུས་ནས་མཁས་པར་བསླབ་པ་དང་། དགེ་བའི་བཤེས་གཉེན་ཤ་ར་བ་སོགས་བསྟེན་ནས་བྱང་ཆུབ་ལམ་གྱི་སྒྲོན་མ། རྒྱུད་བླ་མ་སོགས་གདམས་ཟབ་མང་དུ་ཞུས་ནས་ཐོས་བསམ་ལེགས་པར་མཛད། ལྷག་པར་དུ་བོད་ཀྱི་སྨན་པ་མཁས་པ་བི་ཇི་ལ་སོགས་པ་གསོ་རིག་སྨན་གྱི་སློབ་དཔོན་སུམ་ཅུ་ཙམ་བསྟེན་ནས་བསྟན་བཅོས་ཡན་ལག་བརྒྱད་པ་ལ་སོགས་པའི་གསོ་རིག་གི་གཞུང་ལག་ལེན་དང་བཅས་པ་ལ་བསླབས་པས་ཤིན་ཏུ་མཁས་པར་གྱུར། དགུང་ལོ་ཉེར་དྲུག་བར་དུ་ཁྱིམ་པའི་རྟེན་ལ་གསོ་དཔྱད་སྨན་གྱིས་འགྲོ་དོན་གཙོ་བོར་མཛད་ཅིང་། འཇིག་རྟེན་གྱི་ཕན་བྱ་མཐའ་དག་ལ་རབ་ཏུ་མཁས་ཤིང་གཞན་དོན་འབའ་ཞིག་ལ་བརྩོན་པ་དང་། གཤིས་བཟང་ལ། ཐུགས་སྙམ་ཞིང་། ཞི་ཞིང་དུལ་བ་སོགས་ཀྱི་ཡོན་ཏན་གྱི་ཁྱད་པར་དུ་མ་དང་ལྡན་པ་ཞིག་ཡིན་པས་ཀུན་གྱི་ཡི་གར་འོང་བ་ཞིག་སྟེ། སྔོན་ལམ་འབྲེལ་བས་གཉལ་གྱི་ཕྱོགས་སུ་འཁྲུངས། །འཇིག་རྟེན་ཆོས་མཐུན་བཙུན་མོ་ཁབ་ཏུ་བཞེས། གཞན་ལ་ཕན་ཕྱིར་གསོ་དཔྱད་མཐར་ཕྱིན་མཛད། །སྐྱེ་བོ་བྱང་སེམས་ཁྱོད་ལ་ཕྱག་འཚལ་ལོ། །ཞེས་གསུངས་པ་ལྟར་དང་། གསོ་དཔྱད་ཀྱི་སློབ་མའང་ཞང་སྨན་ནག་པ་དང་། གྲུམ་པ་ལྷ་རྗེ་ལ་སོགས་པ་སྨན་པ་མཁས་པ་མང་པོ་བྱུང་བ་དང་། ཕྱི་རབས་ཀྱི་དོན་དུ་གསོ་དཔྱད་ལག་ལེན་གྱི་ཡིག་ཆ་རྩོམ་གནང་བ་སོགས་འགྲོ་བ་རྣམས་ནད་ཀྱི་ཟུག་རྔུ་ལས་སྐྱོབས་ཏེ་ནད་མེད་རིང་པོར་འཚོ་བའི་ཕྲིན་ལས་ཀྱི་སྣང་བ་དཀར་པོ་གངས་ཅན་མཐའ་དབུས་ཀུན་ཏུ་ད་ལྟའི་བར་དུའང་ཁྱབ་པར་མཛད་པ་ནི། དད་དང་ལྡན་པའི་སྐྱེ་བོ་གང་ཞིག་གིས། །ཁྱེད་ནི་མཐོང་ཐོས་དྲན་པ་ཙམ་གྱིས་ཀྱང་། །

སྡུག་བསྔལ་སྤྱངས་ནས་ཐར་པའི་ལམ་སྟ་ཟིན། །སྨན་པའི་རྒྱལ་པོ་ཁྱོད་ལ་ཕྱག་འཚལ་ལོ། །ཞེས་གསུངས་པ་ལྟར་རོ། །དེ་ནས་བདག་ཅག་གི་སྟོན་པ་ཀ་ན་འཆི་བའི་ཚུལ་དང་། དགེ་སློང་གཟིགས་པའི་རྐྱེན་གྱིས། རྒྱལ་སྲིད་ཀྱི་ཕུན་ཚོགས་མཐའ་དག་མཆིལ་མའི་ཐལ་བ་བཞིན་དུ་དོར་ཏེ། ཁྱིམ་ནས་ཁྱིམ་མེད་པར་རབ་ཏུ་བྱུང་ལྟར། བདག་ཉིད་ཆེན་པོ་འདི་ཡང་རེ་ཞིག་ནས། །ཁྱིམ་ཐབ་སྲས་དང་བཅས་པ་གྲོངས་པའི་རྐྱེན། འཁོར་བའི་བྱ་བ་སྙིང་པོ་མེད་གཟིགས་ནས། །ཁྱིམ་ནས་བྱུང་སྟེ་བསྟན་ལ་རབ་ཏུ་བྱུང་། །བསླབ་གསུམ་དྲི་མེད་མིག་འབྲས་བཞིན་དུ་སྲུང་། དགེ་སློང་འཚོ་བྱེད་ཁྱོད་ལ་ཕྱག་འཚལ་ལོ། །ཞེས་པ་ལྟར་འཁོར་བའི་བྱ་བ་མཐའ་དག་ལ་སྙིང་པོ་མེད་པའི་ཚུལ་གཟིགས་ནས། སྲིད་པ་ལས་ངེས་པར་འབྱུང་པའི་བློ་ཤུགས་དྲག་ཏུ་སྐྱེས། ཁྱིམ་ནས་ཁྱིམ་མེད་པར་རབ་ཏུ་བྱུང་བའི་དགོངས་པ་འཁྲུངས། གནས་གཞིས་པོར་ནས་དྭགས་པོའི་ཕྱོགས་སུ་ཕྱིན། བསྟན་པའི་རྩ་བ་དགེ་སློང་ཡིན་པར་དགོངས་ནས། དགུང་ལོ་ཉེ་ཤུ་རྩ་དྲུག་གི་དུས་སུ། རང་ཁ་ཞེས་པའི་གནས་སུ་འཕགས་པ་དགྲ་བཅོམ་པ་ལྷ་བུ་མང་ཡུལ་བ་བློ་ལྡན་ཤེས་རབ་ཀྱིས་མཁན་པོ་བྱས། ཞང་ཞུང་པ་ཤེས་རབ་སྙིང་པོ་བྱ་བས་ལས་སློབ་བྱས། ཡིད་བདེ་བ་བྱང་ཆུབ་སེམས་དཔའ་ཞེས་པ་བླ་མ་མི་ལ་རས་པའི་སློབ་མ་ཡང་ཡིན་པ་དེས་གསང་སྟོན་གནང་སྟེ་དུས་གོ་བ་དང་། ཁ་སྐོང་བཅས་དད་པའི་དགེ་འདུན་གྲངས་ཚང་བའི་དབུས་སུ་ཚིག་རྫོགས་སུ་བསྙེན་པར་རྫོགས། མཚན་བསོད་ནམས་རིན་ཆེན་ཞེས་བཏགས། དེ་ནས་བཟུང་དགེ་སློང་གི་བསླབ་གཞི་ཕྲ་མོ་ཚུན་ཆད་ལ་སྲོག་ལས་གཅེས་པར་སྲུང་བས་གར་ཕྱིན་ས་ལ་འཕགས་པ་ཉེ་བར་འཁོར་ལྷ་བུ་བཙུན་པའི་དཔེར་འོས་པ་ཞིག་མཛད། མཁན་སློབ་གཉིས་ལས་འདུལ་བ་མདོ་རྩ་བ་སོགས་འདུལ་བའི་གཞུང་ལུགས་མཐའ་དག་ལ་ཐོས་བསམ་མཐར་ཕྱིན་པ་མཛད་ནས། ཕྱི་སོ་ཐར་ཚུལ་ཁྲིམས་ཀྱི་བསླབ་པས་རྒྱུད་བརྟམས། དེ་ནས་དགེ་བའི་བཤེས་གཉེན་སྣུག་རུམ་པ་ལས། རྒྱ་ཆེན་སྤྱོད་པའི་ལུགས་ཀྱི་ཆོ་ག་ལ་བརྟེན་ནས་བྱང་ཆུབ་སེམས་སྐྱེད་ཀྱི་སྡོམ་པ་མནོས། ཀུན་རྫོབ་བྱང་ཆུབ་ཀྱི་སེམས་རིན་པོ་ཆེ་རྣམ་པར་དག་པ་ཐུགས་ལ་འཁྲུངས། དེ་ནས་བརྩམས་ཏེ་

ཕ་རོལ་ཏུ་ཕྱིན་པ་དྲུག་དང་། བསྡུ་བའི་དངོས་པོ་བཞི་སོགས་བྱང་ཆུབ་སེམས་དཔའི་སྤྱོད་པ་རླབས་པོ་ཆེ་ལ་བསླབ་ཅིང་རང་དོན་ཡིད་བྱེད་ཀྱི་འགལ་ཆ་ཕྲ་མོ་ཙམ་ཡང་མི་གཏོང་བར་གཞན་དོན་འབའ་ཞིག་སྒྲུབ་པའི་རྒྱལ་བའི་སྲས་བྱང་ཆུབ་སེམས་དཔའ་མིང་དོན་དང་ལྡན་པ་ཞིག་ཏུ་གྱུར་ཏོ། །དགེ་བཤེས་སྟག་ཏུམ་པ་དང་། དགེ་བཤེས་ལྷུགས་རི་བ་དང་། གོང་དཀར་བ་ལས་སྤྱོད་འཇུག་ཆེན་མོ། དབུ་མ་རིགས་ཚོགས་དང་། བྱམས་ཆོས་སོགས་གཞུང་དང་མན་ངག་མང་དུ་གསན། བྱ་འདུལ་བ་འཛིན་པ་ཆེན་མོ་ལས་འདུལ་བའི་སྡེ་སྣོད་དང་། མདོ་ཏིང་འཛིན་རྒྱལ་པོ། ས་སྡེ་ལྔ། ཐེག་ཆེན་བསྡུས་པ་སོགས་མདོ་ལུགས་སྐོར་གཞུང་མང་དུ་གསན་པ་དང་། དེ་དག་གི་དོན་ཚུལ་བཞིན་དུ་བསམ་པ་དང་སྒོམ་པའི་སྒོ་ནས་ལམ་གྱི་རིམ་པར་བློ་སྦྱོང་ནས་མང་དུ་ཐོས་པའི་མཁས་པ་ཆེན་པོར་གྱུར། དགེ་བཤེས་རྒྱ་ཡོན་བདག་གི་མདུན་ནས་ཇོ་བོའི་བཀའ་གདམས་པའི་མན་ངག་མཐའ་དག་གསན། ལོ་གསུམ་ལ་བསྟེན་ནས་ལམ་གྱི་རིམ་པ་གཙོ་བོར་བྱས་ནས་སྒོམ་པས་ལམ་གྱི་རིམ་པའི་རྟོགས་པ་འཁྲུངས། མགོན་པོ་གྲི་གུག་མའི་དབང་དང་མན་ངག་ཞུས་པས་ཞལ་གཟིགས་ཐོབ་པ་དང་། མདོ་སྡེ་ས་བཅུ་པ་དང་། གསེར་འོད་དམ་པ་སོགས་ལས་བཤད་པའི་ས་བཅུ་ཐོབ་པའི་ལྟ་ལྟས། ཉམས་དང་རྨི་ལམ་ངོ་མཚར་ཅན་དཔག་ཏུ་མེད་པ་བྱུང་། དེ་ནི་བཤེས་གཉེན་དམ་པའི་ཞབས་རྡུལ་སྤྱི་བོས་བླངས། །འདུལ་བ་ཕྱུགས་སོགས་གསན་པ་རྒྱ་ཆེན་མཛད། །རྨི་ལམ་ས་ཐོབ་ཏིང་འཛིན་དུ་མ་འཕེལ། །བསོད་ནམས་རིན་ཆེན་ཁྱེད་ལ་ཕྱག་འཚལ་ལོ། །ཞེས་གསུངས་པ་བཞིན་ནོ། དགེ་བའི་བཤེས་གཉེན་ཟངས་དཀར་བ་ལས། དཔལ་འཁོར་ལོ་སྡོམ་པའི་དབང་དང་། བྱིན་རླབས་སོགས་སྒྲུབ་བརྒྱུད་དང་། སྙན་བརྒྱུད་ཀྱི་གདམས་པ་མང་པོ་ཞུས། མཁན་པོ་མང་ཡུལ་བ་ལས་ཇོ་བོ་རྗེའི་ལུགས་ཀྱི་བདེ་མཆོག་ལཱུ་ཧི་པ་དང་། ཕག་མོ་རིན་ཆེན་རྒྱན་དྲུག་གི་སྐོར་སོགས་ཕ་རྒྱུད་དང་མ་རྒྱུད་ཀྱི་དབང་སྐུར། བྱིན་རླབས། རིག་གཏད་ཀྱི་ཆོས་བཀའ་མང་དུ་ཞུས། ཁྱད་པར་དུ་ཡོ་ག་དང་འཁོར་ལོ་བདེ་མཆོག་གི་རྒྱུད་སྒྲུབ་ཐབས་དང་བཅས་པ་ལ་མཁས་པར་བསླབ། སྒོ་གསུམ་གྱི་མཚན་རྟོག་ཐབས་ཤེས་ཁྱད་པར་ཅན་

གྱིས་སྡོམ་པའི་རིག་པ་འཛིན་པ་སྔགས་ཀྱི་དགེ་སློང་དུ་གྱུར་ཏེ་སུམ་ལྡན་རྡོ་རྗེ་འཛིན་པའི་ངོ་བོར་བཞུགས། ཡིད་བདེ་བ་བྱང་ཆུབ་སེམས་དཔའ་ལས་བླ་མ་མི་ལའི་གདམས་ངག་ཡོད་པ་ཤེས་ནས་ཞུས་པས། ཞག་བདུན་བདུན་གྱི་བར་དུ་ཏིང་ངེ་འཛིན་ལ་རྩེ་གཅིག་ཏུ་གནས་པ་བྱུང་། དེ་ནས་རང་ཡུལ་དུ་བྱོན་ནས་བསྒོམ་ཞིང་བཞུགས་པའི་ཚེ། ཉེ་ལོགས་ན་སྲུང་པོ་གསུམ་འདུག་པའི་གཅིག་ན་རེ། ཟན་རྫོག་ཆེས་པ་རེ་དང་ཚོད་མ་ཕོར་པ་རེ་བཟར་ཡོད་ན་དགའ་བ་ལ་ཟེར། གཅིག་ན་རེ། ཡིད་སྨོན་བྱེད་ན་མངའ་བདག་རྗེ་ལྷེ་ལྷ་བུ་ལ་སྨོན་མོད་ཟེར། ཐན་པ་གཅིག་ན་རེ། རྗེ་ལྷེ་ཡང་འཆི་བ་འོང་། ཡིད་སྨོན་བྱེད་ན་མི་ལ་རས་པ་ལ་བྱེད་པ་ཡིན་མོད། ལུས་ལ་གོས་མི་དགོས། འཚོ་བ་མཁའ་འགྲོ་མས་འདྲེན། ནམ་མཁའ་ལ་བྱ་ལྟར་འཕུར་ནས་ཕར་འགྲོན་ཚུར་འགྲོན་བྱེད། སྐྱེ་ཤིའི་འཇིགས་པ་མེད་པ་དེ་ཡིན་ན་དགའ་མོད་ཟེར་ཤུགས་རིང་ནར་ནར་མཆིམ་རྩིག་རྩིག་འདུག དེར་མཚན་ཐོས་པས་ཤིན་ཏུ་དད་པར་གྱུར་ཏེ་དྲུང་དུ་འགྲོ་འདོད་པ་བྱུང་། སྲུང་པོ་ལ་སྟོན་མོ་བྱིན། དེའི་ནུབ་མོ་དཀོན་མཆོག་ལ་མཆོད་པ་བྱས་གསོལ་བ་བཏབ་པས། རྨི་ལམ་ཡང་ཤིན་ཏུ་བཟང་པོ་བྱུང་། ཕྱི་ཉིན་ལམ་དུ་ཆས་ཏེ་དབུ་རུའི་བླ་མ་རྣམས་ལ་ཕྱག་སྐྱེལ་དུ་བྱོན། ཐོག་མར་སྟར་གྱི་བླ་མ་དགེ་བའི་བཤེས་གཉེན་རྒྱ་ལྕགས་རི་བ་དང་། དགེ་བའི་བཤེས་གཉེན་ཡོན་བདག་ལ་གནང་བ་ཞུས་པས། ཁྱེད་རང་རྣལ་འབྱོར་པ་དེའི་སྤྱན་ལྔར་སོང་། ལོ་གཅིག་ལས་མ་འགོར་བར་སླར་ཕེབས་པར་གྱིས། རྣལ་འབྱོར་པ་དེ་གྲུབ་ཐོབ་ཅིག་ཡིན་ངེས་སུ་ཡོད་པར་འདུག ཆོས་ཐམས་ཅད་དྲིས་ཀྱང་དྲིས། གདམས་ངག་མ་ལུས་པ་ཞུས་ལ་ཆོས་ཀྱི་སྐྱོས་མ་ཡང་ཁྱེར་ལ་ཤོག གསུངས་ནས་འགྲོ་བ་གནང་བ་དང་། ལམ་རྒྱུག་གི་གསེར་ཡང་གནང་། གཞན་ཡང་། དགེ་བཤེས་སྤྱན་སྔ་བའི་ཞལ་ནས། ཁྱོད་རྣལ་འབྱོར་པའི་རྩར་ཅིས་ཀྱང་འགྲོ་ན་ངེད་ཀྱི་རྟགས་མ་དོར་བར་ཤོག ཡར་སེར་ཀ་ལ་ཕན་ན་ཁྱི་ཚོལ་ཡིན་ནའང་ཡིན། ཟངས་ངེད་ཀྱིས་བརྟུངས། ཟངས་སྐད་མེས་འདོན་པ་ཞིག་འོང་བར་འདུག་སྟེ་ཐབས་མེད་ཅེས་གནང་བ་དང་། སྨུག་རུམ་པས་ཀྱང་སླར་འོང་དགོས་པའི་བཀའ་སློབ་དང་བཅས་བཀའི་གནང་བ་

ཐོས་པས་ཤིན་ཏུ་དགྱེས་ཏེ་འགོང་སྟོན་བྱ་བ་ཡུལ་ཕྱོགས་གཅིག་པ་ཞིག་ཡོད་པ་དེ་ལམ་གྲོགས་ལ་ཁྲིད་དེ་ཉི་མ་ལ་སྟོད་ཕྱོགས་སུ་གཏད་དེ་བྱོན། སང་སྐྱིབས་ཟེར་བར་སྒྲུབ་གཞི་དྲག་པོ་ཞིག་བྱུང་ཡང་། བླ་མ་ལ་མོས་གུས་ཀྱིས་གསོལ་བ་གཏབ་པས་སྒྲུབ་གཞི་ལས་གྲོལ། རྗེ་མི་ལ་རས་པས་དབུས་ནས་བཀའ་གདམས་ཀྱི་སྟོན་པ་དྭགས་པོ་ལྷ་རྗེ་འདིར་ཕེབས་ཀྱི་ཡོད་པ་དེ་བསུ་བ་ལ་འགྲོ་དགོས་གསུངས་པ་ལྟར་རྣལ་འབྱོར་པ་ཞིག་བསུ་བ་ལ་ཕེབས། དེས་དབུས་པ་སྟོན་པ་ཞིག་གིས་འགྲོ་བ་མང་པོ་ལ་ཕན་འདོགས་པར་བྱེད། ཅེས་པའི་ལུང་བསྟན་པ་ཡོད་ཚུལ་ཞུས་པས། བླ་མས་མཁྱེན་ཅིང་ལུང་བསྟན་གསུངས་ལུགས་ལ་བསམ་ན་ཁོ་བོ་སྟོད་ལྟན་ཞིག་ཡིན་པར་འདུག་གདམས་ངག་ལ་དགའ་ཚོགས་མི་འོང་སྙམ་དུ་ང་རྒྱལ་ཅུང་ཟད་སྐྱེས་པ་ན། བླ་མས་མཁྱེན་ཏེ་དེ་རིང་ནས་མཇལ་རྒྱུ་ཡིན་པ་ལ་ཟླ་བ་ཕྱེད་ཀྱི་བར་དུ་མཇལ་ཁ་མ་བྱུང་། ཟླ་ཕྱེད་སོང་ནས་རྗེ་བཙུན་མི་ལ་དངོས་སུ་མཇལ། གསེར་ཕྱག་རྟེན་དུ་ཕུལ་བ་མ་བཞེས། ཁྱེད་ཀྱི་མིང་ཅི་ཡིན་གསུངས། བསོད་ནམས་རིན་ཆེན་ཟེར་ཞེས་ཞུས་པས། བླ་མས་བསོད་ནམས་ཚོགས་ཆེན་དག་ལས་བྱུང་། འགྲོ་བ་ཀུན་གྱི་རིན་པོ་ཆེ། ཞེས་ལན་གསུམ་གསུམ། ཆང་ཀ་པ་ལ་གང་གསོལ་ཞིང་འདུག་པ་དེ་གནང་ནས། འདི་འཐུང་གསུངས་པ་ལ་རང་ཉིད་གསེ་སློང་ཡིན་པ་དང་། འཁོར་མང་པོ་འདུག་པས་ཅུང་ཟད་ལེན་མ་ནུས་པ་ན་བླ་མའི་ཞལ་ནས་རྣམ་རྟོག་མ་མང་བར་འདི་འཐུང་གསུངས་པས། ལྷག་མ་མ་ལུས་པར་གསོལ་བས། བརྒྱུད་པ་ཟིན་ཅིང་གདམས་ངག་གི་སྣོད་དུ་གྱུར་པ་མཁྱེན་ཏེ་རྟེན་འབྲེལ་འགྲིག དེ་ནི་རྗེ་བཙུན་མི་ལའི་དྲུང་དུ་བྱོན་པའི་ཚེ། ཁྱོད་ནི་སེམས་ཅན་ཀུན་གྱི་རིན་པོ་ཆེ། །གསུངས་ནས་ཐུགས་སྲས་བརྒྱུད་འཛིན་ཡིན་པར་དགོངས། །དབུས་པ་སྟོན་པ་ཁྱོད་ལ་ཕྱག་འཚལ་ལོ། །ཞེས་གསུངས་པ་ལྟར་རོ། །བླ་མས་བུ་སྒོམ་ནས་དམ་ཚིག་བྱེད་བསམ་ན་ཚེ་འདི་ལ་མ་དགའ་ཕྱི་མར་སོམས། ལམ་སྒྲུབ་པའི་དགའ་བ་དང་དུ་ལོངས། ཁྱོད་བཀའ་བརྒྱུད་གདན་ས་འཛིན་འདོད་ན། ཚིག་ཐ་སྙད་ལ་མི་རྟོན་དོན་ལ་རྟོན། ཁྱོད་དགེ་སློང་གི་ཐུགས་ལ་དེ་ལྟར་ཞོག ཅེས་བསླབ་བྱའི་མགུར་གསུངས་པ་དང་། དེ་ནས་རིམ་གྱིས་དཔལ་འཁོར་ལོ་

སྒོམ་པའི་དབང་སྐུར་རྡོ་རྗེ་རྣལ་འབྱོར་མའི་སྒོ་ནས་བྱིན་གྱིས་བརླབས། བསྒྲེ་འཕོ་གནད་ཀྱི་མཚམས་སྦྱོར་ཁྲིད་དུ་བསྟན། དེ་ཉིད་བསྒོམས་པས་ཡུན་མི་རིང་བར་རྩ་རླུང་གི་དྲོད་རྟགས་ཤར། མདོར་ན་རྗེ་བཙུན་གྱིས་དབང་ལུང་མན་ངག་མཐའ་དག་བུམ་པ་གང་བྱོའི་ཚུལ་གྱིས་གནང་། ལོ་དྲུག་ན་རྟོགས་པ་ཁྱད་པར་ཅན་ཤར་བའི་ལུང་བསྟན། སྨན་བླ་མཆེད་བདུན་དང་། ལོངས་སྐུའི་ཞིང་ཁམས་མང་པོ་མཇལ། དེ་ལྟར་ཡང་། མཆོག་ཏུ་ཟབ་པའི་ཐབས་ལམ་གདམས་པ་གནང་། །གཡེང་བ་མེད་པར་སྒྲུབ་ལ་ནན་ཏན་མཛོད། །བླ་མའི་དྲིན་གྱིས་རྟོགས་པ་ཐུགས་སུ་འཁྲུངས། །སྐྱེས་བུ་བརྩོན་ལྡན་ཁྱོད་ལ་ཕྱག་འཚལ་ལོ། །ཞེས་གསུངས་པ་ལྟར་རོ། །

བླ་མས་ད་དབུས་སུ་སོང་ལ་སྒོམས་ཤིག་གསུངས་ནས། བུ་སྟོན་པ་དབུས་སུ་བཞུད་མི་བཞུད། ཅེས་སོགས་ཀྱི་རྫོང་མགུར་དུ། །ཤར་སྣམ་པོ་གདར་གྱི་རི་བོ་ནི། །རི་རྒྱལ་པོ་གདན་ལ་བཞུགས་པ་འདྲ། །ཅེས་སོགས་ཀྱི་མགུར་གསུངས་ནས། དེ་ན་ཁྱོད་ཀྱི་གདུལ་བྱ་སྐྱོད་དང་ལྡན་པ་འོང་བས་དེར་སོང་ལ་འགྲོ་བ་སེམས་ཅན་གྱི་དོན་གྱིས་ཤིག་ཅེས་དང་། སེམས་ཅན་ལ་ཕན་པར་འདུག་པས་ཚོགས་པ་ཡང་སྐྱོངས་ཤིག་གསུངས་ཤིང་། ཁྱོད་ཀྱི་མིང་ཡང་དགེ་སློང་རྡོ་རྗེ་འཛིན་པ་ཆེན་པོ་མཛམ་གླིང་གྲགས་པ་ཞེས་བྱའོ། །ཞེས་གསུངས་པ་སོགས་ཞབས་རྒྱས་ཀྱི་ཞལ་ཏ་གདམས་ངག་དུ་མ་ཡང་གནས། རི་ཞིག་མངོན་པར་ཤེས་པའི་འཕྲང་ཡོད་པས་དེ་ལ་གཟབ་པར་མཛོད་ཅེས་གསུངས་ནས་ཡབ་སྲས་སོ་སོར་གྱེས། བླ་མའི་བཀའ་ལྟར་སྨར་དབུས་ཕྱོགས་སུ་མར་ཕེབས། འོ་དེ་གུང་རྒྱལ་གྱི་གངས་ལ་སྒོམ་པའི་ཚེ་དེས་ཡོན་བདག་དང་འཚོ་བ་སྦྱར། དྭགས་ལྷ་སྒམ་པོར་ཕེབས་པར་བསྐུལ་བ་ལྟར་སྒམ་པོར་ཕེབས། བླ་མས་ལུང་བསྟན་པའི་གནས་སུ་མཁྱེན་ནས་བླ་མ་ལ་མོས་གུས་དང་བཅས་ལོ་དྲུག་ལ་སྒོམ་སྒྲུབ་མཛད་པས་ཉམས་རྟོགས་ཁྱད་པར་ཅན་འཁྲུངས། ཕྱག་རྒྱ་ཆེན་པོའི་རྟོགས་པ་མངོན་དུ་གྱུར། དྭགས་ལྷ་སྒམ་པོར་གནས་གཞི་བཙུགས། གཙང་གི་གློག་སྐྱ་སྟོན་པ་དང་། རལ་བ་ཁྱུང་ཚང་པ། དགེ་བཤེས་གཉན་ནག གཉགས་དམར་པོ་རྣམས་སྒམ་པོར་ཕེབས།

དེ་ནས་རིམ་པར་དབུས་གཙང་ཁམས་གསུམ་གྱི་དད་པ་དང་ལྡན་པའི་དགེ་འདུན་རྣམས་པདྨའི་མཚོ་ལ་ངང་པ་བཞིན་དུ་འདུས་པ་ལ། གདུལ་བྱ་སོ་སོའི་བློ་དང་འཚམས་པའི་གདམས་ངག་བཏབ་པས་རྩ་རླུང་གི་ཡོན་ཏན་དང་། རྟོགས་པའི་ཡོན་ཏན་ཁྱད་པར་འཕྲུངས་བ་ཤ་སྟག་སྟེ། ཏིང་འཛིན་རྒྱལ་པོའི་མདོ་ལས། སྐྱེས་བུ་དམ་པ་མྱ་ངན་ཡོངས་འདས་ནས། །མ་ཧུང་དུས་ན་བདག་གི་མདོ་འདི་བཟུང་། །དེ་ཡི་ཚེ་ན་ཏིང་འཛིན་འཛིན་པ་དག །ལྷ་བརྒྱ་ལས་ནི་མི་ཉུང་དེར་འབྱུང་སྟེ། །མདོ་སྡེ་མཆོག་འདི་རྒྱ་ཆེར་བཟུང་བ་ལ། །དེ་དག་སྔོན་དུ་འདྲེན་པ་གཞོན་ནུ་ཡིན། །ཞེས་གསུངས་པའི་བྱང་ཆུབ་སེམས་དཔའ་ཟླ་འོད་གཞོན་ནུ་དེའི་འཁོར་དུ་མ་འོངས་པའི་དུས་མདོ་སྡེ་ཟབ་མོ་འདི་འཛིན་པ་ལ་སྨོན་ལམ་བཏབ་པའི་བྱང་སེམས་རྣམས་དང་། གཞན་ཡང་འཁོར་སློབ་ཤིན་ཏུ་མང་པོ་འདུས་པ་ལ་སོ་སོའི་བློ་དང་འཚམས་པར་ཆོས་ཀྱི་བདུད་རྩིས་ཚིམ་པར་མཛད་པ་དང་། སྨིན་གྲོལ་གྱི་ལམ་ལ་བཀོད། བཀའ་ཕྱག་ཆུ་བོ་གཅིག་འདྲེས་ཀྱི་བསྟན་པའི་སྲོལ་གཏོད་པར་མཛད་དོ། །དེ་ནི་སྣོད་དང་ལྡན་པའི་ལས་ཅན་དུ་མ་འདུས། །བླ་མའི་མན་ངག་གདམས་པ་ཟབ་མོ་བསྟན། །སྨིན་ཅིང་གྲོལ་བའི་སྐྱེ་བོ་དཔག་མེད་པ། །མཉམ་མེད་བླ་མ་མཆོག་ལ་ཕྱག་འཚལ་ལོ། །ཞེས་པའི་དགོངས་དོན་ལྟར་རོ། །རྗེ་དེའི་གསུང་རྩོམ་ནི་ལམ་ཐུན་མོང་བའི་རྒྱུད་སྦྱོང་བ་སོགས་ཇོ་བོ་བཀའ་གདམས་པའི་གདམས་ངག་ལ། གྲུབ་པའི་དབང་ཕྱུག་མི་ལ་བཞད་པའི་རྡོ་རྗེའི་གཏུམ་མོ་དང་། ཕྱག་ཆེན་གྱི་མན་ངག་གིས་བརྒྱན་ཏེ་བཀའ་ཕྱག་ཆུ་བོ་གཅིག་འདྲེས་ཀྱི་གཞུང་ལམ་རིམ་ཐར་པ་རིན་པོ་ཆེའི་རྒྱན་དང་། ལམ་མཆོག་རིན་ཆེན་ཕྲེང་བ། ཕྱག་རྒྱ་ཆེན་པོ་ལྷན་གཅིག་སྐྱེས་སྦྱོར་གྱི་ཁྲིད། ཚོགས་ཆོས་ཆེན་མོ་སོགས་མཉམ་མེད་དྭགས་པོ་བཀའ་བརྒྱུད་འདིའི་ཐུན་མོང་མ་ཡིན་པའི་གདམས་ངག་ཟབ་ཁྲིད་ཀྱི་སྙིར་ད་ཡོད་གསུང་རབ་པུསྟ་ཀ་ཨེ་ཕྃ་ཡི་གྲངས་ལྡན་བཞུགས་པ་འདི་དག་ནི་རྩ་གཞུང་ཡིན་ལ། ཕྱིས་ནས་མཁས་གྲུབ་དམ་པ་རྣམས་ཀྱིས་རིམ་བཞིན་འཕེལ་རྒྱས་བཏང་གནང་བ་ཞིག་ཡིན་ནོ། །གཞན་ཡང་། དྭགས་པོ་ལྷ་པ་བའི་རབ་གནས་དང་། ཡོན་བདག་དགྱེར་འབུམ་གྱི་རྟེན་རབ་གནས

མཛད་ཚེ་རྗེ་ལ་ཡེ་ཤེས་པ་དངོས་སུ་བསྟིམ་པ་དང་། གཟིམ་མལ་ཉིད་དུ་བཞུགས་བཞིན་དུ་སྐུ་ཡི་བཀོད་པ་བཞི་དུས་གཅིག་ཏུ་སྣང་བ། ཟད་པར་ས་ཆུ་མེ་རླུང་ནམ་མཁའི་ཏིང་ངེ་འཛིན་ལ་བཞུགས་ཚེ་དེ་དག་དངོས་སུ་མཐོང་བ་དང་། ལུས་སྣང་སེམས་གསུམ་གཅིག་ཏུ་འདྲེས་པས་ཀ་པ་ལ་ཕྱག་མ་ཐོགས་པར་གཡུག་པ་དང་། ཡེ་ཤེས་ཀྱི་མཁའ་འགྲོའི་འདུ་བ་རྒྱུན་མི་ཆད་པ་དང་། གཙང་པོ་ལ་གདིང་བ་བཏིང་པའི་ཁར་བཞུགས་ནས་ཆུ་སྦྱིན་མཛད་པ་དང་། འཇའ་ལ་ཆིབས་པ་ལ་སོགས་ངོ་མཚར་མཐའ་ཡས་པ་ཞིག་མཆིས་ཀྱང་འདིར་མཚོན་བྱེད་ཙམ་མོ། །སྐུ་ཚེའི་སྨད་ལ་སེམས་ཀྱི་ངོ་བོ་སྟོང་པ་ཕྱག་རྒྱ་ཆེན་པོ་ཆིག་ཆོད་ཁོ་ན་གཙོ་བོ་མཛད་དེ། རས་བལ་བཞིན་དུ་ཤེས་པ་སློད་ལ་ཞོག་སོགས་དང་། མ་བཅོས་བཞག་པའི་སེམས་འདི་སངས་རྒྱས་ཡིན། ཞེས་སོགས་བླ་མ་རང་སེམས་ལ་བཞུགས་པའི་ཞལ་ཆེམས་མཛད། གདན་ས་དང་། སྐུ་ལྷེར་དང་། འབུམ་པ་སོགས་བཞེངས་པ་དང་། འཆད་ཉན་སྒོམ་སྒྲུབ་སོགས་བླ་མའི་བྱ་བ་གང་དང་གང་ཡིན་ན་ཡང་། ཆོས་དང་མཐུན་པ་ཞིག་ཡིན་དགོས་པས། གང་ཡང་རྒྱལ་བའི་བཀའ་དང་མི་འགལ་བ་རེ་མཛད་པར་ཞུ། ཞེས་སོགས་ཀྱི་གདམས་ངག་དང་ཞལ་ཏ་མང་དུ་གནང་། དེ་ནས་གཞན་དོན་གཤེགས་པ་ཐུགས་ལ་འཁྲུངས་པའི་ཚེ། །ཆུ་མོ་བྱ་ཡི་ཟླ་དྲུག་བཅོ་ལྔའི་ཉིན། །བདག་ཉིད་ཆེན་པོ་ཆོས་ཀྱི་དབྱིངས་སུ་གཤེགས། མྱ་ངན་འདའ་བཞེད་ཁྱོད་ལ་ཕྱག་འཚལ་ལོ། །ཞེས་པ་ལྟར་དགུང་ལོ་བདུན་ཅུ་དོན་ལྔ་ལ་ཕེབས་པ་ན་སློབ་མའི་ཚོགས་ཤིན་ཏུ་མང་པོ་ལ། ད་ང་འཇིག་རྟེན་ན་ཡུན་རིང་མི་སྡོད། ལུས་འདིའི་གདུལ་བྱ་རྫོགས་པ་ཡིན། ཁྱོད་རྣམས་ཆོས་ལྷག་མ་ཞུ་བ་དང་། དྲི་བ་ཡོད་ན་མྱུར་དུ་གྱིས་ཤིག་ཅེས་བསྐུལ་བ་དང་། ཞལ་གདམས་དང་བསླབ་བྱ་མང་དུ་གནང་ཞིང་སྨོན་ལམ་བཏབ། སློབ་མའི་མཆོག་གྱུར་སྒོམ་པ་ཚུལ་ཁྲིམས་སྙིང་པོ། ཟླ་འོད་གཞོན་ནུ་རང་གི་གདན་སར་རྒྱལ་ཚབ་ཏུ་མངའ་གསོལ་ནས། སྐུ་དྲང་པོར་བསྲངས་ཕྱག་མཉམ་བཞག་མཛད་ནས། སྐུ་ལ་སྙུན་ཟུག་མེད་པ་ཡོངས་སུ་མྱ་ངན་ལས་འདས་པའི་ཚུལ་བསྟན་ཏེ། འཇའ་འོད་རྣམ་མང་གདུགས་དང་རྒྱལ་མཚན་དང་། །མེ་ཏོག་ཆར་འབབས་ལྷ་ཡི་རོལ་མོའི་

སྒྲ། །ས་རྣམས་གཡོས་ཤིང་བྱ་རྣམས་ཅ་ཅོ་སྒྲོགས། །ངོ་མཚར་རྨད་བྱུང་ཁྱོད་ལ་ཕྱག་འཚལ་ལོ། །ཞེས་གསུངས་པ་ལྟར་དེའི་ཚེ་ནམ་མཁའ་འཛའ་འོད་ཀྱིས་ཁེངས་ཏེ་གདུགས་དང་རྒྱལ་མཚན་བ་དན་གྱི་རྣམ་པ་མང་དུ་སྣང་བ། མེ་ཏོག་གི་ཆར་འབབ་པ། ནམ་མཁར་རོལ་མོའི་སྒྲ་ཆེན་པོ་གྲགས་པ། བྱ་རྣམས་ཅ་ཅོ་སྒྲོགས་པ། ས་གཡོ་བ་ལ་སོགས་པ་བྱང་ཆུབ་སེམས་དཔའ་ས་ནས་ས་འཕར་བའི་རྟགས་ངོ་མཚར་རྨད་དུ་བྱུང་བའི་ལྟས་ཁྱད་པར་ཅན་རྣམས་བྱུང་བས། མཐོང་ཐོས་དྲན་རེག་གི་འགྲོ་བ་ཤིན་ཏུ་མང་པོ་དད་པའི་ས་ལ་བཀོད་པར་བྱས་སོ། །ཞག་གསུམ་གྱི་ནངས་པར་ཐུགས་ཚོས་སྐུ་འོད་གསལ་ངང་དུ་མཉམ་པར་བཞག་པ་ལས་གྲོལ་བའི་རྟགས་མཐོང་བས། དམ་ཚིག་ལྡན་པའི་སློབ་མ་རྣམས་ཀྱིས་སྐུ་གདུང་སྦྱོར་གྱི་ཆུས་ལེགས་པར་བཀྲུས་ནས། ན་བཟའ་དང་བཅས་ཏེ་རིན་པོ་ཆེའི་ཁྲི་ལ་བཞུགས་ཏེ་མཆོད་པའི་ཁྱད་པར་ཤིན་ཏུ་རྒྱས་པ་དང་བཅས་ཏེ་གདུང་བཞུས་པས། ཐུགས་ལྟགས་དང་རིང་བསྲེལ་ཤིན་ཏུ་མང་པོ་དད་པའི་རྟེན་དུ་བཞག་པ་སློབ་མའི་ཚོགས་ལ་བགོ་སྐལ་འགྱེད་པ་སོགས་ལས་ཕྱོགས་སོ་སོར་འཕེལ་ཞིང་རྒྱས་པ་ད་ལྟའི་བར་དུ་མཆོད་པའི་རྟེན་དུ་གནས་ཡོད་པས། སྲིད་པའི་མཐར་ཡང་འགྲོ་བ་དཔག་ཏུ་མེད་པའི་དོན་མཛད་པར་འགྱུར་རོ། །དེ་ནི། དད་དང་ལྡན་པའི་སྐྱེ་བོ་དཔག་མེད་འདུས། །བླ་མེད་མཆོད་པ་ཕུལ་དུ་བྱུང་བས་མཆོད། །ཐུགས་ལྡངས་རིང་བསྲེལ་དད་ལྡན་རྟེན་དུ་བཞག །ཕན་དགོངས་མཛད་པ་ཁྱོད་ལ་ཕྱག་འཚལ་ལོ། །ཞེས་པ་ལྟར་རོ། །གཞན་ཡང་། རིམ་གཉིས་ཐུན་བཞིའི་རྣལ་འབྱོར་སྒོམ་པའི་ཚེ། །སྨན་བླ་མཆེད་བདུན་ལོངས་སྐུའི་ཞིང་ཁམས་དང་། །ཐུབ་དབང་ལ་སོགས་སངས་རྒྱས་སྟོང་དང་མཇལ། །མི་དབང་ལྷུན་པོ་ཁྱོད་ལ་ཕྱག་འཚལ་ལོ། །ཞེས་པ་ལ་སོགས་པ་སངས་རྒྱས་དང་བྱང་ཆུབ་སེམས་དཔའ་རྣམས་ཀྱིས་ཞལ་གཟིགས། ལུང་བསྟན་དབུགས་དབྱུང་བ། རྟོགས་པ་མངོན་དུ་གྱུར་རིམ་བཞིན་གྱི་ལམ་གྱི་ཡོན་ཏན་སོམས་སྐྱེས་ཚུལ། གྲུབ་པ་བརྙེས་པའི་རྟགས་ཀྱི་རྫུ་འཕྲུལ་སྣ་ཚོགས་སྟོན་པ་སོགས། ཐུན་མོང་མ་ཡིན་པའི་རྣམ་ཐར་རྣམས་འདིར་རེ་ཞིག་མ་བྲིས། དེ་ལྟར་ཆོས་ཀྱི་རྒྱལ་པོ་མཉམ་མེད་སྨན་པོ་པ་འདིས་ནི། བཀའ་

ཕྱག་ཆུ་བོ་གཅིག་འདྲེས་ཀྱི་གདམས་ངག་ཚང་ལ་མ་ནོར་བ་ཉམས་སུ་ལེན་པའི་བཀའ་སྲོལ། ངེས་དོན་བསྟན་པའི་སྙིང་པོ། མཉམ་མེད་དྭགས་པོ་བཀའ་བརྒྱུད་ཅེས་པའི་སྒྲུབ་བརྒྱུད་རིན་པོ་ཆེ་འདི་ཉིད་ཀྱི་སྲོལ་གཏོད་པར་མཛད་དོ། །

མཉམ་མེད་དྭགས་པོ་ཟླ་འོད་གཞོན་ནུ་དེ་ལ་སློབ་མའི་ཚོགས་ནི། སྡོམ་པ་གསུམ་ལ་གནས་ཤིང་། ཕྱག་རྒྱ་ཆེན་པོའི་རྟོགས་པ་མངོན་དུ་གྱུར་ཏེ། བཤད་པ་དང་སྒྲུབ་པའི་སྒོ་ནས་བསྟན་པའི་རྒྱུན་འཛིན་པར་ནུས་པ་སྒོམ་ཆེན་ལྔ་བརྒྱ་ལ་སོགས་པ་སློབ་མ་ཡང་སློབ་དང་བཅས་པའི་ཚོགས་ཁྲི་སྟོང་མང་པོ་བྱུང་ངོ་། །དེ་ལས་ཀྱང་ཀུན་མཁྱེན་རྒྱལ་བའི་བསྟན་པ་རིན་པོ་ཆེ་ཕྱི་མའི་མཐར་ཡང་བཤད་སྒྲུབ་ལས་གསུམ་གྱི་སྒོ་ནས་སྤེལ་བར་མཛད་པའི་ཐུགས་བསྐྱེད་ཕྲིན་ལས་ཅན་དོན་བརྒྱུད་ཀྱི་བསྟན་པ་གཏད་པའི་སློབ་མའི་གཙོ་བོ་ནི། གདན་ས་སྒོམ་པ་ཚུལ་ཁྲིམས་སྙིང་པོ་སྲས་ཀྱི་ཐུ་བོ་ཁམས་པ་མི་གསུམ་སྟེ། རྗེ་དུས་གསུམ་མཁྱེན་པ། བདེ་གཤེགས་ཕག་མོ་གྲུབ་པ། ཞང་སྒོམ་པ་དང་། འབའ་རམ་དར་མ་དབང་ཕྱུག་ལ་སོགས་པ་སྒོམ་པོའི་གྲུབ་ཐོབ་བཅོ་བརྒྱད་དུ་གྲགས་པ་བཅས་ནི་ཁྱད་འཕགས་ཀྱི་སློབ་མ་སྒྲུབ་བརྒྱུད་ཀྱི་སྲོག་ཤིང་ལྟ་བུ་ཡིན་ནོ། །

གདན་ས་གཙོ་བོ་དྭགས་ལྷ་སྒམ་པོ་ནི། སྙིང་རྗེ་པདྨ་དཀར་པོ་སོགས་ལས། རྗེ་རྗེ་གདན་གྱི་བྱང་ཕྱོགས་ཁ་བ་ཅན་གྱི་ལྗོངས། ཆུ་བོ་མ་ཧཱ་ལོ་ཧི་ཏའི་འགྲམ། རི་བྲག་ཚང་ཚོང་ཅན་དུ་ཆོས་སྨྲ་བ་དགེ་སློང་འཚོ་བྱེད་ཅེས་བྱ་བ་འཁོར་ལྔ་བརྒྱ་ལས་མི་ཉུང་བ་དང་། ལྟན་ཅིག་དེ་བཞིན་གཤེགས་པའི་ཡེ་ཤེས་ལ་ལོངས་སྤྱོད་པར་བཤད་པ་སོགས་ཀྱི་ལུང་བསྟན་པ་དང་རྗེས་སུ་མཐུན་པར། །རྡོ་རྗེའི་གདན་གྱི་བྱང་ཕྱོགས་ན་དཔལ་དྭགས་ལྷ་སྒམ་པོའི་གནས། རི་བྲག་ཚང་ཚོག་ཅན་དུ། རྗེ་སྒམ་པོ་པ་དགེ་སློང་འཚོ་བྱེད་དུ་གྲགས་པ། འཁོར་བུ་སློབ་ལྔ་བརྒྱ་ལས་མི་ཉུང་བ་དང་བཅས་བྱོན་ཏེ། མདོ་སྔགས་ཏིང་འཛིན་རྒྱལ་པོའི་དགོངས་དོན་སྙིང་པོ་དོན་གྱི་གདམས་པ་ཕྱག་རྒྱ་ཆེན་པོ་ཞེས་བྱ་བ་ཐུགས་ཉམས་སུ་བཞེས་ཤིང་སློབ་མའི་ཚོགས་རྒྱ་ཆེར་འཕེལ། དེ་དག་སྟོན་གྱི་བྱང་ཆུབ་སེམས་དཔའ་ཆོས་སྨྲ་བ་བརྒྱད་བརྒྱས

དམ་བཅས་པའི་ལུང་དང་མཐུན་པར་བོད་ཡུལ་གྱི་ལྗོངས་སུ་མཉམ་མེད་དྭགས་པོའི་སློབ་མ་ཡང་སློབ་ལ་སོགས་པའི་གྲུབ་ཆེན་ཡོངས་སུ་གྲགས་པ་མང་པོ་ཞིག་བྱོན་ནས། སྙིང་པོའི་བསྟན་པ་འཛིན་པ་དང་། སྐྱོང་བ་དང་། སྤེལ་བར་མཛད་ནས། བོད་ཁ་བ་ཅན་གྱི་རྒྱལ་ཁམས་ཡོངས་སུ་སྙན་གྲགས་ཀྱི་སྒྲ་ཆེན་པོས་འཛིག་རྟེན་གཡོ་བ་ནུས་པ་ཙམ་དུ་གྱུར་ཅིང་། བོད་ཀྱི་ཡུལ་གྲུ་སྟོད་སྨད་ཀུན་དང་། ད་དུང་རྒྱ་གར་དང་། འབྲུག་པ། བལ་ཡུལ། རྒྱ་ནག་ལ་སོགས་པའི་ཡུལ་གྲུ་གཞན་དག་ཏུའང་དཔལ་ལྡན་དྭགས་པོའི་བཀའ་བརྒྱུད་ཅེས་ཡོངས་སུ་གྲགས་པར་གྱུར་པ་འདིའི་ཐོག་མའི་གདན་ས་ཆོས་ཀྱི་སྡེ་ནི་སྒམ་པོ་གདར་གྱི་རི་བོ་འདི་ཡིན་ལ་འདི་ལས་བཀའ་བརྒྱུད་ཆེ་བཞི་ཆུང་བརྒྱད་རིམ་པར་དར་ཞིང་རྒྱས་པར་གྱུར་ཏོ། །

ཕན་བདེའི་སྣང་སྲིད་དམ་ཆོས་ཉིན་མོར་བྱེད། །
གང་གི་ཐུགས་བསྐྱེད་རྟ་བདུན་གྱིས་དྲངས་ཏེ། །
བྱང་ཕྱོགས་འོད་སྣང་དཀར་པོས་ཁྱབ་མཛད་པ། །
མར་པ་ལོ་ཙྪ་གངས་ཅན་བསྟན་པའི་གཉེན། །
བཤད་དང་སྒྲུབ་པའི་བཀའ་བབས་ཀ་ཆེན་བཞི། །
རྒྱལ་བས་ལུང་བསྟན་མཉམ་མེད་དྭགས་པོའི་ཞབས། །
སྒྲུབ་བརྒྱུད་བསྟན་པའི་སྲོལ་འབྱེད་ཆེ་རྣམས་ཀྱིས། །
དོན་བརྒྱུད་སྙིང་པོ་གངས་རིའི་ལྗོངས་སུ་སྤེལ། །

ཅེས་བར་སྐབས་ཀྱི་ཚིགས་སུ་བཅད་པའོ། །དེ་དག་ནི་མདོ་ལ་བདག་མར་པ་བཀའ་བརྒྱུད་ཀྱི་བསྟན་པའི་སྲོལ་གཏོད་པ་པོ་རྣམས་ཀྱི་རྣམ་པར་ཐར་པ་དང་། དེ་དག་གིས་ཇི་ལྟར་སྲོལ་གཏོད་པའི་ཚུལ་མདོ་ཙམ་སྨོས་པའོ། །

གསལ་སྟོང་རྡོ་རྗེ།

སྣང་སྲིད་སེམས་སུ་རྟོགས་པའི་གྲུབ་མཆོག་འདིས། །

མི་མིན་འགྲོ་བ་སྙིང་རྗེའི་ཡུལ་གྱུར་རྣམས། །
དམ་པའི་ཆོས་ཀྱིས་འདུལ་བའི་དུས་གཟིགས་ནས། །
དེ་དག་ཐར་པར་སྨྲོང་བའི་ཕྲིན་ལས་མཛད། །

མཉམ་མེད་དྭགས་པོའི་སློབ་མ་ཁམས་པ་མི་གསུམ་གྱི་ནང་ནས་གསལ་སྟོང་ཤོ་སྒོམ་ནི། གྲུབ་པའི་དབང་ཕྱུག་ཆེན་པོར་གྱུར་ཅིང་། རྟེན་འབྲེལ་གྱི་སྟོབས་ལས་མི་མ་ཡིན་འདུལ་བའི་ཕྲིན་ལས་ཅན་དུ་ལུང་བསྟན་པ་ལྟར། མི་མིན་གྱི་འགྲོ་བ་རྣམས་ལ་གང་ལ་གང་འདུས་ཀྱི་ཆོས་ཀྱི་འཁོར་ལོས་འགྲོ་དོན་མཐའ་ཡས་པ་བསྐྱངས་ནས་བཞུགས་པར་གྲགས་སོ། །ད་ལྟ་དུས་ཆོས་བརྒྱུད་ཀྱང་ཁ་ཤས་བྱུང་ལ། དེང་སང་ཆོས་བརྒྱུད་མེད་ཅིང་གདུང་མི་གཡེལ་ཕྱུག་ཏུ་བཞུགས་ཡོད་ཅེས་ཐོས་སོ། །

ས་བཅད་གཉིས་པ། བརྒྱུད་འཛིན་བཀའ་བརྒྱུད་ཆེ་བཞི་ཆུང་བརྒྱད་ཇི་ལྟར་བྱུང་ཚུལ་བཤད་པ།

གནས་ལུགས་ཕྱག་རྒྱ་ཆེན་པོའི་བྱིན་རླབས་རྒྱུན། །
གཅིག་ནས་གཅིག་ཏུ་བརྒྱུད་པའི་གྲུབ་བརྙེས་ཚོགས། །
སྤྱི་དང་ཁྱད་པར་བཀའ་བབས་གསེར་རིའི་ཕྲེང་། །
ཆེ་བཞི་ཆུང་བརྒྱད་གྲགས་པའི་སྒྲུབ་བརྒྱུད་བྱུང་། །

དང་པོ། བཀའ་བརྒྱུད་ཆེ་བཞི་བྱུང་ཚུལ།

1. ཀརྨ་བཀའ་བརྒྱུད།

བཀའ་བཞི་བརྒྱུད་པའི་བྱིན་རླབས་སྙིང་ཁུའི་བཅུད། །
དུས་གསུམ་མཁྱེན་པའི་ཐུགས་ཀྱི་བུམ་པར་གཏམས། །
གྲངས་མེད་རྒྱལ་བའི་ཕྲིན་ལས་ས་གསུམ་དུ། །
ཁྱབ་མཛད་སྐྱེ་བའི་ཕྲེང་བ་རིམ་བྱོན་རྒྱལ། །

མཉམ་མེད་དྭགས་པོ་རིན་པོ་ཆེའི་བཀའ་ཕྱག་ཆུ་བོ་གཅིག་འདྲེས་ཀྱི་གདམས་ངག་གི་བརྒྱུད་པ་རྣམ་པ་དག་པར་འཛིན་པའི་བཀའ་བརྒྱུད་ཆེ་བཞིའི་ཡ་གྱལ་ཆོས་བརྒྱུད་དང་། སྒྲུབ་བརྒྱུད་ཁྱད་པར་དུ་འཕགས་པ། དཔལ་ལྡན་ཀརྨ་ཀཾ་ཚང་གི་བརྒྱུད་པའི་རིམ་པ་ནི། རྗེ་ཉིད་ཀྱི་ཐུགས་སྲས་ཀྱི་གཙོ་བོ་མ་འོངས་སངས་རྒྱས་དྲུག་པ་སེང་གེ་བྱང་ཆུབ་སེམས་དཔའི་ཚུལ་བསྟན་པ་མཉམ་མེད་དྭགས་པོ་རིན་པོ་ཆེའི་ཐུགས་སྲས་ཀྱི་བུ་ཆེན་གྲུབ་ཐོབ་ཁམས་པ་མི་གསུམ་གྱི་ཡ་གྱལ། རྒྱལ་བའི་དབང་པོ་ཀརྨ་པ་ཆེན་པོའི་སྐུ་སྐྱེའི་ཕྲེང་བ་དང་པོ་དཔལ་དུས་གསུམ་མཁྱེན་པ། འདི་ཉིད་ཀྱི་སྐུའི་སྐྱེ་བ་གཞེས་པའི་ཚུལ་ནི། མདོ་ཁམས་ཏྲེ་ཤོད་གངས་ཀྱི་

ར་བ་ཞེས་པ་དཀར་མཛེས་ར་སྟག་སྟེང་དུ་ཡབ་གཤིན་རྗེ་བཤེད་ཀྱི་རྣལ་འབྱོར་པ་ཆེན་པོ་སྐོམ་པ་རྡོ་རྗེ་མགོན་པོ་དང་། ཡུམ་རང་བཞིན་གྱི་རྣལ་འབྱོར་མ་ལྷ་ཐོག་བཟའ་སྐྱང་ལྕམ་མེང་འདྲེན་ཞེས་བྱ་བ་གཉིས་ཀྱི་སྲས་སུ་རབ་བྱུང་གཉིས་པའི་ལྕགས་སྟག་ལོར། (སྤྱི་ལོ་༡༡༡༠) ངོ་མཚར་བའི་ལྟས་དུ་མ་དང་བཅས་ཏེ་སྐུ་འཁྲུངས། དགེ་འཕེལ་ཞེས་པའི་མཚན་གསོལ། ཆུང་དུ་ཉིད་ནས་ཡབ་ཀྱི་མདུན་ནས་འབྲི་ཀློག་རྣམས་བསླབ་པས་ཆོགས་མེད་དུ་མཁྱེན། སྐོམ་པ་བསྒྲིམས་པ་དང་ཡབ་ལས་དཔལ་ལྡན་ལྷ་མོ་རང་བྱུང་རྒྱལ་མོའི་ཐུགས་ཀྱི་སྲོག་སྙིང་ཞུས་ནས་བསྒྲུབས་པས་རིང་པོར་མི་ཐོགས་པ་གྲུབ་པར་བརྙེས། བླ་མ་རྒྱ་གར་བ་རོ་དང་དཔལ་འཛིན་བཅས་ཞལ་མཇལ་ནས་གདམས་ངག་མང་པོ་དང་། བྲམ་ཟེ་མཆོག་སྲེད་ལུགས་ཀྱི་མགོན་པོའི་སྐོར་ཞུས་ཏེ་བསྒྲུབ་པ་མཛད་མ་མགོན་གཞུང་ནས་བཤད་པའི་གྲུབ་རྟགས་རྣམས་མངོན་སུམ་དུ་བྱུང་ཞིང་ཁྱད་པར་དཔལ་ལྡན་ལྷ་མོའི་ཞལ་མངོན་སུམ་གྱིས་གཟིགས། ངོ་མཚར་བའི་རྫུ་འཕྲུལ་མང་པོ་བསྟན་པ་དང་། ཤིན་ཏུ་སྲ་བའི་རྡོ་ལ་ཞབས་རྗེས་དང་སྐུ་ཡོངས་རྫོགས་ཀྱི་རྗེས་བཅས་འཛོག་པ་ཡང་ཡུལ་དེར་དེང་སང་སྐྱེ་འགྲོ་རྣམས་ཀྱི་མིག་གི་སྤྱོད་ཡུལ་དུ་བཞུགས། ཡི་དམ་དང་ཆོས་སྐྱོང་གི་སྒོ་ནས་གྲུབ་པ་བརྙེས་ཀྱང་། གཞན་དོན་བསྒྲུབ་པ་ལ་ཐེག་པ་རིམ་འཇུག་གིས་ཚུལ་དུ་སྟོན་པར་དགོངས་ནས། དགུང་ལོ་བཅུ་དྲུག་བཞེས་པའི་ཚེ་ཆོས་འཁོར་ཆེན་པོ་ཀ་བྲག་ཏུ་རྫོག་ལོའི་སློབ་མ་ཏྲེ་བོ་མཆོག་གི་བླ་མས་མཁན་པོ་མཛད། ཆག་སེང་གེ་གྲགས་ཀྱིས་སློབ་དཔོན་མཛད་ནས་རབ་ཏུ་བྱུང་ནས་དཔལ་ཆོས་ཀྱི་གྲགས་པ་ཞེས་བྱ་བའི་མཚན་གསོལ། ལོ་གཉིས་སུ་དགེ་འདུན་གྱི་བྱ་བ་དང་། གནས་གཞི་འཛུགས་པའི་ཕྱག་ལེན་མཛད། རྔོ་བོ་རྗེའི་སློབ་མ་ཡོལ་ཆོས་དབང་དང་། དེའི་སློབ་མ་དགེ་བཤེས་བགྲ་རབ་མཆེད་གཉིས་ལ་རྔོ་བོའི་ལུགས་ཀྱི་དཔལ་མཆོག་འཁོར་ལོའི་དབང་དང་། གསང་སྔགས་ཀྱི་སྒྲུབ་སྐོར་མང་པོ་དང་། མི་གཡོ་བ་ལ་སོགས་པ་བཀའ་གདམས་ཀྱི་ཆོས་རྣམས་གསན་ཞིང་བསྒྲུབ་པ་མཛད་པས་གྲུབ་པའི་རྟགས་ཐོན། དགུང་ལོ་བཅུ་དགུ་བཞེས་ཚེ་དབུས་སུ་བྱོན་ཏེ། ཉེ་ཤུ་ལ་སྟོད་ལུང་སེ་ཐང་དུ་ཕྱག་ཕེབས། དགེ་བའི་

བཤེས་གཉེན་སྟོད་ལུང་རྒྱ་དམར་བ་དང་། ཕྱ་པ་ཆོས་ཀྱི་སེང་གེ་གཉིས་ལས་བྱམས་ཆོས་སྐོར་དང་། དབུ་མ་ཤར་གསུམ་སྐོར། ཤེར་ཕྱིན་བཅས་གསན་ཞིང་མཁས་པར་བསླབས། དེ་རྗེས་དགེ་བཤེས་ཤར་བ་དང་། རྣལ་འབྱོར་པ་ཤེས་རབ་རྡོ་རྗེ་གཉིས་ལ་ལོ་དྲུག་བསྟེན་ནས་བཀའ་གདམས་ཀྱི་ཆོས་ཇི་སྙེད་པ་གསན་ཞིང་། པ་ཚབ་ལོ་ཙཱ་བ་ལས་དབུ་མ་རིགས་ཚོགས་གསན། མལ་འདུལ་བ་འཛིན་པས་མཁན་པོ་དང་། ཡེ་ཤེས་བློ་གྲོས་ཀྱིས་ལས་སློབ། མལ་གྱི་གཙུང་པོས་གསང་སྟོན་དད་པའི་དགེ་འདུན་གྲངས་ཚང་བའི་དབུས་སུ་བསྙེན་པར་རྫོགས། མཁན་པོ་ལས་འདུལ་བའི་གཞུང་ལ་མཁས་པར་བསླབས་ཤིང་གཞན་ལའང་བཤད་པ་མཛད། བླ་མ་རྒ་ལོ་དང་ཁམས་པ་ཨ་སེང་གཉིས་ལས་དུས་འཁོར་སྦྱོར་དྲུག་དང་མགོན་པོ་བྱ་གདོང་ལ་སོགས་པའི་བསྐྱེད་རྫོགས་ཀྱི་གདམས་ངག་ཞུས་ཤིང་བསྒྲུབས་པས་གྲུབ་རྟགས་ཐོན། དགུང་ལོ་སུམ་ཅུ་བཞེས་པ་དང་ཆོས་རྗེ་སྒམ་པོ་པ་མཇལ་བར་བཞེད་དེ་ཕྱིན་པས་དྭགས་པོ་བྲག་ཁར་སློབ་དཔོན་སྒོམ་ཚུལ་དང་ཤ་པ་གླིང་པ་བཞུགས་པ་དང་མཇལ། སློབ་དཔོན་སྒོམ་པ་ལ་གདན་བཞི་གསན་ཞིང་སྤྲུལ་མ་དཀར་མོའི་ཞལ་གཟིགས། དེ་ནས་སྒམ་པོར་ཕྱིན་ནས་ཆོས་རྗེ་ཁུ་དཔོན་དང་མཇལ། དར་ལ་སོགས་པའི་མེ་ཏོག་ཕུལ་ནས་གདམས་པ་ཞུས་པས། ཐོག་མར་བཀའ་གདམས་ཀྱི་ལམ་རིམ་ཅིག་གསུངས་ནས། ངས་ཀྱང་འདི་བསྒོམ་པས་ཁྱོད་རང་ཡང་འདི་བསྒོམས་གསུངས་པ་ལྟར་བསྒོམས། སློབ་དཔོན་སྒོམ་པས་ཞུ་གནང་མཛད། དེ་ནས་རེ་ཤིག་ན་ཆོས་རྗེ་ལ་དབང་བསྐུར་ཞུས། ཐབས་ལམ་གྱི་གདམས་ངག་གནང་ནས་བསྒོམས་པས་ཞག་དགུ་ནས་བཙན་ཐབས་སུ་བདེ་དྲོད་འབར་ཏེ། རས་གོས་གཅིག་རྐྱང་གསོལ་ཞིང་བསྒོམས། དེ་ལྟར་ཡུན་དུ་བསྒོམས་པས། སྒོམ་ཆེན་བརྒྱད་བརྒྱའི་ནང་ནས་སྒོམ་སྲུན་ཆེ་བར་གྲགས། ཏིང་ངེ་འཛིན་གྱི་ཡོན་ཏན་དཔག་ཏུ་མེད་པ་འཁྲུངས། ཆོས་རྗེས་ལུང་བསྟན་ནས་ཟངས་རི་ལ་སྒོམ་དུ་ཕྱིན་ཏེ། ཏིལ་ཕུག་དང་ཕག་མོ་གྲུར་བསྒོམས་པས་སེམས་ཀྱི་གནས་པ་ལ་རང་དབང་ཐོབ་པ་དང་རླུང་ཉམས་དཔག་ཏུ་མེད་པ་བྱུང་། ལྷག་མཐོང་སྒྲིབ་བར་གྱི་ཉི་མ་ལྟ་བུ་ཡང་བྱུང་། སླར་བླ་མའི་སྤྱན་སྔར་ཕྱིན་ནས་དཀའ་ཐུབ་

མཛད་ཅིང་ལོ་གསུམ་བཞུགས། ལོ་དེར་རས་ཆུང་པ་དང་མཇལ་ནས། ཆོས་དྲུག་ལ་སོགས་པ་ནཱ་རོ་མཻ་ཏྲིའི་གདམས་པ་ཇི་སྙེད་པ་གསན། ཐབས་ལམ་དམར་ཁྲིད་དུ་མཛད་པས་བདེ་སྟོང་ལྷན་ཅིག་སྐྱེས་པའི་ཡེ་ཤེས་ངོ་འཕྲོད་པ་མེ་ལོང་ལ་བཞིན་མཐོང་བ་བཞིན་བྱུང་། རྗེ་མོ་ནམ་མཁའ་གསལ་ལ་ཟབ་མོའི་གདམས་པ་ཞུས་ཡོན་ཏན་འཁྲུངས། རོང་པ་འགར་དགེ་བའི་སློབ་མ་སྤེལ་ཕུག་པ་སྟོན་རྒྱལ་ལ་རྡོ་རྗེ་ཕག་མོ། ཆོས་སྤྱོད། འགྲེལ་པ་རིན་ཆེན་རྒྱན་དྲུག་དང་། དབང་བཞིའི་ཉམས་སྐོམ་ལ་སོགས་ཞུས། མེས་ཚོན་པོའི་སློབ་མ་རྐྱང་མོ་སྤང་ཁ་བ་ལ་དགྱེས་རྡོར་གདམས་བཤད་ཞུས། ཡར་ཀླུང་ས་ཕུག་མོ་ཆེར་གཤེན་པ་རྡོ་རྗེ་སེང་གེ་ལ་ལམ་འབྲས་ཞུས། བྲག་དཀར་མོ་བ་ལ་ཨ་རོ་སྙན་བརྒྱུད་ཞུས། དར་ཡུལ་བ་རལ་ལྷགས་སྟོན་ཚུལ་ལ་བདེ་མཆོག་དགྱེས་རྡོར། མ་ཧཱ་མཱ་ཡཱ་ལ་སོགས་རྒྱུད་ཀྱི་བཤད་པ་དང་གདམས་པ་མང་དུ་གསན་ནོ། །སྒམ་པོ་བས་ལུང་བསྟན་ནས་འོལ་ཁའི་བྲི་གུ་རི་བོ་ཆེའི་བྲག་ཕུག་ཅིག་ཏུ་བཞུགས་པས། བུད་མེད་གཅིག་ན་རེ། ངའི་མ་ཇོ་འོང་ངོ་ཁྱོད་མ་བཞུགས་ཟེར་བས། བྱམས་སྙིང་རྗེ་བྱང་ཆུབ་ཀྱི་སེམས་ལ་གནད་དུ་བསྙུན་ཟླ་བ་བཅུ་བཞིར་བཞུགས་པས་གྲུབ་པའི་རྟགས་ངོ་མཚར་ཅན་མང་དུ་བྱུང་། ངེས་ཤེས་ཁྱད་པར་ཅན་སྐྱེས། དེ་ནས་ཆོས་རྗེ་བྱ་སྒོམ་དགོན་པ་ན་བཞུགས་སར་བྱོན་ནས་རྟོགས་པ་ཕུལ་བས། ང་ཁྱོད་ལ་རེ་ཆེ་བ་ཡིན་པ་ལ་ད་དུང་བསྒོམས་གསུངས་ནས་ཟླ་བ་དྲུག་བསྒོམས་པས་སྔར་གྱི་དེ་ལས་མ་འགྱུར་ནས། ཡང་ཞུས་པས། ཕྱག་སྤྱི་བོར་བཞག་ནས་ད་ནས་བུ་འཁོར་བ་དང་འབྲེལ་ཐག་ཆོད་པ་ཡིན་ནོ་གསུངས་ནས། གནས་ལུགས་དོན་གྱི་ངོ་སྤྲོད་སེམས་ཉིད་ཡིད་བཞིན་ནོར་བུ་ངོས་གཟུང་བའི་གདམས་ངག་གནང་། སྒམ་པོ་པས་ལུང་བསྟན་པ་ལྟར་མོན་གྱི་རྒྱལ་པོ་ག་ཐུང་གི་སར་བྱོན། དེས་ཡོན་བདག་བྱས་ནས་ཤ་འུག་སྟག་སྒོར་བྱོན་ནས་བཞུགས། འཁོར་འདས་དབྱེར་མེད་ཀྱི་རྟོགས་པ་བརྙེས། སླར་སྒམ་པོར་བྱོན་ནས་ལོ་གཅིག་བཞུགས། དེ་ནས་གནང་བ་ཞུས་ནས་རྒྱལ་ཁམས་སྐོར་དུ་བྱོན་ཏེ་སྤུ་གྲོང་བྱོན། ལས་སྟོད་ན་ས་ཕུག་ཅིག་ན་མི་ལའི་དངོས་སློབ་དགེ་ཚུལ་སྐུ་མཆེད་གཉིས་འདུག་པ་ལའང་གདམས་པ་ཞུས། དེ་ནས་

འཕན་ཡུལ་བྱ་བཟང་གི་བྲག་ལ་དབྱར་དགུན་གསུམ་བཞུགས། བྲག་ལ་ཐོགས་པ་མེད་པའི་རྫུ་འཕྲུལ་བསྟན་པས་བླ་མ་བྲག་པར་གྲགས། ཡང་གངས་དཀར་ལ་སོང་གསུངས་ནས་གངས་དཀར་དུ་ཕྱིན། པདྨའི་བཞུགས་གནས་ཕ་བོང་དཀར་ལེབ་ཏུ་ཟླ་བ་བཞི་བཞུགས་ཏེ་མཁའ་འགྲོ་མས་འཚོ་བ་བྲངས། དེ་ལ་བརྟེན་ནས་ཏིང་ངེ་འཛིན་དཔག་ཏུ་མེད་པ་སྐྱེས། དེ་ནས་གཞུ་སྙེའི་བར་རྫོང་བྱ་བའི་དགོན་པ་ན། ནཱ་རོ་པའི་དངོས་སློབ་ཅིག་བཞུགས་པ་དང་མཇལ། ཕྱག་ཆེན་ཐོག་བབས་དང་ཐབས་ལམ་གྱི་མན་ངག་མང་དུ་ཞུས། དེ་ནས་གྲུ་བཞི་དགོན་དུ་བཞུགས། དེ་ནས་སྣམ་པོར་ཕྱིན་པས། སྣམ་པོ་གནས་ནང་དུ་སྒྲུབ་པ་གྱིས། འགྲོ་དོན་ཆེན་པོ་འོང་གསུང་བ་གནང་། དེ་ནས་ཆུ་བོ་རི་དང་གྲུ་བཞི་མར་བཞུགས། དེར་སྣམ་པོ་གཤེགས་པའི་གཏམ་གསན་ནས་ཕྱིན་པས། སློབ་དཔོན་སྒོམ་པ་དང་མཇལ། ཆོས་རྗེའི་ན་བཟའ་ལ་འཛུས་ནས་གསོལ་བ་བཏབ་ཅིང་ངུས་པས། ཆོས་རྗེ་ནམ་མཁའ་ལ་མངོན་སུམ་དུ་ཕྱིན་པ་དཔོན་སློབ་གསུམ་གས་མཐོང་། དེ་ནས་གྲུ་བཞི་དགོན་དུ་ཕྱིན་པའི་ཚེ། ཀཾ་པོ་གནས་ནང་དུ་འབྱོན་དགོངས་ཙ་ན། ཀཾ་པོ་རྡོ་རྗེ་དཔལ་རྩེགས་ཀྱིས་ཀྱང་བསུ་བ་ལ་སླེབས། དེ་ནས་ཧ་ཁྲབ་འགའ་བསྐྱམས་ནས་སློབ་དཔོན་སྒོམ་པ་ལྷ་ལུང་ན་བཞུགས་པ་ལ་ཕྱི་ཕྱག་ལ་ཕྱིན། ཁམས་ཀཾ་པོ་གནས་ནང་ལ་ཕེབས། སྤྱིར་དབུས་གཙང་དུ་ལོ་སུམ་ཅུ་བཞུགས། དགེ་བའི་བཤེས་གཉེན་མང་པོ་བསྟེན་ནས་ཐོས་བསམ་དང་སྒྲུབ་པ་མཛད། ལྔ་བཅུ་པ་ལ་ཁམས་སུ་ཕྱིན་ནས་ཀཾ་པོ་གནས་ནང་དུ་གདན་ས་ཆོས་སྡེ་བརྒྱབ་ནས་བཞུགས། དེ་ནས་ཧོར་ཕྱིན་དགེ་འདུན་སྟོང་ཙམ་འདུས། ཡུལ་དེར་འཁྲུག་པ་རང་ཞིར་མཛད། སྣམ་པོར་གཡུ་ཆེན་བདུན་དང་ཛ་མཛོ་བདུན་ཅུ་ལ་སོགས་པའི་འབུལ་བ་བསྐུར། དེ་ནས་ལྷོ་རྒྱུད་ལ་ཕྱིན་ཏེ། དབུས་སུ་ཕྱིན་ནས་སྣམ་པོར་གསེར་འབུམ་ཚར་བཞི་སོགས་གླེགས་བམ་བརྒྱ་དང་བཅུ། གཡུ་ཆེན་བཅུ། མཛོ་ཧ་ལྔ་བཅུ་ལ་སོགས་པ་ཕུལ། དབུས་གཙང་གི་སྡེ་དགོན་གཞན་རྣམས་སུའང་ཚོགས་གསོག་རྒྱ་ཆེན་པོ་མཛད། ཕོ་བོ་དབུས་སུ་འོངས་བའི་དགོས་པ། སྒོམ་ཚུལ་གྱི་ཞལ་ནས་ཁྱོད་ཁམས་སུ་སྐྱིད་སྡུག་ཅི་བྱུང་ཡང་ཡར་ཤོག་གསུང་བའི་བཀའ་སྒྲུབ་པ་དང་།

དྭགས་ལྷ་སྣམ་པོར་གསེར་གྱི་སློགས་བམ་བརྒྱ་འབུལ་བ་དང་། བླ་མ་ཞང་གི་འཁྲུག་པ་ལ་མི་རྣམས་མི་དགའ་བར་འདུག་པས། ཁོང་ལ་འཁྲུག་པ་མི་མཛད་པའི་ཞུ་བ་འབུལ་བ་རྣམས་ལ་འོངས་པ་ཡིན་གསུངས། ཞང་ལ་འཁྲུག་པ་མི་མཛད་པར་ཞུས་པས། ཞང་གིས་ཕྱག་མཐེབ་ལ་འཇུས་ནས་ཁྲོ་མང་དུ་བརྟུངས་ནས་དེ་ཕྱིན་ཆད་འཁྲུག་པ་མ་མཛད། མཚུར་ཕུར་དགོན་པ་ཡང་བཏབ། དེ་ནས་སྐུ་འདའ་ཁར་འཁོར་བགྲེས་པ་རྣམས་ལ་དངོས་པོ་མང་དུ་ཡོད་པ་རྣམས་ཀྱིས་དཀོན་མཆོག་གི་རྟེན་དང་དགེ་འདུན་ལ་བསྙེན་བཀུར་གྱིས་གསུང་བའི་ཞལ་བཀོད་གནང་ནས། རབ་བྱུང་གསུམ་པའི་ཆུ་མོ་གླང་གི་ལོ་བརྒྱད་ཅུ་རྩ་བཞི་བཞེས་པ་ལ་མཁའ་འགྲོ་མ་མང་པོས་བསུ་བ་མཛད་དེ་གཤེགས། ངོ་མཚར་བའི་ལྟས་ཀྱང་དུ་མ་ཞིག་བྱུང་སྟེ་རྒྱས་པར་མ་སྤྲོས་སོ། །མདོར་ན་རྗེ་འདིས། དགེ་བའི་བཤེས་གཉེན་མང་པོའི་ཞབས་ལ་གཏུགས་ནས། མདོ་སྔགས་ཀྱི་གཞུང་ལུགས་ཁག་ལ་སྙིང་རུས་ཆེན་པོས་སློབ་སྦྱོང་གནང་བ་དང་། ལྷག་པར་དུ། བདེ་དགྱེས་གསང་གསུམ་ལ་སོགས་པའི་རྒྱུད་སྡེ་རྣམས་དང་། ཐུགས་དམ་ལྷ་ཚན་ལྔའི་བསྐྱེད་རྫོགས་ལ་ཉམས་བཞེས་དང་། བཀའ་ཕྱག་ཆུ་བོ་གཅིག་འདྲེས་ཀྱི་གཞུང་དང་གདམས་པ་མཐའ་དག་ཐུགས་ཉམས་སུ་བསྐུར་བས་མཁས་དང་གྲུབ་པའི་ས་མཐོན་པོར་གཤེགས་ཏེ། རྒྱུད་སྡེ་རྣམས་ཀྱི་བསྐྱེད་རྫོགས་ཀྱི་གདམས་པ་དང་ཟིན་བྲིས་སོགས་དགོས་ངེས་ཀྱི་བཀའ་རྩོམ་འགའ་རེ་མཛད་པ་དང་། སློབ་མའི་ཚོགས་སྐྱོང་ཞིང་། སྟོད་ལུང་མཚུར་ཕུ། ཀརྨ་རི་གླིང་། གཾ་པོ་གནས་ནང་ལ་སོགས་པའི་ཆོས་སྡེའི་གནས་གཞི་འཛུགས་པ་སོགས་སྒྲུབ་བརྒྱུད་རིན་པོ་ཆེའི་བསྟན་པ་འཛིན་སྐྱོང་སྤེལ་བའི་ཕྲིན་ལས་ཀྱི་བྱེད་པོ་མཆོག་ཏུ་བཞུགས་པས་རྒྱལ་བའི་ཕྲིན་ལས་པ་ཞེས་པའི་མཚན་དུ་ཆགས་སོ། །རྗེ་དུས་གསུམ་མཁྱེན་པ་དེ་ཉིད་ཀྱི་སྐུའི་རྣམ་རོལ། སྐྱེས་རབས་གཉིས་པ་གྲུབ་ཆེན་ཆོས་ཀྱི་བླ་མ་ཧོར་རྒྱལ་པོས་སྤྱན་དྲངས་ནས་ཏི་ཤྲཱིར་བཀུར། ཀརྨ་པ་པཀྴི་ཞེས་པའི་མཚན་གསོལ། ལ་ལས་དེ་སྐབས་ཞྭ་ནག་གསེར་མདངས་ཅན་ཕུལ་ཞེས་གསུངས་པའང་སྣང་། རྗེ་ཉིད་སྐུ་གཤེགས་ཁར་མཁས་གྲུབ་ཨོ་རྒྱན་པ་ལ་སྤྲུལ་པའི་སྐུ་ཕེབས་རྒྱུའི་ལུང་བསྟན་དང་། དེ་ལ་བདག་སྦྱོང་

ཞབས་ཞུས་དགོས་པའི་བཀའ་བསླབ་གནང་དོན་ལྟར། ལ་སྟོད་ཕྱོགས་ནས་ཕེབས་པའི་ཁྲིའུ་མཚན་བཟང་ཞིག་གིས་རང་ཉིད་གཉྫ་པ་ཡིན་པའི་ངོས་འཛིན་གསལ་བཤད་དང་། ཡིད་ཆེས་པའི་གཏན་ཚིགས་མང་པོ་ལ་བརྟེན་མཁས་གྲུབ་ཨོ་རྒྱན་པས་རྗེ་གོང་མའི་བཀའ་མངགས་ལྟར། གཉྫ་པ་གླིའི་སྤྲུལ་སྐུ་སྐུ་ཕྲེང་གསུམ་པ་ཡིན་པའི་ངོས་འཛིན་དང་བདག་སྲིད་གནང་། རང་བྱུང་རྡོ་རྗེ་ཞེས་པའི་མཚན་གསོལ་བོད་ཡོངས་ལ་གྲགས་པའི་མཁས་གྲུབ་ཆེན་པོར་གྱུར། ཟབ་མོ་ནང་དོན་དང་། རྩིས་ཀུན་བསྡུས་པ། ཆོས་དབྱིངས་བསྟོད་པའི་འགྲེལ་པ། རྒྱུད་བླ་མའི་ས་བཅད་དང་། དོན་འགྲེལ་སོགས་བསྟན་བཅོས་མང་དུ་བརྩམས། གཉྫ་སླིང་ཐིག་ཅེས་པའི་དགོང་གཏེར་ཡང་ཕྱུང་། ནང་བརྟག་རྒྱུད་གསུམ་རྩལ་དུ་བཏོན་ནས་འཆད་པའི་སྲོལ་གཏོད། འཇམ་དབྱངས་གོང་མ་ཆེན་མོའི་དབུའི་མཆོད་གནས་སུ་ཕེབས་པ་སོགས་མཛད་རྗེས་ཤིན་ཏུ་ཆེ། འདི་ནི་བོད་ཡུལ་དུ་གོང་མའི་སྐུ་སྐྱེ་ངོས་འཛིན་བྱེད་པའི་སྤྲུལ་པའི་སྐུ་ཐོག་མ་ཡིན། དེ་ནས་བཟུང་ཡུལ་གངས་ཅན་ལྗོངས་སུ་གྲུབ་མཐའ་སྣ་བ་ཡོངས་ལ། སྤྲུལ་པའི་སྐུ་ངོས་འཛིན་གནང་བའི་སྲོལ་ཆགས་ཏེ། སྤྲུལ་སྐུ་ཤིན་ཏུ་མང་པོ་ཕེབས་ནས་བསྟན་འགྲོའི་དོན་རླབས་ཆེན་མཛད་བཞིན་ཡོད་པ་འདི་ལྟར་ལགས་སོ། །

དེ་ནས་རིམ་པར་སྐྱེ་བའི་ཕྲེང་བ་བཞི་པ་རོལ་པའི་རྡོ་རྗེ། ལྔ་པ་དེ་བཞིན་གཤེགས་པ། དྲུག་པ་མཐོང་བ་དོན་ལྡན། བདུན་པ་ཆོས་གྲགས་རྒྱ་མཚོ། བརྒྱད་པ་མི་བསྐྱོད་རྡོ་རྗེ། དགུ་པ་དབང་ཕྱུག་རྡོ་རྗེ། བཅུ་པ་ཆོས་དབྱིངས་རྡོ་རྗེ། བཅུ་གཅིག་པ་ཡེ་ཤེས་རྡོ་རྗེ། བཅུ་གཉིས་པ་བྱང་ཆུབ་རྡོ་རྗེ། བཅུ་གསུམ་པ་བདུད་འདུལ་རྡོ་རྗེ། བཅུ་བཞི་པ་ཐེག་མཆོག་རྡོ་རྗེ། བཅོ་ལྔ་པ་མཁའ་ཁྱབ་རྡོ་རྗེ། བཅུ་དྲུག་པ་རང་བྱུང་རིག་པའི་རྡོ་རྗེ་བཅས་ཀྱི་རྣམ་ཐར་འཕྲིན་ལས་ནི་རྒྱ་དཀར་ནག བོད་གངས་ཅན་ཀུན་ཏུ་ཡོངས་སུ་གྲགས་པ་ལྟར་ལ། རྗེ་རང་བྱུང་བའི་ཐུགས་སྲས་ཀྱི་གཙོ་བོ་རྟོགས་ལྡན་གྲགས་པ་སེང་གེ་ནས་སྐྱེ་བའི་ཕྲེང་བ་རིམ་པར་བརྒྱུད་པའི་ཞྭ་དམར་བ་སྐུ་ཕྲེང་བཅུ། ཕྱག་ན་རྡོ་རྗེ་རྒྱལ་ཚབ་དཔལ་འབྱོར་དོན་གྲུབ་ནས་ནོར་བུ་བཟང་པོ་སྟེ་མ་ཡན་ཆད་གོ་ཤྲི་སྐུ་ཕྲེང་ལྔ། རྒྱལ་བ་བྱམས་པ་ཀུན་ཏིང་ཏའི་སི་ཏུ་ཆོས་

ཀྱི་སྤྱན་ཅན་དྲུག་དང་། པདྨའི་ལྷགས་ལྡན་དྲུག གཏེར་ཆེན་རཏྣ་གླིང་པའི་སྐྱེ་བ་དཔལ་པོ་ཆོས་དབང་ལྷུན་འགྲུབ་དང་གཙུག་ལག་ཕྲེང་བ་སོགས་དཔའ་བོ་རིམ་བྱོན་དང་། ཏཻ་ཧོ་རིན་པོ་ཆེན་རིམ་སྟེ་ཡབ་སྲས་རྣམ་པ་ལྔ་ནི་ཨོ་རྒྱན་ཆེན་པོའི་གཏེར་ལུང་དུ་མ་ནས་ལུང་གིས་ཟིན་ཙམ་དུ་མ་ཟད་མཐོང་ཐོས་དྲན་རེག་ཐམས་ཅད་ཕྱིར་མི་ལྡོག་པའི་ས་ལ་སྦྱོར་བའི་བསྔོད་བསྔགས་ཆེ་བརྗོད་དུ་མ་མཛད། ཡོན་ཏན་དང་འགྲོ་དོན་མེད་པའི་གང་ཟག་རང་རྒྱུད་པ་མ་ཡིན་པར་མཁས་པའི་ཚུལ་བསྟན་པ་རྣམས་ནི་འཕགས་ཡུལ་གྱི་ཤིང་རྟ་ཆེན་པོ་རྣམས་དང་རྣམ་དབྱེར་མེད་པ་གྲུབ་པའི་ཚུལ་བསྟན་པ་རྣམས་ཀྱང་ལམ་རྟགས་ཕྱོགས་རེ་ལ་གྲུབ་པར་རློམ་པ་མ་ཡིན་པར་རྡོ་རྗེ་སློབ་དཔོན་ཆེན་པོའི་གོ་འཕང་བརྙེས་པ། དེའང་ཚུལ་མཐོང་གི་ངོར་མཛད་ཚུལ་ཤས་ཆེ་ཆུང་ཙམ་ལས་དོན་དུ་མཁས་ལ་གྲུབ་ཅིང་གྲུབ་ལ་མཁས་པ་ཁོ་ན་ལས་ཕྱོགས་རེ་བ་མ་ཡིན་པ་དེའི་དོན་གྱིས་འཕྲིན་ལས་ཀྱང་རང་རང་སོ་སྐྱེ་ཐུན་མོང་པའི་ངོར་ཡང་འཛམ་བུ་གླིང་གི་ཕྱོགས་དང་མཐའ་ཐམས་ཅད་དུ་འགྲོ་དོན་རྟག་ཁྱབ་ལྷུན་གྲུབ་ཏུ་མཛད་པ་ཀུན་སྣང་འགོག་མེད་དུ་འཆར་བ་འདིའོ། །དེ་ལས་རྗེ་ལྔ་པ་དེ་བཞིན་གཤེགས་པའི་དངོས་སློབ་མཁའ་འགྲོའི་སྙིང་ཏིག་གི་གྲུབ་ཐོབ་རྨ་སེ་རྟོགས་ལྡན་རིན་ཆེན་ལ་བདེ་མཆོག་མཁའ་འགྲོའི་སྙན་བརྒྱུད་ནོར་བུ་སྐོར་གསུམ་གྱི་བཀའ་བབ། སངས་རྒྱས་ཞིག་ཆེན་གྱི་ཡེ་ཤེས་ཀྱི་སྐུས་རྗེས་སུ་བཟུང་ནས་ཚོགས་གར་ཆེན་པོའི་སྲོལ་བཏོད། ཟུར་མང་གི་གདན་ས་ཆེན་པོ་བཏབ་པས་ཟུར་མང་བཀའ་བརྒྱུད་དང་། རྗེ་དགུ་བའི་ཐུགས་སྲས་ཞྭ་དམར་དྲུག་པ་གར་དབང་ཆོས་ཀྱི་དབང་ཕྱུག་གི་སློབ་མ་ཀརྨ་ཆགས་མེད་དེ་ཉིད་གསར་རྙིང་དཀྱིལ་འཁོར་རབ་འབྱམས་ཀྱི་བསྙེན་སྒྲུབ་རྣམ་བཞི་མཐར་ཕྱིན། བསྐྱེད་རྫོགས་ལ་བརྟན་པ་ཆེན་པོ་ཐོབ། གཏེར་ཆེན་མང་པོའི་ཆོས་བདག་ཏུ་མངའ་གསོལ་ཐུགས་བསྐྱེད་ཁྱད་པར་ལས་དམ་ཆོས་ཀྱི་ཕྲིན་ལས་གྲུབ་མཐའ་ཡོངས་ལ་ཁྱབ་པ་དེའི་ཆོས་བརྒྱུད་ལ་གདན་སའི་མཚན་ལས་གནས་མདོ་བཀའ་བརྒྱུད་དུ་གྲགས་ཏེ། དེ་གཉིས་ནི་ཀཾ་ཚང་གི་ཡན་ལག་བཀའ་སྙིང་ཆུ་བོ་གཅིག་འདྲེས་ཀྱི་སྒྲུབ་མཐའ་ད་ལྟའང་རང་རྐང་ཚུགས་པ་བཞུགས་ཤིང་། གཞན་ཡང་ཡབ་སྲས་དེ་དག་གི་སློབ་མ

མཚུར་ཕུ་འཇམ་དབྱངས་ཆེན་པོ། ཀརྨ་ཕྲིན་ལས་གཉིས་པ། འགོས་ལོ་གཞོན་ནུ་དཔལ་བ། ཞ་ལུ་ལོ་ཙཱ། དྭགས་རམ་པ་ཆོས་རྒྱལ་བསྟན་པ་དང་། དྭགས་རམ་པ་བཀྲ་ཤིས་རྣམ་རྒྱལ། རྗེ་དཔོན་ཀརྨ་ངེས་ལེགས། འབེ་ལོ་ཚེ་དབང་ཀུན་ཁྱབ། འཇམ་མགོན་བློ་གྲོས་མཐའ་ཡས། ཟུར་མང་པདྨ་རྣམ་རྒྱལ། མཁན་ཆེན་བཀྲ་ཤིས་འོད་ཟེར། ཀརྨའི་མཁན་ཆེན་རིན་ཆེན་དར་རྒྱས། གནས་གསར་བཀྲ་ཤིས་ཆོས་འཕེལ། ལྷག་བསམ་བསྟན་པའི་རྒྱལ་མཚན། བེ་རུ་མཁྱེན་བརྩེ་རིན་པོ་ཆེ། སི་ཏུའི་ཡོངས་འཛིན་ཆོས་ཀྱི་རྒྱལ་མཚན། གངས་དཀར་སྤྲུལ་སྐུ་ཀརྨ་ཆོས་ཀྱི་སེང་གེ་སོགས་བཤད་པ་གཙོ་བོར་མཛད་པའི་མཁས་གྲུབ་ཆེན་པོ་རྣམས་དང་། གཞན་རས་དགེ་འདུན་འབུམ། ཡང་རིའི་རྟོགས་ལྡན་བརྒྱུད་ཙུ། རྗེ་བན་སྨར་བ་འཇམ་དཔལ་བཟང་པོ། སངས་རྒྱས་མཉན་པ་གྲུབ་ཆེན། ཨེ་བ་དབུང་ཡིག་པ། སྟག་ཚང་ཡང་དག་ཙཱ་རི་རྟོགས་ལྡན། བམ་སྟེང་སྤྲུལ་སྐུ་སོགས་མཆོག་གི་དངོས་གྲུབ་ཉམས་འོག་ཏུ་ཆུད་པའི་གྲུབ་ཐོབ་སྟེ། མཁས་པ་དང་གྲུབ་པའི་ཚོགས་དེང་སང་གི་བར་རྒྱུན་མ་ཆད་པས་བསྟན་པ་དང་འགྲོ་བའི་དོན་མཛད་བཞིན་པའོ། །གདན་ས་ནི་སྟོད་ལུང་མཚུར་ཕུ། ཀརྨ་རི་གླིང་། གཾ་པོ་གནས་ནང་སྟེ་སྐུ་གསུང་ཐུགས་ཀྱི་འཁོར་ལོ་གསུམ། ཤར་ཕྱོགས་སྤུངས་རི་དང་། ཏྲེ་ཀ་ཁྲིམ་ཡོན་ཏན་གྱི་གནས། འཕར་ར་དང་གླྭ་མ་གྲུབ་བཞི་ཕྲིན་ལས་ཀྱི་གནས་ཏེ། དེ་ལས་ཕྱེས་པའི་དགོན་གནས་གཙུག་ལག་གིས་ས་ཆེན་པོའི་ཁོངས་ཐམས་ཅད་ཁྱབ་ཅིང་། བཤད་སྒྲུབ་ཀྱི་ཕྲིན་ལས་ཤིན་ཏུ་དར་ཞིང་རྒྱས་སོ། །དེང་སང་ནི་བསྟན་པ་སྤྱི་སྙིགས་མའི་སྐབས་སུ་སོང་ཞིང་གདན་ས་ཕལ་ཆེར་སྟོར་ལས་ཙུང་ཟད་ཉམས་གྱུད་དུ་གྱུར་མོད། ཀུན་མཁྱེན་ཆོས་ཀྱི་འབྱུང་གནས་སྐུ་ཕྲེང་རིམ་བྱོན་རྣམས་དང་། འཇམ་མགོན་བློ་གྲོས་མཐའ་ཡས་སོགས་ཀྱི་བཀའ་དྲིན་ལ་བརྟེན་ནས་བསྟན་པའི་མེ་རོ་མདོ་ཁམས་སྨད་ནས་བསླང་བས་ཀརྨ་བཀའ་བརྒྱུད་ཀྱི་བཤད་སྒྲུབ་གཞིར་བཞེངས་གསོས་ཤིང་། ཤར་དཔལ་སྤུངས་ཐུབ་བསྟན་ཆོས་འཁོར་གླིང་། རྟེན་དང་བརྟེན་པ་བཅས་པ་གསར་སྐྲུན་གནང་སྟེ། བཤད་སྒྲུབ་གཉིས་ཀའི་ཆོས་སྡེ་རྒྱ་ཆེར་འཛུགས་གནང་བར་བརྟེན། བོད་ཁམས་ཙམ་དུ་མ་ཟད། རྒྱ་འཇང་། ཧོར་

སོགས་མི་རིགས་གཞན་དང་། འབྲུག་པ་དང་། བལ་པོ། ལ་དྭགས་སོགས་ཕྱིའི་རྒྱལ་ཁབ་ཁག་གི་སློབ་གཉེར་བ་ཡང་མང་དུ་འདུས་པའི་ཤར་ཕྱོགས་ཀྱི་གྲྭ་ས་ཆེན་པོ་ཞེས་གྲགས་པ་འདི་ཉིད་ནི། སྤྱིར་མདོ་སྔགས་རིག་གནས་དང་བཅས་པ་འབྱུང་གནས་ཀྱི་གཏེར་ཆེན་པོ་ཞིག་དང་། ཁྱད་པར་དུ་བཀའ་བཞི་བརྒྱུད་པའི་རིང་ལུགས་ཀྱི་ཆུ་ཀླུང་ཆེན་པོ་བརྒྱ་ཕྲག་གི་མགོ་བོར་གྱུར་ཏེ། ཕྱོགས་དང་ཕྱོགས་སུ། ཆོས་ཀྱི་སྡེ་དང་། བཤད་སྒྲུབ་ཀྱི་གྲྭ། སློབ་གྲྭ་སོགས་ཤིན་ཏུ་རྒྱ་ཆེར་འཕེལ་བར་གྱུར་ཏོ། བར་ལམ་ཉམས་གྱུད་ཤོར་བ། ད་ལྟ་སླར་གསོ་ཆེ་ལོངས་ཙམ་གྲུབ་ནས། སྐུ་གསུང་ཐུགས་ཀྱི་རྟེན་ཁྱད་པར་ཅན་འགའ་ཞིག་དང་། བཤད་སྒྲུབ་གཉིས་ཀའི་རྒྱུན་ཡང་སླར་གསོ་འབྱུང་བཞིན་ཡོད་དོ། །

2. འབའ་རམ་བཀའ་བརྒྱུད།

དུག་གསུམ་ཚ་སྲིན་གདུག་པ་མི་འགྲོགས་ཤིང་། །ཡོན་ཏན་རིན་ཆེན་ཚོགས་ཀྱིས་ཡོངས་སུ་གཏམས། །རྣམ་རྟོག་ཀླུང་གིས་སྐྱོད་པར་མི་ནུས་པའི། །དོན་བརྒྱུད་སྙིང་པོའི་རྒྱ་མཚོ་འབའ་རམ་པ། །འབའ་རམ་བཀའ་བརྒྱུད་ནི། རྗེ་མཉམ་མེད་དྭགས་པོའི་སློབ་མ། གྲུབ་པའི་དབང་ཕྱུག་འབའ་རམ་པ་དར་མ་དབང་ཕྱུག་ལས་བྱུང་བ་ཞིག་ཡིན། རྗེ་དར་མ་དབང་ཕྱུག་ནི། སད་མི་བདུན་གྱི་ནང་ནས་བྲན་ཀ་ཨཻཏྲི་རཀྵི་ཏའི་རིགས་རྒྱུད། བོད་ཀྱི་ཆོས་རྒྱལ་རྣམས་ཀྱི་བློན་པོ། བྲན་ཀ་བན་ཆེན་པོ་དཔལ་གྱི་ཡོན་ཏན་གྱི་རྒྱུད། ལོ་ཙྪ་བ་དེ་ནི་གདུང་རབས་བཅུ་གཅིག་ན། འཕན་ཡུལ་གྱི་དཀའ་བ་ཡུལ་སྣ་ཞེས་པ་ན། ཡབ་སྟོན་པ་འབྱུང་གནས་བློ་གྲོས་དང་། ཡུམ་རྗེ་མོ་ལོ་ཆུང་མ་གཉིས་ལ། མེ་མོ་ལུག་ལ་སྐུ་བལྟམས། སྲས་གསུམ་ཡོད་པའི་འབྲིང་པོ་ཡིན། མཚན་འབུམ་སྐྱབས་གསོལ། དགུང་ལོ་བརྒྱད་པ་ལ་མཁན་པོ་ཀ་བ་དར་མ་སེང་གེ་དང་། སློབ་དཔོན་དབང་ཕྱུག་གཞོན་ནུ་གཉིས་ལ་རབ་ཏུ་བྱུང་། མཚན་དར་མ་དབང་ཕྱུག་ཏུ་གསོལ། དགེ་བཤེས་བྱ་ཡུལ་བ་དང་། སུ་ཧོ་བའི་བུ་ཆེན་གླུ་འབུ་ལུང་པ་ལ་བཀའ་གདམས་ཀྱི་ཆོས་སྐོར་རྣམས་གསན། དེ་ནས་རྣལ་འབྱོར་པ་ཞིག་གིས་བསྐུལ་བ་དང་། སྟོན་ནས་ཀྱང་མཚན་ཐོས་པས་དད་ནས། ལོ་ཉི་ཤུ་རྩ་གཅིག་གི

སྟེང་དུ། སངས་རྒྱས་སྒོམ་པ་རོགས་ལ་ཁྲིད་ནས། རྗེ་དྭགས་པོ་རིན་པོ་ཆེ་དང་མཇལ། ཆོས་བཅུའི་མཆོད་པ་གཅིག་གི་སར་རྡོ་རྗེ་འཆང་དུ་དངོས་སུ་མཐོང་། ནང་དུ་བཞུགས་ནས་གསོལ་ཇ་གཟིམས་གཡོག་སོགས་ཞབས་ཏོག་སྐྱོ་དུབ་མེད་པར་བསྒྲུབ། བཀའ་བརྒྱུད་ཀྱི་ཆོས་རྣམས་ཐུམ་པ་གང་བྱའི་ཚུལ་དུ་གནང་། དཀའ་ཚེགས་མེད་པར་རྟོགས་པ་ཅིག་ཆར་དུ་འཁྲུངས། རྗེ་བཙུན་མི་ལ་ལ་སོགས་གཟིགས་སྣང་ཁྱད་པར་ཅན་མང་དུ་གཟིགས། ལྷོ་བྲག་མར་པ་སོགས་ཀྱིས་བྱིན་གྱིས་བརླབས་པའི་གནས་ཡིན་པས། འབའ་རམ་དུ་སོང་ལ་བསྒྲུབ་པ་གྱིས་གསུངས་ནས། གསེར་སྲང་གསོལ་ཞལ་སྟེར། གསེར། ཕྱག་དཔེ་སོགས་མང་དུ་གནང་ནས་ལུང་བསྟན་ཡང་། སྐུ་མ་འདས་ཀྱི་བར་དུ། གཞན་དུ་འགྲོ་བ་སེམས་ཀྱིས་མི་ཐོད་པའི་ཞུ་བ་ནན་ཏན་ཕུལ་བས། འབའ་རམ་ཁྱོད་དགའ་བ་དེ་བྱ། ཞག་སུམ་ཅུ་རྩ་གསུམ་བར་འོ་སྐོལ་ཕ་སྤྱད་སྟབས་སུ་བསྡད་གསུངས་པ་ལ། མྱ་ངན་ལས་མི་འདའ་བའི་གསོལ་བ་བཏབ་ཅིང་། མཇལ་ཕུལ་བས། གདུལ་བྱ་གཞན་དུ་ཆེ་བར་དགོངས་ནས། ཞག་སུམ་ཅུ་རྩ་གསུམ་ནས་རིན་པོ་ཆེ་སྐུ་གཤེགས། སྐུ་འབུམ་མ་ཚར་བར་ཕྱག་ཚེམ་པའི་ཞབས་ཏོག་མཛད། སློབ་དཔོན་སྒོམ་པ་སོགས་ཀྱིས་བཞུགས་པའི་ཞལ་ཏ་མཛད་ཀྱང་། རིན་པོ་ཆེས་ལུང་བསྟན་ཡོད་པས་དེར་འགྲོ་དགོས་གསུངས་ནས། བྱང་འབའ་རམ་ཛ་དེལ་ཝུ་རིན་ཆེན་ཕྱུངས་པ་ལ། དགུང་ལོ་ཉེར་བརྒྱད་ཤིང་ཕོ་ཁྱིའི་ལོ་ལ་ཆགས་ཕེབས་ནས་ལོ་བདུན་གྱི་བར་དུ་བསྒྲུབ་པ་མཛད་ཅིང་། ཕལ་ཆེར་ཏིང་ངེ་འཛིན་གྱིས་དངོས་སུ་འཚོ་བ་བྱུང་། དེའི་དུས་སུ་བཀའ་བརྒྱུད་ཀྱི་བླ་མའི་གསོལ་འདེབས་སོགས་མགུར་ཆེན་ཉི་ཤུ་རྩ་དགུའི་སྐོར་རྣམས་གསུངས། འཇིག་རྟེན་གྱི་ལྷ་འདྲེ་རྣམས་ཆོས་ལ་བཀོད། དེ་ནས་ཁམས་སུ་བྱོན། དཔོན་ཆེན་ཡེ་ཤེས་གསལ་གྱིས་ཞབས་ཏོག་མཛད། སྐྱོ་དུ་བྲག་དཀར་ལ་ལོ་གསུམ་བཞུགས། སྟག་སྒོམ་ལ་སོགས་དགེ་བཤེས་མང་དུ་འདུས། གདུལ་བྱ་དཔག་ཏུ་མེད་པ་བསྐྱང་། ཕྱིར་ཁམས་སུ་ལན་གསུམ་བྱོན། ཀོ་མཆོ་དང་ལོ་སྟེའི་དགོན་པ་བཏབ། དེ་ནས་ཆེ་བར་ལྷ་ཁང་དུ་ཆགས་ཕེབས། ཡོན་བདག་དར་ཁྲ་བས་བུ་དང་རྟ་ལ་སོགས་པ་ཕུལ། དེ་ནུབ་བུ་ཆུང་

གཟིམས་གུར་རྩར་བསྡད། ཕྱག་སྤྱི་བོར་བཞག་ནས་ཨོཾ་ཨཱཿཧཱུྃ་གིས་ཁྱོད་ལ་དབང་བསྐུར་བ་ཡིན། གྲུབ་ཐོབ་འགྲོ་བ་ལ་ཕན་ཐོགས་པ་ཅིག་འོང་གསུངས་ཏེ། ཕྱིས་ཏེ་ཤྲཱི་རས་པ་ཡིན། དེ་ནས་འབབ་རམ་དུ་ཕེབས། བྲག་དམར་གྱི་སོགས་ལ་གཙུག་ལག་ཁང་དང་དགོན་པ་བཏབ། གྲུབ་རྟགས་དཔག་ཏུ་མེད་པ་བསྟན། རིན་པོ་ཆེ་སྟག་ལུང་བ་ཙམ་ཀླུང་དུ་བྱོན་ནས་མཇལ། ཆོས་ཀྱི་བཀའ་མཆིད་ཀྱང་མང་དུ་མཛད། དེ་ནས་ས་ཕོ་རྟ་ལ་ཆོས་རྗེ་འབྲི་གུང་བ་སྐུ་འཁོར་ཁྲི་ཚོ་གསུམ་ནམ་རར་བྱོན་པའི་ལམ་དུ་མཇལ། སེམས་བསྐྱེད་དང་ཕྱག་རྒྱ་ཆེན་པོའི་གདམས་པ་འགའ་ཞིག་གསན། ཕར་ལ་ཡང་དགོན་པོ་ཤེས་རབ་བྱང་ཆུབ་སོགས་ཕུལ་ནས་བསྙེན་བཀུར་ཕུན་སུམ་ཚོགས་པ་མཛད། དེ་ནས་དགུང་ལོ་བདུན་ཅུ་རྩ་གསུམ་ས་མོ་ལུག བཟླ་བ་གཉིས་པའི་ཚེས་གཉིས་ཀྱི་ནམ་ཕྱེད་ལ་ངོ་མཚར་བའི་ལྟས་དུ་མ་དང་བཅས་ཏེ་ཞི་བར་གཤེགས་སོ། །དེ་ལ་བུ་སློང་ངོ་མཚར་ཅན་མང་དུ་ཡོད་པའི་ནང་ནས། བུ་ཆེན་བཞི་ནི། རྗེ་སྒོམ་དབང་ཕྱུག་སེང་གེ། བྲག་ཀ་རྗེ་བཙུན། བླ་མ་ཆེན་པོ་སྟེ་པ། སྟོན་པ་རིན་ཆེན་བླ་མ་དང་བཞི། དེ་དང་ཉེ་བ་བཞི་ནི། བྲག་ཀ་ལྷ་སྟོན། སྒོམ་པ་གཞོན་ནུ་བུ་གྲགས། ཁྲི་མཉེས་ཨཱརྻ་དེ་ཝ། ལྷ་རྗེ་སློབ་གྲོས་དང་བཞིའོ། །རྒྱུད་པ་འཛིན་པའི་སྲས་ལྔ་ནི། རས་པ་རིན་པོ་ཆེ། བླ་མ་ཉེན་དགོན་པ། བླ་མ་དཔལ་རྒྱལ། སེང་གེ་རྒྱལ་མཚན། དགོན་པོ་ཤེས་རབ་བྱང་ཆུབ་དང་ལྔའོ། །

དེའི་གདན་ས་ལ་གཙང་རྗེ་བཙུན་ནམ་མཁའ་རྒྱལ་མཚན་བཞུགས་པའི་བླ་མའི་ནང་རྟེན་ལ་གདུང་རྟེན་ཆེན་མོ། སྐུ་ཞེར་གསུང་བྱོན་མ། མཆོད་ཁང་རྙིང་མ་རྣམས་བཞེངས། གདན་ས་ལོ་བཅུ་མཛད་ནས་ས་ཕོ་འབྲུག་ལ་སྐུ་གཤེགས་སོ། །དེ་ནས་དབང་ཕྱུག་རྒྱལ་མཚན། ཤེས་རབ་དབང་ཕྱུག དབང་ཕྱུག་རྒྱལ་པོ། གཞོན་ནུ་ཤེས་རབ་སོགས་དགོན་བརྒྱུད་རྣམས་ཀྱིས་གདན་ས་རིམ་པར་འཛིན་པ་ཡིན་ལ། འདིའི་བརྒྱུད་འཛིན་ཐམས་ཅད་ཀྱི་ནང་ནས་ཁྱད་པར་འཕགས་པ་ནི། འགྲོ་མགོན་ཏི་ཤྲི་རས་པ་ཡིན། དེ་ནི་གདུང་རྗེའུ་རིགས། འབྲུངས་ཡུལ་འདམ་ཤོད་ར་སྒྲོམ། ཡབ་དར་ཁྲ་བོ། ཡུམ་ཀ་ཚ་བཟའ་སྐྱུ་ལྕུག་གཉིས་ཀྱི་སྲས་

སུ་ཤིང་ཕོ་སྤྲེའུའི་ལོ་ལ་སྐུ་བལྟམས། མཚན་ཧོར་གྲགས། ལོ་བཅུ་གསུམ་ལ་རྗེ་འབའ་རམ་པ་དང་མཇལ། ལོ་བཅོ་ལྔ་ལ་ཞང་རིན་པོ་ཆེ་དང་། སངས་རྒྱས་སྒོམ་པ་སྟག་ལུང་ཐང་པ་རྣམས་ལ་ཆོས་དང་མན་ངག་མང་དུ་གསན། བཅོ་བརྒྱད་ལ་འབྲི་གུང་པ་དང་མཇལ་ནས་ཆོས་མང་དུ་ཐོབ། བཅུ་གསུམ་ནས་ཞང་དང་། སངས་རྒྱས་སྒོམ་པ་ལོ་དྲུག་བསྟེན། ཉི་ཤུ་རྩ་བཞི་ལ་རིན་པོ་ཆེ་ཁམས་ནས་འབའ་རམ་དུ་ཕེབས་པ་དང་མཇལ། ཉེར་ལྔ་ལ་མཁན་པོ་སྟོན་གྲགས། སློབ་དཔོན་དར་གཞོན། དད་དགེ་སྨོན་ལམ་འོད་ཟེར་སོགས་ཀྱི་སྤྱན་སྔར་རབ་ཏུ་བྱུང་། མཚན་ཤེས་རབ་སེང་གེ་གསོལ། མཁན་སློབ་རྣམས་ལ་འདུལ་བ་ལ་སོགས་པའི་ཆོས་མང་དུ་གསན། ཉི་ཤུ་རྩ་དྲུག་བྱ་ལོ་ཟླ་བ་བཅུ་པའི་ཉི་ཤུ་བདུན་གྱི་ས་སྲོད་ལ། རྗེ་འབའ་རམ་པའི་དྲུང་དུ་མཉམ་མེད་དྭགས་པོ་བཀའ་བརྒྱུད་ཀྱི་གདམས་ངག་ཟབ་རྒྱས་གསན་པས། ཕྱག་རྒྱ་ཆེན་པོའི་རྟོགས་པ་ཇི་བཞིན་ཐུགས་ལ་འཁྲུངས། དེ་ནས་འབྲི་གུང་པ། བླ་མ་ཞང་། སངས་རྒྱས་སྒོམ་པ་རྣམས་དང་མཇལ། དབང་ཁྲིད་གདམས་ངག་མང་དུ་ཞུས། དགུང་ལོ་སུམ་ཅུ་རྩ་བཞི་པ་ཡོས་ཀྱི་ཟླ་བ་བདུན་པའི་ཚེས་བཅོ་བརྒྱད་ལ། མཁན་པོ་ཐག་མ་པ། སློབ་དཔོན་གུ་རུ་པ། དད་པའི་སློབ་དཔོན་དར་གཞོན། དད་དགེ་བ་དོ་པ་སོགས་ཀྱི་སྤྱན་སྔར་བསྙེན་པ་རྫོགས་པར་མཛད། མི་ཉག་རྒྱལ་པོའི་དབུའི་མཆོད་གནས་སུ་གདན་དྲངས། རྒྱལ་པོ་ཆོས་ཀྱིས་ཚིམ་པར་མཛད། དེས་བླ་མ་ལ་མོས་གུས་ཤིན་ཏུ་ཆེ་བས་ཆོས་སྤེལ་བའི་གྲོགས་བྱས། ཏི་ཤྲིའི་གོ་གནས་ཕུལ། གཟེར་འགའི་དགོན་པ་བརྒྱབ། ལོ་གསུམ་ལ་གྲྭ་ཉིས་སྟོང་ལྷག་འདུས། བྱང་འབའ་རམ་གྱི་གདན་ས་བསྐྱངས། ཚལ་གུང་ཐང་གི་གདན་ས་བ་ལ་ཕྱག་ཆེན་སོགས་ཆོས་ཁྲིད་གནང་། ལྷ་སར་ཚེ་འཕྲུལ་སྨོན་ལམ་གྱི་དུས་མཆོད་གཟབ་རྒྱས་ཕུལ། སྒོམ་སྡེ་རི་ཁག་བཅོ་བརྒྱད་ཀྱི་དགོན་གནས་རྒྱ་སྐྱེད་འཕེལ་རྒྱས་བཏང་། ཕྱག་ཆེན་དང་ཆོས་དྲུག་སོགས་མཉམ་མེད་དྭགས་པོ་བཀའ་བརྒྱུད་ཀྱི་ཟབ་ཆོས་གདམས་ངག་རྫོགས་པར་གནང་། སྒོམ་སྡེ་རི་ཁག་བཅོ་བརྒྱད་སོགས་འབའ་རམ་ལུགས་ཀྱི་དགོན་སྡེ་རི་ཁྲོད་སོགས་མང་དུ་བརྒྱབ། མར་པ་ནས་བརྒྱུད་པའི་ཕྱག་ཆེན་དང་། ཆོས་དྲུག་གི་ཟབ་ཁྲིད་

གནང་ནས། ཕྱག་རྒྱ་ཆེན་པོའི་རྟོགས་པ་མངོན་དུ་གྱུར་པའི་སློབ་མ་མང་དུ་བསྐྲུན་ནས་གདམས་ངག་གི་རྒྱུན་མི་འཆད་པའི་ཕྲིན་ལས་མཛད། དཔོན་ཡེ་ཤེས་གསལ་དང་། རྗེ་བཟང་གཉིས་ལ་ཁྲིད་གཉིས་ནས་སྟར་ཡང་འབའ་རམ་ལ་ཞབས་ཏོག་ལེགས་པར་བསྒྲུབས་ཡོད་པས་ང་མགུ་བ་ཡིན། སྣད་ཀྱང་ཞབས་ཏོག་སྒྲུབ་དགོས་རྒྱུའི་ཞལ་ཏ་བསླབ་བྱ་གནང་། དགུང་ལོ་དོན་གསུམ་མེ་ཕོ་སྤྲེལ་ལོ་ཟླ་བ་ལྔ་པའི་ཚེས་གཅིག་ཉིན། ཅུང་ཟད་སྙུན་པའི་ཚུལ་བསྟན། དགེ་འདུན་རྣམས་ལ་གསོལ་ཇ་དང་། བསྙེན་བཀུར་ཞུས། ཚང་མར་མཇལ་ཁ་གནང་། དེའི་ཉིན་སྲོད་འཁོར་ཞིང་གཞན་དུ་གཤེགས་སོ། །གདུང་ཞུགས་འབུལ་ཞུས་པས། ཐུགས་ལྗོངས་སྤྱན་གསུམ་དང་། འཁོར་ལོ་སྡོམ་པ་ཡབ་ཡུམ་དང་། ཡི་གེ་ཧཱུྃ་པཾ་སོགས་ཀྱིས་མཚོན་པའི་རིང་བསྲེལ་མང་དུ་བྱོན། དགེ་བཤེས་བྱང་ཆུབ་བླ་མས་མཁན་པོ་མཛད་ནས་སྐུ་འབུམ་ཆེན་མོ་ལེགས་པར་བཞེངས། རབ་གནས་ཚུལ་བཞིན་བྱས་པ་འགྲོ་བ་ལྷ་དང་བཅས་པའི་མཆོད་སྡོང་ཆེན་པོར་བཞུགས་སོ། །དེ་ལ་སློབ་མ་མང་དུ་མཆིས་པ་ལས། ཕྲིན་ལས་སྤེལ་བའི་གཙོ་བོ། གུར་དཀར་བ་དང་། རས་དཀར་བ་གཉིས་ཡིན། གུར་དཀར་བའི་སློབ་མ་ཡང་སློབ་ནས། ཏེ་བོ་རབ་ཁའི་བརྒྱུད་པ་ད་ལྟའི་བར་ནང་ཆེན་པ་ཞེས་ཐོགས་པ་དང་། རས་དཀར་བའི་སློབ་མ། འཇའ་ལུས་པ་བྱང་ཆུབ་དཔལ་བ། དེའི་བརྒྱུད་པ་ད་ལྟའི་བར་ལ། ཚང་སར་བ་ཞེས་མིང་དུ་ཐོགས་པ་སྟེ། དེ་གཉིས་ཀས་བསྟན་པའི་ཞབས་ཏོག་རྒྱ་ཆེན་པོ་མཛད། ཕྱིམ་འདིའི་སློབ་མ། དངུལ་མཛོད་རི་པ། ཏོད་ཚང་པ། སྟོང་ནག་རས་པ། བྱང་གཞོན་པ་སོགས་གྲུབ་ཐོབ་མང་དུ་བྱོན། ཆོས་ཀྱི་སྡེ་ཡང་བྱང་འབའ་རམ་སྒོམ་སྡེ། རི་ཁག་རྣམས་དང་། སྐྱིད་བྲག སེ་སྦ། ཀླི་ཟླ་བ་དགོན། ལྷོ་སྐྱབས་ཆེ་སོགས་ཡོད་ལ་དེ་དག་ཏུ་རང་ལུགས་ཀྱི་ཁྲིད་སྲོལ་ཆོས་བརྒྱུད་མ་ཆད་པར་བཞུགས་ཡོད་པར་ཐོས་སོ། །

3. ཚལ་པ་བཀའ་བརྒྱུད།

ངན་འགྲོར་རིངས་བར་ཆས་པའི་སྐྱེ་བོ་འགའ། །
ཁྱེད་ཀྱི་ཐུགས་རྗེས་སྒྲོག་མཐར་གྱུར་པའི་མོད། །

མངོན་མཐོའི་དཔལ་ལ་རབ་འགོད་གྲུབ་པའི་རྗེ། །
འབྲེལ་ཚད་དོན་ལྡན་བླ་མ་ཞང་ཚལ་པ། །

ཚལ་པ་བཀའ་བརྒྱུད་ནི། ཞང་འགྲོ་བའི་མགོན་པོ་གཡུ་བྲག་པ་ལས་བརྒྱུད་པ་སྟེ། བླ་མ་ཞང་ནི་ཡུལ་སྐྱི་ཤོད་དུ་འཁྲུངས། མཚན་དར་མ་ཞེས་བཏགས། དགུང་ལོ་དགུ་ནས་བཅོ་བརྒྱད་ཀྱི་བར་ལ་མདོ་སྔགས་ཀྱི་གཞུང་ལུགས་མང་དུ་གསན་པས་མཁས་པར་གྱུར། །དགུང་ལོ་ཉེར་དྲུག་པ་ལ་བསྙེན་པར་རྫོགས་ཏེ་མཚན་བརྩོན་འགྲུས་གྲགས་པར་བཏགས། དཔལ་ཆེན་ཀ་ལོའི་དྲུང་དུ་ཕྱག་རྒྱ་ཆེན་པོ་སོགས་ཀྱི་གདམས་ངག་མང་དུ་གསན། །དྭགས་པོའི་སློབ་མ་སྒོམ་པོ་བ་ཚུལ་ཁྲིམས་སྙིང་པོ་དང་མཇལ་ཏེ་ཕྱག་རྒྱ་ཆེན་པོ་གསན་པས་བཀའ་བརྒྱུད་ཀྱི་བྱིན་རླབས་ཞུགས། །སེམས་ཀྱི་ངོ་བོ་རྗེན་པར་གཟིགས། གུང་ཐང་གི་གཙུག་ལག་ཁང་ལྷ་ཆེན་དང་བཅས་པ་བཞེངས། དགོས་པ་ཆེན་པོ་ལ་དགོངས་ནས་འཁྲུགས་པ་མང་པོར་མཛད་པ་ལ་སྐྱེ་བོ་ཐ་མལ་བ་དུ་མས་སྐུར་འདེབས་སོགས་སྡིག་བསོགས་པས་ཀརྨ་དུས་གསུམ་མཁྱེན་པས་བཟློལ་བཏབ་པས། དེ་ཕྱིན་ཆད་འཁྲུགས་པ་མ་མཛད། གནས་བདུན་དུ་སྐུའི་འགྱུར་བ་བདུན་བསྟན་ནས་མཚན་བདུན་དུ་ཐོགས། ཆོས་སྐྱོང་བྱ་རོག་གིས་ཅི་བསྒོ་སྒྲུབ། རྣམ་པར་དཀར་བའི་འཕྲིན་ལས་མཐའ་ཡས་ཤིང་དོན་གཉིས་པ་ལ་མྱུ་ངན་ལས་འདས། སློབ་མ་མང་དུ་བྱུང་བའི་གཙོ་བོ་ནི་ནམ་མཁའ་འོད་དང་། ཁ་རག་པ་འདུལ་བ་འོད། ལྷ་ཕུག་པ་ཉི་ཟླ་འོད། འབྲི་ར་བ་ཤཱཀྱ་འོད་དེ་བཞི་ཀས་དགོན་པ་བཏབ་ཅིང་། འདུལ་བ་འོད་ཀྱིས་ཁ་རག་ཏུ་ཀླུ་བཏུལ་དགོན་པ་བཏབ། དེའི་དཔོན་པོའི་རིང་ལ་གྲྭ་བ་ཁྲི་ཙམ་ཚོགས་ཟེར། གདན་ས་དངོས་མཉམ་མེད་ཤཱཀྱ་ཡེ་ཤེས་དང་། དེ་ནས་སློབ་དཔོན་བྱང་ཡེས། ལྷ་ཕུག་པ་ཉི་ཟླ་འོད། སངས་རྒྱས་འབུམ། སངས་རྒྱས་སྙིང་པོ། སངས་རྒྱས་རས་པ། གསེར་ཁང་སྟེང་པ་སོགས་ཀྱིས་བསྐྱངས། གཞན་ཡང་མར་པ་འོད་སོགས་བསྟན་པ་ལ་བྱ་བ་བྱེད་པའི་སྐྱེས་བུ་རིམ་པར་བྱོན་པས་ཚལ་པ་བཀའ་བརྒྱུད་ཅེས་གྲགས་སོ། །དཔོན་ཆེན་དར་མ་གཞོན་ནུ་དང་། སངས་རྒྱས་དངོས་གྲུབ་སོགས་ཚལ་པའི་དཔོན་ཆེན་རིམ་པས

སྲིད་བསྐྱངས། ལྷ་སའི་སྲིད་ཚུལ་ཆུ་རག་རྒྱུག་པ་དང་། གཙུག་ལག་ཁང་རྙེན་དང་བརྙེན་པ་བཅས་པར་ཉམས་གསོ་བྱས་པ་སོགས་མཛད་རྗེས་ཆེ། དེང་གི་དུས་ནི་རི་བོ་དགེ་ལུགས་པའི་བཀའ་སྲོལ་འཛིན་ནོ། །

4. ཕག་གྲུ་བཀའ་བརྒྱུད།

ཆོས་ཚུལ་རྒྱ་མཚོ་ཆེ་ལ་དབང་བསྒྱུར་ཞིང་། །
མཁས་གྲུབ་རྒྱ་མཚོའི་འབྱུང་གནས་གཏེར་ཆེན་པོ། །
འགྲོ་ཁམས་རྒྱ་མཚོ་སྐྲོལ་བའི་དེད་དཔོན་ཆེ། །
རྒྱལ་སྲས་རྒྱ་མཚོའི་ཐུ་བོ་ཕག་གྲུའི་ཞབས། །
དབྱར་དུས་མཁའ་ལ་སྤྲིན་ཕྲེང་ཆུ་རིས་ཅན། །
མཐོང་བས་རྨ་བྱ་རབ་ཏུ་དགའ་བ་ལྟར། །
ཁྱོད་ཀྱི་ཡོན་ཏན་ཆུ་མཚོ་མཐོང་གྱུར་པས། །

ཐར་འདོད་དང་པའང་མགྲིན་པའི་རྫ་རྔ་བརྡུང་། ཕག་གྲུ་བཀའ་བརྒྱུད་ནི་རྗེ་ཕག་མོ་གྲུ་པ་ལས་བརྒྱུད་པ་ཞིག་ཡིན། རྗེ་ཕམ་མོ་གྲུ་པ་ནི། མཉམ་མེད་དྭགས་པོ་ལྷ་རྗེའི་སློབ་ཆེན་ཁམས་པ་མི་གསུམ་གྱི་ནང་གི་གཅིག་ཡིན། མཉམ་མེད་དྭགས་པོ་བཀའ་བརྒྱུད་ཀྱི་ཕྲིན་ལས་ཕྱོགས་མཐར་སྤེལ་བའི་གཙོ་བོ་ཞིག་ཡིན། ཕག་མོ་གྲུ་པ་འདི་འཁྲུངས་ཡུལ་ནི། མདོ་ཁམས་སེ་དགེའི་སའི་ཆར་འབྲི་ཆུའི་རྒྱུད་རྨེ་ཤོད་ཀྱི་རྟག་ངོས་སབ་ཁང་དུ་གདུང་དབས་ཡབ་ཤེ་ན་ཨ་ཐར་དང་། ཡུམ་བཙུན་ནེ་གཉིས་ཀྱི་སྲས་སུ་ངོ་མཚར་བའི་ལྟས་བཅས་སྐུ་འཁྲུངས། སྐུ་ཆུང་ངུའི་དུས་ནས་སྐྱེ་བ་སྔ་མ་དྲན་པ་དང་། གནས་པ་རང་འབྲུགས་སུ་འོང་བ་ཞིག་ཡོད། དགུང་ལོ་དགུ་ཐེབས་པ་ན། གནས་བྱ་ཁྱིའི་ལྷ་ཁང་དུ། མཁན་པོ་ལྷིང་ངེ་ཚུལ་ཁྲིམས་འབར་བ་དང་། ལས་སློབ་ལྷིང་ངེ་འོད་ཟེར་རྒྱ་མཚོ་ལས་རབ་ཏུ་བྱུང་། མཚན་རྡོ་རྗེ་རྒྱལ་པོ་བཏགས། ཡི་གེ་དང་། ལྷ་བྲིས་མ་བསླབ་པར་ཤེས་པས་མཁན་པོའི་ཡིག་བྲིས་དང་། ལྷ་བྲིས་མཛད། ཁམས་ཕྱོགས་སུ་བཞུགས་རིང་སློབ་དཔོན་བཅུ་དྲུག་ཙམ་བསྟེན་ནས་ཐུན་མོང་

རིག་གནས་དང་། ཐུན་མོང་མ་ཡིན་པའི་གཞུང་ལུགས་ཁག་ལ་སློབ་གཉེར་གནང་། སྤྱོད་འཇུག་སོགས་གཞན་ལའང་བཤད་པ་འགའ་རེ་མཛད་པས། ལུས་ཀྱི་ཤེད་མ་རྫོགས་པར་བློའི་རྩལ་རྫོགས་པ་ཞེས་མཁས་པའི་མིང་གྲགས་བྱུང་། དགུང་ལོ་བཅུ་དགུ་པ་ལ་དབུས་ཆེན་པོ་དང་བསྒྲོངས་ནས་ཡུལ་དབུས་སུ་ཕེབས། ཡོ་བྱད་ཐམས་ཅད་དབུས་ཆེན་པོས་སྦྱར། ཐོག་མ་ནས་སྟོད་ལུང་རྒྱ་དམར་གྱི་གྲྭ་སར་ཏྭ་སྣ་པོག རྒྱ་དམར་བ་དང་ཞང་བྲན་ལས། དབུ་མ་དང་། ཚད་མ། བྱམས་ཆོས། སྤྱོད་འཇུག་སོགས་གསན། ཡང་གད་པ། དོན་སྙིང་པ། བྱ་ཡུལ་བ་སོགས་ལས་ཇོ་བོ་བཀའ་གདམས་པའི་གདམས་ངག་མང་དུ་གསན། དགུང་ལོ་ཉེར་ལྔ་ལ་ཟླུམ་ཕུ་རུ་བྱ་འདུལ་བ་འཛིན་པ་ཆེན་པོས་མཁན་པོ་དང་། རྒྱ་དམར་གྱིས་ལས་སློབ། ཨར་གྱིས་གསང་སྟོན་བྱས་ནས། དད་པའི་དགེ་འདུན་གྲངས་ཚང་བའི་དབུས་སུ་བསྙེན་པར་རྫོགས། མཁན་སློབ་གཉིས་ལས་འདུལ་བ་དང་། གསང་སྟོང་ལས་ཕར་ཕྱིན་གསན་ནས་མཁས་པའི་གྲགས་པ་ཐོབ། ཚུལ་ཁྲིམས་ཀྱི་བསླབ་པ་མིག་གི་འབྲས་བུ་ལྟར་སྲུང་། གྲྭ་ས་རྣམས་སུའང་ཐུན་བཞིའི་རྣལ་འབྱོར་ཆག་མ་མྱོང་བ་སོགས་ཞི་དུལ་བག་ཡོད་ལྡན་པ་བརྩུན་པའི་དཔེར་བྱེད། དམར་ཆོས་ཀྱི་རྒྱལ་པོ་ལས་བདེ་མཆོག་གི་རྒྱུད་མན་ངག་མཐའ་དག་གསན། འཇང་བྲག་སྟག་པ་དང་། རྫོག་ལྷུ་ནེ་ལས། མངོན་པ་དང་། འཕགས་སྐོར་ཞུས། བུར་སྒོམ་ལ་རས་ཆུང་པའི་གདམས་སྐོར་ཞུས་པས་སྣང་བ་བདེ་བར་ཤར། གཞན་ཡང་། དཔལ་ཆེན་ཀ་ལོ། འཛིམ་ལོ་ཙྪ་བ། བྱང་སེམས་ཟླ་བ་རྒྱལ་མཚན་སོགས་བསྟེན་ནས་མདོ་སྔགས་ཀྱི་གདམས་ངག་ཤིན་ཏུ་མང་པོ་གསན་སྦྱང་གནང་བས་དགེ་བཤེས་ཁམས་པ་ཞེས་མཁས་པའི་སྙན་གྲགས་ཏེ་ཆེར་རྒྱས། ཁྱད་པར་དུ་ས་སྐྱ་པ་ཆེན་པོ་ལས་ཀྱི་རྡོ་རྗེ་སོགས་རྒྱུད་དང་ལམ་འབྲས་སོགས་རྫོགས་པར་གསན། མཐོང་ལམ་པར་ངོ་སྤྲོད། ཆོས་མང་པོ་ཚུར་འདྲི་ཞིང་ཁམས་པ་ཤེས་རབ་ཅན་ཞེས་ཐུགས་མཉེས་པོ་མཛད། མདོར་ན་གཞུང་མན་ངག་དང་བཅས་པ་ལ་མི་མཁྱེན་པ་གང་ཡང་མེད་པ་ལྟ་བུར་གྱུར་ནས་མཁས་པའི་གྲགས་པ་ཕྱོགས་ཐམས་ཅད་དུ་ཁྱབ།

དེ་ནས་དྭགས་པོ་སྒོམ་པ་དེ་གྲགས་པ་ཆེ་བར་འདུག་པས་ངས་མི་ཤེས་པའི་ཆོས་ཞུ་རྒྱུ་ནི་ཅི་མེད་ཀྱང་། ཞལ་ལྟ་བ་ཞིག་ལ་འགྲོ། དེ་ནས་ཁམས་སུ་འགྲོ་དགོངས་ནས་ཞང་དང་གཉིས་སྒམ་པོར་བྱོན་པས། ཞག་བཞི་ན་སྒམ་པོ་པ་མཇལ། ཆོས་ཀྱི་དྲི་བ་དྲི་ལན་མང་དུ་གནང་ནས། དགྱེས་བཞིན་རྗེས་སུ་བཟུང་། ཕག་གྲུ་རིན་པོ་ཆེ་དགུང་ལོ་ཞེ་གཅིག་ནས་ལོ་གསུམ་བསྟེན་ནས། གདམས་ངག་ཞུས་པས་ཕྱག་རྒྱ་ཆེན་པོའི་རྟོགས་པ་མངོན་དུ་གྱུར། སྔར་གྱི་རྟོགས་པ་ཐམས་ཅད་ཕྱི་ཤུན་དང་སྦྲུན་པ་ལྟ་བུར་གྱུར་ཏོ་ཞེས་གྲགས་སོ། །དེ་ནས་རྗེ་སྒམ་པོ་པ་དགུང་ལོ་དོན་ལྔ་བཞེས་པ་ན་སྐུ་གཤེགས་པས་དེར་སྡོད་མི་འདོད་པར་གྱུར་ཀྱང་། སྒོམ་པ་ཚུལ་ཁྲིམས་སྙིང་པོའི་ཕྱག་རོགས་ཞུས་ནས་རེ་ཞིག་བཞུགས། རྗེ་སྒམ་པོ་པས། ཁྱོད་ཀྱི་གདུལ་བྱ་ངམ་ཤོད་རི་ནག་གི་དྲུང་དུ་ཡོད་ཅེས་ལུང་བསྟན་པ་ལྟར། དགུང་ལོ་ཞེ་དགུ་ལོར་ཕག་མོ་གྲུ་པ་ཀུན་བཟང་ནགས་ཁྲོད་དུ་གདན་ས་བཀྱབ་ནས་ཕག་གྲུ་བཟུང་བས་འགྲོ་མགོན་ཕག་མོ་གྲུ་པ་དང་། རིན་ཆེན་སྤུངས་པའི་བྲག་རྩར་བཞུགས་པས་མཐའ་རྩ་བ་ཡང་གྲགས། དེར་ལོ་བདུན་ལོན་པ་ན། སྟག་ལུང་ཐང་པ་ལོ་ཉེར་བཞི་ལོན་པ་ཞིག་གིས་མཇལ་ནས་ཉེ་གནས་མཛད། རིམ་གྱིས་སློབ་མའི་ཚོགས་མང་དུ་འདུས། འགྲོ་མགོན་ཡེར་པ་རླང་སེང་གེ་རྒྱལ་མཚན་སོགས་སློབ་མ་མོས་གུས་ཅན་མང་པོ་ཞིག་མཚན་ལ་མོས་པ་ཙམ་དང་། ཞལ་མཇལ་བ་ཙམ་དང་། བརྡ་དང་རྣམ་འགྱུར་བསྟན་པ་ཙམ་དང་། བྱིན་རླབས་གནང་བ་ཙམ་གྱིས་རྟོགས་པ་སྐྱེས་ཤིང་གྲོལ་བ་མང་དུ་བྱུང་། སྐུ་འདའ་ཁར་གྲྭ་ཚོགས་བརྒྱད་བརྒྱ་ཙམ་ཡོད་པ། ཐམས་ཅད་ཡོན་ཏན་ཡོངས་སུ་རྫོགས་པ་ཤ་སྟག་བྱོན། ཕག་མོ་གྲུར་བྱོན་ནས་གྲོང་དུ་ཕེབས་མ་མྱོང་བར་ཆོས་བཤད་སྒྲུབ་ཀྱི་བསྟན་པ་ཁོ་ན་བསྐྱངས་ནས་བཞུགས། མདོར་ན་མཐོང་ཐོས་དྲན་རེག་གི་འགྲོ་བ་དཔག་ཏུ་མེད་པ་དད་པའི་ས་ལ་བཀོད། སྐལ་ལྡན་གྱི་སློབ་མ་ཆེས་མང་པོ་ཞིག་ཚོགས་ཆུང་དུས་གྲོལ་བར་མཛད་ནས་ལོ་བཅུ་གསུམ་བར་དུ་ཕག་མོ་གྲུ་པའི་གདན་སར་ཆོས་ཀྱི་འཁོར་ལོ་བསྐོར་བས་ཕག་གྲུ་བཀའ་བརྒྱུད་ཅེས་གྲགས་པ་དེ་བྱུང་། དེ་ནས་ལྕགས་ཕོ་སྟག་གི་ལོ་ཟླ་བ་བདུན་པ་ཚེས་ཉེར་ལྔ་སྔ་དྲོ་ངོ་མཚར་བའི་རྟགས་དང་

བཅས་ཡོངས་སུ་མྱ་ངན་ལས་འདའ་བའི་ཚུལ་བསྟན་ཏོ། །འདིའི་སྐྱེས་རབས་ཀྱང་། དགེ་སློང་ཆོས་ཀྱི་དཔལ་དུ་གྱུར་པ་སོགས་སྐྱེས་རབས་ཆེན་མོར་གསུངས་པ་ལྟར་ཡིན་ནའང་། ཐུན་མོང་གདུལ་བྱའི་སྣང་ངོར་སོ་སོའི་སྐྱེ་བོ་ལྟར་བསྟན་པ་དང་། སྐལ་བ་མཆོག་གི་གདུལ་བྱའི་ངོར། སྐུའི་བཀོད་པ་བརྒྱད་དང་བཅུ་གཉིས་སོགས་དུས་གཅིག་ལ་སྟོན་པ་དང་། ནག་ཕྱོགས་ཀྱི་མི་མ་ཡིན་མང་དུ་བཏུལ་བ་སོགས་ནི་དབང་པོ་འབྲིང་ལ་གྲུབ་ཐོབ་ཆེན་པོ་བསྟན་པའི་རྣམ་པར་ཐར་པའོ། །འདས་པའི་སངས་རྒྱས་འཁོར་བ་འཇིག་དང་། ད་ལྟར་གྱི་སྟོན་པ་སངས་རྒྱས་ཉིད་དང་མ་འོངས་པའི་སངས་རྒྱས་མི་བསྐྱོད་སྣང་བའི་རྒྱལ་པོར་ཞལ་གྱི་བཞེས་པ་ནི་གདུལ་བྱ་དབང་པོ་ཡང་རབ་ལ་སངས་རྒྱས་ཉིད་དུ་བསྟན་པའི་རྣམ་པར་ཐར་པའོ། །

འདིའི་སློབ་མ་ལ། །ཕྱིར་སློབ་མའི་ཚོགས་ཤིན་ཏུ་མང་ཡང་གཙོ་ཆེ་བ་ཚོགས་པ་བརྒྱད་བརྒྱ་དང་། གདུགས་ཐོགས་ལྔ་བརྒྱར་གྲགས་ཤིང་། ཁྱད་པར་དུ་འཕགས་པའི་བུ་ཆེན་ཉེར་བཞི། མོས་གུས་མཐར་ཕྱིན་སྟག་ལུང་ཐང་པ་བཀྲ་ཤིས་དཔལ། རྟོགས་པའི་མཐར་ཕྱུག་སྒ་ཕུ་པ་གླིང་རས་པདྨ་རྡོ་རྗེ། ཤེས་རབ་མཐར་ཕྱུག་སྤྱར་ཕུ་བ་བློ་གྲོས་སེང་གེ ནུས་པའི་མཐར་ཕྱུག་མཚན་བུ་རྒྱ་རས་ཏེ་མཐར་ཕྱུག་གི་བུ་བཞི། ཟར་བ་སྐལ་ལྡན་ཡེ་ཤེས་སེང་གེ རྟོགས་ལྡན་མི་ཉག་སྒོམ་རིང་། ཉག་རེ་སེ་བོ། ཀུན་ལྡན་གཙང་པ་རས་ཆུང་རྣམས་ནི་གདམས་པའི་བུ་བཞི། འབྲི་གུང་འཇིག་རྟེན་མགོན་པོ། ཆོས་རྗེ་ལྷུམ། ཆོས་རྗེ་གཏུམ། །བརྡ་ཕུག་པ་སྟེ་རི་གཅིག་རྟོགས་པ་ཕྱེད་དང་བཞི། གཏུམ་ལ་གཟུགས་སྐུའི་ས་བོན་མ་ཐེབས་པས་ཕྱེད་མར་འཛོག་གོ །གཤེན་དགོན་དཀར་བ། གྱང་ཤན་གྲོང་པ། རྫོག་སེང་གེ་ཁ་པ། རྩེ་ལུང་པ་རྣམས་ལ་ཐུགས་ཀྱི་སྲས་བཞི། རིན་པོ་ཆེ་ཤུགས་ཚར་བ། ལྷ་ས་པ་དགེ་འདུན་སྐྱབས། གྱུ་གུ་སྟོན་པ་བློ་གྲོས་སེང་གེ་རྒྱན་ཐང་པ་སྟེ་ཡི་གེ་མའི་བུ་བཞི། བླ་མ་སྨར་པ། ཡེལ་ཕུག་པ། དགྱེར་སྒོམ་པ། སེང་གེ་དཔལ་སྟེ་ཉེ་བའི་སྲས་བཞི་ཞེས་ཐུ་རབས་རྣམས་འདྲེན་པར་མཛད་དོ། །གཞན་ཡང་གྲུབ་པའི་སྐྱེས་བུ་མང་དུ་བྱུང་བ་དང་། སློབ་

མའི་ཚོགས་དེ་དག་རེ་རེ་བཞིན་གནས་གཞིའི་གདན་ས་བཙུགས་ནས་སློབ་མ་བསྐྱངས། ཆོས་འཆད་ཉན་སྒོམ་སྒྲུབ་ཀྱི་སྒོ་ནས་སྒྲུབ་བརྒྱུད་རིན་པོ་ཆེའི་བསྟན་པ་ཕྱོགས་མཐར་ཁྱབ་པའི་ཕྲིན་ལས་མཛད། སྐུ་གདུང་གི་ཐུགས་མེས་མ་གནོད་པ་གདུང་རྟེན་བཀྲ་ཤིས་འོད་འབར་དུ་བཞུགས་སོ། །

གདན་ས་མཐིལ་དུ། འགྲོ་མགོན་སྐུ་གཤེགས་པའི་རྗེས་སུ་འབྲི་གུང་སྐྱུ་ར་རིན་པོ་ཆེ་ནས་གདན་ས་ཙུང་ཟད་བསྐྱངས། དེ་ནས་ཀླང་ལྷ་གཟིགས་ཀྱི་གདུང་ལས་འཁྲུངས་པའི་སྤྱན་སྔ་གྲགས་པ་འབྱུང་གནས། དེ་ནས་རིས་སྔ་ཐོག་བརྟུགས་པ། བཅུ་གཉིས་པ་རིན་ཆེན་རྡོ་རྗེ། རིན་པོ་ཆེ་གྲགས་པ་ཡེ་ཤེས། གཉིས་མཆོད་པ་གྲགས་པ་རིན་ཆེན། ཆོས་བཞི་སྙིང་མ་པ་གྲགས་པ་རྒྱལ་མཚན། བཅུ་གཉིས་གསར་མ་པ་གྲགས་པ་ཤེས་རབ། འདིའི་གཅེན་པོ་ཏའི་སི་ཏུ་བྱང་ཆུབ་རྒྱལ་མཚན་གྱིས་བོད་དབུས་གཙང་གི་རྗེ་བོར་ཕྱིན། ཆོས་དང་སྲིད་ཀྱི་མཁྱེན་རབ་ཤིན་ཏུ་རྒྱ་ཆེ་ཞིང་འདི་ནི་མཁས་བཙུན་བཟང་པོའི་ཡོན་ཏན་བསམ་གྱིས་མི་ཁྱབ་པ་མངའ་བ་ཞིག་ཡིན་ལ། རིས་སུ་མ་ཆད་པའི་ཆོས་ལུགས་གྲུབ་མཐའ་ཁག་ལ་གཟིགས་རྟོག་དང་སྐྱེས་བུ་དམ་པ་རྣམས་ལ་ཞབས་འདེགས་བླ་ན་མེད་པ་ཞུས་པ་ལས། གངས་ཅན་སེར་སྐྱ་ཡོངས་ནས་བརྩི་བཀུར་ཤིན་ཏུ་ཆེ། རྒྱལ་བ་ལྔ་པ་ཆེན་པོས་ཀྱང་བསྔགས་བརྗོད་ཅི་ཆེ་གནང་ཡོད། སྐབས་དེར་བཀའ་བརྒྱུད་ཀྱི་བསྟན་པ་ཤིན་ཏུ་དར་རྒྱས་ཆེ་བའི་དུས་སྐབས་ཤིག་ཡིན་པར་བརྟེན་བོད་ཁམས་ཡོངས་སུ་བཀའ་བརྒྱུད་ཀྱི་བསྟན་པས་ཁྱབ་པ་ལྟ་བུར་གྱུར་སྣང་ངོ་། །དཔལ་ཕག་མོ་གྲུ་པའི་སློབ་མ་བུ་ཆེན་འགའ་ཞིག་གིས་གདན་ས་ཟུར་དུ་བསྐྱངས་ཤིང་། སོ་སོར་བཀའ་བབས་ཀྱི་ཁྱད་པར་ལས། བཀའ་བརྒྱུད་ཆུང་བརྒྱད་དམ། ཟུང་བཞི་ཡ་བརྒྱད་ཅེས་གྲགས་པ་དེ་བྱུང་བ་ཡིན་ནོ། །

འཁོར་བ་འཇིག་གི་ཐུགས་སྐྱིད་གངས་རི་ལས། །
ཐུགས་རྗེའི་ཉལ་འགྲོའི་རྒྱུན་བཟང་རྟག་འབབ་པས། །
རྡོ་རྗེ་ཐེག་པའི་ཚལ་ཆེན་རྒྱས་མཛད་པ། །

རྡོ་རྗེ་རྒྱལ་པོ་གྲུབ་བརྒྱའི་འབྱུང་གནས་ཡིན། །

གཉིས་པ། བཀའ་བརྒྱུད་ཚང་བརྒྱད་བྱུང་ཚུལ།

1. འབྲི་གུང་བཀའ་བརྒྱུད།

རྒྱལ་བ་ཉིད་དང་དེའི་སྤྲུལ་ལི་ཙ་བྱི། །
ནཱ་གརྫུ་ན་ལ་སོགས་མཁས་གྲུབ་བརྒྱའི། །
བྱིན་རླབས་ཡོན་ཏན་ཕུང་པོ་གཅིག་བསྡུས་པ། །
འབྲི་གུང་པ་ཞེས་གྲགས་པའི་མགོན་དེ་རྒྱལ། །
གང་གི་ངེས་དོན་ཆོས་ཀྱི་ཁྲི་ཆེན་པོ། །
འཛིན་ནས་བཀའ་ཕྱག་ཟུང་འཇུག་དཔལ་འགྲོའི་རྒྱུན། །
འགྲོ་ཁམས་རྒྱ་མཚོར་བསྐྱིལ་མཛད་དགེ་བའི་བཤེས། །
རིམ་པར་བྱོན་པའི་རྣམ་ཐར་ངོ་མཚར་རྨད།

འབྲི་གུང་བཀའ་བརྒྱུད་ནི། རྗེ་ཕག་མོ་གྲུབ་པའི་སློབ་ཆེན། འཕགས་པ་ལྗི་སྒྲུབ་ཀྱི་རྣམ་འཕྲུལ།

མདོ་ཁམས་སྐྱུ་རའི་གདུང་རྒྱུད། རྟེན་འབྲེལ་མཐའ་ཕྱིན་སྐྱོབ་པ་འཇིག་རྟེན་གསུམ་མགོན་རིན་ཆེན་དཔལ་ལས་བྱུང་ཞིང་། དེས་འབྲི་གུང་གི་གདན་ས་བཏབ། སློབ་མ་ལྔ་ཁྲི་ལྔ་སྟོང་བརྒྱ་ཉེར་ལྔ་བྱུང་། དེ་ནས་གྲུབ་ཐོབ་གཉོས་འགར་ཆོས་གསུམ་འབྲི་གུང་གླིང་པ་སོགས་མང་དུ་བྱུང་། དེ་ནས་གྲུབ་ཐོབ་གཉོས་འགར་ཆོས་གསུམ་འབྲི་གུང་གླིང་པ་སོགས་མང་དུ་བྱུང་།

ཐུགས་སྲས་སྤྱན་སྔ་བ་གྲགས་པ་འབྱུང་གནས་ཀྱིས་གདན་ས་ཐེལ་དང་འབྲི་གུང་གཉིས་ཀ་བསྐྱངས། རྗེ་འདིའི་རིང་ལ་འདུས་པ་ཁྲི་བཅོ་བརྒྱད་བྱུང་བ་དང་། དབྱར་གནས་བཞུགས་པའི་སྐབས། དབྱར་གནས་ཀྱི་ཚུལ་ཤིང་བཞེས་མཁན་དགེ་སློང་འབུམ་ཕྲག་རེ་ཙམ་

བྱུང་བར་གྲགས་པ་དང་། སྤྱིར་དར་རྒྱས་ཆེ་བའི་དུས་སུ། ཆོས་སྡེ་འདི་ལས་དར་རྒྱས་ཆེ་བ་བོད་ཁམས་ཡོངས་སུ་མ་བྱུང་བ་ལྟ་བུར་སྣང་ལ། གདན་རབས་སུམ་ཅུ་ལྷག་གི་རིང་ལ། ནང་བརྟག་རྒྱུད་གསུམ་དང་། བདེ་དགྱེས་གསང་གསུམ་སོགས་ཀྱི་འཆད་ཉན་སྒོམ་སྒྲུབ་ཤིན་ཏུ་དར་ཞིང་རྒྱས་པ་དང་། །མཁས་པ་དང་གྲུབ་པའི་སྐྱེས་བུ་མང་དུ་བྱུང་ལ། ཕྱག་ཆེན་ལྷ་ལྔན་དང་། དམ་ཆོས་དགོངས་པ་གཅིག་པ་སོགས་རང་ལུགས་ཀྱི་ཡིག་ཆ་ཡང་མང་དུ་བརྩམས། རི་ཐམས་ཅད་འབྲི་གུར་རི་པ། ཐང་ཐམས་ཅད་འབྲི་གུང་ཐང་པ་ཞེས་གྲགས་པའི་ཁ་གཏམ་དུ་གླེང་བའི་དར་རྒྱས་བྱུང་བས། སྔན་གྲགས་ཀྱིས་འཛམ་གླིང་ཁྱབ། །དུས་ཕྱིས་ཉི་མ་ལྷུང་ར་ལ་གཞུང་ཆེན་མོའི་འཆད་ཉན་ཚུགས་པ་དང་། ཕྱག་ཆེན་དང་། ཆོས་དྲུག་སོགས་རང་ལུགས་ཀྱི་ཁྲིད་སྲོལ་རྒྱུན་མ་ཆད་པར་བཞུགས་ཡོད་ལ། དེ་དག་ལ་བརྟེན་ནས་གྲུབ་པའི་སྐྱེས་བུ་འགའ་ཞིག་བྱོན་པ་ཚང་མས་མཁྱེན་གསལ་ལྟར་ལགས་ཤིང་། ད་ལྟའང་དགོན་ལག་དང་། ཆོས་བརྒྱུད་ཀྱང་མ་ཉུང་ཙམ་གནས་ཡོད་དོ། །ཕྱིས་སུ་ཆོས་རྒྱལ་རིན་ཆེན་ཕུན་ཚོགས་ཡབ་སྲས་ཀྱི་སྐུ་དུས་ནས་གཏེར་ཁ་གསར་རྙིང་གི་རིང་སྲོལ་ཡང་ཕྱག་བཞེས་གནང་ནས་བཀའ་རྙིང་ཆུ་བོ་གཅིག་འདྲེས་སུ་གྱུར་ཏོ། །

2. སྟག་ལུང་བཀའ་བརྒྱུད།

བཤེས་གཉེན་དམ་པའི་ཞབས་རྡུལ་སྤྱི་བོས་བསྟེན། །
བཀའ་བཞིན་སྒྲུབ་པའི་མཉེས་པ་འབབ་ཞིག་ལས། །
དོན་བརྒྱུད་རྟོགས་པའི་བྱིན་རླབས་སྙིང་ལ་འཕོས། །
མོས་གུས་མཐར་ཕྱིན་སྟག་ལུང་ཐང་པའི་ཞབས། །

སྟག་ལུང་བཀའ་བརྒྱུད་ནི་སྟག་ལུང་ཐང་པ་བཀྲ་ཤིས་དཔལ་ལས་བརྒྱུད་པ་ཡིན། ཁོང་ནི་གཡང་ཤོད་བོང་ར་སྟེང་དུ། ཡབ་བ་ན་སྣོན་འབར་པོ་དང་། ཡུམ་བྲབ་ཤེ་གཟའ་དགེ་སུམ་ཁྲོ་མོའི་སྲས་སུ་ཆུ་ཕོ་ཁྱིའི་ལོ་ལ་འཁྲུངས། གདུང་རུས་དབྲ་ཀ་ཟེ་འབྲིང་པོའི་ནང་ཚན་ཟླུ་དགེ་ཡིན། དགུང་ལོ་བཅོ་བརྒྱད་བཞེས་པའི་ཚེ་ཐང་སྐྱ་ལྷ་ཁང་དུ་མཁན་པོ་ག་སྟོན་

བླ་གང་བ་ཤེས་རབ་རྡོ་རྗེ་དང་། སློབ་དཔོན་ཚར་སྟོན་སྒོ་མང་པ་ལས་རབ་ཏུ་བྱུང་། མཚན་བཀྲ་ཤིས་དཔལ་ཞེས་གསོལ། དགེ་བཤེས་བྲག་དགོན་པ་ལས་ཤེར་ཕྱིན་འགྲེལ་ཆུང་། སྤྱོད་འཇུག བསླབ་བཏུས། ལམ་སྒྲོན། དོ་ཧ་སོགས་ཞུས་ནས་མཁས་པར་བསླབ། རྒྱ་གར་དུ་ཆོས་སློབ་པར་ཕེབས་བཞིན་ཡོད་ཀྱང་། གཞན་གྱིས་བཀག་ནས་མ་བཏང་། དགུང་ལོ་ཉེར་བཞིའི་དུས་སུ་ཕག་གྲུའི་སྙན་པ་གསན་ཏེ་ཕག་མོ་གྲུ་པ་དང་མཇལ། དགྱེས་བཞིན་རྗེས་སུ་བཟུང་ནས་སྲས་ཀྱི་ཐུ་བོར་དབང་བསྐུར། ཕག་མོ་གྲུའི་ཉེ་གནས་མཛད་ནས་ལོ་དྲུག་བཞུགས། གདམས་ངག་མཐའ་དག་བུམ་པ་གང་བྱོའི་ཚུལ་དུ་གནང་བས་རྟོགས་པ་མངོན་དུ་གྱུར། ལན་ཅིག་ཐེལ་གྱི་སྤང་གཤོང་གཅིག་ཏུ་སྐྱོ་སངས་ལ་བྱོན་པའི་སར་འགྲོ་མགོན་བྱོན་ནས་ཕྱག་འཁར་ཐུགས་ཀར་གཏད་དེ། འོ་སྐོལ་གྱི་ཇོ་བོ་ནཱ་རོ་པའི་ཞལ་ནས། ཆོས་ཐམས་ཅད་ཀྱི་རང་བཞིན་སྟོང་ཞིང་བདག་མེད་པར་བསྒོམ། དེའི་ངང་ལ་ཚད་མེད་པ་བཞིའི་སྒོ་ནས་ཐབས་སྣ་ཚོགས་ཉམས་སུ་ལེན་པ་ཞིག་བྱུང་ན་མི་གནས་པའི་མྱ་ངན་ལས་འདས་པ་ཐོབ་པའི་ལམ་ཡིན་སོགས་ངོ་སྤྲོད་ཟབ་རྒྱས་ཤིག་སྩལ་བ་ལ་བརྟེན་ནས་ཕྱག་རྒྱ་ཆེན་པོ་སྒོམ་མེད་ཀྱི་རྣལ་འབྱོར་ཐུགས་ལ་འཁྲུངས། ཕག་མོ་གྲུ་པ་གཤེགས་ནས་མལ་གྲོར་བྱོན། འཆད་ཀ་པ་ལས་བཀའ་གདམས་གསན། ཞང་ཤ་ར་བ་ལས་བསྙེན་པར་རྫོགས། དགུང་ལོ་སོ་དགུ་བ་ལ་དར་སྲས་རོང་གསུམ་དང་ཕོད་མདོ་བས་སྟག་ལུང་དུ་གདན་དྲངས། འགྲོ་བའི་མགོན་གྱིས་ལུང་བསྟན་པ་ལྟར་གནས་དེར་དགོན་པ་བཏབ་པས། སྟག་ལུང་ཐང་པ་ཞེས་གྲགས། བྲག་བཙན་མཐུ་བོ་ཆེ་ཡང་དམ་ལ་བཞག རབ་ཏུ་བྱུང་ཕྱིན་ཆད་ཁྱིམ་པའི་ཁང་པར་མ་བྱོན། ཤ་ཆང་གསོལ་མ་མྱོང་། ཤ་ཆང་གི་མགྲོན་མི་བྱེད། གླིང་གསེབ་ཏུ་བུད་མེད་མི་གཏོང་བ་སོགས་འདུལ་བའི་ཕྱག་ལེན་ཞིབ་པར་མཛད། སྐུ་འདའ་ཁར་གྲྭ་བ་སུམ་སྟོང་ལྷག་ཙམ་འདུས། ངོ་མཚར་བའི་རྫུ་འཕྲུལ་དུ་མ་བསྟན། དྲུག་ཅུ་རེ་དགུ་ལ་གཤེགས། དཔོན་རིན་ཆེན་མགོན་པོ་གདན་སར་བཏོན། འདིས་མཆོད་ཁང་ཆེན་མོ་བཞེངས་ཤིང་དགོན་སྡེ་དར་རྒྱས་མཛད། དེའི་རྗེས་སུ་སངས་རྒྱས་ཡར་བྱོན་གདན་སར་བཞུགས། དེ་ལ་གདན་ས་ཕེར་

བའི་དཔོན་བཀྲ་ཤིས་བླ་མ་དང་སངས་རྒྱས་དཔོན་གཉིས་བྱུང་བའི་སངས་རྒྱས་དཔོན་པོ་གྲགས་པ་དཔལ་འོད་ཟེར་བཟང་པོ་ཁམས་སུ་བྱོན་ནས་རི་བོ་ཆེའི་དགོན་པ་བཏབ། ཆོས་སྐུ་ཨོ་རྒྱན་མགོན་པོས། འདུ་ཁང་ཆེན་མོ་ཁྲ་འཛིགས་མ་ཞེས་པ་དེ་བཞེངས་ནས་སྐུ་གསུང་ཐུགས་ཀྱི་རྟེན་ཁྱད་པར་ཤིན་ཏུ་མང་པོ་དང་། ལྷག་པར་དུ། རྒྱལ་བའི་བཀའ་འགྱུར་རིན་པོ་ཆེ་གཙོས་པའི་གསུང་རབ་གླེགས་བམ་གྱི་ཚོགས་གསེར་བྲིས་གཙོ་བོ་དང་། སྐུ་བྲིས་དང་བཅས་པ་པུསྟ་ཀ་ཁྲི་ཕྲག་ལས་བརྒལ་བ་རི་བོ་ཆེའི་ཆོས་བརྩེགས་ཞེས་པ་དེ་བཞེངས། དེ་ནས་བཟུང་སྟག་ལུང་ཡ་ཐང་མ་ཐང་གཉིས་སུ་གྱེས། གཉིས་ཀར་གྲྭ་བ་སུམ་སྟོང་བརྒྱད་བརྒྱ་རེ་ཙམ་འཚོགས། དེ་ནས་དབུས་གཙང་མདོ་ཁམས་སོགས་སུ་སྟག་ལུང་བའི་གྲྭ་ས་དང་ཆོས་བརྒྱུད་མང་དུ་འཕེལ། དཔོན་བརྒྱུད་དང་། སྤྲུལ་བརྒྱུད་རིམ་པར་བྱོན་པ་ཐམས་ཅད་སྐྱེས་མཆོག་མཁས་གྲུབ་གཉིས་ལྡན་ཤ་སྟག་བྱོན། ཁྱད་པར་དུ་དུས་ཕྱིས་སྟག་ལུང་ངག་དབང་གྲགས་པ་ཞེས་བྱ་བ་མཁས་གྲུབ་ཆེན་པོ་ཞིག་བྱོན། མཁས་པའི་སྙན་པ་ཆེ་བས་དབུས་གཙང་གི་ཆེ་དགུས་ཞབས་ལ་གཏུགས། སྟག་ལུང་སྡོམ་གསུམ་སོགས་རང་ལུགས་ཀྱི་བསྟན་བཅོས་བརྩམས། འབྲི་སྟག་གི་ཆོས་རྒྱུན་ཉམས་པ་སླར་གསོ། མ་ཉམས་གོང་འཕེལ་གནང་བ་སོགས་འཕྲིན་ལས་རྒྱ་ཆེའོ། །

ཞབས་དྲུང་ངག་དབང་རྣམ་རྒྱལ་ནས་དགེ་བའི་བཤེས་གཉེན་མང་པོ་བསྟེན། མདོ་སྔགས་རིག་གནས་མཐའ་དག་ལ་གསན་བཞེས་རྒྱ་ཆེར་གནང་། མཁས་བཙུན་བཟང་པོའི་སྙན་གྲགས་རྒྱས། ཆོས་འབྱུང་ངོ་མཚར་རྒྱ་མཚོ་སོགས་བརྩམས་ཆོས་མང་དུ་སྤེལ་བས་བསྟན་པར་མཛད་རྗེས་ཆེ། གདན་ས་གཙོ་བོ་གཉིས་ཀར་བཀའ་བཞི་བརྒྱུད་པའི་རིང་ལུགས། ནང་བརྟག་རྒྱུད་གསུམ་སོགས་ཀྱི་འཆད་ཉན་དང་། བདེ་དགྱེས་གསང་གསུམ་གྱི་བསྐྱེད་རྫོགས། ཕྱག་ཆེན། ཆོས་དྲུག་སོགས་ཀྱི་འཆད་ཉན་སྒོམ་སྒྲུབ་རྒྱུན་མ་ཆད་པར་གནས་ཡོད། ལྷག་པར་དུ་མ་ཐང་རི་བོ་ཆེར། བསྟན་པའི་གཙོ་འཛིན་སྐྱབས་མགོན་རྣམ་གསུམ་གྱིས་བསྟན་པའི་རྒྱུན་སྐྱོང་བ་ལས། མཁར་དྲུང་མཚོ་སྐྱེས་རྡོ་རྗེའི་སྐུ་རིང་ནས།

བཀའ་དགོངས་ཕྱུར་གསུམ་དང་། རྔ་གླིང་པའི་གཏེར་ཆོས་སྐོར་སོགས་ཉིང་མ་བཀའ་གཏེར་གྱི་རྒྱུན་ཡང་བཙུགས་ནས། བཀའ་ཉིང་བྲང་འབྲེལ་གྱི་ལུགས་སུ་གྱུར། གྲྭ་ཚང་གསུམ་བཙུགས་པར་གསར་ཉིང་གྲྭ་གསུམ་ཞེས་གྲགས། དུས་ཕྱིས་སྐྱབས་མགོན་རྣམ་གསུམ་གྱི་ཐུགས་བསྐྱེད་ལས། བཀའ་བརྒྱུད་སྤྱིའི་ལུགས་ཀྱི་སློབ་གྲྭ་ཐོར་ཡོད་ཁར། མདོ་སྔགས་རིག་གནས་དང་བཅས་པའི་གཞུང་ཆེན་མོ་ཁག་ལ་འཆད་ཉན་བྱེད་པའི་བཤད་གྲྭ་གསར་འཛུགས་གནང་། བཀའ་བརྒྱུད་རང་ལུགས་ཀྱི་འཆད་སྲོལ་གཞིར་བཞག དེའི་ཁར་ཆོས་ཀྱི་རྒྱལ་པོ་ཤར་ཀ་ཐོག་པའི་བཤད་སྲོལ་དང་། འཇམ་མགོན་མི་ཕམ་པའི་ཡིག་ཆས་ཁ་སྐོང་བྲུར་རྒྱན་མཛད་ནས་བཤད་པའི་སྲོལ་ཚུགས་པ་དང་། སློབ་ཚོགས་མང་དུ་འཕེལ་བ་བཅས་བཤད་སྒྲུབ་གཉིས་ཀའི་ཐད་ནས་མདོ་ཁམས་སྟོད་ཀྱི་ཆོས་སྡེ་ཆེན་པོ་ཞིག་ཏུ་གྱུར་ཏོ། །

3. འབྲུག་པ་བཀའ་བརྒྱུད།

ཆེ་རྒྱུ་དྲེགས་པའི་ངོ་སྤྱང་མི་འགྱུར་ཞིང་། །
གྲགས་འགྱུར་བཀུར་བསྟི་དཀའ་བས་མི་སྒྲུབ་པར། །
བག་ཡོད་དབེན་པར་སྒྲུབ་པའི་སྤྱོང་བ་པས། །
ས་ཆེན་དོག་བྱས་དཔལ་ལྡན་འབྲུག་པའི་ཞབས། །
ངོ་མཚར་ཐུགས་བསྐྱེད་འདབ་མ་སྟོང་དུ་བཞད། །
མཁྱེན་བརྩེ་ནུས་པའི་དྲི་བསུང་ཀུན་ཏུ་ཁྱབ། །
བསླབ་གསུམ་དག་པའི་གེ་སར་ཡོངས་སུ་རྒྱས། །
ཀུན་མཁྱེན་པད་དཀར་བསྟན་པའི་རྒྱན་གཅིག་ཡིན། །

གླིང་རས་བཀའ་བརྒྱུད་ནི། དཔལ་ལྡན་ཕག་མོ་གྲུ་པའི་སློབ་མ་རྗེ་བཙུན་གླིང་ནས་ཆོས་རྗེ་གཙང་པ་རྒྱ་རས་ལས་བརྒྱུད་པ་སྟེ། ཡུལ་མྱང་སྟོད་ཀྱི་གླིང་སྨད་པ། ཡབ་རྒྱལ་པོ་སྐྱབ་པེ་དང་། ཡུམ་གཟུངས་མོ་དར་ཆུང་གི་སྲས་སུ། ས་ཕོ་སྤྲེའུ་ལ་བལྟམས། མཚན་པདྨ་རྡོ་རྗེ་ཞེས་བཏགས། གཞོན་དུས་སུ་འབྲི་ཀློག་མཁས་པར་མཁྱེན། བཅུ་བདུན་ལོན་པའི་ཚེ་

སློབ་དཔོན་གླིང་ལས་དགེ་བསྙེན་མཛད། དགུང་ལོ་སུམ་ཅུ་རྩ་བརྒྱད་པ་ལ་ཕག་མོ་གྲུ་པ་དང་མཇལ། ཁྲིད་གསན་ཏེ་བསྒོམས་པས་རྟོགས་པ་ཁྱད་པར་ཅན་འཁྲུངས། རྟོགས་པ་ཐུལ་བས་འགྲོ་བའི་མགོན་པོ་ཡང་ཐུགས་དགྱེས། སྙིང་རྒྱུད་ཀྱི་རྣམ་བཤད་དང་། སེམས་ཀྱི་རྡོ་རྗེའི་བསྟོད་པ་དང་། རྣལ་འབྱོར་འཇུག་པ་དང་། བདེ་མཆོག་གི་དཀྱིལ་འཁོར་གྱི་ཆོ་ག་ལ་སོགས་པ་བརྩམས་ཤིང་། བླ་མ་སྒྲུབ་པའི་ཕྱག་བཞེས་ཀྱང་རྗེ་བཙུན་གླིང་ནས་བྱུང་བ་ཡིན། ཕྱིས་སྣ་ཕུར་ཆོས་ལུང་དུ་དགོས་པའི་གཞི་གཟུང་ནས་གཞན་དོན་ཀྱང་མང་དུ་བསྐྱངས། ས་ཕོ་སྤྲེའུའི་ལོ་དྲུག་ཅུ་རྩ་གཅིག་པའི་དཔྱར་ཟླ་ར་བའི་ཉེར་བརྒྱད་ལ་གཤེགས་སོ། །

དེའི་སློབ་མའི་གཙོ་བོ་དཔལ་ནཱ་རོ་པའི་སྤྲུལ་པ་ཆོས་རྗེ་གཙང་པ་རྒྱ་རས་ཡེ་ཤེས་རྡོ་རྗེ་ནི། ཡུལ་མྱང་སྟོད་ཁུ་ལེའི་ས་ཆར་འཁྲུངས། དགུང་ལོ་བཅུ་གཉིས་པ་ལ་གཅེན་ཆེན་པོ་སྐལ་ལྡན་གྱི་དྲུང་དུ་འབྲི་ཀློག་མཁས་པར་བསླབས། བཅུ་གསུམ་པ་ལ་སློབ་དཔོན་རྡ་ཐང་བའི་མདུན་ནས། མངོན་པ་དང་། ཡོ་ག་ཞི་ཁྲོ་སོགས་ཞུས། བཅོ་ལྔ་པ་ལ་སློབ་དཔོན་མཁར་ལུང་པའི་སར་བྱོན་ནས་ལོ་བརྒྱད་བསྟེན་ནས་རྫོགས་ཆེན་དང་ཚད་མ་ལ་སོགས་པ་གསན་ནས་སྦྱངས་པ་མཐར་ཕྱིན། གྲྭ་བསྐོར་ཡང་མཛད། སློབ་དཔོན་མཉེས་ནས་མཚན་ཤེས་རབ་བདུད་རྩི་འཁོར་ལོ་ཞེས་གསོལ། སློབ་དཔོན་མང་པོ་བསྟེན་ནས་རྫོགས་ཆེན་སྐོར་དང་སྒྱུ་འཕྲུལ། ཐུགས་རྗེ་ཆེན་པོའི་སྐོར་སྤྱོད་འཇུག །འཇམ་དཔལ་མཚན་བརྗོད་སོགས་གསན། དགུང་ལོ་ཉེར་གསུམ་པ་ལ། གྲུབ་ཐོབ་གླིང་ར་ལུང་དུ་ཕེབས་པ་དང་མཇལ། དབང་རྒྱུན་གདམས་ངག་ཞུས། ཞག་བདུན་ནས་རས་ཐུབ། དེར་བླ་མ་འབུལ་བས་མཉེས་པར་བྱས། དགུན་འདག་སྦྱར་མཛད་དེ་བསྒོམས་པས་རླུང་ཕྱི་ནང་བསྲེ་ནུས་པ་དང་། རྩིག་པ་ལ་ཐོགས་པ་མེད་པ། ཉོན་མོངས་པའི་གཡུལ་ལས་རྒྱལ་བ་སོགས་བཤད་ཚོད་དང་མཐུན་པར་བྱུང་ནས་བླ་མ་ལ་ཞུས་པས་རྗེས་བཙུན་མི་ལ་ལའང་འདི་ལྟར་བྱུང་བ་ཡིན། ངོ་མཚར་ཆེ་གསུངས། སྙིང་སྣ་ཕུར་ལོ་ལྔ་བཞུགས་རིང་ལ་གདམས་ངག་ཐམས་ཅད་ཚར། དོན་ཁྲིད་ཚར་ནས་ཉམས་སུ་མྱོང་། ཞར་ཆོས་གསུངས། རོ་སྙོམས་གཏེར་ཡོད་ཚུལ་དང་། དེ་འདོན་

པ་ཁྲིད་ཡིན་ཚུལ་གསུངས། ར་ལུང་དང་འབྲུག་འཛིན་པའི་ལུང་བསྟན་ཡང་བྱུང་། སློབ་དཔོན་རྟོག་པ་ཡབ་མཆེད་གཉིས་ལ་གུར་བརྟག་དང་། དགྱེས་རྡོར། གདན་གཞི། མ་ཧཱ་མཱ་ཡཱ་དང་། མཚན་བརྗོད་ཕྱག་ལེན་བཅས་པ་གནང་། བླ་མ་གཤེགས་རྗེས་དགོངས་པ་རྫོགས་ཐབས་རྣམས་བསྒྲུབས། རྟོགས་པ་ནས་མཁའ་དང་མཉམ། བདུད་རིགས་དམ་ལ་བཏགས། ཡེ་ཤེས་མགོན་པོ་ཞལ་གཟིགས། ར་སློམས་སྐོར་དྲུག་གི་གཏེར་བྱུང་། བླ་མ་དང་མཁའ་འགྲོས་ལུང་བསྟན་ལྟར་རྩ་རི་ཏྲའི་གནས་སྒོ་ཕྱེས། བླ་མ་ཞང་གི་རྩར་ཕྱིན། ཞང་གིས་མཁན་པོ་མཛད། རྩེ་འདུལ་འཛིན་གྱིས་སློབ་དཔོན་མཛད་ནས་ཚིག་རྫོགས་བསྒྲུབས། མཚན་ཡེ་ཤེས་རྡོ་རྗེ་གསོལ། སྙིང་རྗེ་ལ་བོག་ཆེན་པོ་ཐོན། སྙིང་རྗེ་སྒོང་རྡོལ། སྒོང་རྡོལ་གྱི་དགོན་པ་བཏབ། བླ་མའི་ལུང་བསྟན་ལྟར། འབྲུག་དགོན་པ་བཏབ། དེའི་དུས་སུ་འབྲུག་སྒྲ་དྲག་པོ་ཐེངས་འགར་གྲགས་པས་གདན་སའི་མིང་འབྲུག་ཏུ་བཏགས། ལོ་དེ་ཉིད་ལ་སྤྱིལ་བུ་སྟོང་དུ་ཡོངས། དེ་ནས་ཀྱང་དེའི་རི་སུལ་ཐམས་ཅད་དུ་དར་བས། སློབ་མ་ཁྲི་ལྔ་ཙམ་ཚོགས། དེ་ཐམས་ཅད་ལ་གདམས་ངག་བྱིན་པས་འཇིག་རྟེན་གྱི་ཞེན་ལོག ཚེ་བློས་བཏང་གི་སྒྲུབ་པ། བླ་མའི་མོས་གུས་གསུམ་གཙོ་བོར་འཛིན་ནས་ཕྱག་རྒྱ་ཆེན་པོའི་རྟོགས་པ་ཤར་བ་སྟོང་ཕྲག་ལྔ་ཙམ་ཨུ་རྒྱན་དང་། ཛ་ལནྡྷ་ར་དང་། ཁ་ཆེ་དང་བྱ་རྒོད་ཕུང་པོའི་རི་བོ་དང་། རྒྱ་ནག་རི་བོ་རྩེ་ལྔ་དང་། ཤ་འུག་སྟག་སྒོ་དང་། ཏི་སེ་ལ་སོགས་པའི་གནས་དག་ཏུ་ཚེ་དང་སྒྲུབ་པ་མཉམ་པ་གྱིས་གསུང་བའི་བཀའ་གནང་ནས། འཁོར་འགྱེད་དང་པོ་དང་གཉིས་པ་མཛད་པས། བྱ་རྒོད་ཀྱི་ཉིན་ལམ་བཅོ་བརྒྱད་དུ་དཔལ་འབྲུག་པའི་བསྟན་པས་ཁྱབ་ཅེས་གྲགས་སོ། །དེ་ནས་སྐུ་ཚེ་འདིའི་ཕྲིན་ལས་རྫོགས་ནས་དགུང་ལོ་ལྔ་བཅུ་རྩ་གཅིག་པ་ལྕགས་མོ་ལུག་གི་དབྱར་ཟླ་ཐ་ཆུང་གི་ཡར་ངོའི་ཚེས་བཅུའི་ཐོ་རངས་ལ་གཤེགས། གདུང་བཞུས་པས་སྐལ་ཚོགས་ཉི་ཤུ་རྩ་གཅིག་ལ་སྤྱན་རས་གཟིགས་ཀྱི་སྐུ་ཉི་ཤུ་རྩ་གཅིག་དང་། ཐུགས་དང་ལྗགས་རིང་བསྲེལ་དང་། དབུ་ཐོད་ལ་རིགས་གསུམ་མགོན་པོའི་སྐུ་དང་རིང་བསྲེལ་ཚོགས་མང་པོ་བྱོན་པ་ཕལ་ཆེ་བ་ར་ལུང་དུ་གསེར་གྱི་གདུང་རྟེན་བཀྲ་ཤིས་སྒོ་མང་དུ་བཞུགས་སུ་གསོལ། །

འདི་ལ་གཞན་དོན་རྒྱ་ཆེར་བསྐྱངས་པའི་སློབ་མའི་ཚོགས་མང་དུ་མཆིས་པ་ལས། རྗེ་རྒོད་ཚང་པ་མགོན་པོ་རྡོ་རྗེ་ལས་སྟོད་འབྲུག་གནམ་གྱི་སྐར་མ་ལྷ་བུ་ཞེས་གྲགས་པ་བྱུང་བ། སྟོད་ལ་དྭགས། བལ་ཡུལ། སྐྱི་རོང་། གཉའ་ནམ། མངའ་རིས་ཀྱི་ས་གནས་སོགས་སུ་ཁྱབ་པ་ད་ལྟའི་བར་དུ་བཀའ་བརྒྱུད་ཀྱི་ཁྲིད་སྲོལ་མ་ཉམས་པ་ཡོད། རྒྱལ་བ་ལོ་རས་དར་མ་དབང་ཕྱུག་ལས་སྨད་འབྲུག་སའི་རྩེ་ཤིང་ཞེས་སློབ་བརྒྱུད་ཤིན་ཏུ་མང་བའི་ཚད་དུ་གྲགས་པ་བྱུང་བ། མདོ་ཁམས་སྡེ་དགེའི་ཁུལ་གླིང་ཚང་། ཛ་རྒྱུད། འགོ་ལོག ཡུན་ནན་གྱི་མཛང་ཡུལ་སོགས་སུ་ཁྱབ་ཡོད། གདན་ས་ར་ལུང་དུ་རྒྱ་རས་ཀྱི་དབོན་བརྒྱུད་མཉམ་མེད་སེང་གེ་དགུ་ཚར་དང་། དེ་ནས་རྒྱལ་དབང་རྗེ་ངག་དབང་ཆོས་རྒྱལ། དེའི་སྐྱེ་སྤྲུལ་འཇམ་དབྱངས་ཆོས་ཀྱི་གྲགས་པ་དང་། གཞན་ཡང་གཙང་སྨྱོན་དང་། དབུས་སྨྱོན། འབྲུག་སྨྱོན་ཀུན་ལེགས་སོགས་གྲུབ་ཐོབ་ངོ་མཚར་ཅན་མང་དུ་བྱོན་པ་དེ་དག་གི་བརྒྱུད་པ་ལ་བར་འབྲུག་ཅེས་གྲགས་པ་སྟེ། སྟག་རབས་ཀྱི་གདན་ས་གཙོ་བོ་ནི་གནམ་དང་ར་ལུང་སོགས་ཡིན། དེ་ལས་ཀྱང་མཛད་ཕྲིན་དང་སྙན་གྲགས་ཆེ་བ་འབྲུག་པ་ཀུན་མཁྱེན་པདྨ་དཀར་པོ་ནི། མཆིམས་ཡུལ་གྱི་སྟོད། གཙང་ཤོད་དགོན་ཞེས་བྱ་བ་ཆུ་བོ་ལུ་ཧི་ཏ་དལ་གྱིས་འབབ་པའི་བྱང་རྒྱུད། རྡོ་རྗེ་ཕུར་པ་དང་། ཏ་འབྲིན་ཡང་གསང་ལ་ཡི་དམ་བྱེད་པ་སྔགས་རྙིང་མ་པ་ཡབ་ཇོ་སྲས་ཀླུའི་དབང་པོ་དང་། ཡུམ་ཆོས་སྐྱོང་སྒྲོལ་མ་གཉིས་ཀྱི་སྲས་སུ་མེ་མོ་ཕག་གི་ལོ་ལ་ངོ་མཚར་བའི་ལྟས་དུ་མ་དང་བཅས་སྐུ་འཁྲུངས། དེ་མ་ཐག་ཏུ་ཞལ་ནས་ཆོས་ཉིད་རྣམ་པར་དག་པའི་སྔགས་ལྷང་ལྷང་གསུང་། དེ་དུས་དཔལ་འབྲུག་པ་རིན་པོ་ཆེ་ར་ལུང་དུ་བཞུགས་སྐབས་ལྷ་མོ་རེ་མ་ཏི་ལ་རྒྱལ་དབང་རྗེའི་སྤྲུལ་སྐུ་གར་འཁྲུངས་ཞུས་པར་ཁྲིའུ་འདི་ཉིད་ཡིན་པར་ལུང་བསྟན་པ་ལྟར། རྗེའི་ཞལ་སྔ་ནས་ཀྱིས་སྐུ་སྐྱེ་འཚོལ་བར་བཏང་བ་རྣམས་ཀྱིས་བཙལ་བས་རྙེད་དེ། སྐྲ་བཅད་དེ་མིང་རྒྱལ་དབང་ལྷུན་གྲུབ་ཅེས་པ་སྩལ། བྱིས་པའི་ཁྲོད་ན་ཆོས་འཆད་དབང་བསྐུར་བའི་ཚུལ་ཁོ་ན་མཛད་པ་དང་། བྱིས་པ་གླ་པོ་རྣམས་ཉ་དང་བྱིའུ་ལ་གནོད་པ་སྐྱེལ་དུ་མི་འཇུག་པ་དང་མངོན་ཤེས་མངའ་བ། རྩལ་ཡང་པ། ཕྱོགས་ཀྱི་མི་ཐམས་ཅད་ཀྱིས་

ཡིད་སྨོན་པ་ཞིག་བྱུང་། སྐུ་གཞོན་དུས་སྡེ་པ་མཚོ་སྐྱིད་རྡོ་རྗེས་ཀློག་བསླབས་ཏེ། སྡེ་པ་ཡབ་ཡུམ་གྱིས་སྲས་ལྟ་བུར་གཅེས་སྤྲལ་མཛད། དེ་ནས་བྱ་མི་ཕམ་ཆོས་ཀྱི་བླ་མ་ཁུ་དཔོན་ནས་རྗེ་གོང་མའི་སྤྲུལ་པའི་སྐུ་ངོས་འཛིན་གནང་། བཀྲ་ཤིས་མཐོང་སྨོན་ཞེས་བཤད་སྒྲུབ་ཀྱི་ཆོས་གྲྭར། མེ་ཕོ་སྤྲེའུ་ལོ་བཅོམ་ལྡན་འདས་ཀྱིས་ཆོ་འཕྲུལ་ཆེན་པོ་བསྟན་པའི་དུས་བཟང་གི་ཐོག་མའི་ཉིན་སྔར་གྱི་གདན་སེངྒེས་བཏེགས་པའི་ཆོས་ཀྱི་ཁྲི་ཆེན་པོར། ཐུབ་པའི་རིང་ལུགས་པ་ཐམས་ཅད་ཀྱི་དཔྱིད་དུ་དབང་བསྐུར། འཇིག་རྟེན་གསུམ་གྱིས་མཆོད་འོས་སུ་གྱུར། དེ་དུས་མེ་ཏོག་གི་ཆར་འབབས་པ་སོགས་ངོ་མཚར་ཅན་གྱི་ལྟས་མང་དུ་བྱུང་། བྱར་ཆོས་ཀྱི་རྒྱལ་པོས་ཕུད་དུ་ཁུར་ནས། རྒྱལ་སྲིད་ཆེན་པོའང་ཡོན་ཉིད་དུ་སྦྱར། གདན་ས་ཆེན་པོ་ར་ལུང་ནས་ཀྱང་རྟེན་འབུལ་རྒྱ་ཆེན་དང་ལེགས་སོས་བསྔགས་བརྗོད་མཛད། ཤག་མང་ཆོས་མཛད་པ་དང་། སློབ་དཔོན་ཤེས་རབ་གོ་ཆ་ལ་འཕྲལ་མཁོའི་ཆོས་སྤྱོད། ཡི་གེ་འབྲི་ཀློག་སོགས་ཐུན་མོང་རིག་གནས་རྣམས་མཁས་པར་སྦྱོངས། བྱ་བཀྲ་ཤིས་རྣམ་རྒྱལ་མི་ཕམ་ཆོས་ཀྱི་བླ་མ་སོགས་དགེ་བའི་བཤེས་གཉེན་མང་དུ་བསྟེན་ནས། བཟོ་གསོ་སྒྲ་ཚད། སྐར་རྩིས། སྙན་ངག་སོགས་ཐུན་མོང་རིག་གནས་དང་། དབུ་ཕར་འདུལ་མངོན་སོགས་མདོ་ལུགས་ཀྱི་གཞུང་ཆེན་མོ་ཁག་ལ་ནན་ཏན་གྱིས་སློབ་སྦྱོང་གནང་ནམ་མཁས་པར་གྱུར། ལྷག་པར་དུ། རྗེ་མར་པ་བཀའ་བརྒྱུད་ཀྱི་རང་ལུགས། དཔལ་གསང་བ་འདུས་པ་དང་། དགྱེས་པ་རྡོ་རྗེ། འཁོར་ལོ་བདེ་མཆོག་སོགས་ཀྱི་དབང་དང་། བཤད་པ། མན་ངག་མཐའ་དག་ལ་ཐོས་བསམ་བྱས་པས་མཁས་པ་ཆེན་པོར་གྱུར། ཐོས་བསམ་གནང་བ་དེ་དག་ཀྱང་ཐོབ་བསམ་རྐྱང་པར་མ་སོང་བར། བཀའ་བརྒྱུད་གོང་མའི་བཀའ་སྲོལ་ལྟར། སྒྲུབ་པ་ཉམས་ལེན་གྱི་སྒོ་ནས་སྒོམ་པ་ལ་སྦྱོར་བས་གྲུབ་པའི་གོ་འཕང་བརྙེས་ཏེ། ལུང་དང་རྟོགས་པའི་ཡོན་ཏན་གང་གི་ཆ་ནས་ཀྱང་འགྲན་ཟླ་མེད་པར་གྱུར་པས། ཀུན་མཁྱེན་པདྨ་དཀར་པོ་ཞེས་གྲགས་སོ། །

འདིའི་སྐྱེ་བའི་ཕྲེང་བ་རྣམས་འབྲུག་ཆེན་རིན་པོ་ཆེ་ཞེས་གྲགས་ལ། རྒྱལ་བ་དཔག་བསམ་དབང་པོ། བཀའ་བརྒྱུད་ཕྲིན་ལས་ཤིང་རྟ། ཀུན་གཟིགས་ཆོས་ཀྱི་སྣང་བ་སོགས་འབྲུག་

ཆེན་རིམ་བྱོན་ལ། མཁས་གྲུབ་ལྡན་པའི་སྐྱེས་བུ་ཤ་སྟག་ཏུ་ཕེབས་ནས་བསྟན་འགྲོའི་དོན་ཆེན་མཛད་པ་ཡིན། པདྨ་དཀར་པོའི་གསུང་གི་སྤྲུལ་པར་གྲགས་པའི་སྤྲུལ་པའི་སྐུ་གཅིག་མདོ་ཁམས་སྡེ་དགེའི་གླིང་ཚང་གི་འབྲུག་པ་དགོན་དུ་གདན་འདྲེན་ཞུས་པ། གླིང་ཚང་པད་དཀར་རིན་པོ་ཆེ་རིམ་བྱོན་དང་། སྤྲུལ་པའི་སྐུ་གཅིག་འབྲུག་ཡུལ་དུ་ཕེབས་པ། རྗེ་ཞབས་དྲུང་ངག་དབང་རྣམ་རྒྱལ་ཡིན། དེ་ནི་མཁས་གྲུབ་ཆེན་པོ་ཞིག་སྟེ། རྗེ་འདིས། མོན་པ་ཚོ་ཆེན་བཞི་གྲུབ་རྟགས་ཀྱིས་དབང་དུ་བསྡུས་ཏེ། ཐབས་མཁས་གང་ལ་གང་འདུལ་གྱི་ཆོས་བསྟན་པས། མོན་པ་རྣམས་དད་པའི་ས་ལ་བཀོད། ཆོས་མེད་མོན་གྱི་ཡུལ་ཁམས་དེ་ཆོས་སྲིད་ཀྱི་སྣང་བ་དཀར་པོས་ཁྱབ་པའི་ཆོས་ལྡན་གྱི་ཞིང་ས་ཞིག་ཏུ་བསྒྱུར་བའི་མཛད་རྗེས་ཤིན་ཏུ་ཆེ་ལ་ལྷོ་འབྲུག་ཅེས། ད་ལྟའི་བར་དུ་འབྲུག་པ་བཀའ་བརྒྱུད་རིང་ལུགས་ཤིན་ཏུ་དར་ཞིང་རྒྱས་པ་ཡོད། དེའི་རྩ་བའི་གདན་ས། པུནྣ་ཁ་དང་། གྲོང་གསར། བཀྲ་ཤིས་སྒང་སོགས་ཡིན། གྲྭ་ཚོགས་དང་། སློབ་བརྒྱུད་མང་དུ་ཡོད་ལ། བཀའ་བརྒྱུད་རང་ལུགས་ཀྱི་རྒྱུད་སྡེ་རྣམས་ཀྱི་བཤད་པ་དང་སྒྲུབ་པའི་རྒྱུན་ཡང་རྒྱ་ཆེ་ཙམ་ཡོད། འཆད་ཉན་སློམ་སྒྲུབ་ཀྱི་ཡིག་ཆ་ནི། རྫོན་རབས་བཀའ་བརྒྱུད་གོང་མའི་ཡིག་ཆ་གཞིར་བཞག་སྟེང་། གཙོ་བོ་ཀུན་མཁྱེན་པདྨ་དཀར་པོའི་ཡིག་ཆ་རྣམས་ཡིན། །

ཀུན་མཁྱེན་པདྨ་དཀར་པོའི་སྐྱེ་སྤྲུལ་འབྲུག་ཆེན་རིམ་བྱོན་གྱི་གདན་ས་གཙོ་བོ་ནི་བྱར་གསང་སྔགས་ཆོས་གླིང་དགོན་པ་ཡིན། དེ་ནི་བོད་ལྗོངས་ཁུལ་གྱི་འབྲུག་པ་བཀའ་བརྒྱུད་ཀྱི་གྲྭ་ས་ཡིན་ལ། ཕྱི་རྒྱལ་འབྲུག་པ། ལ་དྭགས། རྒྱ་གར། ཁུ་ནུ་བ་སོགས་ཀྱི་གྲྭ་རྒྱུན་ཡང་ཕེབས་ཀྱི་ཡོད། རང་ལུགས་ཀྱི་བཤད་སྒྲུབ་ཕྱག་ལེན། ཁྲིད་རྒྱུན་ཆ་ཚང་བ་བཞུགས་ལ་དགོན་ལག་དང་སློབ་བརྒྱུད་ཤིན་ཏུ་མང་ལ། གཞན་ཡང་། ཡོངས་འཛིན་ལྷ་རྩེ་བ་ངག་དབང་བཟང་པོ་དང་། འཇམ་དཔལ་དཔལ་པོ། མཐུ་ཆེན་ཆོས་མགོན་སོགས་ཀྱི་གདན་ས། གོང་དཀར་བདེ་ཆེན་ཆོས་འཁོར་དང་། སྡིངས་པོ་ཆེ་སོགས་འབྲུག་ལུགས་དགོན་པ་ཁག་མང་། དེ་དག་ཏུ་རང་ལུགས་ཀྱི་བཤད་སྒྲུབ་རྒྱུན་མ་ཆད་པར་ཡོད། ཀུན་མཁྱེན་པདྨ་དཀར་

པོས་བརྩམས་མཛད་པ་ལ། སྡོམ་གསུམ་གྱི་གཞུང་བསྟན་པའི་པཎྜི་ཀྲུས་པའི་གཉེན་རྩ་འགྲེལ། ཆོས་འབྱུང་བསྟན་པའི་པཎྜི་ཀྲུས་པའི་ཉིན་བྱེད། དབུ་མའི་འགྲེལ་བ་གཞུང་གསུམ་གསལ་བྱེད། ཤེར་ཕྱིན་གྱི་འགྲེལ་བ་མི་ཕམ་ཞལ་ལུང་། མངོན་མཛོད་ཀྱི་འགྲེལ་བ་སོགས་མདོ་ལུགས་ཀྱི་བསྟན་བཅོས་དང་། ཕྱག་ཆེན་གྱི་ཁྲིད་གཞུང་ཆེ་ཆུང་། ཆོས་དྲུག་གི་ཁྲིད། རྫོག་ལུགས་དཀྱིལ་འཁོར་རྣམས་ཀྱི་བསྐྱེད་རྫོགས། ཆོག་ཁྲིག་ཕྱག་ལེན་སོགས་རང་ལུགས་ཇང་འཕེར་བའི་གཞུང་དང་ཐ་ན་སྙན་ངག་གི་དཔེར་བརྗོད་དང་། གསོ་རིག་རྒྱུད་བཞིའི་འགྲེལ་བ་སོགས་མདོ་སྔགས་རིག་གནས་བཅས་ཀྱི་ཡིག་ཆ་གསུང་འབུམ་སྟར་ཤིང་པར་དུ་འཁོད་པ་པོད་བཅུ་གཉིས་ཙམ་ཡོད། །

མདོ་ཁམས་ཕྱོགས་ཀྱི་འབྲུག་པ་བཀའ་བརྒྱུད་ཕལ་ཆེར་གྱི་མ་དགོན་གྲྭ་སར་གྱུར་པ། སྣ་ཉག་ཁམས་པ་དགོན་པ་ཞེས་པ་ནི། མདོ་ཁམས་པ་ཀུན་དགའ་བསྟན་འཛིན་གྱིས་ཆགས་བཏབ། བཤད་སྒྲུབ་གཉིས་ཀར་རང་ཇང་འཕེར་ངེས་ཀྱི་རྒྱུན་བཞུགས། རྗེ་ཀརྨ་བསྟན་འཕེལ་ནས་སྐྱེ་བའི་ཕྲེང་བ་དགུའི་བར་དུ་ཕེབས་པ་མཁས་པ་དང་གྲུབ་པ་ཤ་སྟག་བྱོན་པ་ཡིན་ལ། ལྷག་པར་རྗེ་ཀུན་དགའ་བསྟན་འཛིན་ནི་ངེས་པ་དོན་གྱི་པཎྜི་ཏ་དང་། གྲུབ་པའི་དབང་ཕྱུག་ཆེན་པོར་བཞུགས་པ་དང་། དེའི་ཡང་སྲིད་པཎ་ཆེན་ཆོས་ཀྱི་ཉིན་བྱེད་ནི། སྙན་ངག་མེ་ལོང་གི་འགྲེལ་ཆེན། （དབྱངས་ཅན་ངག་གི་རོལ་མཚོ）སོགས་བརྩམས་མཛད་པས་བོད་ཁམས་ཡོངས་ལ་མཁས་པའི་སྙན་གྲགས་ཁྱབ། རང་ལུགས་ཀྱི་བཤད་གྲྭ་དང་། སྒྲུབ་གྲྭ། སྔགས་གྲྭ་ཞེས་ཁག་གསུམ་དུ་དབྱེ་བའི་ཆོས་ཀྱི་སྡེ་ཆེན་པོ་བཙུགས། དེར་སྐུ་གསུང་ཐུགས་ཀྱི་རྟེན་ཁྱད་འཕགས་དང་། བོད་ཁམས་ཙམ་ན་འགྲན་ཟླ་བྲལ་བའི་དཔེ་མཛོད་ཆེན་མོ་བཞུགས། དེ་ལས་དགོན་ལག་དང་། སློབ་བརྒྱུད་མང་དུ་འཕེལ། དེ་དག་གིས་ཐུན་མོང་གི་གཞུང་དང་། ཐུན་མོང་མ་ཡིན་པའི་རྒྱུད་སྡེ་རྣམས་ལ་འཆད་ཉན་སྒོམ་སྒྲུབ་གནང་བ་བཅས་ཕྲིན་ལས་ཤིན་ཏུ་འཕེལ། མདོར་ན། སྟར་མི་ཕྱེད་འབྲུག་པ། འབྲུག་ཕྱེད་སྒང་པོ། སྒང་ཕྱེད་གྲུབ་ཐོབ་ཅེས་གྲགས་པ་དེ་དག་ནི་སྒྲ་བསྒྱུར་མར་མི་སོགས་ནས་བརྒྱུད་པའི་གདམས་

ངག་རྣམས་ཉམས་སུ་བླང་པ་ལས་བྱུང་བས་ན། གདམས་པའི་མངའ་བདག་དཔལ་ལྡན་འབྲུག་པ་ཞེས་གྲགས་སོ། །

4. ཁྲོ་ཕུ་བཀའ་བརྒྱུད།

གསང་བ་གྲུབ་པས་བརྟུལ་ཞུགས་མི་གཡོ་ཞིང་། །
ཟུང་འཇུག་དབྱིངས་སུ་གཉིས་རྟོག་མཚན་མ་ཟད། །
འབྲེལ་ཚད་ཐར་པར་དགྲོ་བའི་མཐུ་ནུས་ཅན། །
གྲུབ་མཆོག་ལོ་ཆེན་བྱམས་པ་དཔལ་ལ་མོས། །
གཏོང་བའི་ཕྱག་གིས་སེར་སྣའི་རི་བོ་བསྙིལ། །
བསོད་ནམས་ཟོང་ལས་བྱམས་ཆེན་གླིང་བཞིའི་དཔལ། །
སྐྱེ་དགུའི་མགོན་དུ་བསྐྲུན་སོགས་ཕྲིན་ལས་ཅན། །
ཁྲོ་ལོ་ཆེན་པོའི་མཛད་རྗེས་བླ་ན་མེད། །
བསླབ་པ་གསུམ་གྱི་ཤ་ཚུགས་རབ་ཏུ་བརྟེན་ང་། །
རྣམ་དག་ལུང་དང་རིག་པའི་གཡུ་རལ་རྒྱས། །
ལོག་རྟོག་ཕ་རྒྱོལ་འཆད་རྩོད་གདོང་ལྔས་འཇོམས། །
ཀུན་མཁྱེན་བུ་སྟོན་མི་ཡི་སེང་གེ་ཉིད། །

ཁྲོ་ཕུ་བཀའ་བརྒྱུད་ནི། རྗེ་ཕག་མོ་གྲུ་པའི་དངོས་སློབ་རྒྱལ་ཚ་རིན་པོ་ཆེ་དང་། དཔོན་ཀུན་ལྡན་རས་པ་སྐུ་མཆེད་ལས་བརྒྱུད་པ་ཞིག་ཡིན། རྒྱལ་ཚ་རིན་ཆེན་མགོན། (རྒྱལ་ཚ་རིན་པོ་ཆེ།) ནི་གཙང་གི་ཡུལ། ཤབ་སྨད་དུ། གནུབས་ནམ་མཁའི་སྙིང་པོའི་གདུང་རུས་ལས་སྐུ་འཁྲུངས། དགུང་ལོ་ལྔ་ནས་ཡིག་རྩིས་སོགས་བསླབ། གཞོན་ནུའི་དུས་ནས་ཆོས་ལ་དོན་གཉེར་ཆེ། གནུར་ཉི་མ། ཟུར་ཆུང་པའི་སྲས་རྗེ་སྒྲོ་ཕུག་པ། །བལ་པོ་པཎྜི་ཏ་ས་མནྟ་ཤྲཱི་སོགས་བླ་མ་དུ་མ་ལས་ཆོས་མང་དུ་གསན། དགུང་ལོ་བཅུ་དགུ་པ་ལ་དབུས་སུ་ཕྱིན། ཕུ་རངས་ལོ་ཙྪ་བའི་དངོས་སློབ་དམར་ཆོས་ཀྱི་རྒྱལ་པོ་དང་། ལོ་ཙྪ་བ་ཆོས་ཀྱི་བཟང་

པོ། སེམས་སྟོན་ཀུན་དགའ་སྙིང་པོ། རྫོག་མདོ་སྔེ་སོགས་མཇལ་ནས་ཆོས་མང་དུ་གསན་ནས་རབ་ཏུ་བྱུང་། བླ་མ་དམར་གྱི་ཞལ་བཀོད་ལྟར་ཕག་མོ་གྲུར་ཕེབས། འགྲོ་མགོན་རིན་པོ་ཆེ་མཇལ་ནས་དད་པ་ཐོབ། ཆོས་དང་གདམས་ངག་མང་དུ་གནང་། ཕྱག་རྒྱ་ཆེན་པོའི་རྟོགས་པ་ཁྱད་པར་ཅན་འཁྲུངས། དགས་པོ་སྒོམ་ཚུལ་དང་། རྒྱ་རས་སོགས་བླ་མ་མང་པོ་བསྟེན་པས་ཟབ་ཁྱད་ཅན་གྱི་གདམས་ངག་བརྒྱ་དང་སུམ་ཅུ་སོ་དྲུག་བཞུགས། དགུང་ལོ་ལྔ་བཅུ་རྩ་བཞི་པར། མཁན་པོ་ཞང་ཞི་མཛེས་ལ་བསྙེན་པར་རྫོགས། བྲི་ཁུའི་དགོན་ས་ཐོག་མར་བཀྲབ་པོ།

ཀུན་ལྡན་རས་པ་ནི། རྒྱལ་ཚ་རིན་ཆེན་མགོན་གྱི་གཅུང་ཡིན། རང་གི་ཕུ་བོ་མཇལ་འཕྲད་ལ་དབུས་སུ་ཕེབས་པས་དཔལ་ཕག་མོ་གྲུབ་པའི་ཆོས་ར་ན་བཞུགས་ཡོད་པ་དང་མཇལ། རྗེ་ཕག་གྲུས་མི་ལའི་རྣམ་ཐར་གསུངས་བཞིན་བཞུགས་པ་དང་འཁེལ་བས་ཤིན་ཏུ་དད་དེ། ངས་ཀྱང་དེ་ལྟ་བུ་ཞིག་བྱ་སྙམ་པའི་དམ་བཅའ་མཛད། རྗེ་ཕག་མོ་གྲུ་པས་སྟོད་ལྡན་གྱི་སློབ་མ་ཡིན་པར་གཟིགས། དགྱེས་བཞིན་རྗེས་སུ་བཟུང་ནས་གདམས་ངག་མང་དུ་གནང་། ཁམས་སུ་ཕྱིན་ན་གདུལ་བྱ་ཆེ་བར་ལུང་བསྟན་ནའང་། བྲི་ཁུར་ཕྱིན་ནས་སྒྲུབ་པ་མཛད་པས་སྤྱངས་རྟོགས་ཀྱི་ཡོན་ཏན་དཔག་ཏུ་མེད་པར་བརྙེས། བླ་མའི་གདན་ས་ཕག་མོ་གྲུར་ཕྱིན་ནས་གཙུག་ལག་ཁང་བརྩིགས་པ་སོགས་ཕྲུར་ཆེན་པོ་མཛད་དེ་བསོད་ནམས་ཀྱི་ཞིང་དམ་པ་བརྟན་པར་མཛད། སྒྲུབ་ཁང་ནས་གང་དུ་ཡང་མ་ཕྱིན་པར་རྒྱ་གར་གྱི་ཤིང་ཏོག་རིགས་མི་གཅིག་པ་སྣ་ཚོགས་ཕྱག་ཏུ་འོང་བ་དང་། ཡུལ་དུ་མུ་གེ་ཆེན་པོ་ཞིག་བྱུང་བའི་དུས་སུ། འབྲུའི་ཆར་ཕབ་ནས་ཡུལ་གྱི་མུ་གེ་ཞི་བར་བྱས་པ་སོགས་གྲུབ་པའི་རྟགས་མང་པོ་བསྟན། དགུང་ལོ་བདུན་ཅུ་པ་ལ་ཤར་ཕྱོགས་བྱ་ཕུག་ཏུ་སྐུ་གཤེགས། །

བྲི་ཕུ་ལོ་ཙྪ་བ་ནི། རྒྱལ་ཚ་སྐྱ་མཆེད་ཀྱི་དཔོན་པོ་ཡིན། དེ་ནི་ཡབ་རྗེ་འཕན་དང་། ཡུམ་སྲིག་མོ་གསལ་བྱེད་གཉིས་ཀྱི་སྲས་སུ་སྐུ་འཁྲུངས། དགུང་ལོ་དྲུག་པ་ན། ཡི་གེ་འབྲི་ཀློག་ལེགས་པར་བསླབ། དགུང་ལོ་བརྒྱད་པ་ལ། རྒྱལ་ཚ་དང་། ཀུན་ལྡན་གྱིས་མཁན་སློབ་

མཛད་ནས་དགེ་ཚུལ་བསྒྲུབས། བྱམས་པ་དཔལ་ཞེས་པའི་མཚན་གསོལ། དགུང་ལོ་བཅུ་གཅིག་ནས། དགེ་བཤེས་གཙང་པའི་མདུན་ནས་ཚད་མ་རྣམ་ངེས་སོགས་གསན། དགུང་ལོ་བཅུ་དྲུག་བར་དུ་གཙང་དཀར་པ་ལས། དབུ་མ་དང་། བྱམས་ཆོས་སོགས་མདོ་སྔགས་ཀྱི་གཞུང་མང་པོ་གསན། རྩོལ་བ་མང་པོ་རྩོད་པས་ཚར་བཅད། དགུང་ལོ་བཅུ་བདུན་པ་ལ་སྨུར་པའི་ཐུགས་སུ། རྗེ་སྟོན་ཀུན་བཟང་ཞེས་པའི་བླ་མ་དགུང་ལོ་བརྒྱད་ཅུ་ལོན་པ་ཞིག་ཁྲི་ཕུར་སྤྱན་དྲངས་ནས། རྡོར་དབྱིངས་ལ་སོགས་པའི་དཀྱིལ་འཁོར་ལྷ་བརྒྱ་ལྔག་ཅིག་གི་ཕྱག་ལེན་དང་མན་ངག་བསླབ། བྱ་རྒོད་གཤོངས་ཀྱི་རྣམ་ཐོས་སྲས་དེས། བླ་མ་རྗེ་སྟོན་ཀུན་བཟང་ལ་ང་ཇོ་སྲས་འདི་ལ་ཐོག་ཅེས་རྨི་ལམ་དུ་ལུང་བསྟན་པ་ལྟར། རྣམ་སྲས་ཀྱི་རྗེས་གནང་ཡང་གནང་། ཞང་དགེ་བ་ཞེས་པའི་ལོ་ཙཱ་བ་མཁས་པ་ཞིག་ཡོད་པ་དེའི་མདུན་ནས་ལོ་ཙཱ་བསླབ་པས་མཁས་པར་གྱུར། བཅུ་དགུ་པ་ལ་བསྙེན་པར་རྫོགས། །རྒྱལ་ཚ་དང་ཀུན་ལྡན་མཆེད་ལ་གདམས་ངག་ལུགས་མི་འདྲ་བ་བརྒྱ་དང་སུམ་ཅུ་རྩ་དྲུག་དང་། བཀའ་བབས་བཅུ་གསུམ་ཞེས་པ་ཞིག་ཡོད་པ་མཐའ་དག་གསན། དགུང་ལོ་ཉེར་བཞི་པ་ན་རྒྱལ་ཚ་སྐུ་གཤེགས། སྐུ་གཤེགས་ཁར་མདུན་དུ་ཐོས་ནས་གདམས་ངག་མང་པོ་གནང་། དེ་ནས་བལ་ཡུལ་བྱོན། པཎྜི་ཏ་བུདྡྷ་ཤྲཱི་དང་མཇལ། སླར་ཡང་རྒྱ་གར་གྱི་སྐད་ཡིག་ལ་མཁས་པར་བསླབ་ནས་ལོ་ཙཱ་བར་མཁས་པར་གྱུར། ཐ་རིང་དུ་པཎ་ཆེན་བུདྡྷ་ཤྲཱི་དང་། གྲུབ་ཆེན་མི་ཏྲ་ཛོ་ཀི་རྣམ་གཉིས་བོད་དུ་གདན་དྲངས། གདམས་ངག་མང་དུ་གསན་པས་མཁས་པའི་སྙན་གྲགས་རྒྱས།

ཁ་ཆེ་པཎ་ཆེན་ཤཱཀྱ་ཤྲཱི་ཡང་སྤྱན་དྲངས་ནས། ས་སྐྱ་པཎྜི་ཏ་སོགས་རབ་བྱུང་བསྙེན་རྫོགས་མང་པོ་བསྒྲུབ་ནས་གཞི་ཐམས་ཅད་ཡོད་པར་སྨྲ་བའི་མཁན་བརྒྱུད་དྲི་མ་མེད་པ་ཁ་ཆེའི་སྡོམ་རྒྱུན་ཞེས་པ་འདི་སྤེལ་ནས། བོད་ཀྱི་འདུལ་འཛིན་མཁས་གྲུབ་མང་པོས་སྡོམ་རྒྱུན་འདི་བཞེས་པས། ངུར་སྨྲིག་རྒྱལ་མཚན་འཆང་བས་གངས་ཅན་གྱི་ས་ཆེན་པོ་ཡོངས་སུ་ཁྱབ་པར་མཛད་དོ། ད་ལྟའི་བར་དུ་དེའི་སྡོམ་རྒྱུན་མ་ཆད་པར་གནས་པ་ནི་པཎ་གྲུབ་འདི་གཉིས་ཀྱི་བཀའ་དྲིན་དུ་འཁྲུམས། ཁྲོ་ཕུ་དགའ་ལྡན་གྱི་གཙུག་ལག་ཁང་ཆེན་པོ་བཏབ། རྗེ་འབྲི་

གྲུང་པའི་མདུན་ནས་མར་པ་བཀའ་བརྒྱུད་ལུགས་ཀྱི་དབང་ཁྲིད་གདམས་ངག་ཐམས་ཅད་གསན། འབྲི་གུང་ཐང་ལ་བྱམས་ཆེན་བཞེངས་པའི་སྐྱིལ་ཀྲུང་གི་ཚད་རྗེ་ལ་བརྗེགས། རྗེ་འབྲི་གུང་པས་སྨོན་ལམ་དང་མཐུན་འགྱུར་མཛད། ཀུན་ལྡན་རས་པ་ཁམས་སུ་ཕེབས་ན་འགྲོ་དོན་འཕེལ་བ་ལུང་བསྟན་ཡང་ཕེབས་མ་གྲུབ་པས། ཁམས་སུ་གདུལ་བྱ་ཡོད་པར་དགོངས་ནས་ལོ་ཙྪ་བ་ཁམས་རི་བོ་ཆེ་སོགས་སུ་ཕེབས་ནས་ཆོས་གསུངས་པས་སློབ་མ་མང་དུ་འདུས། སྟེ་དགེའི་ལྷོ་ཕྱོགས་འབྲོག་སྡེའི་ཁུལ་དུ་ཕེབས། དབང་ཁྲིད་གདམས་པ་མང་དུ་གནང་། དེ་ཕྱོགས་ནས་ཕུལ་བའི་ཕྱུགས་རིགས་དཀར་ནག་རྣམས། ཕྱོགས་གཅིག་ཏུ་བསྡུས་ནས་འབྲོག་པའི་སྡེ་བཙུགས་ཏེ། ཁྲོ་ཕུའི་བྱམས་ཆེན་བཞེངས་གྲུབ་རྗེས་མཆོད་མེའི་རྟེན་རྫ་བཞག་པ་ལ་ཁྲོ་ཕུའི་འབྲོག་རུ་ཞེས་བཏགས་པས། ཕྱིས་སུ་བསྡུས་མིང་ལ་ཁྲོ་རུ་ཞེས་འབོད། དེའི་གཙོ་འཛིན་དུ་བླ་ཆེན་བསོད་ནམས་དབང་ཕྱུག་གི་དཔོན་པོ། ལོ་ཙྪ་བའི་སློབ་མར་གྱུར་པ་བྱམས་པ་སྐྱབས་བརྒྱུད་བསྟན་འཛིན་ཞེས་པ་རང་བཞིན་དྲང་ལ་གཤིས་བཟང་བ། རྟོགས་པའི་ཡོན་ཏན་དང་ལྡན་པ་དེ་གཏན་འཇགས་སུ་བཞུགས།

སྔར་ཀུན་ལྡན་རས་པ་ཁམས་སུ་ཕེབས་ན་གདུལ་བྱ་ཡོད་པའི་ལུང་བསྟན་པ་འདི་ལ་དགོངས་ནས། པཎ་ཆེན་ཤཱཀྱ་ཤྲཱི་དང་། ལོ་ཙྪ་བ་མཆོག་ནས་འདིར་གནས་གཞི་དགོན་སྡེ་འཛུགས་དགོས་རྒྱུའི་ཞལ་བཀོད་ལྟར་དགོན་པའི་རྨང་བཏིང་། ལོ་ཙྪ་ཆེན་པོ་མཆོག་དང་། བླ་ཆེན་བསོད་ནམས་དབང་ཕྱུག མཁན་ཆེན་བྱང་ཆུབ་དཔལ་བ་བཅས་པས་ཞལ་བཀོད། འགོ་འདོན། བདག་སྐྱོང་། རོགས་མགོན་བཅས་གནང་ནས། ཐོག་མར་སྦྲ་གུར་ཕུབ་པའི་དགོན་ཕྲན་ཞིག་ནས་རིམ་གྱི་གཙུག་ལག་ཁང་གཏན་འཇགས་བརྩེགས་པ་ཁྲོ་ཕུའི་རུ་དགོན་ཐེག་མཆོག་དར་རྒྱས་གླིང་ཞེས་པ་ཕྱག་བཏབ། ཕྱིས་སུ་བསྡུས་མིང་ལ་ཁྲོ་རུ་དགོན་པ་ཞེས་འབོད་པ་སྟེ། ཁྲོ་ཕུའི་གདན་ས་སྟོད་སྨད་གཉིས་ཞེས་གྲགས་པ་འདི་བྱུང་།

ལོ་ཙྪ་བ་དགུང་ལོ་སུམ་ཅུ་རྩ་གསུམ་ཤིང་ཕོ་བྱི་བའི་ལོ་ལ་བྱམས་ཆེན་ཁྲུ་བརྒྱད་ཅུ་པ་རྟེན་དང་བརྟེན་པ་བཅས་བཞེངས་པའི་ས་འདུལ་བ། བར་ཚད་སྲུང་བ། བྱིན་འབེབས

ཐམས་ཅད་པཎ་ཆེན་ཤཱཀྱ་ཤྲཱི་མཆོག་གིས་མཛད། སེང་ག་ལར་དགྲ་བཅོམ་པ་ཞིག་དངོས་སུ་བཞུགས་ཡོད་ཟེར་བ་ཞིག་པཎ་ཆེན་གྱི་མཆེད་ཟླ། སངས་རྒྱས་ཟླ་བས་གསན་ནས་མཇལ། བོད་དུ་ལོ་ཙཱ་བྱམས་དཔལ་བས་མ་འོངས་པ་ན། རྒྱལ་བ་བྱམས་པ་སངས་རྒྱས་པའི་སྐུ་ཚད་ཀྱི་བྱམས་ཆེན་བཞེངས་རྒྱུ་མངོན་ཤེས་ཀྱི་མཁྱེན་ནས། སངས་རྒྱས་ཀྱི་རིང་བསྲེལ་བཞུགས་པའི་མཆོད་རྟེན་གཅིག་དང་། མེ་ཏོག་དཀར་པོ་ལྔ་བསྐུར་གནང་བ་དེ་ཉིད་ཀྱིས་གཙོ་བོར་བྱས་པའི་ནང་རྟེན་ཁྱད་འཕགས་མང་དུ་བཞུགས་པའི་རྒྱལ་བ་བྱམས་པའི་སྐུ་གསེར་ཟངས་ལས་གྲུབ་པ་མིའི་ཁྲུ་བརྒྱད་ཅུ་པའི་སྐུ་ཚད་ཡོད་པ་དེ་བཞེངས། བྱམས་ཆེན་དགའ་ལྡན་པོ་བྲང་དང་བཅས་པ་ལེགས་པར་གྲུབ་ནས། པཎ་ཆེན་ཤཱཀྱ་ཤྲཱི་གཙོས་པའི་པཎ་ཆེན་དང་། ལོ་ཙཱ་བ་མང་པོས་རབ་ཏུ་གནས་པའི་ཆོ་ག་རྒྱས་པར་མཛད། འདི་ལ་གཙང་གི་ཁྲོ་ཕུའི་བྱམས་ཆེན་ཞེས་པའི་མཚན་སྙན་ཆེ། ཁྲོ་ཕུར་ལོ་ཙཱ་བའི་སློབ་མ་ཡང་སློབ་དང་བཅས་པ་མང་དུ་བྱོན་ནས་ཆོས་བརྒྱུད་སྤེལ། འཁན་ཆེན་བྱང་ཆུབ་དཔལ་བ། མཁན་ཆེན་བསོད་ནམས་སེང་གེ་སོགས་མཁས་གྲུབ་ཀྱི་སྐྱེས་བུ་མང་པོར་བྱོན་ནས། དབུ་མ་དང་། བྱམས་ཆོས། མངོན་པའི་གཞུང་གོང་འོག ཚད་མ། བདེ་དགྱེས་གསང་གསུམ་སོགས་ཀྱི་གཞུང་ཆེན་པོའི་འཆད་ཉན་རྒྱ་ཆེར་དར། ཀུན་མཁྱེན་བུ་སྟོན་རིན་པོ་ཆེ་སོགས་མཁས་གྲུབ་ཀྱི་སྐྱེས་བུ་དུ་མ་བྱོན། ཕྱིས་སུ་ཀུན་མཁྱེན་བུ་སྟོན་རིན་ཆེན་གྲུབ་ཞལ་ལུར་གདན་འདྲེན་ཞུས་ནས་ཞལ་ལུའི་མཁན་རབས་བཅུ་གཅིག་པ་གནང་ནས་ཞལ་ལུར་གདན་འཛུགས་བཞུགས། སྐུ་ཚེ་ཧྲིལ་པོར་མཆད་རྩོད་རྩོམ་གསུམ་གྱི་སྒོ་ནས་རྒྱལ་བསྟན་རིན་པོ་ཆེ་ལ་སྲི་ཞུ་བླ་ན་མེད་པ་མཛད། ཕྱིས་སུ་ཁྲོ་ཕུའི་བཀའ་བརྒྱུད་ལས་རང་ལུགས་འབུར་དུ་དོད་པའི་བཀའ་སྲོལ་གསར་དུ་གཏོད་པ་ཞལ་ལུའི་ལུགས་ཞེས་གྲགས་པ་འདི་བྱུང་ངོ། །

ཁྲོ་ཕུ་ལོ་ཙཱ་དེས། ཁྲོ་ཕུར་གཞུང་ཆེན་མོའི་འཆད་ཉན་ཚུགས་པ། བྱམས་ཆེན་བཞེངས་པ། སློབ་མའི་ཚོགས་བསྐྱངས་ནས་ཆོས་རྒྱུན་སྤེལ་བ། དགོན་ལག་གཞན་བསྐྱུན་པ་སོགས་ཐབས་ཆེན་ཕྲིན་ལས་མཐར་ཕྱིན་ནས་དགུང་ལོ་ཞེ་བརྒྱད་པར་ཁྲོ་ཕུའི་གཉན་

མཁར་གྱི་བྲག་སེང་གེ་རྫོང་དུ་སྒྲུབ་པ་མཛད་ནས་བཞུགས། སློབ་མའི་ཚོགས་ཤིན་ཏུ་མང་པོ་མཆིས་པ་ལས། གཙོ་བོར་གྱུར་པ་བླ་ཆེན་བསོད་ནམས་དབང་ཕྱུག མཁན་ཆེན་བྱང་ཆུབ་དཔལ། སངས་རྒྱས་ཞིག་ཆེན་ཏི་བླ་ཆེན་གསུམ། བྱམས་པ་སྒྲུབ་བརྒྱུད་བསྟན་འཛིན། ཡང་རྩེ་བ་རིན་ཆེན་སེང་གེ སྟོ་ཚ་གྲངས་པ་དཔལ། གཉོས་ལོ་རྩེ་བ། བླ་མ་རྡོ་རྗེ་དབང་། རས་མ་སེང་རྒྱལ། རོང་པ་ཀ་ལོ་སོགས་ཡིན། དེ་དག་ལ་བདེ་དགྱེས་གསང་གསུམ་ལ་སོགས་པའི་དབང་། ཁྲིད། གདམས་པས་སྨིན་པར་མཛད། པཎ་གྲུབ་རྣམ་གསུམ་དང་དཀའ་བརྒྱུད་གོང་མ་རྣམས་ཀྱི་མན་ངག་དུ་མ་ཕྱོགས་གཅིག་ཏུ་བསྡུས་པ་མན་ངག་བརྒྱ་རྩ(ཁྲི་ཐུ་བརྒྱ་རྩ)ཞེས་པ་མཛད། གཞན་ཡང་གདུལ་བྱ་སོ་སོའི་བློ་དང་བསྟུན་པའི་གསུང་མགུར་མང་དུ་མཛད། བདེ་མཆོག་སོགས་ཀྱི་སྒྲུབ་དཀྱིལ། བསྐྱེད་རྫོགས་གནད་བསྡུས། བསྔོད་པ། སྨོན་ལམ་སོགས་འགའ་ཞིག་བརྩམས། མན་ངག་འབྲུ་དགུ་སྙིང་གཏམ་བཞི་གསུམ་བཅུ་གཉིས། ཕྱག་ཆེན་དོན་དགུ་མ་སོགས་མཛད་ནས། བཀའ་ཕྱག་ཆུ་བོ་གཅིག་འདྲེས་ཀྱི་གདམས་ངག་མཉམ་མེད་དྭགས་པོ་བཀའ་བརྒྱུད་ཀྱི་ལྟ་བ་ཕྱག་རྒྱ་ཆེན་པོ། སྒོམ་པ་ནཱ་རོ་ཆོས་དྲུག་གི་གདམས་པ་ཉམས་སུ་ལེན་པའི་རྒྱུན་འཛིན་དར་སྤེལ་གནང་བ་ཡིན་ནོ། །

5. སྨར་ཚང་བཀའ་བརྒྱུད།

མདོ་ཁམས་སྨར་པ་གྲུབ་ཐོབ་ཤེས་རབ་ཡེ་ཤེས་སློབ་བརྒྱུད་ལས། རྒྱལ་བ་ཡང་དགོན་པ་ཡེ་ཤེས་རྒྱལ་མཚན། རིན་ཆེན་གླིང་པ། སྤང་མཁན་ཆེན་འོད་ཟེར་བླ་མ། འགྲོ་མགོན་ཤིང་མགོ་རས་པ་སོགས་སྐྱེས་ཆེན་མང་དུ་བྱོན། ཕྱིས་སྟག་བླ་རྣམས་ཀྱིས་ཆོས་བརྒྱུད་བཟུང་བ་དཔལ་ཡུལ་བ་ལ་བྱིན་བརྒྱུད་འདྲེས་པའོ། །

6. ཡེལ་པ་བཀའ་བརྒྱུད།

ཁམས་ཡེལ་པ་གྲུབ་ཐོབ་ཡེ་ཤེས་བརྩེགས་པ་དེས། སྟོ་ཡེལ་ཕུག བྱང་རྟ་རྣ་སོགས་ཆག་བཏབ། གླིང་རྗེ་རྣམས་ཀྱིས་བླ་མར་བཀུར་ནས་ཕ་ཐོག་རྟེན་དང་། ཁོ་མཆོད་སོགས

མང་པོ་ཕུལ་བ་ཏ་ནཱའི་ནང་རྟེན་དུ་བཞུགས། རང་ལུགས་ཆོས་བརྒྱུད་སྔར་དར་རྒྱས་བྱུང་ཡང་། དེང་དུས་བྱང་ཏ་ནཱ་ཀཾ་ཚང་ལུགས་སུ་གྱུར་ཏོ། །

7. གཡའ་བཟང་བཀའ་བརྒྱུད།

ཟར་པ་སྐལ་ལྡན་ཡེ་ཤེས་སེང་གེའི་ཆོས་བརྒྱུད་གྲུབ་ཐོབ་དང་། གཡའ་བཟང་རྗེ་སྲིད་དུ་གྲགས་པ་སྟོབས་འགྱུར་ཅན་ཡར་སྟོད་ཕྱོགས་སུ་བརྒྱུད་མར་བྱུང་ཡང་དེང་སང་རྒྱ་ཆེན་པོ་མེད། །

8. ཤུག་གསེབ་བཀའ་བརྒྱུད།

མཉམ་མེད་གྱེར་སྒོམ་ཆེན་པོས་སྙི་ཕུ་ཤུག་གསེབ་བཏབ་པའི་ཆོས་བརྒྱུད་སྔར་མང་དུ་བྱུང་ཡང་དེང་དུས་བཙུན་མའི་དགོན་པ་རྙིང་མའི་ལུགས་སུ་གྱུར། །

དེ་ལྟར་ བཀའ་ བརྒྱུད་ པའི་ རིང་ ལུགས་ ལ་ ནང་ གསེས་ ཆེ་ བཞི་ ཆུང་ བརྒྱད་ ཞེར་ གཏོགས་དང་བཅས་པ་བྱུང་བ་དེ་དག་གི་ཁྱད་པར་འབྱེད་ཆོས་ནི་སྟག་ལུང་ངག་དབང་རྣམ་རྒྱལ་གྱི་ཆོས་འབྱུང་ངོ་མཚར་རྒྱ་མཚོ་ལས། མདོར་ན། ཉན་ཐོས་ཀྱི་ངེས་འབྱུང་། ཐེག་ཆེན་གྱི་སེམས་བསྐྱེད། གསང་སྔགས་ཀྱི་དམ་ཚིག་རྣམ་པར་དག་པ་རྣམས་བཞིར་བཞག་པའི་སྟེང་དུ་བཀའ་བརྒྱུད་རིན་པོ་ཆེའི་ཁྱད་ཆོས་མར་རྔོག་གི་རྒྱུད་བཤད། མི་ལའི་སྙིང་རུས་དང་གདམས་ངག སྒམ་པོ་པའི་ངོ་བོའི་གད་དར། ཀརྨ་པའི་ཀླུང་སེམས་དབྱེར་མེད། །ཞང་གི་ལམ་ཕྱོགས་མཐར་ཕྱུག འབའ་རམ་པའི་བསྒྲེ་འགོ་གསེབ་ལམ། ཕག་གྲུའི་གསང་སྔགས། སྟག་ལུང་པའི་རྣམ་ཐར་སོ་དགུ འབྲི་གུང་པའི་སྡོམ་གསུམ་གནད་གཅིག གཙང་པ་རྒྱ་རས་ཀྱི་རྟེན་འབྲེལ་དང་རོ་སྙོམས། ལོ་རྡོད་ཀྱི་མོས་གུས་དང་ཞེན་ལོག་རྣམས་ནི་ཆ་མཐུན་ཁྱད་འཕགས་ཞེས་རེ་རེ་ལའང་ཐམས་ཅད་ཚང་བར་ཡོད་མོད་ཀྱི། གང་ལ་རྩལ་དུ་བཏོན་ནས་སློབ་མ་ཁྲིད་ཅིང་སྐྱོང་བར་མཛད་པའི་ཕྱིར། ཁྱད་པར་འབྱེད་ཆོས་སུ་བཞག་ཏུ་རུང་ཞིང་། ཡོངས་རྫོགས་ལ་ཡང་བཀའ་བརྒྱུད་རིན་པོ་ཆེའི་བསྟན་པ་ཞེས་འཛིག་རྟེན་གསུམ་ན་སྙན་པར་གྲགས་སོ། །ཞེས་གསུངས་པ་ལྟར་རོ།།

ས་བཅད་གསུམ་པ། ཆོས་ཀྱི་རྒྱལ་པོ་འགྲོ་མགོན་བཀའ་བརྒྱུད་པའི་གྲུབ་མཐའི་རིང་ལུགས་དངོས་བཤད་པ།

ཆོས་ཀྱི་རྒྱལ་པོ་འགྲོ་མགོན་བཀའ་བརྒྱུད་པའི་གྲུབ་མཐའི་རིང་ལུགས་དངོས་བཤད་པ་ལ་གཉིས། སྒྲུབ་བརྒྱུད་རིན་པོ་ཆེའི་རིང་ལུགས་སྤྱི་སྡོམ་གྱི་སྒོ་ནས་མདོར་བསྟན་པ་དང་། ལྷ་སྒོམ་གྱི་རྣམ་པར་བཞག་པ་ཅུང་ཟད་ཕྱེ་སྟེ་བཤད་པའོ། །

དང་པོ། སྒྲུབ་བརྒྱུད་རིན་པོ་ཆེའི་རིང་ལུགས་སྤྱི་བསྡོམ་གྱི་སྒོ་ནས་མདོར་བསྟན་པ།

མདོ་སྔགས་ཆོས་ཚུལ་ཤིན་ཏུ་ངོས་ཡངས་པོར། །སྣ་ཚོགས་གྲུབ་མཐའི་རི་མོ་བཀྲ་བ་ལས། །བྱིན་རླབས་ཆོན་མདངས་འབར་བ་སྒྲུབ་བརྒྱུད་འདིའི། སྤྱི་སྡོམ་རྟོགས་པ་མདོ་ཙམ་བརྗོད་པ་ནི། །དངས་པོ་ཀུན་གྱི་ཁྱབ་བདག་རྡོ་རྗེ་འཆང་། །འཕགས་ཡུལ་གྲུབ་བརྒྱའི་སྤྱི་མེས་ས་ར་ཧ། །ཤིང་ཏ་ཆེན་པོ་འཕགས་མཆོག་ཀླུ་སྒྲུབ་ཞབས། །ཏཻ་ལོ་ནཱ་རོའི་དོན་བརྒྱུད་མ་ཆད་པ། །གྲུབ་པ་བྱེ་བའི་འབྱུང་གནས་མ་ཏྲོས་ཀླུང་། །གང་ལས་འབབ་པ་མར་པ་བཀའ་བརྒྱུད་ཅེས། །སྙན་པའི་གྲགས་དཀར་སྲིད་ན་མངོན་མཐོ་བའི། །རིང་ལུགས་མོས་གུས་བྱིན་རླབས་ཁྱད་པར་འཕགས། །བདེ་ཆེན་འཁོར་ལོ་མཛེས་པའི་རྒྱན་གཅིག་ཏུ། །རྩ་བའི་བླ་མ་སུམ་ལྡན་རྡོ་རྗེ་འཆང་། །རིགས་ཀྱི་བདག་པོར་བསྟེན་ནས་མོས་གུས་ཀྱིས། །གསོལ་འདེབས་བྱིན་རླབས་སྒྲུབ་བརྒྱུད་འདི་ཡི་ལུགས། །བླ་མར་སངས་རྒྱས་ཤེས་པའི་མོས་གུས་དང་། །བརྒྱ་ཕྲག་དཀའ་བའི་ཁུར་ཆེན་འདེགས་ནུས་པའི། །དད་ལྡན་སློབ་མར་བྱིན་རླབས་དོན་བརྒྱུད་ཀྱི། །རྟོགས་པ་བཀྲེས་པ་སྒྲུབ་བརྒྱུད་འདི་ཡི་ལུགས། །རྣམ་དག་འདུལ་

བའི་ཁྲིམས་ཀྱིས་ལེགས་བསྡམས་ནས། །རྒྱལ་སྲས་སྤྱོད་པའི་བསམ་སྦྱོར་མཆོག་ལ་འཇུག་གསང་ཆེན་ལམ་གྱི་རྣལ་འབྱོར་མི་དམན་པའི། །སྡོམ་གསུམ་ལྡན་པ་སྒྲུབ་བརྒྱུད་འདི་ཡི་ལུགས། །སྲིད་དང་ཞི་བས་མ་འཁྲོགས་ངེས་འབྱུང་དང་། །བྱམས་དང་སྙིང་རྗེས་བྱང་ཆུབ་སེམས་མཆོག་སྐྱེད། །སེམས་ཀྱི་གནས་ལུགས་ཕྱག་རྒྱ་ཆེ་རྟོགས་པའི། །ཡང་དག་ལྟ་བ་སྒྲུབ་བརྒྱུད་འདི་ཡི་ལུགས། །བཟོ་གསོ་སྒྲ་ཚད་ཐུན་མོང་རིག་པ་དང་། །མདོ་རྒྱུད་བསྟན་བཅོས་ཐུན་མོང་མིན་པའི་གཞུང་། །ཐོས་དང་བསམ་པ་ཕྱོགས་རེར་མ་སོང་བར། །མཐའ་དག་བསླབ་པ་སྒྲུབ་བརྒྱུད་འདི་ཡི་ལུགས། །ཁྱད་པར་སྡེ་སྣོད་གསུམ་དང་རྒྱུད་སྡེ་བཞིའི། །སྙིང་པོ་དོན་གྱི་ཟབ་གསང་ཀུན་བསྡུས་པ། །ངེས་པའི་དོན་སྟོན་ནང་བརྟག་རྒྱུད་གསུམ་ལ། །འཆང་ཉན་རྩལ་འདོད་སྒྲུབ་བརྒྱུད་འདི་ཡི་ལུགས། །རིག་པའི་གཞུང་ལ་ཐོས་བསམ་མཐར་ཕྱིན་ནས། ཆགས་སྡང་འདུ་འཛིས་བྲིད་པའི་ཡུལ་སྤངས་ཏེ། །བས་མཐའི་ནགས་སུ་སྒྲུབ་མཐར་སྐྱོལ་བ་ཡིས། །ཉམས་རྟོགས་སྐྱེད་པ་སྒྲུབ་བརྒྱུད་འདི་ཡི་ལུགས། །ཕྲ་རགས་རྟོག་པའི་ཙ་རླབས་རང་སར་ཞི། །གཡོ་མེད་སེམས་ཀྱི་ཆུ་བོ་ངང་གིས་གནས། །ཁྱིང་རྒྱུག་རྟོག་པའི་དྲི་མ་བྲལ་བ་ཡི། །ཞི་གནས་སྒོམ་པ་སྒྲུབ་བརྒྱུད་འདི་ཡི་ལུགས། །བཟང་ཞེན་ཉམས་ཀྱི་འཛིན་པ་རང་སར་གྲོལ། །ངན་རྟོག་འཕྲུལ་བ་རང་བཞིན་དབྱིངས་སུ་དག །ཐ་མལ་ཤེས་པ་སྤང་བླང་བྲལ་ཐོབ་མེད། །སྤྲོས་བྲལ་རྟོགས་པ་སྒྲུབ་བརྒྱུད་འདི་ཡི་ལུགས། །བྱམས་དང་སྙིང་རྗེ་རང་རྒྱུད་ལྷན་ཕབ་སྟེ། །ཅིར་སྣང་ལམ་དུ་འཁྱེར་བའི་རྣལ་འབྱོར་གྱིས། །གནོད་ལའང་ཕན་པ་འབའ་ཞིག་བརྩོན་པ་སྟེ། །ཆོས་བཞིན་སྤྱོད་པ་སྒྲུབ་བརྒྱུད་འདི་ཡི་ལུགས། །ཚེ་འདིའི་ཆེད་དུ་སྦྱོར་སྒྲོལ་དབང་དྲག་སོགས། །ཆོས་ལྟར་བཅོས་པ་ཐམས་ཅད་ཡོངས་སྤངས་ཏེ། །ཅིས་ཀྱང་དགོས་པ་མེད་པའི་ཞེན་ལོག་གིས། །རོ་སྙོམས་སྤྱོད་པ་སྒྲུབ་བརྒྱུད་འདི་ཡི་ལུགས། །སྣང་སྲིད་སེམས་སུ་རྟོགས་པའི་ངེས་ཤེས་དང་། །ཆོས་ཀུན་མཉམ་ཉིད་མཐོང་བའི་དག་སྣང་གིས། །མདོ་སྔགས་བསྟན་པ་ཡོངས་རྫོགས་འགལ་མེད་དུ། །ཉམས་སུ་ལེན་པ་སྒྲུབ་བརྒྱུད་འདི་ཡི་ལུགས། །ཡིན་ལུགས་ནང་ནས་ཤར་བའི་རྟོགས་པ་དང་། །

སངས་རྒྱས་སེམས་ལས་རྙེད་པའི་འབྲས་བུ་མཆོག །གཅིག་ཤེས་ཐམས་ཅད་གྲོལ་བའི་
གདམས་ངག་རྣམས། །གཅིག་ཆར་སྟོན་འདི་སྒྲུབ་བརྒྱུད་འདི་ཡི་ལུགས། །རང་རྒྱུད་སྨིན་
ནས་སྐལ་བཟང་འཁོར་ཚོགས་ལ། །ཐུན་མོང་ཐུན་མིན་གཞུང་ཀུན་མ་འདྲེས་པར། །
འཆད་དང་རྩོད་དང་རྩོམ་པའི་ཕྲིན་ལས་ཀྱིས། །གཞན་རྒྱུད་འདུལ་བ་སྒྲུབ་བརྒྱུད་འདི་ཡི་
ལུགས། །ཚོགས་ཟུང་དགེ་བའི་ས་བོན་མ་ཉམས་པ། །ཇི་སྙེད་བྱང་ཆུབ་སྙིང་པོའི་ཞིང་ས་
རུ། །རྒྱལ་བའི་ལོ་ཏོག་ཕུན་ཚོགས་སྐྱེད་པའི་ཕྱིར། །ཡོངས་སུ་བསྔོ་བ་སྒྲུབ་བརྒྱུད་འདི་ཡི་
ལུགས། །བདེ་དགྱེས་གསང་སོགས་རྒྱུད་སྡེ་བཤད་པའི་བཀའ། །མེས་རྔོག་མཚུར་ལ་བབས་
པ་གཧྣའི་རྒྱུན། །རྗེ་བཙུན་མི་ལའི་སྒྲུབ་བརྒྱུད་བདུད་རྩིའི་ཆར། །མོས་མཆོག་གཅིག་ཏུ
བསྐྱིལ་བའི་གདམས་ངག་ཡོད། །ཁྱད་པར་དཔལ་ལྡན་ནཱ་རོ་ཏ་པ་ཡི། །དྣ་བ་སྡོམ་པ་ལ
སོགས་རྒྱུད་ཀུན་གྱི། །ཐབས་ལམ་སྙིང་པོར་དྲིལ་བའི་ཆོས་དྲུག་གི །ཟབ་གནད་རྗེན་གཅེར་
སྟོན་པའི་གདམས་ངག་ཡོད། །སྤྲུལ་པའི་འཁོར་ལོར་འབར་བའི་ཙཎྜ་ལཱིས། །བདེ་ཆེན་ཟླ་
བའི་ཧཾ་ཡིག་ཡོངས་སུ་བཞུས། །ཕུང་ཁམས་རབ་བསྲེགས་ཆོས་ཀྱི་འཁོར་ལོ་ནས། །ལྷན་
སྐྱེས་བདེ་བ་སྐྱོང་བའི་གདམས་ངག་ཡོད། །སྒྱུ་མའི་དཔེ་བཅུས་ཁྱད་པར་བྱས་པ་ཡིས། །ཕྱི་
ནང་ཆོས་ཀུན་བདེན་པས་རྣམ་པར་དབེན། །རང་ལུས་རྗེར་སེམས་མེ་ལོང་གཟུགས་བརྙན་
ལྟར། །གདོད་ནས་ལྷ་སྐུར་འཆར་བའི་གདམས་ངག་ཡོད། །ཉིད་སྣང་སྒྱུ་མའི་འདུན་པ་
རབ་བརྟན་ནས། །མགྲིན་པར་རླུང་སེམས་བརྟན་པ་ཐོབ་པའི་མཐུས། །རྨི་ལམ་ན་ཡང་
ཆོས་ཀུན་རྨི་ལམ་བཞིན། །རྟོགས་ནས་ངེས་པ་རྙེད་པའི་གདམས་ངག་ཡོད། །ཀུན་རྟོག་
རླུང་སེམས་ཧླུ་ཏིར་དྭགས་པའི་མཐུས། །ཆོས་ཀུན་ནམ་མཁའ་ལྟ་བུར་ཡོངས་སུ་དག གཏི་
མུག་མ་སྤངས་ཆོས་དབྱིངས་ངོ་བོར་གྲོལ། །འོད་གསལ་ཕྱག་ཆེན་རྟོགས་པའི་གདམས་ངག་
ཡོད། །གང་དུ་འགྲོ་བའི་ཡུལ་སོགས་མ་དམིགས་ཀྱང་། །སྲོག་རྩོལ་རླུང་གི་རྒྱུ་བ་བརྟན་ཐོབ་
ནས། ནམ་ཞིག་འཁྲུལ་བའི་སྣང་བ་འཆར་བའི་ཚེ། །ཚངས་ནས་མདའ་ལྟར་འགྲོ་བའི་
གདམས་ངག་ཡོད། །འཆི་བའི་རང་བཞིན་དོན་དམ་བདེན་པར་རྟོགས། །ཆོས་སྐུའི་ངང་

དུ་འོད་གསལ་མ་བུ་འཕྲད། །དེ་ཡི་ངང་དུ་བར་དོར་སྤྲུ་མའི་གཟུགས། །མཚན་དཔེ་རྒྱན་
ལྡན་བཞེངས་བའི་གདམས་ངག་ཡོད། །མདོར་ན་བཀའ་བབས་བཞི་ཡི་གདམས་པའི་
བཅུད། །ཐབས་གྲོལ་ལམ་གྱི་རྣལ་འབྱོར་ལ་བརྟེན་ནས། །ཚེ་ལུས་གཅིག་ལ་ཟུང་འཇུག་
གྲུབ་པའི་མཆོག །མངོན་འགྱུར་བྱེད་པའི་སྨན་རྒྱུད་མན་ངག་ཡོད། །སེམས་ཉིད་ལྷན་ཅིག་
སྐྱེས་པ་ཆོས་ཀྱི་སྐུ། །རྣམ་རྟོག་ལྷན་ཅིག་སྐྱེས་པ་ཆོས་སྐུའི་རླབས། །སྣང་བ་ལྷན་ཅིག་སྐྱེས་
པ་ཆོས་སྐུའི་འོད། །སྣང་སེམས་དབྱེར་མེད་ལྷན་ཅིག་སྐྱེས་ལ་སྦྱོར། །རང་སེམས་ངོ་བོ་
མཐོང་བ་ལྷ་བའི་རབ། །དྲན་པ་རྒྱུན་ཆད་མེད་པ་སྒོམ་པའི་རྩེ། །སྤང་བླང་རེས་འཛོག་མེད་
པ་སྤྱོད་པའི་ཕྱུལ། །སངས་རྒྱས་སེམས་ལས་རྙེད་པ་འབྲས་བུའི་མཆོག །རྡོ་རྗེ་ཡེ་ཤེས་བུམ་
པ་གང་བྱའི་ཚུལ། །གཅིག་ཏུ་བརྒྱུད་པ་བར་མ་ཆད་པ་ལས། །གསོལ་བཏབ་ཙམ་གྱིས་བྱིན་
རླབས་ཐོབ་ངེས་པ། །བཀའ་བརྒྱུད་ནོར་བུའི་ཕྲེང་བ་འདི་ཉིད་ན། །རྒྱལ་བསྟན་ཡོངས་
རྫོགས་ཆོས་ཀྱི་ཡོངས་འདུ་ཆེ། །ཁམས་གསུམ་ཀུན་ཏུ་གཉིས་པ་མ་མཆིས་པ། །འདི་ལ་
བརྟེན་ནས་བསྟན་པའི་ཡན་ལག་གི །སློབ་ཤིང་སྣ་ཚོགས་བརྟེན་ནས་གནས་པ་ཡིན། །དེ་
ཕྱིར་རྣད་བྱུང་སྙིང་པོའི་བསྟན་པ་དངོས། །རྡོ་རྗེ་འཆང་ནས་བཀའ་བརྒྱུད་མ་ཉམས་པ།
མར་མི་དྭགས་པོའི་སྒྲུབ་བརྒྱུད་རིན་ཆེན་གྱི། །ཕྲིན་ལས་ཞིང་ཁམས་ཀུན་ཏུ་ཁྱབ་པ་ཡོད། །

གཉིས་པ། ལྟ་སྒོམ་གྱི་རྣམ་པར་བཞག་པ་ཚང་ཟད་ཕྱེ་སྟེ་བཤད་པ།

མཉམ་མེད་དྭགས་པོ་རིན་པོ་ཆེས། རྟེན་ནི་མི་ལུས་རིན་ཆེན་མཆོག ཅེས་གསུངས། སེམས་ཅན་ཐམས་ཅད་སངས་རྒྱས་ཀྱི་སྙིང་པོ་ཅན་ཡིན་ན། དམྱལ་བ་ལ་སོགས་པ་འགྲོ་བ་གཞན་གྱི་རྟེན་ཅན་གྱིས་ཀྱང་སངས་རྒྱས་བསྒྲུབ་ནུས་པ་ཞིག་ཡིན་ནམ་ཞེ་ན། དེ་མ་ཡིན་ཏེ། མི་ལུས་རིན་པོ་ཆེ་ཞེས་བྱ་བ། ལུས་དལ་འབྱོར་གཉིས་དང་ལྡན་པ། སེམས་དད་པ་རྣམ་པ་གསུམ་དང་ལྡན་པ་འདི་ཕོན་ཐར་པ་དང་ཐམས་ཅད་མཁྱེན་པ་བསྒྲུབ་པའི་རྟེན་གྱི་གང་ཟག

ཡིན། དེའི་ཕྱིར་ན་འདི་ལ་རྟེན་མཆོག་ཅེས་གསུངས་པ་ཡིན་ཞིང་། དེའི་ནང་ནས་འཛམ་གླིང་ན་སྐྱེས་པའི་དལ་འབྱོར་ཕུན་ཚོགས་ཀྱི་རྟེན་ནི། གཞན་ལས་དགེ་སྡིག་གི་སྟོབས་ཆེ་བའི་ཕྱིར་ན་མཆོག་གིའང་མཆོག་སྟེ། སྡོམ་འབྱུང་ལས། གླིང་གསུམ་སྐྱེས་པ་ཁམས་དྲུག་ལྡན། མཆོག་ཡིན་འཛམ་གླིང་ལེགས་སྐྱེས་པ། ལས་ཀྱི་ས་པ་རབ་ཏུ་གྲགས། ཞེས་གསུངས་པའི་ཕྱིར། དེས་ན་དལ་འབྱོར་བཅོ་བརྒྱད་ཚང་བའི་མི་ལུས་ནི། ཐར་པ་དང་ཐམས་ཅད་མཁྱེན་པ་བསྒྲུབ་པའི་རྟེན་ཁྱད་པར་ཅན་ཞིག་ཡིན་པས། རྒྱུ་དཔེ་གྲངས་གསུམ་གྱི་སྒོ་ནས་རྙེད་པར་དཀའ་བ་ཡིད་བཞིན་གྱི་ནོར་བུ་རིན་པོ་ཆེ་དང་ཆོས་མཚུངས་པས་མི་ལུས་རིན་པོ་ཆེ་ཞེས་བྱ་བ་དང་། རྙེད་པ་དོན་ཆེ་བས་ཀྱང་རིན་པོ་ཆེ་ཞེས་བྱའོ། །དེ་ལྟར་རྙེད་པའི་རིན་པོ་ཆེ་དེ་ཉིད་ཀྱང་། སྤྱོད་འཇུག་ལས། སྐྱེས་བུའི་དོན་སྒྲུབ་ཐོབ་པར་གྱུར་པ་ལ། གལ་ཏེ་འདི་ལ་ཕན་པ་མ་སྒྲུབ་ན། ཕྱིས་འདི་ཡང་དག་འབྱོར་བ་ག་ལ་འགྱུར། ཞེས་གསུངས་པའི་ཚུལ་ལ་བསམས་ནས་དོན་ཡོད་པར་བྱའོ། །

ལུས་ཀྱི་རྟེན་མཆོག་དེ་འདྲ་ཐོབ་ཀྱང་། སེམས་ཀྱི་རྟེན་མཆོག་དད་པ་མེད་ན་བྱང་ཆུབ་བསྒྲུབ་པར་མི་ནུས་ཏེ། མདོ་ཕལ་པོ་ཆེ་ལས། སྲིད་པའི་གནས་ཅན་དད་པ་ཆུང་བ་ཡིས། །སངས་རྒྱས་བྱང་ཆུབ་ཤེས་པར་མི་ནུས་སོ། །ཞེས་སོགས་མང་དུ་གསུངས་པས་ཐོག་མར་དད་པ་བསྐྱེད་པར་བྱ་དགོས། དེའང་འཕགས་པ་རྒྱ་ཆེར་རོལ་པའི་མདོ་ལས། བཀའ་སྩལ་པ། ཀུན་དགའ་བོ། དད་པ་ལ་སྦྱོར་བ་གྱིས་ཤིག འདི་ན་དེ་བཞིན་གཤེགས་པས་གསོལ་བ་འདེབས་པའོ། །ཞེས་གསུངས་པ་ལྟར་རོ། །

དད་པ་ལ་དབྱེ་ན་གསུམ་ཡོད་དེ། ཡིད་ཆེས་པའི་དད་པ་དང་། འདོད་པའི་དད་པ་དང་། དང་བའི་དད་པའོ། དེའང་མངོན་པ་ཀུན་ལས་བཏུས་པར། དད་པ་གང་ཞེ་ན། ལས་དང་འབྲས་བུ་དང་། བདེན་པ་དང་། དཀོན་མཆོག་ལ་མངོན་པར་ཡིད་ཆེས་པ་དང་། འདོད་པ་དང་། དང་བའོ། །ཞེས་དང་། རིན་ཆེན་ཕྲེང་བ་ལས། འདུན་དང་ཞེ་སྡང་འཇིགས་པ་དང་། །རྨོངས་པས་གང་ཞིག་ཆོས་མི་འདའ། །དེ་ནི་དད་པ་ཅན་ཞེས་བྱ། །

ངེས་པར་ལེགས་པའི་སྣོད་མཆོག་ཡིན། །ཞེས་གསུངས་པ་ལྟར་ཡིན་པས། བསླབ་པ་གང་ལ་བསླབ་ཀྱང་། ཐོག་མ་ཁོ་ནར་གཙོ་བོར་བསླབ་བྱའི་གནས་ལ་དད་པ་སྐྱེད་པ་དང་། དོན་གཉེར་གྱི་འདུན་པ་བཙོན་མ་མིན་པ་ཞིག་བྱུང་ན། བསླབ་པ་དེ་ལ་སྨོས་པ་དང་། དགའ་བ། སྤྲོ་བ་བཅས་ཏེ་འཇུག་པ་དང་། དེ་ལས་བརྩོན་འགྲུས་དང་ཤེས་རབ་སྐྱེས་ནས་རིམ་གྱིས་ཐར་པ་དང་། ཐམས་ཅད་མཁྱེན་པའི་གོ་འཕང་མངོན་དུ་བྱེད་ནུས་པ་ཡིན་པས། ལམ་ལ་སློབ་པའི་ཐོག་མར་དད་པ་སྐྱེད་པ་གལ་ཆེའོ། །དེའང་དཔལ་མཉམ་མེད་སྒམ་པོ་པས་མི་ལུས་རིན་པོ་ཆེ་ཞེས་བྱ་བ། ལུས་དལ་འབྱོར་རྣམ་གཉིས་དང་ལྡན་པ། སེམས་དད་པ་རྣམ་པ་གསུམ་དང་ལྡན་པ་དེ། བླ་མེད་ཀྱི་བྱང་ཆུབ་སྒྲུབ་པའི་རྟེན་གྱི་གང་ཟག་ཡིན་ནོ། །ཞེས་གསུངས་པ་ལྟར་ཤེས་པར་བྱའོ། །

རྗེ་སྒམ་པོ་པས་རྐྱེན་ནི་དགེ་བའི་བཤེས་གཉེན་ཡིན། ཞེས་གསུངས་ལ། དེ་ཡང་། ཇི་སྐད་བཤད་པའི་རྟེན་ཕུན་སུམ་ཚོགས་པ་དང་ལྡན་ཡང་། བདག་རྐྱེན་དགེ་བའི་བཤེས་གཉེན་གྱིས་མ་བསྐུལ་ན། སྔར་གྱི་བྱ་བ་ངན་པ་ལ་གོམས་ཤིང་། བག་ཆགས་བརྟས་པའི་སྟོབས་ཀྱིས་བྱང་ཆུབ་ཀྱི་ལམ་ལ་འཇུག་པར་མི་འགྱུར་བས་སངས་རྒྱས་ཀྱི་གོ་འཕང་མངོན་དུ་བྱེད་མི་ནུས་པ་དེའི་ཕྱིར་རྐྱེན་དགེ་བའི་བཤེས་གཉེན་བསྟེན་པར་བྱ་དགོས། དེའང་ལུང་དང་། རིགས་པ། དཔེ་གསུམ་གྱི་སྒོ་ནས་དགེ་བའི་བཤེས་གཉེན་བསྟེན་དགོས་པའི་འཐད་པ་སྒྲུབ་པ་སྟེ། ལུང་ནི་བརྒྱད་སྟོང་པ་ལས། འདི་ལྟར་བྱང་ཆུབ་སེམས་དཔའ་ཆེན་པོ་བླ་ན་མེད་པ་ཡང་དག་པར་རྫོགས་པའི་བྱང་ཆུབ་ཏུ་མངོན་པར་རྫོགས་པར་འཚང་རྒྱ་བར་འདོད་པས། དང་པོ་ཉིད་དུ་དགེ་བའི་བཤེས་གཉེན་དག་ལ་བསྙེན་པར་བྱ། བསྟེན་པར་བྱ། བསྙེན་བཀུར་བར་བྱའོ། །ཞེས་སོགས་མདོ་ལུང་ཤིན་ཏུ་མང་བ་དང་། རིགས་པ་ནི། སངས་རྒྱས་ཐོབ་པར་འདོད་པའི་གང་ཟག་ཆོས་ཅན། ཁྱོད་ཀྱིས་དགེ་བའི་བཤེས་གཉེན་བསྟེན་དགོས་ཏེ། མ་བསྟེན་ན་རང་ཉིད་ཀྱིས་ཚོགས་གསོག་པ་དང་། སྒྲིབ་པ་སྦྱོང་ལུགས་ཡང་དག་པ་ཞིག་མི་ཤེས་པའི་ཕྱིར། དཔེ་ནི། དགེ་བའི་བཤེས་གཉེན་ནི། ལམ་རྒྱུན་མེད་

ལ་འགྲོ་དུས་ཀྱི་ལམ་མཁན་ལྟ་བུའམ། འཇིགས་སྐྲག་བཅས་པའི་ས་ཕྱོགས་ལ་འགྲོ་དུས་ཀྱི་སྐྱེལ་མ་ལྟ་བུའམ། ཆུ་བོ་ཆེན་པོ་བརྒལ་དུས་ཀྱི་མཉན་པ་ལྟ་བུ་ཡིན་ནོ། །དེ་དག་རིམ་པར་བཤད་ན། དགེ་བའི་བཤེས་གཉེན་ལམ་མཁན་དང་འདྲ་སྟེ། ལམ་རྒྱུས་མེད་ལ་འགྲོ་བའི་ཚེ་ལམ་མཁན་མེད་ན། ལམ་ནོར་དྭོགས་དང་། གོལ་དྭོགས། འཁྱར་དྭོགས་ཡོད། ལམ་མཁན་ཡོད་ན། ལམ་ནོར་དྭོགས་གོལ་དོགས་འཁྱར་དྭོགས་མེད་པར་གོམ་པ་ཆུད་མ་ཟོས་པར་གང་དུ་དམིགས་པའི་ས་དེར་སླེབས་པར་འགྱུར། དེ་བཞིན་དུ། བླ་ན་མེད་པའི་བྱང་ཆུབ་ཀྱི་ལམ་ལ་ཞུགས་ནས་རྫོགས་པའི་སངས་རྒྱས་ཀྱི་སར་འགྲོ་བ་ལ། ལམ་མཁན་དང་འདྲ་བའི་ཐེག་པ་ཆེན་པོའི་བཤེས་གཉེན་དེ་མེད་ན། མུ་སྟེགས་པའི་ལམ་དུ་ནོར་དྭོགས། ཉན་ཐོས་ཀྱི་ལམ་དུ་གོལ་དྭོགས། རང་སངས་རྒྱས་ཀྱི་ལམ་དུ་འཁྱར་དྭོགས་ཡོད། ལམ་མཁན་དང་འདྲ་བའི་དགེ་བའི་བཤེས་གཉེན་དང་འགྲོགས་ན། ལམ་ལ་ནོར་དྭོགས། གོལ་དྭོགས། འཁྱར་དྭོགས་མེད་པར་ཐམས་ཅད་མཁྱེན་པའི་གྲོང་ཁྱེར་དུ་སླེབས་པར་འགྱུར་རོ། །དེ་ལྟར་ཡང་དཔལ་འབྱུང་གི་རྣམ་ཐར་ལས་དགེ་བའི་བཤེས་གཉེན་ནི། ཕ་རོལ་ཏུ་ཕྱིན་པའི་ལམ་དུ་འཇུད་པས་ལམ་མཁན་ལྟ་བུའོ། །ཞེས་གསུངས་སོ། །དགེ་བའི་བཤེས་གཉེན་ནི་འཇིགས་པའི་ས་ཕྱོགས་ཀྱི་སྐྱེལ་མ་ལྟ་བུ་ཡིན་ཏེ། འཇིགས་པའི་ས་ཕྱོགས་ནི། ཆོམ་རྐུན་ནམ་གཅན་གཟན་ལ་སོགས་པའི་འཚེ་བ་དང་བཅས་པ་ཡིན་ལ། དེར་འགྲོ་ཚེ་སྐྱེལ་མ་མེད་ན། ལུས་སྲོག་ལོངས་སྤྱོད་དང་བཅས་པ་ལ་ཉེ་ཉོ་འབྱུང་དྭོགས་ཡོད་ཅིང་། སྐྱེལ་མ་བརྩོན་པོ་དང་འགྲོགས་ན་ཉེ་ཉོ་མེད་པར་ཕྱིན་པར་འགྱུར་རོ། །དེ་བཞིན་དུ་བྱང་ཆུབ་ཀྱི་ལམ་དུ་ཞུགས། བསོད་ནམས་དང་ཡེ་ཤེས་ཀྱི་ཚོགས་གསོག་ཅིང་ཐམས་ཅད་མཁྱེན་པའི་གྲོང་ཁྱེར་དུ་འགྲོ་བ་ལ་སྐྱེལ་མ་དང་འདྲ་བའི་དགེ་བའི་བཤེས་གཉེན་མེད་ན། ཆོམ་རྐུན་དང་འདྲ་བའི་ནང་གི་རྣམ་རྟོག་གམ་ཉོན་མོངས་པ་དང་། ཕྱིའི་བདུད་དང་ལོག་འདྲེན་ལ་སོགས་པས་དགེ་བའི་ནོར་འཕྲོག་དྭོགས་ཡོད། བདེ་འགྲོའི་སྲོག་གཅོད་དྭོགས་ཡོད། དེ་ལྟར་ཡང་། ཉོན་མོངས་ཆོམ་རྐུན་ཚོགས་འདིས་ནི། སྐབས་རྙེད་གྱུར་ན་དགེ་འཕྲོག་ཅིང་། བདེ་འགྲོའི་སྲོག་ཀྱང་

གཙོད་པར་བྱེད། ཅེས་གསུངས་པ་དང་། སྐྱེལ་མ་དང་འདྲ་བའི་དགེ་བའི་བཤེས་གཉེན་དང་མ་བྲལ་ན་དགེ་བའི་ནོར་མི་འཚོར། བདེ་འགྲོའི་སྲོག་མི་ཆད་པར་ཐམས་ཅད་མཁྱེན་པའི་གྲོལ་ཁྱེར་དུ་ཕྱིན་པར་འགྱུར་རོ། །དེ་ལས། བྱང་ཆུབ་སེམས་དཔའི་བསོད་ནམས་ཐམས་ཅད་ནི་དགེ་བའི་བཤེས་གཉེན་གྱིས་བསྲུངས་པའོ། །ཞེས་སོགས་གསུངས་སོ། །ཡང་། དགེ་བའི་བཤེས་གཉེན་ནི་མཉན་པ་དང་འདྲ་བ་སྟེ་ཆུ་བོ་ཆེན་པོ་བརྒལ་བའི་ཚེ་གྲུའམ་གཟིངས་སུ་ཞུགས་ཀྱང་། མཉན་པ་མེད་ན། ཆུའི་ཕ་རོལ་ཏུ་མི་ཕྱིན་པར། ཆུར་བྱིང་བའམ་ཆུས་ཁྱེར་བར་འགྱུར་ལ། མཉན་པ་ཡོད་ན། དེའི་འབད་རྩོལ་གྱིས་ཆུའི་ཕ་རོལ་ཏུ་ཕྱིན་པར་འགྱུར་རོ། །དེ་བཞིན་དུ། འཁོར་བའི་རྒྱ་མཚོ་ཆེན་པོ་ལས་བརྒལ་བའི་ཚེ། མཉན་པ་དང་འདྲ་བའི་དགེ་བའི་བཤེས་གཉེན་མེད་ན་དམ་པའི་ཆོས་ཀྱི་གྲུ་གཟིངས་ལ་ཞུགས་ནས་ཕྱིན་ཡང་། འཁོར་བ་ཉིད་དུ་བྱིང་ཞིང་། འཁོར་བའི་རྒྱུན་གྱིས་ཁྱེར་བར་འགྱུར་རོ། །ཀླུ་སྒྲུབ་ཞབས་ཀྱིས། སྐྱུ་བ་འཛིན་པ་མེད་པ་ནི། གྲུ་ཡི་ཕ་རོལ་ཕྱིན་མི་འགྱུར། ཡོན་ཏན་ཐམས་ཅད་རབ་རྫོགས་ཀྱང་། བླ་མ་མེད་པ་སྲིད་ཐར་མིན། ཞེས་གསུངས་པ་ལྟ་བུའོ། །དེས་ན་མཉན་པ་དང་འདྲ་བའི་དགེ་བའི་བཤེས་གཉེན་བསྟེན་པར་བྱས་ན། འཁོར་བའི་རྒྱ་མཚོའི་ཕ་རོལ་མྱ་ངན་ལས་འདས་པའི་སྐམ་སར་ཕྱིན་པར་འགྱུར་ཏེ། སྡོང་པོ་བཀོད་པའི་མདོ་ལས། དགེ་བའི་བཤེས་གཉེན་ནི་འཁོར་བའི་ཆུ་བོ་ཆེན་པོ་ལས་སྒྲོལ་བས་ན་མཉན་པ་ལྟ་བུའོ། །ཞེས་གསུངས་སོ། །དེའི་ཕྱིར། ཐར་པ་འདོད་པ་དག་གིས། ལམ་མཁན་ནམ། སྐྱེལ་མའམ། མཉན་པ་ལྟ་བུའི་དགེ་བའི་བཤེས་གཉེན་ཡང་དག་པ་ཚུལ་བཞིན་དུ་བསྟེན་པར་བྱ་དགོས་པ་མདོ་ལས་གསུངས་པ་དང་། ཁྱད་པར་གསང་སྔགས་རྡོ་རྗེ་ཐེག་པར་ནི། ཧྲ་བི་ལྟར། གང་ཕྱིར་རྡོ་རྗེ་འཛིན་པ་ཡི། དངོས་གྲུབ་སློབ་དཔོན་རྗེས་འབྲང་ཕྱིར། ཞེས་དང་ཀྱེ་རྡོ་རྗེ་ལས། གཞན་གྱི་བརྗོད་མིན་ལྷན་ཅིག་སྐྱེས། གང་དུ་ཡང་ནི་མི་རྙེད་དེ། །བླ་མའི་དུས་ཐབས་བསྟེན་པ་དང་། །བདག་གི་བསོད་ནམས་ལས་ཤེས་བྱ། །ཞེས་སོགས་བླ་མ་བསྟེན་དགོས་པ་དང་། བླ་མ་མ་བསྟེན་ན་དངོས་གྲུབ་མི་འགྲུབ་པའི་ཚུལ་རྒྱ་ཆེར་གསུངས

ཤིང་། ཁྱད་པར་དུ། སྒྲུབ་བརྒྱུད་འདི་ཉིད་ནི་བྱིན་རླབས་ཀྱི་ལམ་དུ་བཞེད་པས། རྟོགས་པ་མ་སྨིན་པ་སྨིན་པར་བྱེད་པ་དང་། སྨིན་པ་བོགས་དབྱུང་བར་བྱེད་པ་གཉིས་ཀ་བླ་མའི་བྱིན་རླབས་ལ་རག་ལས་པ། དེས་ན། གང་ལ་དོན་གྱི་དབང་བསྐུར་ཞུས་པའི་རྡོ་རྗེ་སློབ་དཔོན་དེ་ཉིད་སོ་སོའི་སྐྱེ་བོའི་ཚུལ་སྟོན་ཀྱང་རྡོ་རྗེ་འཆང་ཉིད་དུ་བལྟ་དགོས་ཤིང་། དོན་གྱིས་ཀྱང་དེ་ལྟར་ཡིན་ཏེ། རྡོ་རྗེ་སྙིང་པོ་རྒྱན་ལས། རྟག་ཏུ་བླ་མ་ལ་གུས་པའི། །སློབ་མས་བླ་མ་འདི་ལྟར་བལྟ། །བླ་མ་སངས་རྒྱས་ཀུན་དང་མཉམ། །དེ་ཉིད་རྟག་ཏུ་རྡོ་རྗེ་འཆང་། ཞེས་དང་། རྣ་པི་ལྷས་ཀྱང་། བླ་མ་དང་ནི་རྡོ་རྗེ་འཛིན། །ཐ་དད་པ་ནི་མི་བརྟག་གོ །ཞེས་སོགས་གསུངས་པ་ལྟར། རྡོ་རྗེ་འཆང་དང་བླ་མ་དད་པ་མཉམ་པའི་སྒོ་ནས་མཆོག་དང་ཐུན་མོང་གི་དངོས་གྲུབ་ཐོབ་པའི་ཆེད་དུ་ཚུལ་བཞིན་བསྟེན་པར་བྱ་བ་ནི་ལམ་གྱི་རྩ་བ་ཡིན་ནོ། །

སྤྱིར་གདུལ་བྱ་རང་ཉིད་འཁོར་བ་ན་སྒྲིབ་པ་སྟུག་པོའི་སྦུབས་སུ་གནས་པའི་ཚེ་ན། བླ་མའང་སོ་སོའི་སྐྱེ་བོའི་ཚུལ་དང་། དེ་ལས་སྒྲིབ་པ་ཤས་ཆུང་བར་གྱུར་པ་ན་བྱང་འཕགས་ཀྱི་ཚུལ། ཚོགས་ལམ་ཆེན་པོ་ནས་མཆོག་གི་སྤྲུལ་པའི་སྐུའི་ཚུལ། འཕགས་ལམ་ཐོབ་པ་ནས་ལོངས་སྤྱོད་རྫོགས་སྐུའི་ཚུལ་དུ་སྣང་བ་ལ་བསྟེན་པར་ནུས་པ་ནི་གདུལ་བྱ་རང་ཉིད་ཀྱི་རྒྱུད་ལ་རགས་ལས་མོད། གདུལ་བྱ་དེའི་སྐབས་དང་འཚམས་ཤིང་སྐབས་སུ་བབ་པའི་ཆོས་སྟོན་ནུས་པ་དང་། དེའི་རྒྱུད་ལ་དེའི་བློ་དང་འཚམས་པའི་རྣམ་དཀར་གྱི་ཡོན་ཏན་སྔར་མེད་གསར་དུ་བསྐྱེད་ཅིང་། ཡོད་པ་གོང་ནས་གོང་དུ་སྤེལ་བའི་ཐབས་ལ་མ་སྙོངས་པས་འགྲོ་རྣམས་སྲིད་འཚོ་ལས་སྒྲོལ་བའི་ཐུགས་རྗེ་དང་ལྡན་པ་ནི་མཚན་ཉིད་ལྡན་པའི་རྡོ་རྗེ་སློབ་དཔོན་ཡིན་ནོ། །བླ་མ་ལ་བཤེས་གཉེན་དུ་འབོད་པའང་ཕར་ཕྱིན་པའི་ཆོས་སྐད་དེ་སྲིད་པའི་འཚོ་ལས་འདོན་པའི་བཀའ་དྲིན་འདི་ལྟ་བུ་ཕ་དང་མ་དང་གཉེན་བཤེས་སུས་ཀྱང་མ་མཛད་པའི་ཕྱིར་བླ་ན་མེད་པའི་བཤེས་ཡིན་པས་དེ་སྐད་ཅེས་བྱའོ། །དེ་ལྟར་གོང་དུ་བཤད་པའི་བླ་མ་བཞི་ལས་ད་ལྟ་རང་ལ་དྲིན་གང་ཆེ་ན། གདུལ་བྱ་སོ་སྐྱེ་ལས་དང་པོ་པས་ཐོག་མར་

ཉིད་ནས་དགེ་བའི་བཤེས་གཉེན་གོང་མ་རྣམས་བསྟེན་པར་མི་ནུས་པས། དགེ་བའི་བཤེས་གཉེན་སོ་སོ་སྐྱེ་བོ་དང་མཇལ་བས་དེའི་གསུང་གི་སྒྲོན་མེས་ལམ་སྣང་བར་བྱས་ནས། རིམ་གྱིས་དགེ་བའི་བཤེས་གཉེན་གོང་མ་རྣམས་དང་མཇལ་ཏེ་གསུང་གི་བདུད་རྩི་བཏུང་ནུས་པ་འགྱུར་བས་ཆེས་དྲིན་ཆེ་བ་ནི་དགེ་བའི་བཤེས་གཉེན་སོ་སོའི་སྐྱེ་བོ་ཉིད་ཡིན་ནོ། །

བཤེས་གཉེན་བསྟེན་པའི་ཕན་ཡོན། རྒྱལ་བའི་ཡུམ་ལས། དགེ་བའི་བཤེས་གཉེན་གྱིས་ཡོངས་སུ་ཟིན་པའི་བྱང་ཆུབ་སེམས་དཔའ་སེམས་དཔའ་ཆེན་པོ་ནི་མྱུར་དུ་བླ་ན་མེད་པ་ཡང་དག་པར་རྫོགས་པར་འཚང་རྒྱའོ། །ཞེས་པ་དང་། དཔལ་འབྱུང་གི་རྣམ་ཐར་ལས་ཀྱང་། རིགས་ཀྱི་བུ་དགེ་བའི་བཤེས་གཉེན་གྱིས་ཡང་དག་པར་ཟིན་པའི་བྱང་ཆུབ་སེམས་དཔའ་ནི། ངན་སོང་དུ་མི་ལྟུང་ངོ་། །དགེ་བའི་བཤེས་གཉེན་གྱིས་ཡོངས་སུ་སྲུང་བའི་བྱང་ཆུབ་སེམས་དཔའ་ནི། སྡིག་པའི་གྲོགས་པོའི་ལག་ཏུ་མི་འགྲོའོ། །དགེ་བའི་བཤེས་གཉེན་གྱིས་ཡོངས་སུ་བསྐྱངས་པའི་བྱང་ཆུབ་སེམས་དཔའ་ནི། ཐེག་པ་ཆེན་པོའི་ཆོས་ལས་མི་ལྡོག་གོ། དགེ་བའི་བཤེས་གཉེན་གྱིས་ཡང་དག་པར་ཟིན་པའི་བྱང་ཆུབ་སེམས་དཔའ་ནི་སོ་སོའི་སྐྱེ་བོའི་ས་ལས་ཡོངས་སུ་འདའ་འོ། །ཞེས་དང་། སྡོང་པོ་བཀོད་པ་ལས་དགེ་བའི་བཤེས་གཉེན་རྣམས་ནི་བདག་ངན་སོང་ཐམས་ཅད་ལས་སྐྱོབས་པའོ། །ཆོས་མཉམ་པ་ཉིད་རྟོགས་པར་བྱེད་པའོ། །ལམ་བདེ་བ་དང་མི་བདེ་བ་སྟོན་པར་བྱེད་པའོ། །ཀུན་ཏུ་བཟང་པོ་སྤྱོད་པས་འདོམས་པའོ། །ཐམས་ཅད་མཁྱེན་པའི་གྲོང་ཁྱེར་གྱི་ལམ་སྟོན་པའོ། །ཐམས་ཅད་མཁྱེན་པའི་གནས་སུ་སྐྱེལ་བའོ། །ཆོས་ཀྱི་དབྱིངས་རྒྱ་མཚོར་འཇུག་པའོ། །དུས་གསུམ་གྱི་ཤེས་བྱའི་རྒྱ་མཚོ་སྟོན་པའོ། །འཕགས་པའི་ཚོགས་ཀྱི་དཀྱིལ་འཁོར་སྟོན་པའོ། །དགེ་བའི་བཤེས་གཉེན་ནི་བདག་གི་དཀར་པོའི་ཆོས་ཐམས་ཅད་འཕེལ་བ་བྱེད་པའོ། །ཞེས་སོགས་དགེ་བའི་བཤེས་གཉེན་བསྟེན་པའི་ཕན་ཡོན་རྣམས་དྲན་ཞིང་དད་པ་སྐྱེད་དགོས་པ་སོགས་མང་དུ་གསུངས་པ་དང་། གཞན་ཡང་རིམ་ལྔ་ལས། མཆོད་པ་ཐམས་ཅད་རྣམས་སྤངས་ནས། །བླ་མ་མཆོད་པ་ཡང་དག་རྩོམ། །དེ་མཉེས་པས་ནི་ཀུན་མཁྱེན་པའི། །ཡེ་ཤེས་

མཆོག་ནི་ཐོབ་པར་འགྱུར། །ཞེས་སོགས་བླ་མ་བསྟེན་ནས་མཆོད་པའི་ཕན་ཡོན་གསུངས་པ་ལྟར། འདི་དང་གཏན་གྱི་ལེགས་ཚོགས་ཇི་སྙེད་ནི་དགེ་བའི་བཤེས་གཉེན་ཚུལ་བཞིན་བསྟེན་པ་ལས་འབྱུང་བས་ན་སྐལ་བ་དང་ལྡན་པ་དག་གིས་མཚན་ཉིད་ལྡན་པའི་དགེ་བའི་བཤེས་གཉེན་བསྟེན་པར་བྱའོ། །

ཕན་ཡོད་དེ་ལྡན་གྱི་དགེ་བའི་བཤེས་གཉེན་ཇི་ལྟར་བསྟེན་པའི་ཐབས་སམ་ཚུལ་ནི། བཀུར་བསྟི་དང་རིམ་གྲོའི་སྒོ་ནས་བསྟེན་པ། མོས་པ་དང་གུས་པའི་སྒོ་ནས་བསྟེན་པ། བསྒྲུབ་པ་དང་ནན་ཏན་གྱི་སྒོ་ནས་བསྟེན་པར་བྱ་བ་ལས། བཀུར་བསྟིས་བསྟེན་པ་ཕྱག་འཚལ་བ་དང་། བླ་མ་ཕེབས་པ་ན་མྱུར་དུ་ལྡང་བ་དང་། ལུས་འདུད་པ་དང་། སྐོར་བ་བྱ་བ་དང་། གདུང་བའི་སེམས་ཀྱིས་དུས་སུ་སྨྲ་བ་དང་། ངོམས་པ་མེད་པའི་སེམས་ཀྱིས་ཡང་དང་ཡང་དུ་བལྟ་བ་ལ་སོགས་པ་སྟེ། དཔེར་ན། གཞོན་ནུ་ནོར་བཟང་གིས་བཤེས་གཉེན་བསྟེན་པ་བཞིན་ནོ། །སྡོང་པོ་བཀོད་པའི་མདོ་ལས་ཀྱང་དགེ་བའི་བཤེས་གཉེན་ལྟ་བ་ལ་ངོམས་པ་མེད་པར་གྱིས་ཤིག དེ་ཅིའི་ཕྱིར་ཞེ་ན། དགེ་བའི་བཤེས་གཉེན་རྣམས་ནི་མཐོང་བར་དཀའོ། འབྱུང་བར་དཀའོ། །མཇལ་བར་དཀའོ། ཞེས་གསུངས་སོ། །

རིམ་གྲོས་བསྟེན་པ་ནི། ཆོས་དང་མཐུན་པའི་ཟས་དང་། གོས་དང་། མལ་ཆ་དང་སྟན་དང་། བསྟུན་གྱི་གསོ་སྨན་དང་། ནོར་ལ་སོགས་པའི་ཡོ་བྱད་ཀྱིས་ལུས་དང་སྲོག་ལ་མི་ལྟ་བར་དགེ་བའི་བཤེས་གཉེན་ལ་བསྙེན་བཀུར་བྱེད་པ་སྟེ། དཔེར་ན་འཕགས་པ་རྟག་ཏུ་ངུས་དགེ་བའི་བཤེས་གཉེན་བསྟེན་པ་བཞིན་ནོ། །དཔལ་འབྱུང་གི་རྣམ་ཐར་ལས་ཀྱང་སངས་རྒྱས་ཀྱི་བྱང་ཆུབ་ནི་དགེ་བའི་བཤེས་གཉེན་ལ་རིམ་གྲོ་བྱས་པས་ཐོབ་བོ། །ཞེས་གསུངས་སོ། །

མོས་པ་དང་གུས་པས་བསྟེན་པ་ནི། དགེ་བའི་བཤེས་གཉེན་ལ་སངས་རྒྱས་ཀྱི་འདུ་ཤེས་བཞག་ལ། ཇི་སྐད་གསུངས་པའི་བཀའ་མི་གཅོག་པ་དང་། མོས་པ་དང་གུས་པ་དང་། དད་པ་སྐྱེད་པ་སྟེ། པཎ་ཆེན་ནཱ་རོ་པ། མར་པ། མི་ལ་སོགས་ཀྱིས་དགེ་བའི་བཤེས་གཉེན་

བསྟེན་པ་བཞིན་ནོ། །རྒྱལ་བའི་ཡུམ་ལས་ཀྱང་། ཁྱེད་ཀྱི་དགེ་བའི་བཤེས་གཉེན་ལ་ནན་ཏན་དུ་གུས་པ་བསྐྱེད་པར་བྱའོ། ཐངས་པར་བྱའོ། རབ་ཏུ་དང་བར་བྱའོ། །ཞེས་གསུངས་སོ། །

བསྒྲུབ་པ་དང་ནན་ཏན་གྱི་སྒོ་ནས་བསྟེན་པ་ནི། དགེ་བའི་བཤེས་གཉེན་དེའི་ཆོས་ལ་ཐོས་པ་དང་། བསམ་པ་དང་སྒོམ་པ་གསུམ་གྱི་སྒོ་ནས་བསྒྲུབ་པ་དང་། ནན་ཏན་དུ་བྱེད་པ་སྟེ་འདིས་ནི་དགེ་བའི་བཤེས་གཉེན་མཆོག་ཏུ་མཉེས་པར་འགྱུར་བ་ཡིན་ཏེ། མདོ་སྡེ་རྒྱན་ལས། བསྟན་པ་ཇི་སྐད་བསྟན་པ་བསྒྲུབ་པ་དེས། དེ་ཡི་སེམས་ནི་ཡང་དག་མགུ་བར་བྱེད། ཅེས་གསུངས་པ་དང་། འཇམ་མགོན་མི་ཕམ་པས། གསེར་དང་ཐོང་བ་མཉམ་པའི་འཕགས་མཆོག་ལ། །སྙིང་བཞིན་ཕུན་ཚོགས་བསྟབ་ཀྱང་ཅི་བགྱི་སྟེ། །དེ་ཡི་ཐུགས་ལ་བབ་པའི་ཆོས་བཟུང་ན། །དགོངས་པ་ཡོངས་སུ་རྫོགས་པ་འགྱུར་ཞེས་གྲགས། །ཞེས་གསུངས་པ་ལྟར། བདེ་བར་བཤེགས་པའི་བཀའ་དང་བསྟན་བཅོས་རྣམས་ལས་ཇི་ལྟར་གསུངས་པ་དག་དང་། བླ་མས་ཇི་ལྟར་གདམས་པའི་ཚུལ་དེ་ལྟ་བོ་ནར་ཉམས་སུ་ལེན་པ་ནི་དགེ་བའི་བཤེས་གཉེན་མཉེས་པའི་ཐབས་བླ་ན་མེད་པ་སྟེ་བཀའ་བཞིན་སྒྲུབ་པའི་མཉེས་པ་འབའ་ཞིག་ཡིན། དེས་ན། བསྒྲུབ་བརྒྱུད་རིན་པོ་ཆེ་འདི་ཉིད་ཀྱི་སྐྱེས་ཆེན་དམ་པ། པཎ་ཆེན་ནཱ་རོ་པ་དང་། མངའ་བདག་མར་པ་ལོ་ཙྪ། རྗེ་བཙུན་རས་པ་ཆེན་པོ་ལ་སོགས་པ་རྣམས་ཀྱིས་བླ་མ་བསྟེན་པ་དང་། དཀའ་བ་དཔག་མེད་སྤྱད་ནས་དགེ་བའི་བཤེས་གཉེན་སྙིང་རྗེའི་དབང་དུ་གྱུར་པ་དེའི་དགོངས་བཞེད་ཡོངས་སུ་སྐོང་ནས་བཀའ་བཞིན་བསྒྲུབས་པས་མཉེས་པར་བྱས་པ་དང་། དེ་ལ་བརྟེན་ནས་དོན་བརྒྱུད་ཀྱི་རྟོགས་པ་སློབ་མའི་རྒྱུད་ལ་འཕོས་ནས་སྨིན་གྲོལ་གྱི་ལམ་ལ་སྦྱོར་བའི་ཚུལ་ནི་ཕལ་པའི་བློས་བསམ་གྱིས་མི་ཁྱབ་པ་དང་། ཆེས་ངོ་མཚར་བའི་རྣམ་པར་ཐར་པ་བགྲང་བ་ལས་འདས་པ་ཞིག་མཆིས་པ་འདིར་འཕྲིར་མ་ལང་བས་སོ་སོའི་རྣམ་པར་ཐར་པ་རྒྱས་པ་དག་ལས་ཤེས་པར་བྱའོ། །དེ་ལྟར་དགེ་བའི་བཤེས་གཉེན་བཀའ་བཞིན་སྒྲུབ་པས་མཉེས་པར་བྱེད་པ་ནི་ལམ་ཐམས་ཅད་ཀྱི་རྩ་བ་ཡིན་ལ་

རྫོགས་པ་དེ་དང་ལྡན་ན་དེ་ལས་རིམ་གྱིས་ལུང་དང་རྫོགས་པའི་ཡོན་ཏན་གྱི་སྟོང་པོ་དང་། ཡལ་ག་དང་། ལོ་མ་དང་མེ་ཏོག་ཡོངས་སུ་རྒྱས་ནས། མཐར་ཐར་པ་དང་། ཐམས་ཅད་མཁྱེན་པའི་འབྲས་བུ་མངོན་དུ་གྱུར་པ་གདོན་མི་ཟ་སྟེ། དཔལ་འབྱུང་གི་རྣམ་ཐར་ལས། དགེ་བའི་བཤེས་གཉེན་མགུ་བར་བྱས་ན་སངས་རྒྱས་ཐམས་ཅད་ཀྱི་བྱང་ཆུབ་ཐོབ་བོ། །ཞེས་གསུངས་པ་ལྟར་རོ། །དེས་ན། དགེ་བའི་བཤེས་གཉེན་ལས་ཆོས་ཞུ་བའི་ཚེ་ཡང་། སྣོད་ཀྱི་སྐྱོན་གསུམ། དྲི་མ་དྲུག མི་འཛིན་པ་ལྔ་སྤངས་ནས། འདུ་ཤེས་བཞི་དང་ལྡན་པ་དང་། ཕ་རོལ་ཏུ་ཕྱིན་པ་དྲུག་དང་ལྡན་པ། སྤྱོད་ལམ་གཞན་བསྟེན་པ་བཅས་ཀྱི་སྒོ་ནས་ལེགས་པར་རབ་ཏུ་མཉན་ལ་ཉམས་སུ་བླང་བར་བྱའོ། །

གཅིག གང་ལ་ཐོས་བསམ་བྱ་བའི་ཡུལ་བཤད་པ།

གང་ལ་ཐོས་བསམ་བྱ་བའི་ཡུལ་བཤད་པ་ལ། སྤྱིར་དམ་པའི་ཆོས་ངོས་བཟུང་ཚུལ་དང་། ཐེ་བྲག་ལུང་གི་ཆོས་འཁོར་བསྐོར་ཚུལ། དེ་དག་བཀའི་བསྡུ་བ་ཇི་ལྟར་བྱས་པའི་ཚུལ་སོགས་ཡོད་དོ། །

1. སྤྱིར་དམ་པའི་ཆོས་ངོས་བཟུང་ཚུལ།

བདག་ཅག་གི་སྟོན་པ་རྣམ་འདྲེན་ཤཱཀྱའི་དབང་པོ་འདི་ཉིད་ཀྱིས་གྲངས་མེད་དཔག་ཏུ་མེད་པའི་བསྐལ་པ་རྒྱ་མཚོ་རྣམས་སུ་སངས་རྒྱས་ཀྱི་ཞིང་རྒྱ་མཚོ་ཡོངས་སུ་སྦྱངས་ཤིང་། སེམས་ཅན་རྒྱ་མཚོ་ཡོངས་སུ་སྨིན་པ་དང་། སྨོན་ལམ་རྒྱ་མཚོ་རབ་ཏུ་རྫོགས་པར་མཛད་ནས་ཇི་སྙེད་པའི་ཆོས་ཐམས་ཅད་ལུས་པ་མེད་པའི་ཚུལ་གྱིས་ཇི་ལྟ་བར་མཁྱེན་ནས་མངོན་པར་བྱང་ཆུབ་སྟེ། གདུལ་བར་བྱ་བ་རྣམས་ལ་རྣམ་པ་ཐམས་ཅད་དུ་དམ་པའི་ཆོས་ཀྱི་འཁོར་ལོ་བསྐོར་བ་ནི་ཕྲིན་ལས་ཐམས་ཅད་ལས་ཆེས་ཁྱད་པར་འཕགས་པ་ཡིན་ནོ། །

དེ་ལ་དམ་པའི་ཆོས། ཞེས་པ་ནི། སྡུག་བསྔལ་དག་ནི་ཐམས་ཅད་དང་། སྒྲིབ་ཀུན་སེལ་བྱེད་དམ་པའི་ཆོས་ཞེས་པ་ལྟར་གང་ལ་ཚུལ་བཞིན་དུ་དམིགས་ན། ལུས་ཅན་རྣམས་ཀྱི་

སྒྲིབ་པ་ཟད་པའི་ཐམས་སུ་གྱུར་པའི་རྣམ་དཀར་གྱི་ཡོན་ཏན་ཞིག་ཡིན། དེ་ནི་འགོག་ལམ་གྱིས་བསྡུས་པའི་ཟག་མེད་ཀྱི་ཆོས་རྣམས་དང་། ཚད་ལྡན་གྱི་བཀའ་བསྟན་བཅོས་རྣམས་ཡིན་ལ། དེའང་སྔ་མ་ནི་བརྗོད་བྱ་རྟོགས་པའི་ཆོས་དང་ཕྱི་མ་ནི་རྗོད་བྱེད་ལུང་གི་ཆོས་སོ། །སྤྱིར་ཆོས་ཞེས་བྱ་བའི་སྒྲ་ནི། རྣམ་བཤད་རིགས་པར། ཆོས་ནི་ཤེས་བྱ་ལམ་དང་ནི། །མྱ་ངན་འདས་དང་ཡིད་ཀྱི་ཡུལ། །གསུང་རབ་ཚེ་དང་བསོད་ནམས་དང་། །འབྱུང་འགྱུར་ངེས་དང་ཆོས་ལུགས་ལའོ། །ཞེས་པ་ལྟར། དོན་བཅུ་ལ་འཇུག་པ་ལས། དེ་དག་གི་ནང་ནས་ཆེས་ཁྱད་པར་དུ་འཕགས་པའི་ཆོས་ནི་གོང་དུ་ངོས་བཟུང་བའི་ཆོས་དེ་དག་ཡིན་ཞིང་། དེ་དག་ལ་ནི་དམ་པའི་ཆོས་ཞེས་བྱ་སྟེ། ཆོས་ཐམས་ཅད་ཀྱི་མཆོག་ཡིན་པ་དང་མཆོག་གི་སྐྱེས་བུ་རྫོགས་པའི་སངས་རྒྱས་ཀྱིས་བསྟན་པའི་ཆོས་ཡིན་པས་སམ་ཐར་པ་བྱང་ཆུབ་གསུམ་གྱི་ལམ་མཆོག་བསྟན་པས་ན་དམ་པའི་ཆོས་ཞེས་བྱའོ། །དམ་པའི་ཆོས་དེ་ལ་དབྱེ་ན། བརྗོད་བྱ་རྟོགས་པའི་དམ་པའི་ཆོས་དང་། རྗོད་བྱེད་ལུང་གི་དམ་པའི་ཆོས་གཉིས་ཏེ། མཛོད་ལས། སྟོན་པའི་དམ་ཆོས་རྣམ་གཉིས་ཏེ། །ལུང་དང་རྟོགས་པའི་བདག་ཉིད་དོ། །ཞེས་པ་ལྟར་རོ། །བརྗོད་བྱ་རྟོགས་པའི་དམ་པའི་ཆོས་ལའང་གཉིས་ཡོད་པ་སྟེ། འཕགས་བཞིའི་ཐུགས་རྒྱུད་ཀྱི་གཉེན་པོས་སྤང་བྱ་སྤངས་པའི་ཆགས་བྲལ་ཉིད་ཀྱི་ངོ་བོ་འགོག་པའི་བདེན་པ་དང་། གང་གིས་ཆགས་པ་དང་བྲལ་བར་བྱེད་པའི་གཉེན་པོའི་རང་བཞིན་ལམ་གྱི་བདེན་པའོ། །རྗོད་བྱེད་ལུང་གི་ཆོས་ལའང་ངོ་བོའི་སྒོ་ནས་དབྱེ་ན། ལེགས་པར་གསུངས་པའི་བཀའ་དང་། བཀའི་དགོངས་པ་འགྲེལ་པའི་བསྟན་བཅོས་གཉིས་ཏེ། ལྷའི་བུས་ཞུས་པའི་མདོ་ལས། ཆོས་རྣམས་ཐམས་ཅད་བཀའ་དང་བསྟན་བཅོས་གཉིས་སུ་འདུས། །ལེགས་པར་གསུང་དང་དེ་ཡི་དགོངས་འགྲེལ་བ། །ཞེས་གསུངས་པ་ལྟར་རོ། །དེ་ལ་བཀའ་ནི་རྒྱུད་བླ་མར། གང་ཞིག་དོན་ལྡན་ཆོས་དང་ཉེར་འབྲེལ་ཞིང་། །ཁམས་གསུམ་ཀུན་ནས་ཉོན་མོངས་སྤོང་བྱེད་གསུང་། །ཞི་བའི་ཕན་ཡོན་སྟོན་པར་མཛད་པ་གང་། །དེ་ནི་དྲང་སྲོང་གསུང་ཡིན་བཟློག་པ་གཞན། །ཞེས་པ་ལྟར། བརྗོད་བྱ་དོན་ལྡན་གྱི་ཆོས་དང་

ཉེ་བར་འབྲེལ་ཞིང་། བྱེད་ལས་ཁམས་གསུམ་གྱི་ཉོན་མོངས་སྤོང་བའི་ཐབས་སུ་གྱུར་པ་འབྲས་བུ་མྱ་ངན་ལས་འདས་པ་ཞི་བའི་ཕྱོགས་སུ་གཞོལ་ཞིང་འབབས་པའི་ངག་བདག་རྐྱེན་གཙོ་བོར་རྫོགས་པའི་སངས་རྒྱས་ལ་བརྟེན་ནས་བྱུང་བའོ། །ངེས་ཚིག་ནི། སུ་བྷཱ་ཥི་ཏ་ཞེས་ལེགས་པར་གསུངས་པ་སྟེ་དེ་ལ་ཕྱིན་ཅི་མ་ལོག་པར་ཡང་དག་པར་གསུངས་པའི་ཕྱིར་ལེགས་པར་གསུངས་པའོ། །ཞེས་རྣམ་བཤད་རིགས་པ་ལས་གསུངས་པ་ལྟར་དང་། ཇི་ལྟར་ལེགས་པར་གསུངས་པའི་ཚུལ་ཡང་རྣམ་བཤད་རིགས་པ་ལས། རྣམ་པ་བཅུ་ཡི་སྒོ་ནས་རྒྱས་པར་བཤད་པ་ལྟར་ཤེས་པར་བྱའོ། །

བཀའ་ཡི་ངོ་བོ་ནི། བརྗོད་བྱ་བསླབ་པ་གསུམ་སྟོན། རྗོད་བྱེད་ངག་ཚིག་དྲི་མེད། སྐྱབ་བྱེད་ཚད་མ་གསུམ་ལྡན། འབྲས་བུ་ཐོག་མཐའ་བར་དུ་དགེ་བ་ཅན་ཞིག་སྟེ། མགོན་པོ་བྱམས་པས། བསླབ་པ་གསུམ་བརྗོད་ངག་ཚིག་དྲི་མ་མེད། །ཚད་མ་གསུམ་ལྡན་ཐོག་མཐའ་བར་དགེ་བ། །དེ་ནི་ཆེན་པོ་གསུང་དང་རྒྱལ་བའི་བཀའ། །བཟློག་པ་གཞན་གྱི་གཞུང་དུ་ཤེས་པར་བྱ། །ཞེས་པ་དང་། མདོ་ལས། དམ་པའི་ཆོས་ནི་ཐོག་མར་དགེ་བ། བར་དུ་དགེ་བ། ཐ་མར་དགེ་བ། དོན་བཟང་པོ། ཚིག་འབྲུ་བཟང་པོ། མ་འདྲེས་པ། ཡོངས་སུ་རྫོགས་པ། ཡོངས་སུ་དག་པ། ཡོངས་སུ་བྱང་བ། ཞེས་སོགས་གསུངས་པ་རྣམས་ཀྱིས་ལེགས་པར་གསུངས་པའི་ཚུལ་རྟོགས་པར་བྱའོ། །

བཀའ་ཡི་དབྱེ་བ་ལ། བདག་རྐྱེན་གྱི་སྒོ་ནས་དབྱེ་བ། བརྗོད་བྱའི་སྒོ་ནས་དབྱེ་བ། རྗོད་བྱེད་ཀྱི་སྒོ་ནས་དབྱེ་བ། དབང་པོའི་རིམ་པས་དབྱེ་བ་དང་བཞི་ཡོད་པ་ལས།

དང་པོ་ནི། ཞལ་ནས་གསུངས་པའི་དཀའ་དང་། བྱིན་གྱིས་བརླབས་པའི་བཀའ་དང་། རྗེས་སུ་གནང་པའི་བཀའ་འོ། །

དང་པོ་ནི། མདོ་སྡུད་པ་ལྟ་བུ་སངས་རྒྱས་ཉིད་ཀྱིས་ཞལ་ནས་གསུངས་པ་དང་། གཉིས་པ། བྱིན་གྱིས་བརླབས་པའི་བཀའ་ལ་སྐུ་དང་གསུང་དང་ཐུགས་ཀྱི་བྱིན་གྱིས་བརླབས་པ་གསུམ་ཡོད། སྐུས་བྱིན་གྱིས་བརླབས་པའི་བཀའ་ནི། སངས་རྒྱས་ཀྱིས། བྱང་

ཆུབ་སེམས་དཔའ་རྡོ་རྗེ་སྙིང་པོའི་སྤྱི་བོར་ཕྱག་བཞག་ནས་བྱིན་གྱིས་བརླབས་པས་མདོ་སྡེ་ས་བཅུ་པ་འཆད་པའི་སྤོབས་པ་སྐྱེས་ནས་རྣམ་པར་གྲོལ་བའི་ཟླ་བས་དྲིས་པ་ལྟ་བུ། གསུང་གིས་བྱིན་གྱིས་བརླབས་པའི་བཀའ་ནི། བཅོམ་ལྡན་འདས་ཀྱིས་འཇམ་དཔལ་ལ་མ་སྐྱེས་དགྲ་ཡི་འགྱོད་པ་སོལ་ཅིག་ཅེས་བཀའ་སྩལ་པས་འཇམ་དཔལ་གྱིས་མ་སྐྱེས་དགྲའི་འགྱོད་པ་བསལ་བའི་མདོ་གསུངས་པ་ལྟ་བུ། ཐུགས་ཀྱིས་བྱིན་གྱིས་བརླབས་པའི་བཀའ་ནི། བཅོམ་ལྡན་འདས་ཟབ་མོ་སྣང་བའི་ཏིང་ངེ་འཛིན་ལ་བཞུགས་ནས་ཤཱ་རིའི་བུ་དང་། སྤྱན་རས་གཟིགས་ལ་བྱིན་གྱིས་བརླབས་པས་ཤེས་རབ་སྙིང་པོའི་མདོ་གསུངས་པ་ལྟ་བུ་དང་། ཡང་ན་ཀུན་ཏུ་བཟང་པོའི་སྤྱོད་པ་སྟོན་པའི་མདོ་ལ་སོགས་པ་ལྟ་བུའོ། །གཞན་ཡང་། ཡོན་ཏན་དང་། ཕྲིན་ལས་ལྷུན་གྱིས་གྲུབ་པའི་བྱིན་རླབས་འོད་ཟེར་བཀྱེ་བ་ལས་དེ་བཞིན་གཤེགས་པའི་སྐུ་སྣང་ནས་ཆོས་སྟོན་པ། འབུམ་གྱི་གླེང་གཞི་ནས་བཤད་པ་དང་། དོན་ཆེན་པོར་འགྱུར་བའི་སྐབས་སུ། རི་དང་། ཤིང་དང་། བྱ་དང་། པདྨ་དང་། ཟ་བོ་ཆེ་ལ་སོགས་པ་ལས་ཆོས་ཀྱི་སྒྲ་དབྱངས་འབྱུང་བ་ལྟ་བུ་དང་། ཉན་ཐོས་ལ་སོགས་པ་བྱིན་གྱིས་བརླབས་པའི་མཐུས་ཆོས་སྟོན་པ་དང་། དེ་བཞིན་དུ་འགྲོ་བ་སུ་ཡང་རུང་བ་རྒྱལ་བའི་ཕྲིན་ལས་ཆེན་པོའི་མཐུས་ཆོས་སྨྲ་བ་དག་ཀྱང་བཀའི་ཡོངས་སུ་བསྡུ་བར་བྱ་སྟེ། སྡུད་པ་ལས། རྒྱལ་བའི་ཉན་ཐོས་པ་དག་ཇི་སྙེད་ཆོས་སྟོན་དང་། འཆད་དང་རིགས་པ་དག་དང་ལྡན་པར་བརྗོད་པ་དང་། །མཆོག་འཕགས་བདེ་བ་བྱེད་དང་དེ་ཡི་འབྲས་ཐོབ་པ། །དེ་དག་ཀུན་ཀྱང་དེ་བཞིན་གཤེགས་པའི་སྐྱེས་བུའི་མཐུ། །ཞེས་སོགས་གསུངས་པས་སོ། གསུམ་པ་རྗེས་སུ་གནང་བའི་བཀའ་ནི། བཀའི་སྡུད་པ་པོ་རྣམས་ཀྱིས། གསུང་རབ་རྣམས་ཀྱི་དབུ་ལ་གླེང་གཞི་དང་། བར་དུ། དེ་ནས་བཅོམ་ལྡན་འདས་ཀྱིས་སོགས་ཀྱི་མཚམས་སྦྱོར་དང་། མཐར་མཇུག་འགྱུར་ལ་སོགས་པ་བཀོད་པ་རྣམས་ཏེ། སྙིང་རྗེ་པདྨ་དཀར་པོ་ལས། ཀུན་དགའ་བོ། དེ་ན་དགེ་སློང་དེ་དག་གིས་ཁྱེད་ལ་དེ་སྐད་དྲིས་པ་དང་། འདི་སྐད་ལུང་སྟོན་ཅིག་འདི་སྐད་བདག་གིས་ཐོས་པའི་དུས་གཅིག་ན། བཅོམ་ལྡན་འདས་དང་པོ་མངོན་པར་རྫོགས་པར་སངས་རྒྱས་ནས

ཡུལ་མ་ག་དྷཱ་ན་བྱང་ཆུབ་ཀྱི་སྙིང་པོ་ལ་བཞུགས་སོ། །ཞེས་སོགས་ནས། དོན་གང་ཞིག ཚིག་དང་ཡི་གེ་གང་དང་གང་གིས་རྣམ་གྲངས་གང་དང་གང་གསུངས་པ་དེ་ལ་ཁྱེད་ཀྱིས། གླིང་གཞི་དང་བཅས་པ་དང་། རྒྱུ་དང་བཅས་པ་དང་། རྐྱེན་དང་བཅས་པ་དང་། དོན་བཟང་པོ་དང་། ཚིག་འབྲུ་བཟང་པོ་རྒྱས་པར་སྟོན་ཅིག མདོ་སྡེའི་མཇུག་ཏུའང་། བཅོམ་ལྡན་འདས་ཀྱིས་དེ་སྐད་ཅེས་བཀའ་བསྩལ་ནས། ལྷ་དང་མི་དང་། ལྷ་མ་ཡིན་དང་། དྲི་ཟར་བཅས་པའི་འཇིག་རྟེན་ཡི་རང་སྟེ་བཅོམ་ལྡན་འདས་ཀྱིས་གསུངས་པ་ལ་མངོན་པར་བསྟོད་དོ། །ཞེས་བྲིས་ཤིག ཀུན་དགའ་བོ་ཆོས་ཀྱི་ཚུལ་འདི་དེ་ལྟར་ཡང་དག་པར་བསྡུ་བར་བྱའོ། །ཞེས་དང་། ལུང་ལས་ཀྱང་། གནས་མ་དྲན་ན་གྲོང་ཁྱེར་དྲུག་པོ་གང་དུང་སྨྲོས་ཤིག ཅེས་གསུངས་ནས་རྗེས་སུ་གནང་བ་མཛད་པ་ལྟར་ད་ལྟའི་མདོ་སྡེ་རྣམས་སུ་ཡོད་པ་དེ་དག་ནི་རྗེས་སུ་གནང་བའི་བཀའོ། །

གཉིས་པ་བརྗོད་བྱའི་སྒོ་ནས་དབྱེ་བ་ནི། ཕྱིར་རྒྱལ་བའི་གསུང་རབ་ཐམས་ཅད་བརྗོད་བྱ་བསླབ་པ་རིན་པོ་ཆེ་རྣམ་པ་གསུམ་གཙོ་བོར་སྟོན་པའི་དབང་དུ་བྱས་ནས། དེའི་རྗོད་བྱེད་སྡེ་སྣོད་གསུམ་དུ་དབྱེ་ན། དེ་ཡང་འདུལ་བ། མདོ་སྡེ། མངོན་པའི་སྡེ་སྣོད་གསུམ་མོ། །དེ་ལ་ལྷག་པ་ཚུལ་ཁྲིམས་ཀྱི་བསླབ་པ་གཙོ་བོར་སྟོན་པའི་རིས་སུ་གནས་པའི་གསུང་རབ་ནི་འདུལ་བའི་སྡེ་སྣོད། ལྷག་པ་སེམས་ཀྱི་བསླབ་པ་གཙོ་བོར་སྟོན་པའི་རིས་སུ་གནས་པའི་གསུང་རབ་ནི་མདོ་སྡེའི་སྡེ་སྣོད་ཀྱི་མཚན་ཉིད། ལྷག་པ་ཤེས་རབ་ཀྱི་བསླབ་པ་གཙོ་བོར་སྟོན་པའི་རིས་སུ་གནས་པའི་གསུང་རབ་ནི་མངོན་པའི་སྡེ་སྣོད་ཀྱི་མཚན་ཉིད་ཡིན། དེ་དག་གི་མཚན་གཞི་ནི་རིམ་པ་བཞིན་དུ་ལུང་སྡེ་བཞི་སོགས་དང་། ཤེར་ཕྱིན་འབུམ་པ་སོགས་དང་། མངོན་པ་སྡེ་བདུན་སོགས་སོ། །ཕྱིར་སྡེ་སྣོད་ཅེས་བྱ་བའི་མིང་དོན་ནི། ལེགས་སྦྱར་སྐད་དུ། པི་ཏ་ཀ་ཞེས་པ་སྟེ། དེ་ནི་གོང་བུ་དང་བྲེ་བོ་ཆེ་ལ་འཇུག སྡེ་སྣོད་ལའང་དོན་མང་པོ་འདུས་པས་བྲེ་བོ་ཆེ་ལ་བྲེ་ཆུང་མང་པོ་འདུས་པ་དང་འདྲའོ། །ཐོགས་མེད་ཞབས་ཀྱིས་ཅིའི་ཕྱིར་སྡེ་སྣོད་ཅེས་བྱ་ཞེ་ན། སྨྲས་པ། བསྡུས་པའི་ཕྱིར་ཏེ་ཞེས་བྱ་བ་ནི་

དོན་ཐམས་ཅད་བསྡུས་པའི་ཕྱིར་རོ། །ཞེས་སོགས་གསུངས་པ་ལྟར་རོ། །

གསུམ་པ་རྫོད་བྱེད་ཀྱི་སྒོ་ནས་དབྱེ་ན། གསུང་རབ་ཡན་ལག་བཅུ་གཉིས་ཏེ། ཇི་སྐད་དུ། མདོ་སྡེ་དབྱངས་བསྙད་ལུང་བསྟན་དང་། །ཚིགས་བཅད་ཆེད་བརྗོད་གླེང་བཞི་དང་། །རྟོགས་བརྗོད་དེ་ལྟ་བུ་བྱུང་དང་། །སྐྱེས་རབས་ཤིན་ཏུ་རྒྱས་པ་དང་། །རྨད་བྱུང་གཏན་ལ་དབབ་པའི་སྡེ། །ཞེས་པ་ལྟར་རོ། ། བཞི་པ་ནི། ཡང་ན། བཀའ་ཐམས་ཅད་གདུལ་བྱའི་དབང་པོའི་རིམ་པ་དང་སྦྱར་ནས་ཆོས་ཀྱི་འཁོར་ལོ་རྣམ་པ་གསུམ་དུ་དབྱེ་བའང་ཡོད་དེ། ལས་དང་པོ་བ་རྣམས་བཟུང་འཛིན་རང་རྒྱུད་པས་བཅིངས་པས་ཉོན་མོངས་པ་ལས་སེམས་བསྲུང་བའི་ཕྱིར་དུ་སྤང་གཉེན་བླང་དོར་བྱེད་པའི་རིམ་པ་གཙོ་བོ་སྟོན་པས་བདེན་པ་བཞིའི་ཆོས་ཀྱི་རྣམ་གྲངས་དང་། བར་པ་གཉེན་པོ་ལ་མངོན་པར་ཞེན་པ་དགག་པའི་ཕྱིར་མཚན་ཉིད་མེད་པ་དང་། ཐ་མ་གཤིས་ཇི་ལྟར་གནས་པ་ལྟར་དོན་དམ་རྣམ་པར་ངེས་པའི་ཆོས་ཀྱི་རྣམ་གྲངས་ཏེ་རྣམ་པ་གསུམ་དུ་ཤེས་པར་བྱའོ། །

དབང་པོའི་སྒོ་ནས་དབྱེ་ན། མཚན་བརྗོད་ལས། ཐེག་པ་གསུམ་གྱི་ངེས་འབྱུང་ལ། །ཐེག་པ་གཅིག་གི་འབྲས་བུར་གནས། ཞེས་པ་ལྟར་ཉན་ཐོས་དང་། རང་སངས་རྒྱས་དང་། བླ་ན་མེད་པའི་ཐེག་པ་སྟེ་གསུམ་དུ་དབྱེ་བའོ། །རྒྱལ་བས་ཆོས་ཀྱི་འཁོར་ལོ་རིམ་པ་གསུམ་བསྐོར་ཞེས་གསུངས་པའང་། གདུལ་བྱའི་དབང་པོའི་རིམ་པ་ལ་བརྟེན་ནས་གསུངས་པ་ཡིན་ནོ། །དེ་ལྟར་ན། གསང་སྔགས་ཀྱི་སྡེ་སྣོད་འདིར་འདུའམ་ཞེ་ན། གསུམ་གའི་སྙིང་པོ་ཡིན་པའི་ཕྱིར་ཁྱད་པར་གྱི་སྒོ་ནས་རིག་པ་འཛིན་པའི་སྡེ་སྣོད་ཅེས་ཟུར་དུ་བྱས་པ་ཙམ་ལས་དོན་དུ་ངེས་པར་འདིའི་ནང་དུ་འདུ་སྟེ། རྗེ་རང་བྱུང་རྡོ་རྗེས། ཟབ་མོའི་མདོ་འདུལ་མངོན་པ་ཡིས། ཞེས་གསུངས་པ་དང་། རྡོ་རྗེ་སྙིང་འགྲེལ་ལས། སངས་རྒྱས་པ་ལ་བཞི་པ་དང་། ལྔ་པ་ཐུབ་པའི་དགོངས་པ་མེད། ཞེས་གསུངས་པའི་ཕྱིར་ན། གསང་སྔགས་ཀྱི་རྒྱུད་སྡེ་ཡང་སྡེ་སྣོད་གསུམ་པོ་དེའི་ནང་དུ་འདུ་ཐུབ་པ་ནི་གང་དུ་སྡེ་སྣོད་ལ་པི་ཊ་ཀ་ཞེས་པའི་སྒྲ་དོན་ལས་ཤེས་པར་འགྱུར་རོ། །དགོངས་འགྲེལ་བསྟན་བཅོས་བཤད་པ་ལ། རྩོམ་པ་པོ།

བསྟན་བཅོས་ཀྱི་མཚན་ཉིད། ངེས་ཚིག དབྱེ་བ། ཞར་བྱུང་ངོ་། །

རྩོམ་པ་པོའི་མཚན་ཉིད་ནི། སྤྱིར་བསྟན་བཅོས་རྩོམ་པའི་རྒྱུའམ་མཚན་ཉིད་རབ་འབྱིང་ཐ་གསུམ་ཀའམ། གང་རུང་གི་ཚད་དང་ལྡན་པ་ཞིག་དགོས་པར་གསུངས་ཏེ། འདི་ལ་བཞེད་ཚུལ་ཅུང་ཟད་མི་འདྲ་བ་འགའ་རེ་སྣང་ཡང་། འདིར། རབ་ཆོས་ཉིད་ཀྱི་བདེན་པ་མཐོང་བ། ཀླུ་སྒྲུབ་དང་། ཐོགས་མེད། ཨཱརྱ་དེ་བ་ལ་སོགས་པ་ལྟ་བུ་དང་། ཐ་མ་ཡང་རིག་པའི་གནས་ལྔ་ལ་མཁས་ཤིང་། བླ་མ་བརྒྱུད་པའི་བཤད་པའི་གདམས་ངག་ཡོད་པ་སྟེ། སློབ་དཔོན་དཔལ་སྦས་དང་། ཡེ་ཤེས་སྙིང་པོ་ལ་སོགས་པ་ལྟ་བུའོ། །དེ་བཞིན་དུ་ཡུལ་གངས་ཅན་ལྗོངས་སུའང་། བསྟན་བཅོས་རྩོམ་པའི་རྒྱུ་གསུམ་ཀ་ཚང་བ་དང་། རྒྱུ་ཅི་རིགས་པ་ཚང་བ། རྒྱུ་རེ་རེ་ཡོད་པའི་སྐྱེས་བུ་དམ་པ་མཁས་པ་གྲུབ་པའི་ཚོགས་ཆེས་མང་དུ་བྱོན་པ་དང་། དེ་དག་གིས་རྩོམ་པར་མཛད་པའི་བསྟན་བཅོས་ཀྱང་ཟབ་པ་དང་། རྒྱ་ཆེ་བ་ཤིན་ཏུ་མང་པོ་བཞུགས་པ་དང་། དེ་དག་ཉམས་སུ་བླངས་པ་ལ་བརྟེན་ནས་མཁས་པ་དང་། གྲུབ་པའི་གོ་འཕང་མཐོན་པོར་གཤེགས་པའང་དཔག་ཏུ་མེད་པ་ཞིག་བྱུང་ཡོད་པ་དེ་དག་ནི་འོག་ཏུ་འཆད་འགྱུར་གྱི་བསྟན་བཅོས་ཀྱི་མཚན་ཉིད་ཡོངས་སུ་ཚང་བའི་ཤེས་བྱེད་དོ། །

བསྟན་བཅོས་ཀྱི་མཚན་ཉིད་ནི། རྒྱུད་བླ་མར། གང་ཞིག་རྒྱལ་བའི་བསྟན་པ་འབའ་ཞིག་གི །དབང་བྱས་རྣམ་གཡེང་མེད་ཡིད་ཅན་གྱིས་བཤད། །ཐར་པ་ཐོབ་པའི་ལམ་དང་རྗེས་མཐུན་པ། །དེ་ཡང་དྲང་སྲོང་བཀའ་བཞིན་སྤྱི་བོས་བླང་། །ཞེས་གསུངས་པ་ལྟར། ཞིང་འདིར་སྟོན་པ་ཡོངས་སུ་མྱ་ངན་ལས་འདས་པའི་ཚུལ་བསྟན་པའི་རྗེས་སུ། དངོས་སམ་བརྒྱུད་ནས་སངས་རྒྱས་ཀྱི་བསྟན་པ་ཁོ་ནའི་དབང་དུ་བྱས་ནས། རྩོམ་པ་པོ། ལྟ་ངན། ཐེ་ཚོམ། རྣམ་གཡེང་མེད་པའི་བློ་ཅན་གྱིས་བཤད་པའི་ངག་གང་ཞིག ཐར་པ་ཐོབ་པའི་ལམ་དང་རྗེས་སུ་མཐུན་པ་གང་ཡིན་པའོ། །

བསྟན་བཅོས་ཀྱི་ངེས་ཚིག་ནི། མཚན་ཉིད་དེ་ལྡན་གྱི་བསྟན་བཅོས་ཀྱི་ངེས་ཚིག་ནི། རྣམ་བཤད་རིགས་པར། ཉོན་མོངས་དགྲ་རྣམས་མ་ལུས་འཚོས་པ་དང་། །ངན་འགྲོའི་སྲིད་

ལས་སྐྱོབ་བྱེད་གང་ཡིན་པ། །འཚོས་སྐྱོབ་ཡོན་ཏན་ཕྱིར་ན་བསྟན་བཅོས་ཏེ། །གཉིས་པོ་འདི་དག་གཞན་གྱི་ལུགས་ལ་མེད། །ཅེས་གསུངས་པ་ལྟར་ལེགས་སྦྱར་སྐད་དུ་ཤཱ་སྟྲ་ཏྲེ་ཤཱ་ས་ན། འཚོས་པ་དང་། ཏྲ་ཡ། སྐྱོབ་པ་ལ་འཇུག་པས་བསྟན་བཅོས་ཞེས་བྱའོ། །ཡང་ཤཱསྟྲ་ཞེས་པ་ངེས་པར་བསྟན་པ་དང་། གཞུང་ལུགས་ལ་འཇུག་པ། འཆི་མེད་མཛོད་ལས་བཤད་ཀྱང་། འཚོས་པ་དང་། སྐྱོབ་པའི་ཡོན་ཏན་དང་ལྡན་པ་ནི་སྐབས་འདིའི་བསྟན་བཅོས་སོ། །

བསྟན་བཅོས་ཀྱི་དབྱེ་བ་ནི། བསྟན་བཅོས་དེ་ལ། བྱེད་ལས་ཀྱི་སྒོ་ནས་དབྱེ་ན། དོན་རྒྱ་ཆེན་པོ་སྡུད་པའི་བསྟན་བཅོས་དང་། ཟབ་མོ་རྣམ་པར་འབྱེད་པའི་བསྟན་བཅོས། འཁྲུགས་པ་གོ་རིམ་བསྡེབས་པའི་བསྟན་བཅོས་དང་གསུམ་ཡོད། དང་པོ་ནི་མངོན་པ་མཛོད་ལྟ་བུ་དང་།

གཉིས་པ་ནི་མངོན་རྟོགས་རྒྱན་ལྟ་བུ། གསུམ་པ་མདོ་སྡེ་རྒྱན་ལྟ་བུའོ། །བཤད་བྱའི་སྒོ་ནས་དབྱེ་ན། བཀའ་སྤྱིའི་དགོངས་འགྲེལ་དང་། བྱེ་བྲག་གི་དགོངས་འགྲེལ། གཉིས་ཡོད། དང་པོ་ནི། ཀ་ཙནྡ་ལ་སོགས་པ་བརྗོད་སྒྲོས་པའི་གཞུང་རྣམས་དང་། སྡེ་འདུན་ལ་སོགས་པའི་ཚད་མ་རིག་པའི་གཞུང་ལུགས་རྣམས་ཡིན་ནོ། ། གཉིས་པ་བྱེ་བྲག་གི་དགོངས་འགྲེལ་ནི། འཁོར་ལོ་གསུམ་གྱི་ལྟ་སྤྱོད་ཀྱི་ཆ་སོ་སོར་འགྲེལ་བའི་དབྱེ་བས་མང་དུ་འགྱུར་ཏེ། འཁོར་ལོ་དང་པོའི་ལྟ་བའི་ཆ་འགྲེལ་པ། མངོན་པ་སྡེ་བདུན་བྱེ་བྲག་བཤད་མཛོད་ཆེན་མོ། དེ་དག་གི་དོན་བསྡུས་པ་མངོན་པ་མཛོད་ལ་སོགས་པ་དང་། སྤྱོད་པའི་ཆ་འགྲེལ་བ། འདུལ་བ་མདོ་རྩ་བ་དང་། མེ་ཏོག་ཕྲེང་བརྒྱུད་སོགས་དང་། དེ་བཞིན་འཁོར་ལོ་བར་པའི་ལྟ་བའི་ཆ་འགྲེལ་བ། དངོས་བསྟན་སྟོང་ཉིད་ཀྱི་རིམ་པ་གསལ་བར་བྱེད་པ་དབུ་མ་རིགས་ཚོགས་དྲུག་སོགས་དང་། སྦས་དོན་མངོན་རྟོགས་ཀྱི་རིམ་པ་གསལ་བར་བྱེད་པ། མངོན་རྟོགས་རྒྱན་སོགས་དང་། སྤྱོད་པའི་ཆ་འགྲེལ་བ་བྱེད་པ་བསླབ་པ་ཀུན་ལས་བཏུས་པ་སོགས་དང་། ལྟ་སྤྱོད་གཉིས་ཆར་འགྲེལ་པ་བྱང་ཆུབ་སེམས་དཔའི་སྤྱོད་པ་ལ་འཇུག་པ་ལ་སོགས་པ་

རྣམས་སོ། །འཁོར་ལོ་ཐ་མའི་ལྷ་བའི་ཆ་འགྲེལ་བ་མདོ་སྡེ་རྒྱན་དང་། འབྱེད་གཉིས། རྒྱུད་བླ་མ་སོགས་དང་། སྤྱོད་པའི་ཆ་འགྲེལ་བ་སྒོམ་པ་ཉི་ཤུ་པ་ལ་སོགས་པ་རྣམས་ཡིན་ནོ། །

བརྗོད་བྱའི་སྒོ་ནས་དབྱེ་ན། ཇི་སྙེད་པ་སྟོན་པ་དང་། ཇི་ལྟ་བ་སྟོན་པ་དང་། ཐར་པ་དང་ཐམས་ཅད་མཁྱེན་པ་སྟོན་པ་གསུམ་ཡོད། དེ་ལས་ཇི་སྙེད་པ་སྟོན་པ་ལའང་ཐུན་པ་དང་མཆོག་གཉིས་ལས། སྔ་མ་ནི་ལུགས་ཀྱི་བསྟན་བཅོས་ལྟ་བུ་དང་། ཕྱི་མ་ནི་རིག་པའི་གནས་ལྔའི་བསྟན་བཅོས་རྣམས་ཏེ། ནང་རིག་པ་སྟོན་བྱེད་ནི་ཕུང་པོ་ལྔའི་རབ་བྱེད་སོགས་དང་། ཇི་ལྟ་བ་སྟོན་པ། བདེན་གཉིས་རྣམ་ངེས་དང་སུམ་ཅུ་པ་དང་། དབུ་མ་རྒྱན་སོགས་དང་། ཐར་པ་དང་། ཐམས་ཅད་མཁྱེན་པ་སྟོན་པ་ནི་བྱང་ས་དང་། དགོངས་རྒྱན་ལ་སོགས་པའོ། །

ཞར་བྱུང་ནི། དེ་ལ་འཛམ་རྟེན་གྱི་ཁམས་འདི་ན། ཚིག་གི་ནང་ནས་རབ་དང་། མཆོག་དང་། ཕུལ་དུ་ཕྱུར་པ་ནི། རྒྱལ་བའི་གསུང་རབ་རིན་པོ་ཆེ་ཡིན་པས། དོན་རྒྱ་ཆེར་མ་གོ་ཡང་ཚིག་གླེག་པ་ཙམ་ལ་ཡང་བྱིན་རླབས་དང་། དགོས་པ་བསམ་གྱིས་མི་ཁྱབ་པ་དང་ལྡན་པས་སྲོག་ལྟར་གཅེས་པར་བྱ་བའི་འོས་ཡིན་ལ། དེའི་འོག་ཏུ་བྱམས་པའི་ཆོས་སྡེ་ཆེན་པོ་རྣམ་པ་ལྔ་དང་། སེམས་འགྲེལ་སྐོར་གསུམ་སོགས་ས་བཅུའི་དབང་ཕྱུག་གི་གསུང་རྣམས་དང་། གྲུབ་པའི་དབང་ཕྱུག་དཔལ་ས་ར་ཧ་དང་། པདྨ་སཾ་བྷ་ཝའི་གསུང་ཡིན་ངེས་རྣམས་དང་། འཛམ་གླིང་མཛེས་པར་བྱེད་པའི་རྒྱན་དྲུག་མཆོག་གཉིས། ཆེན་པོ་བཞི། རྨད་བྱུང་གི་སློབ་དཔོན་གཉིས། མཁན་པ་སློ་དྲུག ཇོ་བོ་རྗེ་དང་། ཨ་བྷྱཱ་ཀ་ར་སོགས་མཁས་གྲུབ་ཀྱི་སློབ་དཔོན་ཆེན་པོ་རྣམས་ཀྱིས་མཛད་པའི་གཞུང་རྣམས་ཀྱང་རྒྱལ་བའི་བཀའ་བཞིན་དུ་སྤྱི་བོས་བླང་པར་བྱ་བ་དང་། དེ་བཞིན། བོད་དུ་སྔ་འགྱུར་གྱི་ལོ་ཙྪ་ཆེན་པོ་རྣམས་དང་། ཕྱི་དར་བཤད་སྒྲུབ་ཀྱི་ཤ་བའི་ཤིང་རྟ་ཆེན་པོ་རྣམས་ཀྱིས་མཛད་པའི་བསྟན་བཅོས་རྣམས་ནི་ཁྱད་པར་དུ་འཕགས་པ་ཡིན་པས་རྒྱ་གཞུང་རྫོང་མེད་རྣམས་དང་ཁྱད་མེད་པར་བལྟ་ཞིང་དང་དུ་བླང་བར་བྱ་བ་ཡིན་ལ། དེ་མིན་རྒྱ་གར་གྱི་མཁས་པ་ཕལ་བས་མཛད་པའི་རྒྱ་གཞུང་

དང་། བོད་ཀྱི་མཁས་པར་གྲགས་པ་ཕྱོགས་རེའི་མིག་ཅན་དག་གིས་སྨྲ་བའི་བསྟན་བཅོས་སོགས་ལ་ནི་བཟང་ངན་སྣ་ཚོགས་ཡོད་སྲིད་པས་དེ་དག་ལ་རྟོག་དཔྱོད་མེད་པར་གྱ་ཚོམ་དུ་ཡིད་རྟོན་བྱ་བའི་ཡུལ་མ་ཡིན་ཏེ། མདོ་ལས། དགེ་སློང་དག་གམ་མཁས་རྣམས་ཀྱིས། །བསྲེག་བཅད་བརྡར་བའི་གསེར་བཞིན་དུ། །ལེགས་པར་བརྟགས་ལ་ང་ཡི་བཀའ། །བླང་བར་བྱ་ཡི་གུས་ཕྱིར་མིན། །ཞེས་གསུངས་པའི་ཕྱིར་ན། གང་ལ་ཡང་བརྟགས་ཤིང་དཔྱད་ནས་འཇུག་པ་ནི་ཚིག་ལ་མི་རྟོན་དོན་ལ་རྟོན་པ་ཡ་རབས་དམ་པའི་ཚུལ་ལོ། །

དགེ་བའི་བཤེས་གཉེན་བསྟེན་ནས་གདམས་ངག་ཉན་པའི་ཚུལ་ལ་སྤྱི་དང་བྱེ་བྲག་གཉིས་ལས། དང་པོ་ནི། དེ་ལྟར་བཀའ་དང་བསྟན་བཅོས་ཡང་དག་པ་དེ་དག་དགེ་བའི་བཤེས་གཉེན་མཉེས་པ་ལས་ལེགས་པར་ཐོས་པར་བྱེད། ཐོས་པ་དེ་ཡང་ཐོབ་ལོ་གོ་ལོ་ཙམ་དུ་མ་སོང་བར། ལུང་དང་རིགས་པ་ལ་བརྟེན་ནས་བསམ་པའི་ཤེས་རབ་ཀྱིས་སྒྲོ་འདོགས་བཅད་དེ་གྲུབ་དོན་གཏན་ལ་དབབ། ལེགས་པར་གཏན་ལ་ཕབ་པའི་དོན་དེ་ཉིད་ཡང་ནས་ཡང་དུ་སྒོམ་ཞིང་གོམས་པར་བྱས་པ་ལས། ཐོས་བསམ་སྒོམ་པའི་ཤེས་རབ་ཀྱི་མིག་རབ་རིབ་དང་བྲལ་བ་ཞིག་ཐོབ་ནས་མཐར་གྱིས་རྣམ་པ་ཐམས་ཅད་མཁྱེན་པའི་གྲོང་ཁྱེར་དུ་སྙེགས་པ་ནི་སྤྱིའི་ཚུལ་ལུགས་ཏེ། དེ་ལྟར་ཡང་དཔལ་ལྡན་ཟླ་བས། ཇི་ལྟར་ལོང་བའི་ཚོགས་ཀུན་བདེ་བླག་ཏུ། །མིག་ལྡན་སྐྱེས་བུ་གཅིག་གིས་འདོད་པ་ཡི། །ཡུལ་དུ་འཁྲིད་པ་དེ་བཞིན་འདིར་ཡང་བློས། །མིག་ཉམས་ཡོན་ཏན་བླང་ཏེ་རྒྱལ་ཉིད་འགྲོ། །ཇི་ལྟར་དེ་ཡི་ཆེས་ཟབ་ཆོས་རྟོགས་པ། །ལུང་དང་གཞན་ཡང་རིགས་པས་ཡིན་པས་ན། ཞེས་གསུངས་པ་ལྟར་གང་ཟག་གང་ཞིག་གཞན་དོན་དུ་རང་ཉིད་ཐར་པ་དང་། ཐམས་ཅད་མཁྱེན་པ་ཐོབ་འདོད་ཀྱིས་བསམ་པས་ཀུན་ནས་བསླངས་ཏེ་དེ་དག་ལ་ཐོས་བསམ་སྒོམ་པ་བྱས་པ་ཡིན་ན་མཐར་ཀྱི་དམིགས་པའི་ཡུལ་ཐམས་ཅད་མཁྱེན་པའི་གྲོང་ཁྱེར་ག་ལ་བ་དེར་འཇུག་པར་འགྱུར་བ་འདི་ལ་ནན་ཏན་མཛད་པ་གལ་ཆེའོ། །

2. ཐེ་ཐྲག་ལུང་གི་ཆོས་འཁོར་བསྐོར་ཚུལ།

དེ་ལ་རྒྱུ་མཚན་ཉིད་ཀྱི་ཐེག་པ་བྱུང་ཚུལ་དང་། འབྲས་བུ་གསང་སྔགས་རྡོ་རྗེ་ཐེག་པ་བྱུང་ཚུལ་གཉིས་ཡོད།

རྒྱུ་མཚན་ཉིད་ཀྱི་ཐེག་པ་བྱུང་ཚུལ་ནི། མདོར་བསྟན་པ་ལ་ཆོས་ཀྱི་འཁོར་ལོ་ཞེས་པ། སྟོན་པས་གསུངས་པའི་དམ་པའི་ཆོས་ཡིན་པ་གང་ཞིག མི་མཐུན་ཕྱོགས་འཇོམས་ནུས་པ་སྟེ། དེའང་། ཐེ་ཐྲག་ཏུ་སྨྲ་བ་རྣམས་ཀྱིས་མཐོང་ལམ་ཁོ་ན་ཆོས་འཁོར་དུ་འདོད་དེ། མཛོད་ལས། ཆོས་ཀྱི་འཁོར་ལོ་མཐོང་བའི་ལམ། །མྱུར་བར་འགྲོ་སོགས་རྩིབས་སོགས་ཕྱིར། ཞེས་འཕགས་ལམ་ཡན་ལག་བརྒྱད་འཁོར་ལོ་དང་མཚུངས་པས་མཐོང་བའི་ལམ་ནི་ཆོས་ཀྱི་འཁོར་ལོའོ་ཞེས་འདོད། མདོ་སྡེ་པ་རྣམས་ཀྱིས། མཐོང་སྒོམ་མི་སློབ་ལམ་གསུམ་ག་དེ་སྟོན་པར་བྱེད་པའི་ཆོས་ཀྱི་རྣམ་གྲངས་དང་བཅས་པ་ཆོས་འཁོར་དུ་བཞེད་དེ། རྒྱལ་སྲས་མར། དེ་ལྟ་བས་ན། ཆོས་ཀྱི་རྣམ་གྲངས་དེ་ཉིད་ཆོས་ཀྱི་འཁོར་ལོ་ཡང་ཡིན་ཏེ། ཆོས་ཀྱི་འཁོར་ལོ་རབ་ཏུ་སྟོན་པའི་ཕྱིར་རོ། །ཞེས་དང་། མཐོང་བ་དང་། སྒོམ་པ་དང་། མི་སློབ་ལམ་ཡང་ཆོས་ཀྱི་འཁོར་ལོ་ཡིན་ཏེ། གདུལ་བྱའི་སྐྱེ་བོའི་རྒྱུད་ལ་འཇུག་པས་འཁོར་ལོ་ཞེས་བྱ་བའི་ཕྱིར་རོ་ཞེས་བཞེད་དོ། །

རང་ལུགས་ལ། ཐེག་པ་ཆེན་པོ་པ་ལྟར་ན། ཚོགས་ལམ་ནས་མི་སློབ་ལམ་གྱི་བར་ལམ་ལྔ་པོ་ཐམས་ཅད་ཆོས་ཀྱི་འཁོར་ལོ་ཡིན་ཏེ། ཆོས་ཀྱི་བཤེས་གཉེན་གྱིས། ཆོས་ཀྱི་འཁོར་ལོ་ཁ་ཅིག་གི་ཚོགས་ཀྱི་ལམ་མོ། ཁ་ཅིག་གི་སྦྱོར་བའི་ལམ་མོ། ཁ་ཅིག་གི་བར་ཆད་མེད་པའི་ལམ་གྱི་བར་རོ། །ཞེས་བཤད་ཅིང་། རྣམ་གྲོལ་གྱི་ལམ་ཡང་ཆོས་ཀྱི་འཁོར་ལོ་ཐམས་ཅད་ཀྱི་མཆོག་ཏུ་གྱུར་པ་ཡིན་པའི་ཚུལ། མདོ་རྒྱ་ཆེར་རོལ་པ་ལས་རྒྱས་པར་གསུངས་པ་ལྟར་རོ། །

ཆོས་འཁོར་ལ། ལེགས་སྦྱར་སྐད་དུ། དྷརྨ་ཙཀྲ་ཞེས་བྱ་སྟེ། དྷརྨ་ནི་དམ་པའི་ཆོས་ལུང་དང་རྟོགས་པའི་བདག་ཉིད་ལ་འཇུག་ཚུལ་གོང་དུ་མདོ་ཙམ་སྟོན་པ་ལྟར་དང་། ཙཀྲ་

ཞེས་པ། འཕོ་བ་དང་། ཚོགས་པ་ལ་འཇུག་པས། རྟོགས་པའི་ཆོས་འཁོར་གདུལ་བྱའི་རྒྱུད་ལ་འཕོ་བ་ལྟར་སྣང་བའི་ཕྱིར་དང་། ལུང་གི་ཆོས་འཁོར་ཆོས་ཀྱི་ཕུང་པོ་མང་པོའི་བདག་ཉིད་ཡིན་པའི་ཕྱིར་ན། ངེས་ཚིག་དེ་སྐད་ཅེས་སྨོས་པ་ཡིན་ནོ། །དེ་ལ་མིང་གི་རྣམ་གྲངས་གཞན་ཡང་། ཚངས་པའི་འཁོར་ལོ་ཞེས་བྱ་སྟེ། མཛོད་ལས། །དེ་ཉིད་ཚངས་ཚུལ་ཚངས་པ་ཡི། །འཁོར་ལོ་ཚངས་པས་བསྐོར་ཕྱིར་རོ། །ཞེས་འབྱུང་བ་ལྟར་ཏེ། མདོ་ལས། བཅོམ་ལྡན་འདས་དེ་ནི་ཚངས་པ་ཞེས་ཀྱང་བྱ། ཞི་བ་དང་བསིལ་བར་གྱུར་པ་ཞེས་ཀྱང་བྱ་ཞེས་གསུངས་པས། བཅོམ་ལྡན་འདས་ཉིད་ལ་ཚངས་པ་ཞེས་བྱ་ཞིང་། མཚན་དེ་འབྲེལ་བའི་རྒྱུ་མཚན་ཡང་། བྲཧྨ་ཞེས་པ་སྒྲ་སྦྱོར་བམ་གཉིས་ལས། བྲཧྨ་ཙཀྲ་ཞེས་བྱ་བ། བྲཧྨ་བྷཱུ་ཏ་ཤཱི་ཏ་བྷཱུ་ཏ་ཞེས་བྱ་སྟེ། ཚངས་པའམ་བསིལ་བར་གྱུར་པས་ཏེ། དོན་དུ་མྱ་ངན་ལས་འདས་བྱ། ཞེས་བཤད་པ་དང་། དེ་བཞིན་དུ་མཛོད་འགྲེལ་ལས་ཀྱང་། བཅོམ་ལྡན་འདས་ནི་ཚངས་པའི་ཚུལ་བླ་ན་མེད་པའང་ལྡན་པའི་ཕྱིར་ཚངས་པ་ཡིན་ཏེ། ཞེས་སོགས་གསུངས་པ་ལྟར་རོ། །

ཆོས་ཀྱི་འཁོར་ལོ་དེ་རྣམ་པ་གསུམ་དུ་བསྐོར་ཚུལ་རྒྱས་པར་བཤད་པ་ལ། སྤྱིར་བཤད་པ་དང་། སོ་སོའི་རྣམ་གཞག་བཤད་པ་གཉིས་ལས།

ལུང་གི་ཆོས་འཁོར་བསྐོར་བའི་རྣམ་གཞག་ནི། རྣམ་པ་གསུམ་ཉིད་ཡིན་ཏེ། བཀའ་དང་པོ་བདེན་པ་བཞིའི་ཆོས་འཁོར། བར་པ་མཚན་ཉིད་མེད་པའི་ཆོས་འཁོར། ཐ་མ་ལེགས་པར་རྣམ་པར་ཕྱེ་བའི་ཆོས་འཁོར་ཡིན་ནོ། །དེ་ལྟར་གསུམ་དུ་དབྱེ་བའི་རྒྱུ་མཚན་ཡང་གདུལ་བྱའི་གང་ཟག་ལ་ཐེག་དམན་གྱི་རིགས་སུ་ངེས་པ་དང་། ཐེག་ཆེན་གྱི་རིགས་སུ་ངེས་པ་དང་། རྐྱེན་གྱིས་འགྱུར་བས་རིགས་མ་ངེས་པ་དང་གསུམ་དུ་དབྱེ་བ་སྟེ། དབྱེ་བ་དེ་ནི་གྲངས་ངེས་མཚན་ཉིད་པ་ཡིན་ཞིང་དེ་ལྟར་འཐད་པའི་ཕྱིར་རོ། །དེའི་དབང་གིས་ཐོ་མ་དག་གི་ངོར། བདེན་པ་བཞི་དང་། རྟེན་འབྲེལ་བཅུ་གཉིས་སོགས་སྟོན་པ་འཁོར་ལོ་དང་པོ་དང་། གཉིས་པ་དག་གི་ངོར། ཤིན་ཏུ་ཟབ་པའི་གནས་སྟོང་པ་ཉིད་ཀྱི་གནས་སྟོན་པ

འཁོར་ལོ་བར་པ་དང་། མ་ངེས་པ་དག་གི་ངོར་ཟབ་མོའི་གནས་ལ་སྐྲག་པ་སྤང་བའི་ཕྱིར་ཆོས་རྣམས་རྣམ་རིག་ཙམ་དུ་སྟོན་ཞིང་། ཡོངས་གྲུབ་དོན་དམ་བདེན་པར་གསུངས་པ་འཁོར་ལོ་ཐ་མ་སྟེ་གདུལ་བྱེད་ཀྱི་ཐབས་ཀྱང་གསུམ་དུ་འདུས་པར་འཐད་པའི་ཕྱིར་རོ། །

ཡང་ན་གཟུངས་ཀྱི་དབང་ཕྱུག་རྒྱལ་པོའི་མདོ་ལས། ཆོས་འཁོར་གསུམ་ལ་གཏམ་གསུམ་གྱིས་བསྟན་པར་མཛད་དེ། དང་པོ་འཁོར་བ་ལས་ཡིད་འབྱུང་བའི་གཏམ་དང་། གཉིས་པ་རྣམ་ཐར་སྒོ་གསུམ་གྱི་གཏམ་དང་། གསུམ་པ་ཕྱིར་མི་ལྡོག་པའི་འཁོར་ལོའི་གཏམ་མོ། །དེ་ལྟར་འཇོག་པའི་རྒྱུ་མཚན་ནི། མདོ་དེ་ལས། ནོར་བུ་མཁན་མཁས་པ་ནོར་བུ་སྦྱངས་པའི་དཔེས་གསུངས་པ་ལྟར། གདུལ་བྱ་བྱང་ཆུབ་མཆོག་ཏུ་བགྲོ་བའི་རིམ་པས་བཞག་པ་སྟེ། རྒྱུད་བླ་མ་ལས། འཇིག་རྟེན་ཞི་བའི་ལམ་ལ་འཇུག་པ་དང་། །རབ་ཏུ་སྨིན་དང་ལུང་སྟོན་རྒྱུ་ཡི་གཟུགས། །ཞེས་བཤད་པ་ལྟར། དང་པོ་གདུལ་བྱ་འཁོར་བ་ལ་ཆགས་པ་རྣམས་ཡིད་འབྱུང་བའི་གཏམ་གྱིས་བསྐུལ་ནས་ཞི་བའི་ལམ་ལ་འཇུག་པ་དང་དེ་ནས་སྟོང་པ་ཉིད་ཀྱི་གཏམ་གྱིས་ཐེག་པ་ཆེན་པོར་ཡོངས་སུ་སྨིན་པ་དང་། དེ་ནས་ཕྱིར་མི་ལྡོག་པའི་འཁོར་ལོའི་གཏམ་གྱིས་དེ་བཞིན་གཤེགས་པའི་ཡུལ་ལ་འཇུག་ཅིང་ལུང་སྟོན་པ་ཆེན་པོ་འཐོབ་པར་བྱེད་པའི་ཕྱིར་རོ། །

ཡང་ན། སློབ་དཔོན་ཀླུ་སྒྲུབ་ཀྱིས། དང་པོ་བདག་སྟོན་པའི་འཁོར་ལོ། བར་དུ་བདག་མེད་སྟོན་པའི་འཁོར་ལོ། ཐ་མར་ལྟ་བ་ཀུན་བཟློག་གི་འཁོར་ལོ་ཞེས་ཐ་སྙད་མཛད་པ་དང་། ཨཱརྱ་དེ་བས་ཀྱང་། དེའི་དོན་བཞིན་དུ། བསོད་ནམས་མ་ཡིན་དང་པོ་བཟློག་ བར་དུ་བདག་ནི་བཟློག་པ་དང་། ཐ་མ་ལྟ་གཞི་ཀུན་བཟློག་པ། །གང་གིས་ཤེས་དེ་མཁས་པ་ཡིན། །ཞེས་བཤད་པ་ལྟར། དེ་ལྟར་འཕགས་པ་ཡབ་སྲས་ཀྱིས། ཀུན་རྫོབ་ཀྱི་བདེན་པ་ལ་བླང་དོར་ཕྱིན་ཅི་མ་ལོག་པར་ཞུགས་ནས། དོན་དམ་བདེན་པ་མཐོང་རུང་དུ་བསྒྲུབ་པའི་ཕྱིར་དང་པོ། བདག་འཛིན་བཟློག་པའི་ཕྱིར་སྟོང་པའི་ཕྱོགས་གཅིག་འགོག་པའི་རྣམ་གྲངས་པའི་དོན་དམ་བདེན་པ་བསྟན་པས་བར་པ་དང་། ཡོད་མེད་ལ་སོགས་པ་ལྟ་བའི་གཞི་བཟློག

པའི་ཕྱིར་སྦྱོར་བ་ཐམས་ཅད་དང་བྲལ་བའི་དོན་དམ་བདེན་པ་དངོས་སྟོན་པ་གསུམ་པར་བཞེད་པ་ཡིན་ཅིང་། འདི་ཡང་། གདུལ་བྱ་ལ་ལྟོས་ནས་འདུལ་བྱེད་ཐབས་ཀྱི་དབྱེ་བ་དང་གོ་རིམ་མཛད་པ་ཡིན་ནོ། །དེས་ན། ཐ་མ་གཟུངས་དབང་དང་། དགོངས་འགྲེལ་གྱི་མདོ་ལས་འབྱུང་བ་དག་གི་དབྱེ་བ་དང་གོ་རིམ་ནི། འཁོར་ལོ་ཐ་མ་ངེས་དོན་མཐར་ཐུག་ཏུ་དགོངས་པས་བཤད་པའི་དབང་གིས་ཡིན་ལ་ལུགས་ཕྱི་མ་ལྟར་གྱི་ཚེ་ན། བར་གྱི་འཁོར་ལོ་བར་པ་དེ་ཉིད་ཐ་མར་བསྟན་པ་ཡིན་ཏེ། དེ་ལྟ་བ་ཀུན་བཟློག་གི་འཁོར་ལོར་སློབ་དཔོན་དེ་ཉིད་བཞེད་པའི་ཕྱིར་རོ། །

སོ་སོའི་རྣམ་གཞག་བཤད་པ་ལ། ཆོས་འཁོར་གསུམ་གྱི་རྣམ་གཞག་བཤད་པ་དང་། ཆོས་ཀྱི་ཕུང་པོའི་རྣམ་གཞག་བཤད་པའོ། །ཆོས་འཁོར་གསུམ་གྱི་རྣམ་གཞག་བཤད་པ་ནི།

གཅིག བདེན་བཞིའི་ཆོས་འཁོར་སྟོན་པས་གསུངས་པའི་དམ་ཆོས་གང་ཞིག ཐེག་ཆེན་གྱི་ལམ་རྟོགས་སུ་དགོངས་ནས། གཙོ་བོ་ཐེག་དམན་གྱི་རིགས་ཅན་རྣམས་ལ་བསྟན་པའོ། དེའི་མཚན་གཞི་ནི། ཉན་ཐོས་རྣམས་ལ་གྲགས་པའི་འདུལ་མདོན་མདོ་སྡེའི་གསུངས་རྣམས་ཏེ། ལུང་སྡེ་བཞི་སོགས་སོ། །དེ་དག་ལ་ཅིའི་ཕྱིར་བདེན་བཞིའི་ཆོས་འཁོར་ཞེས་བྱ་ཞེ་ན་གཙོ་བོར་བདེན་པ་བཞི་ལས་བརྩམས་ཏེ་དམན་པ་ལ་མོས་པ་རྣམས་དྲང་བའི་ཕྱིར་ལྷ་སྦྱིད་ཡང་དག་པར་སྟོན་པས་ན་དེ་སྐད་ཅེས་བྱའོ། །

དེ་ལ་འཇིག་རྟེན་འདི་ཉིད་དུ་དམན་པའི་གདུལ་བྱ་ཐུན་མོང་བ་རྣམས་ཀྱི་སྣང་ངོ་ཙམ་དུ། འཁོར་ལོ་དང་པོའི་དངོས་གཞི་ནི་ཝཱ་ར་ཎ་སཱི་དྲང་སྲོང་ལྷུང་བ་རི་དྭགས་ཀྱི་ནགས་སུ་སྟོན་པས་ཚུ་སྟོད་ཟླ་བའི་ཚེས་བཞིའི་དུས་སུ་ཀུན་ཤེས་ཀཽ་ཎྜི་ནྱ་ལ་སོགས་པ་འཁོར་ལྔ་སྡེ་བཟང་པོ་ལ་ལན་གསུམ་དུ་བཟླས་པ་རྣམ་པ་བཅུ་གཉིས་ཀྱི་ཆོས་ཀྱི་འཁོར་ལོ་བསྐོར་བའི་ཚུལ་བསྟན་པ་དེ་ཡིན་ཏེ། དེའི་ཚུལ་ནི། བྱེ་སྨྲ་དག་འདི་ལྟར་འདོད་དེ། བདེན་པ་བཞི་པོ་སོ་སོར་འདི་དང་འདིའོ་ཞེས་བསྟན་པ་བཟླས་པ་དང་པོ་དང་། སྡུག་བསྔལ་ཤེས་པར་བྱ། ཀུན་འབྱུང་སྤང་བར་བྱ། འགོག་པ་མངོན་དུ་བྱ། ལམ་བསྒོམ་པར་བྱ་ཞེས་བསྟན་པ་བཟླས་པ

གཉིས་པ། སྡུག་བསྔལ་ཡོངས་སུ་ཤེས་སོ། །ཀུན་འབྱུང་སྤངས་སོ། འགོག་པ་མངོན་དུ་
བྱས་སོ། །ལམ་བསྒོམས་སོ། ཞེས་བསྟན་པ་བཟླས་པ་གསུམ་པ། དེ་ལྟར་བདེན་པ་རེ་རེ་ལ།
མིག་སྐྱེས་སོ། ཤེས་པ་སྐྱེས་སོ། །རིག་པ་སྐྱེས་སོ། བློ་སྐྱེས་སོ། ཞེས་བཞི་བཞིས་རྣམ་པ་
བཅུ་གཉིས་སུ་འགྱུར་བ་ཡིན་ནོ། །དེ་ལ་འཁོར་བའི་འབྲས་བུ་འགོག་བདེན། དེའི་བྱེད་རྒྱུ་
ལམ་བདེན་ཏེ། འདི་བཞིས་འཁོར་འདས་ཀྱི་ཆོས་མཐའ་དག་བསྡུས་ཤིང་། དེ་དག་བཟླས་
པ་དང་པོས་ངོ་བོ་སོ་སོར་ངེས་པའི་སྒོ་ནས་མཐོང་ལམ་བསྟན། གསུམ་པས་བླང་དོར་ཟིན་
པའི་སྒོ་ནས་མི་སློབ་ལམ་བསྟན་ཅིང་། དེ་དག་སོ་སོར་བདེན་པ་རེ་རེ་ལའང་བཞི་བཞིར་
གསུངས་པ། མིག་ཅེས་བྱ་བ་ཟག་མེད་ཀྱི་ཤེས་རབ། ཤེས་པ་ཞེས་པ་ཐེ་ཚོམ་མེད་པ། རིག་
པ་ཞེས་པ་ཡང་དག་པའི་དོན། བློ་ཞེས་པ་རྣམ་པར་དག་པའི་བློ་སྟེ། རིམ་པ་བཞིན་དུ། ཕྱི་
རོལ་པའི་བདེན་པ་མཐོང་བ་རློམ་པ་ནི་ལོག་ལྟ། ཐེ་ཚོམ། མ་རིག་པ། ཟག་བཅས་བཞི་
ལས་མ་འདས་པས། དེ་དག་ལས་ཁྱད་པར་དུ་བྱ་བའི་ཕྱིར་སྨོས་པ་ཡིན་པ་མཛོད་འགྲེལ་
རྣམས་ལས་བཤད་དོ། དེ་ལྟ་ན་རྣམ་པ་བཞི་བཅུ་ཚ་བརྒྱད་དུ་གྱུར་ཏེ་བཟླས་པ་གསུམ་ལ་
བདེན་པ་རེ་རེ་ནས་བགྲང་ན་བཅུ་གཉིས་སུ་འགྱུར་བ་གང་ཞིག དེ་བཞིས་བསྒྱུར་བས་དེ་
ལྟར་འགྲུབ་པའི་ཕྱིར་རོ། །ཞེ་ན། སྐྱོན་མེད་དེ། བཅུ་གཉིས་ཚད་དུ་ཆོས་མཐུན་པའི་ཕྱིར་
རོ། །དཔེར་ན། མདོ་ལས། དགེ་སློང་དག དེའི་ཕྱིར་ཁྱེད་ལ་གཉིས་ཤིག་བསྟན་པར་བྱས་
ཏེ། ལེགས་པར་རབ་ཏུ་སྟོན་པ་ཡིད་ལ་ཟུངས་ཤིག་དང་བཤད་དོ། །གཉིས་པོ་གང་ཞེ་ན།
མིག་དང་གཟུངས་རྣམས་ཞེས་བྱ་བ་ནས། ཡིད་དང་ཆོས་རྣམས་སོ། ཞེས་འདོད་དོ། །
མདོ་སྡེ་པ་དག་གིས་ནི། ལན་གསུམ་དུ་བཟླས་པའི་ཚུལ་དེ་ལྟ་བུ་ཡིན་ནོ། ཆོས་ཀྱི་འཁོར་ལོ་
ལན་གསུམ་དུ་བཟླས་པར་མི་འགྲུབ་སྟེ། ཁྱེད་ཀྱི་མཐོང་ལམ་ཁོ་ན་ཆོས་འཁོར་དུ་འདོད་པ་
གང་ཞིག དེ་དང་པོར་ལན་གཅིག་ལས་མ་སྨོས་པའི་ཕྱིར། དེ་ལ་རྣམ་པ་བཅུ་ཡིན་པའང་མི་
འགྲུབ་སྟེ་མཐོང་ལམ་ལ་མ་ལྟོས་པའི་མིག་སོགས་བཞི་ཚན་གཅིག་ཏུ་ཁྱེད་རང་གིས་ཁས་
བླངས་པའི་ཕྱིར་རོ། །ཞེས་བྱེ་བྲག་སྨྲ་བའི་ཆོས་འཁོར་གྱི་རྣམ་གཞག་ལ་དགག་པ་མཛད་

དོ། །མདོ་སྡེ་པ་རང་ལུགས་འཇོག་པའི་ཚེ། བདེན་བཞི་རང་གི་ངོ་བོ་ལ་དམིགས་པའི་ཚུལ་གྱིས་བཟླས་པ་དང་པོ། བྱ་བའི་ངོ་བོ་ལ་དམིགས་པའི་ཚུལ་གྱིས་བཟླས་པ་གཉིས་པ། མཐར་ཐུག་པ་ལ་དམིགས་པའི་ཚུལ་གྱིས་བཟླས་པ་གསུམ་པ་སྟེ་བཟླ་བྱ་ནི་བདེན་བཞིའི་ཆོས་ཀྱི་རྣམ་གྲངས་ཉིད་ཡིན་ཞིང་། བཟླས་པ་གསུམ་ལ་བདེན་བཞི་སོ་སོར་ངོ་བོ། བྱ་བ། འབྲས་བུ་རྣམས་ལ་དམིགས་པའི་རྣམ་པ་བཞི་བཞིར་འགྱུར་བའི་ཕྱིར་རྣམ་པ་བཅུ་གཉིས་ཡིན་ནོ་ཞེས་འདོད་དོ། །འོ་ན་ལུང་དེ་གཉིས་ལས་གང་འཐད་པའི་ཕྱོགས་སུ་བཟུང་བར་བྱ་ཞེ་ན། མདོ་སྡེ་པའི་འདོད་པ་འདི་ཉིད་འཐད་པའི་ཕྱོགས་སུ་བཟུང་བར་བྱའོ། །དེ་ལྟ་བུའི་ཆོས་འཁོར་བསྐོར་བ་འདིའི་དངོས་ཀྱི་དགོས་པ་ནི། ལྔ་སྡེ་བཟང་པོས་དགྲ་བཅོམ་པ་ཐོབ་པ་དང་། ལྷ་བརྒྱད་ཁྲིས་མཐོང་ལམ་ཐོབ་པ་རྣམས་ཡིན་ཞིང་། ཁྱད་པར་གྱི་དགོས་པ་ནི། གདུལ་བྱ་རྣམས་གང་ཟག་ཏུ་འཛིན་པ་ལས་བཟློག་ནས་རྒྱུན་ཞུགས། ཕྱིར་འོང་། ཕྱིར་མི་འོང་། དགྲ་བཅོམ་པ་སྟེ་འབྲས་བུ་བཞི་ལ་ཅི་རིགས་པར་འདོད་པ་རྣམས་སོ། །འདི་ལས་གཞན་པ་བདེན་བཞིས་ཆོས་འཁོར་དུ་གཏོགས་པ་རྣམས་ནི། འདུལ་བ་ལུང་། གྲོང་ཁྱེར་དྲུག་སོགས་སུ་ཐོབ་བུར་གསུངས་པ་སོགས་གནས་དང་དུས་མ་ངེས་པ་སྣ་ཚོགས་པའོ། །

གཉིས། འཁོར་ལོ་བར་པའི་མཚན་ཉིད། སྟོན་པས་གསུངས་པའི་དམ་ཆོས་གང་ཞིག ཐེག་པ་ཆེན་པོའི་ལམ་དངོས་ལ་དགོངས་ནས་གཙོ་བོར་བྱང་ཆུབ་སེམས་དཔའ་རྣམས་ལ་ཟབ་མོ་སྟོང་པ་ཉིད་ཀྱི་ཚུལ་ལས་བརྩམས་ཏེ་བསྟན་པ་སྟེ། མདོ་རྒྱ་ཆེར་རོལ་པ་ལས། ཀུན་གཞི་མེད་ཅིང་སྤྲོས་མེད་པ། །སྐྱེ་བ་མེད་ཅིང་འབྱུང་བ་མེད། །དབེན་ཞིང་རང་བཞིན་སྟོང་པ་ཡི། །ཆོས་ཉིད་འཁོར་ལོ་རབ་བསྐོར་རོ། །བླང་བ་མེད་ཅིང་དོར་མེད་ལ། །མཚན་མ་མེད་ཅིང་མཚན་ཉིད་མེད། །མཉམ་པ་ཉིད་ཀྱི་ཆོས་བསྟན་པའི། །འཁོར་ལོ་སངས་རྒྱས་ཀྱིས་བསྐོར་རོ། །ཞེས་གསུངས་སོ། །དེའི་མཚན་གཞི་ནི། ཤེར་ཕྱིན་གྱི་མདོ་སྡེ་ལ་སོགས་པ་རྣམས་སོ། །དེ་དག་ལ་ཅིའི་ཕྱིར་མཚན་ཉིད་མེད་པའི་ཆོས་ཀྱི་འཁོར་ལོ་ཞེས་བྱ་ཞེ་ན། གཟུགས་ནས་རྣམ་མཁྱེན་གྱི་བར་གྱི་ཆོས་ཐམས་ཅད་རང་རང་གི་མཚན་ཉིད་ཤིན་ཏུ་དབེན་

པའི་སྐྲ་བསམ་བརྗོད་བྲལ་གྱི་དེ་ཁོན་ཉིད་སྟོན་པར་སྣང་བའི་ཕྱིར་དེ་སྐད་ཅེས་བྱའོ། །དེ་ལ་འཁོར་ལོ་བར་པའི་དངོས་གཞི་ནི། འཁོར་ལོ་བར་པའི་ཆོས་འཁོར་ནམ་བསྐོར་གྱི་དུས་ཚོད་ལ། སྟོན་ཕྱིན་བོད་ཀྱི་མཁས་པ་རྣམས་ཀྱིས་འཆད་ཚུལ་སྣ་ཚོགས་ཞིག་སྣང་ཡང་། ངེས་གཏན་འཁེལ་བ་ཞིག་མ་མཐོང་བས། འདིར་ཡང་གསལ་པོ་སྨྲ་མ་ཤེས་ལ། གནས་ནི་གྲོང་ཁྱེར་རྒྱལ་པོའི་ཁབ་ཀྱི་བྱ་རྒོད་ཕུང་པོའི་རི་ལ་དགེ་སློང་དང་། དགེ་སློང་མ་དང་། དགེ་བསྙེན་དང་། དགེ་བསྙེན་མ་ལ་སོགས་པ་ཉན་ཐོས་ཀྱི་འཁོར་བཞིའི་ཚོགས་ཆེན་པོ་དང་། བྱང་ཆུབ་སེམས་དཔའི་དགེ་བདུན་བྱེ་བ་ཁྲག་ཁྲིག་དཔག་ཏུ་མེད་པ་རྣམས་ལ་ཟབ་མོ་སྟོང་པ་ཉིད་ཀྱི་ཚུལ་བསྟན་པས་མངོན་པར་རྟོགས་པ་བརྒྱད་གདུལ་བྱའི་རྒྱུད་ལ་ཇི་ལྟར་སྐྱེ་བའི་རིམ་པ་དོན་བདུན་ཅུ་དང་བཅས་པ་སྦས་དོན་དུ་ཡོད་པ་དེ་ཉིད་དངོས་བསྟན་ཆོས་ཐམས་ཅད་སྟོང་ཉིད་ཀྱི་ཚུལ་དུ་སྒོ་གསུམ་རྣམ་གྲངས་བཅུ་གཅིག་གི་སྒོ་ནས་བསྟན་པར་མཛད་པ་དེ་ཡིན་ནོ། །

དེ་ལ་སྦས་དོན་མངོན་རྟོགས་ཀྱི་དངོས་པོ་བརྒྱད། དོན་བདུན་ཅུ་ནི་ཡོངས་སུ་གྲགས་པ་དེ་ལ། སྒོ་གསུམ་རྣམ་གྲངས་བཅུ་གཅིག་གི་སྒོ་ནས་བསྟན་པའི་སྒོ་གསུམ་ནི། མགོ་སྨོས་པས་གོ་བ་རྣམས་ཀྱི་ངོར་བསྡུས་ཏེ་བསྟན་པའི་སྒོ། སྤྲོས་པ་ཙམ་གྱིས་གོ་བ་རྣམས་ཀྱི་ངོར་འབྲིང་དུ་བསྟན་པའི་སྒོ། ཚིག་ལ་འཆེལ་བ་རྣམས་ཀྱི་ངོར་རྒྱས་པར་བཤད་པའི་སྒོ་རྣམས་སོ། །རྣམ་གྲངས་བཅུ་གཅིག་ནི། ཤཱ་རིའི་བུ། རབ་འབྱོར། བརྒྱ་བྱིན། ཡང་། རབ་འབྱོར། བྱམས་པ། ཡང་། རབ་འབྱོར། བརྒྱ་བྱིན། རབ་འབྱོར། བྱམས་པ། རབ་འབྱོར། ཀུན་དགའ་བོ་རྣམས་དང་གོ་རིམ་བཞིན་དུ་དྲི་ལན་སོགས་ཀྱིས་བསྟན་པ་རྣམས་སོ། །དེ་ལྟ་བུའི་བརྗོད་བྱ་དང་རྗོད་བྱེད་མ་ཚང་བ་མེད་པ་ནི། རྒྱས་པ་ཤེར་ཕྱིན་སྟོང་ཕྲག་བརྒྱ་པ་དང་། བསྡུས་པ་བརྒྱད་སྟོང་པ་སོགས་ཡིན་ལ། དེ་དག་ལས་འཕྲོས་པའི་མདོ་སྡེ་དཔག་ཏུ་མེད་པས། ཐལ་ཆེར། གསུང་གཅིག་ཉིད་དུ་གསུངས་མོད་ཀྱི། །དུ་མ་ཉིད་དུ་སོ་སོར་གོ། ཞེས་གསུངས་པ་ལྟར། དུས་དང་གནས་གཅིག་ཉིད་དུ་གསུངས་པ་རྒྱལ་བ་ཉིད་ཀྱི་

མཐུས་སྣུད་པ་པོ་རྣམས་ཀྱིས་སོ་སོར་ཇི་ལྟར་སྣང་ཞིང་། གདུལ་བྱ་དང་ཉེ་བར་འཚམས་པའི་སྒོ་ནས་རྒྱས་འབྲིང་བསྡུས་གསུམ་སྣ་ཚོགས་སུ་བསྡུས་པ་ཡིན་ནོ། །འགའ་ཞིག་གིས། དེ་ལྟ་ན། བཅོམ་ལྡན་འདས་ཀྱིས་ཤེར་ཕྱིན་གྱི་ཆོས་གནས་དང་དུས་གཅིག་ལས་གཞན་དུ་མ་བསྟན་ན། གནས་གཞན་དང་གཞན་དུ་བསྟན་པར་གསུངས་པ་དག་ཀྱང་ཡོད་པས་ཇི་ལྟར་མི་འགལ་ཞེ་ན་སྐྱོན་མེད་དེ། མདོ་ལས། ཀྱེ་མ། རྒྱལ་སྲས་ཁྱོད་ལྟོས་ཤིག་འཛམ་བུ་གླིང་རྣམས་ཐམས་ཅད་ན། བདེ་བར་གཤེགས་པ་བཞུགས་སྣམ་བྱེད། བདག་ཅག་རྣམས་ཀྱི་འདི་སྣམ་དུ། རི་རབ་རྩེ་ལ་བདེ་གཤེགས་སྣམ། འཇིག་རྟེན་ཁམས་རྣམས་གཞན་ན་ཡང་། སངས་རྒྱས་ངོ་མཚར་རྨད་རེ་ཆེ། ཞེས་བྱུང་བ་ལྟར་སྐད་ཅིག་བསྐལ་བར་བྱིན་གྱིས་བརླབས་པ་སོགས། རྫོགས་པའི་སངས་རྒྱས་ཀྱི་མཐུ་ལ་ལྟ་ཅི་སྨོས། བྱང་འཕགས་སོགས་ཀྱི་རྣམ་པར་འཕྲུལ་པའང་བསམ་གྱིས་མི་ཁྱབ་པའི་གནས་ཡིན་པའི་ཕྱིར། ཁྱད་པར་སངས་རྒྱས་འཕགས་པ་རྣམས་ཤིན་ཏུ་དྲི་མ་མེད་པའི་ཆོས་ཀྱི་དབྱིངས་རྟག་པ་དམ་པའི་གནས་སུ་མཉམ་པ་ཉིད་ཀྱི་དུས་གཅིག་ཉིད་དུ་བརྗོད་པ་ཐམས་ཅད་དང་བྲལ་བའི་ཆོས་ཀྱི་འཁོར་ལོ་བསྐོར་བའི་ཚུལ་འདི་ལྟ་བུ་ཇི་ལྟ་བ་བཞིན་པའི་སྣོད་དུ་མ་གྱུར་ན་ཡང་རང་རེ་ཐེག་ཆེན་པ་དག་གིས། ཐེག་ཆེན་འཆད་པའི་སྐབས་སུ་མོས་པ་ཙམ་གྱིས་འདི་བཞིན་དུ་བཤད་ན་ལེགས་པའི་ཕྱིར་རོ། །

དེ་ལྟ་ན། བྱ་རྒོད་ཕུང་པོའི་རི་སོགས་ཀྱི་གནས་སྨོས་པའི་ངལ་བས་ཅི་ཞིག་བྱ་ཞེ་ན། འོ་སྐོལ་གླིང་བཞི་པའི་འཇིག་རྟེན་འདིར་བྱིས་པ་མཐའ་གཅིག་ཏུ་འཛིན་པ་ཅན་རྣམས་ཀྱིས་མཐོང་བ་ནི་དེ་ཙམ་དུ་ཟད་པའི་ཕྱིར། མདོ་རྣམས་ལས་ཀྱང་དེ་དག་རྗེས་སུ་འཛིན་པའི་ཕྱིར་དེ་དག་དང་མཐུན་པར་གསུངས་སོ། །དེ་ལྟ་བུའི་འཁོར་ལོ་བར་པ་འདི་བསྐོར་པའི་དགོས་པ་ནི། དངོས་སུ་བསྐོར་ཚུལ་བསྟན་ཡུལ་གྱི་གདུལ་བྱ་ངེས་པར་རྒྱུད་གྲོལ་བ་འདི་ལ་ལྟོས་དགོས་པ་རྣམས། དེ་བཞིན་གཤེགས་པའི་ཡུལ་ལ་འཇུག་པ་དང་། རྒྱུད་ནས་སེམས་ཅན་ཐམས་ཅད་ཀྱི་ལྟ་བ་ངན་པའི་སྒྲིབ་གཡོགས་བསལ་ནས་ཆོས་ཐམས་ཅད་ཀྱི་གནས་ལུགས་ཕྱིན་ཅི་མ་ལོག་པར་མངོན་སུམ་དུ་རྟོགས་ནས་མཐའ་གཉིས་སུ་རབ་ཏུ་མི་གནས་པའི་མྱ་ངན་ལས

འདས་པ་ཆེན་པོ་ཐོབ་པའོ། །

གསུམ། འཁོར་ལོ་ཐ་མའི་མཚན་ཉིད། སྟོན་པས་གསུངས་པའི་དམ་པའི་ཆོས་གང་ཞིག མ་ངེས་པའི་རིགས་ཅན་ཐེག་པ་ཆེན་པོའི་ཚུལ་གྱིས་རྗེས་སུ་འཛིན་པའི་ཕྱིར་འཁོར་གསུམ་རྣམ་དག་གི་གཏམ་གཙོ་བོར་སྟོན་པ་སྟེ། དེའི་མཚན་གཞི་ནི། ཕལ་པོ་ཆེ་དང་། ལང་ཀར་གཤེགས་པ་ལ་སོགས་པ་དེ་བཞིན་གཤེགས་པའི་སྙིང་པོའི་གཏམ་གཙོ་བོར་སྟོན་པའི་ཕྱོགས་ཀྱི་གསུང་རབ་རྣམས་ཡིན་ནོ། །དེ་དག་ལ་ཅིའི་ཕྱིར། ལེགས་པར་རྣམ་པར་ཕྱེ་བའི་ཆོས་འཁོར་ཞེས་བྱ་ཞེ་ན། གཟུགས་ནས་རྣམ་མཁྱེན་བར་གྱི་ཆོས་ཐམས་ཅད་ཀུན་བརྟག གཞན་དབང་ཡོངས་གྲུབ་གསུམ་དུ་ལེགས་པར་ཕྱེས་ནས་གསུངས་པའི་ཕྱིར་ན་དེ་སྐད་ཅེས་བྱའོ། །དེ་ལ་འཁོར་ལོ་ཐ་མའི་དངོས་གཞི་ནི། དོན་དམ་པར་ཚད་གཟུང་ཅི་ཞིག་ཀྱང་། རང་རེ་ཕྱིས་པ་རྣམས་ཀྱི་མཐོང་ཐོས་ཀྱི་ཡུལ་ཙམ་དུའང་། རི་མ་ལ་ཡ། བྱང་ཆུབ་ཀྱི་སྙིང་པོ་དང་ཡངས་པ་ཅན་སོགས་སུ། དུས་མ་ངེས་པར་གསུངས་པས་འདི་ཉིད་ལོ་ནའོ་ཞེས་མཐའ་གཅིག་ཏུ་འཇོག་པར་བཀའ་མོད། འོན་ཀྱང་། གོང་དུ་མཚན་གཞི་བཞག་པ་དག་དང་། གཞན་ཡང་། དཀོན་མཆོག་བརྩེགས་པ་རྒྱན་སྟུག་པོ་བཀོད་པ། མྱ་ངན་ལས་འདས་མདོ་སོགས་དོན་དང་ཚིག་གཉིས་ཀ་རྒྱས་པའི་ལུགས་སུ་སྣང་བས་བཞག་ཏུ་རུང་ངོ་། །དེ་ཡང་ཐེག་པ་ཆེ་ཆུང་གི་མདོ་སྡེ་ཕལ་ཆེ་བ་ཞིག་ལས་དགོངས་པ་ཅན་དུ་གསུངས་པ་མང་པོ་འདི་དག་ཏུ་གསལ་བར་བསྟན་པ་ཤས་ཆེ་སྟེ། དཔེར་ན། འདུལ་བའི་མདོར། དགེ་སློང་དག་གིས་རུང་བའི་ཤ་བཟའ་བར་གནང་བ་རྣམ་གསུམ་དག་པའི་ཤ་འདི་ནི། མ་བརྟགས་པ་དང་མ་བསླང་དང་། མ་བསྐུལ་བ་ནི་ཡང་མེད་པས། དེ་ཕྱིར་ཤ་ནི་མི་ཟའོ། །ཞེས་སོགས་ཀྱི་དགོངས་པ་ཅན་དུ་བསྟན་པ་སོགས་མང་བའི་ཕྱིར་རོ། །

ཆོས་ཀྱི་ཕུང་པོའི་རྣམ་བཞག་བཤད་པ་ལ་གཉིས་ཡོད་པ་ལས་ཆོས་ཀྱི་ཕུང་པོའི་རྣམ་གཞག་དངོས་བཤད་པ་དང་། དེ་དག་དྲང་ངེས་གཉིས་སུ་བསྡུ་བའོ། །

ཆོས་ཀྱི་ཕུང་པོའི་རྣམ་གཞག་དངོས་བཤད་པ་ནི། དེ་ལྟར་ལུང་གི་ཆོས་ཐམས་ཅད་ལ་

སྤྱིར་ཆོས་ཀྱི་ཕུང་པོ་ཞེས་བྱ་སྟེ་བརྗོད་བྱ་དོན་དང་། རྗོད་བྱེད་ཀྱི་ཚིག་དུ་མ་སྤུངས་པའི་ཕུང་པོར་སྣང་བའི་ཕྱིར་ནའོ། །དེ་ཡང་། ཉན་ཐོས་པ་དག་གིས་འདོད་པ་ལྟར་ན་མཛོད་ལས། ཆོས་ཀྱི་ཕུང་པོ་བརྒྱད་ཁྲི་དག་གང་རྣམས་ཐུབ་པས་གསུངས་དེ་དག ཅེས་དང་། ཁ་ཅིག་བསྟན་བཅོས་ཚད་ཅེས་ཟེར། ཕུང་པོ་ལ་སོགས་གཏམ་རེ་ཡིན། སྤྱོད་པ་རྣམས་ཀྱི་གཉེན་པོ་ནི། ཆོས་ཀྱི་ཕུང་པོ་མཐུན་པར་གསུངས། ཞེས་བཤད་པ་ལྟར། སྟོན་པས་གསུངས་པའི་ཆོས་ཐམས་ཅད་ཆོས་ཕུང་བརྒྱད་ཁྲིར་འདུས་ལ། དེའང་སྔ་པ་ཁ་ཅིག་གིས་ནི། བྱེ་བྲག་སྨྲ་བས་བཀར་འདོད་པ་དང་། མདོ་སྡེ་པས་བསྟན་བཅོས་སུ་འདོད་པའི་མངོན་པ་སྡེ་བདུན་གྱི་ནང་ཚན། ཆོས་ཀྱི་ཕུང་པོ་ཤཱ་རིའི་བུས། ཞེས་བཤད་པ་དེ་ལ་གཞུང་ཚད་ཤློ་ཀ་དྲུག་སྟོང་ཡོད་པས། དེ་ཆོས་ཀྱི་ཕུང་པོ་གཅིག་གི་ཚད་ཡིན་ལ། ཆོས་ཕུང་བརྒྱད་ཁྲིའི་ནང་ནས་དེ་ཙམ་ཞིག་ལུས་པ་ལས། གཞན་ནི་ནུབ་པོ་ཞེས་ཟེར་རོ། །ཡང་སྔ་པ་ཁ་ཅིག་གིས་ནི། ཕུང་པོ་ཁམས་དང་སྐྱེ་མཆེད་དང་། རྟེན་འབྲེལ་ལ་སོགས་པའི་རྣམ་གྲངས་རེ་རེའི་གཏམ་རྫོགས་པ་ནི་ཆོས་ཕུང་རེ་རེའི་ཚད་དུ་འགྱུར་ཞིང་དབྱེ་བའང་དེ་ལྟར་བྱས་པར་འདོད་དོ། །ཡང་ཁ་ཅིག ཉོན་མོངས་པ་འདོད་ཆགས། ཞེ་སྡང་། གཏི་མུག ང་རྒྱལ། ཕྲག་དོག ཐེ་ཚོམ་རྣམས་ནང་གསེས་སུ་དབྱེ་བ་དང་། སྤྱན་ཚུན་སྦྱོར་བ་སོགས་ཀྱིས་བརྒྱད་ཁྲིར་འགྱུར་ལ། དེ་དག་རེ་རེའི་གཉེན་པོར་ཆོས་ཕུང་རེ་རེ་བསྟན་ཅིང་། རང་རང་གི་གཉེན་པོའི་བྱ་བ་ཡོངས་སུ་རྫོགས་པ་སྟོན་པའི་གཏམ་ནི་དེའི་ཚད་དུ་འདོད་དོ། ཡང་སྔ་པ་ཁ་ཅིག་ཀུན་དགའ་བོའི་མདོ་ལས། ཀུན་དགའ་བོས་བཅོམ་ལྡན་འདས་ཀྱི་ཞལ་ལས་ཐོས་པ་ཆོས་ཕུང་བརྒྱད་ཁྲི་སྟག་ཅིག་དང་། ཉན་ཐོས་རྣམས་ལས་ཐོས་པ་གཉིས་ཤིག་ཏུ་བཤད་དོ་ཞེས་དེ་ལྟར་འདོད་པ་དང་སྔ་པ་ཁ་ཅིག་བརྒྱད་ཁྲི་བཞི་སྟོང་དུ་འདོད་པར་མཛོད་ཊཱིཀ་སོགས་སུ་འབྱུང་ངོ་། །ཀུན་བཏུས་ཀྱི་འགྲེལ་བ་དང་། ཚིག་གསལ་གཉིས་མཐུན་པར། ཐེག་པ་ཐུན་མོང་བ་དག་གི་ལུགས་ཀྱིས་ཆོས་ཕུང་གཅིག་གི་ཚད་ཡི་གེ་བརྒྱད་པ་རྗེས་བསྡུགས་ཀྱི་སྡེབ་སྦྱོར་ལྟར་བྱས་པའི་ཤློ་ཀ་སྟོང་ཡིན་ཞིང་། དེ་ལྟ་བུ་བརྒྱད་ཁྲི་བཞི་སྟོང་ཡོད་པ་བསྡོམས་པས་བྱེ་བ་ཕྲག་བརྒྱད་

དང་འབུམ་ཕྲག་བཞི་བཅུར་འགྱུར་བར་འདོད་དོ། ཐེག་ཆེན་ཉིད་ཀྱི་དབང་དུ་བྱས་ན། ཚིག་གསལ། ཐེག་པ་བླ་ན་མེད་པའི་དབང་དུ་བྱས་ཏེ། དབང་པོའི་བློང་པོ་ཆེ་རབ་བརྟན་གྱིས་བཀུར་བ་འོས་པའི་སྣག་ཚས་ནི་ཆོས་ཀྱི་ཕུང་པོ་གཅིག་འབྲི་བར་ནུས་སོ་ཞེས་གསུངས་ཏེ། དེ་ལྟར་བྱས་ན། མདོ་གང་དག་ལས་འཕགས་པ་ལྷས་བྱིན་གྱིས་གླང་པོ་ཆེ་ལྔ་སྟོང་གིས་བཀུར་བར་བྱ་བའི་གླེགས་བམ་རྣམས་ཁ་ཏོན་དུ་བཟུང་པར་བྱེད་དོ་ཞེས་གསུངས་པ་འདི་ཡང་རིགས་པར་འགྱུར་རོ་ཞེས་བཤད་ཅིང་། མདོ་གང་དག་ལས་ཞེས་པའི་མདོ་ནི་དྲིན་ལན་གསབས་པའི་མདོར་གྲགས་པའོ། །དེས་ན་འདི་ལྟར་གྱི་ཚེ་ཆོས་ཕུང་གི་གྲངས་ཀྱང་བརྒྱད་ཁྲི་བཞི་སྟོང་དུ་འདོད་ཅིང་། དེ་ལྟར་འབྱེད་པའི་ཚུལ་ཡང་། ཉོན་མོངས་པ་འདོད་ཆགས་ལ་གཙོ་བོར་སྤྱོད་པ་ཉི་ཁྲི་ཆིག་སྟོང་གི་གཉེན་པོར་འདུལ་བའི་སྡེ་སྣོད་དུ་གཏོགས་པའི་ཆོས་ཕུང་ཉི་ཁྲི་ཆིག་སྟོང་། དེ་བཞིན་དུ་སྦྱར་ཏེ། ཞེ་སྡང་ལ་གཙོ་བོར་སྤྱོད་པའི་གཉེན་པོར་མདོ་སྡེའི་ཆོས་ཕུང་ཉི་ཁྲི་ཆིག་སྟོང་། གཏི་མུག་ལ་གཙོ་བོར་སྤྱོད་པའི་གཉེན་པོར་མངོན་པའི་ཆོས་ཕུང་ཉི་ཁྲི་ཆིག་སྟོང་། དུག་གསུམ་ཆ་སྙོམས་ལ་སྤྱོད་པ་ཉི་ཁྲི་ཆིག་སྟོང་གི་གཉེན་པོར་སྡེ་སྣོད་གསུམ་ཆ་སྙོམ་དུ་སྟོན་པའི་ཆོས་ཕུང་ཉི་ཁྲི་ཆིག་སྟོང་དུ་བོད་སྤྱི་རབས་པ་འགའ་ཞིག་འདོད་ཀྱང་ཁུངས་ངེས་གསལ་གྱི་བཤད་པ་མ་མཐོང་ཞིང་། གང་ལྟར་ཡང་ཉོན་མོངས་པ་བརྒྱད་ཁྲི་བཞི་སྟོང་གི་གཉེན་པོར་གྱུར་པའི་སྒོ་ནས་དབྱེ་བ་བྱས་པ་ཉིད་དོ། །དེ་ལྟ་མ་ཡིན་ན་ཤ་ལོ་ཀ་ལ་སོགས་པའི་གྲངས་ཀྱིས་ཚད་འཛིན་པ་ནི་ནམ་ཡང་མི་རིགས་པའི་ཚུལ་ཟབ་མོའི་མདོ་སྡེ་རྣམས་སུ་རྒྱ་ཆེར་གསུངས་པར་མ་ཟད། ཉན་ཐོས་པ་ཉིད་ལ་གྲགས་པའི་མདོ་སྡེ་རྣམས་དང་ཡང་འགལ་ཏེ། རྣམ་བཤད་རིགས་པ་ལས། ཀུན་དགའ་བོའི་མདོ་དང་བླ་མའི་མདོ་དྲངས་ནས་བཤད་པ། སངས་རྒྱས་བཅོམ་ལྡན་འདས་མྱ་ངན་ལས་འདས་ནས་རིང་པོར་མ་ལོན་ཞིང་། འཕགས་པ་ཀུན་དགའ་བོའང་བཞུགས་བཞིན་དུ་སངས་རྒྱས་ཀྱི་གསུངས་མཐའ་དག་མི་སྣང་ན། དེང་སང་ནི་ལྟ་སྨོས་ཀྱང་ཅི་དགོས། ཀུན་དགའ་བོའི་མདོ་ལས། བཅོམ་ལྡན་འདས་བགྲེས་པའི་གནས་སྐབས་ན། ངའི་བསྟན་པའང་འཛིན་པར་འགྱུར་རོ་སྙམ་ནས

འཕགས་པ་ཀུན་དགའ་བོ་རིམ་གྲོ་པ་བསྙེས་ཞེས་བྱ་བ་དང་། དེས་ཀྱང་སྨྲས་པ། བདག་གི་མོ་ཉེ་ཤུ་ལྷག་ཅིག་བཙུན་པ་ལ་རིམ་གྲོ་བགྱིད་དོ། །ཞེས་བྱ་བ་དང་། དེ་ཉིད་ལས། ཡང་། སྨྲས་པ་བདག་གིས་ཆོས་ཀྱི་ཕུང་པོ་བརྒྱད་ཁྲི་ལྷག་ནི་བཅོམ་ལྡན་འདས་ལས་བཟུང་། གཉིས་ནི་དགེ་སློང་དག་ལས་སོ། །ཞེས་འབྱུང་བས། དེའི་ཕྱིར། སྟོན་བཅོམ་ལྡན་འདས་ཀྱིས་གསུངས་པ་གང་ཡིན་པ་དེ་ནི་དེས་མ་བཟུང་བར་ཤེས་པར་བྱའོ། །དེ་ནི་དགེ་སློང་རྣམས་ལས་བཟུང་བ་གང་ཡིན་པ་དེ་ཁོ་ནར་ཟད་དོ་ཞེས་བྱ་བར་རིགས་པ་ནི་མ་ཡིན་ཏེ། དུས་དེ་སྲིད་དུ་བཞི་བཅུ་ཚ་བས་ཀྱང་ཉུང་བའི་ཆོས་བཤད་པ་ནི་མི་རུང་བས་སོ། །གལ་ཏེ་འཕགས་པ་ཀུན་དགའ་བོས་ཐམས་ཅད་རྫོགས་པར་གྱུར་ན་ནི། བླ་མའི་མདོ་ལས་ལྷ་རྣམས་ཀྱི་དབང་པོ་བརྒྱ་བྱིན་གྱིས་དགེ་སློང་གཅིག་ཀྱང་ཆོས་ཀྱི་རྣམ་གྲངས་འདི་འཛིན་པ་མེད་དོ། །ཞེས་དེ་སྐད་སྨོས་པར་ཡང་མི་འགྱུར་རོ། །དེ་ལྟ་བས་ན། དེ་ཐམས་ཅད་བཟུང་བ་མ་ཡིན་ལ་དེས་སྨྲས་པ་གང་ཡིན་པ་དེ་ཡང་དག་པར་སྡུད་པར་བྱེད་པ་རྣམས་ཀྱིས་ཡང་དག་པ་བསྡུས་པ་ཡིན་ནོ། །ཞེས་སོ། །

གཉིས། །དེ་དག་དྲང་ངེས་གཉིས་སུ་བསྡུ་བ་ལ། དངོས་དང་། ཞར་བྱུང་ཐེག་པ་ཆེ་ཆུང་དབྱེ་ཞིང་རྩོད་པ་སྤོང་བའོ། །

དངོས་ནི། དེ་ལྟར་འཁོར་ལོ་གསུམ་པོ་དེ་ཉིད་དྲང་ངེས་སུ་སོ་སོར་ཕྱེ་ན་ཇི་ལྟར་འགྱུར་ཞེ་ན། སློབ་དཔོན་ཐོགས་མེད་སྐུ་མཆེད་སོགས་ཀྱིས་འདི་ལྟར་བཞེད་དེ། མདོ་སྡེ་དགོངས་པ་ངེས་འགྲེལ་ལས། འཁོར་ལོ་དང་པོ་ལ་ཆོས་ཀྱི་འཁོར་ལོ་དང་པོ་བསྐོར་བ་དེ་ཡང་། བླ་ན་མཆིས་པ། སྐབས་མཆིས་པ། དྲང་བའི་དོན། རྩོད་པའི་གཞིར་གྱུར་པ། ཞེས་དང་། གཉིས་པར་ཡང་དེ་བཞིན་དང་། གསུམ་པ་ཆོས་ཀྱི་འཁོར་ལོ་བསྐོར་བ་འདི་ནི་བླ་ན་མ་མཆིས་པ། སྐབས་མ་མཆིས་པ། ངེས་པའི་དོན་ལགས་ཏེ། རྩོད་པའི་གཞིའི་གནས་སུ་གྱུར་པ་མ་ལགས་སོ། །ཞེས་གསུངས་པ་དང་། གཟུངས་ཀྱི་དབང་ཕྱུག་རྒྱལ་པོས་ཞུས་པའི་མདོ་ལས་ཀྱང་གོང་དུ་དྲངས་པ་ལྟར་གསུངས་པ་དང་། གཞན་ཡང་འཁོར་ལོ་ཐ་མའི་

མདོ་སྡེ་ཕལ་ཆེར་ལས། འཁོར་ལོ་བར་པར་ཆོས་ཐམས་ཅད་ངོ་བོ་ཉིད་མེད་པ། མ་སྐྱེས་པ། མ་འགགས་པ་ལ་སོགས་པ་གསུངས་པ་རྣམས་དགོངས་པ་ཅན་དུ་བསྟན་པའི་ཕྱིར་འཁོར་ལོ་ཐ་མ་ཉིད་ངེས་དོན་མཐར་ཐུག་ཡིན་པ་ལས། གཞན་ནི་མ་ཡིན་ནོ་ཞེས་གསུངས་སོ། །འདིའི་ལུགས་ཀྱི་འཁོར་ལོ་བར་པ་དྲང་དོན་དུ་འཇོག་པའི་རིགས་པའང་མདོ་དང་བསྟན་བཅོས་རྣམས་སུ་ཤིན་ཏུ་རྒྱས་པར་འབྱུང་མོད་ཀྱི་གཙོ་བོར་ནི་ཆོས་རྣམས་ཐམས་ཅད་ངོ་བོ་ཉིད་མེད་པར་བསྟན་པ་སྒྲ་ཇི་བཞིན་པར་བཟུང་ན་གཞན་དབང་དང་། ཡོངས་གྲུབ་ཀྱི་ངོ་བོ་ཉིད་ཀྱང་མེད་པར་ཐལ་བས་དེ་ལྟར་ན་ཀུན་ནས་ཉོན་མོངས་པ་དང་རྣམ་པར་བྱང་བ་དག་ཀྱང་མི་དམིགས་པར་ཐལ་ལོ། །ཅིའི་ཕྱིར་ཞེ་ན། ས་བོན་ཐམས་ཅད་པའི་ཀུན་གཞིའི་རྣམ་ཤེས་དེ་ཉིད་ཡང་དག་པ་མ་ཡིན་པའི་ཀུན་རྟོག་གིས་བསྡུས་པའི་རྣམ་པར་རིག་པའི་མཚན་ཉིད་ཅན་གཞན་དབང་དུ་གྱུར་པ་དེ་ལ་དོན་དུ་བཟུང་བས་ལས་དང་ཉོན་མོངས་དག་དམིགས་པ་ཡིན་གྱི་གཞན་དབང་དེ་ངོ་བོ་ཉིད་ཀྱིས་མེད་པ་ཡིན་ན། ཀུན་རྫོབ་ཙམ་དུའང་ཡོད་པ་མི་རིགས་པས་དེ་ལྟ་ན་དེ་ལས་དམིགས་པའི་ལས་དང་ཉོན་མོངས་པའང་འབྱུང་བ་མི་རིགས་སོ། །དེས་ན་གཞན་དབང་སྒྱུ་མའི་དཔེ་བརྒྱད་ལྟ་བུར་ཀུན་རྫོབ་ཏུ་ཡོད་ཅིང་། ཀུན་རྫོབ་ཏུ་དོན་བྱེད་ལ་དེ་ཉིད་དོན་དུ་སྣང་བའི་རྣམ་རིག་ཀུན་བརྟགས་ཀྱི་ངོ་བོ་ཉིད་ནི་ཀུན་རྫོབ་ཏུའང་མེད་པ་ཁོ་ནའོ། །གཞན་དབང་ཀུན་བརྟགས་ཀྱིས་སྟོང་པ། ཡོངས་གྲུབ་དེ་བཞིན་ཉིད་གཟུང་འཛིན་གཉིས་མེད་ཀྱི་ཡེ་ཤེས་དེ་བཞིན་གཤེགས་པའི་སྙིང་པོའམ་རིགས་སུ་བརྗོད་པ་སྟེ། དེ་མེད་དུ་ཟིན་ན། དེ་ལ་བརྟེན་ནས་སྣང་བའི་ཚོགས་བསགས་ཤིང་སྒྲིབ་པ་སྦྱངས་པ་ལས་མཐར་བྱང་ཆུབ་ཐོབ་པ་སོགས་རྣམ་བྱང་གི་ལས་འབྲས་བུ་དང་བཅས་པའི་རྣམ་གཞག་དགོས་པ་མེད་པར་ཐལ་བས་དེ་ནི་ངེས་པར་དོན་དམ་བདེན་གྲུབ་ཏུ་ཡོད་དོ། །འོ་ན། ཅིའི་ཕྱིར་ངོ་བོ་ཉིད་མེད་པར་གསུངས་ཤེ་ན། རྒྱུ་མཚན་ཡོད་དེ། ཀུན་བརྟགས་པའི་ཆོས་རྣམས་མཚན་ཉིད་ངོ་བོ་ཉིད་མེད་པ། གཞན་དབང་གི་ཆོས་རྣམས་སྐྱེ་བ་ངོ་བོ་ཉིད་མེད་པ། ཡོངས་གྲུབ་ཀྱི་ཆོས་ནི་དོན་དམ་ངོ་བོ་ཉིད་མེད་པ་ཡིན་པར་དགོངས་ཏེ་བསྟན་པའི་

ཕྱིར་རོ། དགོས་པ་ནི་གཙོ་བོར་ཆོས་ལ་བདག་ཏུ་འཛིན་པའི་ལྟ་བ་ངན་པ་གཞོམ་པའི་གཉེན་པོར་གསུངས་པ་ཡིན་ནོ། ཞེས་སོགས་ཀྱིས་རྣམ་པར་གཞག་པར་མཛད་དོ། ཁྱད་པར་ཀླུ་སྒྲུབ་ཡབ་སྲས་རྣམས་ཀྱིས་ནི། ཡུམ་ལས། བརྒྱ་བྱིན་གྱིས་གསོལ་བ། བཅོམ་ལྡན་འདས་ཅི་སྲིད་དུ། གང་གིས་ཤེས་རབ་ཀྱི་ཕ་རོལ་ཏུ་ཕྱིན་པ་འདིས་ཆོས་གང་ཡང་མི་སྐྱེད་མི་འགག་པ་དང་། ཆོས་ཐམས་ཅད་སྐྱེ་བ་མ་མཆིས་པ་དང་། འགག་པ་མ་མཆིས་པའི་སླད་དུ་ཉེ་བར་གནས་ལ་གནས་པའང་མ་ལགས་པའི་ཤེས་རབ་ཀྱི་ཕ་རོལ་ཏུ་ཕྱིན་པ་འདི་ནི་ངོ་མཚར་རོ། །ཞེས་དང་། རབ་འབྱོར་གྱིས་གསོལ་བ། བཅོམ་ལྡན་འདས་གལ་ཏེ་བྱང་ཆུབ་སེམས་དཔའ་ཆེན་པོ་དེ་ལྟར་ཡང་འདུ་ཤེས་པར་བགྱིད་ན་ཤེས་རབ་ཀྱི་ཕ་རོལ་ཏུ་ཕྱིན་པ་འདི་རིང་དུ་བགྱིད། ཤེས་རབ་ཀྱི་ཕ་རོལ་ཏུ་ཕྱིན་པ་འདི་གསོག་ཏུ་བགྱིད། ཤེས་རབ་ཀྱི་ཕ་རོལ་ཏུ་ཕྱིན་པ་འདི་གསོབ་ཏུ་བགྱིད་དེ། ཤེས་རབ་ཀྱི་ཕ་རོལ་ཏུ་ཕྱིན་པ་འདི་མི་བགྱིད་པ་ལགས་སོ། །ཞེས་དང་། བཅོམ་ལྡན་འདས་ཀྱིས་བཀའ་སྩལ་པ། རབ་འབྱོར་ཤེས་རབ་ཀྱི་ཕ་རོལ་ཏུ་ཕྱིན་པ་འདི་ཡོངས་སུ་གསལ་བར་བྱས་ན། གཟུགས་ཡོངས་སུ་གསལ་བར་བྱས་པ་མ་ཡིན། ཚོར་བ་མ་ཡིན། ཞེས་སོགས་ནས། སངས་རྒྱས་ཉིད་ཡོངས་སུ་གསལ་བར་བྱས་པ་མ་ཡིན་ནོ་ཞེས་དང་། སྟོད་པ་ལས་ཀྱང་དེ་དང་མཚུངས་པར་གསུངས་པ་སོགས་ངེས་དོན་མཐར་ཐུག་ཏུ་བཤད་པའི་ལུང་ཤིན་ཏུ་མང་པོ་ཡོད་པའི་ཕྱིར་དང་། ཤིན་ཏུ་ཟབ་པའི་སྟོང་ཉིད་ཀྱི་ཚུལ་བསྟན་པ་འདི་ལ་རིགས་པའི་གནོད་བྱེད་གང་ཡང་མི་འཇུག་པས་ན་འཁོར་ལོ་བར་པ་ངེས་དོན་མཐར་ཐུག་ཏུ་བཞེད་དོ། །ལུགས་འདིས་བཀའ་ཐ་མ་དྲང་དོན་དུ་འཛོག་སྟེ། དེའི་རྒྱུ་མཚན་ནི། ཡོངས་གྲུབ་དོན་དམ་བདེན་པ་ངོ་བོ་ཉིད་ཀྱིས་ཡོད་པ་སོགས་འདོད་ན། རྩ་བ་ཤེས་རབ་ལས། གལ་ཏེ་སྟོང་མིན་ཅུང་ཟད་ཡོད། །སྟོང་པའང་ཡོད་པ་ག་ལ་འགྱུར། །རྒྱལ་བ་རྣམས་ཀྱིས་སྟོང་པ་ཉིད། །ལྟ་ཀུན་ངེས་པར་འབྱུང་བར་གསུངས། །གང་དག་སྟོང་པ་ཉིད་ལྟ་བ། །དེ་དག་སྒྲུབ་ཏུ་མེད་པར་གསུངས། །ཞེས་འབྱུང་བ་སོགས་རིགས་པ་མང་པོའི་སྐྱོན་འབབ་པར་འགྱུར་པའི་ཕྱིར་རོ། །འོ་ན། བཅོམ་ལྡན་འདས་ཀྱིས་དེ་ལྟར་བསྟན་པའི་

དགོས་པ་ཅི་ཞིག་ཅེ་ན། ཟབ་མོ་སྟོང་པ་ཉིད་ཀྱི་ཚུལ་བསྟན་པ་ལ་ལོག་པར་བརྟགས་ནས་ཆད་ལྟའི་ཕྱོགས་སུ་གཞོལ་བ་རྣམས་དྲངས་བའི་ཕྱིར་རམ། ཡང་ན། ཟབ་མོ་ཉིད་ལ་མི་མོས་པ་དག་དྲངས་བའི་ཕྱིར་ཡིན་ནོ། །རྣམ་གཞག་འདི་ལ་རྣམ་རིག་སྨྲ་བ་དག་གིས་མདོའི་ལུང་དང་བཅས་ཏེ་རྩོད་པ་དག་ལ་མདོའི་ལུང་རྣམས་ནི་བཤད་མ་ཐག་པ་ལྟར་དགོས་པ་ཅན་ཡིན་པའི་ཕྱིར་དང་། རིགས་པ་བརྗོད་པ་རྣམས་ཀྱིས་ཀྱང་སྐྱོན་མེད་དེ། རྩ་ཤེར་ལས། གང་ལ་སྟོང་པ་ཉིད་རུང་བ། །དེ་ལ་ཐམས་ཅད་རུང་བར་འགྱུར། །གང་ལ་སྟོང་ཉིད་མི་རུང་བ། །དེ་ལ་ཐམས་ཅད་རུང་མི་འགྱུར། །ཞེས་དང་། གལ་ཏེ་འདི་ཀུན་མ་སྟོང་ན། །འབྱུང་བ་མེད་ཅིང་འཇིག་པ་མེད། །འཕགས་པའི་བདེན་པ་བཞི་པོ་རྣམས། །ཁྱོད་ལ་མེད་པར་ཐལ་བར་འགྱུར། །ཞེས་གསུངས་པ་སོགས་ཀྱི་རིགས་པ་དུ་མས་སྒྲུབ་པར་མཛད་དོ། །དེས་ན་འཁོར་ལོ་དང་པོ་དྲང་དོན་ཡིན་པ་ནི། ཐེག་ཆེན་གྱི་གྲུབ་མཐའ་དབུ་སེམས་གཉིས་ཀ་བཞེད་པ་མཐུན་ལ། བར་ཐ་ལ་བཞེད་ཚུལ་ཐ་དད་པ་དེ་བཞིན་ཡང་འདིར་ལུགས་ཕྱི་མ་གཙོ་བོར་བཟུང་སྟེ། བར་པ་ངེས་དོན་མཐར་ཐུག་དང་ཐ་མ་དྲང་ངེས་ཅི་རིགས་ཀྱི་ཆ་ཡོད་པ་ཤེས་པར་བྱའོ། །

དེ་ལྟར་དྲང་ངེས་གཉིས་སུ་དབྱེ་བའི་ཆོས་ནི་བློ་གྲོས་མི་ཟད་པས་བསྟན་པའི་མདོ་ལས། ཀུན་རྫོབ་སྒྲུབ་པ་སྟོན་པ་ནི་དྲང་བའི་དོན་ནོ། །དོན་དམ་སྒྲུབ་པ་སྟོན་པ་ནི་ངེས་པའི་དོན་ནོ། ཞེས་གསུངས་པ་ལྟར་ཀུན་རྫོབ་ཀྱི་བདེན་པ་ལས་བརྩམས་ཏེ་རྒྱུ་ལམ་འབྲས་བུའི་ཚུལ་སོགས་སྟོན་པ་རྣམས་དྲང་བའི་དོན་ཏེ་དེས་དོན་དམ་པའི་དེ་ཁོ་ན་ཉིད་ལ་རིམ་གྱིས་བཀྲི་བར་བྱེད་པའི་ཕྱིར་རོ། །དོན་དམ་པའི་བདེན་པ་ལས་བརྩམས་ཏེ་གཞི་ལམ་འབྲས་བུའི་གནས་ལུགས་སོགས་ཕྱིན་ཅི་མ་ལོག་པར་སྟོན་པ་ནི་ངེས་དོན་ཏེ་སྤྲོ་སྐུར་དང་བྲལ་བའི་དེ་ཁོ་ན་ཉིད་ཀྱི་དོན་ངེས་པར་སྟོན་པས་སོ། །དེའང་། འཕགས་མཆོག་ཀླུ་སྒྲུབ་ཀྱིས། སངས་རྒྱས་རྣམས་ཀྱིས་ཆོས་བསྟན་པ། །བདེན་པ་གཉིས་ལ་ཡང་དག་བརྟེན། །འཇིག་རྟེན་ཀུན་རྫོབ་བདེན་པ་དང་། །དམ་པའི་དོན་གྱི་བདེན་པའོ། །ཞེས་དང་། ཐ་སྙད་ལ་ནི་མ་བརྟེན་

པར། །དམ་པའི་དོན་ནི་རྟོགས་མི་འགྱུར། །དམ་པའི་དོན་ལ་མ་བརྟེན་པར། མྱ་ངན་འདས་པ་འཐོབ་མི་འགྱུར། །ཞེས་ལེགས་པར་གསུངས་པའི་བདེན་པ་གཉིས་ནི། བདེན་གཉིས་རང་འགྲེལ་དུ། མདོའི་ལུང་དྲངས་པར། དེ་ལ་ཀུན་རྫོབ་ཀྱི་བདེན་པ་གང་ཞེ་ན། ཇི་སྙེད་འཇིག་རྟེན་གྱི་ཐ་སྙད་གདམས་པ་དང་ཡི་གེ་དང་། སྐད་དང་། བརྡ་བསྟན་པ་དག་གོ །དོན་དམ་པའི་བདེན་པ་ནི་གང་ལ་སེམས་ཀྱི་རྒྱུ་བའང་མེད་ན། ཡི་གེ་རྣམས་ལྟ་སྨོས་ཀྱང་ཅི་དགོས་སོ། །ཞེས་གསུངས་ཤིང་། དེའི་དོན་བདེན་གཉིས་ལས། ཡོད་མེད་དངོས་པོ་མཁྱེན་པ་ཡི། །ཀུན་མཁྱེན་པས་ཀྱང་གང་མ་གཟིགས། །དེ་ཡི་དངོས་པོ་ཇི་འདྲ་ཞིག་ཤིན་ཏུ་ཞིབ་པའི་ལྟ་བས་དཔྱོད། །ཅེས་དོན་དམ་བདེན་པ་མཚན་ཉིད་པ་ནི། སོ་སོའི་སྐྱེ་བོའི་བློ་ཡི་ཡུལ་ལས་འདས་པ་འཕགས་པའི་མཉམ་བཞག་ཟག་པ་མེད་པའི་ཡེ་ཤེས་ཀྱིས་ཀྱང་གཉིས་སུ་སྣང་བ་ནུབ་ཅིང་། ཡོད་མེད་རྟག་ཆད་ལ་སོགས་པའི་མཐའ་གང་དུ་ཡང་མ་མཐོང་བ་ཉིད་དོན་དམ་བདེན་པ་ཡིན་ནོ། །འདི་ནི་ཐལ་རང་གཉིས་ཀའི་དགོངས་པ་ཡིན་ཏེ། དཔལ་ལྡན་ཟླ་བས། དངོས་ཀུན་ཡང་དག་རྫུན་པར་མཐོང་བ་ཡིས། །དངོས་རྙེད་ངོ་བོ་གཉིས་ནི་འཛིན་པར་འགྱུར། ཡང་དག་མཐོང་ཡུལ་གང་དེ་དེ་ཉིད་དེ། །མཐོང་བ་རྫུན་པ་ཀུན་རྫོབ་བདེན་པར་གསུངས། །ཞེས་དང་། སྤྱོད་འཇུག་ལས། དོན་དམ་བློ་ཡི་སྤྱོད་ཡུལ་མིན། བློ་ནི་ཀུན་རྫོབ་ཡིན་པར་འདོད། །ཅེས་གསུངས་པའི་མཐོང་བ་ཡང་དག་པ་ནི། འཕགས་པའི་མཉམ་བཞག་ཟག་པ་མེད་པ་ཡིན་ལ། འཇིག་རྟེན་པའི་བློ་ཐམས་ཅད་ནི་མཐོང་བ་རྫུན་པ་ཡིན་པས། བདེན་པ་བཙལ་ནས་མ་རྙེད་པའི་རིག་ཤེས་རྗེས་དཔག་གི་དངོས་ཀྱི་གཟུང་བྱར་གྱུར་པའི་སྟོང་ཉིད་མེད་དགག་དེ་ཡང་ཀུན་རྫོབ་ཏུ་འཇོག་དགོས་པ་ཡིན་ནོ། །འོ་ན། སྐབས་འགའ་ཞིག་ཏུ། བདེན་པ་བཀག་ཙམ་གྱི་སྟོང་ཉིད་མེད་དགག་དེ་དོན་དམ་བདེན་པར་གསུངས་པ་དང་། རིགས་པ་དྲུག་ཅུ་པའི་འགྲེལ་བ་ལས། བདེན་པ་གཉིས་སུ་འཇོག་པ་ནི་འཇིག་རྟེན་པའི་བློ་ལ་ལྟོས་ནས་འཇོག་གོ །ཞེས་གསུངས་པ་དང་འགལ་བར་མི་འགྱུར་རམ་སྙམ་ན། མི་འགལ་ཏེ། དེ་ནི་བདེན་པ་འཛིན་པའི་བློ་ལ་ལྟོས་ན

བདེན་མེད་རྟོགས་པའི་བློ་ཡིན་ནའང་། དེ་ཡི་ཡུལ་ལ་དོན་དམ་པར་འཇོག་པ་ནི་རྣམ་གྲངས་པའི་དོན་དམ་བདེན་པ་ཞེས་བཏགས་བར་འཇོག་གོ །དེ་ལྟར་འདོགས་པའི་རྒྱུ་མཚན་ནི་བདེན་པར་འཛིན་པའི་བློ་ལ་ལྟོས་ནས་གནས་ལུགས་རྟོགས་པའི་བློ་ཡིན་པའི་ཕྱིར་རོ། །བཏགས་པའི་དགོས་པ་ནི། དོན་དམ་བདེན་པ་མཚན་ཉིད་པ་དེ་རྟོགས་པ་ལ་ཐོག་མར་འདི་ཉིད་རྟོགས་དགོས་སོ། །ཞེས་ཤེས་པའི་ཆེད་ཡིན་ནོ། དེས་ན་སྟོང་པ་དང་། མི་སྟོང་པ་སོགས་ཀྱི་མཐའ་གང་རུང་དུ་བཟུང་བའི་རྟོག་པའི་དངོས་ཡུལ་ཡིན་པའི་ཕྱིར་ན། རྣམ་གྲངས་མ་ཡིན་པའི་དོན་དམ་བདེན་པ་ནི་མ་ཡིན་པས་ན་ཀུན་རྫོབ་ཏུ་བཞག་པ་ཡིན་ནོ། །མདོར་ན་རྟོག་པའི་དངོས་ཡུལ་དོན་དམ་བདེན་པ་མཚན་ཉིད་པ་འདོད་པ་ནི། དོན་དམ་བདེན་པའི་དོན་སྤྱི་ལ་དོན་དམ་བདེན་པ་འདོད་པ་ཡིན་པས། བུམ་པའི་དོན་སྤྱི་ལ་བུམ་པ་འདོད་པ་དང་འདྲའོ། །འདི་ནི་བདེན་གཉིས་ལས། དེ་བས་འདི་ནི་ཀུན་རྫོབ་སྟེ། །ཡང་དག་པར་ན་སྐྱེ་བ་མེད། ཅེས་དང་། སྤྱོད་འཇུག་ལས། རྣལ་འབྱོར་ཀུན་རྫོབ་ཉེས་མེད་དེ། །འཇིག་རྟེན་ལ་ལྟོས་དེ་ཉིད་མཐོང་། ཞེས་སོགས་གསུངས་པ་དང་། ག་ལ་འཇིགས་མེད་ལས། འཇིག་རྟེན་པའི་ཀུན་རྫོབ་ཀྱི་བདེན་པ་ཞེས་བྱ་བ་ནི། ཆོས་རྣམས་ངོ་བོ་ཉིད་ཀྱིས་སྟོང་པ་དག་ལ་འཇིག་རྟེན་གྱི་ཕྱིན་ཅི་ལོག་མ་རྟོགས་པས་ཆོས་ཐམས་ཅད་སྐྱེ་བར་མཐོང་བ་གང་ཡིན་པ་སྟེ། དེ་ནི་དེ་དག་ཉིད་ལ་ཀུན་རྫོབ་ཏུ་བདེན་པ་ཉིད་ཡིན་པས་ཀུན་རྫོབ་ཀྱི་བདེན་པའོ། །དོན་དམ་པའི་བདེན་པ་ནི་འཕགས་པ་རྣམས་ཀྱིས་ཕྱིན་ཅི་མ་ལོག་པར་ཐུགས་སུ་ཆུད་པས་ཆོས་ཐམས་ཅད་སྐྱེ་བ་མེད་པ་གང་ཡིན་པ་སྟེ། དེ་ནི་དེ་དག་ཉིད་ལས་དོན་དམ་པ་བདེན་པ་ཉིད་ཡིན་པས་དོན་དམ་པའི་བདེན་པའོ། །དེ་ལ་གང་དག་ཀུན་རྫོབ་ཀྱི་བདེན་པ་དང་། དོན་དམ་པའི་བདེན་པ་དེ་གཉིས་ཀྱི་རྣམ་པར་དབྱེ་བ། དེ་ལྟར་རྣམ་པར་མི་ཤེས་པ་དེ་དག་ནི། སངས་རྒྱས་ཀྱི་བསྟན་པ་ཟབ་མོའི་དེ་ཉིད་རྣམ་པར་མི་ཤེས་པ་ཡིན་ནོ། །ཞེས་གསུངས་པ་ལྟར་རོ། །

ཞར་བྱུང་ཐེག་པ་ཆེ་ཆུང་དབྱེ་ཞིང་རྩོད་པ་སྤོང་བ་ནི། དེ་ལྟར་ངེས་པའི་དྲང་དོན་

གྱིས་བརྗོད་པ་ཡོད་པའི་མདོ་སྡེ་ཡིན་ན་ཐེག་དམན་གྱི་མདོ་སྡེ་ཡིན་པས་ཁྱབ་བམ་ཞེ་ན། མ་ཁྱབ་སྟེ། འཁོར་ལོ་དང་པོ་ཕལ་ཆེར་ཐེག་དམན་གྱི་ཚུལ་སྟོན་པ་ཤས་ཆེ་ནའང་། ཐ་མ་ལས་གསུངས་པའི་དྲང་དོན་རྣམས་ཀྱིས་དེ་ཐེག་དམན་སྟོང་བྱེད་ཀྱི་མདོ་སྡེར་བསྒྲུབ་མི་ནུས་པའི་ཕྱིར་རོ། །དེའི་དོན་ཐེག་ཆེན་ཉིད་དུ་ངེས་པའི་ཕྱིར་རོ། །འོ་ན། ངེས་དོན་གྱི་དོན་སྟོན་པ་ཡོད་ན་ཐེག་ཆེན་གྱི་མདོ་སྡེ་ཡིན་པས་ཁྱབ་བམ་ཞེ་ན། དེ་ཡང་མ་ཁྱབ་སྟེ། ལུང་ལས། ཟབ་ཞི་སྤྲོས་བྲལ་འོད་གསལ་འདུས་མ་བྱས། ཞེས་སོགས་ངེས་དོན་མཐར་ཐུག་སྟོན་པའི་སྐབས་ཀྱང་ཡོད་མོད་ཀྱི། དེས་འདུལ་ལུང་ཐེག་ཆེན་དུ་བསྒྲུབ་མི་ནུས་པ་བཞིན་ནོ། །དེས་ན། དྲང་ངེས་ཙམ་གྱིས་ཐེག་པ་ཆེ་ཆུང་འབྱེད་མི་ནུས་ཏེ། ཐེག་པ་ཆེན་པོའི་མདོ་རྒྱུད་གཉིས་ཀར་དྲང་དོན་དགོངས་པ་ཅན་མང་དུ་གསུངས་པའི་ཕྱིར་རོ། །འོ་ན། འཁོར་ལོ་གསུམ་པོར་དྲང་ངེས་འབྱེད་པའི་དོན་ཅི་ཡིན་ཞེ་ན། དེ་གཙོ་ཆེ་ཆུང་གི་དབང་ལས་ཡིན་པས་དགོས་པ་མེད་པ་མ་ཡིན་ནོ། །

འདི་སྐབས། ཉན་ཐོས་པ་དག་གིས་ཐེག་ཆེན་གྱི་ཕྱི་མ་གཉིས་ཁས་མི་ལེན་ཞིང་། དེ་གཉིས་ཀྱི་མདོ་སྡེ་རྣམས་བཀའ་རྟགས་ཀྱི་ཕྱག་རྒྱ་བཞི་དང་འགལ་བ་དང་། ཐུགས་བཟླ་བ་དང་། ཁྲུས་དང་། སྨུར་བར་གནས་པས་སྡིག་པ་འདག་པ་སོགས་ཕྱི་རོལ་པའི་ལམ་བསྟན་པ་དང་། སངས་རྒྱས་ཀྱི་བསྟན་པ་སྡེ་པ་བཅོ་བརྒྱད་དུ་འདུས་པར་གསུངས་པ་ལས། དེར་མ་འདུས་པ་དང་། གཞན་ཡང་གྲུགས་པ་དང་འགལ་བ་སོགས་སྐྱོན་མང་པོ་བརྗོད་ནས་སུན་འབྱིན་པར་བྱེད་དོ། །དེ་ལ་རྟོགས་གནས་དང་པོ་ནི། འདུས་བྱས་མི་རྟག་པ་གསུངས་པ་དང་འགལ་བ་ལོངས་སྐུ་རྟག་པར་བཤད་པ་དང་། ཟག་བཅས་སྡུག་བསྔལ་དང་འགལ་བ་བྱང་སེམས་བདེ་འགྲོ་བཤད་པ་དང་། ཆོས་རྣམས་བདག་མེད་པ་དང་འགལ་བ་དམ་པའི་བདག་གྲུབ་པར་བཤད་པ་དང་། མྱང་འདས་ཞི་བ་དང་འགལ་བ་ཉན་རང་གི་མྱང་འདས་སླར་སྐྱེ་བ་བླངས་ནས་འཚང་རྒྱ་དགོས་པ་རྣམས་ཏེ། དེ་དག་རིམ་པ་བཞིན་དུ་ལན་བསྟན་པ་ལ། སྐྱོན་དང་པོ་མེད་དེ། ལོངས་སྐུ་ནི་ས་བཅུ་པ་དག་གི་ངོར་རྒྱུན་གྱིས་རྟག་པར་སྣང་བ

ཡིན་གྱི། ངོ་བོ་ཉིད་ཀྱིས་རྟག་པ་མ་ཡིན་པའི་ཕྱིར། སྐྱོན་གཉིས་པ་མེད་དེ། ཉན་ཐོས་རྣམས་ཀྱིས་གང་སྡུག་བསྔལ་དུ་བལྟ་བའི་དངོས་པོ་དག་ལ། བྱང་ཆུབ་སེམས་དཔའ་རྣམས་ཀྱིས་ཤེས་རབ་མཆོག་གིས་བརྟགས་པས་དེར་མི་ལྟ་བའི་ཕྱིར། སྐྱོན་གསུམ་པ་མེད་དེ། བདག་དང་བདག་གི་བའི་མཚན་མ་ཐམས་ཅད་དང་བྲལ་བའི་དེ་བཞིན་ཉིད་ལ་མི་འགྱུར་མི་འགོ། མི་ཤིགས་པའི་ཕྱིར་དམ་པའི་བདག་གི་སྒྲས་བསྟན་པའི་ཕྱིར་དང་། སྐྱོན་བཞི་པ་མེད་དེ། ཉན་རང་གི་མྱང་འདས་ནི་རེ་ཞིག་དགོངས་པས་མྱང་འདས་སུ་བཞག་པ་ལས། གཏན་དུ་མྱ་ངན་ལས་འདས་པ་ཆེན་པོར་མ་བཞག་པའི་ཕྱིར་རོ། །དོགས་གནས་གཉིས་པ་དེ་དག་ཀྱང་ཉན་ཐོས་པ་ཉིད་ལ་ལ་གྲགས་པའི་ཐུན་མོང་གི་འདུལ་བ་སོགས་སུ་མི་སྣང་བ་སོགས་དོན་ཉི་ཚེ་བ་ལ་བསམ་པར་ཟད་པས། དེས་སྐྱོན་མེད་པའི་ཚུལ། མདོ་སྡེ་རྒྱན་ལས། །རང་གི་ཉིད་ལ་འཇུག་པ་དང་། །རང་གི་འདུལ་ལའང་སྣང་ཕྱིར་དང་། །ཟབ་པའི་ཕྱིར་དང་རྒྱ་ཆེའི་ཕྱིར། ཆོས་ཉིད་དང་ནི་འགལ་བ་མེད། ཅེས་དང་། རྟོག་གེ་འབར་བ་ལས་ཀྱང་། ཐེག་པ་ཆེན་པོ་ནི་སངས་རྒྱས་ཀྱིས་གསུངས་པ་ཉིད་ཡིན་ཏེ། ཆོས་ཀྱི་ཕྱག་རྒྱ་དང་མི་འགལ་བའི་ཕྱིར་དང་། གང་འཕགས་པའི་བདེན་པའི་མདོ་སྡེ་ལའང་འཇུག ཉོན་མོངས་པ་འདུལ་བ་ལའང་ཡང་དག་པར་མཐོང་། རྟེན་ཅིང་འབྲེལ་བ་འབྱུང་བའི་ཆོས་ཉིད་དང་ཡང་མི་འགལ་བ་ཉིད་ནི་སངས་རྒྱས་ཀྱི་གསུངས་ཡིན་ནོ། །ཞེས་བྱ་བ་དེ་ཐམས་ཅད་ཐེག་པ་ཆེན་པོ་ལ་འགྲུབ་པའི་ཕྱིར་རོ། །ཡང་ན། སྡེ་པ་བཅོ་བརྒྱད་པོ་རྣམས་ཀུན་གྱི་རང་རང་གི་མདོ་སྡེ་ལ་སོགས་པ་ལ་འཇུག་པ་ཡིན་གྱི། ཕན་ཚུན་ནི་འགལ་བ་ཆེར་ཡོད་པ་ཡིན་ནོ། །ཐེག་པ་ཆེན་པོའང་གཞན་ལ་ཕན་པའི་དབང་དུ་བྱས་པའི་སྡེ་སྣོད་ལ་འགའ་ཞིག་མི་འཇུག་ཏུ་ཟིན་ཀྱང་ཐེག་པ་ཆེན་པོའི་མདོ་སྡེ་ལའང་འཇུག བྱང་ཆུབ་སེམས་དཔའི་བསླབ་པའི་གནས་བདུན་བརྒྱ་ལའང་སྣང་། སྟོང་པ་ཉིད་དུ་བསྟན་པའི་ཆོས་ཉིད་དང་ཡང་མི་འགལ་བའི་ཕྱིར་རོ། །དེ་ལྟར་ན་ཆོས་ཀྱི་ཕྱག་རྒྱ་དང་འགལ་བ་མེད་དོ། །ཞེས་གསུངས་པ་སོགས་མཐའ་ཡས་སོ། །དོགས་གནས་གསུམ་པའང་སྐྱོན་མེད་དེ། སྔགས་བཟླ་བ་བཤད་

པའང་གཟུངས་སྔགས་རྣམས་ནི་སྨོན་པའི་རྣམ་པ་ཅན་ཡིན་པ་དང་། གསང་སྔགས་རྣམས་ནི་དེ་བཞིན་གཤེགས་པའི་ཡེ་ཤེས་ཀྱི་གསང་བ་སྟོན་པར་བྱེད་པའི་སྟོབས་པའི་ཡི་གེའི་སྦྱོར་བ་ཇི་ལྟར་འདོད་པའི་བསམ་པ་སྒྲུབ་པའི་ནུས་པ་ཅན་ཡིན་པ་དང་། རིག་སྔགས་རྣམས་ནི་བྱང་ཕྱོགས་སོགས་ཀྱི་ཆོས་སྟོན་པའི་བདག་ཉིད་ཅན་ཡིན་པའི་ཕྱིར་དང་། ཁྲུས་ཀྱང་ཀླུའི་རྒྱལ་པོ་མ་དྲོས་པས་མཚོའུ་ཞིག་ཏུ་སྐྱེ་བ་བླངས་ནས། གང་སྲོག་ཆགས་གང་དང་གང་དག་གིས་བདག་གི་མཚོའུ་འདི་ལས་འབབ་པར་གྱུར་པའི་ཆུ་ཀླུང་རྣམས་སུ་ཁྲུས་བྱས་པ་དང་། འཐུངས་པ་དང་། ཞུགས་ནས་གནས་པར་བྱེད་པ་དེ་རྣམས་ལ། དེ་དག་ཉིད་དེ་རྣམས་ཀྱི་བྱང་ཆུབ་ཀྱི་རྒྱུར་གྱུར་ལ། དེ་དག་ཐམས་ཅད་ཀྱང་རིམ་གྱིས་བདག་གིས་སངས་རྒྱས་ཉིད་ལ་འགོད་པར་གྱུར་ཅིག་ཅེས་སྨོན་ལམ་བཏབ་པ་ལྟར། ཆུ་ལ་སྡིག་པ་སྦྱོང་བའི་ནུས་པ་མེད་ཀྱང་། སྨོན་ལམ་གྱི་དབང་གིས་དེ་ལྟར་མི་འགལ་བའི་ཕྱིར་དང་། སྨྱུང་གནས་ཀྱང་དེས་གྲོལ་བར་འདོད་ནས་མ་ཡིན་གྱི། རིག་སྔགས་བསྒྲུབ་པའི་ཕྱིར་གསུངས་པ་ཡིན་པའི་ཕྱིར་རོ། །དོགས་གནས་བཞི་པའང་སྐྱོན་མེད་དེ། རྟོག་གེ་འབར་བ་ལས། ཐེག་པ་ཆེན་པོ་ནི། ངེས་པར་ཟབ་ཅིང་རྒྱ་ཆེ་བ་ལ་མོས་པའི་སེམས་ཅན་གྱི་བསམ་པ་དང་། ལྷག་པའི་བསམ་པའི་དབང་དུ་བྱས་ནས། སྡེ་པ་བཅོ་བརྒྱད་ལ་ཐུན་མོང་དུ་བསྟན་པ་མིན་ཏེ། གཙུག་ལག་གསུང་རབ་རྣམས་ལས་སྐྱེ་བ་དང་། ན་ཆོད་དང་། མདོག་དང་། ཡུལ་དང་། དུས་ཐ་དད་པ་མེད་པར་བསྟན་པ་བཞིན་ནོ། །ཡང་ན་སངས་རྒྱས་ཀྱི་བསྟན་པ་ལ། ཉན་ཐོས་ཀྱི་ཐེག་པ་དང་། རང་སངས་རྒྱས་ཀྱི་ཐེག་པ་དང་། ཐེག་པ་ཆེན་པོའི་དབྱེ་བ་ནི། འདོད་པ་ཁོ་ན་ཡིན་ལ་བསྟན་པ་ཐམས་ཅད་ཀྱི་དབྱེ་བ་ནི། ཤཱཀྱ་ཐུབ་པ་ཁོ་ན་ལ་ཡོད་ཀྱི་གཞན་ལ་ནི་ཡོད་པ་མ་ཡིན་ཞིང་། ཡོག་པར་དང་སེལ་ལ་སོགས་པའི་དེ་བཞིན་གཤེགས་པ་རྣམས་ཀྱིས་ཀྱང་། ཐེག་པ་ཐ་དད་དུ་དབྱེ་བ་མཛད་པ་ཡོད་པ་ཡིན་པས་འོད་སྲུང་གིས་མ་བསྟན་པ་ཡིན་ནོ། །ཞེས་སོགས་རྒྱ་ཆེར་བཤད་པ་ལྟར་འཐད་པའི་ཕྱིར་རོ། །དོགས་གནས་ལྔ་པའང་། སྐྱོན་མེད་དེ། རབ་བྱུང་གིས་ཁྱིམ་པ་བྱང་ཆུབ་སེམས་དཔའ་ལ་ཕྱག་བྱེད་པར་བཤད་པ་སོགས་གྲགས་པ་

དང་འགལ་བ་རྣམས་ཀྱང་ཕལ་ཆེན་པ་སོགས་སྡེ་པ་ཐ་དད་པ་དག་གི་མདོ་ལས་ཀྱང་དེ་ལྟར་འབྱུང་བ་དང་། ཡང་དག་རྫོགས་པའི་བྱང་ཆུབ་ཏུ། །སེམས་ནི་རིན་ཆེན་དེ་ཉིད་ཀྱང་། །དཔའ་བོ་ཁྱོད་ཀྱིས་སྙིང་པོར་མཁྱེན། །དེ་ལས་གཞན་པས་རིང་བར་འགྱུར། །དང་པོ་ཁྱོད་ལ་ཕྱག་བགྱིའམ། །འོན་ཏེ་གང་གིས་འཁོར་བ་ཁྱོད། །སྐྱོན་མཁྱེན་ཡུན་རིང་དེ་ལྟ་བུར། །བཞུགས་མཛད་ཐུགས་རྗེ་ཆེ་ལ་བགྱི། ཞེས་སོགས་བཤད་པ་དག་གིས་ལེགས་པར་སེལ་ནུས་པའི་ཕྱིར་རོ། །གཞན་ཡང་ཐེག་པ་ཆེན་པོའི་ཆོས་ཤིན་ཏུ་རྒྱས་པའི་མདོ་སྡེ་འདི་དག་ལ་ཤིན་ཏུ་རྒྱས་པའི་མདོ་སྡེར་མི་འདོད་པ་དང་། བྱང་ཆུབ་ཆེན་པོ་སྒྲུབ་པའི་ཐབས་ནི་ཉན་ཐོས་ལ་གྲགས་པའི་མདོ་སྡེ་རྣམས་ཀྱིས་སྟོན་པས་ཐེག་ཆེན་གཞན་མི་དགོས་པར་འདོད་པ་སོགས་རྒྱུ་མཚན་གྱི་རྣམ་གྲངས་ཤིན་ཏུ་མང་པོས་ཐེག་པ་ཆེན་པོ་སངས་རྒྱས་ཀྱི་བཀའ་མ་ཡིན་པར་སྒྲུབ་པ་རྣམས། མདོ་སྡེ་རྒྱན་དུ། སྔར་ལུང་མ་བསྟན་ལྷན་ཅིག་འབྱུང་། །སྤྱོད་ཡུལ་མ་ཡིན་སྒྲུབ་པ་དང་། །ཡོད་དང་མེད་ན་ཡོད་མེད་དང་། གཉེན་པོ་དང་ནི་སྒྲ་གཞན་ཕྱིར། །སངས་རྒྱས་རྣམས་ནི་མངོན་སུམ་སྤྱན། །བསྟན་པ་དག་ཀྱང་སྲུང་བར་མཛད། །དུས་ལའང་ཡེ་ཤེས་མ་བསྒྲིབས་པས། །དེ་ཕྱིར་བཏང་སྙོམས་མི་རུང་ངོ་། །མ་ཚང་བ་དང་འགལ་བ་དང་། །ཐབས་མིན་དེ་ལྟར་མ་བསྟན་ཕྱིར། །ཉན་ཐོས་ཀྱི་ནི་ཐེག་པ་འདི། །ཐེག་ཆེན་ཆོས་ཞེས་བྱ་བ་མིན། །བསམ་པ་དང་ནི་བསྟན་པ་དང་། །སྦྱོར་བ་དང་ནི་རྟེན་པ་དང་། །དུས་འགལ་ཕྱིར་ན་དམན་པ་གང་། །དེ་ནི་དམན་པ་ཁོ་ན་ཡིན། ཞེས་སོགས་མདོ་རྒྱན་གྱི་ཐེག་ཆེན་བཀའ་སྒྲུབ་སྐབས་སུ་འབྱུང་བ་ལྟ་བུ་དང་། གཞན་ཡང་། སློབ་དཔོན་ཀླུ་སྒྲུབ་ཞབས་དང་། འཕགས་མཆོག་ཐོགས་མེད། དབྱིག་གཉེན། ཞི་བ་ལྷ་ལ་སོགས་པ་མང་པོས་མཛད་པའི་གཞུང་འགྲེལ་རྣམས་སུ་ལེགས་པར་སུན་ཕྱུང་ནས་ལུང་དང་རིགས་པ་བཟང་པོས་ཐེག་པ་ཆེན་པོ་རྒྱ་ཆེར་བསྒྲུབ་པའི་ཚུལ་ཡོད་པས་དེ་དང་དེར་བལྟ་བར་བྱའོ། །

འབྲས་བུ་གསང་སྔགས་རྡོ་རྗེ་ཐེག་པ་བྱུང་ཚུལ་ནི། །སྤྱིའི་ངོ་བོ་ངོས་བཟུང་བ་དང་ངེས་ཚིག་སྨོས་པའི་སྒོ་ནས་མདོར་བསྟན་པ། དེའི་དབྱེ་བ་རྒྱས་པར་བཤད་པའོ།

སྤྱིའི་ངོ་བོ་ངོས་བཟུང་བ་དང་ངེས་ཚིག་སྨོས་པའི་སྒོ་ནས་མདོར་བསྟན་པ་ནི། སྟོན་པས་གསུངས་པའི་ལུང་གི་དམ་ཆོས་གང་ཞིག ཡུལ་མི་སྤྱོད་བར་ལམ་དུ་བྱེད་པའི་སྒྱུར་བདེའི་ཐབས་ཁྱད་པར་དུ་འཕགས་ཤིང་། རྒྱུ་འབྲས་ལྷུན་འགྲུབ་ཏུ་སྤྱོད་པའི་ཚུལ་གཙོ་བོར་སྟོན་པའི་རིས་སུ་གནས་པ། རྫོད་བྱེད་བརྗོད་བྱ་ཟག་མེད་ཀྱི་བདེ་བའི་རྒྱུ་ལས་འབྲས་བུ་དང་བཅས་པ་རྣམས་དང་། དེའི་ཕྱོགས་སུ་གཏོགས་པ་རྣམས་ཀྱང་སྟེ་དེ་དག་ལ། གསང་སྔགས་ཀྱི་ཚུལ་དང་།

རྒྱུད་སྡེ་དང་རྡོ་རྗེ་ཐེག་པ་དང་། རིག་པ་འཛིན་པའི་སྡེ་སྣོད་དང་། འབྲས་བུའི་ཐེག་པ་ཞེས་ཀྱང་བྱའོ། །དེ་ལ་གསང་སྔགས་ཀྱི་ཚུལ་ནི་ཚུལ་གསུམ་སྒྲོན་མེ་ལས། བདེན་པའི་དེ་ཉིད་ཚུལ་དོན་གང་། །ཕ་རོལ་ཕྱིན་ཚུལ་དོན་གང་ཡིན། ཞེས་བདེ་བར་གཤེགས་པའི་གསུང་རབ་ལ་ཚུལ་གསུམ་དུ་དབྱེ་བ་མཛད་པ་ལྟར་ཏེ། དེའི་སྒྲ་དོན་ཡང་། ལེགས་སྦྱར་གྱི་སྐད་དུ། མ་ཞེས་པ་སྟེ། འདུས་པ་རྒྱུད་ཕྱི་མ་ལས། དབང་པོ་དང་ནི་ཡུལ་རྣམས་ཀྱི། །རྐྱེན་གྱིས་གང་དང་གང་བྱུང་ཡིད། །ཡིད་དེ་མན་ཞེས་བྱ་བར་བཤད། །ཏྲ་ནི་སྐྱོབ་པར་བྱེད་པའི་དོན། །འཇིག་རྟེན་སྤྱོད་ལས་རྣམ་གྲོལ་བར། །གང་བཤད་དམ་ཚིག་སྡོམ་པ་སྟེ། །རྡོ་རྗེ་ཀུན་གྱི་གསང་བ་ནི། །སྔགས་ཀྱི་སྤྱོད་པ་ཞེས་བཤད་དོ། །ཞེས་གསུངས་པས་ན་ཡིད་འཁོར་བ་དང་། ཉོན་མོངས་པའི་ཚ་གདུང་ལས་སྐྱོབས་པའི་ཕྱིར་གསང་སྔགས་ཞེས་གསུངས་པའམ། ཡང་ན། སྣོད་མིན་རྣམས་ལ་གསང་ནས་ཚུལ་བཞིན་དུ་སྤྱད་པས་འགྲུབ་པར་འགྱུར་བའི་ཕྱིར་གསང་སྔགས་སུ་བརྗོད་དེ། དུས་འཁོར་ལས། གསང་བས་འགྲུབ་ཕྱིར་གསང་སྔགས་ཏེ། །རྡོ་རྗེ་ཐེག་པ་འབྲས་བུ་ཆེ། ཞེས་གསུངས་ཤིང་། འདི་སྐབས་གང་ལ་གསང་བའི་ཡུལ་སྣོད་མིན་དེའང་ཕྱི་ནང་གི་རྟོག་གེ་བ་ཚིག་ཙམ་ལ་འཆེལ་ཞིང་ཕྱོགས་རེ་ལ་མངོན་པར་ཞེན་པ་འདི་ནས་བཤད་པའི་ལྟ་སྤྱོད་ཁྱད་པར་ཅན་བློར་མི་ཤོང་བ་དག་ཡིན་ནོ། །རྒྱུད་སྡེ་ཞེས་བྱ་བ་ནི། དཀའ་འགྲེལ་ཡེ་ཤེས་ལྡན་པ་ལས། དེས་སེམས་ཅན་རྣམ་པར་རྟོག་པ་ལས་སྐྱོབ་པར་བྱེད་པས་ན་རྒྱུད་དོ། ། རྒྱུད་ཀྱི་ཚོགས་སམ་རིགས་སུ་གྱུར་པས་ན

རྒྱུད་སྡེའོ། །ཞེས་འབྱུང་བ་ལྟར། ལེགས་སྦྱར་དུ། ཏ་ཞེས་པ། ཡི་གེ་ཕྱིས་བསྣན་གྱི་ངེས་པས། ཙོ་ཏན། སེམས་དང་། ཌ་ཡ་སྐྱོབ་ལ་འཇུག་པའི་ཕྱིར། དེ་སྐད་ཅེས་བྱ་བའམ། ཡང་ན་འཇིག་རྟེན་གྱི་གྲགས་པ་ལྟར། རྒྱུད་ཅེས་བྱ་བ་རྒྱུན་ཆགས་པར་བྱེད་པའི་དོན་ཅན་ཏེ། བམ་གཉིས་ལས། ཏ་ཨྲ་བསྟྲ་བྱ། ཞེས་འབྱུང་བ་དེ། ཐུན་མོང་མ་ཡིན་པའི་དོན་དུ་གསང་འདུས་ལས། རྒྱུད་ནི་རྒྱུན་ཅེས་བྱ་བར་བཤད། དེ་ནི་རྣམ་པ་གསུམ་དུ་འགྱུར། གཞི་དང་དེ་བཞིན་རང་བཞིན་དང་། མི་འཕྲོད་པ་ཡི་རབ་ཕྱེ་བ། གཞི་དང་རང་བཞིན་རྒྱུ་ཡིན་ཏེ། དེ་བཞིན་མི་འཕྲོག་འབྲས་བུའོ། །ཞེས་གསུངས་པ་ལྟར། རྒྱུ་ལམ་འབྲས་བུའི་རྒྱུད་གསུམ་དུ་རྒྱུན་ཆགས་པའི་ཕྱིར་ན་རྒྱུད་ཅེས་བྱ་བར་བཤད་དོ། །རྡོ་རྗེ་ཐེག་པ་ཞེས་བྱ་བ་ནི། སྔགས་དང་། ཕར་ཕྱིན་ཐེག་པར་འབྲས་བུ་དང་རྒྱུ་ལམ་དུ་བྱེད་པའི་ཚུལ་བསྟན་པའི་གྲུབ་དོན་མཐར་ཐུག་རོ་མཉམ་དུ་གྱུར་པ་ནི། མི་ཕྱེད་པ་དང་། མི་ཤིགས་པའི་ཕྱིར་རྡོ་རྗེ་ཡིན་ལ། དེར་རྒྱུ་འབྲས་ལྷུན་གྲུབ་ཏུ་སྐྱེད་པའི་ཚུལ་འདིས་བགྲོད་པས་ན་དེ་སྐད་ཅེས་བྱ་སྟེ། དུས་འཁོར་འགྲེལ་ཆེན་ལས། རྡོ་རྗེ་ནི་མི་ཕྱེད་པ་དང་། མི་ཚོད་པ་ཆེན་པོ་ཡིན་ལ། དེ་ཉིད་ཐེག་པ་ཡིན་པ་ནི་རྡོ་རྗེ་ཐེག་པ་སྟེ། སྔགས་ཀྱི་ཚུལ་དང་། ཕ་རོལ་ཏུ་ཕྱིན་པའི་ཚུལ་འབྲས་བུ་དང་། རྒྱུའི་བདག་ཉིད་གཅིག་ཏུ་འདྲེས་པར་གྱུར་པའོ། །ཞེས་འབྱུང་བའི་ཕྱིར་རོ། །རིག་པ་འཛིན་པའི་དཔུང་བཟང་གི་འགྲེལ་པ་ལས། རིག་འཛིན་གྱི་སྡེ་སྣོད་ཅེས་བྱ་བ་ནི་རིགས་སྔགས་འཆང་རྣམས་ཀྱིས་བསླབ་པའི་གཞི་དང་། ལྷ་བའི་སླུང་གི་གྲུབ་པའི་མཐའ་འདི་ཉིད་ཀྱིས་སྟོན་པའི་དོན་ཏོ། །ཞེས་སོ། །

འབྲས་བུའི་ཐེག་པ་ཞེས་བྱ་བ་ནི། འབྲས་བུའི་སྐུ་དང་ཡེ་ཤེས་ཀྱི་ཚུལ་འགྱུར་མེད་ཀྱི་བདེ་བ་ཆེན་པོར་གྲགས་པ་དེ་ཉིད་འདིར་མངོན་སུམ་དུ་ལམ་དུ་བྱས་ནས་བསྒོམ་པའི་ཕྱིར་ཏེ། རྣལ་འབྱོར་བླ་ན་མེད་པའི་རྒྱུད་ཀྱི་དོན་ལ་འཇུག་པ་ལས། དེ་ནི་སྐུ་དང་། ལོངས་སྤྱོད་དང་། གནས་དང་མཛད་པ་ཡོངས་སུ་དག་པའི་ཚུལ་གྱིས་འཇུག་པས་ན་འབྲས་བུ་སྟེ། ལམ་ཐམས་ཅད་ཀྱི་འབྲས་བུ་ཕྱག་རྒྱ་ཆེན་པོའི་དངོས་གྲུབ་ཡིན་པའི་ཕྱིར་རོ། །དེ་ཉིད་ནི་འཚེ་བ་མེད་

ཅིང་ཡང་དག་པའི་དོན་ཐོགས་པ་མེད་པར་ཐོབ་པར་བྱེད་པས་ན་རྡོ་རྗེའོ། །དེ་ནི་ཐེག་པའང་ཡིན་ཏེ། ལམ་དེས་དཀའ་བ་མེད་པར་མྱུར་དུ་ཡིད་ལ་བྱེད་པའི་ཕྱིར་རོ། །ཞེས་འབྱུང་ངོ་། །དེ་ལྟ་ན། མཚན་ཉིད་དེ་དག་གི་དོན་གསུངས་པ་རྣམས་བརྗོད་བྱ་དང་རྗོད་བྱེད་གང་གི་དབང་ལས་ཡིན་ཞེ་ན། རིག་འཛིན་གྱི་སྡེ་སྣོད་ཀྱི་དོན་ནི། གཙོ་བོར་རྗོད་བྱེད་ཀྱི་དབང་ལས་ཡིན་པར་ཡང་ཟུང་གི །གཞན་ནི་གཙོ་བོར་བརྗོད་བྱའི་དབང་གིས་ཡིན་པས་བརྗོད་བྱ་ཉིད་ལ་མཚན་དེ་དང་དེ་དག་གི་དོན་ངེས་པར་གནས་ཤིང་། བརྗོད་བྱ་དེ་སྟོན་བྱེད་ནི་རྗོད་པའི་ངག་ཡིན་པས། རྒྱུད་གཞུང་རྣམས་ཀྱང་དེ་དང་འབྲེལ་བའི་སྒོ་དང་དེར་རྗོད་པའི་ངག་ཡིན་པས། །དེར་བརྗོད་པ་ཙམ་ནི་མི་འགལ་ལོ། །འདི་སྐབས་རྡོ་རྗེ་ཐེག་པ་ཆེན་པོ་ཉིད་ལས་རང་རྐང་ཚུགས་པར་སོགས་སུ་བཀོལ་དུ་མི་གཏུབ་སྟེ། དེ་དག་སྤྱི་བྱེ་བྲག་ཡིན་པའི་ཕྱིར་དང་། རྒྱུའི་ཐེག་ཆེན་དང་ལམ་མྱུར་བུལ་གྱི་ཁྱད་ཙམ་ལས་འབྲས་བུ་ལ་ཁྱད་མ་ཞུགས་པའི་ཕྱིར་དང་། རྡོ་རྗེ་སྙིང་འགྲེལ་ལས། ཉན་ཐོས་རང་སངས་རྒྱས་རྣམས་འདིར། ཐེག་པ་ཆེན་པོ་གསུམ་པ་ཡིན། སངས་རྒྱས་པ་ལ་བཞི་པ་དང་། ལྔ་པ་ཐུབ་པའི་དགོངས་པ་མིན། ཞེས་ཐེག་པ་བཞི་དང་། གྲུབ་མཐའ་སྨྲ་བ་ལྔ་པ་མེད་པར་གསུངས་པའི་ཕྱིར་རོ། །དེ་སྣོད་ཀྱི་དབང་དུ་བྱས་ཀྱང་སྡེ་སྣོད་གསུམ་ཀའི་ཆར་གཏོགས་པ་འཛིག་མེད་འབྱུང་གནས་སྦས་པ་སོགས་བཞེད་པ་ལྟར་ལེགས་པ་ཡིན་མོད། །གསུམ་ག་དང་མཐུན་པ་ལས་ཀྱང་འདི་ཆེས་ཟབ་ཅིང་ཁྱད་པར་དུ་མས་འཕགས་པའི་སྒོ་ནས་རིག་པ་འཛིན་པའི་སྡེ་སྣོད་བྱེ་བྲག་ཏུ་ཕྱེ་ནའང་མི་འགལ་ཏེ། ཕྲཛྙཱ་ཀ་རས། དེ་ལ་གསང་སྔགས་ཀྱི་ཐེག་པ་སྡེ་སྣོད་གསུམ་དུ་མ་གཏོགས་པར་འདོད་དེ། དེ་ནི་རིག་འཛིན་གྱི་སྡེ་སྣོད་ཅེས་བྱ་བར་གྲགས་པ་བྱང་ཆུབ་སེམས་དཔའི་སྡེ་སྣོད་གཞན་ཡིན་no། །ཞེས་དང་། སངས་རྒྱས་གསང་བས། སངས་རྒྱས་མཆོག་གིས་ཆོས་གསུངས་པ། འདུལ་བ་མདོ་སྡེ་མངོན་པ་དང་། །རིག་པ་འཛིན་པའི་སྡེ་བཞིར་གནས། ཞེས་བཤད་པའི་ཕྱིར་རོ། །གསུང་རབ་ཡན་ལག་བཅུ་གཉིས་ཀྱི་དབང་གིས་ཀྱང་། ཐེག་ཆེན་གྱི་སྡེ་སྣོད་གང་དུ་སྡུད་པ་དེར་འདུས་སོ། །

དེའི་བྱེ་བ་རྒྱས་པར་བཤད་པ་ལ་གཉིས་ལས། གསང་སྔགས་རྡོ་རྗེ་ཐེག་པ་ཕར་ཕྱིན་ཐེག་པ་ལས་ཁྱད་པར་འཕགས་ཚུལ་ནི། ཁྱད་པར་བཞིས་ཤེས་པར་བྱ་སྟེ། །ཚུལ་གསུམ་སྒྲོན་མེ་ལས། དོན་གཅིག་ན་ཡང་མ་རྨོངས་དང་། །ཐབས་མང་དཀའ་བ་མེད་པ་དང་། །དབང་པོ་རྣོན་པོའི་དབང་བྱས་པས། །སྔགས་ཀྱི་ཐེག་པ་ཁྱད་པར་འཕགས། ཞེས་གསུངས་པ་ལྟར་རོ། །དེས་ན་མདོ་སྔགས་གཉིས་ཀྱི་ཁྱད་པར་དངོས་ནི་ཐབས་དང་སྤྱོད་པ་དག་ལ་ཡོད་པ་ཡིན་གྱི་ལྟ་བ་ནི་མཚུངས་སོ། །དེའང་དོན་གཅིག་ཅེས་པའང་། འབྲས་བུའི་ཚུལ་གཅིག་པ་ལ་བཤད་ཅིང་། གནས་ལུགས་ཇི་བཞིན་རྟོགས་པའི་ལྟ་བ་ནི་འབྲས་བུ་ཡིན་པའི་ཕྱིར་དང་། སྟོང་ཉིད་སྤྲོས་བྲལ་རྟོགས་པའི་ཆ་ནས་ཕར་ཕྱིན་ཐེག་པའི་ལྟ་བ་དང་ཁྱད་མེད་དོ། །ཡང་། འདི་སྐབས་སུ་ཐབས་དང་སྤྱོད་པའི་ཚུལ་དེ་ཙམ་ཞིག་གིས་མདོ་སྔགས་གཉིས་ཁྱད་པར་འབྱེད་མི་ནུས་ཏེ། ཕར་ཕྱིན་ཐེག་པ་ལས་ཀྱང་སྦྱིན་སོགས་འཁོར་གསུམ་མི་དམིགས་པར་སྤྱོད་པའི་ཚུལ་སོགས་མ་རྨོངས་པའི་ཤེས་རབ་བསྟན་པས། དེ་ཐབས་ལ་མ་རྨོངས་པ་གང་ཞིག བདེན་པ་གཉིས་དང་། མཚན་ཉིད་གསུམ་དང་། ཕར་ཕྱིན་དྲུག་དང་། བྱང་ཕྱོགས་སོ་བདུན་སོགས་དེ་ཁོ་ན་ཉིད་རྟོགས་པའི་ཐབས་ཚུལ་མང་དུ་བསྟན་ཡོད་པས་ཐབས་ཀྱང་མང་བར་མཚུངས་ཤིང་། དཔེར་ན་གྲོང་ཁྱེར་རྣམས་ཀྱི་མི་གཙང་ལུད། དེ་ནི་བུ་རམ་ཤིང་གི་ཞིང་ལ་ཕན། དེ་བཞིན་བྱང་ཆུབ་སེམས་དཔའི་ཉོན་མོངས་ལུད། དེ་ནི་རྒྱལ་བའི་ཆོས་ལ་ཕན་པར་བྱེད། ཅེས་སོགས་གསུངས་པ་ལྟར། འདོད་པ་ལ་སྤྱོད་པའི་ཐབས་མཁས་ཀྱང་བསྟན་ཡོད་པས་དཀའ་བ་མེད་པའང་གྲུབ། སྦྲས་པའི་མཐའ་བརྒྱད་དང་བྲལ་བ་སོགས་ཀྱི་ལྟ་བ་ཟབ་པ་དང་། དེ་ལ་བརྟེན་པའི་མཚན་མ་མེད་པ་སྤྱོད་པ་རབ་འབྱམས་བསྟན་པ་རྣམས་གང་ཟག་དབང་པོ་ཆེས་རྣོན་པོའི་དབང་དུ་བྱས་པར་མདོ་རྣམས་སུ་གསལ་བ་དང་། འདོད་ན་ཞག་བདུན་གྱིས་ཀྱང་འཚང་རྒྱ་བ་སོགས་ལམ་མྱུར་བའི་ཚུལ་ཡང་ཡོད་པ་སོགས་མཚུངས་པའི་ཕྱིར་ན། དོན་གཅིག་ལ་ཡང་མ་རྨོངས་དང་ཞེས་པ་སོགས་འདི་སྔགས་ཀྱི་ཐེག་པ་མདོ་ལས་ཁྱད་པར་འཕགས་ཆོས་སུ་མི་རུང་ངོ་། །ཞེས་རྟོགས་པ་སྐྱེ་སྲིད་ན།

སྐྱོན་མེད་དེ། མ་རྟོགས་པ་དང་། ཐབས་མང་བ་སོགས་ཀྱི་མིང་ཙམ་མཚུངས་པར་ཟད་ཀྱི། ལུང་དེ་ལས་བཤད་པའི་དོན་ནི། རིམ་པ་གཉིས་དང་། ཟུང་འཇུག་གི་རྣལ་འབྱོར་ཁྱད་པར་ཅན་དང་། འཕོ་མེད་ཀྱི་ཚུལ་ཁྲིམས་དང་། འགྱུར་མེད་ལྷན་སྐྱེས་ཀྱི་བདེ་བ་སོགས་ཕར་ཕྱིན་ཐེག་པར་མིང་ཙམ་ཡང་མ་གྲགས་པའི་ཁྱད་པར་གྱི་ཟབ་མོའི་གནད་གསང་འདྲམས་ཀླས་པ་ཞིག་འདི་ལ་ཡོད་པའི་རྒྱུ་མཚན་གྱིས་མ་རྟོངས་པ་སོགས་བཞག་པ་སྟེ། དེ་ཉིད་ལས། །མཁས་པ་སྙིང་རྗེ་ཆེ་ལྡན་པས། །དཔྱད་དེ་ཐབས་ཀྱི་མཆོག་ལེན་ཅིང་། །ཐ་མལ་པ་ཡི་ཐབས་སྣང་ནས། །མི་འཕོ་བ་ཡི་གནས་འཐོབ་པོ། །ཞེས་སེམས་ཅན་མང་པོ་ལ་ཕན་འདོགས་པར་མི་ནུས་པའི་མགོ་ལ་སོགས་པ་སྦྱིན་པ་སོགས་ཐ་མལ་གྱི་ཐབས་སྣང་ནས། སེམས་ཅན་ཐམས་ཅད་ཀྱི་རེ་བ་གཅིག་ཆར་དུ་སྐོང་བར་བྱེད་པའི་ཐབས་མཆོག རིམ་གཉིས་དང་ཟུང་འཇུག་གི་ཏིང་ངེ་འཛིན་གྱི་འབྲས་བུ་ཁྱད་པར་དུ་འཕགས་པ་བསྒྲུབས་ཏེ། མྱུར་དུ་མི་འགྱུར་མི་འཕོ་བའི་གནས་ཐོབ་ནས་ལྷུན་གྲུབ་ཀྱི་ཕྲིན་ལས་འབྱུང་བ་ཐབས་ལ་མ་རྟོངས་པར་བཤད་པའི་ཕྱིར་དང་། སེམས་ཅན་ཀུན་དོན་ལེགས་བསྒྲུབ་ཕྱིར། །བློ་ཆེན་ལ་ནི་ཐབས་ཐམས་ཅད། །དབྱེ་བ་རྣམ་བཞིར་ཚུལ་གྱི་མཆོག །འགྲོ་བའི་སྟོན་པས་གསུངས་པ་ཡིན། ཞེས་བཀའ་ཐབ་དང་། སྡོམ་པ་ཕྱོགས་རེ་ཙམ་གྱིས་གདུལ་བྱ་མཐའ་དག་རྗེས་སུ་འཛིན་པར་མི་ནུས་པས། འདིར་ཕར་ཕྱིན་དྲུག་སོགས་ཀྱི་ཐབས་དེ་ཡོད་པ་གཞིར་བཞག་ནས། དེའི་སྟེང་དུ་གདུལ་བྱ་ཐམས་ཅད་ལ་རྗེས་སུ་འགྲོ་བའི་ཐབས་དཔེར་ན། དང་པོ་རང་རིགས། ལྷག་ལྷ་ངེས་པར་བྱས་ནས། འདོད་ཆགས་ཆེ་བའི་རིགས་ཅན་གྱིས། འདོད་ཆགས་རྡོ་རྗེའི་ལྷ་སྡུགས་ཕྱག་རྒྱ་ཏིང་ངེ་འཛིན་བསྒོམ་པ་སོགས་མང་པོ་གསུངས་པ་རྣམས་རྒྱུད་སྡེ་བཞིའི་ཚུལ་དུ་བསྟན་པས་ཐབས་མང་བ་ཡིན་པའི་ཕྱིར་དང་། །གང་ཞིག་གང་དུ་ཇི་ལྟར་འདོད། །དེ་ཉིད་དེ་ལ་ངེས་སྦྱོར་ཞིང་། །འདོད་པའི་དོན་ནི་ཐོབ་མཛད་པའི། །དམ་པའི་དོན་ནི་ཐུབ་པས་གསུངས། ཞེས་ཉོན་མོངས་པ་ཤས་ཆེ་བ་རྣམས་དང་པོར་ཐབས་གཞན་གྱིས་མགོ་སྣང་ནས། རིམ་པས་སྟོང་པ་ཉིད་སྒོམ་པ་སོགས་དུས་རིང་པོར་གོམས་མི་

དགོས་པར་ཐོག་མ་ཉིད་ནས་སེམས་ཅན་རྣམས་རང་རང་གི་ཇི་སྐད་འདོད་པ་དེ་དང་མཐུན་པའི་ཐབས་ཀུན་སྟོན་པ། དཔེར་ན། དབང་དོན་གྱི་དབང་རྟུལ་ཆགས་པས་ཤིན་ཏུ་གདུངས་པའི་སྐྱེ་བོ་ལ་ལས་རྒྱུ། ཆགས་པ་དེ་ལས་ཤས་ཆུང་བ་ལ་དམ་རྒྱུ། འདོད་པའི་བག་ཆགས་ཀྱི་རྣམ་རྟོག་མ་སྤངས་པ་ཙམ་ལ་ཡེ་རྒྱུ། དབང་རྣོན་གྱི་དབང་རྣོན་གཉིས་མེད་ཀྱི་དེ་ཁོ་ན་ཉིད་ལ་མོས་པ་རྣམས་ལ་ཕྱག་རྒྱ་ཆེན་པོ་སོགས་རང་འདོད་ཀྱི་རྗེས་སུ་འཇུག་པའི་ཐབས་དང་རྣལ་འབྱོར་ཡོད་པས་དཀའ་བ་མེད་པར་བཤད་དེ། རང་གི་མོས་པ་བཞིན་དུ་སྤྱོད་པ་ནི་དཀའ་བ་མེད་པར་གྲུབ་པའི་ཕྱིར་དང་། ཚུལ་གསུམ་སྒྲོན་མེར། འདིར་བདེན་པའི་དེ་ཁོ་ན་ཉིད་ཀྱི་རྣལ་འབྱོར་པ་ནི་དེ་ཁོ་ན་ཉིད་ཀྱི་ཐབས་མ་ཤེས་པའི་ཕྱིར་དབང་པོ་རྟུལ་པོ་ཡིན་པར་ཤེས་པར་བྱའོ། ཕ་རོལ་ཏུ་ཕྱིན་པའི་དེ་ཁོ་ན་ཉིད་ཀྱི་རྣལ་འབྱོར་ནི་ཐབས་ཉིད་ལ་འཁྲུལ་པ་ཡིན་པའི་ཕྱིར་དབང་པོ་འབྲིང་པོ་ཡིན་ནོ། །གསང་སྔགས་ཀྱི་སྒོར་ཞུགས་པ་སྤྱོད་པ་རྣམས་ནི་གང་དུ་ཡང་རྣམ་པར་རྨོངས་པ་མེད་པས་ན་དབང་པོ་རྣོན་པོ་ཡིན་ནོ། །དེ་བས་ན་དབང་པོ་རྣོན་པོ་རྣམས་ནི་གང་གཞན་དག་བྱེད་ན་ངན་འགྲོར་འགྲོ་བར་འགྱུར་བ་དེ་ཉིད་ཀྱི་ཕྱིན་ཅི་མ་ལོག་པའི་ཐབས་ལ་མཁས་པས་ཀུན་ཏུ་སྤྱོད་པའི་སྔགས་ཀྱི་བརྟུལ་ཞུགས་ཅན་ནི་རྣམ་པར་དག་པའི་གནས་ཐོབ་པར་འགྱུར་རོ། །ཞེས་སྔར་བཤད་པའི་ཚུལ་དེ་དག་དང་ལྡན་པས་དབང་པོ་རྣོན་པོའི་དབང་དུ་བྱས་པར་ཡང་འགྲུབ་པར་བཤད་ཅིང་། ཕར་ཕྱིན་ཐེག་པའི་དབང་རྣོན་དེ་ལ་སྔགས་ཀྱི་བརྟུལ་ཞུགས་འདི་མ་བསྟན་པའི་ཕྱིར་འདི་ལ་ལྟོས་ནས་དབང་འབྲིང་དུ་གྲུབ་པའི་ཕྱིར་དང་། ཕར་ཕྱིན་ཐེག་པར་འདོད་ན་ཞག་བདུན་གྱིས་འགྲུབ་པའང་སྐལ་བ་གྲངས་མེད་གཉིས་འཁོར་སྐབས་ལམ་བགྲོད་ཐག་རིང་ལ། འདིར་དེ་ལྟར་འགོར་བ་མེད་པའི་ཕྱིར་རོ། །གཞན་ཡང་། རྒྱུད་ལ། གྲུབ་ཆེན་རྣམས་ཀྱིས་བརྩམས་པའི་བསྟན་བཅོས་རྣམས་སུ་ཁྱད་པར་འཕགས་ཆོས་མང་དུ་གསུངས་པ་སྣང་ཡང་། རེ་ཞིག་ཡོངས་གྲགས་དེ་ཙམ་ལས་མ་བྲིས་སོ།

དབྱེ་བ་བཤད་པ་ནི། འདི་ལ། སློབ་དཔོན་ཨ་ཧི་ཤས། བྱ་བ་སྤྱོད་སོགས་རྒྱུད་ཅེས

བྱ་བ་ནི། བྱ་བའི་རྒྱུད་དང་། སྤྱོད་པའི་རྒྱུད་དང་། རྟོག་པའི་རྒྱུད་དང་། གཉིས་ཀའི་རྒྱུད་
དང་། རྣལ་འབྱོར་གྱི་རྒྱུད་དང་། རྣལ་འབྱོར་ཆེན་པོའི་རྒྱུད་དང་། རྣལ་འབྱོར་བླ་ན་མེད་
པའི་རྒྱུད་དོ། །ཞེས་བདུན་དུ་ཕྱེ་བ་མཛད་པ་དང་། གཞན་ཡང་། སློབ་དཔོན་བཛྲ་པཱ་ཎི་
ཕཱཀྟི་པ་སོགས་རྒྱུད་སྡེ་ལྔར་དབྱེ་བ་དང་། ཨ་བྷྱ་ཡས། ཕྱི་ནང་གི་རྒྱུད་གཉིས་སུ་དབྱེ་བ་
སོགས་དབྱེ་ཚུལ་མང་དུ་སྣང་ཡང་། ད་ལམ་འདི་གཙོ་ཆེར་དེང་སང་གྲགས་ཆེ་བ་ལྟར་རྒྱུད་
སྡེ་བཞིར་དབྱེ་ན། བྱ་བའི་རྒྱུད་དང་། །སྤྱོད་པའི་རྒྱུད་དང་། རྣལ་འབྱོར་གྱི་རྒྱུད་དང་།
རྣལ་འབྱོར་བླ་མེད་ཀྱི་རྒྱུད་རྣམས་ཏེ། དགྱེས་རྡོར་དོན་བསྡུས་ཀྱི་འགྲེལ་པ་ལས། དེ་ཡོ་ན་
ཉིད་སྒོམ་པའི་ནུས་པ་ཆུང་བ་མཚན་མ་ཅན་གྱི་སྤྱོད་པ་ལ་མངོན་པར་དགའ་བ་རྣམས་ལ་ཕྱིའི་
སྤྱོད་པ་དེ་དག་ཤས་ཆེར་སྟོན་པ་བྱ་བའི་རྒྱུད་ཅེས་ཕྱིའི་བྱ་བ་གཙོ་བོར་སྟོན་པས་བྱ་བའི་རྒྱུད་
དོ། དེའང་རབ་ཏུ་སྒྲོན་གསལ་ལས། ཁྲུས་དང་། གོས་དུས་གསུམ་དུ་བརྗེ་བ་དང་། སྨྱུང་
བར་གནས་པ་ལ་སོགས་པ་རྗོད་པར་བྱེད་པའི་རྒྱུད་ནི་བྱ་བའི་རྒྱུད་དོ། སྒྲོལ་མ་འབྱུང་བ་ལ་
སོགས་པའོ། །ཞེས་དང་། ཨ་བྷྱ་ཡས། དམ་པའི་ཆོས་ཕྱིའི་ནི་བྱ་བའི་རྒྱུད་ལ་སོགས་
པའོ། །དེ་ལ་བྱ་བའི་རྒྱུད་ནི། དམ་ཚིག་གསུམ་གྱི་རྒྱལ་པོ་དང་། འབྱུང་པོ་འདུལ་བྱེད་ལ་
སོགས་པ་སྟེ། གང་དུ་ཁྲུས་དང་། སྨྲ་བཅད་ལ་སོགས་པ་རྣམས་ཀྱི་བྱ་བ་ཕྱི་རོལ་གྱི་ལུགས་མ་
དང་བྲིས་སྐུ་ལ་སོགས་པ་ལྟ་བུ་དམིགས་པའོ། །ཞེས་སོ། །སྤྱོད་རྒྱུད་ནི། རབ་ཏུ་སྒྲོན་
གསལ་ལས། བརྟུལ་ཞུགས་དང་། དངོས་གྲུབ་དང་། རྫུ་འཕྲུལ་གཙོ་བོར་གྱུར་པ་ལ་སོགས་
པ་སྤྱོད་པའི་རྒྱུད་དོ། ཞེས་པས་བརྟུལ་ཞུགས་ཀྱི་སྤྱོད་པ་གཙོ་བོར་སྟོན་པའི་ཕྱིར་རམ་དགྱེས་
རྡོར་དོན་བསྡུས་ཀྱི་འགྲེལ་བར། གང་ཞིག་བྱ་བའི་ཁྱད་པར་ལའང་མོས་ཤིང་། ཐབས་དང་
ཤེས་རབ་ཀྱི་སྤྱོད་པ་རྒྱ་ཆེན་པོ་ལའང་སྤྲོར་བའི་ནང་གི་བདག་ཉིད་ཅན་གྱི་ཚུལ་ཡང་མི་འདོར་
བར་སྤྲོ་བ་དེ་ལ་ནི། བྱ་བ་དང་། རྣམ་འབྱོར་གྱི་རྒྱུད་ཆ་གཉིས་ལས་མཐུན་པའི་གཉིས་ཀའི་
རྒྱུད་ཅེས་སོགས་འབྱུང་བའི་ཕྱིར། ཕྱིའི་བྱ་བ་དང་། ནང་གི་ཏིང་ངེ་འཛིན་ཆ་མཉམ་དུ་
སྤྱོད་པས་སྤྱོད་པའི་རྒྱུད་དོ། ཨ་བྷྱ་ཡས། སྤྱོད་པའི་རྒྱུད་ནི་རྣམ་པ་སྣང་མཛད་མངོན་པར་

བྱང་ཆུབ་པ་ལ་སོགས་པའོ། ཞེས་སོ། རྣལ་འབྱོར་རྒྱུད་ནི། འཇིག་རྟེན་གསུམ་རྒྱལ་གྱི་རྟོག་པའི་འགྲེལ་བ་ལས། དེ་ལ་རྣལ་འབྱོར་ཞེས་བྱ་བ་ནི་སེམས་མཉམ་པར་བཞག་པའོ། །དེའི་མཐུས་གསང་སྔགས་ཀྱི་སྒོ་ནས་བྱང་ཆུབ་སེམས་དཔའི་དགོས་པ་བསྒྲུབ་པའི་ཕྱིར་སྔགས་དང་། ཕྱག་རྒྱ་དང་། དཀྱིལ་འཁོར་དང་། དབང་སྦྱིན་ལ་སོགས་པ་སྣ་ཚོགས་སྤྲེལ་ཞིང་བརྒྱུས་པས་རྣལ་འབྱོར་གྱི་རྒྱུད་ཅེས་བྱའོ། །ཞེས་དང་། རྣམ་སྣང་མངོན་བྱང་གི་འགྲེལ་བ་ལས། འཕགས་པ་དེ་ཉིད་བསྡུས་པ་ལ་སོགས་པ་ནང་གི་སྦྱོར་བ་གཙོ་བོར་གྱུར་པ་ཡིན་མོད་ཀྱི། ཕྱིའི་སྤྱོད་པ་རྣམས་ཀྱང་མེད་པ་མ་ཡིན་ནོ། །ཞེས་ནང་གི་རྣལ་འབྱོར་སྒོམ་པ་གཙོ་བོ་སྟོན་པས་རྣལ་འབྱོར་རྒྱུད་དེ། ཨ་ཧྰ་ཡས། གསང་བ་ནི། རྣལ་འབྱོར་རྒྱུད་ལ་སོགས་པ་སྟེ། རྣལ་འབྱོར་གྱི་རྒྱུད་ནི་དེ་ཁོ་ན་ཉིད་བསྡུས་པ་ལ་སོགས་པའོ། །ཞེས་སོ། །རྣམ་འབྱོར་བླ་མེད་ཀྱི་རྒྱུད་ནི། འདུས་པ་ཕྱི་མ་ལས། ཐབས་དང་ཤེས་རབ་སྙོམས་འཇུག་པ། རྣལ་འབྱོར་ཞེས་ནི་བཤད་པ་ཡིན། གང་གི་དངོས་མེད་ཤེས་རབ་སྟེ། ཐབས་ནི་དངོས་པོའི་མཚན་ཉིད་དོ། །ཞེས་དང་། གུར་ལས། ཨེ་མའོ་མཁའ་འགྲོ་མ་ཡི་རྒྱུད། རྒྱུད་རྣམས་ཀུན་ལ་དམ་པ་སྟེ། ཞེས་གསུངས་པ་ལྟར། ཐབས་ཤེས་གཉིས་སུ་མེད་པའི་རྣལ་འབྱོར་གྱི་ཚུལ་ཁྱད་པར་ཅན་བསྟན་པས་རྒྱུད་ཀུན་གྱི་བླ་ན་མེད་པར་གྱུར་པའི་ཕྱིར་རྣལ་འབྱོར་བླ་ན་མེད་པའི་རྒྱུད་དེ། དེའང་ཨ་ཧྰ་ཡས། རྣལ་འབྱོར་བླ་མའི་རྒྱུད་ནི་འདུས་པ་ལ་སོགས་པའོ། །ཞེས་བཤད་དོ། །དེ་ལྟར་དབྱེ་བ་རྣམ་པ་བཞི་འབྱེད་པའི་རྒྱུ་མཚན་ཡང་། སམ་པུ་ཊ་ལས། རྐྱོད་དང་ལྟ་དང་ལག་བཅངས་དང་། གཉིས་གཉིས་འཁྲུད་དང་རྣམ་པ་བཞི། སྲིན་བུའི་ཚུལ་གྱིས་རྒྱུད་བཞིར་གནས། ཞེས་སོགས་འདོད་ཆགས་རིགས་བཞི་དང་ལྡན་པའི་གདུལ་བྱ་རྣམས་འདུལ་བའི་ཕྱིར། ཆགས་པ་དེ་དག་ལ་འདུ་བྱེད་པའི་རྒྱུད་སྡེ་བཞིར་གསུངས་པ་དང་། ཡང་གདུལ་བྱ་ཁམས་དང་དབང་པོའི་བྱེ་བྲག་གིས་རྒྱུད་སྡེ་བཞིར་གསུངས་པ་དང་། སྤང་བྱ་ཉོན་མོངས་པ་བཞིའི་སྒོ་ནས་རྒྱུད་བཞིར་གསུངས་པ་སོགས། འཆད་ཚུལ་མི་འདྲ་ཙམ་འགའ་ཞིག་ཡོད་ཀྱང་འདིར་རེ་ཞིག་དེ་ཙམ་ལས་མ་སྤྲོས།

དེ་ལྟར་རྒྱུད་སྡེ་བཞིར་གྲངས་ངེས་པ་ལས། དེ་དག་སོ་སོའི་ནང་གསེལ་སུ་དབྱེ་ན། བྱ་བའི་རྒྱུད་ལ་སྔོ་དྲུག་ཏུ་འགྱུར་ཏེ། དེ་བཞིན་གཤེགས་པའི་རིགས་དང༌། པདྨའི་རིགས་དང༌། རྡོ་རྗེ་རིགས་དང༌། རྒྱན་པའི་རིགས་དང༌། འཇིག་རྟེན་པའི་རིགས་རྣམས་ཀྱི་རྒྱུད་དྲུག་ཡོད་པའི་ཕྱིར་རོ། དེ་རེ་རེ་ལའང༌། རིགས་ཀྱི་གཙོ་བོ། རིགས་ཀྱི་བདག་པོ། རིགས་ཀྱི་ཡུམ་སོགས་རེ་རེ་ནས་བརྗོད་བྱའི་གཙོ་བོར་བྱས་ནས་དབྱེ་བ་ཡོད་ལ། དེ་དག་བསྡུ་ན། དེ་བཞིན་གཤེགས་པའི་རིགས་དང༌། པདྨའི་རིགས། རྡོ་རྗེའི་རིགས་ཏེ་རིགས་གསུམ་དུ་འདུའོ། །

སྤྱོད་པའི་རྒྱུད་ནི་བྱ་བའི་རྒྱུད་དང༌། དབྱེ་བ་ཕལ་ཆེར་མཚུངས་པར་བྱས་པས་དོན་གྲུབ་མོད་ཀྱི། རིགས་ལྔར་ཕྱེས་ཀྱང་མི་འགལ་ལོ། །

རྣལ་འབྱོར་རྒྱུད་ལ། རིགས་ཀྱི་དབང་དུ་བྱས་ན་རྩ་བའི་རིགས་ལྔའི་དབྱེ་བས་རྒྱུད་ཀྱང་ལྔ་དང༌། ཞིབ་མོ་ཕྱེས་ན་བརྒྱར་ཡང་འགྱུར་ཏེ། རྡོ་རྗེ་རྩེ་མོ་ལས། །རིགས་ནི་རྣམ་པ་དུ་ཡིན་བརྗོད། །རིགས་ནི་རྣམ་པ་བརྒྱར་གསུངས་ཏེ། །མདོ་རུ་བསྡུ་ན་རྣམ་པ་ལྔ། །སངས་རྒྱས་རྡོ་རྗེ་རིན་ཆེན་དང༌། །ཆོས་དང་ལས་དང་རྣམ་པ་ལྔ། ཞེས་གསུངས་ཤིང༌། དེ་དག་ལ་ནང་གསེས་སུ་དབྱེ་བས་བརྒྱར་འགྱུར་ལ། དེའང་བསྡུ་ན། བྱང་ཆུབ་ཀྱི་སེམས་གཙོ་བོར་སྟོན་པ་ཐབས་ཀྱི་རྒྱུད་དང༌། ཤེར་ཕྱིན་གཙོ་བོར་སྟོན་པ་ཤེས་རབ་ཀྱི་རྒྱུད་དེ་རྣམ་པ་གཉིས་སུ་འདུའོ། །

རྣལ་འབྱོར་བླ་མེད་ཀྱི་རྒྱུད་ལ། གཙོ་བོ་བཅུ་གཉིས་སུ་འགྱུར་ཏེ། ཕ་རྒྱུད་ལ། འདུས་པ་ཕྱི་མ་ལས། །རིགས་རྒྱལ་རྡོ་རྗེ་ཅན་རྣམས་ཀྱི། །འཁོར་ལོ་སྒྱུར་བ་དྲུག་གིས་རྒྱ། ཞེས་མི་བསྐྱོད་པ། རྣམ་སྣང༌། རིན་འབྱུང༌། འོད་དཔག་མེད། དོན་གྲུབ། དྲུག་པ་རྡོ་རྗེ་འཆང་སྟེ་རིགས་དྲུག་བཤད་པའི་ཕྱིར། མ་རྒྱུད་ལའང༌། དེ་ལྟར། ངེས་བརྗོད་བླ་མ་ལས། །ཡང་ན་རྡོ་རྗེ་སེམས་དཔལ་སྟེ། །རྣམ་སྣང་རྡོ་རྗེ་ཉི་མ་དང༌། །པདྨ་གར་དབང་རྒྱལ་པོ་དང༌། །དབང་ཕྱུག་ཧ་མཆོག་ཧེ་རུ་ཀ །ཞེས་མཚན་གྱི་ཁྱད་པར་གྱིས་གསུངས་པ་

ལྟར་དྲུག་ཏུ་དབྱེ་ཡོད་པའི་ཕྱིར་བསྡོམས་རྒྱུད་ཀྱི་དབྱེ་བ་བཅུ་གཉིས་སུ་འགྱུར་ལ། ནང་གསེས་དབྱེ་ན་མང་དུ་འགྱུར་ཡང་། མདོར་བསྡུ་ན། ཕ་རྒྱུད་མ་རྒྱུད་གཉིས་སམ། ཐབས་ཤེས་གཉིས། བརྗོད་བྱ་ཟབ་པ་དང་། རྒྱ་ཆེ་བ་གཉིས་ཀྱི་ཚུལ། ལམ་བསྐྱེད་རྫོགས་གཉིས་སུ་འདུ་བ་སྟེ། རྒྱ་ཆེ་བའི་དེ་ཁོ་ན་ཉིད་གང་དུ་གཙོ་བོར་སྟོན་པའི་རྒྱུད་ནི་ཐབས་ཀྱི་རྒྱུད་དང་། གང་དུ་ཟབ་པ་ཉིད་གཙོ་བོར་སྟོན་པའི་རྒྱུད་ནི་ཤེས་རབ་ཀྱི་རྒྱུད་དོ། །ཡང་ན། རྒྱུད་སྡེ་བཞི་ཀར་བརྗོད་བྱ་དང་། རྗོད་བྱེད་ཅི་རིགས་པའི་ཆ་ནས་སོ་སོར། སྤྱི་དང་བྱེ་བྲག་རྩ་རྒྱུད། བཤད་རྒྱུད། ཕྱི་རྒྱུད་གསུམ། རྩ་བའི་རྒྱུད་དང་། འགྲེལ་པའི་རྒྱུད། ཆ་མཐུན་གྱི་རྒྱུད་སོགས་དབྱེ་ཚུལ་ཤིན་ཏུ་མང་ངོ་། །

དབྱེ་ཚུལ་དེ་ལྡན་གྱི་རྒྱུད་སྡེ་རྣམས་ཀྱི་གཞུང་གི་ཚད་ཀྱང་། བདེ་བར་གཤེགས་པའི་སྤྱོད་ཡུལ་ལས། འདི་ཙམ་ཞེས་ཀྱང་ཚད་བཟུང་བྱར་མི་ནུས་ཀྱང་། དགོས་པའི་དབང་གིས་རྒྱུད་སྡེ་འགའ་ཞིག་ཏུ་ཚད་སོགས་བསྟན་པའང་ཡོད་དེ། དཔེར་ན། བྱ་རྒྱུད་ལ། དཔུང་བཟང་གི་རྒྱུད་ལས། དེ་བཞིན་གཤེགས་པའི་རིགས་ཀྱི་རྒྱུད་སྡེའི་ཚད། འབུམ་ཕྲག་ལྔ་དང་བྱེ་བ་ཕྲག་གསུམ་དག རིག་འཛིན་སྡེ་སྣོད་བཤད་པར་རྒྱལ་བས་གསུངས། ཞེས་སོགས་གསུངས་པ་ལྟར་དང་། སྤྱོད་རྒྱུད་སོགས་ལྷག་མ་རྣམས་ནི་བྱ་རྒྱུད་ལ་ལྟོས་ནས། རིམ་བཞིན་སྟམ་སྟམ་ལས། ཕྱི་མ་ཕྱི་མ་རྒྱ་ཆེ་བས་ཤོ་ལོ་ཀ་གྲངས་ཀྱིས་སྤྱིའི་ཚད་བཞག་ནི་མ་མཐོང་ངོ་། །

དེ་ལྟར་གསང་སྔགས་ཀྱི་ཚུལ་ཤིན་ཏུ་རྒྱ་ཆེན་པོར་གྱུར་པའི་ཆོས་ཀྱི་འཁོར་ལོ་འདི་རྣམས། སྟོན་པ་གང་གིས། དུས་གང་གི་ཚེ། གདུལ་བྱ་གང་ལ། ཚུལ་གང་གིས། གནས་གང་དུ་བསྐོར་ཅེ་ན། སྟོན་པ་སྤྲུལ་པའི་སྐུ་རྣམ་འདྲེན་བཞི་པ་ཤཱཀྱའི་དབང་པོ་འདི་ཉིད། ལ་ལར་ཁ་སྦྱོར་ཡན་ལག་བདུན་ལྡན་གྱི་ལོངས་སྤྱོད་རྫོགས་པའི་སྐུའི་ཚུལ་གྱིས། ལ་ལར་མཆོག་གི་སྤྲུལ་པའི་སྐུའི་ཚུར་གྱིས། ལ་ལར་རྗེས་སུ་གནང་བ་དང་། བྱིན་གྱིས་བརླབས་པའི་ཚུལ་གྱིས་དུས་རྒྱུན་མི་འཆད་པར་གདུལ་བྱ་རིག་པ་འཛིན་པ་དཔའ་བོ་དང་། རྣལ་འབྱོར་

མའི་ཚོགས་ལ། བརྗོད་བྲལ་རང་བཞིན་རང་སྒྲ་ཐམས་ཅད་པའི་སྒྲ་བརྙན་གྱི་ཚུལ་གྱིས་གནས་ཀྱི་སྣང་བ་ཐ་དད་པ་རྣམས་སུ་བསྒྲོར་རོ། །ཅེ་བྲག་ཏུ་བྱ་བའི་རྒྱུད་ནི། སྟོན་པ་མཆོག་གི་སྤྲུལ་པའི་སྐུ་ཉིད་ཀྱིས་འོག་མིན་དུ་འཇམ་དཔལ་ལ་སོགས་ལ་གཙོ་བོར་བསྟན་ཅིང་། སུམ་ཅུ་རྩ་གསུམ་དང་། མི་ཡུལ་སོགས་སུ་གསུངས་པའང་ཅི་རིགས་པ་ཡོད་ལ། དཔུང་བཟང་གི་རྒྱུད་ནི། ལྷུང་ལོ་ཅན་དུ་གསུངས་པར་བཤད་པ་སོགས་ཀྱང་ཡོད་དོ། །

དེའང་། སྟོན་པས་ཞལ་ནས་གསུངས་པ་དང་། སྟོན་པའི་མཐུས། འཇམ་དཔལ་དང་། སྤྱན་རས་གཟིགས། ཕྱག་རྡོར་སོགས་ཀྱིས་བཤད་པ་དང་། འཇིག་རྟེན་པའི་ལྷ་ལ་སོགས་པས་སྨྲས་པ། སྟོན་པས་བྱིན་གྱིས་བརླབས་པ་སོགས་ཅི་རིགས་པ་ཡོད་དོ། །སྤྱོད་པའི་རྒྱུད་ཀྱང་། གཙོ་བོར་འོག་མིན་ཆེན་པོ་དང་། སུམ་ཅུ་རྩ་གསུམ་སོགས་སུ་བསྟན་པ་སྟེ་ཕལ་ཆེར་བྱ་བའི་རྒྱུད་དང་ཕྱོགས་མཚུངས་སོ། །རྣལ་འབྱོར་རྒྱུད་ནི། སྟོན་པ་འོག་མིན་དུ་ལོངས་སྤྱོད་རྫོགས་པའི་སྐུར་སངས་རྒྱས་ནས་ལོངས་སྐུ་ཆུང་ངུའམ་སྤྲུལ་སྐུས་རྣམ་སྣང་རི་རབ་ཀྱི་རྩེ་མོར་གཤེགས་ནས། དེ་བཞིན་གཤེགས་པའི་དཀྱིལ་འཁོར་སྤྲུལ་བཤད་མཛད་པའི་ཚུལ་གྱིས་གཙོ་བོར་གསུངས་ཤིང་། གཞན་ནི་གཞན་འཕྲུལ་དབང་བྱེད་ཀྱི་གནས་སོགས་སུ་མ་ངེས་པར་བསྟན་པར་མཛད་དོ་ཞེས་གྲགས་སོ། །རྣལ་འབྱོར་བླ་མེད་ཀྱི་རྒྱུད་ནི། འོག་མིན་དང་། དགའ་ལྡན་དང་། རི་རབ་ཀྱི་རྩེ། ཨོ་རྒྱན་དང་། དཔལ་ལྡན་འབྲས་སྤུངས་མཆོད་རྟེན་ལ་སོགས་པ་གནས་ཀྱི་ཅེ་བྲག་ཀུན་རྫོབ་པའི་དབྱེ་བ་བསྟན་པ་དང་། རྡོ་རྗེ་བཙུན་མོའི་བྷ་ག་དང་། བདེ་བ་ཆེན་པོའི་གནས་དང་། ཆོས་ཀྱི་འབྱུང་གནས། ཐར་པ་ཆེན་པོའི་ཕོ་བྲང་སོགས་སྦྲོས་མཚན་གྱི་ཡུལ་ཐམས་ཅད་ལས་འདས་པ། ཆོས་ཀྱི་དབྱིངས་འགྱུར་བ་མེད་པ་དོན་དམ་པའི་གནས་རྣམས་སུ་སྟོན་པ་དཔལ་འཁོར་ལོ་སྡོམ་པ་དང་། དགྱེ་བ་རྡོ་རྗེ་དང་། དུས་ཀྱི་འཁོར་ལོ་ལ་སོགས་པའི་སྐུར་བཞེངས་ནས། ཇི་སྐད་དུ། འཆད་པ་པོ་ང་ཆོས་ཀྱང་ང་། རང་གི་ཚོགས་ལྡན་ཉན་པ་ང་། འཇིག་རྟེན་སྟོན་པ་བསྒྲུབ་བྱ་ང་། འཇིག་རྟེན་འཇིག་རྟེན་འདས་པ་ང་། ཞེས་པ་ལྟར། ཉན་ཡུལ་འཁོར་ཐ་མི་དད་པ། བདེ་

པ་ཆེན་པོ་གཅིག་གི་རང་བཞིན་ལས། རྡོ་རྗེ་ནཱ་ད་མི་ཤིགས་པའི་སྒྲའི་གསང་བ་ཆེན་པོས་ཆོས་ཀྱི་འཁོལ་ལོ་དུས་རྟག་ཏུ་བསྐོར་བར་མཛད་དོ། །

དེ་དག་བཀའ་ཡི་བསྡུ་བ་ཇི་ལྟར་བྱས་པའི་ཚུལ་ལ། ཐུན་མོང་བའི་བཀའ་བསྡུ་ཚུལ་དང་། ཐུན་མོང་མ་ཡིན་པའི་བཀའ་བསྡུ་ཚུལ་ལོ། །

ཐུན་མོང་བའི་བཀའ་བསྡུ་ཚུལ་ནི། སྟོན་པ་ཐུགས་རྗེ་ཅན་རྩྭ་ཅན་དུ་མྱ་ངན་འདས་པའི་ཚུལ་བསྟན་པའི་ཚེ། འཁོར་དགྲ་བཅོམ་པ་ཁྲི་བརྒྱད་སྟོང་། དེའི་སྔོན་དུ་ཤཱ་རིའི་བུ་འཁོར་བརྒྱད་ཁྲི། མོའུ་འགལ་གྱི་བུ་འཁོར་བདུན་ཁྲི་བཅས་པ་མྱ་ངན་ལས་འདས་པ་ན་ལྷ་རྣམས་ཀྱིས། དགེ་སློང་དབང་ཡོད་པ་རྣམས་ཀྱང་འདས་པས། བཅོམ་ལྡན་འདས་ཀྱི་མདོ་སྡེ་དང་། འདུལ་བ་དང་། མ་མོ་མི་སྒྲོགས་སོ་ཞེས་འཕྱ་བར་བྱེད་པ་གནས་བརྟན་འོད་སྲུང་ཆེན་པོས་གཟིགས་ཏེ། རྩྭ་ཅན་ཉིད་དུ། དགྲ་བཅོམ་པ་གང་པོ་ལ་དགེ་འདུན་བསྡུས་ཤིག་ཅེས་བསྒོམ་པར། །དེས་གཉྫི་བརྡུངས་ནས་བ་ལང་བདག་མ་གཏོགས་ཐམས་ཅད་འདུས་སོ། །བ་ལང་བདག་ནི་སུམ་རྩེན་ལྷའི་གནས། ཤི་རི་ཤི་ཧྲའི་གཞལ་མེད་ཁང་ཆེན་དུ། །འགོག་སྙོམས་ལ་ཞུགས་པ་བསྐུལ་ཀྱང་མ་ཕེབས་པར་མྱ་ངན་ལས་འདས་པ་ན། འོད་སྲུང་ཆེན་པོས། དགེ་སློང་རྣམས་ལ་སྨྲས་པ། ཇི་ལྟར་དེ་ནི་འཕགས་པའི་ཚུལ་གྱིས་འདས། གཞན་གྱིས་དེ་བཞིན་རབ་ཞིར་འགྲོ་མི་བྱ། དེ་བས་ཇི་སྲིད་དགོས་པའི་དོན་བྱ་ཞིང་། དབང་ཆེན་ཚོགས་ནས་དེ་སྲིད་བགྲོ་བར་བྱ། ཞེས་སོགས་གསུངས་ནས་ད་ནས་བཟུང་དགེ་སློང་དགྲ་བཅོམ་པ་རྣམས་མྱ་ངན་ལས་མི་འདའ་བར་ཁྲིམས་སུ་བཅས། རྒྱལ་པོ་མ་སྐྱེས་དགྲ་ཡིས་ཡོ་བྱད་བསྟབས་ཏེ། འོད་སྲུང་ཆེན་པོ་སོགས་དགེ་སློང་ལྔ་བརྒྱར་གཅིག་ལྷག་པ། མ་ག་དྷའི་རྒྱ་གྲོ་དྷའི་ཕུག་ཏུ་འདུས་ནས་དབྱར་གནས་པར་ཁས་བླངས། དེའི་ཚེ་གནས་བརྟན་འོད་སྲུང་ཆེན་པོས། སློབ་མ་ཀུན་དགའ་བོ་སྤྱོ་བས་བཏུལ་ནས་དགྲ་བཅོམ་པ་ཐོབ་པ་ན། འོད་སྲུང་ཆེན་པོས། གསོལ་གཉིས་ཀྱི་ལས་ཀྱིས་མདོ་སྡེ་སྡུད་པར་བསྐོས་པས། དགྲ་བཅོམ་ལྔ་བརྒྱས་སྣམ་སྦྱར་ལྔ་བརྒྱ་ཁྲིའི་སྟེང་དུ་བཏིང་བར། ཀུན་དགའ་བོ་བཞུགས་ནས། ཞབ་

སོའི་འཁོར་མི་གཡོ་བ་ལ་གཟིགས་ཏེ། བཅོམ་ལྡན་འདས་ཀྱི་མདོ་སྡེ་བདག་གིས་གཟུང་བ་ནི། ལྷ་ཀླུའི་གནས་སུ་བཤད་པ་དག་ཀྱང་ཡོད། བདག་ལ་མངོན་སུམ་དུ་བཤད་པ་དང་། གཅིག་ནས་གཅིག་ཏུ་བརྒྱུད་དེ་འོངས་པ་དག་ཀྱང་ཡོད་པས་ཐོས་པ་ཐམས་ཅད་བཤད་པར་བྱའོ་སྙམ་པ་ན། འོད་སྲུང་ཆེན་པོས། སྟོན་པ་འཇིག་རྟེན་ཕན་བཞེད་པ། རྒྱལ་བས་གསུངས་པའི་ཆོས་རྣམས་ཀྱི། རྣམ་པ་མཆོག་གི་གང་བཤད་པ། ཚེ་དང་ལྡན་པས་མདོ་སྡེ་གསུངས། ཞེས་སྨྲས་པས། ཀུན་དགའ་བོས་བྱང་ཆུབ་སྙིང་པོའི་ཕྱོགས་སུ་བལྟས་ནས་སངས་རྒྱས་རྗེས་སུ་དྲན་བཞིན་དུ་ཐལ་མོ་སྦྱར་ཏེ་སྨྲས་ཁྲབ་པར་བྱས་ནས། འདི་སྐད་བདག་གིས་ཐོས་པ་དུས་གཅིག་ན་བཅོམ་ལྡན་འདས་ཡུལ་ཝཱ་རཱ་ཎ་སཱི་དྲང་སྲོང་ལྷུང་བ་རི་དྭགས་ཀྱི་ནགས་སུ་བཞུགས་སོ། །ཞེས་སོགས་གསུངས་ནས་མདོ་སྡེ་རྣམས་བཤད་དོ། །ལྔ་སྡེ་བཟང་པོ་ལ་བདེན་བཞིའི་ཆོས་འཁོར་བསྐོར་ཚུལ་གྱི་མདོ་སྡེ་གསུམ་བཤད་པས་གསུམ་ཀ་ལ། ཀུན་ཤེས་ཀཽཎྜི་ཉ་ཆོས་ཀྱི་རྣམ་གྲངས་འདི་དག་བདག་ལ་མངོན་སུམ་མོ་ཞེས་སྟོན་གྱི་ཚུལ་དང་བཅས་ཏེ་སྨྲས་སོ། །དེ་ནས་དེ་དག་ཉིད་དེ་འཛིན་ལས་ལངས་ཏེ། ཚེ་དང་ལྡན་པ་ཀུན་དགའ་བོ་ཁྱོད་ཀྱི་ལུང་འདི་ཡིན་ནམ། ཚེ་དང་ལྡན་པ་དག་བདག་གི་ལུང་དེ་ལགས་སོ། །ཚེ་དང་ལྡན་པ་བདག་གི་ལུང་དེ་ལྟ་བུ་ལགས་སམ། ཚེ་དང་ལྡན་པ་ཀུན་དགའ་བོ་དེ་ཁོ་ནའོ། །ཞེས་ཕན་ཚུན་ངེས་པར་བྱས་པ་དང་། འོད་སྲུང་གིས། བདག་གིས་བཅོམ་ལྡན་འདས་ཀྱི་མདོ་སྡེ་དང་པོ་སོགས་བསྡུས་ན། ཚངས་པར་སྤྱོད་ལ་གང་གིས་ཀྱང་མ་བཟློག་པས། འདི་ནི་ཆོས་སོ། །འདི་ནི་འདུལ་བའོ། །འདི་ནི་སྟོན་པའི་བསྟན་པའོ། །སླར་དུ་ཤེས་ནས་སོ་སོར་བསྡུས་པ་མདོ་སྡེ་བྱས་ཏེ་ལུང་རྣམས་སུ་བཞག་གོ །དེ་ནས་སྔ་མ་བཞིན་དུ། འོད་སྲུང་ཆེན་པོས་དགེ་འདུན་རྣམས་ལ་བསྒོས་ནས་ཉེ་བ་འཁོར་འདུལ་བ་བསྡུ་བར་བསྐུལ་ཏེ། དེ་སེང་གེའི་ཁྲི་ལ་འཛེགས་ཏེ་འདུག་གོ། དེ་ཡི་ཚེ། འོད་སྲུང་གིས་སྨྲས་པ། བཅོམ་ལྡན་འདས་ཀྱིས་དང་པོར་བསླབ་པའི་གཞི་གང་དུ་བཅས། དེས་སྨྲས་པ། ཝཱ་རཱ་ཎ་སཱིར་རོ། །དེ་གང་དག་གི་དོན་དུ། དགེ་སློང་ལྔ་སྡེའི་ཆེད་དུ་སྟེ། གང་གི་ཕྱིར་འདི་ལྟ་སྟེ། ཤམས་ཐབས་ཟླུམ་པོར་བགོ་བར་བྱའོ། །

ཞེས་བསླབ་པ་བཅའ་བ་མཛད་དོ། །ཞེས་སོགས་དྲི་ལན་གྱི་སྒོ་ནས་འདུལ་བ་ཡོངས་སུ་རྫོགས་པ་བསྟན་པ་དང་། དགེ་སློང་རྣམས་ཀྱིས་མངོན་པར་ཤེས་པས་བལྟས་ཏེ། ཕན་ཚུན་ངེས་པར་བྱས་པ་སོགས་སྔར་ལྟར་ནས། དགྲ་བཅོམ་པ་རྣམས་ཀྱིས་ཕམ་པ་བཞི། དགེ་འདུན་ལྷག་མའི་ཆོས་བཅུ་གསུམ། མ་ངེས་པའི་ཆོས་གཉིས་སོགས། སྡེ་སྡེར་བསྡུ་བ་དང་། སོ་སོར་དབྱེ་བའི་སྒོ་ནས་གཞུང་དུ་བྱས་ཏེ། ཉེ་བ་འཁོར་ཁྲི་ལས་བབས་སོ། །དེ་ནས་འོད་སྲུང་ཆེན་པོས། མ་འོངས་པའི་སྐྱེ་བོའི་དོན་གྱི་ཕྱིར། མདོ་སྡེ་དང་། འདུལ་བའི་དོན་མི་ཉམས་པར་སྲུང་བ་མ་མོའི་སྡེ་སྣོད་བདག་ཉིད་ཀྱིས་བསྡུ་བར་བྱའོ་སྙམ་ནས་རང་ཉིད་མ་བསྐོས་པར་སེང་གེའི་ཁྲི་ལ་འཁོད་དེ། ཚེ་དང་ལྡན་པ་དག མ་མོ་ལྟ་བུ། མ་མོ་ལྟ་བུ་ཞེས་བྱ་བ་དེ་བདག་ཁོ་ནས་སྨྲ་བར་བྱེད་དེ། མ་མོ་ལྟ་བུ་ནི། ཤེས་བྱའི་མཚན་ཉིད་རབ་ཏུ་གསལ་བར་བྱེད་པ་ཡིན་ཏེ། འདི་ལྟར་དྲན་པ་ཉེ་བར་བཞག་པ་བཞི་དང་། ཡང་དག་པར་སྤོང་བ་བཞི་དང་། རྫུ་འཕྲུལ་གྱི་རྐང་པ་བཞི་དང་། དབང་པོ་ལྔ་དང་། སྟོབས་ལྔ་དང་། བྱང་ཆུབ་ཀྱི་ཡན་ལག་བདུན་དང་། འཕགས་པའི་ལམ་ཡན་ལག་བརྒྱད་དང་། སོ་སོ་ཡང་དག་པར་རིག་པ་བཞི་དང་། དགེ་སྦྱོང་གི་འབྲས་བུ་བཞི་དང་། ཞེས་སོགས་བཤད་ནས་དགྲ་བཅོམ་པ་རྣམས་ཀྱིས་མངོན་ཤེས་ཀྱིས་བལྟས་པ་སོགས་སྔ་མ་བཞིན་ནོ། །དེ་ལྟར་བཀའི་བསྡུ་བ་བྱས་པའི་ཚུལ་དེ་འཛིག་རྟེན་གསུམ་ན་ཡོངས་སུ་གྲགས་སོ། །བཀའི་བསྡུ་བ་དེ་ལྔ་བརྒྱས། ཡང་དག་པར་བསྡུས་པ་ཞེས་པའི་མིང་དུ་གྱུར་ཏེ། །དེ་ལྟར་བསྡུས་ཟིན་ནས། འོད་སྲུང་ཆེན་པོས། བདག་གིས་ཐུབ་པའི་མདོ་སྡེ་ནི། །ཡང་དག་བསྡུས་ནས་ཆོས་ལམ་བཞག །གཅིག་ནས་གཅིག་ཏུ་ཡུན་རིང་བར། །སྟོན་པའི་གསུང་རབ་འདི་གནས་འགྱུར། །ངོ་ཚ་མེད་རྣམས་ཚད་པས་བཅད། །ངོ་ཚ་བྱེད་ནི་ཡོངས་སུ་བཟུང་། །བདག་གིས་ཕན་དང་དགེ་བྱས་པས། །བདག་ནི་མྱ་ངན་འདས་དུས་བབ། །ཞེས་སྨྲས་ཏེ། ཞི་བར་ཡིད་སྨྲེགས་ནས་ཀུན་དགའ་བོ་ལ་བསྟན་པ་གཏད་ཅིང་། ཤ་ནའི་གོས་ཅན་ཡང་ལུང་བསྟན་ནས། བདེ་བར་གཤེགས་པའི་མཆོད་རྟེན་བརྒྱད་དང་། ཀླུའི་གནས་དང་སུམ་ཅུ་རྩ་གསུམ་དུ་ཚེམས་མཆེ་བ་

ལ་མཆོད་པ་བྱས་ནས་ལྷོ་ཕྱོགས་བྱ་གག་རྐང་གི་རིར་གཤེགས་ཏེ། རི་གསུམ་གྱི་དབུས་སུ་སྐུ་གདུང་སྟོན་པའི་ན་བཟའ་ཕྱག་དར་ཁྲིད་པས་དགྲིས་པ་བཅོམ་ལྡན་འདས། བྱམས་པ་མ་བྱོན་གྱི་བར་དུ་མི་འཇིག་པ་སོགས་བྱིན་གྱིས་བརླབས་ནས། ཆོ་འཕྲུལ་བསྟན་ཏེ་མྱ་ངན་ལས་འདས་སོ། །དེར་སྐུ་གདུང་ལྷ་ལ་སོགས་པས་མཆོད་ནས་རི་གསུམ་སྦྱར་ཏེ་གཡོགས་ཤིང་། མྱ་ངན་གྱི་སྤྲི་ཐུགས་འདོན་བཞིན་ཕྱག་བྱས་ཏེ་སོང་ངོ་། །དེའི་སྟེང་དུ་མཆོད་རྟེན་བརྩེགས་སོ། །དེ་ལྟར་བཀའ་བསྡུ་དང་པོར་གྲགས་པ་འདི་ནི། ཉན་ཐོས་པ་རྣམས་དང་། ཐུན་མོང་གི་སྡེ་སྣོད་རྣམས་བསྡུ་བའི་དངོས་གཞི་ཡིན་ནོ། །

ཐུན་མོང་མ་ཡིན་པའི་བཀའི་བསྡུས་ཚུལ་ལའང་། རྒྱུའི་ཐེག་པ་ཆེན་པོའི་སྡེ་སྣོད་བསྡུས་ཚུལ་དང་། འབྲས་བུའི་ཐེག་པ་ཆེན་པོའི་སྡེ་སྣོད་བསྡུས་ཚུལ་ལོ། །རྒྱུད་ཐེག་པ་ཆེན་པོའི་སྡེ་སྣོད་བསྡུས་ཚུལ་ནི། འཕགས་ཡུལ་གྱི་མཁས་པ་དག་གིས། ཡུལ་མ་ག་དྷ་ན་གྲོང་ཁྱེར་རྒྱལ་པོའི་ཁབ་ཀྱི་ལྷོ་ཕྱོགས། བི་མ་ལ་སཾ་བྷ་ཝ་ཞེས་བྱ་བའི་རི་ལ། བྱང་ཆུབ་སེམས་དཔའ་འབུམ་ཕྲག་བཅུ་འདུས་ཏེ། ཕྱག་ན་རྡོ་རྗེས་ནི། མདོ་སྡེ། བྱམས་པས་འདུལ་བ། འཇམ་དཔལ་གྱིས་མངོན་པ་རྣམས་བསྡུས་པར་བཤད་དོ། །རྗོག་གི་འབར་བ་ལས་ཀྱང་ཐེག་པ་ཆེན་པོ་སངས་རྒྱས་ཀྱིས་གསུངས་པ་ཡིན་ཏེ། རྩ་བའི་སྡུད་པར་བྱེད་པ་པོ་ཀུན་ཏུ་བཟང་པོ་དང་། འཇམ་དཔལ་དང་། གསང་བའི་བདག་པོ་དང་། བྱམས་པ་ལ་སོགས་པ་རྣམས་ཀྱིས་བསྡུས་པའི་ཕྱིར་རོ། །བདག་ཅག་གི་རྩ་བའི་སྡུད་པར་བྱེད་པ་ཉན་ཐོས་ནི་མ་ཡིན་ཏེ། ཐེག་པ་ཆེན་པོའི་གསུང་ནི་དེ་དག་གི་ཡུལ་མ་ཡིན་པའི་ཕྱིར་རོ། །ཞེས་བཤད་ཅིང་། དེ་ལས་ཁྱད་པར་དུ་གསང་བའི་བདག་པོ་ནི་ངེས་དོན་གྱི་མདོ་སྡེ་ལ་སོགས་པ་བསྐལ་བཟང་གི་འདྲེན་པ་སྟོང་གི་གསུང་རབ་ཐམས་ཅད་ཀྱི་སྡུད་པ་པོ་ཡིན་ཏེ། གསང་བ་བསམ་གྱིས་མི་ཁྱབ་པའི་མདོ་ལས་འབྱུང་བའི་ཚུལ་ལྟར་གསང་བ་འཛིན་པར་སྨོན་ལམ་བཏབ་པ་དེས་ན། གསང་བ་ནི་ངེས་དོན་གྱི་གསུང་རབ་ཏུ་གྲུབ་པས་དེ་འཛིན་པ་ནི་བཀའ་ཐམས་ཅད་ཀྱི་སྡུད་པ་པོའི་མཆོག་ཏུ་འཐད་པའི་ཕྱིར་རོ། །

འབྲས་བུའི་ཐེག་པ་ཆེན་པོའི་སྡེ་སྣོད་བསྡུས་ཚུལ་ནི་རྒྱུད་སྡེ་བཞི་ལས། བྱ་བའི་རྒྱུད་ནི། གཙོ་བོར་སུམ་ཅུ་རྩ་གསུམ་གྱི་གནས་ཀྱི་མཐའ། རི་རབ་ཀྱི་བྱང་ཕྱོགས་ཀྱི་ལྕོག་ལྕང་ལོ་ཅན་ན་ས་བཅུའི་བྱང་ཆུབ་སེམས་དཔའ་ཀུན་ཏུ་བཟང་པོ་དང་། རྡོ་རྗེ་ཆོས་ལ་སོགས་པས་བླ་གོས་ལྷ་བརྒྱ་བཏིང་བའི་སྟེང་དུ། ལག་ན་རྡོ་རྗེ་བཞུགས་ཏེ། འདི་སྐད་བདག་གིས་ཐོས་པ་ཞེས་སོགས་བཤད་པའི་ཚུལ་གྱིས་བསྡུས་པ་དང་། སྤྱོད་པའི་རྒྱུད་ཀྱང་། ལག་ན་རྡོ་རྗེ་དང་། ཀུན་ཏུ་བཟང་པོ་སོགས་ཀྱིས་བསྡུས་པ། རྣལ་འབྱོར་རྒྱུད་ནི། ལྕང་ལོ་ཅན་དུ་རྡོ་རྗེ་འཆང་ས་བཅུའི་དབང་ཕྱུག་གི་ཚུལ་བསྟན་པ། ལག་ན་རྡོ་རྗེ་ཉིད་ཀྱིས་ཀུན་ཏུ་བཟང་པོ་ལ་སོགས་པ། བྱང་ཆུབ་སེམས་དཔའ་རྣམས་ཀྱིས་གསོལ་བ་བཏབ་པའི་ངོར་བསྡུས་པ་སྟེ། དེ་དག་གི་ལུང་རྣམས་འདིར་འཕྲིར་མ་ལང་བས། མཁྱེན་པར་འདོད་ན། ཤུ་རཱ་བཛྲས་མཛད་པའི། རྣམ་སྣང་མངོན་བྱང་གི་འགྲེལ་བ་དང་། གཙུག་གཏོར་གདུགས་དཀར་གྱི་འགྲེལ་བ། སློབ་དཔོན་ཀུན་དགའ་སྙིང་པོའི་ཡོ་གའི་འགྲེལ་བ་རྣམས་ལས་མཁྱེན་པར་མཛོད་ཅིག །རྣལ་འབྱོར་བླ་མེད་ཀྱི་རྒྱུད་ནི། གསང་བའི་བདག་པོ་ཉིད་ཀྱིས་བསྡུས་པ་ཡིན་ཏེ། ཕ་རྒྱུད་ལ་མཚོན་ན། གསང་བ་འདུས་པ་ལས། རྡོ་རྗེ་ཆོས་ལ་རྒྱུད་གཏད་པར་གསུངས་ཤིང་། རྡོ་རྗེ་ཆོས་ནི། ཕྱག་ན་རྡོ་རྗེ་ལ་རྒྱུད་གཏད་ཅིང་དབང་བསྐུར་བའི་མཚན་དུ། ཟླ་བ་གྲགས་པ་སོགས་བཞེད་ཅིང་། རྒྱུད་སྡུད་པ་པོའང་དེ་ཡིན་པར་བཤད་པ་དང་། མ་རྒྱུད་ལ་མཚོན་ན། ཨིནྡྲ་བྷཱུ་ཏིའི་བདེ་མཆོག་འགྲེལ་བ་ལོ་ཆེན་རིན་བཟང་འགྱུར་ལས། ཕྱི་དུས་རིམ་པར་ལུང་བསྟན་སྡུད་པ་པོས། །རི་བོ་མཆོག་རབ་བྱང་ཤར་ལྷ་གནས་མཆོག །ལྕང་ལོ་ཅན་གྱི་ཕོ་བྲང་ཆེན་པོར་ནི། །རྒྱུད་རྣམས་མ་ལུས་སེམས་དཔའ་ཆེན་པོའི་ཚོགས། །བྱེ་བ་ཕྲག་ནི་དགུ་བཅུ་རྩ་དྲུག་སོགས། །འདུས་ཏེ་རྗེ་བཙུན་གསང་བའི་བདག་པོ་ལ། །གསོལ་བ་བཏབ་ཚེ་འདི་སྐད་བདག་ཐོས་ཞེས། །རབ་ཏུ་གསུངས་པ་གསེར་གྱི་ཤོག་བུ་ལ། །བཻཌཱུརྱའི་ཡི་ཞུན་མས་ཡི་གེར་བཀོད། །ཞེས་རྣལ་འབྱོར་མ་སྙིང་པོའི་རྒྱུད་ལས་གསུངས་པ་ལུང་དྲངས་པ་དང་། གཞན་ཡང་། བདེ་མཆོག་རྩ་རྒྱུད་ཀྱི་འགྲེལ་བ་ཚིག་དོན་རབ་གསལ་

སོགས་ལས་ཀྱང་དེ་དང་མཚུངས་པར་གསུངས་ཤིང་། དུས་འཁོལ་རྩ་རྒྱུད་སྟོད་པ་པོ་ཡང་ཕྱག་ན་རྡོ་རྗེའི་སྤྲུལ་པའི་སྐུ་ཟླ་བ་བཟང་པོ་ཡིན་པ་སོགས་ཀྱིས་མཚོན་རྣལ་འབྱོར་བླ་མེད་ཀྱི་རྒྱུད་སྡེ་རྣམས་ཀྱི་བཀའི་སྡུད་པ་པོ་ནི་གསང་བའི་བདག་པོ་ཕྱག་ན་རྡོ་རྗེ་ཉིད་ཡིན་ནོ། །ཅི་བྲག་ཏུ། སྡུད་པ་པོ་སོ་སོར་ཐ་དད་པ་གསུངས་པའང་ཡོད་དེ། མཁའ་འགྲོ་རྒྱ་མཚོའི་རྒྱུད་ལས། བསྡུ་བ་མཛད་པ་སོགས་རྣམས་ཀྱིས། །བདག་ལ་བསྒྲོད་པ་དེ་ཐོབ་པོ། །མ་མོ་ཐམས་ཅད་འདུས་རྣམས་ཀྱིས། །རྡོ་རྗེའི་གནས་རྣམས་སུ་བསྡུས་སོ། །ཞེས་སོགས་གསུངས་པ་ལྟར། མ་རྒྱུད་འགའ་ཞིག །རྡོ་རྗེ་ཕག་མོ་ལ་སོགས་པ་རྣལ་འབྱོར་མ་རྣམས་ཀྱིས་རྡོ་རྗེའི་གནས་རྣམས་སུ་དྲི་བ་དྲི་ལན་གྱི་ཚུལ་གྱིས་བསྡུས་པར་བཤད་པ་དང་། དགྱེས་རྡོར་གྱི་རྩ་རྒྱུད་བརྟག་པ་གཉིས་པ་རྡོ་རྗེ་སྙིང་པོས་བསྡུས་པར་བཤད་པ་དང་། སྡོར་རྩ་བའི་རྒྱུད་བསྟན་པ་ལག་ན་རྡོ་རྗེས་བསྡུས་པ་ལས། ཕྱིས་སྡུད་པ་པོ་གཞན་དག་གིས་བསྡུས་པའི་རྒྱུད་དུ་ཉེ་བར་བསྡུས་པའི་ཚུལ་ཡང་འབྱུང་སྟེ། དུས་འཁོར་རྩ་རྒྱུད་འཇམ་དཔལ་གྲགས་པས་ཉེ་བར་བསྡུས་པ་ལྟ་བུ་ཅི་རིགས་ཡོད་པའི་ཕྱིར་མཐའ་གཅིག་ཏུ་བཟུང་ན་མི་རུང་ངོ་། །དེ་ལྟར་ཐེག་པ་ཆེན་པོ་མདོ་སྔགས་གཉིས་ཀའི་སྐབས་སུ་སྡུད་པ་པོ་སོ་སོར་གསུངས་པ་ཡོད་ཀྱང་། སྤྱིར་གསང་བའི་བདག་པོས་བསྡུས་པར་བཤད་ཀྱང་མི་འགལ་ཏེ། ལྟ་བ་ཀུན་ནི་སྲུང་དོན་ཕྱིར། །སྣ་ཚོགས་པ་ཡི་གཟུགས་སུ་སྤྲོད། །ལ་ལར་རྡོ་རྗེ་འཛིན་པ་དང་། །ལ་ལར་སངས་རྒྱས་ཀྱི་ནི་གཟུགས། །ལ་ལར་ཧེ་རུ་ཀ་ཡི་གཟུགས། །ལ་ལར་དེ་བཞིན་གཤེགས་པ་དང་། །ལ་ལར་བྱང་ཆུབ་སེམས་དཔའི་གཟུགས། །ལ་ལར་ཉན་པ་ལྟ་བུར་བཞུགས། །ལ་ལར་འཆད་དེ་དགྱེས་པཱ། །ལ་ལར་ཀློག་པའི་ཚུལ་དུ་བཞུགས། །ལ་ལར་རྒྱུད་དང་བསྟན་བཅོས་ནི། །མཛད་པ་དང་ནི་ལ་ལར་འཛིན། །མང་དུ་བརྗོད་ལྟ་ཅི་ཞིག་དགོས། །དེ་སྟོན་ཕྱག་ན་རྡོ་རྗེ་རྒྱལ། །ཞེས་དོན་གྱིས་བདེ་བར་གཤེགས་པའི་བསྟན་པ་མཐའ་དག་འཛིན་པ་པོར་གསུངས་པའི་ཕྱིར་རོ། །ངེས་པ་དོན་གྱི་དབང་དུ་བྱས་ན། སྡུད་པ་པོ་གསང་བའི་བདག་པོ་ཉིད་སྟོན་པ་ཉིད་ཀྱི་ཐུགས་རྡོ་རྗེ་ལས་ལོགས་ཤིག་ཏུ་གཞག་པ་བྱར་མེད་དེ། དཔལ་གསང་བ་གྲུབ་པའི་རྒྱུད་

ལས། འདི་ཡི་སྟུད་པར་བྱེད་པ་པོ། གཞན་དག་ཡོད་པ་མ་ཡིན་ཏེ། བདག་ཉིད་འབའ་ཞིག་སྨྲ་བར་བྱེད། རྒྱུད་མཛོད་པ་ནི་ཐུགས་རྗེ་རྗེ། ཞེས་གསུངས་པའི་ཕྱིར་རོ། །དེས་ན་འདི་སྐད་བདག་གིས་ཐོས་པ་ལ་སོགས་པ། གླེང་གཞི་བཤད་པའི་ཚུལ་འབྱུང་བ་རྣམས་ཀྱང་དབང་རྣོན་གྱི་ངོར། རྒྱུད་དོན་ཆ་ཚང་བ་རེ་བསྟན་པར་གྲགས་པས། དེ་ལྟ་ན། དེ་སྟུད་པ་པོས་སྦྱར་བའི་ཚིག་ཁོ་ནའོ་ཞེས་སྨྲ་བའང་མི་རིགས་སྙམ། དེ་ལྟར་སྟུད་པ་པོའི་ཚུལ་བསྟན་པ་རྣམས་ཀྱིས་ལེགས་པར་བསྟུད་པའི་རྒྱུད་སྡེ་མཐའ་ཡས་པ་ནི་སོ་སོ་སྐྱེ་བོས་ལྟ་སྨོས་ཀྱང་ཅི་དགོས། འཕགས་ཆེན་རྣམས་ཀྱིས་ཚད་བཟུང་བ་ཡོད་པ་མ་ཡིན་ཞིང་། ཞིང་ཁམས་རབ་འབྱམས་རྣམས་སུ། གསང་སྔགས་ཀྱི་གདུལ་བྱར་གྱུར་པའི་སྐལ་ལྡན་དཔག་ཏུ་མེད་པ་ལ། དེ་དང་འཚམས་པའི་རྒྱུད་སྡེའང་བསམ་གྱིས་མི་ཁྱབ་པ་ཞིག་སྣང་ནས། དེ་དང་དེའི་དོན་མཛད་པ་ཡིན་པའི་ཕྱིར། རྒྱུད་འདི་དང་། འདི་དག་ས་ཕྱོགས་འདི་དག་ཙམ་ཏུ་ཡོད་ལ། ས་ཕྱོགས་འདི་དག་ཏུ་མེད་དོ་ཞེས་སྒྲོགས་པར་མི་བྱ་སྟེ། ཇི་སྐད་བཤད་པ་ལྟར་འཇིག་རྟེན་གྱི་ཁམས་མཐའ་ཡས་པ་ཞིག་ཏུ་ཁྱབ་པར་གནས་ཡོད་པས་ཚད་བཟུང་བར་མི་ནུས་པའི་ཕྱིར་རོ། །དེ་ལྟར་སྡེ་སྣོད་གསུམ་དང་།

རྒྱུད་སྡེ་བཞིས་བསྡུས་པའི་བཀའ་དེ་དག་ནི་གང་ལ་ཐོས་བསམ་བྱ་བའི་ཡུལ་གྱི་གཙོ་བོ་ཉིད་ལ། འོན་ཀྱང་རྒྱལ་བའི་བཀའ་ནི། གཏིང་ཟབ་ཅིང་རྒྱ་ཆེ་བ། རྗོད་བྱེད་གསུང་གཅིག་གིས་བརྗོད་བྱའི་དོན་མང་པོ་སྟོན་པ། བློ་དམན་སྐྱེ་བོས་རྟོགས་པར་དཀའ་བས་ན། རྒྱལ་བའི་གསུང་རབ་རང་སྟོབས་ཀྱི་སྒོ་ནས་ཕྱིན་ཅི་མ་ལོག་པར་འགྲེལ་བར་བྱེད་པ། རྒྱལ་བ་ཉིད་ཀྱིས་ལུང་བསྟན་པའི་ཤིང་རྟ་ཆེན་པོ་གཉིས་ཀྱིས་རྩོམ་མཛད་པའི་བསྟན་བཅོས་ཆེན་པོ་རྣམས་དང་། དེ་དག་གི་རྗེས་སུ་ཞུགས་པའི་འཕགས་བོད་ཀྱི་མཁས་པ་དང་གྲུབ་པ་དག་གིས་རྩོམ་གནང་བའི་བསྟན་བཅོས་ཚད་མར་གྱུར་པ་བཅས་ནི། རྒྱུད་བླ་མ་ལས། གང་ཞིག་རྒྱལ་བའི་བསྟན་པ་འབའ་ཞིག་གི དབང་བྱས་རྣམ་གཡེང་མེད་ཡིད་ཅན་གྱིས་བཤད། ཐར་པ་ཐོབ་པའི་ལམ་དང་རྗེས་མཐུན་པ། །དེ་ཡང་དྲང་སྲོང་བཀའ་བཞིན་སྤྱི་བོས་བླང་། ཞེས་

གསུངས་པ་ལྟར་གྱི་མཚན་ཉིད་དང་ལྡན་པ་ཡིན་པས་དེ་དག་ཀུང་ཐོས་བསམ་བྱ་བའི་ཡུལ་ཡིན་ལ།

དེ་དག་ལ་ཐོས་བསམ་གྱིས་སྒྲོ་འདོགས་ལེགས་པར་བཅད་དེ་མཐར་གྱིས་སྒོམ་པ་ལ་སྦྱོར་ནས་རང་རྒྱུད་ཀྱི་ཆགས་སོགས་ཉེ་བར་ཞི་བའི་ཆེད་དུ་འབད་དགོས་སོ། །ཆོས་འཁོར་

རི་དྭགས་མིག་ཅན་འཛུམ་པའི་བཞིན། །

དྲང་དང་ངེས་པའི་མཛེས་སྡུག་རྣམ་འགྱུར་ཅན། །

ཐུན་མོང་ཐུན་མིན་བཀའ་བསྟུའི་རྒྱན་མཛེས་པའི། །

སྐེག་ལྡན་མཛའ་ན་མོ་འདི་ཡིད་ལ་གཅགས། །

གཉིས། ཇི་ལྟར་ཐོས་བསམ་བྱེད་པའི་ཚུལ་བཤད་པ།

ཇི་ལྟར་ཐོས་བསམ་བྱེད་པའི་ཚུལ་བཤད་པ་ལ་གསུམ། ཕྱི་རོལ་པའི་གྲུབ་མཐའི་འདོད་ཚུལ་མདོ་ཙམ་ངེས་པར་བྱེད་པ། ནང་པ་སངས་རྒྱས་པའི་གྲུབ་མཐའ་སྨྲ་བ་བཞི་ཡི་རྣམ་བཞག་སྤྱིར་བཤད་པ། བྱེ་བྲག་སྒྲུབ་བརྒྱུད་རིན་པོ་ཆེ་འདི་ཉིད་ཀྱི་རིང་ལུགས་དངོས་ཤེས་པར་བྱེད་པའོ། །

1. ཕྱི་རོལ་པའི་གྲུབ་མཐའི་འདོད་ཚུལ།

ཕྱི་རོལ་པའི་གྲུབ་མཐའི་འདོད་ཚུལ་མདོ་ཙམ་ངེས་པར་བྱེད་པ་ལ་འདོད་པ་བརྗོད་པ་དང་། དེ་འགོག་པའི་ཚུལ་លོ། །འདོད་པ་བརྗོད་པ་ནི། དཀོན་མཆོག་གསུམ་ལ་སྐྱབས་སུ་མི་འགྲོ་ཞིང་། དེ་ལས་གཞན་པའི་སྐྱབས་གནས་འཚོལ་བའི་གང་ཟག་དེ་ལ་ཕྱི་རོལ་པ་ཞེས་བྱའོ། །དཀོན་མཆོག་གསུམ་ལ་སྙིང་ཐག་པ་ནས་སྐྱབས་སུ་མི་འགྲོ་ཞིང་། དེ་ལས་གཞན་དུ་གྱུར་པའི་སྐྱབས་གནས་སམ་བློ་གཏད་འཆའ་བ་ཡོད་པར་ཁས་ལེན་པའི་གང་ཟག་དེ། ཕྱི་རོལ་པའི་གྲུབ་མཐའ་སྨྲ་བའོ། །དེ་ལ་དབྱེ་ན་ལྷ་བ་དྲུག་ཙུ་རྩ་གཉིས་སོགས་དབྱེ་སྒོ་མང་དུ་མཆིས་མོད། བསྡུ་ན། གྲངས་ཅན་པ་དང་བྱེ་བྲག་པ། གཅེར་བུ་པ། དཔྱོད་པ་པ། རྒྱང་

འཕེན་པ་བཅས་ལྔ་ལ་རྟོག་གེ་སྡེ་ལྔར་གྲགས་པ་དེའི་ནང་དུ་འདུས་ཤིང་། དེ་ཡང་བསྡུ་ན། རྟག་ཆད་ཀྱི་སྡེ་གཉིས་སུ་མ་འདུས་པ་མེད་དོ། །དེ་དག་ལས་དང་པོ་བཞི་ནི་རྟག་པར་ལྟ་བ་དང་ཕྱི་མ་ནི་ཆད་པར་ལྟ་བ་ཡིན་ནོ། །རྟག་པ་སྨྲ་བ་རྣམས་ཀྱིས་བདག་དང་དུས་དང་དབང་ཕྱུག་སོགས་འཇིག་རྟེན་ཀུན་གྱི་བྱེད་པོར་ལྟ་ཞིང་དེ་ཉིད་རྟག་པར་འདོད། ཁྱབ་འཇུག་དང་དབང་ཕྱུག་སོགས་རྟག་པ་དེ་འདྲའི་གོ་འཕང་འཐོབ་ཕྱིར་ལྷ་མཉེས་པའི་ཐབས་སུ་ཕྱུགས་ཀྱིས་མཆོད་སྦྱིན་བྱེད་པ་དང་མེ་ལྔ་བསྟེན་པ། རྩེ་གསུམ་ལ་མཆོངས་པ་དང་བསམ་གཏན་སྒོམ་པ་སོགས་ཡོད་དོ། །

ཆད་པར་སྨྲ་བའམ་རྒྱང་འཕེན་པ་ལ་ནི་སྔོན་བཙུད་ཀྱིས་བསྡུས་པའི་ཆོས་ཀུན་སྔོན་གྱི་ལས་ལ་སོགས་པའི་རྒྱུ་གཏན་ནས་མེད་པར། ད་ལྟའི་འཇིག་རྟེན་འདི་ཀུན་སུས་ཀྱང་མ་བྱས་པར་རང་གི་ངོ་བོ་ཉིད་ལས་གློ་བུར་དུ་བྱུང་ཞིང་། ཁྱད་པར་རྣམ་པར་ཤེས་པ་ནི་འབྱུང་བ་བཞི་ལས་གློ་བུར་དུ་བྱུང་སྟེ། ཉི་ཤར་ཆུ་བོ་ཐུར་དུ་འབབ་པ་དང་། སྲན་ཟླུམ་ཚེར་མ་གཟེངས་རིང་རྣོ་བ་དང་། རྨ་བྱའི་མདོངས་བཀྲ་ལ་སོགས་ཆོས་རྣམས་ཀུན། སུས་ཀྱང་མ་བྱས་ངོ་བོ་ཉིད་ལས་བྱུང་། ཞེས་ཟེར་རོ། །ཡང་ད་ལྟ་མིག་གི་དབང་པོའི་མངོན་སུམ་གྱི་སྤྱོད་ཡུལ་དུ་གྱུར་པ་འདི་ཙམ་ཞིག་བདག་ཡིན། དེ་ལ་གཞན་བདག་ཞེས་པར་གཏན་ནས་མེད་པར་འདོད་པ་དང་། ཚེའི་དུས་བྱས་པ་དང་ལྷན་དུ་མར་མེ་ཤི་བ་བཞིན་དུ་བདག་རྒྱུན་ཆད་པས་ཕྱི་མར་འགྲོ་བ་མེད་ཅིང་འཇིག་རྟེན་ཕ་རོལ་མེད་དོ་ཞེས་སྨྲའོ། །དེ་ཡང་། ཅི་ཙམ་དབང་པོའི་སྤྱོད་ཡུལ་བ། སྐྱེས་བུའང་དེ་ཙམ་ཁོ་ནར་ཟད། ཅེས་དང་། ལུས་མཆོག་འདས་ན་ཁྱོད་ལ་འབྱུང་མི་འགྱུར། ལུས་འདི་ཚོགས་པར་གྱུར་པ་ཙམ་ཞིག་སྟེ། ཞེས་འབྱུང་ངོ་། །ཕྱི་རོལ་པ་ཞེས་པའི་མིང་དོན་ནི། ནང་པ་སངས་རྒྱས་པ་ལས་གཞན་གྱི་སྡེ་པ་ཡིན་པས་ན་གཞན་སྡེ་དང་། དེའི་ལུགས་ལས་ཕྱི་རོལ་ཏུ་གྱུར་པས་ཕྱི་རོལ་པ་དང་། རྟག་ཆད་ཀྱི་ལྟ་བ་ངན་པའི་མུའམ་མཐའ་ལ་བརྟེན་ཞིང་གྲུབ་མཐའ་ལོག་པའི་ལམ་ལ་སྟེགས་འཆའ་བས་ན་མུ་སྟེགས་པ་དང་། འཇིག་རྟེན་ཕྱི་མ་དང་ལས་འབྲས་མེད་པར་སྨྲ་བས་ན་མེད་པར་སྨྲ་བ་

དང་། འཇིག་རྟེན་པའི་ཡང་དག་པའི་ལྟ་བ་ལས་གུད་དུ་སོང་བས་ན་རྒྱང་འཕེན་པའོ། །དེ་དག་གི་ལམ་མི་ལྡོ་བསྟེན་པ་དང་ཚུ་པོ་གླུཊ་ལ་ཁྲུས་བྱེད་པ་སོགས་ལ་ཇི་ཙམ་འབད་ཀྱང་བདེ་བ་ལྟར་སྣང་ཙམ་ལས་མི་འགྲུབ་ན་མཐར་ཐུག་གི་བདེ་བ་འཐོབ་པ་ནམ་མཁའི་མེ་ཏོག་ལྟར་ལགས་པས། སྐྱེས་བུ་ཡ་རབས་བློ་ལྡན་རྣམས་ཀྱིས་རང་ཉིད་དེའི་ལམ་དུ་ཞུགས་པ་ལྟ་ཅི་འཁོར་བརྒྱུད་པ་བཅས་པ་ལམ་དེར་ཞུགས་པ་བཀག་པ་ནི་གནད་དམ་པར་སྣང་ངོ་། །མུ་སྟེགས་པ་དེ་དག་གི་འདོད་ཚུལ་རྒྱས་པར་ནི། ལེགས་ལྡན་འབྱེད་ཀྱི་ཤེས་རབ་སྒྲོན་མེ། དེའི་འགྲེལ་པ་ཕྱོགས་གླང་ཡབ་སྲས་ཀྱི་གཞུང་དང་ཀུན་མཁྱེན་མི་བསྐྱོད་རྡོ་རྗེའི་འཇུག་ཊཱིཀ་སོགས་ལས་རྟོགས་པར་བྱའོ། །

དེ་འགོག་པ་ནི། དེ་ལ་ནང་པ་སངས་རྒྱས་པས་དཔྱད་ན། རྒྱུ་རྟག་པ་བདག་དང་དབང་ཕྱུག་སོགས་ཀྱིས་འཇིག་རྟེན་སྐྱེད་པའི་དོན་མི་བྱེད་དེ། འཇིག་རྟེན་ཐམས་ཅད་ཅིག་ཆར་སྐྱེད་པ་མ་དམིགས་ཤིང་རིམ་གྱིས་བསྐྱེད་ན་རྒྱུ་མི་རྟག་པར་འགྱུར་རོ། །བདག་དང་དབང་ཕྱུག་སོགས་ལས་སྐྱེས་པའང་མིན་ཏེ། དཔལ་ལྡན་ཟླ་བས། བདག་ལས་སྐྱེ་བར་འདོད་ན་བསྐྱེད་པར་བྱེད་དང་བསྐྱེད་བྱ་དང་། །ལས་དང་བྱེད་པ་པོ་ཡང་གཅིག་ཉིད་འགྱུར་ན་དེ་དག་ནི། སོགས་དང་། ལུང་གཞན་ལས། དབང་ཕྱུག་དགའ་སྡུག་རྒྱུ་དང་སྡིག་སྤྱོད་འགྱུར། ཞེས་དང་། འབྲས་བུ་རྣམས་རྒྱུ་དུས་ན་ཡོད་པ་འདོད་པ་ལ། དབུ་མ་སྙིང་པོ་ལས། ཉ་གྲོ་དྷ་ཡི་ས་བོན་གྱི། །བུད་མེད་སྐྱེས་པ་འགྲོགས་ལ་བུ། །ཛ་ཡི་ནང་ན་སྦྲ་གནས་དང་། །ཟས་ཀྱི་ནང་ན་ཕྱི་ས་སོགས། །ཞེས་པས་འགོག་གོ །ཡང་བྱེད་པ་པོ་དེ་ལ་རྒྱུ་གཞན་ཡོད་ན་བྱེད་པོ་ཐུག་མེད་དུ་འགྱུར་ཞིང་། མི་རྟག་པར་འགྱུར་བ་དང་། མེད་ན་དེ་ཡོད་པའི་རྒྱུ་མཚན་བསྟན་དུ་མེད་པ་དང་། ཡང་དེས་བསམ་བཞིན་བྱེད་ན་བསམ་པ་གཞན་དབང་ཅན་དང་མི་རྟག་པར་འགྱུར་ཞིང་། འགྲོ་བ་སྡུག་བསྔལ་ཅན་བྱེད་པ་མི་རིགས་པར་འགྱུར་རོ། །བསམ་བཞིན་མི་བྱེད་ན་རང་དབང་མེད་པ་དང་། དེ་མཆོད་ཀྱང་ཐར་པ་དང་བདེ་བ་འབྱུང་བ་སོགས་མི་འགྱུར་བས་རིགས་པའི་སྒོ་དུ་མས་ཁེགས་པ་ཡིན་ནོ། །

རྒྱུ་མེད་པར་ཡང་འབྱུང་བ་མི་སྲིད་དེ། གལ་ཏེ་འབྱུང་ན་དེ་འདྲ་ཡུལ་དུས་ཀུན་ན་རྟག་ཏུ་ཁྱད་མེད་པར་ཡོད་པར་འགྱུར་ཏེ། རྒྱུ་མེད་ཀྱང་ཆོས་རྣམས་ཀྱི་རང་གི་ངོ་བོ་སྲིད་པ་འདོད་པའི་ཕྱིར་རོ། །ཡང་ན། སྨྱུ་གུ་དང་ཁྲིས་པ་སོགས་ཡུལ་དུས་གང་དུ་ཡང་མེད་པར་ཡིན་ཏེ། ས་བོན་དང་ཆུ་ལུད་སོགས་རྒྱུ་ཚོགས་ཀྱང་རྒྱུ་མ་ཡིན་པར་འདོད་པའི་ཕྱིར་དང་། དེ་དག་གང་གིས་ཀྱང་སྐྱེད་པ་མེད་པའི་ཕྱིར་རོ། །དེས་ན་དངོས་པོ་རྣམས་ནི་གང་དུ་རྒྱུ་རྐྱེན་ཚོགས་པའི་ཡུལ་དུས་དེ་ན་ཡོད་ཅིང་། མ་ཚོགས་པ་ན་མེད་པས་རེས་འགའ་བ་ཡིན་པའི་ཕྱིར་རྒྱུ་ལས་བྱུང་བར་གྲུབ་པོ། །

ཡང་རྣམ་ཤེས་ནི་འབྱུང་བ་བཞི་ལས་གསར་དུ་འབྱུང་ངོ་ཞེས་འདོད་པ་ལ། རང་གི་ཆོས་རྣམས་རྒྱུ་མེད་དུ་ཁས་བླངས་པར་ཉམས་ལ། ད་ལྟའི་རྣམ་ཤེས་ནི་རང་གི་ཉེར་ལེན་གྱི་རྒྱུ་རྣམ་ཤེས་སྔ་མ་ལས་སྐྱེ་ཞིང་རྒྱུན་འཇུག་པར་མཐོང་བའི་ཕྱིར། དངོས་རྣམས་སྔར་རང་རང་གི་ཉེར་ལེན་གྱི་རྒྱུ་མིན་པ་དང་མེད་པ་ལས་འབྱུང་མི་སྲིད་དེ། སྲིད་ན་བེམས་པོ་ལས་ཤེས་པ་དང་། རྡོ་ལས་སྨྱུ་གུ་མྱུན་པ་ལས་སྣང་བ་འབྱུང་སྲིད་པའི་ཕྱིར་རོ། །དེས་ན་རྣམ་ཤེས་གསལ་རིག་གི་རྒྱུན་འདི་སློག་སོགས་བྱུང་བ་ལྟར་སྔ་མ་སྔ་མ་ལས་ཕྱི་མ་ཕྱི་མ་འབྱུང་ཞིང་རྒྱུན་མི་འཆད་པར་མཐོང་ན། རྒྱུ་ཚང་བཞིན་འཆི་བའི་ཚེ་ཇི་ལྟར་རྒྱུན་ཆད་པར་འགྱུར་ཏེ། དཔེར་ན་ས་བོན་སྐྱོན་མེད་པར་རྐྱེན་ཆུ་སོགས་ལྡན་པའམ། ཆུ་ཀླུང་ཆེན་པོའི་རྒྱུན་འཇུག་པ་བཞིན་ནོ། །དེའི་ཕྱིར་དབང་ཕྱུག་སོགས་ཀྱི་རྒྱུ་ལས་མ་ཡིན་ཞིང་། རྒྱུ་མེད་པར་དང་འཇིག་རྟེན་ཕྱི་མ་མེད་པ་ཡང་མིན་ན། དེས་ན་ཆོས་ཐམས་ཅད་རང་རང་གི་རྒྱུ་ཡོད་ན་སྐྱེས་ལ་མེད་ན་མི་སྐྱེ་བས་རྟེན་ཅིང་འབྲེལ་བར་འབྱུང་བ་ཉིད་དུ་དངོས་སྟོབས་ཀྱི་རིགས་པས་གྲུབ་པོ། །

2. ནང་པ་སངས་རྒྱས་པའི་གྲུབ་མཐའ།

ནང་པ་སངས་རྒྱས་པའི་གྲུབ་མཐའ་སྨྲ་བ་བཞིའི་རྣམ་བཞག་སྤྱིར་བཤད་པ་ལ་གཉིས། སྤྱི་དང་བྱེ་བྲག་གོ །

སྤྱི་ནི། དཀོན་མཆོག་གསུམ་སྐྱབས་གནས་ཡང་དག་ཏུ་ཁས་ལེན་པ་དང་། ལྟ་བ་

བཀའ་བརྟགས་ཀྱི་ཕྱག་རྒྱ་བཞི་ཁས་ལེན་པའི་གང་ཟག་དེ་ནང་པའི་གྲུབ་མཐའ་སྨྲ་བའོ། །ཇི་སྐད་དུ་ཇོ་བོས། ཕྱི་པ་ནང་པ་སྐྱབས་འགྲོའི་ཁྱད། ཅེས་གསུངས་པས་སོ། འདི་སྐབས་སུ་བཞེད་ཚུལ་མི་འདྲ་བ་དུ་མ་ཡོད་དེ། སྟོན་པ། བསྟན་པ། ལྟ་བ་གསུམ་གྱིས་ཕྱི་ནང་གི་ཁྱད་པར་འབྱེད་པ་དང་། ཡང་སྟོན་པ། ལྟ་བ། སྒོམ་པ། སྤྱོད་པ། འབྲས་བུ་སྟེ་རྒྱ་མཚན་ལྔའི་སྒོ་ནས་འབྱེད་དགོས་པར་སོགས་བཞེད་པ་མང་ཡང་། རང་ལུགས་ནི་མཉམ་མེད་ཇོ་བོ་ཆེན་པོས་བཞེད་པ་ལྟར་རོ། །སྤྱིར་སྟོན་པ་མཉམ་མེད་ཤཱཀྱའི་དབང་པོ་འཇིག་རྟེན་ཁམས་སུ་མ་འབྱོན་ན་ཕྱི་ནང་གི་གྲུབ་མཐའ་འདི་དག་མི་འབྱུང་། སྒྲོན་མེའི་བསྐལ་པ་འདིར་སྟོན་པ་ཐུགས་རྗེ་ཅན་དེ་ཉིད་ཀྱིས་དང་པོར་བྱང་ཆུབ་མཆོག་ཏུ་ཐུགས་བསྐྱེད། བར་དུ་བསྐལ་ཆེན་གྲངས་མེད་གསུམ་དུ་ཚོགས་བསགས། མཐར་རྡོ་རྗེ་གདན་གྱི་སྟེང་ལ་མངོན་པར་རྫོགས་པར་སངས་རྒྱས་ནས་རིགས་ཅན་གསུམ་ལ་ཆོས་ཀྱི་འཁོར་ལོ་རིམ་པ་གསུམ་བསྐོར་བར་མཛད་པ་དང་། དེའི་ཕྱིས་རྗེས་འཇུག་རྣམས་ཀྱིས་འཁོར་ལོ་སོ་སོའི་དགོངས་པ་བཀྲལ་ཚུལ་ལ་བརྟེན་ནས་གྲུབ་མཐའ་སྨྲ་བ་མི་འདྲ་བ་བཞི་བྱུང་ངོ་། །

བྱེ་བྲག་ཏུ་བཤད་པ་ལ། ཐེག་དམན་གྱི་གྲུབ་མཐའ་བཤད་པ། ཐེག་པ་ཆེན་པོའི་གྲུབ་མཐའ་བཤད་པའོ། །

ཐེག་དམན་གྱི་གྲུབ་མཐའ་བཤད་པ་ནི། བྱེ་བྲག་སྨྲ་བའི་གྲུབ་མཐའ་དང་། མདོ་སྡེ་པའི་གྲུབ་མཐའ་བཤད་པའོ། །བྱེ་བྲག་སྨྲ་བའི་གྲུབ་མཐའ་བཤད་པ་ལ་ལྔ་སྟེ། མཚན་ཉིད། སྒྲ་བཤད། དབྱེ་བ། གྲུབ་མཐའི་སློབ་དཔོན་དང་གཞུང་། གྲུབ་མཐའི་འདོད་ཚུལ་ལོ། །གཅིག མཚན་ཉིད་ནི། རང་རིག་མི་འདོད་ཅིང་ཕྱི་དོན་བདེན་ཞེན་གྱིས་འདོད་པའི་ཐེག་དམན་གྱི་གྲུབ་མཐའ་སྨྲ་བའི་གང་ཟག་བྱེ་བྲག་སྨྲ་བའི་མཚན་ཉིད། གཉིས། སྒྲ་བཤད་ནི། བྱེ་བྲག་བཤད་པའི་མཛོད་ཀྱི་གཞུང་གི་རྗེས་སུ་འབྲང་བ་དང་། དུས་གསུམ་རྫས་ཀྱི་བྱེ་བྲག་ཏུ་སྨྲ་བས་ན་བྱེ་བྲག་ཏུ་སྨྲ་བ་ཞེས་བྱའོ། །གསུམ། དབྱེ་བ་ལ། ངོ་བོའི་སྒོ་ནས་ཁ་ཆེ་བྱེ་བྲག་སྨྲ་བ་དང་། ཉི་འོག་པ་གཉིས། གྱེས་ཚུལ་གྱི་སྒོ་ནས་སྡེ་པ་བཅོ་བརྒྱད་ཡོད་དེ། དེ་ཡང་རྩ

བའི་སྡེ་པ་གཞི་ཐམས་ཅད་ཡོད་པར་སྨྲ་བ། ཕལ་ཆེན་པ། གནས་བརྟན་པ། མང་པོས་བཀུར་བའི་སྡེ་པ་དང་བཞིའོ། །དང་པོ་ལས་བདུན་དང་། གཉིས་པ་ལས་ལྔ། གསུམ་པ་ལས་གསུམ། བཞི་པ་ལས་གསུམ་སྟེ་སྡེ་པ་བཅོ་བརྒྱད་དུ་གྱེས་སོ། །འདི་ལ་བཞེད་ཚུལ་དུ་མ་ཡོད་ཀྱང་། སློབ་དཔོན་དུལ་བ་ལྷའི་བཞེད་པ་ལྟར་ན། སྒྲ་གཅན་འཛིན་གྱི་རྗེས་སུ་འབྲང་ཞིང་ཤེས་བྱ་ཐམས་ཅད་གཞི་ལྔའི་ཁོངས་སུ་འདུ་ལ་གཞི་ཐམས་ཅད་ཡོད་པར་སྨྲ་བས་ན། ཐམས་ཅད་ཡོད་པར་སྨྲ་བའི་སྡེའོ། །དེ་ལས་གྱེས་པ་བདུན། སློབ་དཔོན་དུལ་བ་ལྷས། འོད་སྲུང་ས་སྟོན་ཆོས་སྲུང་སྟེ། མང་ཐོས་གོས་དམར་སློབ་མ་དང་། རྣམ་པར་ཕྱེ་དང་གཞི་ཀུན་པ། ཐམས་ཅད་ཡོད་པར་སྨྲ་བ་བདུན། ཞེས་གསུངས་སོ། །ཕལ་ཆེན་སྡེ་པ་ནི། གནས་བརྟན་འོད་སྲུང་ཆེན་པོའི་རྗེས་སུ་འབྲང་བ་སྡེ་པ་ཕམ་མོ་ཆེ་ཡིན་པས་ཕལ་ཆེན་སྡེ་པའོ། །དེ་ལས་གྱེས་པ་ལྔ། ཤར་ནུབ་རི་དང་གངས་རིར་གནས། འདུས་བྱས་རྟག་པར་སྨྲ་བ་དང་། འཇིག་རྟེན་འདས་སྨྲ་ཕལ་ཆེན་སྡེ། ཞེས་གསུངས་སོ། གནས་བརྟན་པ་ནི། གནས་བརྟན་འདུལ་བ་འཛིན་པའི་མཆོག་ཀཱ་ཏྱཱ་ནའི་རྗེས་སུ་འབྲང་བའི་སྡེ་ལ་གནས་བརྟན་སྡེ་པ་དང་། དེ་ལས་གྱེས་པ་གསུམ། རྒྱལ་བྱེད་ཚལ་གནས་འཇིགས་མེད་གནས། གཙུག་ལག་ཁང་ཆེན་གནས་བརྟན་གསུམ། ཞེས་གསུངས་སོ། །མང་པོས་བཀུར་བའི་སྡེ་ནི། ཉེ་བར་འཁོར་གྱི་རྗེས་སུ་འབྲང་བས་མང་པོས་བཀུར་བ་དང་། དེ་ལས་གྱེས་པ་གསུམ། །ས་སྒྲོགས་རི་དང་སྲུང་བ་པ། །གནས་མ་བུ་ཡི་སྡེ་རྣམས་ནི། །ཀུན་གྱིས་བཀུར་བའི་རྣམ་པ་གསུམ། ཞེས་གསུངས་སོ། །དེ་ལྟར་བསྟན་པ་རྣམ་པ་དུ་མར་གྱུར་ཀྱང་རྣམ་པར་གྲོལ་བ་ནི་ཉམས་པ་མེད་པར་བཤད་དེ། ཇི་སྐད་དུ་རྒྱལ་པོ་ཀྲི་ཀྲིའི་རྨི་ལམ་སད་པ་མ་ག་དྷཱ་བཟང་མོའི་རྟོགས་པ་བརྗོད་པ་ལས། རྒྱལ་པོ་ཆེན་པོ་ཁྱོད་ཀྱི་རྨི་ལམ་དུ་མི་བཅོ་བརྒྱད་ཀྱིས་རས་ཡུག་གཅིག་འདྲེན་པར་མཐོང་བ་གང་ཡིན་པ་དེ་ནི་ཤཱཀྱ་ཐུབ་པའི་བསྟན་པ་རྣམ་པ་བཅོ་བརྒྱད་དུ་གྱེས་པར་འགྱུར་ལ་དེའི་རྣམ་པར་གྲོལ་བའི་རས་ནི་གྱེས་པ་མི་འགྱུར་རོ་ཞེས་གསུངས་པ་ཡིན་ནོ། །བཞི། གྲུབ་མཐའི་སློབ་དཔོན་དང་གཞུང་ནི། གྲུབ་པའི་མཐའ་གསལ་བར་བྱེད་པའི་

སློབ་དཔོན་ནི་བཙུན་པ་ཆོས་སྐྱོབ་དང་བཙུན་པ་དབྱིག་བཤེས་དང་དབྱངས་སྒྲོགས་ལ་སོགས་པ་ཡིན་ནོ། །གཞུང་ནི་གདམས་ངག་བརྒྱ་པ་དང་། སྤེལ་མ་གསུམ་པའི་ཕྲེང་བ་དང་། ཀྲཱ་ཏྲ་ཡ་ནའི་མདོ་ལ་སོགས་པ་བཀའ་དང་པོ་བདེན་པ་བཞིའི་ཆོས་ཀྱི་འཁོར་ལོ་རྣམས་ཡིན་ནོ། །༢། གྲུབ་མཐའི་འདོད་ཚུལ་བཤད་པ་ལ་གསུམ། གཞི་ལམ་འབྲས་བུའི་འདོད་ཚུལ་ལོ། གཞིའི་འདོད་ཚུལ་ལ། འདིས་ཤེས་བྱ་ཐམས་ཅད་གཞི་ལྔར་འདུས་པར་འདོད་དེ། སྣང་བ་གཟུགས་ཀྱི་གཞི། གཙོ་བོ་སེམས་ཀྱི་གཞི། འཁོར་སེམས་བྱུང་གི་གཞི། ལྡན་པ་མ་ཡིན་པའི་འདུ་བྱེད་ཀྱི་གཞི། འདུས་མ་བྱས་ཀྱི་གཞི་རྣམས་སོ། །ཡང་འདུས་བྱང་ཀྱི་ཆོས་དང་། འདུས་མ་བྱས་ཀྱི་ཆོས་གཉིས་སུ་བཤད་དེ་ཕུང་པོ་ལྔ་དང་། དབང་པོ་ལྔ་དང་། གཟུགས་སྒྲ་དྲི་རོ་རེག་བྱ་སྟེ་སྐྱེ་མཆེད་ལྔ་དང་། རྣམ་པར་རིག་བྱེད་མ་ཡིན་པའི་གཟུགས་རྣམས་འདུས་བྱས་དང་། ནམ་མཁའ་དང་འགོག་པ་གཉིས་འདུས་མ་བྱས་སོ། །ཡང་སྐྱེ་མཆེད་བཅུ་གཉིས་གསུངས་ཏེ། གཟུགས་སྒྲ་དྲི་རོ་རེག་བྱ་ཆོས་སྟེ་ཡུལ་གྱི་སྐྱེ་མཆེད་དྲུག་དང་། མིག་རྣ་བ་སྣ་ལྗེ་ལུས་ཡིད་སྟེ་དབང་པོའི་སྐྱེ་མཆེད་དྲུག་སྟེ་བཅུ་གཉིས་སོ། །ཁམས་བཅོ་བརྒྱད་གསུངས་ཏེ། གཟུགས་ནས་ཆོས་ཁམས་ཀྱི་བར་དམིགས་པ་ཡུལ་གྱི་ཁམས་དྲུག མིག་ནས་ཡིད་ཀྱི་བར་རྟེན་དབང་པོའི་ཁམས་དྲུག མིག་ཤེས་ནས་ཡིད་ཀྱི་རྣམ་ཤེས་བར་བརྟེན་པ་རྣམ་ཤེས་ཀྱི་ཁམས་དྲུག་སྟེ་བཅོ་བརྒྱད་དོ། །དུ་མ་སྤུངས་པས་ན་ཕུང་པོ་དང་། སྐྱེ་ཞིང་མཆེད་པའི་སྒོ་ཡིན་པས་ན་སྐྱེ་མཆེད། ཆོས་དེའི་རིགས་ཡིན་པས་ཁམས་ཞེས་བྱའོ། །གཟུགས་དང་ཤེས་པ་ལྡན་མིན་འདུ་བྱེད་རྣམས་མི་རྟག་པའི་དངོས་པོར་དང་། འདུས་མ་བྱས་ཀྱི་ཆོས་རྣམས་རྟག་པའི་དངོས་པོར་འདོད་དོ། །ནམ་མཁས་རླུང་བརྟེན་པའི་དོན་བྱེད་ནུས་པས་ན་དངོས་པོ་རྟག་པར་འདོད། ཡང་བདེན་པ་གཉིས་བཤད་དོ། །བཅོམ་པའམ་བློས་ཆ་ཤས་སོ་སོར་བསལ་བས་ན་རང་འཛིན་གྱི་བློ་འདོར་དུ་རུང་བའི་ཆོས་རྣམས་ཀུན་རྫོབ་བདེན་པའོ། །མཛོད་ལས། གང་ལ་བཅོམ་དང་བློ་ཡིས་གཞན། །བསལ་ན་དེ་བློ་མི་འཇུག་པ། བུམ་ཆུ་བཞིན་དུ་ཀུན་རྫོབ་ཏུ། ཡོད་དེ། ཞེས་གསུངས་པའི་ཕྱིར་རོ། །

བཅོམ་པའམ་བློས་ཆ་ཤས་སོ་སོར་བསལ་བས་ན་རང་འཛིན་གྱི་བློ་མི་འདོར་བའི་ཆོས་དེ་དོན་དམ་བདེན་པའོ། །གཞིག་ཏུ་མེད་པ་རྡུལ་ཕྲ་རབ་དང་སྐད་ཅིག་ཆ་མེད་གཉིས་པོ་ནི་དོན་དམ་དུ་ཡོད་པར་འདོད་དོ། །ཀུན་རྫོབ་དོན་དམ་དུ་ཡོད་པ་གཉིས་ཀ་ཡང་ཆོས་རང་རང་གི་ངོ་བོ་རྫས་སུ་ཡོད་པས་མི་སྟོང་པ་དང་། བདག་མེད་ཕུང་པོ་ཙམ་ཉིད་དོ་ཞེས་གསུངས་པས། གང་ཟག་བདག་ནི་ཕུང་པོ་ལས་གཅིག་ཐ་དད་དུ་མེད་པས་རྫས་སུ་མེད་པའོ། །མིག་དབང་སོགས་ལ་བརྟེན་པའི་ཤེས་པར་རང་དང་དུས་མཉམ་པའི་ཡུལ་རྣམ་མེད་རྗེན་ཅེར་དུ་འཛིན་པ་དང་། རང་རིག་མི་འདོད་པ་དང་། སྐྱེས་སོགས་མཚན་ཉིད་རྣམས་དངོས་པོ་ལས་ཐ་དད་པར་འདོད་པ་སོགས་ཐ་སྙད་འདོད་ཚུལ་མང་དུ་ཡོད་དོ། །

ལམ་གྱི་འདོད་ཚུལ་ནི། སྤང་བྱ་ལ་ཉོན་མོངས་ཅན་དང་། ཉོན་མོངས་ཅན་མིན་པའི་སྒྲིབ་པ་གཉིས་འདོད་ཀྱང་། ཤེས་སྒྲིབ་ཀྱི་ཐ་སྙད་ནི་ཁས་ལེན་པར་མེད། གང་ཟག་གི་བདག་འཛིན་དང་། དེ་ལས་བྱུང་བའི་ཉོན་མོངས་རྣམས་ཉོན་མོངས་ཅན་གྱི་སྒྲིབ་པ་དང་། དེ་དག་གི་བག་ཆགས་དང་། དེའི་དབང་གིས་བྱུང་བའི་གནས་ངན་ལེན་རྣམས་ཉོན་མོངས་ཅན་མིན་པའོ། །ལམ་ལ་ཚོགས་སྦྱོར་མཐོང་སྒོམ་མི་སློབ་ལམ་སྟེ་ལྔ་འདོད་དོ། །གྲོལ་ལམ་གྱི་གཙོ་བོ་ནི་བདེན་བཞི་མི་རྟག་སོགས་བཅུ་དྲུག་རྟོགས་པའི་ལམ་དང་། གང་ཟག་རང་རྐྱ་ཐུབ་པའི་རྫས་ཡོད་ཀྱི་སྟོང་པར་རྟོགས་པའི་ཡེ་ཤེས་སོ། །མཐོང་ལམ་སྐད་ཅིག་མ་བཅོ་ལྔ་རིམ་ཅན་དུ་སྐྱེ་བ་དང་། བཅུ་དྲུག་པ་ལས་རྗེས་ཤེས་སྒོམ་ལམ་དུ་འདོད་དོ། །

འབྲས་བུའི་འདོད་ཚུལ་ནི། ལམ་དེ་དག་བསྒོམས་པས་མི་ཤེས་པ་སྤངས་པས་དགྲ་བཅོམ་པ་དང་། ཉོན་མོངས་ཅན་མིན་པའི་མི་ཤེས་པ་སྤངས་པས་སངས་རྒྱས་འཐོབ་པར་འདོད་ལ། ཡུན་ནི་མྱུར་ན་ཚེ་གསུམ་གྱིས་ཐོབ་ནུས་པ་དང་། སྟོན་པ་དང་པོར་ཐུགས་བསྐྱེད་ནས་སྲིད་ལ་བདུད་བཏུལ་བ་ཡན་ཆད་སོ་སྐྱེ་དང་། དེའི་མཚན་ཐོག་དེ་ཉིད་ལ་མཐོང་ལམ་མངོན་དུ་བྱས་པ་ནས་འཕགས་པར་འདོད་ལ། རབ་ཏུ་བྱུང་བ་མ་མཛད་ཀྱི་བར་ཁྱིམ་པ་དང་། རབ་ཏུ་བྱུང་ཕྱིན་ཆད་རབ་བྱུང་གི་མཛད་པ་ཡང་དངོས་གནས་པར་འདོད་དོ། །མྱ་

ངན་ལས་འདས་པའི་ཚེ་རིག་པ་རྒྱུན་ཆད་པ་དང་། ཐུགས་རྒྱུད་ཀྱི་ཟད་མི་ཤེས་པའི་ཡེ་ཤེས་སངས་རྒྱས་དཀོན་མཆོག་དང་། དེའི་གཟུགས་ཕུང་ནི་སྡུག་བསྔལ་བདེན་པར་འདོད་པས་སངས་རྒྱས་དཀོན་མཆོག་ཏུ་མི་འདོད་པ་དེ་བཞིན་དུ་དགེ་འདུན་དཀོན་མཆོག་ཀྱང་སློབ་པ་འཕགས་པ་རྣམས་ཀྱི་ཐུགས་རྒྱུད་ཀྱི་ལམ་བདེན་འཛོག་ལ། གང་ཟག་དེ་རྣམས་དགེ་འདུན་དཀོན་མཆོག་མི་བཞེད་པ་སོགས་ཡོད་དོ། །

མདོ་སྡེ་པའི་གྲུབ་མཐའ་ལ། གྲུབ་མཐའ་སྤྱི་ཁྱེ་སྒྲ་དང་མཚུངས་པ་ལས། ཁྱད་པར་གྱི་འདོད་པ་ནི་སྐྱེད་བྱེད་རྐྱེན་བཞི། སྣང་བ་བློ། ཡུལ་སྐྲག་གྱུར། རྫུལ་བར་མེད། དབང་པོ་ནུས་པ། མི་ལྡན་པ་ཀུན་བཏགས། མྱང་འདས་དངོས་མེད་དེ། གྲུབ་པའི་མཐའ་རྣམ་པ་བདུན་གྱི་ཚུལ་དུ་སྨྲ་བ་དེ་ཡང་། ཡང་དག་པའི་ལྟ་བ་མིན་ཏེ་དངོས་པོར་སྨྲ་བའི་སྐྱོན་དང་བཅས་པའི་ཕྱིར་རོ། །དེ་ལ་སྐྱེད་བྱེད་རྐྱེན་བཞི་ནི། རྒྱུ་རྐྱེན་འབྲས་བུ་ལ་ཕན་འདོགས་པར་ནུས་ཙང་ཙམ་སྟེ་ངོ་བོ་སྐྱེད་པ། བདག་རྐྱེན་གེགས་མི་བྱེད་པ་ཙམ་སྟེ་འབྲས་བུའི་ཁྱད་པར་སྐྱེད་པ། དམིགས་རྐྱེན་ནི་ཤེས་པའི་ཡུལ་གང་ཡིན་པའོ། །མཚུངས་པ་དེ་མ་ཐག་པའི་རྐྱེན་ནི་ཤེས་པ་སྔ་མ་འགགས་མ་ཐག་པ་དེ་རིགས་འདྲ་ཕྱི་མ་སྐྱེད་པའོ། །དེ་ལ་རྒྱུ་རྐྱེན་གྱི་ཁོངས་སུ་མཚུངས་ལྡན་ཀུན་འགྲོ། སྐལ་མཉམ། བྱེད་པ། ལྷན་ཅིག་འབྱུང་བའི་རྒྱུ་སྟེ་རྒྱུ་ལྔ་རུ་འདུའོ། །དེ་ལ་སེམས་སེམས་བྱུང་རྣམས་རྐྱེན་བཞི་ལས་སྐྱེ། སེམས་མེད་ཀྱི་སྙོམས་འཇུག་གཉིས་ནི་དམིགས་རྐྱེན་མ་གཏོགས་པ་གསུམ་ལས་སྐྱེ། གཞན་ལྡན་མིན་འདུ་བྱེད་དང་གཟུགས་ཐམས་ཅད་རྒྱུ་རྐྱེན་བདག་རྐྱེན་གཉིས་ལས་སྐྱེའོ། །སྣང་བ་བློ་ཡིན་པ་ནི། དོན་སྤྱི་དང་། མེད་པ་གསལ་སྣང་། དོན་རང་མཚན་ལྟ་བུའི་སྣང་བ་ཐམས་ཅད་རང་གི་ཤེས་པ་དངོས་ཡིན་པར་འདོད་དེ་རྣམ་བདེན་དང་འདོད་པ་མཚུངས་སོ། །ཡུལ་སྐྲག་གྱུར་ནི། དོན་སྤྱི་དང་མེད་པ་གསལ་སྣང་ནི་སྣང་ཙམ་ལས་སོགས་སུ་དོན་རང་མཚན་པ་མེད་ལ། དོན་རང་མཚན་རྣམས་དངོས་སུ་སྣང་བ་ལྟ་བུ་ནི་ཕྱི་དོན་དེས་ཤེས་པ་ལ་རང་འདྲའི་རྣམ་པ་གཏད་པས་དོན་ལྟར་ཤེས་པའི་རྣམ་པ་ཡིན་གྱི། དོན་བུམ་པ་ལྟ་བུ་ནི་དངོས་སུ་ནམ་ཡང་མི་མཐོང་སྟེ།

བུམ་སྣང་དང་གོས་ཐ་མི་དད་པར་སྐིག་ན་མོ་ཡོད་དེ། སྐད་ཅིག་དང་པོ་ལ་ཡུལ་དབང་ཤེས་པའི་རྐྱེན་གསུམ་ཚོགས་པའི་ཕྱི་ལོགས་སུ་ཡུལ་དེའི་རྣམ་པ་མེ་ལོང་ལ་གཟུགས་བརྙན་ལྟར་ཤར་བ་ལ། འདྲ་བ་ཉམས་སུ་མྱོང་བའི་ཕྱིར་ཤེས་པས་ཡུལ་མྱོང་ཞེས་ཐ་སྙད་བཏགས་པའོ། །རྟུལ་བར་མེད་ནི། རགས་པ་རྫོམ་ཆོ་རྡུལ་ཕྲ་རབ་རྣམས་བར་ཡོད་པ་དང་མེད་པ་གང་རུང་དུ་མི་འཐད་པས་ན་བར་ནི་མེད་ལ་འབྱུར་ཀྱང་མ་འབྱུར་པས་རེག་ལ་མ་འབྱུར་བའམ། བར་མེད་པས་འབྱུར་ལ་ངོས་ཆས་མ་རེག་པའི་ཕྱིར། འབྱུར་ལ་མ་རེག་པ་ཞེས་སུ་འདོད་པ་ནི། དབང་པོའི་རྒྱས་སྐྱིག་ན་མེད་ཀྱི་མིག་སོགས་ཀྱི་རང་རང་གི་རྣམ་ཤེས་སྐྱེད་ནུས་པའི་ནུས་པ་ཞིག་སྟེ། དེ་ཡང་ཤེས་པ་སྔ་མའི་སྟོབས་ཀྱིས་བྱུང་བ་ཡིན་ལ། དེ་ལ་བརྟེན་ནས་མིག་ཤེས་སོགས་སྐྱེ་བས་རྗེས་སུ་འགྲོ་ལྡོག་གི་ངེས་པས་གྲུབ་པོ་ཞེས་འདོད། མི་ལྡན་པ་ཀུན་བཏགས་ནི། སྐྱེ་འཇིག་ལ་སོགས་པ་ལྡན་མིན་འདུ་བྱེད་རྣམས་ནི་གཟུགས་དང་སེམས་བྱུང་ལས་དེ་ཉིད་དང་གཞན་དུ་མ་གྲུབ་པས་ཀུན་བཏགས་ཡིན་ཏེ་རི་རྭ་བཞིན་མིང་ཙམ་དུ་ཟད་པས་སོ། །ཞེས་འདོད། མྱང་འདས་དངོས་མེད་ནི། ཐེག་པ་གསུམ་གྱིས་མྱ་ངན་ལས་འདས་པ་ན་ཕུང་པོ་ས་བོན་དང་བཅས་པ་རྒྱུན་ཆད་ནས། མཁའ་ལ་སྤྲིན་དེངས་པ་ལྟར་ཡུལ་འགོག་པ་ཚོས་དབྱིངས་དང་དབྱེར་མེད་ཙམ་ལ་འདོད། དེ་ཅི་ཡང་མེད་པར་འདོད་པ་ནི་བྱེ་བྲག་སྨྲ་བ་དང་མཐུན་ལ། འོན་ཀྱང་འདིས་ནི་བྲལ་བའི་རྫས་སོ་སོ་བར་ཡོད་པར་མི་འདོད་དོ། །ཚུལ་དེ་དག་ལ་དཔྱད་ན། རྒྱུ་འབྲས་ཕྲད་མ་ཕྲད་དང་། དུས་མཉམ་མི་མཉམ་འབྲས་བུ་ཡོད་པའམ་མེད་པ་གང་སྐྱེད། རང་སྐྱེ་སོགས་མཐའ་བཞི་པོ་གང་གི་ཚུལ་དུ་སྐྱེ་དཔྱད་ན་དོན་དམ་པར་རྐྱེན་ལས་སྐྱེ་བ་མ་གྲུབ་ཅིང་། སྣང་བ་བློ་དང་ཡུལ་སྐིག་གྱུར་ཡིན་ན། གཞལ་བྱ་མངོན་གྱུར་གྱི་རྣམ་དབྱེ་འཐད་དཀའ་ལ། ཡུལ་སྐིག་ན་མོ་མེད་པར་ཡང་སྣང་རིགས་པའི་ཕྱིར་ཕྱི་དོན་བདེན་པར་མི་འགྲུབ་བོ། །གཞན་ཡང་རྡུལ་ཕྲ་རབ་ལ་བར་མེད་ན་གཅིག་ཏུ་འབྱུར་བར་ཐལ་ལ། མ་རེག་པའམ་མ་འབྱུར་ན་ནི་བར་དང་བཅས་པར་ཐལ་བ་ལས་ཕྱུང་གསུམ་པ་མི་སྲིད་ལ། དབང་པོའི་ནུས་པའང་དོན་དམ་པར་དབང་པོར་བཀག་པས་ཁེགས་

པ་དང་། ཐ་སྙད་དུ་དབང་པོ་ཉིད་ཀྱིས་ཤེས་པ་སྐྱེ་བར་བྱེད་ཚོག་པའི་ཕྱིར་ནུས་པར་བཏགས་པ་ལ་དགོས་པ་མི་ཆེ་བ་དང་། མི་ལྡན་པ་ཀུན་བཏགས་པ་ཡོན་ཡིན་ན། མི་རྟག་པ་ཤེས་བྱ་ལ་མི་གནས་པས་ན་རྟག་པར་སྨྲ་བ་གསང་བ་པའི་གྲུབ་མཐར་ཐལ་བའི་ཕྱིར་དང་མྱང་འདས་ནི་རྒྱུན་ཆད་པའི་དངོས་མེད་ཀྱང་པ་མིན་ཏེ། ཐེག་དམན་གྱི་མྱང་འདས་སྒྲིབ་པ་མ་ཟད་པས་མཐར་ཐུག་མིན་པ་དང་། སངས་རྒྱས་ནི་འགྲོ་དོན་མ་རྫོགས་པ་དང་ཡེ་ཤེས་འགག་པའི་རྒྱུ་མེད་པའི་ཕྱིར་རྒྱུན་མི་འཆད་དོ། །གཉིས་པ་རང་སངས་རྒྱས་རྣམས་ནི། དབང་པོ་འབྲིང་རང་རྒྱལ་གྱི་རིགས་དང་ལྡན་པའི་གང་ཟག་གིས། སྔོན་གོམས་པའི་སྟོབས་ཀྱིས་སྲིད་པ་ཐ་མ་པའི་དུས་སུ། རྟེན་ཅིང་འབྲེལ་བར་འབྱུང་བ་ཉིད་ཀྱི་སྒོ་ནས། ཡང་དག་པའི་དོན་དམིགས་པར་བྱས་ནས། གང་ཟག་གི་བདག་དང་། གཟུང་བ་རང་བཞིན་མེད་པར་ཤེས་པས་བདག་མེད་ཕྱེད་གཉིས་རྟོགས་པ་དང་། འབྲས་བུ་རང་རྒྱལ་དགྲ་བཅོམ་ཐོབ་པའང་ཐེག་པ་ཆེན་པོ་ལས་གཞན་དུ་དམན་པར་བཞག་གོ །དེ་ཡང་ཕྱི་ནང་གི་ཆོས་ཐམས་ཅད་རྟེན་ཅིང་འབྲེལ་བར་འབྱུང་བའི་ཚུལ་གྱིས་སྐྱེ་སྟེ། ཕྱིའི་ས་བོན་ལ་བརྟེན་ནས་མྱུ་གུ་འབྱུང་བ་ལ་སོགས་པ་དང་། ནང་གི་མ་རིག་པ་ནས་རྒ་ཤིའི་བར་དུ་འབྱུང་བའོ། །དེ་ལ་ཚེ་སྔ་མར་ཡང་དག་པའི་དོན་མི་ཤེས་པའི་མ་རིག་པ་ཡོད་པ་ལས། ཚེ་འདི་འགྲུབ་པའི་ལས་བསགས་པ་ནི་འདུ་བྱེད་དོ། །དེ་ལས་སྲིད་པར་འཕེན་བྱེད་རྒྱུ་དང་འཕང་འབྲས་ཀྱི་རྣམ་ཤེས་འགྲུབ་པོ། །རྣམ་ཤེས་ལས་མིང་གཞི་དང་གཟུགས་ཀྱིས་བསྡུས་པའི་ཕུང་པོ་མེར་མེར་པོ་ལ་སོགས་པ་འགྲུབ་བོ། །དེ་ལས་མིག་ལ་སོགས་པའི་སྐྱེ་མཆེད་དྲུག་འགྲུབ་ཅིང་། སྐྱེ་མཆེད་ལས་ཡུལ་དབང་ཤེས་གསུམ་འདུས་པའི་རེག་པ་འབྱུང་ཞིང་། དེ་ལས་ཚོར་བ་དང་། ཚོར་བ་ལས་ཡུལ་འདོར་ལེན་གྱི་སྲེད་པ་དང་། སྲེད་པ་ལས་ཡུལ་དང་དུ་ལེན་པའི་ལེན་པ་དང་། དེ་ལས་སྲིད་པ་འགྲུབ་པའི་ལས་བསགས་པ་ལ་སྲིད་པ་ཞེས་དང་། སྲིད་པ་ལས་འགྲོ་བ་དྲུག་ཏུ་སྐྱེ་བ་དང་། སྐྱེ་བ་ལས་རྒ་ཤི་འབྱུང་ངོ་། བཅུ་གཉིས་པོ་དག་ཀྱང་། མ་རིག་པ་དང་སྲེད་པ་དང་ལེན་པ་གསུམ་ཉོན་མོངས། འདུ་བྱེད་སྲིད་པ་གཉིས་ལས། ལྷག་མ་བདུན་སྡུག་བསྔལ་གྱི་

ཕུང་པོ་སྟེ། དེ་ལྟར་ཉོན་མོངས་ལས་ལས་དང་། ལས་ལས་སྡུག་བསྔལ་དང་། སྡུག་བསྔལ་གྱི་གཞི་ལས་སླར་ཡང་ཉོན་མོངས་དང་ལས་འབྱུང་བས་མ་རིག་པ་མ་ལྡོག་གི་བར་དུ་སྲིད་པའི་རྟེན་འབྲེལ་གྱི་འཁོར་ལོ་བརྒྱུད་མར་འཇུག་གོ །ཚུལ་དེ་དག་རང་རྒྱལ་གྱིས་སྒོམ་ཚུལ་ནི། དུར་ཁྲོད་ཀྱི་རུས་པ་ལ་བལྟས་ཏེ་འདི་ཤི་བ་ལས་བྱུང་ཞིང་། དེ་ཡང་སྐྱེ་བ་ལས་བྱུང་བ་སོགས་མ་རིག་པའི་བར་དུ་ཤེས་ཤིང་མ་རིག་པ་དེ་ནི་བདག་མེད་རྟོགས་པའི་ཤེས་རབ་ཀྱིས་སྤང་བར་རིག་ནས་ལམ་རང་རྒྱུད་ལ་བརྟེན་པར་བྱེད་དེ། འདི་ལྟར་ར་ཤི་སྡུག་བསྔལ་གྱི་ངོ་བོ་ཡིན་པས། དེ་སྐྱེ་བ་ལས་བྱུང་བ་སོགས་འབྱུང་རིམ་ལ་བསམས་པས་སྡུག་བསྔལ་བདེན་པ་རྟོགས་པ་དང་། སྐྱེ་བ་འགགས་པས་ར་ཤི་འགག་པ་སོགས་འགགས་རིམ་ལ་བསམ་པས་འགོག་པའི་བདེན་པ་ལ་འཇུག མ་རིག་པ་ཀུན་འབྱུང་གི་རྩ་བ་ཡིན་པས་དེ་ལས་འདུ་བྱེད་སོགས་འབྱུང་བའི་རིམ་པ་ལ་བསམས་ན་ཀུན་འབྱུང་གི་བདེན་པ་རྟོགས། མ་རིག་པ་འགགས་པས་འདུ་བྱེད་འགག་པ་སོགས་འགགས་རིམ་ལ་བསམས་ན་ཀུན་འབྱུང་གི་གཉེན་པོ་བདག་མེད་བསྒོམ་པ་སོགས་ལམ་བདེན་གྱི་རང་བཞིན་ཤེས་པ་ཡིན་པས། ཚུལ་དེ་ལྟ་བུའི་སྒོ་ནས་ཚོགས་ན་སྦྱོད་པ་དང་། བསེ་རུ་ལྟ་བུའི་རང་རྒྱལ་གྱི་འབྲས་བུ་སྟན་གཅིག་ལ་མངོན་དུ་བྱེད་དོ། །དེ་ཡང་རང་རྒྱལ་གྱི་རིགས་སུ་མཐའ་གཅིག་ཏུ་ངེས་པ་མིན་ཏེ། མཐར་ཐུག་ཐེག་གཅིག་ཏུ་ངེས་པའི་རིགས་པ་དང་། རྟེན་ཅིང་འབྲེལ་བའང་རང་བཞིན་མེད་དེ་ཕན་ཚུན་ཕྲད་ནས་སྐྱེད་པ་ལ་སོགས་པ་མ་གྲུབ་པའི་ཕྱིར་དང་། གཟུང་བ་མེད་ན་དེ་འཛིན་ཡང་བདེན་པར་མེད་དེ་མགོ་མཉམ་པའི་ཕྱིར་དང་། གཅིག་པུར་དབེན་པར་དགའ་བའང་མཆོག་གི་སྦྱོད་པ་མ་ཡིན་ཏེ། དོན་དམ་པར་དབེན་མི་དབེན་མེད་པའི་ཕྱིར་དང་། གཅིག་པུར་ཞི་བར་ཞེན་པའི་བློ་དམ་པའི་ཚུལ་མིན་པ་དང་། འབྲས་བུ་མཐར་ཐུག་པ་མིན་པའི་ཕྱིར་ཡང་ལམ་དམན་པ་ཡིན་ནོ། །

ཐེག་པ་ཆེན་པོའི་གྲུབ་པའི་མཐའ་བཤད་པ་ལ། ཐེག་པ་ཆེ་ཆུང་གི་ཁྱད་པར་བརྗོད་པ་དང་། ཐེག་པ་ཆེན་པོའི་གྲུབ་པའི་མཐའ་དངོས་བཤད་པའོ། །

ཐེག་པ་ཆེ་ཆུང་གི་ཁྱད་པར་བརྗོད་པ་ནི། ཐེག་པ་ཆེན་པོའི་གྲུབ་པའི་མཐའ་བཤད་པ་ལ། ཐོག་མར་ཐེག་པ་ཆེ་ཆུང་གི་ཁྱད་པར་ཤེས་དགོས། དེ་ལ་ཐེག་པ་ཆེ་ཆུང་སེམས་སྐྱེད་ཁྱད། ཅེས་གཞན་དོན་དུ་བྱང་ཆུབ་སེམས་བསྐྱེད་ཡོད་མེད་ཁོ་ནས་ཁྱད་པར་འབྱེད་པ་དང་། ཆེན་པོ་བདུན་དང་ལྡན་མི་ལྡན་གྱིས་ཁྱད་པར་འབྱེད་པ་སོགས་རྣམ་བཞག་མང་དུ་གསུངས་ཀྱང་། འདིར་རྗེ་མི་བསྐྱོད་རྡོ་རྗེ་དང་ཀུན་མཁྱེན་ཆོས་ཀྱི་འབྱུང་གནས་སོགས་ནི། ལྟ་བ་རྟོགས་པའི་ཁྱད་པར། བསམ་སྦྱོར་བསླབ་བྱའི་ཁྱད་པར། སྤངས་བྱ་སྤངས་པའི་ཁྱད་པར། ཐོབ་བྱ་འབྲས་བུའི་ཁྱད་པར། ཆེན་པོ་བདུན་གྱི་ཁྱད་པར་ཏེ་རྣམས་པ་ལྔའི་སྒོ་ནས་འབྱེད་པར་མཛད་དོ། །དེའི་དང་པོ་ནི། གང་ཟག་གི་བདག་མེད་པ་རྟོགས་པའི་སྟེང་དུ་ཆོས་ཀྱི་བདག་མེད་པ་གསལ་ཞིང་ཇོགས་པར་རྟོགས་པ་ཐེག་ཆེན། མ་རྟོགས་པ་ཐེག་དམན་ཏེ། དབུ་མ་ལ་བསྟོད་པ་ལས། །མཚན་མ་མེད་པ་མ་རྟོགས་པར། །ཁྱེད་ཀྱིས་ཐར་པ་མེད་པར་གསུངས། །དེ་ཕྱིར་ཁྱེད་ཀྱིས་ཐེག་ཆེན་ལས། །དེ་ནི་ཚང་བར་བསྟན་པ་ལགས། ཞེས་པ་ལྟར་རོ། །གཉིས་པ་ནི། བྱམས་སྙིང་རྗེ་བྱང་ཆུབ་སེམས་ཀྱི་བསམ་པས་ཀུན་ནས་བསླངས་ཏེ། སྦྱོར་བ་ཕ་རོལ་ཏུ་ཕྱིན་པ་དྲུག་ལ་བསླབ་པ་དང་མི་བསླབ་པའི་ཁྱད་པར་ཏེ། སློབ་དཔོན་དཔའ་བོས། བསེ་རུ་ལྟ་བུ་རྣམས་ལ་ནི། །ཕ་རོལ་ཕྱིན་དྲུག་མིང་ཡང་མེད། །བཅོམ་ལྡན་ཞག་གཅིག་ཕ་རོལ་ཕྱིན། །དྲུག་ནི་སྤྱི་ལ་བཞུགས་པ་ལགས། ཞེས་པ་ལྟར་རོ། །གསུམ་པ་ནི། ཉོན་སྒྲིབ་མཐའ་དག་སྤངས་ནུས་ཀྱང་། ཤེས་སྒྲིབ་མཐའ་དག་སྤོང་མི་ནུས་པ་ཐེག་དམན་དང་། སྒྲིབ་གཉིས་བག་ཆགས་དང་བཅས་པ་མཐའ་དག་སྤོང་བར་ནུས་པ་ཐེག་པ་ཆེན་པོའོ། །བཞི་པ་ནི། ཐབས་དང་ཤེས་རབ་དམན་པས། ཞི་བ་མྱ་ངན་ལས་འདས་པ་ཙམ་འདོད་པ་ཐེག་དམན་དང་། ཤེས་རབ་ཟབ་པ་དང་ཐབས་རྒྱ་ཆེ་བས་སྲིད་ཞི་གཉིས་ཀའི་མཐའ་ལ་མི་གནས་པའི་མྱ་ངན་ལས་འདས་པ་འདོད་པའམ་སྒྲུབ་པ་ནི་ཐེག་པ་ཆེན་པོ་སྟེ། མངོན་རྟོགས་རྒྱན་ལས། ཤེས་པས་སྲིད་ལ་མི་གནས་ཤིང་། །སྙིང་རྗེས་ཞི་ལ་མི་གནས་པ། ཞེས་པ་ལྟར་རོ། །ལྔ་པ་ནི། མདོ་སྡེ་རྒྱན་ལས། །དམིགས་པ་ཆེ་བ་ཉིད་དང་ནི། །དེ་

བཞིན་སྒྲུབ་པ་གཉིས་དག་དང་། ཡེ་ཤེས་བརྩོན་འགྲུས་རྩོམ་པ་དང་། །ཐབས་ལ་མཁས་པར་གྱུར་པ་དང་། །ཡང་དག་སྒྲུབ་པ་ཆེན་པོ་དང་། །སངས་རྒྱས་ཕྲིན་ལས་ཆེན་པོ་སྟེ། །ཆེན་པོ་འདི་དང་ལྡན་པས་ན། །ཐེག་ཆེན་ཞེས་ནི་ངེས་པར་བརྗོད། ཅེས་གསུངས་པ་ལྟར། ཐེག་པ་ཆེན་པོའི་སྡེ་སྣོད་རྒྱ་ཆེན་པོ་ལ་དམིགས་པ་དང་། རང་གཞན་གཉིས་ཀའི་དོན་བསྒྲུབ་པ། བདག་མེད་པ་གཉིས་ཀ་རྟོགས་པ། བསྐལ་པ་གྲངས་མེད་གསུམ་དུ་གུས་སྦྱོར་གྱི་བརྩོན་འགྲུས་རྩོམ་པ། འཁོར་བ་ཡོངས་སུ་མི་གཏོང་ཞིང་ཀུན་ནས་ཉོན་མོངས་པ་མེད་པས་ལུས་ངག་གི་མི་དགེ་བ་སྤང་བ་ལྟ་བུ་དང་། སྟོབས་དང་མི་འཇིགས་པ་དང་། སངས་རྒྱས་ཀྱི་ཆོས་མ་འདྲེས་པ་ཡང་དག་པར་སྒྲུབ་པ་དང་ལྷུན་གྱིས་གྲུབ་ཅིང་རྒྱུན་མི་ཆད་པའི་ཕྲིན་ལས་རྣམས་ཡིན་ལ། དེ་བདུན་དང་ལྡན་པ་ནི་ཐེག་ཆེན་དང་། མི་ལྡན་པ་ནི་ཐེག་དམན་ནོ། །སྡུད་པ་ལས་ཀྱང་། །གཏོང་བ་ཆེ་དང་བློ་ཆེ་བ་དང་མཐུ་ཆེ་དང་། །རྒྱལ་བ་རྣམས་ཀྱི་ཐེག་ཆེན་མཆོག་ལ་ཞུགས་པ་དང་། །གོ་ཆ་ཆེན་པོ་བགོས་ཤིང་བདུད་ཀྱི་སྒྱུ་འདུལ་བ། །དེ་ཡི་ཕྱིར་ན་སེམས་དཔའ་ཆེ་ཞེས་རབ་ཏུ་བརྗོད། ཅེས་དང་། ཐེག་བསྡུས་ལས། ཤེས་བྱའི་གནས་དང་མཚན་ཉིད་དེར་འཇུག་དང་། །དེ་ཡི་རྒྱུ་འབྲས་དེ་རབ་དབྱེ་བ་དང་། །བསླབ་པ་གསུམ་དང་དེ་འབྲས་སྤངས་པ་དང་། ཡེ་ཤེས་ཐེག་པ་མཆོག་གྱུར་ཁྱད་པར་འཕགས། ཞེས་གསུངས་པ་སོགས་ཀྱིས་མཚོན་ནས་ཐེག་པ་ཆེ་ཆུང་གི་ཁྱད་པར་འབྱེད་པ་ནི་རྗེ་མི་བསྐྱོད་རྡོ་རྗེ་སོགས་ཆོས་འདིའི་གྲུབ་མཐའ་འཛིན་པ་དག་གི་བཞེད་པ་ཡིན་ནོ། །

ཐེག་པ་ཆེན་པོའི་གྲུབ་པའི་མཐའ་དངོས་བཤད་པ་ལ། ངོ་བོ་མདོར་བསྟན་པ་དང་། རྣམ་བཞག་རྒྱས་པར་བཤད་པའོ། །ངོ་བོ་མདོར་བསྟན་པ་ནི། སྡུད་པ་ལས། ཅི་ཕྱིར་འདི་ནི་བྱང་ཆུབ་ཐེག་ཆེན་བྱ་ཞེ་ན། །དེ་གང་ཞོན་ནས་སེམས་ཅན་ཐམས་ཅད་མྱ་ངན་ཟློ། །ཐེག་པ་འདི་ནི་མཁའ་འདྲ་གཞལ་མེད་ཁང་ཆེན་ཏེ། དགའ་སྐྱིད་བདེ་བ་མངོན་པར་འཐོབ་བྱེད་ཐེག་པའི་ཆོས། ཞེས་གསུངས་པ་ལྟར། ཐེག་པ་འདིར་ཞུགས་ན་སངས་རྒྱས་སུ་བགྲོད་པའི་སྟོབས་ཡོད་པ་དང་། ཤེས་རབ་རྒྱ་ཆེ་ཞིང་སྤྱོད་ཡུལ་ཡངས་པ་དང་མངོན་མཐོའི་དགའ་

པ་དང་། ངེས་ལེགས་ཀྱི་བདེ་བ་ཐམས་ཅད་འཐོབ་པར་བྱེད་པས་ན་ཐེག་པ་ཆེན་པོ་ཞེས་བྱ་ལ། གཞན་ཡང་། མཐར་ཐུག་གི་འབྲས་བུ་ཟུང་འཇུག་རྡོ་རྗེ་འཆང་གི་གོ་འཕང་ལ་དངོས་སུ་སྦྱོར་བའི་ལམ་འཁོར་དང་བཅས་པ་མཚོན་པར་བྱེད་པས་ན་མཚན་ཉིད་ཐེག་པ། ཞེས་སྨོས་པ་དང་འབྲས་བུའི་མཐར་ཐུག་མི་གནས་པའི་མྱ་ངན་ལས་འདས་པའི་ཟུང་འཇུག་ཡེ་ཤེས་ལ་བསྟོས་ཏེ་དེའི་རྒྱུ་ལ་སྦྱོར་བར་བྱེད་པས་ན་རྒྱུའི་ཐེག་པ་ཞེས་སུ་བརྗོད་པ་ཡིན་ནོ། །

ཐེག་ཆེན་གྱི་རྣམ་བཞག་རྒྱས་པར་བཤད་པ་ལ་ཐེག་ཆེན་སེམས་ཙམ་པའི་ལུགས་བཤད་པ་དང་ཐེག་ཆེན་དབུ་མ་པའི་ལུགས་བཤད་པའོ། །

ཐེག་ཆེན་སེམས་ཙམ་པའི་ལུགས་བཤད་པ་ལ་གསུམ་ཏེ། སྒྲ་དོན། གཞི་བདུན་དུ་བསྡུ་བ། རབ་ཏུ་དབྱེ་བའོ། །གཅིག །སྒྲ་དོན་ནི། སྤྱིར་རྒྱ་མཚན་ཉིད་ཀྱི་ཐེག་པ་ཆེན་པོ་དེ་ལ། རྣམ་པར་རིག་པ་སྨྲ་སེམས་ཙམ་པ་དང་། ངོ་བོ་ཉིད་མེད་པར་སྨྲ་དབུ་མ་པ་སྟེ་གཉིས་ཡོད་པ་ལས། དང་པོ་ནི་སེམས་ལས་གཞན་པའི་དངོས་པོ་ནི་གང་ཡང་མེད་ལ། སེམས་རྣམ་རིག་ཙམ་ནི་བདེན་པའི་དངོས་པོར་གྲུབ་པར་འདོད་པས་སེམས་ཙམ་པའམ་རྣམ་རིག་པ་སྟེ་བརྒྱད་སྟོང་པ་ལས། ཀྱེ་རྒྱལ་བའི་སྲས་དག་ཁམས་གསུམ་པོ་འདི་དག་ནི་སེམས་ཙམ་མོ་ཞེས་པའི་ལུང་གི་དོན་དངོས་པོ་དང་མཐུན་པ་འདོད་པས་སེམས་ཙམ་པའམ། དེའི་དོན་ཚུལ་བཞིན་ཡིད་ལ་བྱེད་པས་སྤྱོད་པས་རྣལ་འབྱོར་སྤྱོད་པ་ཞེས་ཀྱང་གྲགས་པའོ། །

གཉིས། གཞི་བདུན་དུ་བསྡུ་བ་ལ་བདུན་ལས། ཤེས་བྱའི་གནས། དེའི་མཚན་ཉིད། དེའི་དོན་ལ་འཇུག་པ། དེའི་རྒྱུ་འབྲས། དེའི་རབ་དབྱེ། བསླབ་པ་གསུམ། སྤངས་པའི་འབྲས་བུའོ། །

དེ་ལ་ཤེས་བྱའི་གནས་ནི། ཀུན་གཞིའི་རྣམ་པར་ཤེས་པ་སྟེ། ཆོས་ཐམས་ཅད་ཀྱི་རྒྱུ་རྐྱེན་ཅིང་འབྲེལ་བ་འབྱུང་བ་ལ་མཁས་པར་བྱ་བའི་ཕྱིར་རོ། །དེ་གཏན་ལ་དབབ་པ་ལ་བཞི་སྟེ། དང་པོ་ཀུན་གཞི་ཡོད་པའི་རྒྱུ་མཚན་ནི། མདོ་སྡེ་དགོངས་པ་ངེས་འགྲེལ་ལས། །ལེན་པའི་རྣམ་པར་ཤེས་པ་ཟབ་ཅིང་ཕྲ། །ས་བོན་ཐམས་ཅད་ཆུ་བོའི་རྒྱུན་བཞིན་འབབ། །

བདག་ཏུ་རྟོག་པར་འགྱུར་ན་མི་རུང་ཞེས། ངས་འདི་བྱིས་པ་རྣམས་ལ་ཡོངས་མ་བསྟན། ཞེས་པའི་ལུང་ལ་གཙོ་བོར་བརྟེན་ནས་ཀུན་གཞི་ཡོད་པར་བསྒྲུབ་པའོ། །གཉིས་པ་མཚན་ཉིད་ནི། །ཐོག་མ་མེད་པའི་དུས་ཀྱི་དབྱིངས། །ཆོས་རྣམས་ཀྱི་གནས་ཡིན་ཏེ། །དེ་ཡོད་པས་ན་འགྲོ་ཀུན་དང་། །མྱ་ངན་འདས་པ་འཐོབ་པར་འགྱུར། ཞེས་གསུངས་པ་ལྟར། ཀུན་ནས་ཉོན་མོངས་པའི་ཆོས་ཐམས་ཅད་ཀྱི་བག་ཆགས་ལ་བརྟེན་ནས་ས་བོན་ཡོངས་སུ་འཛིན་པ་ལྡན་པས་ན་ཀུན་ནས་ཉོན་མོངས་པའི་ཆོས་ཐམས་ཅད་སྐྱེད་པའི་རྒྱུར་གྱུར་པའོ། །ཐམས་ཅད་དུ་འགྱུར་བས་མ་སྒྲིབ་པའང་ཡིན་ལ། དགེ་བ་དང་མི་དགེ་བ་གང་དུའང་མ་གྲུབ་པ་ཡིན་པས་ལུང་དུ་མ་བསྟན་པ་ཡིན་ཞེས། སེམས་ཅན་ཐམས་ཅད་ཀྱི་རྒྱུད་ལ་ཡོད་པའི་ཀུན་གཞི་དེ་མ་སྒྲིབ་ལུང་མ་བསྟན་ཡིན་པར་འདོད་དོ། །གསུམ་པ་ནམ་ལྡོག་ན། སེམས་ཅན་གང་ཞིག་འཁོར་བ་ན་གནས་ཀྱི་བར་དུ་མཐུག་ལ། དགྲ་བཅོམ་ཐོབ་པ་ན་ལྡོག་སྟེ། །དེ་ནི་རྒྱུན་འབབ་ཆུ་བོ་བཞིན། །དགྲ་བཅོམ་ཐོབ་ན་དེ་ལྡོག་གོ །ཞེས་བཤད་པ་ལྟ་བུ་དང་། ཡང་སངས་རྒྱས་པ་ན། གནས་འགྱུར་བའི་ཚུལ་གྱིས་ལྡོག་སྟེ། ཇི་སྐད་དུ། །ཀུན་གཞི་རྣམ་ཤེས་གང་ཡིན་པ། །དེ་ནི་མེ་ལོང་ཡེ་ཤེས་འགྱུར། ཞེས་གསུངས་པ་ལྟར་རོ། །བཞི་པ། དེ་ཉིད་བྱེད་པོ་དབང་ཕྱུག་སོགས་དང་མི་འདྲ་བའི་ཁྱད་པར་ནི། དབང་ཕྱུག་ལ་སོགས་པ་ནི། ཐམས་ཅད་ཀྱི་བྱེད་པ་པོ་གཅིག་པུ། བདག་རྟག་པ་ལ་སོགས་འདོད་ལ། ཀུན་གཞི་ནི་སེམས་ཅན་རེ་རེ་བཞིན་དུ་ཡོད་པ་དང་། ངོ་བོ་ཉིད་རྣམ་པར་འབྱེད་པའི་རྟེན་ཅིང་འབྲེལ་འབྱུང་སྐད་ཅིག་མའི་རང་བཞིན་དུ་འདོད་པས་ཁྱད་པར་འཕགས་སོ། །

དེའི་མཚན་ཉིད་བཤད་པ་ལ་གསུམ། གདགས་གཞི་གཞན་དབང་། གདགས་བྱ་ཀུན་བརྟགས། ཁྱབ་བྱེད་ཡོངས་གྲུབ་བཤད་པའོ། །དང་པོ་ནི། ཀུན་གཞི་རྣམ་པར་ཤེས་པ་དེ་ཉིད་ལས་བྱུང་བ་གཞན་དབང་ནི། ཕུང་པོ་ཁམས་དང་སྐྱེ་མཆེད་ཀྱི་ཆོས་སུ་སྣང་བ་ཕྱི་གཟུང་བ་ཡུལ་གྱི་རྣམ་པ་དང་། ནང་འཛིན་པ་སེམས་ཀྱི་རྣམ་པར་སྣང་བ་མཐའ་དག་ནི། ཡང་དག་པ་མ་ཡིན་པའི་ཀུན་ཏུ་རྟོག་པ་ཞེས་བྱ་སྟེ། རང་གི་བག་ཆགས་ས་བོན་གྱི་རིགས་

འདྲ་སྔ་མའི་དབང་ལས་སྐྱེས་པའི་ཕྱིར་རྒྱུ། རང་གི་ངོ་བོ་གྲུབ་དུས་ཀྱི་སྐད་ཅིག་གཉིས་པར་མི་སྡོད་པའི་ཕྱིར་ངོ་བོ་དང་རང་གི་རིགས་འདྲ་ཕྱི་མ་སྐྱེད་ཅིང་ཕྱི་མཐའ་སྔ་མས་དབང་དུ་སྒྱུར་བའི་ཕྱིར་འབྲས་བུ་དང་བཅས་གསུམ་ཀ་གཞན་དབང་ཡིན་ཞེས་འདོད། མདོར་ན། ཀུན་བརྟགས་ཀྱི་གདགས་གཞིར་གྱུར་ཅིང་། ཀུན་གཞིའི་ཆ་ཡིན་པ། ཡང་དག་པ་མ་ཡིན་པའི་ཀུན་རྟོག་ཁམས་གསུམ་པའི་མཚན་ཉིད་ཅན་གྱི་རྣམ་པར་རིག་པ་ཙམ་ངོ་བོ་རྫས་སུ་གྲུབ་ཅིང་། འཁྲུལ་ངོར་རྒྱུ་རྐྱེན་ལས་བྱུང་བ་དེའོ། །གཉིས་པ། གོང་དུ་ཇི་སྐད་བཤད་པའི་གདགས་གཞི་གཞན་དབང་རྫས་ཡོད་དེར། ཡིད་ཀྱི་རྣམ་པར་ཤེས་པ་ཀུན་ཏུ་རྟོག་པ་དེས། གང་ཟག་དང་ཆོས་ཕྱིན་ཅི་ལོག་ཏུ་སྒྲོ་བཏགས་ནས། བདག་དང་། བདག་གི་བ་དང་། མིང་སོགས་ཀུན་ཏུ་བརྟགས་པ་སྟེ། དོན་དམ་པར་རྫས་གང་དུའང་མེད་བཞིན་དུ་སྣང་བ་སྒྲ་ཤད་ལྟར་བློ་འཁྲུལ་བ་ཅན་གྱི་གཟུང་བྱ་འབའ་ཞིག་ཡིན་པ། གང་ལ་དམིགས་ན་ཐར་པའི་མི་མཐུན་ཕྱོགས་སུ་གྱུར་ཅིང་བརྟགས་པའི་ཆ་ཙམ་ཡང་མེད་པ་རི་བོང་གི་རྭ་བུ་ཡིན་ནོ། །གསུམ་པ་ཡོངས་གྲུབ་ནི། བཏགས་ཡོད་ཀྱི་དགག་བྱ་ཀུན་བརྟགས་ཀྱིས་སྟོང་པའི་འདུས་མ་བྱས། གཟུང་འཛིན་གཉིས་སྟོང་གི་ཤེས་པ་རྣམ་པར་མི་རྟོག་པ་རྣམ་པར་དག་པའི་དམིགས་པ་དེ་ལས་གཞན་དུ་མེད་པར་ཡོངས་སུ་གྲུབ་པ་སྟེ། དེ་ཡང་། ཀུན་བརྟགས་ནི། བཏགས་པ་ཙམ་དུ་ཡོད་པ་སྟེ་དངོས་པོར་མ་གྲུབ་པའི་ཕྱིར་དང་། གཞན་དབང་ནི་རྫས་སུ་ཡོད་པ་སྟེ། དོན་བྱེད་ནུས་པའི་ཕྱིར། ཡོངས་གྲུབ་ནི་དོན་དམ་པར་ཡོད་པ་སྟེ། རྣམ་པར་མི་རྟོག་པའི་ཡུལ་ཡིན་པའི་ཕྱིར། དེས་ན་མདོ་ལས། མེད་པའི་རྣམ་གྲངས་བསྟན་པ་ཐམས་ཅད་ཀྱིས་ཀུན་བརྟགས་བསྟན་པ་ཡིན་པ་དང་། སྒྱུ་མ་དང་། རྨི་ལམ་སྨིག་རྒྱུ་ལ་སོགས་པ་བསྟན་པ་ཐམས་ཅད་ཀྱིས་གཞན་དབང་བསྟན་པ་དང་། རྣམ་པར་མི་རྟོག་པ་དང་། འདུས་མ་བྱས་བསྟན་པ་ཐམས་ཅད་ཀྱིས་ནི་ཡོངས་གྲུབ་བསྟན་པ་ཡིན་ནོ། །ཚུལ་འདི་ལ་སློབ་དཔོན་རྣམས་ཀྱིས་དབྱེ་བསྡུ་སྣ་ཚོགས་ཞིག་མཛད་པར་གྲགས་ཀྱང་། བོད་ལ་གྲགས་ཆེ་བ་ལྟར་ན། ཀུན་བརྟགས་ལ། དོན་ལ་མ་གྲུབ་ཀྱང་རྟོག་པས་བརྟགས་པ། བདག་ལྟ་དང་། རྫས་གྲུབ་ལྟ་བུ་

མཚན་ཉིད་ཚད་པའི་ཀུན་བརྟགས། རྟོག་པ་ལ་སྣང་བའི་དོན་སྤྱི་རྣམས་དང་། རྟོག་མེད་དབང་ཤེས་ལ་གཟུང་འཛིན་གཉིས་སྣང་ལྟ་བུ་ནི། རྣམ་གྲངས་པའི་ཀུན་བརྟགས་ཏེ་གཉིས་ཡོད། གཞན་དབང་ལ། བག་ཆགས་ཀྱི་དབང་གིས་ཁམས་གསུམ་པའི་སེམས་དང་སེམས་བྱུང་གཉིས་གཉིས་སུ་སྣང་བ་མ་དག་གཞན་དབང་། སྒྲོ་བ་གཉིས་མེད་ཀྱི་ཤེས་རིག་དང་། འཕགས་པ་རྣམས་ཀྱི་རྗེས་ཤེས་སྣང་ལ་མ་ཞེན་པ་ནི་དག་པ་གཞན་དབང་སྟེ་གཉིས་ཡོད། ཡོངས་གྲུབ་ལ། འཁྲུལ་གཞི་གཞན་དབང་དང་། འཁྲུལ་བ་ཀུན་བརྟགས་གཉིས་ཀས་སྟོང་པའི་ཆོས་ཉིད་མེད་དགག་དེ་བཞིན་ཉིད་འདུས་མ་བྱས་དེ་ནི་འགྱུར་མེད་ཡོངས་གྲུབ་དང་། གཟུང་འཛིན་གཉིས་ཀྱིས་སྟོང་པའི་ཤུལ་ན་གཉིས་མེད་ཀྱི་ཤེས་པ་རང་རིག་རང་གསལ་བདེན་པ་རྫས་སུ་གྲུབ་པ་ཞིག་ཡོད་པ་དེ་ནི་ཕྱིན་ཅི་མ་ལོག་པའི་ཡོངས་གྲུབ་སྟེ་གཉིས་ཡོད། འཁོར་དང་བཅས་པའི་དབང་དུ་ན། ལམ་དང་ལམ་གྱི་དམིགས་པ་ཐམས་ཅད་འདིའི་ཁོངས་སུ་འདུའོ། །དེ་དག་ཐ་སྙད་ཀྱི་དབང་དུ་བྱས་ན། ཀུན་བརྟགས་ནི་ཐ་སྙད་དངོས་དང་། གཞན་དབང་ནི་ཐ་སྙད་ཀྱི་གཞི་དང་། ཡོངས་གྲུབ་ནི་ཐ་སྙད་དང་བྲལ་བའོ། ཐ་སྙད་ལ་འཇུག་པའི་དབང་དུ་བྱས་ན། ཀུན་བརྟགས་ནི་གཉིས་སྣང་འཁྲུལ་བར་འཇུག་པ་དང་། གཞན་དབང་ནི་དེ་དང་བྲལ་བའི་དོན་ཅན་དུ་འཇུག་པ་དང་། ཡོངས་གྲུབ་ནི་དེ་བཞིན་ཉིད་དུ་འཇུག་པའོ། །དེ་དག་གི་དཔེ་ནི་སྒྱུ་མ་ལྟ་བུ་སྟེ། སྤྲུལ་བྱེད་སྔགས། སྤྲུལ་གཞི་ཤིང་བུ་ལྟ་བུ་ནི་རྩ་བའི་སེམས་དང་དེ་བཞིན་ཉིད་དེ། དེ་ལས་གླང་པོ་ཆེ་སྣང་བའི་རྣམ་པ་ནི་གཞན་དབང་། གླང་པོ་ཆེ་ནི་ཀུན་བརྟགས་དང་། དེ་ལ་དེ་མེད་པ་ནི་ཡོངས་གྲུབ་ཡིན་ཞེས་གསལ་བར་གསུངས་སོ། །

འཇུག་པ་ནི། མཚན་ཉིད་གསུམ་པོ་དེ་དག་གི་དོན་རྟོགས་པའི་ཕྱིར་འཇུག་པ་ལ། གང་ཟག་གང་འཇུག་ན། ཐེག་པ་ཆེན་པོའི་ཚོགས་བསགས་པ་ཅན་འཇུག ཇི་གང་གིས་འཇུག་ན། དགེ་བའི་རྩ་བ་སྟོབས་སྐྱེད་པ། སེམས་ཅན་ཐམས་ཅད་སངས་རྒྱས་ཐོབ་པར་བྱ་བའི་སེམས་དང་། ཕ་རོལ་ཏུ་ཕྱིན་པ་ལ་འཇུག་པའི་སེམས་དང་། བདག་གིས་གང་ལའང་

ཐོགས་པ་མེད་དོ་སྙམ་པའི་སེམས་ཏེ་མ་ཞུམ་པའི་སེམས་གསུམ་དང་། ཉན་རང་ཡིད་ལ་བྱེད་པ་སྤང་བ་དང་། ཐེག་པ་ཆེན་པོ་ལ་སོམ་ཉི་སྤང་བ་དང་། ཆོས་ལ་ཕྱོགས་འཛིན་སྤང་བ་དང་། རྣམ་པར་རྟོག་པ་སྤང་བ་སྟེ་སྤང་བ་བཞི། ཞི་གནས་དང་ལྷག་མཐོང་ལ་སོགས་པའི་རྒྱུ་དག་གིས་འཇུག་པ་ཡིན། ཚུལ་ཇི་ལྟར་འཇུག་ན། ཐོས་པའི་བག་ཆགས་ཀྱི་སྒོ་ནས། མིང་དངོས་པོ། ངོ་བོ་ཉིད། བྱེ་བྲག་གི་དབྱེ་བ་བཙལ་ཏེ། མཚན་ཉིད་གསུམ་པོ་དམིགས་པ་མེད་པར་ཤེས་པ་སྟེ། དེའང་ཐམས་ཅད་བཏགས་ཡོད་ཙམ་དུ་ཤེས་པ། རྣམ་པར་རིག་པ་ཙམ་དུ་ཤེས་པ་དང་། རྣམ་རིག་ཙམ་གྱི་འདུ་ཤེས་ཀྱིས་བཟློག་པས་རིམ་བཞིན་དེ་གསུམ་ལ་འཇུག་པ་སྟེ། མདོར་ན། ཀུན་བརྟགས་པའི་འཁྲུལ་བ་ཡོངས་སུ་ཤེས། གཞན་དབང་འདི་ཀུན་རྟོག་སྤོངས་ཞིང་ཡོངས་གྲུབ་མངོན་དུ་མཐོང་བས་ལམ་ལ་འཇུག་གོ །དུས་སམ་གནས་སྐབས་གང་དུ་འཇུག་ན་མོས་སྤྱོད་ཀྱིས། ཚོགས་སྦྱོར་གཉིས་མཐོང་ལམ། སྒོམ་ལམ། མཐར་ཕྱིན་པའི་ལམ་རྣམས་ལ་རིམ་གྱིས་འཇུག་པའོ། །

དེའི་རྒྱུ་འབྲས་ནི། འཇུག་པ་དེའི་ལམ་གྱི་རིམ་པ་ཐོག་མར་སྐྱེ་བའི་རྒྱུ་ཡིན་པ་དང་། མཐར་ཕྱིན་པའི་འབྲས་བུའི་ཚུལ་དུའང་གྱུར་པ་ནི་ཕ་རོལ་ཏུ་ཕྱིན་པ་དྲུག་གི་སྤྱོད་པ་ལ་གནས་པ་དེ་ཡིན་ནོ། །

རབ་ཏུ་དབྱེ་བ་ནི། ཕ་རོལ་ཏུ་ཕྱིན་པ་དྲུག་གིས་རྣམ་པར་རིག་པ་ལ་འཇུག་པའི་ཚུལ་ལ་རབ་ཏུ་དགའ་བ་ལ་སོགས་པ་ས་བཅུའི་ཚུལ་རྣམས་རབ་ཏུ་དབྱེ་བ་འབྱུང་སྟེ། དེའང་ཕར་ཕྱིན་གྱིས་ས་བགྲོད་པའི་ཚུལ། ས་རྣམས་ཐོབ་ཚུལ། དུས་ཇི་སྲིད་ན་བགྲོད་པའི་ཚུལ་རྣམས་ཀྱིས་བསྟུས་པ་ཡིན་ནོ། །

བསླབ་པ་གསུམ་ནི། གོང་དུ་བསྟན་པའི་ཕར་ཕྱིན་དྲུག་པོ་ཡང་བསླབ་པ་གསུམ་དུ་འདུ་ཞིང་། དེ་ཉིད་བྱང་ཆུབ་སེམས་དཔའ་རྣམས་ཀྱིས་བསླབ་བྱའི་གནས་ཡིན་ཏེ། ལྷག་པ་ཚུལ་ཁྲིམས་ཀྱི་བསླབ་པ་ནི། ཉེས་སྤྱོད་སྡོམ་པ། དགེ་བ་ཆོས་སྡུད། སེམས་ཅན་དོན་བྱེད་ཀྱི་ཚུལ་ཁྲིམས་རྣམ་པ་གསུམ་སྟེ། ཐེག་པ་དམན་པ་ལས་སེམས་བསྐྱེད་སོགས་ཀྱིས་ཁྱད་པར་དུ་གྱུར་པས་ལྷག་པ་ཞེས་པའི་སྒྲ་སྦྱོར་བའོ། །ལྷག་པའི་སེམས་ཀྱི་བསླབ་པ་ནི། ཕ་རོལ་ཏུ

ཕྱིན་པ་སྒོམ་པ་དང་སེམས་ཅན་སྨིན་པར་བྱ་བ་དང་། སངས་རྒྱས་ཀྱི་ཆོས་ཐམས་ཅད་བསྒྲུབ་པའི་ཕྱིར་དུ་བྱང་ཆུབ་སེམས་དཔའི་ཏིང་ངེ་འཛིན་དཔའ་བར་འགྲོ་བ་ལ་སོགས་པ་ལ་སྤྱོད་པའོ། །ལྷག་པའི་ཤེས་རབ་ཀྱི་བསླབ་པ་ནི། མཚན་མ་དང་རྣམ་པར་རྟོག་པ་ཐམས་ཅད་སྤངས་ཏེ་རྣམ་པར་རྟོག་པ་མེད་པར་ལྷུན་གྱིས་གྲུབ་པ་དང་། རྗེས་ཐོབ་སྒྱུ་མ་ལྟ་བུར་སྤྱོད་པ་ནི་ཤེས་རབ་ཀྱི་ཕ་རོལ་ཏུ་ཕྱིན་པ་སྟེ། སྤྱིར་བྱང་ཆུབ་སེམས་དཔའི་བསླབ་བྱ་ཚད་མེད་ཀྱང་བསྡུ་ན་དེ་རྣམས་སུ་འདུའོ། །

སྦྱངས་པའི་འབྲས་བུ་ནི་སྤངས་པ་ཕུན་སུམ་ཚོགས་པ་སྒྲིབ་པ་གཉིས་བཅོམ་པ་དང་། ཡེ་ཤེས་ཕུན་སུམ་ཚོགས་པ་ངོ་བོ་ཉིད་དང་། ལོངས་སྤྱོད་རྫོགས་པ། སྤྲུལ་པའི་སྐུ་སྟེ་སྐུ་གསུམ་པོ་དེ་དག་ངོ་བོའམ་མཚན་ཉིད་ཆོས་ཀྱི་སྐུ་དང་བཅས་པ། དེའང་གནས་གྱུར་པ། དཀར་པོའི་ཆོས་ཀྱི་གཞི་ཡིན་པ། གཉིས་སུ་བྱེད་པ། རྟག་པ། བསམ་གྱིས་མི་ཁྱབ་པ་སྟེ་ཡན་ལག་ལྔ་དང་ལྡན་ཞིང་། དེ་ལས་སངས་རྒྱས་ཀྱི་ཆོས་ཚད་མེད་བསམ་གྱིས་མི་ཁྱབ་པ་འཕྲོ་བའི་གནས་སུ་གྱུར་པའོ། །འདི་དག་ནི་ཐོགས་མེད་སྐུ་མཆེད་ཀྱི་གཞུང་སེམས་ཙམ་དུ་འདོད་པའི་ལུགས་བོད་སྔ་རབས་ཀྱི་བཞེད་པ་བཞིར་བཞག་ནས་བྲིས་པ་ཡིན་ནོ། །

གསུམ། རབ་ཏུ་དབྱེ་བ་བཤད་པ་ལ་གཉིས། སྤྱིར་བཤད་པ་དང་དབྱེ་བ་དངོས་སོ། །སེམས་ཙམ་པའི་གྲུབ་མཐའ་སྤྱིའི་དགོངས་བཞེད་རྩ་བ་ནི། རྣམ་པར་རིག་པ་ཙམ་ལས་གཞན་པའི་ཕྱི་རོལ་གྱི་དོན་ཅུང་ཟད་ཙམ་ཡང་གྲུབ་པ་མེད་པ་རྨི་ལམ་གྱི་སྣང་བ་བཞིན་དུ་འདོད་དེ། གཟུགས་ལ་སོགས་པའི་དོན་དང་། དེའི་སྐྱེ་འགག་སོགས་ཐམས་ཅད་སྒྲ་ཤད་དང་ཟླ་བ་གཉིས་སྣང་ལྟར་སེམས་སྣང་འབའ་ཞིག་ཡིན་པའི་ཕྱིར་དང་། ཕྱི་རོལ་གྱི་དོན་བདེན་པར་ཡོད་ན། འཕགས་པའི་མཉམ་བཞག་རྣམ་པར་མི་རྟོག་པའི་ཡེ་ཤེས་ཀྱི་ངོར་ཡོད་དགོས་པ་ལས་དེའི་ངོར་མེད་པའི་ཕྱིར་ཆུ་ཀླུང་གི་དངོས་པོ་གཅིག་ཉིད་ཀྱང་། ལས་བཟང་ངན་གྱི་དབང་གིས་ལྷ་ཡིས་བདུད་རྩི། མི་ཡིས་ཆུ། ཡི་དྭགས་ཀྱིས་རྣམ་ཁྲག ཚ་དམྱལ་པོས་ཁྲོ་ཆུར་མཐོང་བ་སོགས་རིགས་དྲུག་གི་སྣང་བ་འཕྲུལ་གྱི་འཁྲུལ་རྒྱུས་མ་བསླད་པ་ལའང་སོ་

སོར་མི་འདྲ་བ་སྣང་བའི་ཕྱིར་རོ། །གཞན་ཡང་ལུང་དང་རིགས་པའི་ཚུལ་མང་པོས་ཕྱི་དོན་བཀག་སྟེ་རྣམ་རིག་ཙམ་དུ་སྒྲུབ་པ་མཛད་དོ། །

དབྱེ་བ་དངོས་ལ། དངོས་དང་། ཞར་བྱུང་ངོ་། དངོས་ལ་རྣམ་བདེན་པ་དང་། རྣམ་རྫུན་པའི་དབྱེ་བའོ། །རྣམ་བདེན་ལའང་གཉིས། སྤྱིར་རྣམ་བདེན་པའི་བཞེད་པ་དང་། དེའི་དབྱེ་བ་བྱེ་བྲག་ དང་པོ་ནི། སེམས་ཙམ་སྨྲ་བ་དེ་ལ་གྲུབ་མཐའི་གཙོ་བོ་རྣམ་བདེན་པ་དང་། རྣམ་རྫུན་པའི་འདོད་ཚུལ་གཉིས་ཡོད་པའི་དང་པོ་རྣམ་བདེན་པ་ནི། ཕྱི་རོལ་གྱི་དོན་བདེན་དངོས་སུ་གྲུབ་པ་མེད་ཀྱང་དོན་དུ་རྟོག་པའི་བག་ཆགས་ལས་ཤེལ་ཚོན་ཅན་བཞིན་ཤེས་པ་ཉིད་དོན་གྱི་རྣམ་པ་ཅན་དུ་སྐྱེ་བར་འདོད་པས། གཟུགས་ཅན་དུ་སྣང་བ་མཐའ་དག་སྣང་མཁན་གྱི་སེམས་ཉིད་བག་ཆགས་འཁྲུལ་པའི་དབང་གིས་རྒྱང་ཆད་ཀྱི་དོན་དུ་སྣང་བ་ཙམ་ཡིན་གྱི། ཡིན་ལུགས་གཟུང་བྱའི་སེམས་སུ་བདེན་པས་ན་འགོག་བདེན་ཡང་སྤང་བྱ་དང་བྲལ་བའི་སེམས་ལ་འཇོག་པ་སོགས་མདོ་ལས་བྱུང་ཁམས་སྐྱེ་མཆེད་ཇི་སྐྱེད་གསུངས་པ་ཀུན་སེམས་ཀྱི་ཆོས་སུ་བདེན་པ་སྟེ་སེམས་ཉིད་དུ་འདོད་པས་མིང་ཡང་རྣམ་བདེན་པ་ཞེས་གྲགས་སོ། །གཉིས་པ་དེའི་དབྱེ་བ་བརྗོད་པ་ལ་གསུམ། སྣ་ང་ཕྱེད་ཚལ་པ། གཟུང་འཛིན་གྲངས་མཉམ་པ། སྣ་ཚོགས་གཉིས་མེད་པའོ། །དང་པོ། དེ་ཡང་ཤེས་པའི་རྣམ་པ་བཟུང་བའི་ཡུལ་དང་འཛིན་པའི་ཤེས་པ་གཉིས་སྣ་ང་གཤགས་པ་ལྟར་ཕྱེད་མ་དང་། དེའང་རྣམ་པ་གཟུང་ཆར་བདེན་ལ། ཤེས་པ་འཛིན་ཆར་བདེན་པར་འདོད་པ་ཡིན་ཏེ་སློབ་དཔོན་ཛེ་ཏ་རིས། ནང་དུ་སྣང་བའི་རྣམ་པར་ཤེས་པ་དེ་ཉིད་གཞན་ཡིན་ལ། ཕྱི་རོལ་ཏུ་སྣང་བ་དེ་ཉིད་ཀྱང་གཞན་ཡིན་ཏེ་དེ་གཉིས་ཀྱང་སོ་སོ་རང་རིག་པ་ཙམ་ཡིན་པའི་ཕྱིར་རོ། །ཀུན་ཏུ་རྟོག་པ་དེ་གཉིས་ཀྱི་སྟོབས་ཀྱིས་བྱུང་བས་གཟུང་བ་དང་འཛིན་པའི་ངོ་བོ་གཉིས་སུ་སྒྲོ་བཏགས་པའོ། ཞེས་གསུངས་པ་ལྟར་རོ། ། གཉིས་པ་ནི། དཀར་དམར་ལ་སོགས་པའི་རྫས་ཐ་དད་པའི་གཟུང་བའི་རྣམ་པ་ཇི་སྙེད་པ་ལ། འཛིན་པའི་ཤེས་པའང་རྫས་ཐ་དད་པ་དེ་སྙེད་དུ་གྲངས་མཉམ་ཞིང་། སྣང་ཡང་དཀར་དམར་སྣ་ཚོགས་དུ་མར་སྣང་བ། སྣང་བ

དེ་དག་ཀྱང་རྫས་སོ་སོར་བདེན་པ་དང་སྣང་མཁན་དབང་ཤེས་ཀྱང་རྫས་དུ་མའི་ངོ་བོར་བདེན་པར་འདོད་པ་ཡིན་ཏེ། དབུ་མ་རང་འགྲེལ་ལས། གང་དག་བདེ་བ་ལ་སོགས་པ་ལྟར་སྔོན་པོ་ལ་སོགས་པའི་རྣམ་པ་རྣམས་ཀྱང་སྤྱོད་པའི་བདག་ཉིད་ཁོ་ན་སྟེ། ཤེས་པ་དེ་དག་ནི་མང་ལ་དེ་དག་ཀྱང་རིགས་མཐུན་པ་ཤ་སྟག་སྟེ། རིགས་མི་མཐུན་པའི་ཤེས་པ་དུ་མ་གཅིག་ཅར་འབྱུང་བ་བཞིན་དུ་འབྱུང་ངོ་ཞེས་སྨྲ། ཞེས་གསུངས་པ་ལྟར་རོ། །གསུམ་པ་ནི། ཤེས་པ་གཅིག་ཁོ་ན་དཀར་དམར་སོགས་སུ་སྣང་བ་ཡིན་པས་ན། སྣང་བ་སྣ་ཚོགས་དུ་མར་སྣང་ཡང་། ཐམས་ཅད་ཤེས་པ་ཆ་མེད་ཀྱི་ངོ་བོར་བདེན་པས་གཉིས་སུ་མེད་པ་འདོད་པ་ཡིན་ཏེ། དབུ་མ་རང་འགྲེལ་ལས། གང་དག་ནོར་བུ་གཟི་བཞིན་དུ་རྣམ་པར་ཤེས་པ་གཅིག་ཁོ་ནས་སྣ་ཚོགས་པའི་ངོ་བོ་བླངས་སོ་ཞེས་སྨྲ་བ། ཞེས་གསུངས་པ་ལྟར་རོ། །

རྣམ་རྫུན་པ་ལའང་གཉིས། །འདོད་པ་སྤྱིར་བསྟན་པ། བྱེ་བྲག་ཏུ་དབྱེ་བའོ། །དང་པོ་ནི། སེམས་ཙམ་རྣམ་རྫུན་པ་རྣམས་ནི་དཀར་ནག་ལ་སོགས་པའི་སྣང་བ་ཐམས་ཅད་མིག་བ་ཙོར་བས་ཟླ་བ་གཉིས་སུ་སྣང་བ་དང་། རང་རིབ་ཅན་ལ་སྐྲ་ཤད་འཛག་པ་ལྟར། མེད་བཞིན་སྣང་བའི་མེད་པ་གསལ་སྣང་དོན་ལ་མི་བདེན་རྫུན་པ། རྨི་ལམ་སྒྱུ་མ་ལྟ་བུ་ཡིན་ཏེ། གལ་ཏེ་ཤེས་པ་བདེན་པ་ཡིན་ན། གཟུགས་སོགས་ཡུལ་རིག་པར་འགྱུར་བ་ལས་མི་རིག་པའི་ཕྱིར། གཟུང་འཛིན་གཉིས་སྟོང་གི་ཤེས་པ་རང་རིག་རང་གསལ་ཤེལ་སྒོང་གཡའ་དག་པ་ལྟ་བུ་དོན་གྱིས་ཁ་མ་བསྒྱུར་ཞིང་། སྣང་བའི་དྲི་མས་མ་གོས་པ་དེ་ཉིད་གཅིག་པུ་བདེན་པར་འདོད་དེ། མདོར་ན་ཤེས་པ་ནི་ཤེལ་སྒོང་དག་པ་ལྟར་སྣང་བའི་དྲི་མས་མ་གོས་ཤིང་། སྣང་བ་ནི་སྐྲ་ཤད་འཛག་པ་ལྟར་མེད་བཞིན་དུ་སྣང་བའི་རྫུན་པར་འདོད་པས་ན། མིང་ཡང་རྣམ་མེད་པའམ་རྣམ་རྫུན་པ་ཞེས་གྲགས་སོ། །གཉིས་པ་དབྱེ་བ་ནི། བདེ་སྡུག་སོགས་ཀྱི་སྣང་བ་རྣམས་འཛིན་རྣམ་ཉིད་དུ་དོན་ལ་གནས་ཀྱང་། མ་རིག་བག་ཆགས་ཀྱི་དྲི་མས་བསླད་ནས་ཕྱི་རོལ་གྱི་གཟུང་བའི་རྣམ་པར་སྣང་བས། རྣམ་ཤེས་རང་གི་ངོ་བོ་རྣམ་པ་རྫུན་པ་དེས་གོས་པར་སྨྲ་བས་རྣམ་རྫུན་དྲི་བཅས་པ་དང་། དོན་དམ་པར་ཕྱིའི་རྣམ་པས་གོས་པ་མེད་

པར་རྣམ་ཤེས་འདི་དག་གི་ངོ་བོ་ཤེལ་སྒོང་དག་པ་ལྟ་བུ་ཡིན་ཡང་། དེ་སོ་སྐྱེས་རྟོགས་མི་ནུས་པར་སངས་རྒྱས་ཁོ་ནས་མཁྱེན་པ་སྨྲ་བས་རྣམ་རྫུན་དྲི་མེད་པར་ཞེས་གྲགས་སོ། །ཡང་། སྣང་བ་འདི་དག་སངས་རྒྱས་ཀྱི་ས་ལ་ཡོད་ཀྱང་འཁྲུལ་བར་མི་འགྱུར་ཏེ་རྫུན་པ་ལ་རྫུན་པར་རྟོགས་པའི་ཕྱིར། དེས་ན་དོན་དང་ཤེས་པ་དེ་ཉིད་དང་གཞན་དུ་བརྗོད་དུ་མེད་པའོ་ཞེས་སངས་རྒྱས་ཀྱི་ས་ན་གཉིས་སྣང་ཡོད་པར་འདོད་པ་དང་། སྣང་བ་འདི་དག་ཤེས་པའི་ངོ་བོར་བདེན་ན་སངས་རྒྱས་ལ་ཡང་སྣང་བར་འགྱུར་བ་ལས་མི་སྣང་བའི་ཕྱིར། དེས་ན་ཤེས་པ་དོན་ལ་འབྲེལ་བ་མེད་བཞིན་དུ་སྣང་བའོ་ཞེས་སངས་རྒྱས་ཀྱི་ས་ན་གཉིས་སྣང་མེད་པར་འདོད་པའི་ཁྱད་པར་ལས་དྲི་བཅས་དང་དྲི་མེད་གཉིས་སུ་དབྱེ་བར་བཤད་དོ། །མདོར་བསྡུས་ཏེ་བཤད་ན། སེམས་ཙམ་རྣམ་བདེན་པ་ནི། སྒོ་ལྔའི་དབང་ཤེས་ལ་ཕྱི་རོལ་དོན་དུ་སྣང་བ་ཐམས་ཅད་ནང་ཤེས་པའི་རྫས་སུ་བདེན་པར་འདོད་ཅིང་། རྣམ་རྫུན་པ་ནི། སྒོ་ལྔའི་དབང་ཤེས་ལ་དོན་དུ་སྣང་བ་ཐམས་ཅད་ནང་སེམས་ཀྱི་རྫས་སུ་མི་བདེན་གྱི་རྫུན་པའམ་བཏགས་ཡོད་ཅིག་ཏུ་འདོད་པ་ཡིན་ནོ། །ཞེས་བཤད་པ་ལྟར་རོ། །དེ་ལ། ཀརྨ་ཕྲིན་ལས་པས། སེམས་ཙམ་དེ་གཉིས་ཀའང་གཟུང་འཛིན་གཉིས་ལས་གྲོལ་བའི་རྣམ་ཤེས་ཆ་མེད་སྐད་ཅིག་རེ་རེ་བ་དོན་དམ་པའི་བདེན་པར་འདོད་པས་རྣམ་རིག་པའམ་སེམས་ཙམ་པ་ཞེས་བྱ་དགོས་ཀྱི། དོན་སྣང་སེམས་སུ་འདོད་པ་འབའ་ཞིག་ལ་དེར་བྱས་ན་མདོ་སྡེ་པ་ལ་ཁྱབ་ཆེས་ཤིང་། རྣམ་རྫུན་པ་ལ་མ་ཁྱབ་པའི་སྐྱོན་དུ་འགྱུར་རོ། །ཞེས་གསུངས་སོ། །གཉིས་ཀའང་གཟུང་འཛིན་གཉིས་མེད་ཀྱི་ཤེས་པ་རང་རིག་རང་གསལ་དོན་དམ་པ་ཉིད་གཉིས་སྣང་གི་སྒྲིབ་པས་བསྒྲིབས་པས་འཕགས་ཆོས་ཐོབ་པའི་ཚེ་ཡང་དེ་ཉིད་གཉིས་སྣང་དང་བྲལ་བ་ཙམ་དུ་འདོད་དོ། །

ཞར་བྱུང་དུ་དེ་འགོག་པ་ནི། སྣང་བ་ལ་འཁྲུལ་བས་ཁྱད་པར་འདོད་པའི་རྣམ་རྫུན་པ་མན་གྱིས། འཁྲུལ་བ་དང་། བྱ་བྱེད་མཐའ་དག་འཇོག་པ་ནི། གཞི་རྟེན་བདེན་གྲུབ་མེད་པ་མ་ཤེས་པའི་ཕྱིར་དངོས་པོ་སྨྲ་བ་ཞེས་གྲགས་ལ། དགག་གཞི་བདེན་གྲུབ་རེའི་སྟེང་དུ་

གྲུབ་མཐའ་འོག་མ་འོག་མས་བརྟག་པའི་དགག་བྱ་རེ་བཀག་མོད་ཀྱང་མཐར་དངོས་པོ་སྨྲ་བ་རྣམས་ཀྱི་གྲུབ་མཐའི་བློ་སྐྱོན་ཡོངས་སུ་རྫོགས་པ་རྣམས་འཕགས་འཆོག་ཀླུ་སྒྲུབ་ཡབ་སྲས་ཀྱིས་རིགས་པའི་རྣམ་གྲངས་དུ་མའི་སྒོ་ནས་ལེགས་པར་བཀག་ནས་འཁྲུལ་བ་གཞི་མེད་ལ་བྱ་བྱེད་འཇོག་པ་མཁྱེན་པ་དབུ་མ་པའི་ཁྱད་ཆོས་རབ་ཏུ་གསལ་བར་མཛད་པ་སྟེ། ལྟ་འདོད་མདོར་བསྟན་ལས། །བྱེ་བྲག་སྨྲ་དང་མདོ་སྡེ་དང་། །རྣལ་འབྱོར་སྤྱོད་པའི་གཞུང་རྣམས་སུ། །ཀུན་རྫོབ་བདེན་དང་མི་བདེན་ཀྱང་། །ཐམས་ཅད་བདེན་པ་དབུ་མའི་ལུགས། ཞེས་གསུངས་པ་ལྟར་རོ། །སེམས་ཙམ་དང་། དབུ་མ་གཉིས་ཁྱད་པར་འབྱེད་བྱེད་ཀྱང་། གཞི་ལམ་འབྲས་བུའི་སྒོ་ནས་ཁྱད་པར་ཆེ་བ་སོགས་ཀྱི་བཞེད་པ་འགའ་ཞིག་མཆིས་མོད། དོན་དུ། གཟུང་འཛིན་གཉིས་ཀྱིས་སྟོང་པའི་ཤེས་པ་རང་རིག་རང་གསལ་དོན་དམ་དུ་གྲུབ་པར་འདོད་པ་དང་མི་འདོད་པ་དེ་ནི་ཐེག་ཆེན་སྡེ་གཉིས་ཀྱི་ཁྱད་པར་གཙོ་ཆེ་ཡིན་ཏེ། ཡེ་ཤེས་སྙིང་པོ་ཀུན་ལས་བཏུས་པ་ལས། སེམས་ཙམ་པའི་གྲུབ་མཐའ་འཆད་པའི་སྐབས་སུ། གཟུང་དང་འཛིན་པ་རྣམ་གྲོལ་བའི། །རྣམ་པར་ཤེས་པ་དོན་དམ་ཡོད། ཅེས་དང་། དབུ་མའི་གྲུབ་མཐའ་འཆད་པའི་སྐབས་སུ། །རྣམ་ཤེས་དེ་ཡང་དོན་དམ་དུ། །ཡོད་པར་མཁས་རྣམས་མི་བཞེད་དེ། ཞེས་གསལ་བར་གསུངས་པ་ལྟར་ཡིན་ནོ། །

དབུ་མའི་གྲུབ་མཐའི་རྣམ་གཞག་བཤད་པ་ལ་གསུམ། དབུ་མའི་སྒྲ་དོན་སོགས་མདོ་ཙམ་བཤད་པ་དང་། རབ་ཏུ་དབྱེ་བ་བཤད་པ། གཞི་ལམ་འབྲས་གསུམ་མདོར་བསྡུ་བའོ། །

གཅིག སྒྲ་དོན་ནི། ཆོས་ཐམས་ཅད་ཡོད་མེད་སྐྱེ་འགག་ལ་སོགས་པ་སྤྲོས་པའི་མཐའ་ཐམས་ཅད་དང་བྲལ་བར་སྨྲ་བས་དབུ་མ་པ་ཞེས་པ་སྟེ། དམ་པའི་ཆོས་དཀོན་མཆོག་བརྩེགས་པའི་མདོ་ལས། ཆོས་ཐམས་ཅད་ལ་ལྟག་པར་མི་རྟོག་གོ མི་རྟག་པར་མི་རྟོག་གོ རྟག་ཅེས་བྱ་བ་དེ་ནི་མཐའ་གཅིག་གོ མི་རྟག་ཅེས་བྱ་བ་དེ་ནི་མཐའ་གཉིས་སོ། །མཐའ་གཉིས་ཀྱི་དབུས་གང་ཡིན་པ་དེ་ནི་དཔྱད་དུ་མེད་པ། བསྟན་དུ་མེད་པ། རྟེན་མ་ཡིན་པ།

སྣང་བ་མེད་པ། རྣམ་པར་རིག་པ་མེད་པ། གནས་མེད་པ་སྟེ། འོད་སྲུང་འདི་ནི་དབུ་མའི་ལམ་ཆོས་རྣམས་ཡང་དག་པ་སོ་སོར་རྟོགས་པའོ། །ཞེས་དང་། དབུ་མ་རྒྱན་ཆུང་ལས། ཡོད་པ་མ་ཡིན་མེད་པའང་མིན། གཉིས་ཀྱང་མ་ཡིན་གཉིས་མེད་མིན། མཐའ་བཞི་དག་དང་བྲལ་བ་ལ། དབུ་མ་པ་ཞེས་རབ་ཏུ་བརྗོད། ཅེས་སོགས་གསུངས་པ་ལྟར་རོ། །འཇུག་སྒོ་ནི་ཆོས་ཐམས་ཅད་བདེན་པ་གཉིས་སུ་བསྡུས་ནས་འཆད། བསྲུང་བྱ་ནི། བྱང་ཆུབ་སེམས་དཔའི་ཉེས་སྤྱོད་སྡོམ་པའི་ཚུལ་ཁྲིམས་བསྲུང་ཞིང་། དགེ་བ་ཆོས་སྡུད་ཀྱི་ཚུལ་ཁྲིམས་དང་། སེམས་ཅན་དོན་བྱེད་ཀྱི་ཚུལ་ཁྲིམས་ལ་སྤྱོད། རྟོགས་བྱའི་ལྟ་བ་ནི། ཀུན་རྫོབ་ཏུ་ཆོས་ཐམས་ཅད་མེད་བཞིན་དུ་སྣང་བ་སྒྱུ་མ་ལྟ་བུར་རྟོགས། དོན་དམ་པར་སྤྲོས་པའི་མཚན་མ་ཐམས་ཅད་ཉེ་བར་ཞི་བའི་ཚུལ་གྱིས་བདེན་གཉིས་ཀྱི་གནས་ལུགས་ཕྱིན་ཅི་མ་ལོག་པར་རྟོགས། ཐོབ་བྱ་འབྲས་བུ་ནི། རང་རང་གི་ཐོབ་བྱའི་འབྲས་བུ་མཐར་ཐུག་མྱ་ངན་ལས་འདས་པ་ཡིན་པར་ཐེག་པ་གསུམ་ཀ་འདྲ་ཡང་། དབུ་མ་བས་ནི་ཉོན་མོངས་པ་དང་། ཕུང་པོ་འགག་པ་ཙམ་ལ་མྱང་འདས་སུ་མི་འདོད་ཀྱི་སྤྲོས་པ་ཐམས་ཅད་ཉེ་བར་ཞི་བའི་ཚུལ་གྱིས་དག་པ་དང་མ་དག་པའི་ཆོས་རྣམས་ཀྱི་དེ་ཁོ་ན་ཉིད་ཕྱིན་ཅི་མ་ལོག་པར་མངོན་སུམ་དུ་བྱས་པ་འདོད་དེ། རྩ་ཤེས་ལས། སྤང་བ་མེད་པ་ཐོབ་མེད་པ། །ཆད་པ་མེད་པ་རྟག་མེད་པ། །འགག་པ་མེད་པ་སྐྱེ་མེད་པ། །དེ་ནི་མྱ་ངན་འདས་པར་བརྗོད། ཅེས་དང་། དཔེ་མེད་པར་བསྟོད་པ་ལས། ཁྱེད་ཀྱིས་ཀུན་ནས་ཉོན་མོངས་དང་། །རྣམ་བྱང་རོ་གཅིག་ཉིད་དུ་མཁྱེན། །ཞེས་སོགས་འབྱུང་བ་ལྟར་སྤྲོས་པ་ཉེ་བར་ཞི་བའི་མྱང་འདས་དེ་ཐོབ་པ་ན། ཚོགས་གཉིས་ཡོངས་སུ་རྫོགས་པའི་མཐུ་ལས། རང་དོན་དུ་ཆོས་ཀྱི་སྐུ་དང་། གཞན་དོན་དུ་གཟུགས་ཀྱི་སྐུ་གཉིས་མངོན་དུ་གྱུར་ནས། རྣམ་པར་མི་རྟོག་བཞིན་དུ་ནོར་བུ་རིན་པོ་ཆེ་ལྟར་གདུལ་བྱ་རྒྱུད་དག་པ་དང་མ་དག་པ་མཐའ་ཡས་པའི་དོན་མཛད་པ་ཡིན་ནོ། །

གཉིས། རབ་ཏུ་དབྱེ་བ་ལ་གཉིས། མདོར་བསྟན་པ་དང་རྒྱས་པར་བཤད་པའོ། །

མདོར་བསྟན་པ་ནི་དབུ་མའི་གྲུབ་མཐའ་སྨྲ་བ་དེ་དག་ལ་ནང་གསེས་ཀྱི་དབྱེ་བ་འགའ་

ཞིག་བཤད་དེ། མདོ་སྡེ་སྤྱོད་པའི་དབུ་མ་པ་དང་། རྣལ་འབྱོར་སྤྱོད་པའི་དབུ་མ་པ། འཇིག་རྟེན་གྲགས་སྡེ་སྤྱོད་པའི་དབུ་མ་པ་སྟེ་གསུམ་དུ་འདོད་དེ། དང་པོ་ནི་ཐ་སྙད་དུ་ཕྱི་དོན་ཡོད་པར་འདོད་པ་སློབ་དཔོན་ལེགས་ལྡན་འབྱེད་སོགས་དང་། གཉིས་པ་ལ་ཐ་སྙད་དུ་ཕྱི་དོན་མེད་པར་འདོད་པ་མཁན་ཆེན་ཞི་བ་འཚོ་ཡབ་སྲས་སོགས། གསུམ་པ་ནི་འཇིག་རྟེན་ལ་གྲགས་པ་འབའ་ཞིག་གི་གཞན་ངོར་ཕྱི་དོན་མེད་པ་དཔལ་ལྡན་ཟླ་བ་གྲགས་པ་སོགས་སོ། །ཡང་། འགའ་ཞིག་གིས་དོན་དམ་མེད་ཚུལ་གྱི་སྒོ་ནས་འབྱེད་དེ། ཨུ་གུ་སོགས་ཀྱི་ཆོས་ཅན་དང་། བདེན་མེད་ཀྱི་སྣང་བ་ཚོགས་པ་དོན་དམ་བདེན་པར་འདོད་པ། སྒྱུ་མ་རིགས་གྲུབ་པ་སྟེ་སློབ་དཔོན་ཀ་མ་ལ་ཤཱི་ལ་སོགས། སྣང་བ་ལ་སྤྲོས་པ་རྣམ་པར་གཅོད་པའི་ཡོངས་གཅོད་དོན་དམ་བདེན་པར་འདོད་པ་རབ་ཏུ་མི་གནས་པ་སྨྲ་བའི་དབུ་མ་པ་སྟེ། སློབ་དཔོན་སངས་རྒྱས་བསྐྱངས་སོགས་དང་། ཡང་སློབ་དཔོན་ཤཱནྟི་པས། ཀུན་རྫོབ་ཤེས་པའི་རྣམ་པར་སྨྲ་བ་དང་། ཀུན་རྫོབ་བག་ཆགས་སུ་སྨྲ་བའི་དབུ་མ་པ་གཉིས་སུ་དབྱེ་བར་མཛད། མཻ་ཏྲི་པས། སྒྱུ་མ་ལྟར་གཉིས་མེད་དུ་སྨྲ་བ་དང་། ཆོས་ཐམས་ཅད་རབ་ཏུ་མི་གནས་པར་སྨྲ་བ་གཉིས་སུ་དབྱེ་བར་མཛད། ཁ་ཆེའི་མཁས་པ་ལཀྵྨཱིས་ནི། མདོ་སྡེ་བའི་དབུ་མ་པ་དང་། རྣལ་འབྱོར་སྤྱོད་པའི་དབུ་མ་པ། རྒྱལ་བའི་ཡུམ་གྱི་དབུ་མ་པ་གསུམ་དུ་དབྱེ་བར་བཤད་པ་སོགས། དོན་དམ་སྟོང་ཚུལ་དང་། ཁྱད་པར་ཀུན་རྫོབ་ཞལ་གྱིས་བཞེས་ཚུལ་ལ་བརྟེན། དབྱེ་བ་མི་འདྲ་བ་མང་ཡང་། མདོར་བསྡུས་ན་མདོ་སྔགས་ཀྱི་དབུ་མའི་ཚུལ་གཉིས་སུ་ངེས་སོ། །

རྒྱས་པར་བཤད་པ་ལ་གཉིས། མིང་འདོགས་ཚུལ་གྱི་དབྱེ་བ་བསྡུས་ཏེ་བསྟན་པ། དེ་དག་གི་རྣམ་གཞག་ཅུང་ཟད་བཤད་པའོ། །

མིང་འདོགས་ཚུལ་གྱི་དབྱེ་བ་བསྡུས་ཏེ་བསྟན་པ་ནི། ཐེག་པ་ཆེན་པོའི་མདོ་སྡེ་རྣམས་ཀྱི་དགོངས་པ་འགྲེལ་པའི་ཚུལ་ལམ་ལུགས་སྲོལ་ཅུང་ཟད་རེ་མི་འདྲ་བའི་དབང་གིས། ངོ་བོ་ཉིད་མེད་པར་སྨྲ་བའི་དབུ་མ་དང་། རྣལ་འབྱོར་སྤྱོད་པའི་དབུ་མ་པ་གཉིས་སུ་རིགས་ངེས

ཤིང་། ལ་ལས་དེ་དག་ལ་དབུ་མ་གཙོ་ཐལ་གཉིས་ཀྱི་བརྗ་ཡང་སྦྱར་ལ། སློབ་དཔོན་ལེགས་ལྡན་སོགས་ནི། སྟ་མ་ལ་རགས་པ་ཕྱིའི་དབུ་མ་དང་། ཕྱི་མ་ལ་ཕྲ་བ་ནང་གི་དབུ་མ་ཞེས་པའི་བརྡར་བཏགས་ལ། བོད་དུ་ནི་རང་སྟོང་གཞན་སྟོང་ཞེས་པའི་ཐ་སྙད་ཆགས་སོ། །ངོ་བོ་ཉིད་མེད་པར་སྨྲ་བའི་དབུ་མ་ལའང་སློབ་དཔོན་ལེགས་ལྡན་འབྱེད་ཀྱི་རྗེས་སུ་འབྲངས་ཏེ། ཐ་སྙད་དུ་ཆོས་ཐམས་ཅད་སྐྱེ་བ་མེད་པ་དང་། སྟོང་པ་ཉིད་ལ་སོགས་པ་རང་ལུགས་སུ་ཁས་བླངས་ནས། ཚུལ་གསུམ་དངོས་སྟོབས་ཀྱིས་གྲུབ་པའི་རང་རྒྱུད་ཀྱི་གཏན་ཚིགས་གཙོ་བོར་སྒྲུབ་བྱེད་དུ་འགོད་པས་ན་རང་རྒྱུད་ཅེས་པ་དང་། དཔལ་ལྡན་ཟླ་བའི་རྗེས་འབྲངས་སྐྱེ་མེད། སྟོང་ཉིད་ལ་སོགས་པ་གཞན་གྱི་ལོག་རྟོག་དགག་པའི་གཞན་ངོ་འབའ་ཞིག་ཏུ་ཁས་ལེན་ཅིང་། ཚུལ་གསུམ་དངོས་སྟོབས་ཀྱིས་གྲུབ་པའི་གཏན་ཚིགས་རང་རྒྱུད་པ་མེད་པས་ན། དངོས་སྨྲ་བ་ལ་ནང་འགལ་སྟོན་པའི་ཐལ་འགྱུར་ཙམ་གཙོ་བོར་འགོད་པའི་ཕྱིར་ཐལ་འགྱུར་པ་ཞེས་གྲགས་པ་སྟེ་རྩ་བའི་གྲུབ་མཐའ་གཉིས་སུ་ཡོད་དོ། །

རྣམ་གཞག་ཙུང་ཟད་བཤད་པ་ལ་གསུམ། ཐལ་རང་ཐུན་མོང་གི་ལུགས། དེ་གཉིས་ཀྱི་ཁྱད་པར། དེ་དག་སོ་སོའི་ལུགས་བཤད་པའོ། །ཐལ་རང་ཐུན་མོང་གི་ལུགས་ནི། དབུ་མ་ཐལ་རང་གཉིས་ཀས་ཐུན་མོང་དུ་ལྟ་བ་དང་། ཉོན་མོངས་པ་ཐམས་ཅད་ཀྱི་འབྱུང་གནས་བདག་ཏུ་ལྟ་བ་གང་ཟག་གི་བདག་དང་། ཕྱི་ནང་གི་ཆོས་ཐམས་ཅད་བདག་ཏུ་མངོན་པར་ཞེན་པ་ཆོས་ཀྱི་བདག་གཉིས་ལུང་དང་རིགས་པའི་རྣམ་གྲངས་མང་པོས་བཀག་ནས་བདག་མེད་པ་གཉིས་ཀྱི་ཚུལ་རྟོགས་ནས་བསྒོམ་པར་བྱ་བ་དེའོ། །རིགས་པ་ནི། དངོས་པོ་ཞེས་པ་ལྟ་བུ་རགས་པ་དང་། སྨྱུ་གུ་ཞེས་པ་ལྟ་བུ་ཕྲ་བ་གང་ཡིན་རུང་། བདེན་ཞེན་སྐྱེ་བར་འགྱུར་བའི་གཞི་དེ་ཆོས་ཅན། དགག་བྱ་ནི་ཆོས་ཅན་དེའི་སྟེང་ན། རྣམ་པར་དཔྱད་ན་སྣང་བ་དང་། བཏགས་པའི་དགག་བྱ་གཉིས་སུ་ངེས་པ་ལས། རེ་ཞིག་སྣང་བ་ནི་འགོག་མི་རིགས་ཏེ། དཔེར་ན་མིག་རབ་རིབ་ཀྱིས་བསླད་པ་རྣམས་ཇི་སྲིད་མིག་སྐྱོན་དང་མ་བྲལ་བ་དེ་སྲིད་དུ་སྐྲ་ཤད། ཟླ་བ་གཉིས་སོགས་ཀྱི་སྣང་བ་མི་ལྡོག་པ་བཞིན་དུ། ཇི་སྲིད་ཉོན་མོངས་པ་ཅན་

མ་ཡིན་པའི་མ་རིག་པ་མ་སྤངས་པ་དེ་སྲིད་དུ་ཚོགས་དྲུག་གི་སྣང་བ་སྒྱུ་མ་ལྟ་བུ་འདི་མི་ལྡོག་པས། དེ་ཉིད་རིགས་པས་དགག་མི་ནུས་པའི་ཕྱིར་རོ། །དགག་དགོས་པའང་མ་ཡིན་ཏེ། འཆིང་བ་ནི་སྣང་བ་ལས་བྱུང་བ་མ་ཡིན་པ། དེ་ལ་ཞེན་པ་ལས་བྱུང་བ་ཡིན་པའི་ཕྱིར་ཏེ། དཔེར་ན་སྒྱུ་མ་མཁན་རང་གིས་སྤྲུལ་བའི་ན་ཆུང་ལ་མི་ཆགས་པ་བཞིན་དུ་སྣང་བ་ཡོད་ཀྱང་ཞེན་པ་མེད་ན་མི་འཆིང་བའི་ཕྱིར། ཕྱིས་པ་རྣམས་སྒྱུ་མའི་ན་ཆུང་ལ་ཆགས་པ་སྐྱེ་བ་ལྟར་མངོན་པར་ཞེན་པ་ལས་ཉོན་མོངས་འཕེལ་བའི་ཕྱིར་རོ། །ཆེད་ཀྱིས་བཀག་ན་ཉེས་པར་ཡང་འགྱུར་ཏེ། སྣང་བ་བཀག་ན་སྟོང་ཉིད་དངོས་པོ་མེད་པའི་དོན་ཅན་དུ་འགྱུར་ཞིང་། སྟོང་ཉིད་སྒོམ་པའི་རྣལ་འབྱོར་པའང་ཅང་མེད་ཀྱི་བཀག་པ་ཡིད་ལ་བྱེད་པས་ཆད་མཐར་ལྷུང་བའི་ཕྱིར་རོ། །དེ་བས་ན། ཀུན་བརྟགས་པ་འབའ་ཞིག་འགོག་པར་བྱེད་དེ། དེ་ནི་ཐག་པ་ལ་སྤྲུལ་བཞིན་དུ་བློས་ཞེན་པ་ཙམ་མ་གཏོགས་དོན་ལ་མ་ཞུགས་པས་དགག་པར་ནུས་པའི་ཕྱིར་ཏེ། རྣམ་འགྲེལ་ལས། །འདི་ཡུལ་སུ་བྱུང་མེད་པ་ན། །དེ་སྤོང་བ་ནི་ནུས་མ་ཡིན། ཞེས་གསུངས་པ་ལྟར། ཡུལ་མ་བཀག་པར་ཡུལ་ཅན་དགག་མི་ནུས་པ་དངོས་པོའི་ཆོས་ཉིད་ཡིན་པས། བརྟགས་པ་མ་བཀག་པར་ཡང་། དེའི་ཡུལ་ཅན་གྱི་མངོན་ཞེན་དགག་མི་ནུས་ལ། དེ་མ་བཀག་པར་ཀུན་ནས་ཉོན་མོངས་པ་མི་ལྡོག་སྟེ་དེ་ནི་དེའི་རྩ་བ་ཅན་ཡིན་པའི་ཕྱིར་རོ། །དེས་ན་དབུ་མ་པས་དགག་བྱ་ནི་བརྟགས་པ་ཁོ་ན་ཡིན། དེ་ལའང་རྣམ་པ་གཉིས་ཏེ། གཅིག་ནི་ཐ་སྙད་ཙམ་དུ་གྲུབ་པ་དགག་པར་བྱ་བ་ཡིན་ལ། གཞན་ནི་དོན་ལ་གྲུབ་པ་དགག་པར་བྱ་བ་ཡིན་པས། དང་པོ། རང་གཞན་གྱི་གྲུབ་མཐའ་སྨྲ་བ་རྣམས་ཀྱིས་བདག་དང་། ཆོས་སུ་ཀུན་ཏུ་བརྟགས་པ་གང་ཡིན་པ་རྣམས་ཏེ། དེ་དག་ནི་ཀུན་རྫོབ་ཀྱི་བདེན་པར་ཡང་མ་གྲུབ་པའོ། །གཉིས་པ་ནི་འཇིག་རྟེན་ན་གྲགས་པའི་ཐ་སྙད་རྟེན་ཅིང་འབྲེལ་བ་འབྱུང་བ་རྐྱེན་ཉིད་འདི་པ་ཙམ་མོ། །འདི་ལའང་འཇིག་རྟེན་ན་དངོས་སུ་གྲགས་པ། སོང་ཞིག སྡོད་ཅིག་ལ་སོགས་པ། དངོས་སུ་མ་གྲགས་ཀྱང་། གྲགས་རུང་གི་ཐ་སྙད་རྒྱུ་འབྲས། ས་ལམ། སྤང་གཉེན་སོགས་གསུང་རབ་ལ་གྲགས་པ་རྣམས་སོ། །འཇིག་རྟེན་ན་ཐ་སྙད་ཙམ་དུ་གྲགས་

པ་དེ་དག་ཐ་སྙད་དུ་དགག་པར་བྱ་བ་མ་ཡིན་ལ། བསྒྲུབ་བྱ་ལའང་། དོན་སྒྲུབ། ཐ་སྙད་སྒྲུབ་གཉིས་ལས། འདིར་དོན་སྒྲུབ་སྟེ། སྐམ་པའི་ཤེས་འདོད་ཐ་དད་པའི་དབང་གིས་དངོས་པོའི་རང་བཞིན་མེད་པའི་མེད་པར་དགག་པ་དང་། རང་བཞིན་ཙམ་ནི་དགག་བྱ་དེ་མེད་པའི་མེད་པར་དགག་པ་གཉིས་ཡོད། དེ་ལའང་ཆོས་ཅན་རང་བཞིན་གྱིས་གྲུབ་པ་དང་། བདེན་པར་གྲུབ་པ་བཀག་ཙམ་གྱི་མེད་པར་དགག་པ་ནི་འདིར་བསྒྲུབ་བྱ་ཡིན་ཏེ། དཔེར་ན། སྣང་བ་འདི་ཡང་དག་པའི་རང་བཞིན་དུ་ཡོད་པ་མ་ཡིན་ཏེ་ཞེས་པའམ། ཇི་ལྟར་བརྟགས་པ་དེ་ལྟར་དུ་མེད་དོ་ཞེས་པ་ལྟ་བུའི་མེད་དགག་རྣམ་གཅོད་དགག་བྱ་ཆ་ཙམ་སྤྲོས་དང་བྲལ་ཙམ་དེ་ཉིད་མ་གཏོགས། ཡོངས་གཅོད་ཀྱི་བསྒྲུབ་བྱ་གང་ཡང་མེད་པའོ། །དེ་མེད་པས་གཞན་གྱིས་རྩོད་དུ་ཡང་མེད་དེ། རྩོད་བཟློག་ལས། གལ་ཏེ་ངས་དམ་བཅའ་འགའ་ཡོད། དེས་ན་ང་ལ་སྐྱོན་དེ་ཡོད། ང་ལ་དམ་བཅའ་མེད་པས་ན། ང་ནི་སྐྱོན་མེད་ཁོ་ན་ཡིན། ཞེས་གསུངས་པ་ལྟར་རོ། །དགག་སྒྲུབ་ཀྱི་དོན་མདོར་ན། བྱས་པས་སྒྲ་མི་རྟག་པ། སྒྲུབ་པ་ན་སྒྲ་རྟག་པར་སྒྲོ་འདོགས་པའི་ཤེས་པ་ནི་དགག་བྱ་དངོས། སྒྲ་མི་རྟག་པར་སྒྲོ་འདོགས་པའི་ཤེས་པ་ནི་བསྒྲུབ་བྱ་དངོས་ཏེ། འདི་ལ་དགོངས་ནས་འཕགས་མཆོག་ཀླུ་སྒྲུབ་ཞབས་ཀྱིས། རང་བཞིན་མེད་པ་གོ་བར་བྱེད་པ་ཡིན་གྱི་སྐྱེ་བ་སེལ་བ་མ་ཡིན་ནོ། །ཞེས་གསུངས། སྒྲུབ་བྱེད་གཏན་ཚིགས་ནི། ཕྱིར་དབུ་མའི་རིགས་པའི་རྟགས་ཀྱི་ཚུལ་ལ་དགག་པ་འགོད་པ། སྒྲུབ་པ་འགོད་པ་གཉིས་ཡོད། དང་པོ་ལ། རྒྱུ་ལ་རྣམ་པར་དཔྱད་ནས་འགོག་པ་རྡོ་རྗེ་གཟེགས་མ། འབྲས་བུ་ལ་དཔྱོད་པ་ཡོད་མེད་སྐྱེ་འགོག་རྒྱུ་འབྲས་གཉིས་ཀ་ལ་དཔྱོད་པ་མུ་བཞི་སྐྱེ་འགོག་ངོ་བོ་ལ་དཔྱོད་པ་གཅིག་དུ་བྲལ་ཏེ་བཞི་ཡོད་པ་ལས། དང་པོ་ནི་སཱ་ལུ་ལྗང་པའི་མདོ། ཕྱི་མ་ནི་ལང་ཀར་གཤེགས་པའི་མདོ་ལས་གསུངས་ཤིང་། བར་གཉིས་ནི་མདོ་ཅི་རིགས་ལས་བསྟན་པ་སྟེ་རིགས་པ་འདི་བཞི་ནི། དངོས་སྨྲ་བས་རང་བཞིན་གྱིས་ཡོད་པ་སྒྲོ་འདོགས་པ་སེལ་བས་ཡོད་མཐའ་སྤོང་བའོ། །དེ་ལའང་རིམ་བཞིན་དུ། རྒྱུ་ལ་དཔྱད་པ་ནི། སྨྱུ་གུ་སྐྱེན་རྒྱུ་བདག་གཞན་གཉིས་ཀ། རྒྱུ་མེད་པ་གང་ལས་སྐྱེ་ཞེས་བརྟགས་པས། རིགས་ངོར་གང་

ལས་ཀྱང་སྐྱེ་བ་མ་གྲུབ་པས་སྐྱེ་མེད་དུ་སྒྲུབ། འབྲས་བུ་ལ་དཔྱོད་པ་ནི། མྱུ་གུ་སྐྱེ་བ། ས་བོན་གྱི་སྐབས་སུ་ཡོད་པ་སྐྱེའམ་མེད་པ་སྐྱེ་ཞེས་དཔྱད་པས། ས་བོན་གྱི་སྐབས་ཡོད་པ་སྐྱེ་ན། མྱུ་གུ་ས་བོན་ལས་མ་སྐྱེས་པ། རྒྱུ་ལ་མ་ལྟོས་པར་གྲུབ་ཟིན་པས་རྒྱུ་མ་དགོས་པ་མེད་པ། མེད་པ་སྐྱེ་ན། རི་བོང་གི་རྭ་བཞིན་དུ་རྒྱུས་ནུས་པ་ཅི་ཡང་བྱར་མེད་པ། གཉིས་ཀ་ལས་སྐྱེ་བ་རིགས་པ་དེས་ཁེགས་ཤིང་། གཉིས་མིན་མི་སྲིད་པས་དོན་ལ་མྱུ་གུ་སྐྱེ་མེད་དུ་སྒྲུབ་པའོ། །རྒྱུ་འབྲས་གཉིས་ཀར་དཔྱོད་པ་ནི། འཁྲུལ་ངོར་ས་བོན་གཅིག་ལས་མྱུ་གུ་གཅིག་ཅེས་དང་། རྐྱེན་གསུམ་ལས་མིག་ཤེས་གཅིག་ཅེས། ཕ་གཅིག་ལས་བུ་དུ་མ་འབྱུང་བ། ས་བོན་ཆུ་ལུད་དུ་མ་ལས་འབྲས་བུ་དུ་མ་འབྱུང་བ་སོགས་འགལ་བ་མེད་མོད། རིགས་ངོར་ནི་མུ་བཞིའི་ནང་ནས། རྒྱུ་གཅིག་ཁོ་ན་ལས་འབྲས་བུ་གཅིག་ཁོ་ན་དང་། རྒྱུ་གཅིག་ཉིད་ལས་འབྲས་བུ་དུ་མ། རྒྱུ་དུ་མ་ལས་འབྲས་བུ་གཅིག་ཁོ་ན་དང་། རྒྱུ་དུ་མ་ལས་འབྲས་བུ་དུ་མ་འབྱུང་བ་མི་འཐད་དེ། རིགས་ངོར་གཅིག་ཉིད་མི་རིགས་ལ། དེས་དུ་མ་བདེན་གྲུབ་ཀྱང་ཁེགས་པས་ན་སྐྱེ་མེད་སྒྲུབ་པའོ། །ངོ་བོ་ལ་དཔྱོད་པ་ནི། མྱུ་གུ་ལྟ་བུ་བདེན་པའི་གཅིག་དང་། བདེན་པའི་དུ་མས་དབེན་པའི་རྟགས་ཀྱིས་བདེན་མེད་དུ་སྒྲུབ་པ་སྟེ། གཅིག་དུ་བྲལ་གྱི་རིགས་པ་འདི་ནི་དགག་བྱ་བདེན་གྲུབ་འགོག་པའི་རིགས་པའི་རྩ་བ་ཡིན་ཞིང་། དེས་ན་དབུ་མའི་རྩ་བར། སྐྱེ་འགག་རྟག་ཆད། འགྲོ་འོང་། དོན་གཅིག་པ་དང་། ཐ་དད་པ་སྟེ་བརྒྱད་པོ་བཀག་པ་བསྟན་བཅོས་ཀྱི་མདོར་བསྟན་དུ་གསུངས་པ་ལ། གཞན་དྲུག་པོ་ནི། གཅིག་དང་ཐ་དད་དགག་པ་ལ་རག་ལས་ཤིང་། གཅིག་དང་ཐ་དད་དགག་པ་ནི། གཅིག་དུ་བྲལ་གྱི་རིགས་པ་འདི་ཉིད་དོ། །རྟགས་ཀྱི་ཚུལ་ལ་སྒྲུབ་པ་འགོད་པ་ནི། སྣང་ཙམ་ལ་དཔྱོད་པའམ། ཐམས་ཅད་ལ་དཔྱོད་པ་རྟེན་འབྲེལ་ཆེན་མོའི་རིགས་པ་སྟེ། འདི་ནི་ཀླུའི་རྒྱལ་པོ་མ་དྲོས་པས་ཞུས་པའི་མདོ་ལས་གསུངས་པ་ཡིན་ལ། དེ་ནི་རྟེན་ཅིང་འབྲེལ་འབྱུང་གི་རྟགས་ཀྱིས་མྱུག་སོགས་བདེན་མེད་དུ་སྒྲུབ་པའི་རིགས་པའི་རྒྱལ་པོ་ཡིན། འདི་སྒྲུབ་རྟགས་སུ་བཞག་པ་དངོས་བསྟན་གྱི་དབང་དུ་བྱས་པ་ཡིན་གྱི། དོན་དུ་འདིས་དགག་བྱ་བདེན་པ་

འགོག་པས་དགག་རྟགས་སུ་འགྱུར་ལ། འདི་ནི་དབུ་མ་པས་བདེན་སྟོང་སྒྲུབ་པའི་རིགས་པའི་རྒྱལ་པོ་ཡིན་ཏེ། རྟག་ཆད་གཉིས་ཀའི་མཐའ་སེལ་ནུས་པའི་ཕྱིར། དེ་ཡང་རྟེན་ཅིང་འབྲེལ་བ་ཡིན་པའི་ཕྱིར། ཐ་སྙད་དུ་མེད་པ་མ་ཡིན་པས་ཆད་མཐའ་སེལ་བ་དང་། རང་ཉིད་རྒྱུ་དང་རྐྱེན་གཞན་ལ་རག་ལས་པའི་ཕྱིར་དང་། ངོ་བོ་ཉིད་ཀྱིས་རང་བཞིན་མེད་པར་གྲུབ་པའི་ཕྱིར་རྟག་མཐའ་སེལ་ལོ། །དེ་ལྟར་ཡང་། མ་དྲོས་པས་ཞུས་པ་ལས། མཁས་པས་རྟེན་འབྱུང་ཆོས་རྣམས་རྟོགས་འགྱུར་ཏེ། །མཐར་ལྟ་བ་ལ་བརྟེན་པར་ཡོང་མི་བྱེད། །ཅེས་གསུངས་པ་ལྟར་རོ། །

དེ་དག་གི་ཁྱད་པར་བཤད་པ་ནི། སྤྱིར་ཐལ་རང་གཉིས་ཀས་བདེན་གཉིས་རྣམ་པར་འཇོག་པར་བྱེད་ལ་དོན་དམ་བདེན་པ་རྣམ་པར་འཇོག་པ་ལ་མི་མཐུན་པ་མེད་དེ། ཡོད་ན་དངོས་པོའི་གནས་ལུགས་དུ་མ་མེད་པས་གང་ཡང་རུང་བ་ཞིག་དབུ་མ་མ་ཡིན་པར་ཐལ་བར་འགྱུར་བའི་ཕྱིར། ཀུན་རྫོབ་བདེན་པ་རྣམ་པར་འཇོག་པ་ལ་མི་འདྲ་བ་ཡོད་དེ། དེ་ཡང་རང་རྒྱུད་པ་རྣམས་ནི། ཀུན་རྫོབ་ཀྱི་རྣམ་གཞག་འཇིག་རྟེན་པའི་ཐ་སྙད་ཀྱི་རྗེས་སུ་མི་འབྲང་ས་ཏེ། འཇིག་རྟེན་པ་རྣམས་ནི་རིགས་པས་དཔྱད་པ་མེད་པ་པོ་ནར། རང་གར་ཐ་སྙད་ལ་འཇུག་པས་འཁྲུལ་བ་སྲིད་པའི་ཕྱིར་སྨྲ་ཏུ་རྣམ་རིག་པ་དང་། མདོ་སྡེ་པ་སོགས་རིགས་པ་ཤེས་པ་རྣམས་དང་རྗེས་སུ་མཐུན་པར་ཀུན་རྫོབ་རྣམ་པར་འཇོག་པར་བྱེད་ཅིང་། རྣམ་རིག་པ་སོགས་དོན་དམ་པའི་བདེན་པ་ལས་ཉམས་ཀྱང་ཀུན་རྫོབ་བདེན་པ་ལས་མ་ཉམས་པར་འདོད། ཐལ་འགྱུར་བ་ནི། དཔེར་ན་ཤིང་ལ་འཛེགས་མི་མཁས་པ་དག་ཁྱད་པར་དུ་འགྲོ་བར་འདོད་པས་ཤིང་གི་ཡལ་ག་འོག་མ་བཏང་ནས་གོང་མར་བརྫིགས་པས་མ་སླེབས་ཏེ་བར་མ་དོར་གཡང་སར་ལྷུང་བ་ལྟར་དངོས་སྨྲ་བ་ཐམས་ཅད་ཀྱང་། དེ་པོ་ན་ཉིད་འཚོལ་བའི་བསམ་པས་འཇིག་རྟེན་གྱི་ཐ་སྙད་ལས་འདས་ཤིང་། ཡང་དག་པའི་དོན་ཡང་མ་རྟོགས་པར་བར་མ་དོར་རྟག་ཆད་ཀྱི་མཐར་ལྷུང་བས་བདེན་པ་གཉིས་ཀ་ལས་ཉམས་པར་སྨྲ་སྟེ། འཇུག་པ་ལས། འཕགས་པ་ཀླུ་སྒྲུབ་ཞབས་ཀྱི་ལམ་ལས་ནི། །ཕྱི་རོལ་གྱུར་ལ་ཞི་བའི་

ཐབས་མེད་དོ། །དེ་དག་ཀུན་རྫོབ་དེ་ཉིད་བདེན་ལས་ཉམས། །དེ་ལས་ཉམས་པས་ཐར་པ་འགྲུབ་ཡོད་མིན། ཞེས་གསུངས་པའི་ཕྱིར་རོ། །དེས་ན། ཐལ་འགྱུར་གྱི་སློབ་དཔོན་ནི། གྲུབ་མཐའ་སྨྲ་བ་གཞན་གྱི་རྗེས་སུ་མི་འབྲངས་པར། འཇིག་རྟེན་གྲགས་པའི་རྗེས་སུ་འབྲངས་ནས་ཀུན་རྫོབ་བདེན་པ་འཇོག་པར་བྱེད། ཇི་ལྟར་དོན་དམ་པའི་བདེན་པ་ལ་འཕགས་པ་རྣམས་ཁོ་ན་ཚད་མ་ཡིན་པ་ལྟར། ཀུན་རྫོབ་བདེན་པ་འཇོག་པ་ལ་འཇིག་རྟེན་པ་ཁོ་ན་ཚད་མ་ཡིན་པར་དགོངས་པའོ། །མདོར་ན། འཇིག་རྟེན་པས་ནི་དངོས་པོ་རྣམས་བདག་དང་གཞན་ལས་སྐྱེ་བ་སོགས་གང་ཡང་མ་བརྟག་མ་དཔྱད་པར་རྒྱུ་ལས་འབྲས་བུ་འབྱུང་ངོ་ཞེས་པ་ཙམ་ཞིག་རྟོགས་པ་ཡིན་ལ། ཐལ་འགྱུར་པ་ཡང་། ཀུན་རྫོབ་དེ་ལྟར་རྣམ་པར་འཇོག་པ་ཡིན་ནོ། །ཐ་སྙད་དུ་ཁས་ལེན་པའི་ཚུལ་ཡང་མི་འདྲ་སྟེ། རང་རྒྱུད་པ་རྣམས་ཀུན་རྫོབ་བདེན་པ་ཐ་སྙད་དུ་རང་ལུགས་སུ་ཁས་ལེན་པར་མཛད་ལ། ཐལ་འགྱུར་བ་རྣམས་ནི། དོན་དམ་དང་ཐ་སྙད་གང་དུ་ཡང་རང་ལུགས་སུ་རྣམ་པར་བཞག་པ་ཅུང་ཟད་ཀྱང་མེད། འོན་ཀྱང་དགོས་པའི་དབང་གིས་ཀུན་རྫོབ་བདེན་པ་འཇིག་རྟེན་གཞན་ངོ་འབའ་ཞིག་ཏུ་ཁས་བླངས་པ་མ་གཏོགས། ཐ་སྙད་ཙམ་དུ་ཡང་རང་ལུགས་ཡིན་པར་ཁས་མི་ལེན་ཏེ། འཇུག་པར། །ཇི་ལྟར་ཁྱེད་ཀྱི་གཞན་དབང་དངོས་འདོད་ལྟར། །ཀུན་རྫོབ་ཀྱང་ནི་བདག་གིས་ཁས་མ་བླངས། །འབྲས་ཕྱིར་འདི་དག་མེད་ཀྱང་ཡོད་དོ་ཞེས། །འཇིག་རྟེན་ངོར་བྱས་བདག་ནི་སྨྲ་བར་བྱེད། ཅེས་གསུངས་པའི་ཕྱིར་རོ། །གཞན་ཡང་། རྩོད་པ་བྱེད་པའི་ཚེ་རང་རྒྱུད་ཀྱི་སློབ་དཔོན་རྣམས། རང་ལུགས་མ་བཞག་པར་གཞན་ལུགས་ཁོ་ན་འགོག་པར་བྱེད་པ་ནི་སུན་འབྱིན་ཕྱིན་ཅི་ལོག་ཏུ་རྒོལ་བ་ཡིན་པས་མི་རིགས་པའི་ཕྱིར། རང་གི་འདོད་པ་སྟོང་ཉིད། སྐྱེ་མེད་སོགས་ཚད་མས་མ་གྲུབ་པར་གཞན་གྱི་དངོས་པོ་རྣམས་ལ་སྐྱེ་བ་རང་བཞིན་ཡོད་པར་འདོད་པ་ཐལ་བ་ཙམ་གྱིས་དགག་མི་ནུས་པའི་ཕྱིར། ཐ་སྙད་དུ་སྐྱེ་མེད་རང་ལུགས་ཀྱི་རྣམ་བཅའ་སྒྲུབ་བྱེད་ཀྱི་གཏན་ཚིགས་དང་། དཔེ་སོགས་ཚད་མས་གྲུབ་པའི་རང་ལུགས་འགའ་ཞིག་འདོད་དེ། རང་ལུགས་ཀྱི་རྣམ་བཅའ་དེ་གཞན་གྱིས་འདོད་

པའི་རྟགས་ཀྱིས་སྒྲུབ་པར་མི་ནུས་པའི་ཕྱིར་ཅེས་བཞེད་དོ། །ཐལ་འགྱུར་བས་ནི་གལ་ཏེ་རང་གི་དམ་བཅའ་ཡོད་ན། གཞན་གྱི་སྐྱོན་བརྗོད་ཀྱི་དོགས་པས་རང་ལུགས་མི་འཇོག་ཅིང་། གཞན་ལུགས་ལ་ཞེ་སྡང་བའི་བསམ་པས་ཐལ་བ་ཙམ་གྱིས་འགོག་ན། སུན་འབྱིན་ཕྱིན་ཅི་ལོག་ཏུ་རྗོལ་བའི་གཡོ་སྒྱུ་ཅན་དུ་འགྱུར་ན་ཡང་། རང་ལ་བཞག་པར་བྱ་བའི་ཕྱོགས་ཅུང་ཟད་ཀྱང་མེད་ན་དེའི་སྒྲུབ་བྱེད་འཚོལ་བའི་ངལ་བ་མི་དགོས་ལ། དོན་དུ་གཞན་དགག་པ་ཡང་མིན་ཏེ། དགག་བྱའི་ཆོས་ཅུང་ཟད་ཅིག་དམིགས་ན་དེ་ཉིད་འགོག་པར་རིགས་མོད་ཀྱི། དགག་བྱའི་དངོས་པོ་ནི་སྐྲ་རྩེ་བརྒྱར་གཤགས་པའི་ཚད་ཙམ་ཡང་མ་དམིགས་ན། དེ་ལ་སུ་ཞིག་དགག་པ་སྨྲ་བར་བྱེད་དེ། ཤེས་རབ་འཇུག་པ་ལས། །དགག་སྒྲུབ་གཉིས་ཀ་དགག་འབབ་ཞིག །དངོས་ལ་དགག་སྒྲུབ་གང་ཡང་མེད། ཅེས་གསུངས་པ་ལྟར་རོ། །བསྟན་བཅོས་རྣམས་སུ་གཞན་གྱི་འདོད་པ་བཀོད་ནས་རིགས་པའི་དཔྱད་པ་དུ་མ་མཛད་པ་དེ་དག་ནི། གཞན་ལུགས་ལ་ཞེ་སྡང་བའམ། རྩོད་པ་ལ་དགའ་བའི་ཕྱིར་མ་ཡིན་གྱི། རྟོག་པའི་དྲ་བས་བཅིངས་པའི་སྐྱེ་བོ་འདི་དག་གིས་མངོན་ཞེན་བཟློག་པའི་ཕྱིར་གཞན་ངོ་འབབ་ཞིག་ཏུ་མཛད་པ་ཡིན་ཏེ། འཇུག་པ་ལས། བསྟན་བཅོས་ལས་དཔྱད་རྩོད་ལ་ཆགས་པའི་ཕྱིར། །མ་མཛད་རྣལ་གྲོལ་ཕྱིར་ན་དེ་ཉིད་བསྟན། །གལ་ཏེ་དེ་ཉིད་རྣམ་པར་དཔྱད་པ་ན། །གཞན་གཞུང་འཇིག་པར་འགྱུར་ནའང་ཉེས་པ་མེད། ཅེས་གསུངས་པའི་ཕྱིར་ན་དབུ་མའི་བསྟན་བཅོས་རྣམས་ལས་རིགས་པའི་རྣམ་པར་དཔྱད་པ་ཇི་སྙེད་ཅིག་བྱས་པ་ཐམས་ཅད་ནི་ཕ་རོལ་གྱི་སྒྲོ་སྐུར་གྱི་རྟོག་པ་ཟློག་པའི་འབྲས་བུ་ཅན་པོ་ན་ཡིན་གྱི། སྒྲོ་སྐུར་བསལ་ནས་གནས་ལུགས་ཀྱི་དོན་རྟོགས་པ་འབབ་ཞིག་རྣམ་པར་དཔྱད་པའི་ཡུལ་མ་ཡིན་པའི་ཕྱིར། འཇུག་པ་ལས། །སོ་སོའི་སྐྱེ་བོ་རྣམས་ནི་རྟོག་པས་འཆིང་། །མི་རྟོག་རྣམ་འབྱོར་པ་ནི་གྲོལ་བར་འགྱུར། ཞེས་སོགས་གསུངས་པ་དང་། གཞན་ཡང་། འདི་གཉིས་ལ་གཞིའི་སྐབས་སུ་ཀུན་རྫོབ་ལ་ཡང་ལོག་གམ་བདེན་རྫུན་གྱི་དབྱེ་བ་བཞེད་མི་བཞེད་ཀྱི་ཁྱད་པར་དང་ལམ་གྱི་སྐབས་སུའང་ཐོས་བསམ་གྱི་ཚེ་དགག་བྱ་བཀག་ཤུལ་དུ་བསྒྲུབ་བྱ་སྒྲུབ་པ་དང་མི་སྒྲུབ་པ་དང་། ལྟ་

བ་ཁས་ལེན་འདོད་པ་དང་མི་འདོད་པ་སོགས་ཐུན་བུ་དང་། འབྲས་བུའི་སྐབས་སུ་རང་རྒྱུད་པ་ཁ་ཅིག་དེ་བཞིན་གཤེགས་པ་ལ་གནས་གྱུར་པའི་ཡེ་ཤེས་སྒྱུ་མ་ལྟ་བུ་ཁས་བླངས་ནས། དེ་ལ་ཀུན་རྫོབ་སྒྱུ་མ་ལྟ་བུར་སྣང་ཡང་འཁྲུལ་བ་མི་འགྱུར་ཏེ་བདེན་འཛིན་མེད་པའི་ཕྱིར། སངས་རྒྱས་ལ་མ་དག་ལས་སྣང་ཡོད་པ་དང་། ཐལ་འགྱུར་བ་ནི་ཉོན་མོངས་ཅན་མ་ཡིན་པའི་མ་རིག་པའི་བག་ཆགས་ལས་བྱུང་བས་འཁྲུལ་བ་ཡིན་ལ་དེ་བཞིན་གཤེགས་པས་འཁྲུལ་བ་མ་ལུས་སྤངས་པས་སྣང་བའི་འཇུག་པ་ཉེ་བར་ཞི་བའི་ཕྱིར་ལས་སྣང་གཏན་མེད་པར་འདོད་པ་སོགས་ཀྱི་ཁྱད་པར་ཅུང་ཟད་རེ་ཡོད་པར་གསུངས་སོ། །

དེ་དག་སོ་སོའི་ལུགས་བཤད་པ་ལ་གཉིས། རང་རྒྱུད་པའི་རྣམ་གཞག་དང་། ཐལ་འགྱུར་བའི་རྣམ་གཞག་གོ། རང་རྒྱུད་པའི་རྣམ་གཞག་ལ་གཉིས། བྱེ་བྲག་གི་དབྱེ་བ་སྨོས་པ་དང་། རྣམ་གཞག་མདོ་ཙམ་བསྟན་པའོ། །དང་པོ་ལ་གཉིས། མདོ་སྡེ་སྤྱོད་པའི་དབུ་མའི་ལུགས་དང་། རྣལ་འབྱོར་སྤྱོད་པའི་དབུ་མའི་ལུགས་སོ། །དང་པོ་ནི། སྤྱིར་འཕགས་མཆོག་ཀླུ་སྒྲུབ་ཀྱི་དབུ་མ་རྩ་བ་ཤེས་རབ་ཀྱི་དགོངས་པ་འགྲེལ་ཚུལ་ལ་གཙོ་བོ་ཐལ་རང་གཉིས་སུ་གྱེས་པ་སྟེ། དེ་ལས། བདག་ལས་མ་ཡིན་གཞན་ལས་མིན། །གཉིས་ལས་མ་ཡིན་རྒྱུ་མེད་མིན། །དངོས་པོ་གང་དང་གང་ལ་ཡང་། །སྐྱེ་བ་ནམ་ཡང་ཡོད་མ་ཡིན། ཞེས་པ་འདིའི་དོན་འཆད་པར། སློབ་དཔོན་སངས་རྒྱས་བསྐྱངས་ཀྱིས་ནི་མཐའ་བཞི་སྐྱེ་མེད་ཀྱི་དམ་བཅའ་བཞིས་ཞོག་ཕྱོགས་ལ་སུན་འབྱིན་པར་མཛད་ཀྱི། དངོས་ཕྱོགས་ལ་སྒྲུབ་བྱེད་འགོད་པར་མི་མཛད། དེ་རྗེས་སློབ་དཔོན་ལེགས་ལྡན་འབྱེད་ཀྱིས་ནི། སློབ་དཔོན་སངས་རྒྱས་བསྐྱངས་ཀྱིས་སུན་འབྱིན་བརྗོད་ཚུལ་ལ་སྐྱོན་བརྗོད་པར་མཛད་ཅིང་། རྩ་བའི་སྦྱོར་བ་རང་རྒྱུད་དུ་འགོད་པ་དང་ཁྱད་ཆོས་ཀྱང་རང་རྒྱུད་ཀྱི་སྒོ་ནས་སྒྲུབ་པར་མཛད་དོ། །དེ་རྗེས་དཔལ་ལྡན་ཟླ་བའི་ཞབས་ཀྱིས་ལེགས་ལྡན་འབྱེད་ཀྱིས་སངས་རྒྱས་བསྐྱངས་ལ་སྐྱོན་བརྗོད་པ་རྣམས་མི་འཇུག་པའི་ཚུལ་རྒྱ་ཆེ་ཉིད་དོན་དཔྱོད་རིགས་པ་འཆད་པའི་སྐབས་སུ་རང་རྒྱུད་ཀྱི་གཏན་ཚིགས་ཁས་ལེན་པ་སྐྱོན་དང་བཅས་པ་བཤད་ནས་ཐལ་འགྱུར་གྱི་ཤིང་རྟའི་སྲོལ་རྒྱས

པར་ཕྱེས་པ་ཡིན་ནོ། །དེ་ལ་རང་རྒྱུད་ལུགས་ཞལ་གྱིས་བཞེས་པའི་སློབ་དཔོན་ཛྙ་ཙུ་དང་། དཔལ་སྦས། ཡེ་ཤེས་སྙིང་པོ་ཞི་བ་འཚོ། ཀ་མ་ལ་ཤཱི་ལ། གྲོལ་སྡེ། སེང་གེ་བཟང་པོ་སོགས་ཤིན་ཏུ་མང་ཡང་རིགས་བསྡུ་ན། མདོ་སྡེ་སྤྱོད་པའི་དབུ་མ་པ་དང་། རྣལ་འབྱོར་སྤྱོད་པའི་དབུ་མ་པ་གཉིས་སུ་འདུ་སྟེ། སློབ་དཔོན་ལེགས་ལྡན་འབྱེད་ཀྱིས་ཀླུ་སྒྲུབ་ཀྱི་གཞུང་ལ་གཞན་ངོར་ཕྱི་རོལ་གྱི་དོན་ཐ་སྙད་ཙམ་དུ་ཁས་ལེན་པ་རགས་པ་ཕྱིའི་དབུ་མ་པ་དང་། ཐ་སྙད་དུ་ཤེས་པ་ཙམ་མ་གཏོགས་པ་ཕྱི་དོན་མེད་པར་པར་ཁས་ལེན་པ་ཕྲ་བ་ནང་གི་དབུ་མ་པ་གཉིས་སུ་ཡོད་ཅེས་གསུངས་པ་དང་། དང་པོ་མདོ་སྡེ་སྤྱོད་པའི་དབུ་མ་པ་ནི། རགས་པ་ཕྱིའི་དབུ་མ་པ་ཡིན་ཏེ། མཚན་གཞི་ནི། ལེགས་ལྡན་འབྱེད་སོགས་ཡིན། དེ་དག་གིས་རང་གི་འདོད་པ་སྟོང་ཉིད་དང་སྐྱེ་མེད་སོགས་ཚད་མས་སྒྲུབ་པ་བླངས་ནས། དེ་དག་ཚད་མས་བསྒྲུབ་པའི་ཕྱིར། ཚུལ་གསུམ་དངོས་པོ་སྟོབས་ཞུགས་ཀྱིས་གྲུབ་པའི་སྒྲུབ་བྱེད་ཀྱི་གཏན་ཚིགས་འགོད་པ་དང་། ཐ་སྙད་ཙམ་དུ་ཕྱི་དོན་ཁས་ལེན་ཞིང་། དེ་དག་གི་རྣམ་གཞག་ཀྱང་མདོ་སྡེ་པ་དང་རྗེས་སུ་མཐུན་པར་མཛད་དོ། །གཉིས་པ་རྣལ་འབྱོར་སྤྱོད་པའི་དབུ་མ་པ་ནི་ཕྲ་བ་ནང་གི་དབུ་མ་པ་ཡིན། མཚན་གཞི་ནི་ཞི་འཚོ་ལ་སོགས་པའོ། །དེ་དག་རང་རྒྱུད་ཀྱི་དམ་བཅའ་འགོད་ཚུལ་སྔ་མ་དང་ཁྱད་མེད་ཀྱང་། ཐ་སྙད་དུ་ཤེས་པ་ཙམ་ཞིག་ཁས་ལེན་པ་དང་། ཕྱི་དོན་ཁས་མི་ལེན་པ་དེའི་རྣམ་གཞག་ཀྱང་། རྣལ་འབྱོར་སྤྱོད་པ་སེམས་ཙམ་པ་དང་མཐུན་པར་མཛད་དོ། །

གཉིས་པ། དེའི་གྲུབ་མཐའི་རྣམ་གཞག་མདོ་ཙམ་བསྟན་པ་ནི། ལར་དབུ་མ་པས་ཤེས་བྱའི་ཆོས་རྣམས་བདེ་གཉིས་སུ་འདུ་ལ། ཤེས་བྱ་ནི་དབྱེ་གཞི་དང་། བདེན་པ་གཉིས་ནི་དབྱེ་སྒོ་སྟེ། འདིར་རང་རྒྱུད་པའི་ལུགས་ཀྱི་ཀུན་རྫོབ་ནི། འཁྲུལ་བཅས་བློའི་ཤེས་ངོར་ཡོད་པ་མཚན་གཞི་བུམ་པ་ལྟ་བུ། དོན་དམ་ནི་མ་འཁྲུལ་བའི་དཔྱད་ན་ཡོད་པ་མ་ཡིན་པ། མཚན་གཞི་བུམ་པ་བདེན་པས་སྟོང་པ་ལྟ་བུ་བདེན་པ་ནི་བློ་འཁྲུལ་མ་འཁྲུལ་སོ་སོའི་ཡུལ་དུ་མི་སླུ་བའི་དོན། ཆོས་གང་ཞིག་རང་བཞིན་མེད་པ་སྟེ། རང་གི་ངོ་བོ་བདེན་པས་སྟོང་པ་ནི་

བདེན་པ་ཙམ་གྱི་མཚན་ཉིད། ཆོས་གང་ཞིག་རིགས་པས་དཔྱད་མི་བཟོད་པ་སྟེ་འགོག་ནུས་པ་ཀུན་རྫོབ་བདེན་པའི་མཚན་ཉིད། རིགས་པས་དཔྱད་བཟོད་པ་སྟེ། འགོག་མི་ནུས་པ་དོན་དམ་བདེན་པའི་མཚན་ཉིད། དེ་ལྟ་བུའི་བདེན་པ་གཉིས་པོ་ལ་སྤྱིར་མཚན་ཉིད་ཀྱི་ལྡོག་པ་ཙམ་ཡང་ཐ་དད་མེད་པ་མིང་གི་རྣམ་གྲངས་དང་། ངོ་བོ་ཐ་དད་པ་དང་། དངོས་པོ་གཞན་དང་དེ་ཉིད་དུའང་བརྗོད་དུ་མེད་པ་གཅིག་བཀག་ཙམ་གྱི་ཐ་དད་དང་། ངོ་བོ་གཅིག་དང་ལྡོག་པ་ཐ་དད་པ་འདོད་པ་རྣམས་ཡོད་པ་ལས། ལུགས་འདིར་ཕྱི་མ་བཞེད་མཁན་མང་ཞེས་གསུངས། ཀུན་རྫོབ་ལ་དབྱེ་ན། སྣང་ལ་དོན་བྱེད་ནུས་པ་དང་། སྣང་ལ་དོན་བྱེད་མི་ནུས་པ་གཉིས་ཀྱིས་ཡང་དག་ཀུན་རྫོབ་དང་ལོག་པའི་ཀུན་རྫོབ་ཅེས་རྣམ་པར་བཞག་སྟེ། དེའང་། སྣང་བ་དང་མཐུན་པར་དོན་བྱེད་ནུས་པ་རྒྱུ་ལས་སྐྱེས་པ། བརྟགས་པས་དབེན་པ། རང་རང་གི་རིགས་ལ་མཐུན་པར་སྣང་བ་སྟེ་མཚན་ཉིད་བཞི་དང་ལྡན་པའི་གཟུགས་ལ་སོགས་པའི་ཆོས་ནི་ཡང་དག་ཀུན་རྫོབ་སྟེ། སོ་སོས་དོན་བྱེད་ནུས་པར་ཡོད་ལ། ནམ་ཡང་དོན་བྱེད་མི་ནུས་པ་སྒྲ་ཤད་དང་། ཟླ་བ་གཉིས་སྣང་ལ་སོགས་པ་ལོག་པའི་ཀུན་རྫོབ་སྟེ་དོན་བྱེད་མི་ནུས་པས་རབ་ཏུ་དབྱེ་བ་ཡིན། ཤེས་བྱ་དེ་དག་གི་སྟེང་དུ་བདེན་དངོས་ཀྱི་འཛིན་སྟངས་བཀག་པའི་མི་ལྡན་རྣམ་གཅོད་ཀྱི་མེད་དགག་སྤྲུལ་པའི་དོན་དམ་པ་ལའང་ཡང་དག་པར་སྐྱེ་བ་ལ་སོགས་པ་བཀག་ཙམ་ལས་སྐྱེ་མེད་ཀྱི་སྤྲོས་པ་ལས་མ་གྲོལ་བ་རྣམ་གྲངས་པའི་དོན་དམ། སྐྱེ་བ་དང་། སྐྱེ་མེད་ལ་སོགས་པའི་སྤྲོས་པ་མཐའ་དག་ཉེ་བར་ཞི་བ་མཐར་ཐུག་གི་དོན་དམ་པའོ། །རྣམ་གྲངས་མིན་པའི་དོན་དམ་གཉིས་སུ་དབྱེ་བ་བདེན་གཉིས་ལས་གསུངས་སོ། དེ་དག་གི་སློབ་དཔོན་ཕལ་ཆེ་བས། ཀུན་གཞི་མི་འདོད་ཅིང་ཤེས་པ་ཚོགས་དྲུག་ཏུ་འདུས་པར་བཞེད་ལ། རྣལ་འབྱོར་སྤྱོད་པའི་དབུ་མ་པ་འགའ་ཞིག་གིས་ཀུན་གཞི་སོགས་ཚོགས་བརྒྱད་བཞེད་པའང་ཡོད་ཅེས་གསུངས། ལམ་མཐར་ཕྱིན་པའི་འབྲས་བུ་སྐུ་དང་ཡེ་ཤེས་ཀྱི་སྣང་བ་རང་རྒྱུད་པ་སྒྱུ་མ་ལྟར་ཡོད་པར་བཞེད་དོ། །

དབུ་མ་ཐལ་འགྱུར་བའི་རྣམ་གཞག་བཤད་པ་ལ་གསུམ། དཔལ་ལྡན་ཟླ་བའི་བཞེད་

ཚུལ་སྨོས་པ། གཞུང་ཕྱི་མོའི་དབུ་མ་འཆད་ཚུལ་བསྟན་པ། གྲུབ་མཐའི་དོན་བསྡུ་བའོ། །

དཔལ་ལྡན་ཟླ་བའི་བཞེད་ཚུལ་འདོར་སྨོས་པ་ནི། འཕགས་མཆོག་ཀླུ་སྒྲུབ་ཞབས་ཀྱི་གཞུང་། སངས་རྒྱས་བསྐྱངས་ཀྱིས་བཀྲལ་བའི་དགོངས་པ་གསལ་བར་བྱེད་པ་དཔལ་ལྡན་ཟླ་བ་གྲགས་པའི་ལུགས་ནི་མཚན་མའི་སྤྲོས་པ་གཅོད་པ་ལ་ཁྱད་པར་འཕགས་ཤིང་། མཆོག་ཏུ་གྱུར་པ་སྟེ་དབུ་མ་ཐལ་འགྱུར་བའི་མཚན་གཞིའོ། །སྒྲུབ་བྱེད་ཀྱི་གཏན་ཚིགས་ཚུལ་གསུམ་དངོས་སྟོབས་ཀྱིས་སྒྲུབ་པའི་རང་རྒྱུད་པ་འགོད་པ་མེད་ཅིང་། སྐྱེ་མེད་དང་སྟོང་ཉིད་སོགས་གཞན་གྱི་ལོག་རྟོག་དགག་པའི་ཆེད་དུ་གཞན་ངོར་ཁས་ལེན་ཅིང་། དངོས་སྨྲ་བ་ལ་ནང་འགལ་སྟོན་པའི་ཐལ་འགྱུར་ཙམ་ལས་རང་ལུགས་བསྒྲུབ་བྱ་མེད་པས་ཁས་ལེན་དང་བྲལ་བའོ། །དེས་ན་རང་ལུགས་སུ་མེད་དགག་དང་མ་ཡིན་དགག་གཉིས་གས་དགག་སྒྲུབ་བྱར་མེད་ཀྱང་། གཞན་ངོར་འཇིག་རྟེན་ལ་གྲགས་པའི་མངོན་སུམ་རྗེས་དཔག་དཔེ་ཉེ་མཚལ་དང་། གཞན་ལ་གྲགས་པའི་རྗེས་དཔག འགལ་བ་བརྗོད་པའི་ཐལ་འགྱུར། རྒྱུ་མཚན་མཚུངས་པའི་མགོ་སྙོམས། སྒྲུབ་བྱེད་བསྒྲུབ་བྱ་དང་མཚུངས་པའི་མ་གྲུབ་པ་བཞི་སྟེ་ཚད་མ་བཞི་དང་རྟགས་བཞིས་དགག་སྒྲུབ་བྱེད་དོ། །ཐལ་འགྱུར་བས་རིགས་པ་བཞི་པོ་འདི་མཐའ་བཞི་སྐྱེ་བ་རེ་རེ་འགོག་པ་ལ་འང་སྦྱར་བ་བཞིན་ཅིང་། འདི་རིགས་པ་རྣམས་ཀྱི་གཙོ་བོ་ཞིག་ཡིན་པས་ཅུང་ཟད་བརྗོད་ན། ཐོག་མར་གྲངས་ཅན་པས་བདག་སྐྱེ་ཁས་ལེན་པ་ལ། བདག་ལས་སྐྱེ་བ་ཞེས་པའི་དོན་ནི། དངོས་པོ་རྣམས་རྒྱུར་ཡོད་པ་ཁོ་ན་སྐྱེ་ཡི་མེད་པ་ནི་མི་སྐྱེ་སྟེ། དཔེར་ན་ཏིལ་ལ་ཏིལ་མར་ཡོད་ནས་ཡོད་པའི་རྒྱུ་མཚན་གྱིས་འབྱུང་བ་ཡིན་ལ། ཡོད་ནས་མེད་ན་མི་འབྱུང་བ་བཞིན་ནོ། །ཞེས་འདོད། དེ་དགག་པ་ལ་རིགས་པ་བཞི་ལས། དངོས་པོ་རྣམས་ཆོས་ཅན། སྐྱེ་བ་དོན་མེད་དུ་ཐལ། རྒྱུའི་དུས་སུ་གྲུབ་ཟིན་པའི་ཕྱིར། ཞེས་པ་ནི་འགལ་བ་བརྗོད་པའི་ཐལ་འགྱུར། དེ་ལ་ཁྱབ་པ་མ་ངེས་སོ་ཞེ་ན། སྐྱེ་བ་ཐུག་མེད་དུ་ཐལ། གྲུབ་ཟིན་ཀྱང་སྐྱེ་དགོས་པའི་ཕྱིར། ཞེས་པ་ནི་རྒྱུ་མཚན་མཚུངས་པའི་མགོ་སྙོམས་སོ། །གལ་ཏེ་དེ་གཉིས་མི་མཚུངས་ཏེ། འཇིམ་གོང་གི་གནས་སྐབས་ཀྱི་བུམ་པ་ནི་སྐྱེ་ལ་མངོན་པར

གསལ་བའི་བུམ་པ་ནི་མི་སྐྱེ་བས། དེ་གཉིས་ལ་མངོན་པར་གསལ་མི་གསལ་གྱི་ཁྱད་པར་ཡོད་པའི་ཕྱིར་ཞེ་ན། འཇིམ་གོང་གི་གནས་སྐབས་ན་མངོན་པར་མི་གསལ་བའི་བུམ་པ་ཡོད་དོ་ཞེས་པ་ནི་རྩ་བའི་བསྒྲུབ་བྱ་དང་མཚུངས་ཞེས་པ་ནི། སྒྲུབ་བྱེད་བསྒྲུབ་བྱ་དང་མཚུངས་པའི་མ་གྲུབ་པའོ། །དེས་ན་ཕྱི་ནང་གི་དངོས་པོ་ཆོས་ཅན་བདག་ལས་མི་སྐྱེ་སྟེ་ཡོད་པའི་ཕྱིར་ཞེས་པ་ནི་གཞན་ལ་གྲགས་པའི་རྗེས་དཔག་གོ །རང་སྡེས་དངོས་པོར་སྨྲ་བ་རྣམས། གཞན་ལས་སྐྱེ་བ་ཁས་ལེན་པ་ལ། ས་མྱུག་གཉིས་རང་བཞིན་གྱིས་གཞན་མ་ཡིན་པར་ཐལ། ས་བོན་ལས་མྱུ་གུ་སྐྱེ་བའི་ཕྱིར་ཞེས་པ་ནི། འགལ་བ་བརྗོད་པའི་ཐལ་འགྱུར་རོ། །ཁྱབ་པ་མ་ངེས་ན། འོ་ན་མེ་ལྕེ་ལས་ཀྱང་མུན་པ་མཐུག་པོ་འབྱུང་བར་ཐལ། རང་བཞིན་གྱིས་གཞན་ཡིན་ཀྱང་སྐྱེ་བའི་ཕྱིར། ཞེས་པ་ནི་རྒྱུ་མཚན་མཚུངས་པའི་མགོ་སྙོམས་སོ། །དེ་ལ་སྐྱེ་བའི་ནུས་པ་ཡོད་མེད་ཀྱི་ཁྱད་པར་ཡོད་དོ་ཞེ་ན། དེ་ནི་རྩ་བའི་བསྒྲུབ་བྱ་དང་མཚུངས་སོ་ཞེས་པ་ནི་སྒྲུབ་བྱེད་བསྒྲུབ་བྱ་དང་མཚུངས་པའི་མ་གྲུབ་པའོ། །དེས་ན་ས་བོན་ལས་མྱུ་གུ་མི་སྐྱེ་སྟེ། ས་མྱུག་གཉིས་རང་བཞིན་གྱིས་གཞན་ཡིན་པའི་ཕྱིར། ཞེས་པ་ནི་གཞན་ལ་གྲགས་པའི་རྗེས་དཔག་གོ །གཅེར་བུ་པ་ནི། བདག་གཞན་གཉིས་ཀ་ལས་སྐྱེ་བར་འདོད། རྫ་བུམ་དེ་འཇིམ་པའི་བདག་ཉིད་ལས་སྐྱེ་བ་ནི་བདག་ལས་སྐྱེ་བ་དང་། རྫ་མཁན་དང་སྲད་བུ་དང་། ཆུ་ལ་སོགས་ལས་སྐྱེ་བ་ནི་གཞན་ལས་སྐྱེ་བའི་དོན་ནོ། །ཞེས་ཟེར། དེ་འགོག་པའི་རིགས་པ་ནི། བདག་གཞན་རེ་རེ་བ་ལས་སྐྱེ་བ་འགོག་པའི་རིགས་པ་དེ་དག་གིས་ཁེགས་པ་ཡི་ཏེ། འཇུག་པ་ལས། གཉིས་ལས་སྐྱེ་བའང་རིགས་པའི་ངོ་བོ་མ་ཡིན་གང་གི་ཕྱིར། །བཤད་ཟིན་ཉེས་པ་དེ་དག་ཐོག་ཏུ་འབབ་པ་ཡིན་ཕྱིར་རོ། །ཞེས་གསུངས་པས་སོ། །རྒྱང་འཕེན་པ་ནི། འཇིག་རྟེན་འདི་རྒྱུ་མེད་པ་ལས་སྐྱེ་བར་འདོད་དེ། ཉི་ཤར་ཆུ་བོ་ཐུར་དུ་འབབ་པ་དང་། སྲན་ཟླུམ་ཚེར་མ་གཟེངས་རིང་རྣོ་བ་དང་། རྨ་བྱའི་མདངས་བཀྲ་ལྟ་ན་སྡུག་པ་ཀུན། སུས་ཀྱང་མ་བྱས་ངོ་བོ་ཉིད་ལས་བྱུང་། ཞེས་བཤད། དེ་དགག་པ་ལ་འཇིག་རྟེན་ཆོས་ཅན། མངོན་སུམ་གྱིས་གཟུང་དུ་མེད་པར་ཐལ། རྒྱུ་མེད་པའི་ཕྱིར། ཞེས་འགལ་བ་བརྗོད། དེ་ལ་མ་

ཁྱབ་ཟེར་ན། ནམ་མཁའི་ཨུཏྤ་ལའི་དྲི་མདོག་ཀྱང་མངོན་སུམ་གྱི་གཟུང་དུ་ཡོད་པར་ཐལ། རྒྱུ་མེད་ཀྱང་གཟུང་དུ་ཡོད་པའི་ཕྱིར་ཞེས་པ། རྒྱུ་མཚན་མཚུངས་པའི་མགོ་སྙོམས་དང་། དེ་གཉིས་ལ་ངོ་བོ་ཡོད་མེད་ཀྱི་ཁྱད་པར་ཡོད་དོ་ཞེ་ན། དེ་ནི་རྩ་བའི་བསྒྲུབ་བྱ་དང་མཚུངས་སོ། །ཞེས་པ་ནི་སྒྲུབ་བྱེད་བསྒྲུབ་བྱ་དང་མཚུངས་པའི་མ་གྲུབ་པའོ། །དེས་ན་འཇིག་རྟེན་འདི་ཆོས་ཅན། རྒྱུ་མེད་པ་ལས་མི་སྐྱེ་སྟེ། རེས་འགའ་སྐྱེ་བའི་ཕྱིར་ཞེས་པ་ནི་གཞན་ལ་གྲགས་པའི་རྗེས་དཔག་བཅས་རིགས་པ་བཞིས་རྒྱུ་མེད་པ་ལས་སྐྱེ་བ་དགག་པའོ། །ཡང་། འདིའི་ལུགས་ལ། ཐ་སྙད་འཇལ་བའི་བློ་ལ་འཁྲུལ་ཤེས་ཀྱིས་ཁྱབ་པར་བཞེད་དེ། བྱང་ཆུབ་སེམས་འགྲེལ་ལས། རྨི་ལམ་སད་པའི་གནས་སྐབས་ལ། དོན་བྱེད་པ་ལ་ཁྱད་པར་མེད། ཅེས་གསུངས་པ་ལྟར་རྨི་ལམ་གྱི་རྟ་གླང་རྟ་གླང་དངོས་སམ། རི་མོར་བྲིས་པའི་བ་དང་། བ་དངོས་ལ། འཁྲུལ་ངོར་དོན་བྱེད་མཉམ་པ་དང་། རིགས་ངོར་དོན་མི་བྱེད་མཉམ་པ་དང་། འཇིག་རྟེན་ཀུན་རྫོབ་དང་། རྣལ་འབྱོར་ཀུན་རྫོབ་གཉིས་ཀྱི་དངོས་ལ། ཡང་ལོག་ཡོད་ཀྱང་། དེ་རང་ལུགས་མིན་ལ། རང་ལུགས་རྣམ་འབྱོར་ཀུན་རྫོབ་ལ་ཡང་ལོག་མེད་པས་ཙམ་པོར་འདོད་པ་དང་། བདེན་པ་གཉིས་འཇོག་བྱེད་ཀྱང་། ཀུན་རྫོབ་ཀྱི་ངོ་བོ་བློ་འཁྲུལ་བ་དང་བཅས་པའི་ངོར་རྫུན་སྣང་དང་། དོན་དམ་གྱི་ངོ་བོ་བློ་འཁྲུལ་བ་མེད་པའི་ངོར་སྣང་བ་སྟེ། མཐོང་བ་རྫུན་པས་རྙེད་པའི་རྙེད་དོན་ཐ་མའི་མཚན་ཉིད། ཕྱིར་མ་རིག་པ། བྱེ་བྲག་བདེན་འཛིན། ཁྱད་པར་སོ་སྐྱེའི་རྒྱུད་ཀྱི་མ་རིག་པ་ནི་དེའི་མཚན་གཞི། མཐོང་བ་ཡང་དག་པས་རྙེད་པའི་རྙེད་དོན་ཕྱི་མའི་མཚན་ཉིད། མ་རིག་པའི་འགལ་ཟླར་གྱུར་པའི་བདེན་མེད་མངོན་སུམ་དུ་རྟོགས་པའི་ཡེ་ཤེས་དེའི་མཚན་གཞི། འཇུག་པ་ལས། །དངོས་ཀུན་ཡང་དག་རྫུན་པར་མཐོང་བ་ཡི། །དངོས་རྙེད་ངོ་བོ་གཉིས་ནི་འཛིན་པར་འགྱུར། །ཡང་དག་མཐོང་ཡུལ་གང་དེ་དེ་ཉིད་དེ། །མཐོང་བ་རྫུན་པ་ཀུན་རྫོབ་བདེན་པར་འདོད། ཞེས་གསུངས་པ་ལྟར་རོ། །གཞན་ཡང་འཇུག་པར། །རབ་རིབ་མཐུ་ཡིས་སྐྲ་ཤད་ལ་སོགས་པའི། །ངོ་བོ་ལོག་པ་གང་ཞིག་རྣམ་བརྟགས་པ། །དེ་ཉིད་བདག་ཉིད་གང་དུ་མིག་དག་པས། །མཐོང་སྟེ་དེ་

ཉིད་དེ་བཞིན་འདིར་ཤེས་གྱིས། །ཞེས་གསུངས་པའི་དོན་མ་རིག་པའི་དབང་གིས་རྟེན་འབྲེལ་སྣ་ཚོགས་སུ་སྣང་བ་ཀུན་རྫོབ་བདེན་པའི་མཚན་ཉིད་དང་། སྣང་བ་དེ་འཕགས་པའི་ཡེ་ཤེས་ཀྱིས་ཅིར་ཡང་མ་གཟིགས་པའི་དབྱིངས་དེ་དོན་དམ་བདེན་པའི་མཚན་ཉིད་དེ། དཔེར་ན། རབ་རིབ་ཅན་ལ་སྐྲ་ཤད་དུ་སྣང་བ་ཀུན་རྫོབ་ཀྱི་དཔེ་དང་། དེ་ཉིད་རབ་རིབ་མེད་པའི་མིག་གིས་ཅིར་ཡང་མ་མཐོང་བ་དོན་དམ་པའི་དཔེའོ། །

གཞུང་ཕྱི་མོའི་དབུ་མ་པའི་འཆད་ཚུལ་བསྟན་པ་ནི། དེ་བཞིན་གཤེགས་པའི་ཆོས་ཀྱི་འཁོར་ལོ་མཐའ་དག་གི་སྙིང་པོ། ཟབ་མོ་སྟོང་པ་ཉིད་ཀྱི་གཏམ་ཕྱིན་ཅི་མ་ལོག་པའི་གཞི་དབུ་མའི་གཞུང་ལུགས་ཀུན་གྱི་ཕྱི་མོ་འཕགས་པ་ཡབ་སྲས་རྣམས་ཀྱི་ལུགས་འཆད་པ་ན། མ་བརྟགས་མ་དཔྱད་པའི་གནས་སྐབས། རིགས་ཤེས་ཀྱིས་ཅུང་ཟད་དཔྱད་པའི་གནས་སྐབས། བརྗོད་བྲལ་གྱིས་ལེགས་པར་དཔྱད་པའི་གནས་སྐབས་ཏེ་གནས་སྐབས་གསུམ་ལ་སྦྱར་ནས་འཆད་ན། ཉམས་སུ་བླང་བདེ་བར་ཡིན་ཞེས་གསུངས། སྤྱིར་འཁོར་ལོ་བར་པ་དང་། སློབ་ཀླུ་སློབ་ཡབ་སྲས་ཀྱི་གཞུང་ལས་གཞི་ཕུང་ཁམས་སྐྱེ་མཆེད། ལམ་སྤྱོད་པ་ཐབས་ཕྱོགས། འབྲས་བུ་སྐུ་དང་ཕྲིན་ལས་སོགས་ནི་མ་བརྟག་མ་དཔྱད་པའི་ངོར་གྲགས་པ། འཇིག་རྟེན་ཀུན་རྫོབ་ཀྱི་ཐ་སྙད་དག་དང་བསྟུན་ཏེ་སྦྱར་ལ། དེའང་ཕལ་ཆེར་འཇིག་རྟེན་ལ་གྲགས་པའམ་གྲགས་རུང་གི་ཚུལ་གྱི་འཇིག་རྟེན་ཀུན་རྫོབ་དང་མཉམ་རྗེས་ཀྱི་སྣང་ཚུལ་སོགས་ཁ་ཅིག་རྣལ་འབྱོར་ཀུན་རྫོབ་དང་བསྟུན་པའང་ཡོད་དོ། །དགག་བྱ་བདག་གཉིས་བཀག་ནས་སྐྱེ་མེད་སྟོང་ཉིད་དང་། དོན་དམ་བདེན་པ་རྣམ་པར་འཇོག་པའི་སྐོར་རྣམས་ནི་ཅུང་ཟད་དཔྱད་པ་རིགས་ཤེས་ཀྱི་ངོར་རྣམ་པར་བཞག་པ་དང་། ཡུམ་གྱི་དངོས་བསྟན་ཕལ་ཆེ་བ་ལྟ་བུ། ཡོད་མེད། རྟག་མི་རྟག་དང་། སྟོང་མི་སྟོང་ལ་སོགས་པ་གང་དུ་མ་གྲུབ་ཅིང་། ཅིར་ཡང་གཟུང་དུ་མི་རུང་བ་གསུངས་པ་ལྟ་བུ་དང་། རྩ་ཤེས་ལས་ཀྱང་། །སྟོང་ངོ་ཞེས་ཀྱང་མི་བརྗོད་དེ། །མི་སྟོང་ཞེས་ཀྱང་མི་བྱ་ཞིང་། །གཉིས་དང་གཉིས་མིན་མི་བྱ་སྟེ། །གདགས་པའི་དོན་དུ་བརྗོད་པར་བྱ། ཞེས་པའི་རྐང་པ་དང་པོ་གསུམ་པོ་ལྟ་བུ་མང་དུ་གསུངས་པ་

རྣམས་ནི་ལེགས་པར་དཔྱད་པའི་གནས་སྐབས་ལ་སྦྱར་ཏེ་བཤད་པས་ཕན་ཚུན་འགལ་བ་ཅུང་ཟད་ཀྱང་མེད་པར་འགྱུར་རོ། དབུ་མ་ཤེས་རབ་ལ་འཇུག་པ་ལས། །ཡེ་ནས་སྐྱེ་མེད་དང་འདི་ལ། །དགག་བྱ་མེད་ལ་བསྒྲུབ་བྱ་མེད། །མྱ་ངན་འདས་དང་མ་འདས་པ། །སྐྱེ་མེད་དང་དུ་ཁྱད་པར་མེད། །སྐྱེ་མེད་ཉིད་ཀྱང་མ་ཡིན་ཏེ། །སྐྱེ་བ་དངོས་པོ་མེད་ཕྱིར་རོ། །ཞེས་སོགས་གསུངས་པ་ནི་ཤིན་ཏུ་དཔྱད་པའི་གནས་སྐབས་ཏེ་དབུ་མ་ཐལ་འགྱུར་བའི་བཞེད་པ་མཐར་ཐུག་པའོ། །གནས་སྐབས་དེ་གསུམ་ལ་སྦྱར་དགོས་པའི་རྒྱུ་མཚན་ཡང་རིམ་པ་བཞིན་དུ། མ་བརྟགས་མ་དཔྱད་པའི་སྣང་ངོར་གྱིས་བསོད་ནམས་མིན་པ་དང་པོར་བཟློག་ནས་མཐོ་རིས་ཀྱི་ལམ། ཅུང་ཟད་དཔྱད་པའི་ཉམས་ལེན་གྱིས་བར་དུ་བདག་ལྟ་གཉིས་བཟློག་ནས་ཐར་པའི་ལམ་དང་། ལེགས་པར་དཔྱད་པའི་ཉམས་ལེན་གྱིས་ཐ་མར་ལྟ་བའི་སྤྲོས་པ་ཀུན་བཟློག་ནས་ཐམས་ཅད་མཁྱེན་པའི་ལམ་མཐར་ཕྱིན་པར་འགྱུར་བའི་ཕྱིར་རོ། །ཞེས་གསུངས།

གྲུབ་མཐའི་དོན་བསྡུ་བ་ནི། དབུ་མའི་བསྟན་བྱ་དོན་བསྡུ་བ་ནི། དེ་ལྟར་དབུ་མའི་ལུགས་སྲོལ་ཐམས་ཅད་ཀྱི་བསྟན་བྱ་མཐའ་དག་བསྡུ་ན། ཀུན་རྫོབ་ཇི་ལྟར་སྣང་བ་ལ་སྐུར་པ་མི་འདེབས་པས་ཆད་མཐའ་ལས་འགྲོལ་བ་དང་། དོན་དམ་པའི་གནས་ལུགས་སྤྲོས་པའི་མཐའ་ཐམས་ཅད་དང་བྲལ་བས་རྟག་པའི་མཐའ་ལས་གྲོལ་བ་སྟེ་དེ་ནི་གཞི་དབུ་མ་བདེན་གཉིས་ཟུང་འཇུག་ཡིན། ཤེས་རབ་ཀྱིས་ཆོས་གང་ལ་ཡང་མཚན་མར་མི་འཛིན་པས་རྟག་པའི་མཐའ་ལས་གྲོལ་བ་དང་། སྙིང་རྗེས་གཞན་དོན་དུ་ཚོགས་རྒྱ་ཆེན་པོ་བསགས་པས་ཆད་པའི་མཐའ་ལས་གྲོལ་བ་དེ་ནི་ལམ་དབུ་མ་ཚོགས་གཉིས་ཟུང་འཇུག་ཡིན། སྤྲོས་པའི་མཚན་མ་ཐམས་ཅད་ཉེ་བར་ཞི་བའི་ཆོས་ཀྱི་སྐུ་བརྙེས་པས་རྟག་པའི་མཐའ་ལས་གྲོལ་བ་དང་གཟུགས་སྐུ་གཉིས་ཀྱིས་འཁོར་བ་ཇི་སྲིད་མ་སྟོང་གི་བར་དུ་གདུལ་བྱ་རིགས་ཅན་གསུམ་གྱི་དོན་མཛད་པས་ཆད་པའི་མཐའ་ལས་གྲོལ་བ་སྟེ་དེ་ནི་འབྲས་བུ་སྐུ་གཉིས་ཟུང་འཇུག་ཡིན། དབུ་མའི་གཞུང་གི་བསྟན་བྱའི་དོན་མཐའ་དག་དེ་གསུམ་དུ་འདུའོ། །

གསུམ་པ། ཐེ་བྲག་སྒྲུབ་བརྒྱུད་རིན་པོ་ཆེ་འདི་ཉིད་ཀྱི་རིང་ལུགས་དངོས་བཤད་པ།

ཐེ་བྲག་སྒྲུབ་བརྒྱུད་རིན་པོ་ཆེ་འདི་ཉིད་ཀྱི་རིང་ལུགས་དངོས་ཤེས་པར་བྱེད་པ་ལ་གཉིས། ལྟ་བ་གཏན་ལ་འབེབས་ཚུལ་གྱི་རྣམ་གྲངས་དང་། སྐབས་སུ་བབ་པའི་ལྟ་བ་གཏན་ལ་འབེབས་ཚུལ་དངོས་སོ། །

ལྟ་བ་གཏན་ལ་འབེབས་ཚུལ་གྱི་རྣམ་གྲངས་ནི། བྱམས་ཆོས་དང་ཐོགས་མེད་སྐུ་མཆེད་ལྟར་ན། ལྟ་བ་འཚོལ་བའི་ཚེ། གཅིག་ལ་དུ་མར་སྣང་བ་དང་། ལྷན་ཅིག་དམིགས་ངེས་ལ་སོགས་པའི་རིགས་པས་བཟུང་བའི་ཡུལ་མ་གྲུབ་པར་བྱ་བ་སེམས་ཙམ་གྱི་རིགས་པ་དང་བཟུང་བའི་ཡུལ་མེད་ན་འཛིན་པའི་སེམས་ཀྱང་མ་གྲུབ་པར་བྱ་བ་མེད་ན་མི་འབྱུང་བའམ་དབུ་མའི་རིགས་པས་གཟུང་འཛིན་གཉིས་གཏན་ལ་ཕབ་ནས། ལྟ་བ་དངོས་གཞི་གཟུང་འཛིན་གཉིས་མེད་ཀྱི་ཡེ་ཤེས་ལ་བཞེད། ཀླུ་སྒྲུབ་ཡབ་སྲས་ལྟར་ན། དབུ་མ་རང་རྒྱུད་པ་རྣམས་ལྟ་བ་འཚོལ་བའི་ཚེ་གཟུང་འཛིན་གྱི་ཆོས་ཐམས་ཅད་གཅིག་ཏུ་བྲལ་གྱི་རིགས་པས་གཞིགས་ཤིང་དཔྱད་པ་ན་གཞན་གང་དུའང་མ་གྲུབ་ཅིང་མ་རྙེད་པར་ཡུལ་ཅན་རྣམ་པར་མི་རྟོག་པའི་ཡེ་ཤེས་ཤིག་ཁས་བླངས་ནས་ཡུལ་ཅི་ཡང་མི་དམིགས་པར་འཇོག་པ་ལ་ལྟ་བ་དངོས་གཞི་སོ་སོ་རང་རིག་པའི་ཡེ་ཤེས་ཀྱི་ཐ་སྙད་འདོགས་པར་བཞེད། དབུ་མ་ཐལ་འགྱུར་བ་ལྟར་ན་ལྟ་བ་འཚོལ་བའི་ཚེ་འཁོར་བའི་རྩ་བ་བདག་དང་བདག་གིར་འཛིན་པའི་ལྷན་སྐྱེས་ཀྱི་མ་རིག་པ་དེས་གཙོས་པའི་ཡུལ་ཡུལ་ཅན་གྱི་དངོས་པོ་ཐམས་ཅད་ཀྱི་ངོ་བོ་རྒྱུ་འབྲས་རྣམས་ལ་གཅིག་ཏུ་བྲལ་སོགས་ཀྱི་རིགས་པས་དཔྱད་ནས་སྟོང་པ་གཏན་ལ་ཕབ་སྟེ། དེས་ཡོད་པའི་མཐའ་བསལ་རྟེན་འབྱུང་གི་རིགས་པས་སྣང་བ་གཏན་ལ་ཕབ་སྟེ། དེས་མེད་པའི་མཐའ་བསལ། ལྟ་བ་དངོས་གཞི་ཡོད་མེད་ཀྱི་མཐའ་གཉིས་དང་བྲལ་བའི་སྣང་སྟོང་ཟུང་འཇུག

ཅིག་བཞེད་པར་སྣང་ངོ་། །ཡང་རྒྱ་བོད་ཀྱི་མན་ངག་པ་མང་པོས་གཟུང་འཛིན་གྱི་ཆོས་ཐམས་ཅད་རང་གི་སེམས་སུ་ཐག་བཅད་པའང་ངེས་པར་བྱས་ལ། སེམས་དེ་ཡང་ཡོད་མེད་སྐྱེ་འགག་ལ་སོགས་པའི་ངོ་བོ་ངོས་བཟུང་ཐམས་ཅད་དང་བྲལ་བའི་རང་བཞིན་སྟོང་པ་ཉིད་དུ་གཏན་ལ་ཕབ་ནས་མཐར་ཆོས་ཐམས་ཅད་ཀྱི་ཆོས་ཉིད་སྤྲོས་པ་དང་བྲལ་བའི་དབྱིངས་ལ་ལྟ་བ་འཛོག་པ་སོགས་བཤད་ཚུལ་སྣ་ཚོགས་པ་ཞིག་སྣང་ངོ་། །

སྐབས་སུ་བབ་པའི་ལྟ་བ་གཏན་ལ་འབེབ་ཚུལ་དངོས་བཤད་པ་ལ་གསུམ། རྒྱ་ཕར་ཕྱིན་ཐེག་པའི་ལུགས་ཀྱི་ལྟ་བ་གཏན་ལ་འབེབས་ཚུལ་སྤྱིར་བཤད་པ། མདོ་སྔགས་རྗོགས་པ་བསྲེས་པའི་ལུགས་ཀྱི་ལྟ་སྒོམ་གྱི་རྣམ་གཞག་བྱེ་བྲག་ཏུ་བཤད་པ། འབྲས་བུ་རྡོ་རྗེ་ཐེག་པའི་ཐུན་མོང་མ་ཡིན་པའི་ཐབས་གྲོལ་གྱི་གདམས་པ་བཤད་པའོ། །

གཅིག རྒྱ་ཕར་ཕྱིན་ཐེག་པའི་ལུགས་ཀྱི་ལྟ་བ་གཏན་ལ་འབེབས་ཚུལ་བཤད་པ།

རྒྱ་ཕར་ཕྱིན་ཐེག་པའི་ལུགས་ཀྱི་ལྟ་བ་གཏན་ལ་འབེབས་ཚུལ་ལ་ལྟ་བ་གཏན་ལ་འབེབས་ཚུལ་དངོས་དང་། དེ་ཉིད་སྒོམ་པའི་ཚུལ་ཅུང་ཟད་བཤད་པའོ། །ལྟ་བ་དངོས་གཏན་ལ་འབེབས་ཚུལ་ནི། ཐོག་མར་བདག་དང་བདག་འཛིན་ངོས་བཟུང་བར་བྱ་སྟེ། དེ་ཡང་། འཁོལ་བའི་རྩ་བ་ལྷན་སྐྱེས་ཀྱི་མ་རིག་པ་ལ་བརྟེན་ནས། ཆོས་གང་ལ་ཡང་རང་བཞིན་གྱིས་གྲུབ་པ་མེད་བཞིན་དུ་ཡོད་པར་སྒྲོ་བཏགས་ནས་ཆོས་དང་གང་ཟག་སོ་སོར་ཞེན་ཅིང་འཛིན་པ་ནི་བདག་གཉིས་དང་། དེ་དག་རང་བཞིན་མེད་པ་ནི་བདག་མེད་པ་གཉིས་སུ་བཤད་དེ། དཔལ་ལྡན་ཟླ་བས། བཞི་བརྒྱ་པའི་འགྲེལ་པ་ལས་དེ་ལ་བདག་ཅེས་བྱ་བ་ནི་གང་ཞིག་དངོས་པོ་རྣམས་ཀྱི་གཞན་ལ་རག་མ་ལས་པའི་ངོ་བོ་རང་བཞིན་ཏེ་དེ་མེད་པ་ནི་བདག་མེད་པའོ། །དེ་ནི་ཆོས་དང་གང་ཟག་གི་དབྱེ་བས་གཉིས་སུ་རྟོགས་ཏེ། ཆོས་ཀྱི་བདག་མེད་པ་དང་། གང་ཟག་གི་བདག་མེད་པ་ཞེས་བྱའོ། །ཞེས་གསུངས་སོ། །དེ་ལ་

ཆོས་ནི་གཟུང་འཛིན་གྱིས་བསྡུས་པའི་རང་གི་མཚན་ཉིད་འཛིན་པ་དང་། གང་ཟག་ནི་རིགཔ་དང་བཅས་པའི་ཉེར་ལེན་གྱི་ཕུང་པོའི་རྒྱུན་འཛིན་པ་ལ་བཤད་དེ་མདོ་སེལ་བུ་ལས། མཚན་ཉིད་འཛིན་ལ་ཆོས་ཞེས་བྱ། ཞེས་དང་། རྒྱུན་ལ་གང་ཟག་ཅེས་བྱ་སྟེ། ཞེས་གསལ་བར་གསུངས་པས་ཤེས་སོ། །དེའང་གང་ཟག་དེ་རྟག་པ་དང་། གཅིག་པུར་བཟུང་ནས་ངའོ། །བདག་གོ་སྙམ་དུ་ཞེན་ཅིང་འཛིན་པ་གང་ཟག་གི་བདག་དང་། དེའི་ཕུང་སོགས་ཀྱི་ཆོས་རྣམས་ལ་རང་མཚན་པའི་དངོས་པོ་གཞན་དུ་ཞེན་ཅིང་འཛིན་པ་ནི་ཆོས་ཀྱི་བདག་ཡིན་ལ། བདག་དེ་གཉིས་ལ་བརྟེན་ནས་ལས་ཉོན་ལ་སོགས་པའི་ཉེས་སྐྱོན་ཐམས་ཅད་བསྐྱེད་པ་སྟེ། ཆོས་ཀྱི་གྲགས་པས། བདག་ཡོད་ན་ནི་གཞན་དུ་ཤེས། །བདག་གཞན་ཆ་ལས་འཛིན་དང་སྡང་། །འདི་དག་དང་ནི་ཡོངས་འབྲེལ་ལས། །ཉེས་པ་ཐམས་ཅད་འབྱུང་བར་འགྱུར། ཞེས་དང་། རིན་ཆེན་ཕྲེང་བར། ཇི་སྲིད་ཕུང་པོར་འཛིན་ཡོད་པ། །དེ་སྲིད་དེ་ལ་ངར་འཛིན་ཡོད། །ངར་འཛིན་ཡོད་ན་ཡང་ལས་ཏེ། །དེ་ལས་ཡང་ནི་སྐྱེ་བ་ཡིན། ཞེས་གསུངས། དེ་ལྟར་ན་བདག་འཛིན་གྱིས་བསྐྱེད་པའི་འཁོར་བ་སྤོང་བར་བྱེད་པ་ལ་བདག་མེད་པའི་དོན་ལ་ངེས་ཤེས་སྐྱེད་དགོས་ཏེ། བདག་མེད་པའི་དོན་ལ་ངེས་ཤེས་མ་སྐྱེས་ན། བདག་འཛིན་སྤང་བར་མི་ནུས་པའི་ཕྱིར་ཏེ། དཔལ་ཆོས་ཀྱི་གྲགས་པས། འདི་ཡུལ་སུན་ཕྱུང་མེད་པ་ན། དེ་སྤོང་བར་ནི་ནུས་མ་ཡིན། ཞེས་དང་། བཞི་བརྒྱ་པ་ལས། ཡུལ་ལ་བདག་མེད་མཐོང་ན་ནི། །སྲིད་པའི་ས་བོན་འགག་པར་འགྱུར། ཞེས་དང་། དབུ་མ་འཇུག་པ་ལས། ཉོན་མོངས་སྐྱོན་རྣམས་མ་ལུས་འཇིག་ཚོགས་ལ། །ལྟ་ལས་བྱུང་བ་བློ་ཡིས་མཐོང་གྱུར་ཅིང་། །བདག་ནི་འདི་ཡི་ཡུལ་དུ་རྟོགས་བྱས་ནས། །རྣལ་འབྱོར་པ་ཡིས་བདག་ནི་འགོག་པར་བྱེད། ཅེས་གསུངས་པ་ལྟར་རོ། །གཞན་ཡང་བདག་མེད་པའི་དོན་སྒོམ་པས་བདག་དང་བདག་གིར་འཛིན་པའི་འཇིག་ལྟ་ལྡོག་ཅིང་། དེ་ལོག་པས་སྲིད་ལེན་དང་། སྲིད་པ་ལ་སོགས་པའི་རྐྱེན་གྱིས་ཕུང་པོ་ཉིང་མཚམས་སྦྱོར་བའི་སྐྱེ་བ་ཟད་ནས་ཐར་པ་ཐོབ་སྟེ། རྩ་ཤེར་ལས། བདག་དང་བདག་གི་ཞི་བའི་ཕྱིར། །ངལ་འཛིན་ང་ཡིར་འཛིན་མེད་འགྱུར།

ཞེས་དང་། ནང་དང་ཕྱི་རོལ་ཉིད་དག་ལ། །བདག་དང་བདག་གིར་སྙམ་ཟད་ན། །ཉེ་བར་ལེན་པ་ཉིད་འགྱུར་ཞིང་། །དེ་ཟད་པས་ནི་སྐྱེ་བ་ཟད། །ལས་དང་ཉོན་མོངས་ཟད་པས་ཐར། ཞེས་སོགས་གསུངས་པ་ལྟར་འཁོར་བ་སྟོང་བར་བྱེད་པ་ལ་བདག་མེད་པའི་དོན་མ་རྟོགས་ན་སྤང་མི་ནུས་སོ། །དེས་ནི་བདག་མེད་པ་གཏན་ལ་ཕབ་ནས་སྒོམ་པའི་རྒྱུ་མཚན་མདོ་ཙམ་བཤད་ནས། ད་ནི་གང་ཟག་དང་། ཆོས་ཀྱི་བདག་གཉིས་རིགས་པའི་རྣམ་གྲངས་མང་པོས་བཀག་ནས་བདག་མེད་པ་གཉིས་གཏན་ལ་ཕབ་ནས་དེའི་དོན་ལ་མཉམ་པར་འཇོག་པའི་ཚུལ་དངོས་ལ། གང་ཟག་གི་བདག་དགག་པ་དང་། ཆོས་ཀྱི་བདག་དགག་པ་གཉིས་སོ། །དང་པོ་ནི། དབུ་མའི་གཞུང་ལུགས་ལྟར་ན། རིན་ཆེན་ཕྲེང་བ་ལས། བདག་ཡོད་བདག་གིར་ཡོད་ཅེས་པ། །དེ་ནི་དམ་པའི་དོན་དུ་ལོག །ཅེས་གང་ཟག་གི་བདག་མེད་པར་བཤད་པའི་ཚུལ་ནི། ཡོད་ན་རང་དང་གཞན་དང་གཉིས་ཀ་དང་། དུས་གསུམ་གང་རུང་ལས་སྐྱེ་བར་རིགས་ལ་དེ་དག་ལས་མ་སྐྱེས་པའི་ཕྱིར་བདག་མེད་པ་སྟེ། དེ་ཉིད་ལས། དེ་ནི་རང་གཞན་གཉིས་ཀ་དང་། དུས་གསུམ་དུ་ནི་མ་ཐོབ་ཕྱིར། ངར་འཛིན་པ་ནི་ཟད་པར་འགྱུར། ཞེས་པ་དང་། ཡང་གང་ཟག་གི་བདག་ཡོད་ན་དེའི་ཕུང་པོ་དང་གཅིག་དང་ཐ་དད་གང་རུང་དུ་ཡོད་དགོས་པ་ལས་དེ་ལྟར་མི་རིགས་ཏེ། རྩ་ཤེར་ལས། ཉེ་བར་ལེན་ཉིད་བདག་ཡིན་ན། །ཁྱོད་ཀྱི་བདག་ནི་མེད་པར་འགྱུར། ཞེས་དང་། གལ་ཏེ་ཕུང་པོ་བདག་ཡིན་ན། སྐྱེ་དང་འཇིག་པ་ཅན་དུ་འགྱུར། ཞེས་བདག་དེ་ཕུང་པོ་དང་གཅིག་པ་བཀག་པ་དང་། གལ་ཏེ་བདག་སྐྱེ་འཇིག་ཅན་དུ་འདོད་ན། སྐྱེ་བ་དྲན་པ་མི་འཐད་པ་དང་། ལས་བྱས་པ་ཆུད་ཟོས་པ་དང་། མ་བྱས་པ་དང་འཕྲད་པར་འགྱུར་བའི་རིགས་པའི་རྣམ་གྲངས་མང་པོས་བཀག་པ་དང་། ཡང་། བདག་དང་ཕུང་པོ་ཐ་དད་པ་བཀག་པ་ཡང་། དེ་ཉིད་ལས། གལ་ཏེ་ཕུང་པོ་རྣམས་ལས་གཞན། །ཕུང་པོའི་མཚན་ཉིད་མེད་པར་འགྱུར། ཞེས་དང་། བདག་ནི་ཉེ་བར་ལེན་པ་ལས། །གཞན་དུ་འཐད་པ་ཉིད་མ་ཡིན། །གལ་ཏེ་གཞན་ནང་ལེན་མེད་པར། །གཟུང་ཡོད་རིགས་ན་བཟུང་དུ་མེད། །ཅེས་དང་། འཇུག་པ་ལས།

དེ་ཕྱིར་ཕུང་པོ་ལས་གཞན་བདག་མེད་དེ། །ཕུང་པོ་མ་གཏོགས་དེ་འཛིན་མ་གྲུབ་ཕྱིར། ཞེས་གསུངས་པ་ལྟར་རོ། །དེ་ལྟར་གང་ཟག་གི་བདག་བཀག་པའི་ཤུགས་ལས་དེའི་མིག་རྣ་ལ་སོགས་པ་དེའི་བདག་གི་བ་ཡང་ཁེགས་པ་ཡིན་ཏེ། རྩ་ཤེས་ལས། བདག་ཉིད་ཡོད་པ་མ་ཡིན་ན། །བདག་གི་ཡོད་པ་ག་ལ་འགྱུར། ཞེས་དང་། གང་ཕྱིར་བྱེད་པོ་མེད་ཅན་ལས་མེད་པ། །དེ་ཕྱིར་བདག་གི་བདག་མེད་པར་ཡོད་མིན། །དེ་ཕྱིར་བདག་དང་བདག་གི་སྟོང་ལྟ་བས། །རྣལ་འབྱོར་པ་དེ་རྣམ་པར་གྲོལ་བར་འགྱུར། ཞེས་པ་སོགས་དང་། ལྷག་པར་དུ་འཇུག་པ་ལས། རྣམ་བདུན་གྱིས་མེད་གང་དེ་ཇི་ལྟ་བུར། །ཡོད་ཅེས་རྣལ་འབྱོར་པས་འདི་ཡོད་མི་རྙེད། །དེས་དེ་ཉིད་ལའང་བདེ་བླག་འཇུག་འགྱུར་ཏེ། །འདིར་དེའི་གྲུབ་པའང་དེ་བཞིན་འདོད་པ་བྱ། ཞེས་གང་ཟག་གི་བདག་མེད་གཏན་ལ་འབེབས་པའི་རིགས་པའི་གཙོ་བོ་རྣམ་བདུན་ཤིང་རྟའི་རིགས་པ་སོགས་ལུང་རིགས་མཐའ་ཡས་པས་གང་ཟག་གི་བདག་མེད་གཏན་ལ་འབེབས་པར་མཛད་དོ། །དེ་ལྟར་ལུང་དང་རིགས་པ་དུ་མས་གང་ཟག་གི་བདག་མེད་པ་གཏན་ལ་ཕབ་པའི་དོན་དེ་རྟག་ཏུ་ཡིད་ལ་སྒོམ་པའི་ཚུལ་མདོར་བསྡུས་པ་ནི། སྒོམ་རིམ་དང་པོ་ལས། གང་ཟག་ནི་ཕུང་པོ་དང་ཁམས་དང་སྐྱེ་མཆེད་ལས་གུད་ན་མི་དམིགས་སོ། །གང་ཟག་ནི་ཕུང་པོ་ལ་སོགས་པའི་ངོ་བོ་ཉིད་ཀྱང་མ་ཡིན་ཏེ། ཕུང་པོ་ལ་སོགས་པ་དེ་དག་ནི། མི་རྟག་པ་དང་། དུ་མའི་ངོ་བོ་ཡིན་པའི་ཕྱིར་དང་། གང་ཟག་ནི་རྟག་པ་དང་། གཅིག་པུའི་ངོ་བོ་ཉིད་ཡིན་པར་གཞན་དག་གིས་བརྟགས་པའི་ཕྱིར་རོ། །དེ་ཉིད་དང་གཞན་དུ་བརྗོད་དུ་རུང་བའི་གང་ཟག་ནི་དངོས་པོ་ཡོད་པར་མི་རུང་སྟེ། དངོས་པོ་ཡོད་པའི་རྣམ་པ་གཞན་མེད་པའི་ཕྱིར་རོ། །དེ་ལྟ་བས་ན་འདི་ལྟ་སྟེ། འཇིག་རྟེན་གྱི་ང་དང་ངའི་ཞེས་བྱ་བ་འདི་ནི་འཁྲུལ་བ་ཁོ་ནའོ་ཞེས་དཔྱད་པར་བྱའོ། །ཞེས་གསུངས་པ་ལྟར་བསྒོམས་ནས་བདག་འཛིན་གྱི་གཉེན་པོར་འགྲོ་བར་བྱེད་དགོས་ཞེས་འདོད། གཉིས་པ་ཆོས་ཀྱི་བདག་མེད་པ་གཏན་ལ་འབེབས་པ་ནི། ཆོས་ཀྱི་བདག་མེད་གཏན་ལ་འབེབས་པའི་རིགས་པའི་གཙོ་བོ་ནི་མཐའ་བཞི་སྐྱེ་འགོག་གི་རིགས་པ་དང་། རྡོ་རྗེ་གཟེགས་མའི་གཏན་

ཚོགས་ཉིད་ཡིན་པ་སྟེ། རྩ་ཤེས་ལས། བདག་ལས་མ་ཡིན་གཞན་ལས་མིན། །གཉིས་ལས་མ་ཡིན་རྒྱུ་མེད་ཡིན། །དངོས་པོ་གང་དང་གང་ན་ཡང་། །སྐྱེ་བ་ནམ་ཡང་ཡོད་མ་ཡིན། ཞེས་མུ་བཞི་ལས་སྐྱེ་བ་སྤྱིར་བཀག་པ་དང་། རྒྱུ་དང་འབྲས་བུ་གཅིག་གི་ནང་། །བསྐྱེད་བྱ་སྐྱེད་བྱེད་གཅིག་ཏུ་འགྱུར། །ཞེས་བདག་ལས་སྐྱེ་བ་བཀག་པ་དང་། རྒྱུ་དང་འབྲས་བུ་གཞན་ཉིད་ན། །རྒྱུ་དང་རྒྱུ་མིན་མཚུངས་པར་འགྱུར། །ཞེས་གཞན་ལས་སྐྱེ་བ་རིགས་པས་བཀག་པ་དང་། འཇུག་པ་ལས། གང་གི་ཕྱིར་ན་བདག་དང་གཞན་དང་གཉིས་ཀ་ལས་སྐྱེས་དང་། །རྒྱུ་ལ་མ་ལྟོས་མེད་པ་མིན་པས་དངོས་རྣམས་རང་བཞིན་བྲལ། །ཞེས་གཉིས་ཀ་ལས་སྐྱེ་བ་དང་། རྒྱུ་མེད་པ་ལས་སྐྱེ་བ་རིགས་པས་བཀག་པ་དང་། ཡང་རྩ་ཤེས་ལས། རྒྱུ་དང་རྐྱེན་ལས་བྱུང་བ་ཡི། །རང་བཞིན་བྱས་པ་ཅན་དུ་འགྱུར། །རང་བཞིན་བྱས་པ་ཅན་ཞེས་བྱར། །ཇི་ལྟ་བུར་ན་རུང་བར་འགྱུར། ཞེས་སྤྱང་སོགས་ཀྱི་ཆོས་ཐམས་ཅད་རྒྱུ་དང་རྐྱེན་ལ་རག་ལས་པས་ཀྱང་རང་བཞིན་དུ་གྲུབ་པ་མི་རུང་ཞེས་བཀག་པ་དང་། བརྟགས་ཤིང་དཔྱད་ན་གཟུང་འཛིན་ཐམས་ཅད་དངོས་པོར་མ་གྲུབ་སྟེ། གྲུབ་ན་གཅིག་དང་དུ་མ་གང་རུང་དུ་གྲུབ་དགོས་པ་ལས་དེ་གཉིས་གང་དུའང་མ་གྲུབ་པའི་ཕྱིར་ཏེ། དཔལ་ཆོས་ཀྱི་གྲགས་པས། གང་གིས་དངོས་པོ་རྣམ་དཔྱད་ན། །དེ་ཉིད་དུ་ན་དེ་དངོས་མེད། །གང་གི་ཕྱིར་ན་དེ་དག་ལ། །གཅིག་དང་དུ་མའི་རང་བཞིན་མེད། །ཅེས་གསུངས་པ་ལྟར་རོ། །གཅིག་ཏུ་མ་གྲུབ་པ་ནི། བྱང་ཆུབ་སེམས་འགྲེལ་ལས། གཟུགས་རྡུལ་དབང་ཤེས་སྐྱེད་མིན་ཏེ། །དེ་ནི་དབང་པོ་ལས་འདས་ཡིན། །འདུས་པས་དེ་རྣམས་སྐྱེད་བྱེད་ན། །ཚོགས་པ་དེ་ཡང་མི་འདོད་དོ། །ཕྱོགས་ཀྱི་དབྱེ་བས་ཕྱེ་བ་ཡིས། །རྡུལ་ཕྲན་ལ་ཡང་དབྱེ་བ་མཐོང་། །གང་ལ་ཆ་ཤས་ཀྱིས་བརྟགས་པ། དེར་ནི་རྡུལ་ཕྲན་ཇི་ལྟར་འཐད། ཅེས་གསུངས་པ་དང་། དུ་མར་མ་གྲུབ་པ་དང་། དེ་ལས། ཕྱི་རོལ་དོན་ནི་རྣམ་གཅིག་ལ། །ཐ་དད་ཤེས་པ་འཇུག་པར་འགྱུར། ཡིད་འོང་གཟུགས་ནི་གང་ཡིན་པ། །དེ་ཉིད་གཞན་མ་གཞན་དུ་འགྱུར། །བུད་མེད་གཟུགས་ནི་གཅིག་པུ་ལ། །རོ་དང་འདོད་བྱ་བཟའ་བ་ཞེས། །ཀུན་རྒྱུ་ཆགས་ཅན་

ཁྲི་རྣམས་བཞིན། །རྣམ་པར་རྟོག་པ་གསུམ་ཡིན་ནོ། །ཞེས་གསུངས་པ་ལྟར། དངོས་པོ་རྣམས་སྣང་བ་ལྟར་མ་གྲུབ་པར་འདོད། འོ་ན་གཟུང་འཛིན་སྣ་ཚོགས་སུ་སྣང་བ་འདི་ཇི་ལྟར་སྣང་བ་ཡིན་སྙམ་ན། ལང་གཤེགས་ལས། བག་ཆགས་ཀྱིས་ནི་དཀྲུགས་པའི་སེམས། །དོན་དུ་སྣང་བ་རབ་ཏུ་འབྱུང་། །དོན་ཡོད་མ་ཡིན་སེམས་ཉིད་དེ། ཕྱི་རོལ་དོན་མཐོང་ལོག་པ་ཡིན། ཞེས་གསུངས་པ་ལྟར། བག་ཆགས་མ་དག་པས་ལོག་ཤེས་ཕྱི་རོལ་གྱི་དོན་དུ་སྣང་བ་ཙམ་ཡིན་ནོ། །སྣང་བ་ཙམ་གྱིས་བདེན་པར་མི་འགྲུབ་པ་ནི། དཔེར་ན། སྒྱུ་མའི་བཀོད་པ་བཞིན་ཏེ། ཏིང་འཛིན་རྒྱལ་པོ་ལས། སྒྱུ་མ་བྱེད་པ་དག་གིས་གཟུགས་སྤྲུལ་ཏེ། །རྟ་དང་གླང་པོ་ཤིང་རྟ་སྣ་ཚོགས་བྱས། །དེ་ལ་ཇི་ལྟར་སྣང་བ་གང་ཡང་མེད། །ཆོས་རྣམས་ཐམས་ཅད་དེ་བཞིན་ཤེས་པར་གྱིས། ཞེས་སྣང་བ་སྣ་ཚོགས་སེམས་སུ་བསྒྲུབ་པ་དང་། སེམས་སྣང་དེ་ཡང་སྒྱུ་མར་སྒྲུབ་པ། དེ་ཉིད་ཀྱང་སྐྱེ་མེད་དུ་གཏན་ལ་ཕབ་སྟེ་ཆོས་ཀྱི་བདག་མེད་པའི་ཚུལ་ལ་ངེས་ཤེས་བསྐྱེད་པར་བྱའོ། །ཚུལ་དེ་ཉིད་ཡང་ནས་ཡང་དུ་ཡིད་ལ་སྒོམ་པའི་ཚུལ་མདོར་བསྡུས་ཏེ་བསྟན་པ་ནི། སྒོམ་རིམ་དང་པོ་ལས། ཆོས་ལ་བདག་མེད་པའང་འདི་ལྟར་བསྒོམ་པར་བྱ་སྟེ། ཆོས་ཞེས་བྱ་བ་ནི་མདོར་བསྡུ་ན། ཕུང་པོ་ཁམས་དང་། སྐྱེ་མཆེད་བཅུ་གཉིས་དང་། ཁམས་བཅོ་བརྒྱད་དོ། །དེ་ལ་ཕུང་པོ་དང་སྐྱེ་མཆེད་དང་། ཁམས་གཟུགས་ཅན་གང་ཡིན་པ་དེ་དག་ནི། དོན་དམ་པར་ན་སེམས་ཀྱི་རྣམ་པ་ལས་གུད་ན་མེད་དེ། དེ་དག་རྡུལ་ཕྲ་རབ་རྣམས་ཀྱང་ཆ་ཤས་ཀྱི་ངོ་བོ་ཉིད་སོ་སོར་བརྟགས་ན་ངོ་བོ་ཉིད་མེད་པར་གཟུང་དུ་མེད་པའི་ཕྱིར་རོ། །དེ་ལྟ་བས་ན། ཐོག་མ་མེད་པའི་དུས་ནས། གཟུགས་ལ་སོགས་པ་ཡང་དག་པ་མ་ཡིན་པ་ལ་མངོན་པར་ཞེན་པའི་དབང་གིས་རྨི་ལམ་ན་རྨིས་པའི་གཟུགས་ལ་སོགས་པའི་སྣང་བ་བཞིན་དུ་བྱིས་པ་རྣམས་ལ་སེམས་ཉིད་གཟུགས་ལ་སོགས་པས་ཕྱི་རོལ་ཆད་པ་བཞིན་དུ་སྣང་། དོན་དམ་པར་ན་འདི་ལ་གཟུགས་ལ་སོགས་པ་ནི་སེམས་ཀྱི་རྣམ་པ་ལས་གུད་ན་མེད་དོ་ཞེས་དཔྱད་པར་བྱའོ། །ཞེས་གསུངས་པ་ལྟར། ཡང་ཡང་སྒོམ་པ་དེ་ཉིད་དངོས་འཛིན་གྱི་གཉེན་པོར་འགྲོ་བ་ཞིག་བྱེད་དགོས་པར་འདོད་དོ། །

དེ་ལྟར་བདག་མེད་པ་རྣམ་པ་གཉིས་སྒོམ་པས་ལྟ་བ་སྐྱེད་པའི་ཚུལ་ནི་དེང་བདག་གཉིས་འགོག་པ་ནི། གཟུང་འཛིན་གྱི་དངོས་པོར་སྣང་བ་ལ་རང་མཚན་པར་ཞེན་ཅིང་འཛིན་པ་ལས་བཟློག་པའི་ཕྱིར་དུ་དགག་པ་ཡིན་ལ། དོན་དམ་པར་གཟུང་འཛིན་གྱི་དངོས་པོ་ལ་སྟོང་འཛིན་དང་མེད་འཛིན་སྐྱེད་ན་དེ་ཡང་མི་རུང་སྟེ། རྩ་བ་ཤེས་རབ་ལས། རྒྱལ་བ་རྣམས་ཀྱི་སྟོང་པ་ཉིད། །ལྟ་ཀུན་ངེས་པར་འབྱིན་པར་གསུངས། །གང་དག་སྟོང་པ་ཉིད་ལྟ་བ། །དེ་དག་བསྒྲུབ་ཏུ་མེད་པར་གསུངས། ཞེས་དང་། ཇོ་བོ་རྗེས། ཐབས་སྒོམས་དབང་གི་བདག་ཉིད་ཀྱི། །དེ་ཡི་ཤེས་རབ་རྣམ་བསྒོམས་ན། །དེས་ནི་བྱང་ཆུབ་མྱུར་ཐོབ་ཀྱི། །བདག་མེད་གཅིག་པུ་བསྒོམས་པས་མིན། ཞེས་སོགས་མང་དུ་གསུངས་པ་ལྟར་རོ། །དེས་ན། གཟུང་འཛིན་གྱི་ཆོས་ཐམས་ཅད་རྟེན་ཅིང་འབྲེལ་འབྱུང་ཙམ་དུ་སྣང་བས་ན་སྟོང་རྒྱུད་ངམ་མེད་རྒྱུད་མ་ཡིན་ཞིང་། གཞིགས་ཤིང་དཔྱད་ན་སོ་སོའི་རང་བཞིན་ནམ་ངོ་བོ་ཉིད་དུ་གྲུབ་པ་མེད་པས་ན་བདེན་པར་ཡོད་པ་མ་ཡིན་ཏེ། རྩ་ཤེར་ལས། ཡོད་ཅེས་བྱ་བ་རྟག་པར་འཛིན། །མེད་ཅེས་བྱ་བ་ཆད་པར་ལྟ། །དེ་ཕྱིར་ཡོད་དང་མེད་པ་ལ། མཁས་པས་གནས་པར་མི་བྱའོ། །ཞེས་དང་། བདེན་གཉིས་རང་འགྲེལ་ལས། དེ་ཉིད་ཕྱིར་ན་དེ་སྟོང་མིན། །མི་སྟོང་མ་ཡིན་ཡོད་མེད་མིན། །མི་སྐྱེ་མ་ཡིན་སྐྱེ་མིན་ཞེས། །དེ་ལ་སོགས་པ་བཅོམ་ལྡན་གསུངས། །ཞེས་སོགས་གསུངས་སོ། །དཔེར་ན། སྐྱེ་བོ་རྣམས་ཀྱི་ཡིད་འདུ་བྱེད་སྣ་ཚོགས་ལ་འཇུག་པར་སྒོམས་པ་འདི་ཉིད་མཚན་འཛིན་ནམ་དམིགས་གཏད་སོགས་ཡིད་འཇུག་པའི་གནས་མེད་པས་སྐྲག་ནས། མཚན་འཛིན་སོགས་ཀྱི་གནས་ལ་དགའ་བས་ཡོད་མེད་དང་། སྟོང་མི་སྟོང་ལ་སོགས་པ་འཛིན་པ་འདིས་འཇིག་རྟེན་ཕུང་བར་གྱུར་པ་སྟེ། རིན་ཆེན་ཕྲེང་བ་ལས། གནས་མེད་ཆོས་འདིས་སྐྲག་གྱུར་པའི། །སྐྱེ་བོ་གནས་ལ་མངོན་དགའ་ཞིང་། །ཡོད་དང་མེད་པར་འཛིན་པས་ན། །མི་མཁས་རྣམས་ནི་ཕུང་བར་འགྱུར། ཞེས་པ་ལྟར་རོ། །འོ་ན། གཟུང་འཛིན་གྱི་དངོས་པོ་ཐམས་ཅད་དངོས་པོ་དང་དངོས་མེད་སོགས་གང་དུ་ཡང་མ་གྲུབ་ཀྱང་། སེམས་ཙམ་གྱི་རང་རིག་རང་གསལ་ཞིག་ཏུ་བལྟ་བར་

བྱའམ་ཞེ་ན། དེ་འང་རྐྱེན་གྱིས་བསྐྱེད་པའི་ཉམས་སྣང་འགའ་ཞིག་ལ་འབྱུང་བ་ལས་དོན་ལ་གྲུབ་པ་མེད་དེ། ལང་ཀར་གཤེགས་པ་ལས། ཕྱི་རོལ་དངོས་པོ་ཡོད་མེད་མིན། །སེམས་ཀྱང་ཡོངས་སུ་གཟུང་བ་མེད། །ལྟ་བ་ཐམས་ཅད་རབ་སྤངས་པ། །དེ་ནི་སྐྱེ་མེད་མཚན་ཉིད་དོ། །ཞེས་པ་དང་། སྤྱོད་པ་ལ་འཇུག་པ་ལས་ཀྱང་། གང་ཚེ་དངོས་དང་དངོས་མེད་དག །བློ་ཡི་མདུན་ན་མི་གནས་པ། །དེ་ཚེ་རྣམ་པ་གཞན་མེད་པས། དམིགས་པ་མེད་པ་རབ་ཏུ་ཞི། །ཞེས་སོགས་གསུངས་པ་ལྟར་དང་། གཞན་ཡང་། དཀོན་མཆོག་བརྩེགས་པའི་མདོ་ལས། འོད་སྲུང་སེམས་ནི་ཡོངས་སུ་བཙལ་ན་མི་རྙེད་དོ། །གང་མི་རྙེད་པ་དེ་ནི་མི་དམིགས་སོ། །གང་མི་དམིགས་པ་དེ་འདས་པ་ཡང་མ་ཡིན། མ་འོངས་པ་ཡང་མ་ཡིན། ད་ལྟར་བྱུང་བ་ཡང་མ་ཡིན་ནོ། །ཞེས་ཆོས་ཐམས་ཅད་སེམས་སུ་ངེས་པར་བྱ་བ་དང་། སེམས་ཀྱང་ངོས་བཟུང་ཐམས་ཅད་དང་བྲལ་བའི་ཆོས་ཉིད་ནམ་མཁའ་ལྟ་བུ་རྟོགས་པར་བྱེད་པའི་ཚུལ་འདི་ནི། དཔྱད་སྒོམ་ངམ་བློས་བྱས་ཀྱི་སྟོང་ཉིད་སྒོམ་ཚུལ་ཐལ་མོ་ཆེ་ལས་ཆེས་ལྷག་པར་སྣང་སྟེ། མདོ་སྡེ་རྒྱན་ལས། སེམས་ལས་གཞན་མེད་པ་ནི་བློས་རིག་ནས། །དེ་ནས་སེམས་ཀྱང་མེད་པ་ཉིད་དུ་རྟོགས། །བློ་དང་ལྡན་པས་གཉིས་པོ་མེད་རིག་ནས། །དེ་མི་ལྡན་པའི་ཆོས་ཀྱི་དབྱིངས་ལ་གནས། ཞེས་སོགས་གསུངས་པ་དང་མཐུན་པའི་ལྟ་བ་བསྐྱེད་པའོ། །

དེ་ཉིད་སྒོམ་པའི་ཚུལ་ཅུང་ཟད་བཤད་པ་ལ། ཡང་དག་པའི་ལྟ་བ་ངོས་བཟུང་བ། དེ་མཉམ་བཞག་ཏུ་སྒོམ་ཚུལ། རྗེས་ཐོབ་ཏུ་འཆར་ཚུལ། དཔྱད་སྒོམ་དང་འཇོག་སྒོམ་གྱི་རྣམ་དབྱེ། ལྟ་བ་སྒོམ་པ་ལ་དཔྱད་འཇོག་ཇི་ལྟར་བྱ་བའོ། །

དང་པོ་ནི་གོང་དུ་བཤད་པ་ལྟར་དངོས་པོ་དང་། དངོས་མེད་དང་། གཉིས་ཀ་དང་། གཉིས་ཀ་མ་ཡིན་པ་ལ་སོགས་པ་གང་དང་གང་དུ་བློས་བསྒོམས་ཀྱང་རྟག་ཆད་ལ་སོགས་པའི་མཐར་འཛིན་དུ་འགྱུར་ལ། སྟོང་ཉིད་དང་། སྐྱེ་མེད་དམིགས་མེད་ལ་སོགས་པར་བློས་བཏགས་ཙམ་བསྒོམས་པས་ཀྱང་བློས་བྱས་ཡིན་པས་ལྟ་བ་དངོས་མ་ཡིན་ནོ། །འོ་ན་ཇི་ལྟར་ཡིན་ཞེ་ན། གཞུང་ལུགས་ནས་བཤད་པའི་རིགས་པས་དཔྱད་གཞིགས་བྱས་ཀྱང་ཟུང་།

མན་ངག་ནས་བཤད་པའི་དམིགས་པས་སྤྲོ་སྐྱུར་བཅད་ཀྱང་ཟུང་སྟེ། དོན་ལ་གཟུང་འཛིན་ནི་ཆོས་ཐམས་ཅད་རང་གི་སེམས་སྣང་ཙམ་དུ་ཐག་གཅོད་ཅིང་། རང་སེམས་ཀྱི་དོན་དམ་པའི་གནས་ཚུལ་དེ་ཉིད་ཀྱང་གདོད་མ་ནས་གང་གི་ཡང་རང་བཞིན་དུ་མ་གྲུབ་པ། དངོས་པོ་དང་མཚན་མས་མ་གོས་པ། སྐྱེ་འགག་གནས་གསུམ་དང་བྲལ་བ། བརྟག་དཔྱད་ཀྱི་བློ་ཡི་ཡུལ་ལས་འདས་པ། དཔེར་ན་ནམ་མཁའ་ལྟ་བུའོ། །འོན་ཀྱང་ལས་དང་པོ་བ་ལ། སྒྱུ་མ་ལྟ་བུའི་དྲན་རིག་ཕྲ་མོས་ཁྱད་པར་དུ་བྱས་པ་ཙམ་ཞིག གོ་ཡུལ་དུ་མ་ལུས་པར་ཉམས་མྱོང་གི་ཐོག་ནས་རིག་ཅིང་གཏན་ལ་འབེབས་པ་ནི་ཡང་དག་པའི་ལྟ་བ་ཡིན་ཏེ། སྡུད་པ་ལས། སྐྱེ་བ་མེད་དང་སྐྱེ་བ་གཉིས་ཀར་མི་རྟོག་པ། །འདི་ནི་ཤེས་རབ་ཕ་རོལ་ཕྱིན་མཆོག་སྤྱོད་པ་ཡིན། ཞེས་དང་། ཡུམ་ལ་བསྟོད་པ་ལས། སྨྲ་བསམ་བརྗོད་མེད་ཤེས་རབ་ཕ་རོལ་ཕྱིན། ཞེས་དང་། མཉམ་མེད་རྗེ་བོས། ཟབ་ཅིང་སྤྲོས་བྲལ་དེ་ཉིད་དེ། །འོད་གསལ་འདུས་མ་བྱས་པ་གང་། །མ་སྐྱེས་མ་འགག་གདོད་ནས་དག །རང་བཞིན་མྱ་ངན་འདས་པ་ཡི། །ཆོས་དབྱིངས་མཐའ་དང་དབུས་མེད་པ། །བློ་མིག་ཞིབ་མོས་རྟོག་བྲལ་བས། །བྱིང་རྒོད་རབ་རིབ་མེད་པར་བལྟ། ཞེས་སོགས་མང་དུ་གསུངས་པ་ལྟར་ཡང་དག་པའི་ལྟ་བ་ནི་དེ་ལྟ་བུ་ཡིན་ནོ་ཞེས་བཤད་དོ། །

གཉིས་པ་ནི། སྤྱིར་ལྟ་བའི་ངང་ལས་གཞན་དུ་མ་ཡེངས་པར་སྒོམ་པ་ཡིན་ལ། དེ་ཡང་གོང་དུ་བཤད་པ་ལྟར་གྱི་ལྟ་བ་དེའི་ངང་མ་ཤོར་ཙམ་གྱི་དྲན་པ་དང་ཤེས་བཞིན་ལས་གཞན་པའི་དམིགས་པ་དང་། ཡིད་བྱེད་ཀྱི་བློ་ཐམས་ཅད་སྤངས་ཏེ། བཅོས་སླད་དང་། འཕྲི་བསྣན། རྟོག་དཔྱོད་མེད་པར་ཅི་ཡང་མི་སྒོམ་པའི་ཚུལ་གྱིས་རང་བབས་སུ་འཇོག་པ་སྟེ། ནམ་མཁའ་ལྟ་བུའི་ཏིང་ངེ་འཛིན་གྱི་མདོ་ལས། བླ་མ་དམ་པའི་བདུད་རྩི་ཡིས། །རང་སེམས་ནམ་མཁའ་ལྟ་བུར་ཤེས། །དེ་ཡི་དོན་ལ་མ་ཡེངས་པ། །དེ་ནི་ཏིང་འཛིན་ཞེས་པར་བསྟན། ཞེས་དང་། བརྒྱད་སྟོང་པ་ལས། ཤེས་རབ་ཀྱི་ཕ་རོལ་ཕྱིན་པ་སྒོམ་པ་དེ་ནི་ཆོས་གང་ཡང་མི་སྒོམ་པ་ལགས་སོ། །ཤེས་རབ་ཀྱི་ཕ་རོལ་ཏུ་ཕྱིན་པ་སྒོམ་པ་དེ་ནི་ནམ་མཁའ་སྒོམ་

པ་ལགས་སོ། །ཞེས་དང་། ནམ་མཁའ་ལ་རྟོག་པ་མེད་པ་ཉིད་ལ་ཤེས་རབ་ཀྱི་ཕ་རོལ་ཏུ་ཕྱིན་པ་རྟོག་པ་མེད་པ་ཉིད་དོ། །ཞེས་དང་། མགོན་པོ་བྱམས་པ། འཕགས་མཆོག་ཀླུ་སྒྲུབ་ནམ་མཁམ་རིན་པོ་ཆེའི་མདོ་བཅས་སུ། འདི་ལ་བསལ་བྱ་ཅི་ཡང་མེད། །གཞག་པར་བྱ་བ་ཅུང་ཟད་མེད། །ཡང་དག་ཉིད་ལ་ཡང་དག་བལྟ། །ཡང་དག་མཐོང་ན་རྣམ་པར་གྲོལ། ཞེས་དང་། ཇོ་བོ་རྗེས། ཆོས་དབྱིངས་སྤྲོས་དང་བྲལ་བ་ལ། །ཤེས་པའང་སྤྲོས་དང་བྲལ་བ་བཞག །ཅེས་སོགས་དང་། གཞན་ཡང་། འདི་དག་དང་བཤད་ཚུལ་འདྲ་བའི་གྲུབ་ཆེན་རྣམས་ཀྱི་གསུངས་མང་དུ་མཆིས་ཀྱང་འདིར་དེ་ཙམ་ལས་མ་བྲིས། དེ་ལྟར་ལྟ་བའི་ངང་ལ་མ་ཡེངས་པར། མཉམ་པར་བཞག་པའི་ཚུལ་མདོ་ཙམ་བསྟན་པ་འདིས། བསྒྲུབ་བརྒྱུད་འདི་པའི་ལུགས་ཀྱི་ཡེངས་མེད་དང་། ཡིད་བྱེད་བྲལ་བ། མ་བཅོས་རང་བབས་སུ་འཇོག་པ་སོགས་ཀྱི་ཁྱུངས་དང་། དགོངས་པ་གཏད་སྦྱོགས་ཀྱི་འགྲོ་ཚུལ་རགས་ཙམ་འཆར་ཐུབ་སྙམ།

གསུམ་པ་ནི། མཉམ་བཞག་ལས་གཞན་དུ་རྗེས་ཀྱི་སྣང་བ་མཐའ་དག་འཆར་བའི་ཚེ། གོང་དུ་མཉམ་བཞག་ནམ་མཁའ་ལྟ་བུ་བསྒོམས་པའི་དྲན་པའི་རྩེའམ། ཤུགས་ཀྱིས་ཟིན་ནས། སྣང་བ་ཐམས་ཅད་དོན་ལ་རང་བཞིན་མ་གྲུབ་བཞིན་དུ། སྣང་ཚུལ་ཇི་ལྟར་ཡོད་པ་ལྟར་གསལ་བར་སྣང་བ་ནི་རྗེས་ཐོབ་སྒྱུ་མ་ལྟ་བུ་ཞེས་བྱ་བ་དེ་ཡིན་ཏེ། སྡུད་པ་ལས། གང་ཞིག་ཕུང་པོ་ལྔ་དག་སྒྱུ་མ་འདྲར་ཤེས་ཤིང་། །སྒྱུ་མ་གཞན་དང་ཕུང་པོ་གཞན་དུ་མི་བྱེད་པ། །སྣ་ཚོགས་འདུ་ཤེས་བྲལ་ཞིང་ཞི་བར་ཞི་སྤྱོད་པ། །དེ་ནི་ཤེས་རབ་ཕ་རོལ་ཕྱིན་མཆོག་སྤྱོད་པ་ཡིན། ཞེས་སོགས་མང་དུ་གསུངས་པ་ལྟར། ལྟ་བའི་ངང་ལ་མཉམ་པར་བཞག་པ་ལས་ལྡང་བའི་རྗེས་ཐོབ་ཏུ་སྒྱུ་མ་ལྟ་བུའི་འཆར་ཚུལ་དེ་ལྟར་སྣང་བ་ཡིན་ནོ། །དེ་ཡང་སྒྱུ་མ་ལྟ་བུ་ཞེས་པའི་དོན་ལ། རྗེས་ཤེས་ལ་གང་ཤར་གྱི་སྣང་བ་ཐམས་ཅད་མི་བདེན་ནོ། །སྒྱུ་མ་ལྟ་བུ་ཡིན་ནོ། །སྙམ་དུ་བློས་ཆེད་དུ་འཛིན་པ་ནི་བློས་བྱས་ཀྱི་སྒྱུ་མ་ཞེས་བྱ་སྟེ། དེ་ནི་སྒྱུ་མ་ལྟ་བུར་སྒོམ་པ་བྱས་ནས་དེར་འཛིན་པ་ཡིན་པས། སྐབས་འགའ་ཞིག་ཏུ་དེ་ལྟར་བྱ་དགོས་པ་ཡོད་ཀྱང་། དེ་ནི་སྒྱུ་མ་ལྟ་བུར་སྒོམ་པའི་དོན་དངོས་མིན་ནོ། །འོ་ན། ཇི་ལྟར་ཡིན་སྙམ་ན།

དཔེར་ན་སྒྱུ་མ་མཁན་པོས་སྤྲུལ་པའི་རྟ་གླང་ལ་སོགས་པ་གདོད་མ་ནས་རྟ་གླང་གི་རང་བཞིན་ནམ་ངོ་བོར་གྲུབ་པ་མེད་ཀྱང་། རྟ་གླང་དུ་བསློན་མེད་པར་སྣང་བ་ལ། སྒྱུ་མའི་ལྟད་མོ་བ་དང་། སྒྱུ་མ་མཁན་པོ་གཉིས་སྣང་ཚུལ་གྱི་སྒོ་ནས་འདྲ་བར་སྣང་ཡང་། གནས་ཚུལ་རྟ་གླང་རང་མཚན་པར་ཞེན་འཛིན་ཡོད་མེད་ཀྱི་ཁྱད་པར་བྱུང་བ་ལྟར། གང་ཟག་དང་། ཆོས་ཀྱི་ཐོག་ཏུ། ཐ་མལ་པ་རྣམས་ཇི་ལྟར་སྣང་བ་ལྟར་དུ་ཞེན་ཅིང་འཛིན་པ་ཡིན་ལ། རྣམ་འབྱོར་པ་རྣམས་ཀྱིས་གང་སྣང་ཐམས་ཅད་སྣང་བ་ཙམ་ལས་དངོས་པོའི་རང་བཞིན་ནམ་ངོ་བོ་ཉིད་དུ་མ་གྲུབ་པར་ཧ་གོ་ནས་ཤེས་པ་ཡིན་ནོ། །དེས་ན་སྒྱུ་མ་མཁན་པོས་སྒྱུ་མའི་བཀོད་པ་སྣང་བ་ལྟར། རྣལ་འབྱོར་པས་དོན་དམ་པར་ཆོས་ཐམས་ཅད་རང་བཞིན་མེད་པར་ཤེས་བཞིན་དུ་ཀུན་རྫོབ་པའི་སྣང་ཆ་མ་འགག་པར་སྣང་བ་ཙམ་ལ་སྒྱུ་མ་ལྟ་བུའི་དོན་དུ་བཤད་དེ། ཏིང་འཛིན་རྒྱལ་པོ་ལས། སྒྱུ་མ་བྱེད་པ་དག་གིས་གཟུགས་སྤྲུལ་ཏེ། །རྟ་དང་གླང་པོ་ཤིང་རྟ་སྣ་ཚོགས་བྱས། །དེ་ལ་ཇི་བཞིན་སྣང་བ་གང་ཡང་མེད། ཆོས་རྣམས་ཐམས་ཅད་དེ་བཞིན་ཤེས་པར་གྱིས། ཞེས་པ་ལྟར་རོ། །རྣལ་འབྱོར་ལ་གོམས་པས་ནི་ཆོས་ཉིད་ཀྱི་ངང་ལས་མི་གཡོ་བའི་མཉམ་བཞག་དང་། སྒྱུ་མ་ལྟ་བུ་རྗེས་ཐོབ་གཉིས་ཀྱང་འདྲེས་ནས། ཐམས་ཅད་ཆོས་ཉིད་ཀྱི་རྣམ་རོལ་དུ་ཤར་ཏེ་གཉིས་འཛིན་དང་བྲལ་ནས་ཟུང་འཇུག་གི་རྟོགས་པ་ཐོབ་པར་འགྱུར་ཏེ། སྡུད་པ་ལས། བདག་ཉིད་མཉམ་པར་བཞག་ཅིའམ་ལངས་ཞེས་རློམས་སེམས་མེད། །ཅི་ཕྱིར་ཞེ་ན་ཆོས་ཀྱི་རང་བཞིན་ཡོང་ཤེས་ཕྱིར། །ཞེས་སོགས་གསུངས་པ་ལྟར་རོ། །དེ་ལྟར་ལྷག་མཐོང་གི་ལྟ་བ་རྟེན་པ་ན། དེ་སྐྱོང་བའི་ཚེ། ལྟ་བ་དེ་ཉིད་ཀྱི་ངང་ལས་གཞན་དུ་མ་ཡེངས་པའི་དྲན་རྒྱུན་བསྟེན་པ་དང་། བྱིང་རྒོད་སེལ་བའི་ཤེས་བཞིན་གྱིས་བྱ་ར་བྱེད་པ། བྱིང་རྒོད་དང་བྲལ་བའི་ལྟ་ཐོག་ཏུ་ཡིད་འདུ་བྱེད་པའི་སེམས་པ་བསྐྱེད་པ་དང་། དེ་ལས་གཞན་གང་དུ་ཡང་ཡིད་འདུ་མི་བྱེད་པའི་བཏང་སྙོམས་བསྟེན་ཚུལ་རྣམས་དང་། དེ་དག་ཀྱང་རབ་ཏུ་བསྒྲིམས་ཏེ་འཇུག་པ་ལ་སོགས་པའི་ཡིད་བྱེད་བཞིས་འགྲུབ་ཚུལ་རྣམས་ནི་ཞི་གནས་དང་། ལྷག་མཐོང་འདྲ་བར། ཉན་ས་ལས་བཤད་པ་ལྟར་ཤེས་པར་

བྱའོ། །

བཞི་པ། དཔྱད་སྒོམ་དང་འཇོག་སྒོམ་གྱི་རྣམ་དབྱེ། སྤྱིར་དཔྱད་འཇོག་གི་སྒྲ་འཇུག་པའི་དབང་དུ་བྱས་ན། དཔྱད་གཞིགས་དང་བཅས་པའི་སྒོམ་རྣམས་དཔྱད་སྒོམ་དང་། རྣལ་དུ་ཕབ་སྟེ་འཇོག་པའི་སྒོམ་རྣམས་འཇོག་སྒོམ་དུ་བྱ་སྟེ། དེ་ལས་གཞན་དུ་དཔྱད་འཇོག་གི་དོན་ཡང་འཆད་དཀའ་བའི་ཕྱིར་རོ། །དེ་ལྟར་ན། དལ་འབྱོར་རྙེད་དཀའ་དང་། མི་རྟག་པ་སྒོམ་པ་ནས་བཟུང་སྟེ་བདག་མེད་གཉིས་གཏན་ལ་དབབ་པའི་བར་དུ། རྣམ་དཔྱོད་ཀྱི་དཔྱད་གཞིགས་དང་བཅས་ཏེ་སྒོམ་པ་ཐམས་ཅད་དཔྱད་སྒོམ་དང་། དཔྱད་དོན་གྱི་བསྒོམ་བྱ་དེ་དྲན་ཤེས་ཀྱིས་རྩེ་གཅིག་ཏུ་མཉམ་པར་འཇོག་པ་ཐམས་ཅད་འཇོག་སྒོམ་དུ་བྱེད་དགོས་སོ། །དགའ་ཞིག པཎྜི་ཏའི་སྒོམ་རྣམས་དཔྱད་སྒོམ་ཁོ་ན་དང་། ཀུ་སུ་ལིའི་རྣམས་འཇོག་སྒོམ་ཁོ་ནར་སེམས་པ་དང་། ལ་ལས་མཁས་པས་གཞུང་ལུགས་ལ་བརྟེན་ནས་ཐོབ་བསམ་གྱིས་དཔྱད་པ་འབའ་ཞིག་བྱེད་པ་དང་། ཀུ་སུ་ལིས་མན་ངག་ལ་བརྟེན་ནས་མཉམ་བཞག་འབའ་ཞིག་བྱེད་པར་སེམས་མོད། དེ་ནི་མ་ཡིན་ཏེ། མཁས་པ་ལའང་བསྒོམ་བྱའི་དོན་ལ་མཉམ་པར་འཇོག་པ་ལ་འཇོག་སྒོམ་དགོས་ལ། ཀུ་ས་ལི་ལའང་ལྟ་བ་ལ་སྒྲོ་སྐུར་གཅོད་པའི་དཔྱད་སྒོམ་དགོས་པའི་ཕྱིར་དང་། དཔྱད་གཞིགས་ཁོ་ནས་བཅལ་བའི་ལྟ་བ་དེ་བློས་བྱས་ཀྱི་ལྟ་བར་འགྱུར་བ་དང་། བཞག་པ་ཁོ་ནའི་ལྟ་བ་དེ་སེམས་ཀྱི་ཉམས་མྱོང་ཙམ་དུ་འགྱུར་བས་ན། དཔྱད་འཇོག་གཉིས་ཀ་མེད་པར་ཡང་དག་པའི་སྒོམ་དོན་རྙེད་དཀའ་བའི་ཕྱིར་རོ། །འོ་ན་དཔྱད་སྒོམ་དང་འཇོག་སྒོམ་ཞེས་གྲགས་པའི་ངོས་འཛིན་དང་ཁྱད་པར་ཇི་ལྟ་བུ་སྙམ་ན། དཔྱད་འཇོག་གཙོ་ཆེ་ཆུང་གི་དབང་གིས་དེ་ལྟར་ཐ་སྙད་བཏགས་པ་ཙམ་སྟེ། དེ་ཡང་། རྗེས་དཔག་ལམ་དུ་བྱས་ཏེ། གཙོ་བོར་ལུང་རིགས་ཀྱི་དཔྱད་གཞིགས་ལ་བརྟེན་ནས་ལྟ་བ་གཏན་ལ་འབེབས་པའི་སྒོམ་རིམ་ལ་དཔྱད་སྒོམ་དང་། མངོན་སུམ་ལམ་དུ་བྱས་ཏེ་གཙོ་བོ་དེ་ཁོ་ན་ཉིད་ཀྱི་མཉམ་བཞག་ལ་བརྟེན་ནས་ལྟ་བ་གཏན་ལ་འབེབས་པའི་སྒོམ་རིམ་ལ་འཇོག་སྒོམ་གྱི་ཐ་སྙད་བཞག་པ་ཡིན་ལ་དེའི་སྔ་མ་ནི་འཕགས་པ་ཐོགས་མེད་དང་། མགོན་

པོ་ཀླུ་སྒྲུབ་ཀྱི་གཞུང་ལ་བརྟེན་ནས་ལུང་རིགས་ཀྱི་དཔྱད་པ་ཤས་ཆེ་བའི་སྒོམ་རིམ་དང་། ཕྱི་མ་ནི་བྲམ་ཟེ་ཆེན་པོ་དཔལ་ས་ར་ཧ་དང་། ཤ་བ་རི་དབང་ཕྱུག་སོགས་ལས་བརྒྱུད་དེ་གནས་ལུགས་ཀྱི་དོན་ལ་མཉམ་པར་འཇོག་པ་ཤས་ཆེ་བའི་སྒོམ་རིམ་རྣམས་ཡིན་ལ། གཉིས་ཀའི་སྙིང་དོན་གྱི་ལྟ་བ་ནི་གནས་ལུགས་སྟོང་པ་ཉིད་ཀྱི་དོན་དུ་གནད་གཅིག་དགོས་ཏེ། རྗེ་གོང་ཚང་པས། པཎྜི་ཏའི་དཔྱད་སྒོམ་དང་། །ཀུ་ས་ལིའི་འཇོག་སྒོམ་གཉིས་མཐའི་སྐྱེལ་སོ་ནི་གཅིག་ཡིན་ལ་ལམ་ནི་ཀུ་ས་ལིའི་ལུགས་དེ་མྱུར་བ་ཡིན་ནོ། །ཞེས་གསུངས་པ་ལྟར་རོ། །འོན་ཀྱང་ལུང་རིགས་ཀྱི་དཔྱད་གཞིགས་ཕོ་ན་ལ་བརྟེན་ནས་ཡང་དག་པའི་ལྟ་བ་རྟོགས་པ་ནི་སྲིད་པ་ཙམ་ཡིན་ཏེ། ལུང་རིགས་ཀྱི་དཔྱད་གཞིགས་ནི་སྒྲ་དོན་ཅན་གྱི་རྟོག་པས་དཔྱོད་པ་ཡིན་ལ། དེས་མངོན་སུམ་གཏན་ལ་མི་ཕབ་པར་ཆོས་ཀྱི་གྲགས་པས་གསུངས་པའི་ཕྱིར་དང་། ཤིང་རྟ་ཆེན་པོ་རྣམ་གཉིས་ལ་སོགས་པ་པཎ་ཆེན་གྲུབ་པ་ཐོབ་པ་ཕལ་ཆེར་གསང་སྔགས་སོགས་ཀྱི་མན་ངག་ལ་བརྟེན་ནས་གྲོལ་བའི་ལོ་རྒྱུས་ཡོད་པ་དང་། ཁྲིད་པར་ནཱ་རོ་པ་དང་། མཻ་ཏྲི་པ་ལ་སོགས་པའི་པཎ་ཆེན་མང་པོ་ལུང་རིགས་ལ་ཐོས་བསམ་བྱས་ནས་འཆད་རྩོད་རྩོམ་པ་ལ་མཁས་པ་ཆེན་པོར་གྱུར་ཀྱང་དེས་མ་གྲོལ་བར་སྙིང་པོ་དོན་གྱི་མན་ངག་ལ་བརྟེན་ནས་གྲོལ་བའི་ལོ་རྒྱུས་སྣང་ཞིང་། རྒྱ་བོད་ཀྱི་གྲུབ་ཆེན་ཕལ་ཆེ་བ་རྣམས་ཀྱང་མན་ངག་ལ་བརྟེན་ནས་གྲོལ་བ་མང་དུ་སྣང་བའི་ཕྱིར་རོ། །

ལྔ་པ་ལྟ་བ་སྒོམ་པ་ལ་དཔྱད་འཇོག་ཇི་ལྟར་བྱ་བ་ནི། སྤྱིར་ངེས་དོན་སྒོམ་པའི་ཚུལ་ལ། གང་ཟག་ཅིས་ཅར་བའི་རིགས་ཅན་དབང་པོ་རབ་ཀྱིས་ཐོག་མར་ལྟ་བ་ལ་སྒྲོ་འདོགས་བཅད་དེ། དེ་ནས་ལྟ་ཐོག་དེར་སེམས་བཞག་ཐབས་ཀྱི་སྒོམ་པ་བྱེད་པ་དང་། རིམ་གྱིས་པའི་རིགས་ཅན་དབང་པོ་འབྲིང་པོ་དང་ཐ་མས་ཐོག་མར་སེམས་གནས་སོགས་བསྒོམས་པའི་ཐོག་ནས་ལྟ་བ་བཙལ། དེ་ནས་ལྟ་བ་ཉིད་ལ་གོམས་པར་བྱེད་པའི་ཚུལ་གཉིས་ཡོད་པ་ལས། དཔལ་ས་ར་ཧ། ཤ་ཝ་རི་པ། ཨིནྡྲ་བོ་དྷི། ཏཻ་ལོ་པ། མཻ་ཏྲི་པ་སོགས་ཀྱིས། དབང་པོ་རབ་ཀྱི་དབང་དུ་མཛད་ནས་ཚུལ་སྔ་མ་ལྟར་བཤད་ལ། བྱམས་ཆོས་དང་ས་སྡེ་དང་ཀ་མ་ལ་ཤཱི་

ལའི་སྒོམ་རིམ་དང་ཤཱན་ཏི་པའི་ཤེར་ཕྱིན་གྱི་མན་ངག་རྣམས་སུ་དབང་པོ་འབྲིང་མན་ཆད་ཀྱི་དབང་དུ་མཛད་དེ། ཚུལ་ཕྱི་མ་ལྟར་བཤད་དོ། །བོད་དུ་སྙིང་པོའི་དོན་སྒོམ་ཚུལ་ལ། སྟོན་གྱི་བཀའ་གདམས་པ་འགའ་ཞིག་ལ། ཨིནྡྲ་བོ་དྷི་ནས་བརྒྱུད་དེ་ཌོམ་བྷི་པ་ལ་ཇོ་བོ་རྗེས་གསན་པའི་ཕྱག་རྒྱ་ཆེན་པོའི་མན་ངག་ཡོད་ཅིང་། དེ་ཇོ་བོའི་སློབ་མ་རྣལ་འབྱོར་པ་དང་དགོན་པ་བ་ལས་བརྒྱུད་པ་བྱུང་སྣང་ཡང་འབྲོམ་སྟོན་པ་ནས་སྐུ་མཆེད་གསུམ་ལ་བརྒྱུད་པ་ཕལ་ཆེར་ནི་ལམ་རིམ་ལ་བརྟེན་པའི་མདོ་ཕྱོགས་ཀྱི་སྒོམ་རིམ་ཤས་ཆེ་བར་སྣང་ངོ་། །དེ་ནས་རྗེ་སྒམ་པོ་པའི་ཁྲིད་སྲོལ་ལ་གོང་དུ་བཤད་པའི་ལུགས་གཉིས་དང་གསང་སྔགས་ཀྱི་རྫོགས་རིམ་ལ་བརྟེན་པའི་མན་ངག་སོགས་མང་དུ་ཡོད་ཀྱང་། གཙོ་ཆེར་ཕྱག་ཆེན་གྱི་སྒོམ་རིམ་ལ་དང་པོར་ལྟ་བ་ལ་སྒྲོ་འདོག་བཅད་ནས་དེ་བཞག་ཐབས་ཀྱིས་ཉམས་སུ་ལེན་པའི་ཚུལ་ཉིད་འབྱུང་ཞིང་། ཕྱིས་མཻ་ཏྲི་པའི་སློབ་མ་རྒྱ་གར་ཕྱག་ན་སོགས་ལས་བརྒྱུད་པའི་དོ་ཧ་བརྡ་རྩ་དང་། གསང་སྤྱོད་ཀྱི་མན་ངག་ཐམས་ཅད་ཀྱང་རྗེ་སྒམ་པོ་པའི་ཁྲིད་སྲོལ་དེ་དང་མཐུན་པར་བོད་དུ་དར་བ་དེས་ན། དང་པོ་ལྟ་བ་འཚོལ་བའི་ཚེ་རྟ་ལ་དཀྱུས་ས་བསྟན་པ་བཞིན་དུ། ཐོས་བསམ་གྱི་ཤེས་རབ་ཀྱིས་རང་དང་སྤྱིའི་མཚན་ཉིད་ལ་སྒྲོ་འདོགས་བཅད་ན་ངེས་པའི་ཤེས་པ་འདྲེན་པ་ལ་ཁྱད་པར་ཆེ་ལ། ཡང་དག་པའི་ལྟ་བ་འཚོལ་བ་ཉིད་ལ་ནི་སྒོམ་བྱུང་གི་སོ་སོར་རྟོག་པའི་ཤེས་རབ་ཉིད་གལ་ཆེ་བས། དེས་བལྟས་ཤིང་དཔྱད་པ་ན་རྗེས་དཔག་ལ་མ་ལྟོས་པར་ཆོས་ཐམས་ཅད་ངོ་བོ་ཉིད་དམ་རང་བཞིན་མེད་པར་མངོན་སུམ་གྱིས་གཞལ་བར་ནུས་ཤིང་། སོ་སོར་རྟོག་པ་དེ་ཉིད་ཀྱང་། ཅིའི་ངོ་བོར་མ་གྲུབ་པར་གང་གི་ཡང་རང་བཞིན་དུ་མཐོང་བ་མེད་པ་དེ་ཡང་དག་པའི་དོན་མཐོང་བ་ཡིན་ཏེ། སྒོམ་རིམ་ལས། དོན་དམ་པ་མཐོང་བ་གང་ཞེ་ན། ཆོས་ཐམས་ཅད་མཐོང་བ་མེད་པ་གང་ཡིན་པའོ། །དེ་ལྟ་བུའི་མཐོང་བ་མེད་པ་ལ་དགོངས་ནས་མི་མཐོང་ངོ་ཞེས་བཀའ་སྩལ་བ་ལས་མིག་བཙུམ་པ་དང་། དམུས་ལོང་ལ་སོགས་པ་ལྟ་བུ་རྐྱེན་མ་ཚང་བ་དང་། ཡིད་ལ་མི་བྱེད་པས་མིང་མཐོང་བ་ནི་མ་ཡིན་ནོ། །ཞེས་སོགས་གསུངས་པ་ལྟར་རོ། །དེ་ལྟར་རང་ལུགས་ལྟ་སྒོམ་གྱི་ཚུལ་རྣམ་པར་བཞག

པ་དེ་དག་ནི། ཐུན་མོང་རྒྱུ་མཚན་ཉིད་ཐེག་པའི་མདོ་དང་། ཚད་མར་གྱུར་པའི་བསྟན་བཅོས་རྣམས་ལས་ཇི་སྐད་བསྟན་པ་ལྟར། རིགས་པའི་རྣམ་གྲངས་མཐའ་ཡས་པའི་སྒོ་ནས་བདག་མེད་པ་གཉིས་ཀྱི་དོན་གཏན་ལ་ཕབ་ནས་ལྟ་བ་སྐྱེད་པ་དང་། དེ་ཉིད་ཇི་ལྟར་སྒོམ་ཚུལ་གྱི་རྣམ་གཞག་མདོ་ཙམ་བསྟན་ཟིན་ཏོ། །

བདེན་སྟོང་མངར་པོས་བྲིད་པའི་བྱིས་པ་རྣམས། །
སྲིད་པའི་རྒྱ་མཚོར་ལྷུང་ལ་མངོན་ཕྱོགས་ཚེ། །
སྟོང་སྲིད་སེམས་སུ་སྟོན་པའི་གདམས་ངག་འདིས། །
བདེ་ལྡན་ཐར་པའི་ས་ལ་དབུགས་དབྱུང་མཛད། །

གཉིས། མདོ་སྔགས་རྫོགས་པ་བསྲེས་པའི་ལུགས་ཀྱི་ལྟ་སྒོམ་གྱི་རྣམ་གཞག་བཤད་པ།

མདོ་སྔགས་རྫོགས་པ་བསྲེས་པའི་ལུགས་ཀྱི་ལྟ་སྒོམ་གྱི་རྣམ་གཞག་བྱེ་བྲག་ཏུ་བཤད་པ་ལ་གཉིས། ཕྱག་རྒྱ་ཆེན་པོའི་རྣམ་ངེས་བཤད་པ། སེམས་ཀྱི་གནས་ལུགས་གཏན་ལ་དབབ་པའི་ཚུལ་བཤད་པའོ། །ཕྱག་རྒྱ་ཆེན་པོའི་རྣམ་ངེས་བཤད་པ་ནི། འགོས་ལོ་ཆེན་པོས་སངས་རྒྱས་བསྟན་པའི་གཞི་སོ་སོར་ཐར་པ་ནས་དཔལ་གསང་བ་འདུས་པའི་བར་གྱི་སྒྲུབ་པ་དང་ཉམས་ལེན་ཐམས་ཅད་ལ་རྒྱས་འདེབས་པར་བྱེད་པའི་ཕྱག་རྒྱ་ཆེན་པོ་ཞེས་གསུངས་པ་ལྟར་མུ་དྲ་ཞེས་པ་མི་འདའ་བར་བྱེད་པའི་རྒྱ་ཞེས་པའི་དོན་ཡིན་པ་ལ། འཁྲུལ་གཞི་བསལ་བའི་ཕྱིར་དུ་ལོ་ཙྪ་བ་རྣམས་ཀྱིས་ཕྱག་གི་སྒྲ་ནླ་ཐབས་སུ་བསྟན་ནས་ཕྱག་རྒྱ་ཞེས་བསྒྱུར་བ་སྟེ། འཁོར་བ་དང་མྱ་ངན་ལས་འདས་པའི་ཆོས་ཐམས་ཅད་འདི་ལས་མི་འདའ་བའི་དོན་དང་། ཆེན་པོ་ནི་འདིའི་གོང་ན་ཆོས་གཞན་མེད་པའམ་ལས་ཆོས་དམ་ཚིག་གི་ཕྱག་རྒྱ་གསུམ་ལས་ཁྱད་པར་དུ་འཕགས་པའི་དོན་ནོ། །དེས་ན་ཕྱག་རྒྱའང་ཡིན་ལ་ཆེན་པོའང་ཡིན་པའི་གཞི་མཐུན་པའི་བསྡུ་བའོ། །དེ་ཡང་ཕྱག་རྒྱ་ལ་སྤྱིར་ཕྱག་རྒྱ་དང་། རྟགས་དང་། མཚན་མ་

དང་། ཉེ་བའི་མཚན་ཉིད་རྣམས་ནི་རྣམ་གྲངས་ཡིན། དེ་ལ་གདབ་པར་བྱ་བའམ་བཏབ་པའི་དོན་གྱིས་ཕྱག་རྒྱར་བརྗོད་པ་ནི་དཔེར་ན་ཐམ་ག་ལྷ་བུས་གཞན་ལ་གདབ་པས་རྒྱ་ཞེས་པ་ལྟར་འདིས་འཁོར་འདས་ཀྱི་ཆོས་ཐམས་ཅད་ལ་བཏབ་པས་ན་ཕྱག་རྒྱ་དང་། མཚོན་པར་བྱས་པས་ཕྱག་རྒྱར་བརྗོད་པ་ནི། དཔེར་ན་གོ་ཆ་ལ་སོགས་པའི་རྟགས་མཚན་གྱིས་སོ་སོའི་བྱེ་བྲག་མཚོན་པ་ལྟར། འདིས་འཁོར་འདས་ཐམས་ཅད་ཀྱི་རང་བཞིན་ནམ་གནས་ལུགས་མཚོན་པར་བྱེད་པས་ན་ཕྱག་རྒྱ་དང་། མི་འདའ་བར་བྱེད་པས་ཕྱག་རྒྱ་བརྗོད་པ་ནི། དཔེར་ན་རྒྱལ་པོའི་བཀའ་རྒྱས་བཏབ་པ་ལ་འབངས་རྣམས་ཀྱིས་མི་འདའ་བ་ལྟར། འཁོར་འདས་ཀྱི་ཆོས་ཐམས་ཅད་འདི་ལས་མི་འདའ་བས་ཕྱག་རྒྱ་ཞེས་བརྗོད་པ་ཡིན་ལ། དེ་དང་ཚུགས་མཐུན་པར་ནམ་མཁའ་མཛོད་ཀྱིས་ཞུས་པའི་མདོ་ལས། དེ་བཞིན་གཤེགས་པའི་ཕྱག་རྒྱས་བཏབ་པ་ཞེས་བྱ་བ་ལ་དེ་བཞིན་ཉིད་དབྱེར་མེད་པ་དེ་ཉེ་ཕྱག་རྒྱ་སྟེ། ཕྱེ་བ་མེད་པ། འཇུག་པ་མེད་པ། མངོན་པར་ཞེན་པ་མེད་པ། མི་སྐྱོད་པ། སྐྱོད་པར་བྱ་བ་མ་ཡིན་པ་སྟེ་ལྷ་དང་མི་དང་ལྷ་མ་ཡིན་དང་བཅས་པའི་འཇིག་རྟེན་གྱིས་སྐྱོད་པར་མི་ནུས་སོ། །དེ་ཅིའི་ཕྱིར་ཞེ་ན། ལྷ་དང་མི་དང་ལྷ་མ་ཡིན་དུ་བཅས་པའི་འཇིག་རྟེན་ནི་ཕྱག་རྒྱ་དེས་བཏབ་པ་ཉིད་དོ། །དེ་བཞིན་གཤེགས་པའི་ཕྱག་རྒྱ་དེ་ནི་ཤིན་ཏུ་མ་སྐྱེས་པའི་ཕྱག་རྒྱ། ཤིན་ཏུ་སྟོང་པ་ཉིད་ཀྱི་ཕྱག་རྒྱ། ཤིན་ཏུ་མཚན་མ་མེད་པའི་ཕྱག་རྒྱ། ཤིན་ཏུ་སྨོན་པ་མེད་པའི་ཕྱག་རྒྱ་ཤིན་ཏུ་འདུས་མ་བྱས་པའི་ཕྱག་རྒྱ། འདོད་ཆགས་དང་བྲལ་བའི་ཕྱག་རྒྱ། དེ་བཞིན་ཉིད་ཀྱི་ཕྱག་རྒྱ། ཡང་དག་པའི་ཕྱག་རྒྱ། ནམ་མཁའི་ཕྱག་རྒྱ་སྟེ། ཞེས་གསུངས་པ་ལྟར་དང་ཆེན་པོ་ཞེས་པ་ནི་ཆོས་འདིའི་གོང་ན་གཞན་མེད་པའི་དོན་ཏེ། གསང་བ་གྲུབ་པ་ལས། བཞི་པ་གོང་ན་མེད་པའི་རྒྱུད། །མངོན་པར་བྱང་ཆུབ་བྱེད་པ་པོ། །ཕྱག་རྒྱ་ཆེན་པོ་རྣམ་སྣོམ་པ། །དེ་ཡི་གོང་ན་གཞན་མེད་པའོ། །ཞེས་པ་དང་། ཡང་ཕྱག་ཆེན་ཐིག་ལེར། འདི་ནི་ཕྱག་རྒྱ་ཆེན་པོ་སྟེ། །ཕྱག་ནི་སྟོང་པའི་ཡེ་ཤེས་ཡིན། །རྒྱ་ནི་འཁོར་བའི་ཆོས་ལས་གྲོལ། ཆེན་པོ་ཟུང་དུ་འཇུག་པའོ། །ཞེས་སོགས་གསུངས་པ་ལྟར་རོ། །གཞན་ཡང་། དུས་འཁོར་གྱི་

དཀའ་འགྲེལ་པདྨ་ཅན་ལས་ཕྱག་རྒྱ་ཆེ་ཞེས་བྱ་བ་ནི། འདས་པ་དང་། མ་བྱོན་པ་དང་། ད་ལྟར་བྱུང་བའི་དེ་བཞིན་གཤེགས་པ་ཐམས་ཅད་བསྐྱེད་པར་མཛད་པ་ཤེས་རབ་ཀྱི་ཕ་རོལ་ཏུ་ཕྱིན་པ་ཡིན་ལ། རབ་ཏུ་མི་གནས་པའི་མྱ་ངན་ལས་འདས་པའམ་མི་འཕོ་བའི་བདེ་བས་བདེ་བ་ལ་རྒྱས་བཏབ་པས་ན་ཕྱག་རྒྱ་སྟེ། ལས་ཀྱི་ཕྱག་རྒྱ་དང་། ཡེ་ཤེས་ཀྱི་ཕྱག་རྒྱ་ལས་ཁྱད་པར་དུ་གྱུར་པ་དང་། འཁོར་བའི་བག་ཆགས་དང་བྲལ་བས་ན་ཆེན་མོའོ། །ཞེས་ཤེར་ཕྱིན་གྱི་ལྷ་བ་ལ་ཕྱག་རྒྱ་ཆེན་མོ་ཞེས་བཤད་ལ། དེའི་ཕྱིར། རྗེ་སྒམ་པོ་པས་སྣང་སྲིད་འཁོར་འདས་རྣམས་ཆོས་ཉིད་སྐྱེ་བ་མེད་པའི་ངང་ལས་མི་འདའ་བར་རྟོགས་པ་ནི་ཕྱག་གོ །ཅིར་སྣང་ཅི་སྲིད་ཐམས་ཅད་གཉུག་མའི་དོན་ལས་མི་འདའ་བས་རྒྱའོ། །ཆོས་ཉིད་རང་གྲོལ་དུ་རྟོགས་པས་ན་ཆེན་པོའི། །ཞེས་གསུངས་པ་ལྟར། མདོར་ན་རྒྱུད་དང་གྲུབ་ཆེན་གྱི་གཞུང་རྣམས་སུ། ཆོས་ཐམས་ཅད་ཀྱི་གཞིའི་གནས་ལུགས་དང་རང་བཞིན་སྟོང་ཉིད་དང་། རང་བཞིན་ལྷན་སྐྱེས་དང་། མཉམ་པ་ཉིད་དང་བདེ་བ་ཆེན་པོ། སྐྱེ་འགག་གནས་བྲལ། ཟབ་ཞི་སྤྲོས་བྲལ་སྟོན་པ་ཐམས་ཅད་ཀྱིས་ཕྱག་རྒྱ་ཆེན་པོ་བསྟན་པར་མ་ཟད། རང་བཞིན་མེད་པ། དེ་བཞིན་ཉིད་ཆོས་ཉིད། མཉམ་ཉིད། དོན་དམ་པ། སྟོང་པ་ཉིད་ལ་སོགས་པའང་ཕྱག་རྒྱ་ཆེན་པོའི་མིང་གི་རྣམ་གྲངས་ཡིན་ནོ། །ཕྱག་རྒྱ་ཆེན་པོ་དེ་ལ་དབྱེ་ན། གཞི་ལམ་འབྲས་བུའི་ཕྱག་རྒྱ་ཆེན་པོ་གསུམ་ཡོད། དེ་ཡང་སྤྱིར་ཆོས་ཐམས་ཅད་ཀྱི་ཆོས་ཉིད་གདོད་མ་ནས་སྤྲོས་པ་ཐམས་ཅད་དང་བྲལ་བ་རང་བཞིན་གྱིས་འོད་གསལ་བའི་སྟོང་པ་ཉིད་འཁོར་འདས་ཀུན་གྱི་ཁྱབ་བདག་ཏུ་གྱུར་པ་དང་བྱེ་བྲག་ཏུ་གསལ་ཞིང་དྭངས་ལ་ངོས་བཟུང་མེད་པའི་རང་སེམས་ཀྱི་གཤིས་གདོད་མའི་གནས་ལུགས་བསམ་བརྗོད་ཀྱི་ཡུལ་ལས་འདས་པ་ནི་གཞིའི་ཕྱག་ཆེན་དང་ཐོས་བསམ་སྒོམ་གསུམ་སོགས་ཀྱི་ལམ་ལ་བརྟེན་ནས་སྣང་སྲིད་འཁོར་འདས་ཀྱིས་བསྡུས་པའི་ཆོས་ཐམས་ཅད་གདོད་མ་ནས་སྐྱེ་འགག་གནས་གསུམ་གྱི་རང་བཞིན་མེད་པ་འོད་གསལ་སྟོང་པ་ཉིད་དུ་གཏན་ལ་ཕབ་ནས་རྟོགས་ཤིང་། སྒྲོང་ཐོབ་ཏུ་རང་ངོ་ཤེས་པའི་ལྟ་སྒོམ་ཁྱད་པར་ཅན་ནི་ལམ་གྱི་ཕྱག་ཆེན་དང་དེ་ལྟ་བུའི་གཞིའི་ཕྱག་ཆེན་དེ་ཉིད

ལམ་ཕྱག་ཆེན་གྱིས་གོམས་པར་བྱས་པ་ལས་ནམ་མཁའ་གཡའ་དག་པ་ལྟར་གཉིས་སྣང་ཕྲ་ཞིང་ཕྲ་བའང་དག་ནས་སྒྲིབ་བྲལ་དག་པ་གཉིས་ལྡན་གྱི་ཡེ་ཤེས་འབའ་ཞིག་ཏུ་གྱུར་པ་ནི་འབྲས་བུའི་ཕྱག་ཆེན་ཡིན་ནོ། །

སེམས་ཀྱི་གནས་ལུགས་གཏན་ལ་དབབ་པའི་ཚུལ་ལ་དངོས་བཤད་པ་དང་། ལྷན་ཅིག་སྐྱེས་པའི་རྣམ་ངེས་བཤད་པ་གཉིས་ལས།

གཅིག དངོས་བཤད་པ་ལ། སེམས་ཀྱི་ངོ་བོ། སེམས་ཀྱི་རང་བཞིན། སེམས་ཀྱི་མཚན་ཉིད་གསུམ་ལས། དང་པོ་ནི། སྤྱིར་སེམས་ཀྱི་གནས་ཚུལ་ལ་ངོ་བོ་དང་རང་བཞིན་དང་མཚན་ཉིད་དམ་རྣམ་པ་གསུམ་གྱི་ཐ་སྙད་བཞག་ཀྱང་དོན་དུ་སེམས་ཀྱི་ངོ་བོ་ཉིད་ལས་གཞན་མིན་ཏེ། མན་ངེར། དངོས་པོ་རྣམས་ཀྱི་སྟོང་པ་ཉིད་ཀྱི་ངོ་བོ་ནི་རང་བཞིན་དང་རྣམ་པ་ཞེས་པ་དོན་གཞན་མ་ཡིན་ཏེ། རང་གི་ངོ་བོ་ཞེས་པའི་དོན་ཏོ། །ཞེས་པ་ལྟར་རོ། །འོན་ཀྱང་ལྡོག་པའི་སྒོ་ནས་ཕྱེ་ན། ངོ་བོ་རང་བཞིན་མཚན་ཉིད་གསུམ་དུ་ཕྱེ་ནས་སོ་སོའི་ངོས་འཛིན་ཡང་བཤད་དེ། རྗེ་སྒམ་པོ་པས། སེམས་ཀྱི་ངོ་བོ་རང་བཞིན་མཚན་ཉིད་གསུམ་ལས། ངོ་བོ་གསལ་ལ་རྟོག་པ་མེད་པ། །རང་བཞིན་སྐྱེ་འགག་གནས་གསུམ་དང་བྲལ་བ། མཚན་ཉིད་འཁོར་འདས་གཉིས་སུ་སྣང་བ། ཞེས་དང་། ཡང་། སེམས་ཀྱི་རང་བཞིན་ངོ་བོ་མཚན་ཉིད་གསུམ་ཡིན། སེམས་ཀྱི་རང་བཞིན་བྱ་བ་རང་བཞིན་གྱིས་དག་པ་འཁོར་འདས་ཐམས་ཅད་ལ་ཁྱབ་པའི་འདུས་མ་བྱས་དེ་ཡིན་ནོ། །སེམས་ཀྱི་ངོ་བོ་བྱ་བ་རིག་པ་སྐྱེ་འགག་མེད་པ་དེ་ཡིན་ནོ། །སེམས་ཀྱི་མཚན་ཉིད་བྱ་བ་བག་ཆགས་ཀྱི་གཟུགས་བརྙན་སྣ་ཚོགས་སུ་སྣང་བ་འདི་ཡིན་ནོ། །ཞེས་དང་། རྗེ་ཕག་མོ་གྲུ་པས། གཉིས་སུ་མེད་པ་ཕྱག་རྒྱ་ཆེ། མཚན་ཉིད་ངོ་བོ་རང་བཞིན་གསུམ། རང་བཞིན་གསལ་ལ་གོ་མ་འགགས། ངོ་བོ་སྐྱེ་འགག་སྤྲོས་དང་བྲལ། མཚན་ཉིད་འཁོར་འདས་དུ་མར་སྣང་། ཞེས་གསུངས་ཏེ། དོན་ལ་སེམས་ཀྱི་ངོ་བོ་དང་རང་བཞིན་ཕྱོགས་མཐུན་པར་གསུངས་སོ། །རྗེ་རང་བྱུང་པས། ངོ་བོ་སྟོང་ལ་རང་བཞིན་གསལ། །རྣམ་པ་འགགས་མེད་ཅིར་ཡང་འཆར། ཞེས་བཤད་པའི་རྣམ་

པ་ནི་མཚན་ཉིད་དང་མཐུན་པ་ཡིན་នོ། །དེ་ལྟར་ན་སེམས་ཀྱི་ངོ་བོ་ནི། གདོད་མ་ནས་སྐྱེ་འགག་གནས་གསུམ་གྱི་དངོས་པོ་ཐམས་ཅད་དང་བྲལ་བ། ཕུང་ཁམས་སྐྱེ་མཆེད་སོགས་གཟུང་འཛིན་གྱི་རྟོག་པས་མ་གོས་པ། ཆོས་ཐམས་ཅད་ཀྱི་ངོ་བོ་བདག་མེད་མཉམ་པ་ཉིད་ཀྱི་རང་བཞིན་སྟོང་པ་ཉིད་དུ་གནས་ཏེ། གསང་འདུས་ལས། དངོས་པོ་ཐམས་ཅད་དང་བྲལ་བས། །ཕུང་པོ་ཁམས་དང་སྐྱེ་མཆེད་དང་། །གཟུང་དང་འཛིན་པ་རྣམ་སྤངས་པ། །ཆོས་བདག་མེད་པ་མཉམ་ཉིད་པས། །རང་སེམས་གདོད་ནས་མ་སྐྱེས་པ། །སྟོང་པ་ཉིད་ཀྱི་རང་བཞིན་ནོ། །ཞེས་དང་། བྱང་ཆུབ་སེམས་འགྲེལ་དུ། །སངས་རྒྱས་རྣམས་ཀྱི་བྱང་ཆུབ་སེམས། །བདག་དང་ཕུང་པོ་རྣམ་རིག་གི །རྟོག་པ་རྣམས་ཀྱིས་མ་བསྒྲིབས་ཤིང་། །རྟག་ཏུ་སྟོང་ཉིད་མཚན་ཉིད་བཞེད། །ཅེས་སོ། །དེས་ན་སྔར་བཤད་པ་ལྟར་སེམས་ཀྱི་ངོ་བོ་ལ་ཚུལ་མཐའ་དག་གིས་དཔྱད་ཅིང་བཙལ་བ་ན་མཚན་གཞིར་གྲུབ་པ་ཅི་ཡང་མ་རྙེད་ཅིང་འཚོལ་མཁན་གྱི་བློའི་སྤྲོས་པ་ཉིད་ཀྱང་རང་ཞི་རང་ཟད་པ་ནི་དོན་དམ་པ་དང་ཡེ་ནས་གནས་པའི་ཆོས་ཉིད་སྟོང་པ་ཉིད་དུ་བཤད་དེ། །ཀུན་རྫོབ་འདི་ལྟར་སྣང་བ་འདི། །རིགས་པས་བརྟགས་ན་འགའ་མི་རྙེད། །མ་རྙེད་པ་ཉིད་དོན་དམ་ཡིན། །ཡེ་ནས་གནས་པའི་ཆོས་ཉིད་དོ། །ཞེས་པ་ལྟར་རོ། །དེ་ལྟ་བུའི་སེམས་ཀྱི་ངོ་བོ་སྟོང་པ་ཉིད་དེ་ནི། སྣང་སྲིད་འཁོར་འདས་ཀྱིས་བསྡུས་པའི་ཆོས་ཐམས་ཅད་ཀྱི་ངོ་བོ་སྟོང་པ་ཉིད་ཀྱང་ཡིན་ཏེ། ཨཱརྻ་དེ་ཝས། དངོས་གཅིག་དངོས་པོ་ཀུན་གྱི་ངོ་བོ་ཉིད། །དངོས་ཀུན་དངོས་པོ་གཅིག་གི་ངོ་བོ་ཉིད། ཅེས་དང་། བཞི་བརྒྱ་པར། གཅིག་གི་སྟོང་ཉིད་གང་ཡིན་པ། །དེ་ནི་ཀུན་གྱི་སྟོང་ཉིད་ཡིན། ཞེས་དང་། བདེན་གཉིས་ལས། སྟོང་པ་ཉིད་ལ་ཐ་དད་ནི། །ཅུང་ཟད་ཡོད་པ་མ་ཡིན་ཏེ། ཞེས་སོ། །གཉིས་པ་ནི། བརྒྱད་སྟོང་པར། སེམས་ཀྱི་རང་བཞིན་ནི་འོད་གསལ་བའོ། །ཞེས་སོགས།

སེམས་ཀྱི་རང་བཞིན་འོད་གསལ་བར་གསུངས་པ་ཤིན་ཏུ་མང་ལ། འོད་གསལ་བ་ཞེས་པའི་དོན་ནི། སྐྱེ་འགག་ལ་སོགས་པའི་སྤྲོས་པས་དག་ཅིང་མ་གོས་པ། ཕུང་ཁམས་ལ་

སོགས་པའི་རྩལ་དང་བྲལ་ཞིང་དྲི་མ་མེད་པ། ནམ་མཁའ་ལྟར་རྣམ་པ་ཀུན་ཏུ་འགྱུར་བ་མེད་པ། ནམ་མཁའི་རང་བཞིན་དང་གཉིས་སུ་མེད་པ་ལ་བཤད་དེ། ཉེ་བ་འཁོར་གྱིས་ཞུས་པ་ལས། སེམས་འདི་རང་བཞིན་འོད་གསལ་རྣམ་དག་ཅིང་། རྩལ་མེད་རྩལ་བྲལ་དྲི་མ་མེད་པར་གསུངས། ཞེས་དང་། རྒྱུད་བླར། སེམས་ཀྱི་རང་བཞིན་འོད་གསལ་གང་ཡིན་པ། །དེ་ནི་ནམ་མཁའ་བཞིན་དུ་འགྱུར་མེད་དེ། ཞེས་དང་། ཡེ་ཤེས་སྣང་བ་བརྒྱན་ལས། འཇམ་དཔལ། བྱང་ཆུབ་ནི་སེམས་རང་བཞིན་གྱིས་འོད་གསལ་བ་ཉིད་ཀྱིས་རང་བཞིན་གྱིས་འོད་གསལ་བ་ཡིན་ཏེ། ཅིའི་ཕྱིར་རང་བཞིན་གྱིས་འོད་གསལ་བ་ཞེས་བྱ་ཞེ་ན། རང་བཞིན་གང་ཡིན་པ་དེ་ནི་ཀུན་ནས་ཉོན་མོངས་པ་མེད་པ། ནམ་མཁའ་དང་མཉམ་པ། ནམ་མཁའི་རང་བཞིན་ཅན། ནམ་མཁའ་ཡང་དག་པར་འདུ་བ། ནམ་མཁའ་ལྟ་བུས་ཏེ། རང་བཞིན་གྱིས་ཤིན་ཏུ་འོད་གསལ་བ་ཡིན་པའི་ཕྱིར་རོ། །ཞེས་དང་། རྣམ་སྣང་མངོན་བྱང་ལས། སེམས་དེ་ནི་རང་བཞིན་གྱིས་ཡོངས་སུ་དག་པ་སྟེ། དེ་ནི་ནང་དང་ཕྱི་དང་གཉིས་ཀའི་བར་ནའང་མི་དམིགས་སོ། །ཞེས་དང་། ནམ་མཁའི་རང་བཞིན་གང་ཡིན་པ་དེ་ནི་སེམས་ཀྱི་རང་བཞིན་ཡིན་ལ། སེམས་ཀྱི་རང་བཞིན་གང་ཡིན་པ་དེ་ནི་བྱང་ཆུབ་ཀྱི་སེམས་སོ། །དེ་བས་ན་སེམས་དང་ནམ་མཁའི་དབྱིངས་དང་བྱང་ཆུབ་ཀྱི་སེམས་ནི་གཉིས་སུ་མེད་ཅིང་གཉིས་སུ་བྱར་མེད་དོ། །ཞེས་དང་། གསང་འདུས་ལས། ཆོས་རྣམས་རང་བཞིན་འོད་གསལ་བས། །གདོད་ནས་དག་པ་ནམ་མཁའ་བཞིན། ཞེས་སོ། །དེ་ལྟར་ན་མི་མཁས་པ་དག སེམས་ཀྱི་ཉམས་སྣང་གསལ་ཆ་ཅི་རིགས་ཤར་བ་ལ་རང་བཞིན་གྱིས་འོད་གསལ་བའི་དོན་དུ་རློམ་པ་དང་། འོད་གསལ་ཞེས་པའང་ཉིན་བྱེད་ཀྱི་འོད་ལྟར་སྣང་བ་དང་བཅས་པ་ཞིག་ཏུ་སེམས་པ་ཤིན་ཏུ་ནོར་རོ། །སེམས་ཀྱི་རང་བཞིན་དེ་སྤྲོས་པའི་དྲི་མས་མ་གོས་ཤིང་དེའི་དྲི་མས་རྣམ་པར་དག་པ་ལ་རང་བཞིན་གྱིས་འོད་གསལ་བའི་ཐ་སྙད་བཏགས་པ་ཙམ་ཡིན་པར་གོང་གི་ལུང་རྣམས་ཀྱིས་གྲུབ་པའི་ཕྱིར་དང་། སེམས་ཀྱི་རང་བཞིན་ཁ་དོག་རང་འོད་ཀྱི་སྣང་བ་ལྟ་བུའི་འོད་གསལ་རྒྱུ་ཡོད་ན་སེམས་ཁ་དོག་དང་འོད་ཀྱི་རང་བཞིན་ཅན་དུ་

འགྱུར་བའི་ཕྱིར་དང་། དེ་ལྟར་ན་སེམས་རང་བཞིན་མེད་པ་དང་རང་བཞིན་གྱིས་དག་པ་མི་འཐད་པར་འགྱུར་བའི་ཕྱིར་རོ། །འོ་ན་རྣལ་འབྱོར་པའི་ཉམས་མྱོང་གི་འཆར་ཚུལ་ལ་ཁ་དོག་དང་འོད་ཀྱི་སྣང་བ་ལས་འདས་པའི་སེམས་ཀྱི་རང་སྣང་ངམ་རང་འོད་ལྟ་བུས་རང་རིག་ཅིང་རང་གསལ་བའི་ཤེས་པ་དེ་ཇི་ལྟར་ཡིན་སྙམ་ན། དེ་ནི་ནཱ་རོ་པའི་ལྟ་བ་མདོར་བསྡུས་ལས། སྣང་ཞིང་སྲིད་པའི་ཆོས་འདི་རྣམས། རང་རིག་སེམས་ལས་གུད་ན་མེད། །སྣང་ཞིང་གསལ་བ་ཡིན་པའི་ཕྱིར། །དཔེར་ན་རང་རིག་ཉམས་མྱོང་བཞིན། ཞེས་དང་། རང་རིག་སྤྲོས་བྲལ་དེ་ཉིད་ཀྱང་། །སྣང་ཞིང་སྟོང་ལ་སྟོང་ཞིང་སྣང་། །དེ་ཕྱིར་སྣང་སྟོང་དབྱེར་མེད་དོ། །དཔེར་ན་ཆུ་ཡི་ཟླ་བ་ལྟར། ཞེས་བཤད་པ་ལྟར་སེམས་ལ་གསལ་རིག་གི་ཉམས་མྱོང་ཤར་བ་ཙམ་ཡིན་ལ། དེ་ལ་དེང་སང་ཉམས་མྱོང་གི་སྐད་དུ་རིག་པ་ཞེས་མིང་དུ་བཏགས་པར་སྣང་ཡང་། དེ་ལྟ་བུ་དེ་རྟོག་པ་དང་བཅས་པའི་ཕྱིར་དང་རྣམ་ཀུན་མཆོག་ལྡན་གྱི་སྟོང་པ་མིན་པའི་ཕྱིར་དང་ཀུན་གྱི་ཁྱབ་བདག་མ་ཡིན་པའི་ཕྱིར་རིག་པ་ཇི་ལྟ་བ་མིན་ཏེ། དུས་འཁོར་འགྲེལ་ཆེན་ལས། འོ་ན་རིག་པ་གང་ཡིན་ཞེ་ན། སྨྲས་པ། རིག་པ་ཞེས་པ་རྣམ་པར་མི་རྟོག་པ་ནང་གི་རིག་པ་སྟེ། རྣམ་པ་ཐམས་ཅད་དང་ལྡན་པའི་སྟོང་པ་ཉིད་དོ། །ཡང་འགྱུར་མེད་ཀྱང་རིག་པ་སྟེ། དམིགས་པ་མེད་པ་ཟག་པ་མེད་པ་བདེ་བའི་བདག་ཉིད་ཅན་ནོ། །རིག་པ་ནི་རྒྱུ་དང་འབྲས་བུའི་བདག་ཉིད་ཅན། རྒྱུ་དང་འབྲས་བུ་གཅིག་ཏུ་འདྲེས་པར་གྱུར་པ་སྟེ། མེའི་འོད་དང་སྲེག་པར་བྱེད་པ་གཅིག་ཏུ་འདྲེས་པར་གྱུར་པ་བཞིན་ནོ། །ཞེས་དང་། མཚན་བརྗོད་ལས། ཀུན་ཤེས་ཀུན་རིག་དམ་པ་པོ། །རྣམ་པར་ཤེས་པའི་ཆོས་ཉིད་འདས། ཞེས་སོགས་དང་། བདག་རིག་གཞན་རིག་ཐམས་ཅད་པ། ཞེས་སོགས་གསུངས་པ་ལྟར་རོ། །དེས་ན་རྗེ་འབྲི་ཀུང་པས། ཕྱག་རྒྱ་ཆེན་པོ་ཞེས་བྱ་བ། །རང་གི་རིག་པ་འདི་ཉིད་ཡིན། ཞེས་གསུངས་པ་སོགས་བསྒོམ་བྱར་བཤད་པའི་རིག་པ་ཐམས་ཅད་ཀྱང་དེ་བཞིན་དུ་ཤེས་དགོས་སོ། །དེ་ལྟར་ན་རྣལ་འབྱོར་པའི་ཉམས་སྣང་ལ་ཅི་ཤར་ཡང་དེ་ཉིད་སོ་སོ་རང་རིག་དང་རང་བཞིན་འོད་གསལ་གྱི་དོན་དུ་གཏན་མི་རུང་སྟེ།

དགོངས་འགྲེལ་ལས། སོ་སོ་རང་རིག་མཚན་མེད་སྤྱོད་ཡུལ་ཏེ། ཞེས་སོགས་དང་། གསང་བ་བསམ་གྱིས་མི་ཁྱབ་པའི་རྒྱུད་ལས། རྟག་ཆད་སྐྱེ་འགག་ལ་སོགས་པའི། །མཐའ་སྤངས་སེམས་ནི་རང་རིག་ཅིང་། །གདོད་ནས་སྤྲོས་པ་མེད་པ་ཉིད། །དེ་དོན་བསམ་མི་ཁྱབ་པར་ངེས། །ཞེས་སོ་སོ་རང་རིག་གི་དོན་མཚན་མ་མེད་པ་དང་བསམ་གྱིས་མི་ཁྱབ་པ་ལ་བཤད་པའི་ཕྱིར་དང་། རང་བཞིན་འོད་གསལ་གྱི་དོན་ཡང་སྔར་བཤད་པ་ལྟར་ཡིན་པའི་ཕྱིར་རོ། །གསུམ་པ་ནི། དེ་ལྟར་སེམས་ཀྱི་ངོ་བོ་རང་བཞིན་རྣམ་དག་དེ་ཉིད་གློ་བུར་གྱི་དྲི་མས་བསྒྲིབས་པ་ལས། རང་གི་གནས་ལུགས་རང་གིས་མ་རིག་པར་ཀུན་ནས་ཉོན་མོངས་ཀྱི་རྟེན་འབྲེལ་ལ་བརྟེན་ནས་རིགས་དྲུག་བདེ་སྡུག་དང་བཅས་ཏེ་འཁོར་བའི་རྣམ་པར་སྣང་བ་དང་། གློ་བུར་གྱི་དྲི་མ་དང་བྲལ་ཞིང་རང་གི་གནས་ལུགས་རིག་པ་ལས་རྣམ་བྱང་གི་རྟེན་འབྲེལ་ལ་བརྟེན་ནས་ཆོས་ཉིད་དོན་དམ་པའི་སྐུ་མངོན་དུ་གྱུར་ཏེ་གཞན་སྣང་དུ་གཟུགས་སྐུའི་བཀོད་པ་སྒྱུ་མ་ལྟ་བུར་སྣང་བ་ཡིན་ཏེ། ལྟ་བ་མདོར་བསྟུས་ལས། ཨེ་མ་ཧོ། སེམས་ཉིད་དྲི་མ་དང་བཅས་དེའི། །རྣམ་ འཕྲུལ་ འགྲོ་ བ་ དྲུག་ ལ་ སོགས། ནམ་ མཁའི་ ཁམས་ ཀྱི་ མཐའ་ ཀླས་པར། །སྡུག་བསྔལ་འཕྲུལ་འཁོར་བསམ་ལས་འདས། ཞེས་དང་། ཨེ་མ་ཧོ། སེམས་ཉིད་དྲི་མ་མེད་དེ་ཡི། །རྣམ་འཕྲུལ་གཟུགས་སྐུས་བསྟུས་པ་ཡི། །ཞིང་ཁམས་དག་པར་སྣང་བ་དང་། དཀྱིལ་འཁོར་རྣམ་འཕྲུལ་སྣ་ཚོགས་པ། །ངོ་མཚར་ཆེ་བའི་རྣམ་འཕྲུལ་དག །ནམ་མཁའི་མཐའ་ཀླས་ཁྱབ་པར་སྣང་། ཞེས་དང་། བྲམ་ཟེ་ཆེན་པོས། སེམས་ཉིད་གཅིག་པུ་ཀུན་གྱི་ས་བོན་ཏེ། གང་ལ་སྲིད་དང་མྱ་ངན་འདས་འཕྲོ་བ། ཞེས་དང་། སཾ་ཏི་ར། ཆགས་སོགས་དགག་དཀའི་ དྲི་ མས་ གོས་ གྱུར་ བའི། །སེམས་ ནི་ རྡོ་ རྗེ་ ཅན་ གྱིས་ འཁོར་ བར་ གསུངས། །རང་བཞིན་འོད་གསལ་རྟོག་ལས་རྣམ་པར་གྲོལ། །འདོད་ཆགས་ལ་སོགས་དྲི་མས་གོས་བྲལ་བའི། །གཟུང་བ་དང་ནི་འཛིན་མེད་སེམས་དཔའ་མཆོག །དེ་ཉིད་མྱ་ངན་འདས་པ་མཆོག་ཏུ་གསུངས། ཞེས་པ་ལྟར་རོ། །འོ་ན་སེམས་གདོད་མ་ནས་རང་བཞིན་རྣམ་དག་ཡིན་ན་གློ་བུར་གྱི་དྲི་མས་གོས་པ་མི་རིགས་ལ། གལ་ཏེ་རིགས་ན་དྲི་མ་བསལ་ཡང་

སླར་གོས་པར་འགྱུར་པས་ཇི་ལྟར་ཡིན་སྙམ་ན། དྲི་མ་དེ་ཉིད་འབྲལ་རུང་གི་ཆ་ནས་གློ་བུར་བའི་ཐ་སྙད་བཏགས་པ་ཡིན་ལ། སྔར་མེད་པ་ཞིག་གློ་བརྡེག་ཏུ་བྱུང་བ་ལྟ་བུའི་གློ་བུར་བ་མིན་པས་དོན་ལ་སྤང་བྱའི་དྲི་མའང་གདོད་མ་ནས་སེམས་ཉིད་དང་ལྷན་ཅིག་ཏུ་གནས་པའི་ཚུལ་དཔེ་དང་སྦྱར་ནས་གསུངས་ཏེ། རྒྱུད་བླ་མར། སངས་རྒྱས་པད་ངན་སྦྲན་རྩི་སྦུང་མ་ལ། །སྦུན་ལ་སྙིང་པོ་མི་གཙང་ནང་ན་གསེར། །ས་ལ་གཏེར་དང་སྨྱུག་སོགས་འབྲས་ཆུང་དང་། །གོས་ཧྲུལ་ནང་ན་རྒྱལ་བའི་སྐུ་དང་ནི། །བུད་མེད་ངན་མའི་ལྟོ་ན་མི་བདག་དང་། །ས་ནང་གསེར་གྱི་གཟུགས་ཡོད་ཇི་ལྟ་བར། །གློ་བུར་ཉོན་མོངས་དྲི་མས་བསྒྲིབས་པ་ཡི། །སེམས་ཅན་རྣམས་ལ་དེ་བཞིན་ཁམས་འདི་གནས། ཞེས་སོ། །དེས་ན་སེམས་རང་བཞིན་རྣམ་དག་ཡིན་ཡང་གློ་བུར་གྱི་དྲི་མ་དང་བཅས་པའི་ཚེ། སངས་རྒྱས་ཀྱི་ཡོན་ཏན་མི་གསལ་བ་དང་དྲི་མ་དང་བྲལ་བའི་ཚེ་སངས་རྒྱས་ཀྱི་ཡོན་ཏན་འཆར་བའི་ཚུལ་ཡང་། བརྟག་གཉིས་སུ། སེམས་ཅན་རྣམས་ནི་སངས་རྒྱས་ཉིད། །འོན་ཀྱང་གློ་བུར་དྲི་མས་བསྒྲིབས། །དེ་ཉིད་བསལ་ན་སངས་རྒྱས་ཉིད། ཅེས་དང་ཀླུ་སྒྲུབ་ཀྱིས། ཇི་ལྟར་ནོར་བུ་བཻཌཱུརྻ། །དུས་རྣམས་ཀུན་ཏུ་འོད་གསལ་ཡང་། །རྡོ་ཡི་ནང་ན་གནས་གྱུར་ན། དེ་ཡི་འོད་ནི་གསལ་མ་ཡིན། །དེ་བཞིན་ཉོན་མོངས་ཀྱིས་བསྒྲིབས་པའི། ཆོས་དབྱིངས་ཤིན་ཏུ་དྲི་མེད་པའང་། །འཁོར་བར་འོད་ནི་གསལ་མ་ཡིན། །མྱ་ངན་འདས་ན་འོད་གསལ་འགྱུར། ཞེས་པ་ལྟ་བུ་སྟེ། དེ་ལྟར་ན་མཚན་ཉིད་འཁོར་འདས་སྣ་ཚོགས་སུ་སྣང་བ་ཞེས་པའི་ཐ་སྙད་གསུངས་སོ། །དེང་སང་རྣལ་འབྱོར་པའི་ཉམས་མྱོང་གི་སྐབས་སུའང་སེམས་ཀྱི་རྣམ་པ་ཅིར་ཡང་མ་ངེས་ཤིང་གང་དུའང་འགག་པ་མེད་པར་སྣ་ཚོགས་སུ་འཆར་བ་ནི་བག་ཆགས་སྣ་ཚོགས་པའི་སྟོབས་ཀྱིས་ཕྱི་རོལ་གྱི་དོན་མ་ཡིན་པ་ལ་དོན་ལྟར་འཆར་ཞིང་། དེ་ཡང་ལས་དང་བག་ཆགས་ཀྱི་རྒྱུ་རྐྱེན་གྱིས་ཇི་ལྟར་བརྟགས་པ་དང་བསྒྱུར་བ་དེ་ལྟར་སྣང་བ་ནི། དཔེར་ན་སྣམ་བུ་ཚོན་གྱིས་བསྒྱུར་བ་ལྟར་ངོ་བོ་མ་འགྱུར་ཡང་རྣམ་པ་སྣ་ཚོགས་པར་འགྱུར་བ་སྟེ། ཡང་གཤེགས་ལས། སེམས་ནི་རང་བཞིན་གྱིས་རྣམ་པར་དག་ཅིང་འོད་གསལ་བ་སྟེ། དེ་ནི་ཇི་ལྟ་

ཇི་ལྟར་བརྟགས་པ་དེ་ལྟ་དེ་ལྟར་སྣང་སྟེ། དཔེར་ན་སྨམ་བུ་དཀར་པོ་ཚོན་གྱིས་ཁ་དོག་བསྒྱུར་བ་བཞིན་ནོ། །ཞེས་པ་ལྟར་རོ། །སེམས་དངོས་པོའི་གནས་ཚུལ་དང་སྣང་ཚུལ་ཞིབ་ཏུ་གཏན་ལ་འབེབས་ན་ཀུན་གཞི་སོགས་རྣམ་ཤེས་བརྒྱད་དང་སེམས་བྱུང་རྣམས་ཀྱི་རྣམ་གཞག་ལས་ཤེས་དགོས་ཀྱང་འདིར་རེ་ཞིག་སྐབས་དོན་ཆེ་ཡོང་ཙམ་བསྟན་པ་ཡིན་ནོ། །

གཉིས། ལྷན་ཅིག་སྐྱེས་པའི་རྣམ་ངེས་ལ་གསུམ། །ལྷན་སྐྱེས་ཀྱི་ངོ་བོ་དང་སྒྲ་དོན། དབྱེ་བ་དང་སོ་སོའི་ངོས་འཛིན། ལྷན་ཅིག་སྐྱེས་སྦྱོར་གྱི་དོན་དངོས་སོ། །དང་པོ་ནི། ལྷན་ཅིག་སྐྱེས་པའི་ངོ་བོ་ནི། བརྟན་གཡོ་འཁོར་འདས་ཐམས་ཅད་ཀྱི་ཁྱབ་བདག་ཏུ་གྱུར་པ་ནམ་མཁའ་ལྟ་བུའི་རང་བཞིན་འོད་གསལ་ཏེ། བརྟག་གཉིས་སུ། འདི་ཉིད་ཡེ་ཤེས་ཆེན་པོ་ཉིད། ཐམས་ཅད་ལུས་ལ་རྣམ་པར་གནས། གཉིས་དང་གཉིས་སུ་མེད་པའི་ཚུལ། དངོས་དང་དངོས་མེད་བདག་ཉིད་གཙོ། བརྟན་དང་གཡོ་བ་ཁྱབ་ནས་གནས། ཞེས་སོགས་མང་དུ་གསུངས་ལ། དེ་ཉིད་ཀྱི་ཉམས་མྱོང་ཡང་སྨྲ་བསམ་ཤེས་བརྗོད་ཀྱི་ཡུལ་ལས་འདས་ཤིང་སོ་སོ་རང་རིག་གི་སྤྱོད་ཡུལ་ཅན་ཏེ། ཡུམ་ལ་བསྟོད་པ་ལས། སྨྲ་བསམ་བརྗོད་མེད་ཤེས་རབ་ཕ་རོལ་ཕྱིན། །མ་སྐྱེས་མི་འགག་ནམ་མཁའི་ངོ་བོ་ཉིད། །སོ་སོ་རང་རིག་ཡེ་ཤེས་སྤྱོད་ཡུལ་བ། །འདུས་གསུམ་རྒྱལ་བའི་ཡུམ་ལ་ཕྱག་འཚལ་ལོ། །ཞེས་དང་། ཏེ་ལོ་པས། ཀྱེ་ཧོ་འདི་ནི་རང་རིག་ཡེ་ཤེས་ཏེ། །ངག་གི་ལམ་འདས་ཡིད་ཀྱི་སྤྱོད་ཡུལ་མིན། ཞེས་དང་། བརྟག་གཉིས་སུ། གཞན་གྱིས་བརྗོད་མིན་ལྷན་ཅིག་སྐྱེས། །ཞེས་སོགས་ཀྱི་དོན་ཏོ། །སྒྲ་དོན་ནི། ཆོས་ཅན་བརྟན་གཡོའི་བསྡུས་པའི་དངོས་པོ་ཐམས་ཅད་དང་། །རང་རང་གི་ཆོས་ཉིད་དེ་བཞིན་ཉིད་དག་སྤྲོ་ཕྱི་མེད་པར་གདོད་མ་ནས་དུས་མཚུངས་པར་གནས་པས་ན་ལྷན་ཅིག་སྐྱེས་པ་ཞེས་བྱ་སྟེ། བརྟག་གཉིས་སུ། ལྷན་ཅིག་སྐྱེས་པས་གང་སྐྱེས་པ། ལྷང་ཅིག་སྐྱེས་པར་དེ་བརྗོད་བྱ། ཞེས་དང་། ནཱ་རོ་པའི་ལྷན་ཅིག་སྐྱེས་གྲུབ་ལས། ལྷན་ཅིག་སྐྱེས་གྱུར་དེ་ཡི་ཕྱིར། །བརྗོད་བྲལ་ལྷན་ཅིག་སྐྱེས་པར་བཤད། །ཅེས་དང་། ཨིནྡྲ་བོ་དྷིའི་ལྷན་ཅིག་སྐྱེས་གྲུབ་ཀྱི་གཞུང་འགྲེལ་ལས། །གང་དང་མཚུངས་པར་སྐྱེས་པ་ནི། དེས་ན་ལྷན་ཅིག

སྐྱེས་པར་བརྗོད། །ཅེས་བྱ་བའི་ལྷན་ཅིག་སྐྱེས་པ་དེ་ཡོ་ན། གང་ཞིག་རྒྱུ་བ་དང་མི་རྒྱུ་བའི་དངོས་པོ་རྣམས་དང་ལྷན་ཅིག་ཏུ་གནས་པས་དེ་སྐད་ཅེས་བྱའོ། །ཞེས་པ་ལྟར་རོ། །གཉིས་པ་ནི། སྤྱིར་ལྷན་སྐྱེས་ལ་དབྱེ་ན་གཞི་ལམ་འབྲས་བུའི་ལྷན་སྐྱེས་གསུམ་སྟེ། དེ་ཡང་འཁོར་འདས་ཐམས་ཅད་ཀྱི་གཞིའམ་ངོ་བོར་གྱུར་པའི་སེམས་རང་བཞིན་གྱིས་འོད་གསལ་བ་ནི་གཞིའི་ལྷན་སྐྱེས་དང་། ཐོས་བསམ་སྒོམ་གསུམ་སོགས་ལ་བརྟེན་ནས་ཆོས་ཐམས་ཅད་ཀྱི་ངོ་བོ་སྟོང་པ་ཉིད་དུ་རྟོགས་པའི་ལྟ་བ་ནི་ལམ་གྱི་ལྷན་སྐྱེས་དང་། དེ་ལ་གོམས་པར་བྱས་པས་གཞིའི་ལྷན་སྐྱེས་དེ་ཉིད་དག་པ་གཉིས་ལྡན་གྱི་ལྷན་སྐྱེས་སུ་གྱུར་པ་འབྲས་བུའི་ལྷན་སྐྱེས་སུ་བཤད་དོ། །ཡང་བརྟག་གཉིས་ལ་སོགས་པར་རང་བཞིན་ལྷན་སྐྱེས་དང་ཞུ་བདེ་ལྷན་སྐྱེས་གཉིས་སུ་ཕྱེ་བ་དང་། གྲུབ་སྙིང་གི་སྐོར་ནས་དེའི་ཐོག་ཏུ་བདེ་སྟོང་ལྷན་སྐྱེས་དང་གསུམ་དུ་ཕྱེ་བ་ལྟར་ན། གནས་ལུགས་ཕྱག་རྒྱ་ཆེན་པོ་སྤྱིར་དོན་གྱི་འོད་གསལ་ནི་རང་བཞིན་ལྷན་སྐྱེས་དང་། ཀུན་རྫོབ་བྱང་སེམས་ཞུ་བ་ལས་བྱུང་བའི་དཔེའི་འོད་གསལ་ནི་ཞུ་བདེ་ལྷན་སྐྱེས་དང་། ཟུང་འཇུག་གི་རིམ་པའི་དོན་གྱི་འོད་གསལ་ནི་བདེ་སྟོང་ལྷན་སྐྱེས་སུ་བཤད་དོ། །འདིར་སྐབས་སུ་བབ་པ་ནི། རྗེ་དྭགས་པོས་སེམས་ཉིད་ལྷན་ཅིག་སྐྱེས་པ་དང་། སྣང་བ་ལྷན་ཅིག་སྐྱེས་པ་གཉིས་སུ་ཕྱེ་ནས། སེམས་བྱུང་གི་རྟོག་པ་སྣ་ཚོགས་པ་ཐམས་ཅད་སྣང་བའི་ཡོངས་སུ་བསྡུ་བར་མཛད་ལ། རྗེ་སྒོམ་ཚུལ་གྱིས་སྤྱི་མའི་ཐོག་ཏུ་རྣམ་རྟོག་ལྷན་ཅིག་སྐྱེས་པ་ཞེས་རྟོག་པ་དང་སྣང་བ་སོ་སོར་འབྱེད་པར་མཛད་དེ། དེ་ནི་ཕལ་མོ་ཆེ་ལ་སྤྱི་མཐུན་གྱི་ལས་སྣང་ལ་འཆར་བའི་ཕྱི་རོལ་གྱི་ཡུལ་སྣང་དང་། རྟོག་པའི་འཆར་སྒོའི་ཡུལ་སྣང་ལ་ཁྱད་པར་ཅུང་ཟད་ཡོད་པ་ལ་དགོངས་པ་འདྲའོ། དེ་ལྟར་ན་གོང་དུ་བཤད་པའི་སེམས་ཀྱི་ངོ་བོའམ་རང་བཞིན་གསལ་ལ་རྟོག་པ་མེད་པ་སྤྲོད་པ་ཐམས་ཅད་དང་བྲལ་བ་དེ་སེམས་ཉིད་ལྷན་སྐྱེས་དང་། དེའི་རང་རྩལ་ལམ་མཚན་ཉིད་མ་འགགས་པར་འཁོར་འདས་ཀྱི་རྣམ་པ་སྣ་ཚོགས་སུ་སྣང་བ་ནི་སྣང་བ་ལྷན་སྐྱེས་དང་། དུས་གསུམ་ལ་སོགས་པའི་རྣམ་པར་རྟོག་པ་སྣ་ཚོགས་འགྲོ་བ་ནི་རྣམ་རྟོག་ལྷན་སྐྱེས་སུ་བཞེད་ཅིང་། དོན་ལ་ཕྱི་མ་གཉིས་ཀ་སྣང་བ་ལྷ་ཅིག་སྐྱེས

པའོ། །དེ་ལ་ལྷན་སྐྱེས་ཀྱི་སྒྲ་འཇུག་པའི་རྒྱུ་མཚན་ནི་གོང་དུ་བཤད་པ་ལྟར་རོ། །དེ་ལྟ་བུའི་ཆོས་ཅན་ནམ་ཆོས་དེ་དང་དེའི་ཆོས་ཉིད་དམ་སྟོང་པ་ཉིད་གཉིས་བུ་རམ་དང་མངར་བ་བཞིན་དང་མེ་དང་ཚ་བ་ལྟར་གདོད་མ་ནས་ལྷན་ཅིག་ཏུ་གནས་པས་ན་ལྷན་ཅིག་སྐྱེས་པ་ཞེས་བྱ་ལ། སེམས་ཉིད་ལྷན་སྐྱེས་དང་སྣང་བ་ལྷན་སྐྱེས་དེ་གཉིས་ཀྱང་ཉི་མ་དང་འོད་བཞིན་ནམ་ཙན་དན་དང་དྲི་བཞིན་དུ་དབྱེར་མེད་པར་བཤད་དེ། ཀླུ་སྒྲུབ་ཀྱིས། ཇི་ལྟར་བུ་རམ་མངར་བ་དང་། །མེ་ཡི་རང་བཞིན་ཚ་བ་བཞིན། །དེ་བཞིན་ཆོས་རྣམས་ཐམས་ཅད་ཀྱི། །རང་བཞིན་སྟོང་པ་ཉིད་དུ་བཤད། ཅེས་དང་། ཀུན་རྫོབ་སྟོང་པ་ཉིད་དུ་བཤད། །སྟོང་ཉིད་ཁོ་ན་ཀུན་རྫོབ་ཡིན། །མེད་ན་མི་འབྱུང་ངེས་པའི་ཕྱིར། །བྱས་དང་མི་རྟག་ཇི་བཞིན་ནོ། །ཞེས་དང་། རྗེ་སྒམ་པོ་པས། སེམས་ཉིད་ལྷན་ཅིག་སྐྱེས་པ་ཆོས་ཀྱི་སྐུ། །སྣང་བ་ལྷན་ཅིག་སྐྱེས་པ་ཆོས་སྐུའི་འོད། དེ་ཡང་སེམས་ཉིད་ལྷན་ཅིག་སྐྱེས་པ་ནི་སེམས་ཉིད་ཀྱི་ངོ་བོ་འམ་ཡིན་ལུགས་དེ་ཡིན། སྣང་བ་ལྷན་ཅིག་སྐྱེས་པ་ནི་དེ་ལ་དྲན་རྟོག་སྣ་ཚོགས་སུ་འཆར་བ་དེ་ཡིན། དེ་ཡང་ཉི་མ་དང་ཉི་མའི་འོད་ཟེར་ལྟ་བུ། ཙན་དན་དང་ཙན་དན་གྱི་དྲི་ལྟ་བུ་ཡིན། ཞེས་དང་། རྗེ་སྒོམ་ཆུང་གིས། སེམས་ཉིད་ལྷན་ཅིག་སྐྱེས་པ་ཆོས་སྐུ་དངོས། །སྣང་བ་ལྷན་ཅིག་སྐྱེས་པ་ཆོས་སྐུའི་འོད། །རྣམ་རྟོག་ལྷན་ཅིག་སྐྱེས་པ་ཆོས་སྐུའི་རླབས། །དབྱེར་མེད་ལྷན་ཅིག་སྐྱེས་པ་ཆོས་སྐུའི་དོན། ཞེས་གསུངས་སོ། །འོ་ན་གང་ཟག་ཐ་མལ་པ་ལའང་སེམས་ཉིད་དང་སྣང་བ་འཆར་བ་ཡོད་པས་དེ་ཡང་ལྷན་སྐྱེས་སུ་འཆར་རམ་སྙམ་ན། ལམ་པ་པོས་དེ་ཉིད་ལྷན་སྐྱེས་སུ་རྟོགས་མ་རྟོགས་ནི་ཡོད་ལ། རྟོགས་རུང་མ་རྟོགས་རུང་དེ་ཉིད་ལྷན་སྐྱེས་ཡིན་པ་ལ་འཕོ་འགྱུར་དང་རྒྱུན་ཆད་མེད་དེ། དཔེར་ན་མར་མེ་དང་ཉི་འོད་ལ་ཕྱོགས་རིས་མེད་ཀྱང་མིག་མེད་པ་ལ་མུན་པར་སྣང་བ་ལྟ་བུར་བཤད་དེ། བྲམ་ཟེ་ཆེན་པོས། ཁྱིམ་དུ་མར་མེ་མང་པོ་སྦར་གྱུར་ཀྱང་། །མིག་མེད་པ་ལ་མུན་པར་གནས་པ་བཞིན། །ལྷན་ཅིག་སྐྱེས་པས་ཐམས་ཅད་ཁྱབ་བྱས་ཤིང་། །ཉེ་ཡང་རྨོངས་པ་དག་ལ་ཤིན་ཏུ་རིང་། ཞེས་དང་། ཤ་ཝ་རིས། ཀྱེ་མ་ཉི་མ་སྒྲོན་བྲལ་འོད་ཟེར་ཀུན་ཁྱབ་ཀྱང་། །མིག་མེད་པ་ལ་མུན་པ་རྟག་ཏུ

སྣང་། །ལྷན་ཅིག་སྐྱེས་པས་ཀུན་ལ་ཁྱབ་གྱུར་ཀྱང་། །རྟོགས་པ་དག་ལ་དེ་ཉིད་ཤིན་ཏུ་རིང་། ཞེས་པའི་དོན་ཏོ། གསུམ་པ་ནི། འོ་ན་ཕྱག་རྒྱ་ཆེན་པོའི་གདམས་པ་ལ་ལྷན་ཅིག་སྐྱེས་སྦྱོར་ཞེས་བརྗོད་པའི་དོན་ཇི་ལྟར་ཡིན་ཞེ་ན། རྗེ་དྭགས་པོས་སྤྱི་ཙམ་དུ་རྟོག་པ་སྐུ་བཞིར་སྦྱོར་བར་བྱེད་པ་ལ་གསུངས་ཀྱང་། གོང་དུ་བཤད་པ་ལྟར་ཆོས་ཅན་སེམས་ཉིད་དང་དེ་ལས་འཆར་བའི་རྟོག་པ་དང་། དེ་དག་གི་ཆོས་ཉིད་སྟོང་པ་ཉིད་དག་གདོད་མ་ནས་ལྷན་ཅིག་ཏུ་སྐྱེས་ཤིང་དབྱེར་མེད་ཀྱང་། དེའི་ཚུལ་ སྤྲར་མ་རྟོགས་པར་དེ་དག་བཟང་ངན་དང་ཐ་དད་དུ་འཛིན་པ་ལས། སླིང་པོ་དོན་གྱི་གདམས་པ་དང་ངོ་སྤྲོད་ཀྱིས་དེ་དག་གདོད་མ་ནས་ལྷན་ཅིག་ཏུ་སྐྱེས་ཤིང་གནས་པར་ངོ་འཕྲོད་ནས། དེ་དག་ཐམས་ཅད་དབྱེར་མེད་པའི་ངོ་བོ་སེམས་ཉིད་ཁོ་ནར་སྦྱོར་བར་བྱེད་པས་ན་ལྷན་ཅིག་སྐྱེས་སྦྱོར་ཞེས་བྱ་སྟེ། རྗེ་ཕག་མོ་གྲུ་པས། སེམས་དང་རྣམ་རྟོག་ཆོས་སྐུ་གསུམ། དང་པོར་ལྷན་ཅིག་སྐྱེས་པ་དེ། གདམས་པས་སེམས་སུ་སྦྱོར་བའི་ཕྱིར། ལྷན་ཅིག་སྐྱེས་སྦྱོར་ཞེས་སུ་བཤད། ཅེས་གསུངས་པ་ལྟར་རོ། །གཞན་ཡང་ཐ་མལ་པའི་སེམས་སྣང་ལྷན་ཅིག་སྐྱེས་པའི་ཡེ་ཤེས་སུ་སྦྱོར་བས་སམ། མཚན་མར་སྐྱེས་པའི་སེམས་སྣང་རང་མཚན་པ་རང་དང་ལྷན་ཅིག་ཏུ་སྐྱེས་པའི་སྟོང་པ་དང་སྦྱོར་བ་སོགས། མདོར་ན་གསལ་སྟོང་། རིག་སྟོང་། བདེ་སྟོང་སོགས་གཉིས་ཆོས་སུ་སྣང་བ་མཐའ་དག་ཟུང་འཇུག་ལྷན་ཅིག་སྐྱེས་པའི་དོན་དུ་སྦྱོར་བ་ལ་འཆད་ནུང་ཡང་མ་སྲིད་སོ། །རང་གི་སེམས་བྱིང་རྒོད་ཀྱི་སྐྱོན་དང་བྲལ་ཞིང་བཟང་ངན་གྱི་རྟོག་པས་མ་སླད་པར་རྣལ་དུ་ཕབ་ལ་རང་བབས་སུ་བཞག་པའི་དུས་ན། སེམས་དེའི་གནས་ལུགས་སམ་གནས་ཚུལ་ལ་སེམས་རང་གིས་བལྟས་པའི་ཚེ། རྣམ་པར་རྟོག་པའི་འཆར་སྒོ་ཕྲ་རགས་ཐམས་ཅད་མ་བཀག་ཀྱང་རང་སངས་རང་དག་རང་ཞི་ལ་སོང་ནས། ངོས་བཟུང་ཅི་ཡང་མེད་པའི་ངང་དུ་ལྷང་ངེ་འམ་ཆམ་མེ་གནས་པ་ཞིག་འབྱུང་བ་ནི། སེམས་ཀྱི་གནས་ཚུལ་ལ་སེམས་འཛོག་པས་ན་ཞི་གནས་ཞེས་བྱ་བ་ཡིན་ལ། དེའི་ངང་ནས་རིག་པ་མི་གསལ་བར་རྨོངས་པའམ་དྭངས་མེད་ཀྱི་ལུང་མ་བསྟན་ནམ་བཏང་སྙོམས་སུ་འགྱུར་བར་མ་སོང་བར། སེམས་ཀྱི་ངོ་བོ་དེ་གསལ་ལ་གོ་མ་འགགས་

པ། རང་རིག་ཅིང་རང་གསལ་བ། རིག་ལུགས་དང་གསལ་ལུགས་ཇི་ལྟ་བ་བརྗོད་དུ་མེད་པ། རྣམ་པ་བགྲ་རིག་རིག་པ་ལྟ་བུའི་ཉམས་སུ་མྱོང་རྒྱུའམ་ཕྲིག་ཚུད་རྒྱུ་ཙུང་ཟད་ཙམ་ཡོད་པ་ནི། བརྟ་བྱའི་ཆོས་རབ་ཏུ་རྣམ་པར་འབྱེད་པས་ན་ལྷག་མཐོང་ཞེས་བྱ་བ་ཡིན་ཏེ། མདོ་སྡེ་རྒྱན་ལས། ཡང་དག་གནས་པ་ལ་བརྟེན་ནས། སེམས་ལ་སེམས་ནི་འཛོག་ཕྱིར་དང་། ཆོས་རབ་རྣམ་པར་འབྱེད་པའི་ཕྱིར། ཞི་གནས་དང་ནི་ལྷག་མཐོང་ཡིན། ཞེས་པ་རྩ་འགྲེལ་གྱི་དོན་ཏོ། །ཞི་ལྷག་དེ་གཉིས་ཀྱང་ཕྱོགས་པའི་སྒོ་ནས་སོ་སོར་མཚོན་པ་ཙམ་ལས། དོན་ལ་ཐ་མི་དད་པར་ཞི་གནས་དེ་ཉིད་རང་རིག་རང་གསལ་གྱི་ལྷག་མཐོང་དེ་ཀའི་ངང་དུ་གནས་ལ། ལྷག་མཐོང་དེ་ཡང་སེམས་ཀྱི་རང་བཞིན་དེར་ཀུན་ཏུ་གནས་ཤིང་རང་གི་ངོ་བོ་ལ་ཀུན་རྟོག་གི་མཚན་མ་མ་གོས་པའི་ཞི་གནས་ཀྱི་རྣམ་པ་ཅན་དེར་རང་གིས་རང་རིག་ཅིང་གསལ་བས་ན། ཞི་ལྷག་དབྱེར་མི་ཕྱེད་ཅིང་ཟུང་དུ་འཇུག་པའི་སེམས་རྩེ་གཅིག་པ་ཡིན་ཏེ། མདོ་དགོངས་འགྲེལ་ལས། ཅི་ཙམ་གྱིས་ན་ཞི་གནས་དང་ལྷག་མཐོང་གཉིས་འདྲེས་པར་གྱུར་ཏེ་མཉམ་པར་ཟུང་དུ་འཇུག་པ་ལགས། བཀའ་སྩལ་པ། གང་གི་ཚེ་སེམས་རྩེ་གཅིག་པ་ཉིད་ཡིད་ལ་བྱེད་པའོ། །ཞེས་པ་ལྟར་རོ། །དེ་ལྟ་བུའི་ཞི་ལྷག་གཉིས་ཀ་སེམས་ཉིད་ཀྱི་ཐོག་ཏུ་འགྲེལ་བ་དེ་ལ་སེམས་ཉིད་ལྷན་ཅིག་སྐྱེས་པ་ཆོས་ཀྱི་སྐུ་ཞེས་བཞེད་ཅིང་། གཞན་ཡང་མཚན་གྱི་རྣམ་གྲངས་མང་སྟེ་འཆད་པར་འགྱུར་རོ། །དེ་ལྟར་སེམས་ཀྱི་གནས་ལུགས་ཤེས་པ་ལ་སེམས་ངོ་ཤེས་པ་དང་རྣལ་འབྱོར་པ་ཞེས་བྱ་ཞིང་། དེ་ཉིད་སྐྱོང་བ་ལ་སྒོམ་པ་ཞེས་དང་ཏིང་ངེ་འཛིན་ཞེས་བརྗོད་དེ། ཡེ་ཤེས་ཕྱག་རྒྱའི་མདོ་ལས། ཆོས་རྣམས་སེམས་ཀྱིས་རྒྱས་བཏབ་ཅིང་། །སེམས་ལ་དངོས་པོ་མེད་པས་བཏབ། །སེམས་ངོ་ཤེས་པ་གང་ཡིན་པ། །དེ་ནི་རྣལ་འབྱོར་སྤྱོད་པ་ཡིན། ཞེས་དང་། ཏིང་འཛིན་རྒྱལ་པོ་ལས། རྟོག་པ་མེད་ཅིང་རྣམ་རྟོག་མེད། །བཟུང་དུ་མེད་ཅིང་བརྗོད་དུ་མེད། །སེམས་ཀྱང་དམིགས་སུ་མེད་པ་སྟེ། དེ་ཕྱིར་ཏིང་ངེ་འཛིན་ཞེས་བྱ། ཞེས་དང་། ནམ་མཁའ་ལྟ་བུའི་ཏིང་ངེ་འཛིན་གྱི་མདོ་ལས། །ཐླམ་དམ་པའི་བདུད་རྩི་ཡིས། །རང་སེམས་ནམ་མཁའ་ལྟ་བུར་ཤེས། །དེ་ཡི་དོན་ལ་མ་ཡེངས་

པ། །དེ་ནི་ཏིང་འཛིན་ཞེས་པར་བསྟན། ཞེས་སོ། །དེ་ལྟར་རྣམ་པར་མི་རྟོག་པའི་ཡེ་ཤེས་སྒོམ་པ་ལ་བསྔགས་པ་ཤིན་ཏུ་ཆེ་སྟེ། སངས་རྒྱས་ཕལ་ཆེན་ལས། རྒྱལ་བའི་སྤྱོད་ཡུལ་འདི་ལ་གང་ཞིག་འཇུག་འདོད་པས། །དེ་ནི་བསམ་པ་ནམ་མཁའ་ལྟ་བུར་རྣམ་པར་སྦྱོངས། །རྟོག་དང་རྣམ་པར་རྟོགས་དང་འདུ་ཤེས་འཛིན་སྤོངས་ལ། །ནམ་མཁའ་ལྟ་བུའི་ཡིད་ཀྱིས་འདི་ལ་འཇུག་པར་གྱིས། ཞེས་དང་། རྣམ་རྟོག་མ་རིག་ཆེན་པོ་སྟེ། །འཁོར་བའི་རྒྱ་མཚོར་ལྟུང་བྱེད་ཡིན། །མི་རྟོག་ཏིང་འཛིན་ལ་གནས་ན། །མཁའ་བཞིན་དྲི་མ་མེད་པར་འགྱུར། ཞེས་པ་ལ་སོགས་པ་མདོ་རྒྱུད་ཀྱི་ལུང་ཤིན་ཏུ་མང་ཡང་དོན་འདི་ལ་མདོ་རྒྱུད་མན་ངག་དང་བཅས་པ་མགྲིན་གཅིག་ཏུ་མཐུན་པར་སྣང་བས་ལུང་སྤྲོར་མང་དུ་མ་སྤྲོས་སོ། །ཕྱག་རྒྱ་ཆེན་པོ་རབ་ཏུ་མི་གནས་པའི་རྒྱུད་ལས། འདི་ནི་ཕྱག་རྒྱ་ཆེན་པོ་སྟེ། །འདི་ནི་དྲི་མས་མ་གོས་པ། །འདི་ལ་དགག་དང་སྒྲུབ་པ་མེད། །ལམ་དང་གཉེན་པོས་རྙེད་པ་མིན། །འདི་ནི་སངས་རྒྱས་ཀུན་གྱི་སྐུ། །འདི་ནི་ཡོན་ཏན་ཀུན་གྱི་གཞི། །འདི་ནི་ལྷུན་གྱིས་གྲུབ་པ་ཡིན། ཞེས་གསུངས་པ་ལྟར་རོ། །གཉིས་པ་ནི། གོང་དུ་བཤད་པའི་སེམས་ཉིད་ལྷན་སྐྱེས་ཀྱི་མཉམ་བཞག་དེའི་ངང་ནས་དགའ་སྐྱིད་ལྟ་བུའམ། ཆགས་སྡང་ལྟ་བུའི་རྣམ་པར་རྟོག་པ་གསལ་ཞིང་ངར་དང་བཅས་པ་ཞིག་འཆར་དུ་བཅུག་སྟེ། དེ་ཤར་བ་ན་དེ་ཀའི་སྟེང་ཚུལ་ལ་ཅེར་གྱིས་བལྟས་པས། སྔར་རྟོག་པ་གཏན་ལ་ཕབ་པའི་སྐབས་ལྟར་རྟོག་པ་དེའི་འཆར་ཚུལ་གྱི་རྣམ་པ་དེ་ཉིད་མ་འགགས་པར་གསལ་བཞིན་དུ། ཐ་མལ་དུ་ཡེངས་ཤིང་འཁྲུལ་པའི་རྣམ་རྟོག་རང་ཁམ་དང་ཅུང་ཟད་མི་འདྲ་བའི་ཁྱད་པར་ལ། འཁྲུལ་རྟོག་གི་བྱ་བ་ཨ་འཐས་ཀྱི་བདེན་འཛིན་མི་བསྐྱེད་ཅིང་། རྟོག་པ་དེ་ཉིད་ཀྱི་ངོ་བོའམ་རང་བཞིན་ངོས་བཟུང་རྒྱུ་ཅི་ཡང་མེད་པའི་སྟོང་པ་ཉིད། དེ་ལྟར་རྟོག་པའི་རྣམ་པ་གསལ་བ་དང་ངོས་བཟུང་མེད་པའི་སྟོང་པ་གཉིས་དབྱེར་མི་ཕྱེད་པ། སྟོང་འགྱུའམ་འགྱུ་སྟོང་ལྟ་བུར་ཉམས་སུ་མྱོང་བ་ནི་རྣམ་རྟོག་ལྷན་སྐྱེས་ཀྱི་རང་ངོ་མཐོང་བ་ཡིན་ཏེ། དཔེར་ན་ཆུ་རླབས་ནི་ཆུ་ལས་མ་འདས་ཤིང་ཆུ་ཉིད་རླབས་སུ་ཤར་ལ་ཤར་ཡང་ཆུ་ལས་གཞན་མིན་པ་ལྟར། རྣམ་རྟོག་ཀྱང་ངོ་བོ་སྟོང་པ་ཉིད་

ལས་མ་འདས་ཤིང་སྟོང་ཉིད་ཀྱི་སྒོམ་འགགས་པས་རྒྱུ་རྐྱེན་གྱི་རྟེན་འབྲེལ་ལས་རྟོག་པའི་རྣམ་པ་ཙམ་དུ་ཤར་ལ། ཤར་ཡང་དེའི་ངོ་བོ་ངོས་བཟུང་དང་བྲལ་བས་སྟོང་པ་ཉིད་ལས་གཞན་མིན་པ་ལྟར་རོ། །འདིའི་སྐབས་སུ། རྟོག་པའི་འཆར་སྒོམ་འགགས་པ་ལ་ཞེན་འཛིན་རང་སར་དག་པ་ཞི་གནས་དང་། དེ་ཉིད་ཀྱང་སྐྱེ་མེད་ཆོས་སྐུའམ་སྟོང་པ་ཉིད་ཀྱི་རང་བཞིན་ཅན་དུ་རང་ངོ་ཤེས་པའི་ངེས་ཤེས་ལྷག་མཐོང་དང་། འགྱུ་བ་སྟོང་པའི་རང་བཞིན་ཅན་དང་སྟོང་པ་འགྱུ་བའི་རྣམ་པ་ཅན་ཏེ་མདོར་ན་སྟོང་འགྱུ་འམ་འགྱུ་སྟོང་དབྱེར་མི་ཕྱེད་པ་ཞི་ལྷག་ཟུང་འཇུག་ཡིན་ནོ། །འདི་ནི་རྣམ་རྟོག་ཆོས་སྐུར་ཤར་བར་འགྲོ་བ་ཡིན་ལ། འདི་ལ་བརྟེན་ནས་དྭགས་པོ་བཀའ་བརྒྱུད་པས་རྣམ་རྟོག་ཆོས་སྐུ་དང་འཁྲུལ་པ་ཡེ་ཤེས་སུ་འཆར་བའི་རྟོགས་ཆོས་དང་དེའི་ཐ་སྙད་བཞེད་པ་ཡིན་ནོ། །དེ་ལྟར་ཡང་བྲམ་ཟེ་ཆེན་པོས། ཡེ་ཤེས་ཉི་མ་ལྟ་བུའི་འོད་ཟེར་དག་པ་ཡིས། མ་རིག་རིག་པར་བྱེད་པའི་ཡེ་ཤེས་མཆོག་དེ་ནི། གསེར་འགྱུར་རྩི་ལྟར་ཆོས་རྣམས་ཐམས་ཅད་བདེ་བར་བསྒྱུར་མཛད་པ། ཞེས་དང་། ཀླུ་སྒྲུབ་ཀྱིས། འཁོར་བ་མྱ་ངན་འདས་པ་ལ། ཁྱད་པར་ཅུང་ཟད་ཡོད་མ་ཡིན། །མྱ་ངན་འདས་པའང་འཁོར་བ་ལས། །ཁྱད་པར་ཅུང་ཟད་ཡོད་མ་ཡིན། ཞེས་དང་། རྗེ་མར་པས། ཡིད་ཀྱི་གཡོ་བ་གཟུང་འཛིན་གཉིས། །སྤྲོས་བྲལ་ཆོས་ཀྱི་སྐུ་རུ་ཐིམ། ཞེས་དང་། རྗེ་བཙུན་ཆེན་པོས། ནང་འགྱུ་བ་ཡིད་ཀྱི་རྣམ་ཤེས་འདི། །མ་རྟོགས་དུས་ན་མ་རིག་པ། །ལས་ཉོན་མོངས་ཀུན་གྱི་གཞི་རྩ་ཡིན། །རྟོགས་ན་རང་རིག་ཡེ་ཤེས་ཏེ། །དཀར་པོའི་ཡོན་ཏན་རྫོགས་པར་འབྱུང་། ཞེས་དང་། རྗེ་སྒམ་པོ་པས། མཚན་མར་སྐྱེས་པའི་རྣམ་རྟོག་འདི། ཆོས་སྐུ་ཡིན་པར་ངོར་གྱིས་བཟུང་། ཞེས་གསུངས་ཤིང་། དོན་འདི་དང་མཐུན་པར་བཀའ་བརྒྱུད་རིན་པོ་ཆེ་རྣམས་ཀྱི་རྗེ་རྗེའི་གསུང་ཤིང་ཏུ་མང་ཡང་མ་སྤྲོས་སོ། །སྐབས་འདིར་ཁ་ཅིག རྣམ་རྟོག་ལ་བལྟས་པས་དེ་ཉིད་དག་ནས་མི་རྟོག་པར་ཚམ་གྱིས་འགྲོ་བ་རྣམ་རྟོག་ཆོས་སྐུའི་དོན་དུ་འདོད་པ་དང་། ཁ་ཅིག་རྟོགས་ན་རྣམ་རྟོག་གི་རང་བཞིན་ཆོས་སྐུ་དང་མ་རྟོགས་ན་ཆོས་སྐུ་མིན་པར་འདོད་པ་མི་འཐད་དེ། ཐ་མ་ནི་རྣམ་རྟོག་ཉིད་ཀྱི་རང་བཞིན་ཆོས་སྐུར་གནས་པ་

མ་ཤེས་པར་རྣམ་རྟོག་དེ་དག་ནས་གཟོད་ཆོས་སྐུར་འགྲོ་དགོས་པར་སྣང་བས་དེ་རྣམ་རྟོག་ཆོས་སྐུའི་སྒྲུབ་བྱེད་དུ་མི་འགྲོ་བའི་ཕྱིར་དང་། ཕྱི་མ་ནི་རྟོག་པའི་རང་བཞིན་རྒྱུན་ཆད་མེད་པར་ཆོས་སྐུར་གནས་པ་མ་ཤེས་པར་གང་ཟག་གིས་རྟོགས་མ་རྟོགས་ལ་བལྟོས་དགོས་པར་སྣང་བས། དེ་ལྟར་ན་དེའི་རང་བཞིན་ཆོས་སྐུ་འཕོ་འགྱུར་ཅན་དུ་འགྱུར་བའི་ཕྱིར་རོ། །འོ་ན་ཇི་ལྟར་ཞེ་ན། སྔ་མའི་དོན་ནི་རྣམ་པ་རྟོག་པར་སྣང་བ་དང་དེའི་རང་བཞིན་སྟོང་པར་གནས་པ་གཉིས་ཚོགས་པའི་ཉམས་མྱོང་དང་ངེས་ཤེས་ལ་བརྟེན་ནས་རྣམ་རྟོག་ཆོས་སྐུའི་ཐ་སྙད་བཞག་པ་ཡིན་ལ། ཕྱི་མའི་དོན་ནི་གང་ཟག་ལ་རྟོགས་མ་རྟོགས་ཡོད་ཀྱང་དེས་རྣམ་རྟོག་གི་རང་བཞིན་ཆོས་སྐུ་ཡིན་མིན་དུ་བྱེད་པ་མིན་ཏེ། དཔེར་ན་མིག་ཡོད་མེད་ཀྱིས་ཉི་མ་འོད་ཟེར་ཅན་ཡིན་མིན་དུ་མི་འཇོག་པར། ཉི་མ་ནི་ཇི་སྲིད་ཀྱི་བར་རྒྱུན་དུ་འོད་ཟེར་ཅན་ཡིན་པ་ལྟ་བུ་སྟེ། ལུང་ནི་གོང་དུ་དྲངས་པ་ལྟར་རོ། །ཡང་ཁ་ཅིག རང་ཉིད་འཁོར་འདས་དབྱེར་མེད་ཀྱི་གྲུབ་མཐའ་འཛིན་བཞིན་དུ་རྣམ་རྟོག་ཆོས་སྐུ་དང་འཁྲུལ་པ་ཡེ་ཤེས་སུ་འཆར་བའི་ཐ་སྙད་ལ་རྒོལ་བ་ནི་སྨྲ་འདོད་པ་ཙམ་དུ་ཟད་དེ། རང་གི་འཁོར་འདས་དབྱེར་མེད་ཀྱི་སྒྲུབ་བྱེད་ཅི་ཡོད་པ་འདིའི་སྒྲུབ་བྱེད་དུ་མཚུངས་པའི་ཕྱིར་དང་། ཕྱོགས་སྔ་མ་ལ་སུན་འབྱིན་ཅི་ཡོད་པ་ཁྱེད་རང་ལ་བཟློག་པའི་ཕྱིར་དང་། ཁྱེད་ཀྱི་ཕྱོལ་ཚིག་ལ། སྐབས་དེར་འཁོར་བའི་རྣམ་པ་ཙམ་ལས་དོན་ལ་འཁོར་བ་མིན་པ་དང་མྱང་འདས་འབའ་ཞིག་ཆར་འཆད་མོད། འཁོར་བའི་རྣམ་པ་ལ་འཁོར་བའི་ཐ་སྙད་མི་བྱེད་ན་འཁོར་བའི་ཐ་སྙད་འདོགས་ས་མི་རྙེད་པའི་ཕྱིར་དང་། དེ་ལྟར་ན་འཁོར་འདས་གཉིས་དབྱེར་མེད་རྒྱུའི་འཁོར་བའི་ཐ་སྙད་བཞག་ས་མེད་པའི་ཕྱིར་དང་། དེ་མེད་ན་འཁོར་འདས་ཟུང་འཇུག་དེ་མྱང་འདས་ཀྱང་པར་འགྱུར་བའི་ཕྱིར་དང་། དེའི་མཚུངས་ལྡན་གྱི་རིགས་པས་ཐབས་ཤེས་ཟུང་འཇུག་སོགས་ཟུང་འཇུག་གི་རྣམ་བཞག་ཐམས་ཅད་ཤེས་རབ་ཀྱང་མ་སོགས་ཡ་བྲལ་དུ་འགྱུར་བས་གནོད་བྱེད་ཤིན་ཏུ་མང་བའི་ཕྱིར་རོ། །གསུམ་པ་ནི། ཕྱི་རོལ་གྱི་དོན་ལྟར་སྣང་བའི་ཡུལ་རྐྱེན་ལ་མ་བལྟོས་པར་སེམས་ཙམ་དུ་ཤར་བའི་སྣང་བ་རྣམས་ནི་སྔོན་གྱི་བག་ཆགས་ལ་བརྟེན་ནས་རྟོག

པའི་ངོར་སྣང་གཟུགས་ཤར་བ་ཙམ་ཡིན་པས་རྣམ་རྟོག་ལྷན་སྐྱེས་དང་ཁྱད་པར་མེད་ལ། འདིར་སྤྱི་མཐུན་གྱི་ལས་སྣང་ལ་བརྟེན་པ་ཐ་མལ་པ་ལ་མངོན་སུམ་པར་གྲགས་པའི་གཟུགས་སྒྲ་སོགས་ཀྱི་སྣང་བ་དབང་ཤེས་ལ་འཆར་བ་ལྷན་སྐྱེས་སུ་ངོ་སྤྲོད་པ་སྟེ། དེ་ཡང་སྔར་བཤད་པའི་སེམས་ཉིད་ལྷན་སྐྱེས་དེའི་མཉམ་གཞག་གི་ངང་ནས། ཕྱི་རོལ་དུ་རིའམ་ཁང་ཁྱིམ་མམ་བུམ་པ་ལྟ་བུ་གཟུགས་སྣང་གང་ཡང་རུང་བ་ཞིག་ལ་ཅེར་གྱིས་བལྟས་པས། སྣང་ཆ་དེ་ཉིད་འགགས་པའམ་མི་གསལ་བར་སེམས་ཉིད་ཧོ་ན་གསལ་སྟོང་དུ་སྐྱོང་བ་ཙམ་མ་ཡིན་པར། སྔར་སྣང་བ་གཏན་ལ་ཕབ་པའི་སྐབས་ལྟར་རྣམ་པ་ཅེར་སྣང་བ་དེའི་མཚན་ཉིད་གསལ་བཞིན་དུ་གསལ་བ་དེའི་ངོ་བོའམ་རང་བཞིན་ངོས་བཟུང་རྒྱུ་ཅི་ཡང་མེད་པའི་སྟོང་པ་ཉིད་དེ། མདོར་ན་སྣང་བ་ཅི་སྣང་དེའི་རྣམ་པ་གསལ་བ་དང་ངོས་བཟུང་མེད་པའི་སྟོང་པ་ཉིད་དབྱེར་མི་ཕྱེད་པར་སྣང་སྟོང་ངམ་སྟོང་སྣང་ལྟ་བུར་ཉམས་སུ་སྐྱོང་ན། སྣང་བ་དང་སྣང་མཁན་དབྱེར་མེད་པ་སྣང་སྟོང་དུ་རྗེན་ནེ་འཆར་བ་དེ་སྣང་བ་ལྷན་སྐྱེས་ཀྱི་རང་ངོ་མཐོང་བ་ཡིན་ཏེ། དཔེར་ན་རྨི་ལམ་ན་སྣོད་བཅུད་ལྟ་བུའི་སྣང་བ་སྣ་ཚོགས་ཤར་ཡང་ཤར་ཙམ་ཉིད་ནས་རྨི་ལམ་གྱི་ཤེས་པ་ཉིད་ལས་གཞན་མིན་པ་ལྟར། ད་ལྟའི་སྣང་བ་ཅི་འདྲ་ཞིག་ཤར་ཡང་རང་སེམས་སྟོང་པ་ཉིད་སྒོམ་འགགས་པའི་རྩལ་སྤྱི་མཐུན་གྱི་ལས་མ་དག་པར་དུ་དེ་འདྲའི་སྣང་བ་ཙམ་དུ་ཤར་ལ། ཤར་ཙམ་ནས་རང་སེམས་སྟོང་པ་ཉིད་ཀྱི་རང་བཞིན་ལས་གཞན་མིན་པ་སྟེ། མདང་གསུམ་རྨི་ལམ་རྨིས་པ་དེ། སྣང་བ་སེམས་སུ་ངོ་སྤྲོད་པའི། སློབ་དཔོན་ཅིག་ལགས་ཏེ་ཀོ་ལགས་སམ། ཞེས་པ་ལྟར་རོ། །གཟུགས་སྣང་གི་རིགས་པས་སྒྲ་སྣང་སོགས་ཚོགས་དྲུག་གི་སྣང་བ་གཞན་ལའང་འགྲེ་སྟེ། ཀླུ་སྒྲུབ་ཀྱིས། གང་གིས་དངོས་གཅིག་དེ་བཞིན་ཉིད་མཐོང་བ། དེ་ཡིས་དངོས་ཀུན་དེ་བཞིན་ཉིད་དུ་མཐོང་། ཞེས་སོ། །འོན་ཀྱང་སྣང་སེམས་དཔྱིས་ཕྱིན་པར་འདྲེ་བ་ནི་སྒོམ་རོ་གཅིག་ཆེན་པོའི་སྐབས་སུ་འབྱུང་བར་བཤད་པས། འདིར་སྐབས་དོན་གྱི་སྣང་སེམས་དབྱེར་མེད་ཙམ་བཤད་པ་ཡིན་ནོ། །འདིའི་སྐབས་སུ། སྣང་བ་ཅེར་སྣང་སྣང་བཞིན་དུ་རྗེས་མེད་འཛིན་མེད་དུ་ཁྲོལ་ལེ་གནས་པ་ཞི་གནས་དང་།

དེ་ཉིད་སྣང་སྟོང་དབྱེར་མེད་དུ་སྒྲོ་འདོགས་ཆོད་པའི་རྟོགས་པའམ་ངེས་ཤེས་ལྷག་མཐོང་དང་། སྣང་བ་སྟོང་པའི་རང་བཞིན་ཅན་དང་སྟོང་པ་སྣང་བའི་རྣམ་པ་ཅན་གཉིས་དབྱེར་མི་ཕྱེད་པར་ཉམས་སུ་མྱོང་བ་ཞི་ལྷག་ཟུང་འཇུག་ཡིན་ནོ། །མྱོང་རྟོགས་དེ་ལྟ་བུ་ལ་བརྟེན་ནས་དྭགས་པོ་བཀའ་བརྒྱུད་པས་ཅིར་སྣང་ཆོས་སྐུ་དང་སྣང་སྲིད་ཆོས་སྐུའི་རྟོགས་ཆོས་དང་ཐ་སྙད་བཞེད་དེ། ཤེར་སྙིང་ལས། གཟུགས་སྟོང་པའོ། །སྟོང་པ་ཉིད་གཟུགས་སོ། །གཟུགས་ལས་སྟོང་པ་ཉིད་གཞན་མ་ཡིན་ནོ། །སྟོང་པ་ཉིད་ལས་ཀྱང་གཟུགས་གཞན་མ་ཡིན་ནོ། །ཞེས་དང་། ཏིང་འཛིན་རྒྱལ་པོ་ལས། གཟུགས་ཀྱང་གཞན་གཟུགས་ཀྱི་ངོ་བོ་ཉིད་ཀྱང་གཞན་ནོ་ཞེས་དེ་ལྟར་མི་བལྟའོ། །གཟུགས་ཀྱི་ངོ་བོ་ཉིད་ཀྱང་གཞན། དེ་བཞིན་གཤེགས་པ་ཡང་གཞན་ནོ་ཞེས་དེ་ལྟར་མི་བལྟའོ། །ཞེས་སོགས་དང་། བརྟག་གཉིས་ལས། བརྟན་དང་གཡོ་བའི་དངོས་པོ་གང་། །རྩྭ་ལྷུག་འཁྲིལ་ཤིང་ལ་སོགས་པ། །བདག་གི་དངོས་པོའི་རང་བཞིན་ལས། །དམ་པའི་དེ་ཉིད་ངེས་བསྒོམ་བྱ། །དེ་རྣམས་དམ་པ་གཅིག་ཡོད་མིན། །རང་རིག་བདེ་བ་ཆེན་པོ་ཉིད། ཅེས་དང་། ལྷན་ཅིག་སྐྱེས་པ་བསམ་གྱིས་མི་ཁྱབ་པའི་རྒྱུད་ལས། སེམས་ཉིད་ལྷན་ཅིག་སྐྱེས་པ་ཆོས་ཀྱི་སྐུ། །སྣང་བ་ལྷན་ཅིག་སྐྱེས་པ་ཆོས་སྐུའི་འོད། །དེ་ཕྱིར་སྣང་སེམས་དབྱེར་མེད་ལྷན་ཅིག་སྐྱེས། ཞེས་དང་། བྲམ་ཟེ་ཆེན་པོས། ས་དང་ཆུ་དང་མེ་དང་རླུང་དང་ནམ་མཁའ་རྣམས། ལྷན་ཅིག་སྐྱེས་པའི་རོ་ཉིད་ལས་ནི་གཞན་ཡོད་མིན། སྲིད་དང་མྱ་ངན་འདས་པ་གཉིས་སུ་མི་རྟོག་པ། འདི་ནི་ཆོས་ཀྱི་དབྱིངས་ཀྱི་གནས་ལུགས་ཡིན་པར་བཤད། ཅེས་དང་། ཏཻ་ལོ་པས། ཕུང་པོ་ཁམས་དང་སྐྱེ་མཆེད་རྣམས། །ཕྱག་རྒྱ་ཆེན་པོའི་རང་བཞིན་ལས། །མ་ལུས་དེར་བྱུང་དེ་རུ་ཐིམ། ཞེས་དང་། ནཱ་རོ་པས། སྣང་ཞིང་སྲིད་པའི་ཆོས་འདི་རྣམས། །རང་རིག་སེམས་ལས་གུད་ན་མེད། ཅེས་དང་། རྗེ་མར་པས། ཕྱི་སྣང་བ་སྒྱུ་མའི་འཁྲུལ་འཁོར་འདི། །སྐྱེ་མེད་ཕྱག་རྒྱ་ཆེན་པོར་རྟོགས། ཞེས་དང་། རྗེ་བཙུན་གྱིས། ཕྱི་སྣང་བ་ཇི་ལྟར་སྣང་ལགས་ཀྱང་། །མ་རྟོགས་དུས་ན་འཁྲུལ་སྣང་སྟེ། །ཕྱི་ཡུལ་གྱི་ཞེན་པས་འཆིང་བར་བྱེད། །རྟོགས་པ་རྣམས་ལ་སྒྱུ་མར་

སྣང་། །ཡུལ་སྣང་བ་སེམས་ཀྱི་གྲོགས་སུ་ཤར། ཞེས་དང་། །རྗེ་སྒམ་པོ་པས། བརྟགས་པའི་བག་ཆགས་སྣང་གྲགས་འདི། དོན་དམ་ཡིན་པར་བཙོར་གྱིས་བཟུང་། ཞེས་པ་ལ་སོགས་པ་བཀའ་བརྒྱུད་རིན་པོ་ཆེའི་རྗེ་རྗེའི་གསུང་ཤིན་ཏུ་མང་ཡང་མངས་པའི་འཇིགས་པས་མ་སྤྲོས་སོ། །

གསུམ། འབྲས་བུ་རྡོ་རྗེ་ཐེག་པའི་ཐབས་གྲོལ་གྱི་གདམས་པ་བཤད་པ།

འབྲས་བུ་རྡོ་རྗེ་ཐེག་པའི་ཐབས་གྲོལ་གྱི་གདམས་པ་དངོས་བསྟན་པ་ལ་གཉིས། ཐབས་ལམ་ཆོས་དྲུག་དང་གྲོལ་ལམ་ཕྱག་རྒྱ་ཆེན་པོའི་གདམས་པ་བཤད་པའོ། །

1. ཐབས་ལམ་ཆོས་དྲུག་བཤད་པ།

ཐབས་ལམ་ཆོས་དྲུག་ནི། རྒྱུད་སྡེ་རྒྱ་མཚོའི་མངའ་བདག་དགྱེས་མཛད་མར་པ་ལོ་ཙྪའི་རྗེས་འབྲང་ཛམ་བུའི་གླིང་ཀུན་ཏུ་ཁྱབ་པའི་བཀའ་བརྒྱུད་རིན་པོ་ཆེའི་ཕྲེང་བ་ཚར་དུ་དངར་ཞིར་བར་མ་ཆད་དུ་བྱོན་པ་རྣམས་ལ། རྣམ་འགྱུར་བླ་མེད་དང་གཙོ་བོར་འབྲེལ་བའི་གདམས་ངག་རྒྱ་མཚོ་ལྟ་བུ་བཞུགས་པ་ཐམས་ཅད་བརྗོད་པར་མི་ནུས་ཀྱང་ཟབ་མོའི་ལམ་གྱི་གཙོ་བོ་བསྡུས་པ་ནི་རྡོ་རྗེའི་ཚིངས་ཆེན་པོ་གསུམ་གྱི་སྒོ་ནས་རྟོགས་པར་བྱ་བ་སྟེ། དེ་ལ་གཉིས། མདོར་བསྟན། རྒྱས་བཤད་དོ། །

མདོར་བསྟན་པ་ནི་བཀའ་དཔེ་ཕྱི་མ་དང་རིམ་ལྔ་བསྡུས་གསལ་ལས། དངོས་པོའི་གནས་ལུགས་ལམ་དང་ནི། འབྲས་བུ་སྐྱེ་བའི་རིམ་པའོ། །ཞེས་གསུངས་པ་ལྟར། གཞི་དངོས་པོའི་གནས་ལུགས། ལམ་བགྲོད་པའི་རིམ་པ། འབྲས་བུ་མངོན་དུ་བྱེད་པའི་ཚུལ་གྱི་རིམ་པ་གསུམ་ནི་རྣལ་འབྱོར་བླ་ན་མེད་པའི་རྒྱུད་སྡེ་མ་ལུས་པའི་དོན་བསྡུད་པར་ནུས་པའི་རྡོ་རྗེའི་ཚིག་རྐང་དུ་བྱུང་བ་སྟེ། དཔལ་ནཱ་རོ་པ་ཡབ་སྲས་ཀྱི་བཀའ་བརྒྱུད་རྣམས་ཀྱིས་ལེགས་བཤད་ཀྱི་སྙིང་པོར་གདམས་ཤིང་གསུངས་སོ། །

རྒྱས་པར་བཤད་པ་ལ་གསུམ། གཞི་དངོས་པོའི་གནས་ལུགས། ལམ་བགྲོད་པའི་

རིམ་པ། འབྲས་བུ་མངོན་དུ་བྱེད་པའི་ཚུལ་ལོ། །

དང་པོ་གཞི་དངོས་པོའི་གནས་ལུགས་ནི། སྒྲ་མ་ལས། དངོས་པོའི་གནས་ལུགས་གཉིས་ཡིན་ཏེ། །སེམས་དང་ལུས་ཀྱི་གནས་ཐབས་ལས། ཞེས་པ་ལྟར། སེམས་དངོས་པོའི་གནས་ལུགས་དང་། །ལུས་དངོས་པོའི་གནས་ལུགས་གཉིས། དེ་གཉིས་ཀ་ཡང་། དེ་ཉིད་ལས། །རགས་དང་ཕྲ་དང་ཤིན་ཏུ་ཕྲ། །ཐུན་མོང་དབྱེར་མེད་རིམ་ཤེས་བྱ། ཞེས་གསུམ་གསུམ་དུ་བཤད་པ་ལས། སེམས་ཀྱི་གསུམ་ནི། རྗེ་མར་པའི་ཉིང་སློབ་རོ་མཉམ་རྡོ་རྗེས། །སེམས་ཉིད་དངོས་པོའི་གནས་ལུགས་གསུམ་དུ་བསྟན། །སྣང་བ་གསུམ་གྱི་ཡེ་ཤེས་ལ་འཇུག་པ། །རང་བཞིན་རགས་པའི་ངོ་བོར་བཤད་པར་བྱ། །ཐམས་ཅད་སྟོང་པ་བཞི་པར་བསྟན་པ་ནི། །ཕྲ་བའི་ཆ་སྟེ་ཤིན་ཏུ་ཕྲ་བ་ནི། །མངོན་པར་བྱང་ཆུབ་བྱང་ཆུབ་སེམས་ཡིན་ནོ། །ཞེས་དག་པའི་སེམས་དེ་ལས་སྣང་གསུམ་ལུགས་འབྱུང་དུ་ཤར། དེ་ལས་རང་བཞིན་བརྒྱད་ཅུའི་རྣམ་རྟོག་དང་ བཅས་ པར་ གྱུར་ པ་ དེ་ སེམས་ རགས་ པ་ སྣང་ གསུམ་ ལུགས་ ལྡོག་ ཏུ་འགགས་ནས་ཐམས་ ཅད་སྟོང་ པ་ཁོ་ནར་ གནས་ པ་ དེ་ སེམས་ ཕྲ་ བ། སྟོང་ སྦྱོང་ གི་ མཚན་འཛིན་དང་བྲལ་བའི་དོན་དམ་བྱང་ཆུབ་ཀྱི་སེམས་མངོན་པར་བྱང་ཆུབ་པའི་མིང་ཅན་འོད་གསལ་བ་དེ་ ཤིན་ ཏུ་ ཕྲ་ བའི་ སེམས་ སུ་ བཤད་ དོ། དེས་ ན་ སེམས་ དྲི་ བཅས་ རྒྱུའི་ རྒྱུད་ དུ་གསུངས་པ་ ནི་ ཕྲ་ བ་ དང་། དྲི་ མེད་ རྒྱུའི་ རྒྱུད་ ནི་ ཤིན་ ཏུ་ ཕྲ་ བའོ། །དེ་ བཞིན་ དུ་ ལུས་ ཀྱི་གསུམ་ནི། དེ་ཉིད་ཀྱིས། ལུས་ཀྱི་གནས་ལུགས་གཏན་ལ་དབབ་པ་ནི། རགས་དང་ཕྲ་དང་ཤིན་ཏུ་ཕྲ་བ་ལ། །ཕུང་པོ་ཁམས་དང་སྐྱེ་མཆེད་ཐམས་ཅད་ཀྱང་། །རྟེན་དང་བརྟེན་པའི་རང་བཞིན་བཅས་པ་ཀུན། །ལྷ་ཡི་འཁོར་ལོ་རགས་པ་གཏན་ལ་དབབ། རྩ་དང་རླུང་དང་བྱང་ཆུབ་སེམས་དག་ཀྱང་། །ཕྲ་བའི་ངོ་བོར་གཏན་ལ་དབབ་པའོ། །རྟེན་དང་བརྟེན་པ་གྲུབ་བདེ་གཅིག་པུ་པ། །ལྷན་ཅིག་སྐྱེས་པ་ཤིན་ཏུ་ཕྲ་བར་བསྟན། ཞེས་བསྐྱེད་རིམ་བསྒོམ་པའི་དང་པོར་སྟོང་ཉིད་དུ་སྦྱང་བྱ་མ་དག་པའི་ལུས་ཕུང་ཁམས་སྐྱེ་མཆེད་དང་བཅས་པ་དེ་རགས་པའི་ལུས། རྩ་ རླུང་ ཐིག་ ལེ་ གསུམ་ ལ་ སྐུ་ གསུང་ ཐུགས་ ཀྱི་ དཀྱིལ་ འཁོར་ པའི་ ལྟར་

བསྒྲུབ་བྱ་དེ་ཕྲ་བའི་ལུས། འབྲས་དུས་ལྷན་སྐྱེས་ཀྱི་རྡོ་རྗེ་གསུམ་མམ་སྐུ་གསུམ་འབྲལ་མི་ཤེས་པའི་དངོས་པོ་གཉུག་མའི་ལུས་དེ་ཤིན་ཏུ་ཕྲ་བའི་ལུས་ཏེ་དེ་དག་ནི་གང་དུ་སྦྱོང་བའི་གཞི་ཞེས་བྱ་ཞིང་། དེའང་རགས་པ་ནི་སྦྱོང་གཞི་བཏགས་པ། ཕྲ་བ་གནས་སྐབས་ཀྱི་སྦྱོང་གཞི། ཤིན་ཏུ་ཕྲ་བ་མཐར་ཐུག་གི་སྦྱོང་གཞི་ཡིན་ལ། དེ་དག་ལས། ཕྱི་མའི་དོན་མདོར་བསྡུ་ན། སེམས་དངོས་པོའི་གནས་ལུགས་ནི། རང་བཞིན་གྱིས་འོད་གསལ་བ་རྒྱུར་མ་ཆད་ཕྱོགས་སུ་མ་ལྷུང་སྤྲོས་པའི་མཐའ་དང་བྲལ་བའི་ཆོས་ཀྱི་དབྱིངས་ཏེ་གྲོལ་ཐིག་ལས། ཟབ་གསལ་གཉིས་མེད་དུ་བཤད་པ་དང་མཉུག་མའི་སེམས་དང་རང་བཞིན་གནས་རིགས་སུ་གསུངས་པའང་འདི་ཉིད་དོ། །ལུས་དངོས་པོའི་གནས་ལུགས་ནི། ཞལ་ཕྱག་རྣམ་པའི་གཟུགས་ཅན་ཉིད། མཆོག་ཏུ་མི་འགྱུར་བདེ་བའི་གཟུགས། །དེ་ཕྱིར་འགྲོ་ཀུན་ལྷན་ཅིག་སྐྱེས། ཞེས་ཕྱེ་བའི་སྐབས་བསྟན་པའི་ཀུན་རྫོབ་བྱང་ཆུབ་ཀྱི་སེམས་ལས་གྲུབ་ཅིང་སྣང་བ་མཆོག་ཏུ་མི་འགྱུར་བའི་བདེ་བའི་རྟེན་རྩ་རླུང་ཐིག་ལེའི་དྭངས་མ་རྟུལ་གྱི་ཆོས་ཉིད་ལས་འདས་པས་ཡེ་ཤེས་ཀྱི་ངོ་བོར་གྱུར་པ་གཉུག་མའི་ལུས་ཉིད་དོ། །རང་བྱུང་རྒྱལ་བས། རྩ་དང་རླུང་དང་ཐིག་ལེ་རྣམས་སེམས་ཀྱི་སྣང་བ་ལས་ཤར་བའི་རྟེན་ཅིང་འབྲེལ་བར་འབྱུང་བ་ཀུན་རྫོབ་བྱང་ཆུབ་ཀྱི་སེམས་ལས་གྲུབ་ཅིང་སྣང་བ་སྟེ་ལྷན་ཅིག་སྐྱེས་པའི་ཡེ་ཤེས་ཀྱི་རྟེན་དུ་གྱུར་པས་རྡོ་རྗེའི་ལུས་ཀྱི་གནས་ལུགས་སུ་གསུངས་སོ། །ཞེས་དང་། དེ་ཉིད་དཔལ་ཆོས་གྲགས་རྒྱ་མཚོས། ཚོགས་བརྒྱད་ཀྱི་དྲི་མ་མེད་པའི་རང་ངོ་སྐུ་བཞིར་གནས་པ་དེ་ཉིད་ཐོག་མ་མེད་པའི་དུས་ཅན་རྒྱུས་འགྱུར་གྱི་རིགས་སུ་རང་བྱུང་ཞབས་ཀྱིས་བཞེད་པས་དེ་དང་གནད་གཅིག་པར་གསུངས་སོ། །དེ་ལྟར་བུའི་ལུས་སེམས་ཀྱི་གཞིའི་གནས་ལུགས་དེ་གཉིས་ཆུ་དང་འཁྱག་རོམ་བཞིན་དུ་དབྱེར་མི་ཕྱེད་པས་གཞི་དུས་ཀྱི་སྐུ་གཉིས་ཟུང་འཇུག་ཅེས་བྱ་ཞིང་། དེ་ཉིད་སློམ་སྟོབས་ཀྱིས་རང་རིག་མངོན་སུམ་པོ་ནར་གསལ་བར་ནུས་ཀྱི་ཐབས་གཞན་གྱིས་མ་ཡིན་ཏེ། འདི་ལ་བསལ་བྱ་ཅི་ཡང་མེད། །གཞག་པར་བྱ་བ་ཅུང་ཟད་མེད། །ཡང་དག་ཉིད་ལ་ཡང་དག་ལྟ། །ཡང་དག་མཐོང་ན་རྣམ་པར་གྲོལ། ཅེས་འབྱུང་བ་བཞིན་ནོ། །

གཉིས་པ། ལམ་བགྲོད་པའི་རིམ་པ་བཤད་པ་ལ་སྤྱི་དོན་མདོ་ཙམ་སྨོས་པ། བྱེ་བྲག་སོ་སོར་བཤད་པ་གཉིས་ལས།

སྤྱི་དོན་མདོ་ཙམ་སྨོས་པ་ནི། སྤྱིར་ལམ་ལ་སྨིན་གྲོལ་གཉིས། གྲོལ་ལམ་ལ་བསྐྱེད་རྫོགས་གཉིས། རྫོགས་རིམ་ལའང་མཚན་བཅས་མཚན་མེད་གཉིས་སམ་ཐབས་གྲོལ་གཉིས་པ་སོགས་པ་མཆིས་པ་རྣམས་ནི་གོང་འོག་ཏུ་བཤད་པ་ལྟར་ལ། འདིར་རྫོགས་རིམ་ཐབས་གྲོལ་གྱི་ལམ་དང་དེ་ལས་ཀྱང་ཐབས་ལམ་ནཱ་རོ་ཆོས་དྲུག་ཏུ་གྲགས་པ་ཉིད་འཆད་པའི་སྐབས་སུ་བབས་པ་སྟེ། འདི་ཉིད་རྒྱུད་སྡེ་གང་ལ་བརྟེན་པའི་རྫོགས་རིམ་ཡིན་ཞེ་ན། བླ་མ་གོང་མ་རྣམས་ཀྱིས། གདམས་པ་འདི་ནི་ཕ་རྒྱུད་གསང་བ་འདུས་པ། མ་རྒྱུད་མ་ཧཱ་མཱ་ཡཱ། སྙིང་པོ་ཀྱཻ་རྡོ་རྗེ། ཡང་སྙིང་འཁོར་ལོ་བདེ་མཆོག །བཀའ་སྲུང་ཅན་གྱི་གདན་བཞི་རྣམས་ལ་བརྟེན་ནོ། །ཞེས་ཁྱད་པར་ཅན་གྱི་རྒྱུད་སྡེ་ཆེན་པོ་ལྔ་རྩ་བཤད་ཆ་མཐུན་གྱི་རྒྱུད་ཡན་ལག་དང་བཅས་པ་ལ་བརྟེན་པར་གསུངས་པ་ནི་རགས་པ་ཙམ་སྟེ། དོན་དུ་ན་རྣལ་འབྱོར་ཆེན་པོའི་རྒྱུད་མཐའ་དག་དང་། ཁྱད་པར་གཉིས་སུ་མེད་པའི་རྒྱུད་ཀྱི་རྫོགས་རིམ་མཐར་ཐུག་པ་ཡིན་ཏེ། གསང་བ་འདུས་པ་སོགས་ཕ་རྒྱུད་སྐོར་ནས་རླུང་གི་རྣམ་གཞག་ཤིན་ཏུ་རྒྱས་པ་དང་། སྒྱུ་ལུས་འོད་གསལ་དང་བཅས་པའི་གདམས་པ་གསལ་བར་གསུངས་པ་དང་། མ་རྒྱུད་བདེ་དགྱེས་སྐོར་ནས་རྩ་དང་ཐིག་ལེའི་རྣམ་གཞག་ཤིན་ཏུ་རྒྱས་པ་དང་། གཏུམ་མོ་ལས་རྒྱ་དང་བཅས་པའི་རྣལ་འབྱོར་གསལ་བར་གསུངས་པ་དང་། རྡོ་རྗེ་མཁའ་འགྲོ་དང་སྡོམ་འབྱུང་སོགས་ནས་རྨི་ལམ་དང་བར་དོ། སམ་བུ་ཊ་དང་གདན་བཞི་སོགས་ནས་འཕོ་བའི་གདམས་ངག་རྣམས་གསལ་བར་གསུངས་ཤིང་། ཁྱད་པར་གཉིས་སུ་མེད་པའི་རྒྱུད་དུས་ཀྱི་འཁོར་ལོ་རྩ་བ་དང་བསྡུས་པའི་རྒྱུད་སེམས་འགྲེལ་སྐོར་དང་བཅས་པར་རྩ་རླུང་ཐིག་གསུམ་གྱི་རྣམ་གཞག་དང་གཏུམ་མོ་ལས་རྒྱ་སོགས་ཀྱི་རྣལ་འབྱོར་ཤིན་ཏུ་རྒྱས་ཤིང་གསལ་བར་གསུངས་པའི་ཕྱིར་རོ། །ཞེས་རྗེ་མི་བསྐྱོད་ཡབ་སྲས་རྣམས་བཞེད་དོ། །འདིའི་རྩ་བའི་གཞུང་ཡེ་ཤེས་མཁའ་འགྲོའི་གསུང་བཀའ་ཡང་དག་པའི་ཚད་མ་དོན་གྱི་ཡི་གེ་གསང་བ་དེའི་འགྲེལ་པ་མར་

པས་མཛད་པ། ཏེ་ལོ་དང་ནཱ་རོ་པས་མཛད་པའི་གཞུང་སྔེ་ཆོས་དྲུག་བཀའ་དཔེ་སྣ་ཕྱིར་གྲགས་པ་སོགས་རྒྱ་གཞུང་རྩོད་མེད་ཚེ་ཆུང་སུམ་ཅུ་ཙམ་སྣང་བ་རྣམས་ནི་རྩ་བའི་ཁུངས་ཡིན་ལ། བདེ་མཆོག་སྙན་བརྒྱུད་ཀྱི་ཆོས་སྐོར་ལས་བྱུང་བའི་སྙན་བརྒྱུད་རྡོ་རྗེའི་ཚིག་རྐང་དང་། སྙན་གྱི་ཤོག་དྲིལ་བཞི་པ་སོགས་ཀྱང་ཕྱོགས་མཐུན་གྱི་རྒྱབ་བརྟེན་ཡང་དག་པའོ། །གདམས་ངག་འདི་ལ་བླ་མ་གོང་མ་རྣམས་ཀྱིས་བཞེད་པའི་དབྱེ་བསྡུའི་ཁྱད་པར་ནི། བླ་མ་རྔོག་པ་རྣམས་ཆོས་དྲུག་གི་སྙིང་པོ་བསྲེ་འཕོ་གཉིས་སུ་བསྡུ་བར་མཛད་དེ། ནཱ་རོའི་ཚིགས་བཅད་བརྒྱད་མར། སྐྱེ་ཤི་རྨི་ལམ་བར་དོ་དང་། །སྲིད་པ་བར་དོ་གསུམ་དུ་གནས། །ཉམས་ལེན་བསྲེ་འཕོ་གཉིས་སུ་འདུ། །བསྲེ་བ་བསྒོམ་པས་འཚང་རྒྱ་དང་། །འཕོ་བ་མ་བསྒོམས་མཚང་རྒྱ་ཐབས། ཞེས་པ་ལྟར་སྐུ་མ་གསུམ་བརྒྱུད་ཀྱི་གདམས་ངག་ཅེས་སམ་བསྲེ་འཕོའི་གདམས་པ་གཉིས་སུ་མཛད་ལ། རྗེ་མར་པའི་བདུད་རྩིའི་ཆུ་རྒྱུན་ལས། བསྒོམས་ཏེ་འཚང་རྒྱ་བ་གཏུམ་མོ་དང་སྒྱུ་ལུས། མ་བསྒོམས་ཀྱང་འཚང་རྒྱ་བ་འཕོ་བ་དང་ལས་རྒྱ། གཉིད་ལོག་པས་འཚང་རྒྱ་བ་རྨི་ལམ་དང་འོད་གསལ། རང་བཞིན་ཤེས་པས་འཚང་རྒྱ་བ་བར་དོ་དང་ཕྱག་རྒྱ་ཆེན་པོའོ། །ཞེས་དོན་ཚན་བཞི་འམ་བརྒྱད་དུ་མཛད། རྗེ་བཙུན་མི་ལས། བར་དོ་བརྒྱད་ཀྱི་ངོ་སྤྲོད་ཅེས་དང་། ཏེ་ཕུ་པའི་ཚིག་བརྒྱད་ལས། གཏུམ་མོ་ལས་རྒྱ་གཉིས། རྨི་ལམ་བར་དོ་གཉིས། འོད་གསལ་ཐུང་འཇུག་གཉིས། འཕོ་བ་གྲོང་འཇུག་གཉིས། ཞེས་ཏེ་ཐུང་བཞི་ཡ་བརྒྱད་དུ་བཞེད། རྗེ་རས་ཆུང་པས་བསྲེ་བ་སྐོར་གསུམ་མམ་བསྲེ་འཕོ་དགུ་སྐོར་ཞེས་བཞེད་དེ། འདོད་ཆགས་བདེ་ཆེན་དང་བསྲེ་བ་གཏུམ་མོ། །ཞེ་སྡང་བདེན་མེད་དང་བསྲེ་བ་སྒྱུ་ལུས། གཏི་མུག་མི་རྟོག་པ་དང་བསྲེ་བ་འོད་གསལ། གཏུམ་མོ་དང་སྒྱུ་ལུས་བསྲེས་ལ་ཉིན་མོ་སྒོམ། རྨི་ལམ་དང་འོད་གསལ་བསྲེས་ལ་མཚན་མོ་བསྒོམ། བར་དོ་དང་འཕོ་བ་བསྲེས་ལ་འཆི་ཁར་སྒོམ། གང་ཟག་བརྩོན་འགྲུས་ཅན་ལ་གཏུམ་མོ། ལེ་ལོ་ཅན་ལ་རྨི་ལམ། ཚེ་ཐུང་འཕོ་བ་དང་བསྲེ་བ་སྟེ་དགུའོ། །འབྲི་ཁུང་རས་པ་ནཱ་རོ་པའི་ཆོས་བཅུར་འདོགས་ཏེ། ཐོག་མར་སྨིན་ལམ་དབང་། གྲོལ་ལམ་ལ་རིམ་གྱིས་པས་བསྐྱེད་རིམ། གཏུམ་མོ་ལམ་གྱི་

དངོས་གཞི། ཅིག་ཅར་བས་འོད་གསལ། རང་རིག་ལྷག་པར་གནས་པ་གྲོང་འཇུག་འཕོ་བ། རྨི་ལམ། བར་དོ་རྣམས་ཆ་ལམ་སྟེ། དེ་རྣམས་བསྒོམས་པས་གནས་སྐབས་ཀྱི་འབྲས་བུ་རྟགས་ལྔ། ཡོན་ཏན་བརྒྱད། གྲུབ་ཆེན་བརྒྱད། ཕྲིན་ལས་བཞི་སོགས་ཐུན་མོང་གི་དངོས་གྲུབ་དང་། རང་དོན་ཆོས་སྐུ་དང་། གཞན་དོན་གཟུགས་སྐུ་གཉིས་འགྲུབ་པ་མཐར་ཐུག་གི་འབྲས་བུ་སྟེ་བཅུའོ། །སེ་བན་རས་པ་ཚེ་འདི་དང་བར་དོར་མཆོག་གི་དངོས་གྲུབ་འགྲུབ་པའི་གདམས་ངག་གཉིས་སུ་བྱེད་དེ། གཏུམ་མོ་རྨི་ལམ་འོད་གསལ་འཕོ་བ་བཞི་ལ་བརྟེན་ནས་བརྩོན་འགྲུས་ཅན་ཚེ་འདི་དང་། ལེ་ལོ་ཅན་བར་དོའི་གདམས་ངག་གིས་སྲིད་པ་བར་དོར་འཚང་རྒྱ་བའི་ཐབས་སོ། །རྗེ་སྒམ་པོ་པས། བསྒོམས་པས་འཚང་རྒྱ་བ་གཏུམ་མོ། སྒྱུ་མ་ལམ་དུ་བྱེད་པས་འཚང་རྒྱ་བ་རྨི་ལམ། གཉིད་མཐུག་ལམ་དུ་བྱེད་པས་འཚང་རྒྱ་བ་འོད་གསལ། མ་བསྒོམས་པར་འཚང་རྒྱ་བ་འཕོ་བ། གྲོང་འཇུག་འཕོ་བའི་ཆ་ལག་དང་། རྨི་ལམ་སྒྱུ་ལུས་གཅིག་ཏུ་འདུ་ཞིང་བར་དོ་ཡང་དེའི་ཡན་ལག་ཏུ་བྱས་ནས་ཆོས་དྲུག་གམ། ཡང་ན་རྩ་བའི་ཆོས་བཞིར་བསྡུ་བའང་མཛད་དོ། །ཕྱིས་ཀྱི་རྗེས་འབྲང་ཐམས་ཅད་མགྲིན་གཅིག་ཏུ་དཀའ་བ་སྤྱད་པའི་ཡི་གེ་ཕྱི་མ་སོགས་ན་རོ་པ་ཡབ་སྲས་ཀྱི་དགོངས་པ་དང་། སྒམ་པོ་པ་སོགས་ཀྱི་གསུང་ལ་མཆོག་ཏུ་བཟུང་ནས་རྩ་བའི་ཆོས་བཞི་དང་ཡན་ལག་གི་གཉིས་ཏེ་དྲུག་ཏུ་བྱེད་དོ། །

བྱེ་བྲག་སོ་སོར་བཤད་པ་ལ་གསུམ། སྦྱང་བྱ་སྦྱོང་བྱེད་སྦྱར་བ། ཚུལ་བཞིའི་རྣམ་པར་དབྱེ་བ། སློམ་དོན་ཞིབ་མོར་བསྟན་པའོ། །

སྦྱང་བྱ་སྦྱོང་བྱེད་སྦྱར་བ་ནི། རྟེན་གྱི་གང་ཟག་གཅིག་ཚེ་གཅིག་ལུས་གཅིག་ལ་འཚང་རྒྱ་བར་བྱེད་པ་ལ་སྦྱང་བྱ་གནས་སྐབས་བཞི་པོའི་བག་ཆགས་ཀྱི་དྲི་མ་སྦྱངས་ཏེ། དེ་རྣམས་སྐུ་བཞིར་ལམ་དུ་བྱེད་པ་ཞིག་དགོས་ལ། དེ་ལྟ་བུའི་སྦྱོང་བྱེད་ལམ་གྱི་གདམས་ངག་ཁྱད་པར་ཅན་ནི་གཏུམ་མོ་སོགས་ཆོས་ཚན་བཞི་པོ་འདི་ཉིད་ཡིན་པས་རྩ་བའི་ཆོས་སུ་བཞག་པ་ཡིན་ཏེ། བཀའ་དཔེ་ཕྱི་མ་ལས། གཉིད་དང་རྨི་ལམ་སྙོམས་འཇུག་དང་། ཐ་མལ་དུས་དང་

རྣམ་པ་བཞི། དེ་ལ་དུས་བཞིའི་ཉམས་ལེན་ནི། བླ་མའི་ཞལ་ལས་ཤེས་པར་བྱ། ཞེས་གསུངས་པ་ལྟར་རོ། བར་དོ་དང་འཕོ་བ་ནི་ཡན་ལག་གི་ཆོས་སུ་གསུངས་ཤིང་དེ་གཉིས་དང་བཅས་པ་ནི་ན་རོའི་ཆོས་དྲུག་ཅེས་པའི་མཚན་གཞིའོ། །དེ་ལ་གནས་སྐབས་བཞི་པོ་ཆོས་གང་གིས་སྐྱོང་ན། རིམ་ལྔ་བསྡུས་གསལ་ལས། གཉིད་དང་རྨི་ལམ་སྒོམས་འཇུག་དང་། ཐ་མལ་དུས་དང་རྣམ་པ་བཞི། །འཁོར་ལོ་བཞི་ཡི་བདག་ཉིད་ཀྱིས། །རྩ་དང་ཐིག་ལེ་སེམས་ཤེས་པས། ཞེས་པའི་དགོངས་པ་བླངས་ཏེ། བླ་མ་རྟོག་པ་རྣམས་ཀྱིས་ཐ་མལ་གྱི་དུས་སེམས་ཀྱི་རྒྱལ་པོ་ལྟེ་བར་གནས། རྨི་ལམ་གྱི་དུས་མགྲིན་པར། གཉིད་ཀྱི་དུས་སྙིང་གར། སྒོམས་འཇུག་གི་དུས་སྤྱི་བོར་གནས་སོ། ཞེས་འབྱུང་བ་ལྟར་ཐ་མལ་གྱི་དུས་སེམས་ལྟེ་བར་གནས་ལ། དེའི་ངོ་བོ་ནི་རྣམ་པར་རྟོག་པ་དུ་མའི་དངོས་པོའི་འདུ་ཤེས་ཅན་ནོ། །གནས་སྐབས་དེ་ནི་སྒྱུ་ལུས་ཀྱི་མན་ངག་གིས་སྐྱོངས་ཏེ་སྤྲུལ་སྐུར་ལམ་དུ་བྱེད་དོ། །ཐ་མལ་གྱི་དུས་ནི་གཞན་ལས་སད་པའི་དུས་ཞེས་པ་དང་གཅིག་སྟེ་གནས་སྐབས་གཞན་གསུམ་གྱིས་མ་བསྡད་པ་ཡིན་པས་སོ། །རྨི་ལམ་གྱི་དུས་སེམས་མགྲིན་པར་གནས་ལ། དེའི་ངོ་བོ་ནི་རླུང་གིས་བསྐྱེད་པ་ཡོད་པ་དང་མེད་པའི་རྣམ་པ་ཅན་ནོ། །གནས་སྐབས་དེ་ནི་རྨི་ལམ་གྱི་མན་ངག་གིས་སྐྱོངས་ཏེ་ལོངས་སྐུར་ལམ་དུ་བྱེད་དོ། །གཉིད་མཐུག་གི་དུས་སེམས་སྙིང་གར་གནས་ལ། དེའི་ངོ་བོ་ནི་མུན་པས་ཤིན་ཏུ་ཟིལ་གྱིས་མནན་པ་བརྒྱལ་བ་ལྟ་བུའི་རྣམ་པ་ཅན་ནོ། །གནས་སྐབས་དེ་ནི་འོད་གསལ་གྱི་མན་ངག་གིས་སྐྱོངས་ཏེ་ཆོས་སྐུར་ལམ་དུ་བྱེད་དོ། །སྒོམས་འཇུག་གི་དུས་སེམས་སྤྱི་བོར་གནས་ལ། དེའི་ངོ་བོ་ནི་བཟློག་པར་དཀའ་བའི་འདོད་ཆགས་ཀྱི་དྲི་མས་བསྒོས་པ་དབང་པོ་གཉིས་སྦྲོད་པའི་འདུ་ཤེས་ཅན་ནོ། །གནས་སྐབས་དེ་ནི་གཏུམ་མོའི་མན་ངག་གིས་སྐྱོངས་ཏེ་བདེ་བ་ཆེན་པོའི་སྐུར་ལམ་དུ་བྱེད་དོ། །གཞན་ལས་བཞི་པའི་གནས་སྐབས་ཞེས་པ་ནི་སྙོམས་འཇུག་གི་དུས་དང་གཅིག་སྟེ། འཕོ་བའི་གནས་སྐབས་ཉིད་ལ་དེར་བཤད་ཅིང་འཕོ་བའི་བག་ཆགས་ཀྱི་མཐུས་འདོད་པའི་འདོད་ཆགས་ལྡང་བས་ཀྱང་དེ་དག་ཁྱད་པར་མེད་པར་གྲུབ་ལ། སད་པའི་གནས་སྐབས་ནས་བགྲངས་པའི་བཞི་པ་ཡིན་པས་

བཞི་པར་བརྗོད་པའོ། །

ཚུལ་བཞིའི་རྣམ་པར་དབྱེ་བ་ནི། ཆོས་དྲུག་པོ་དེ་ཚུལ་བཞིའི་རྣམ་འབྱེད་ཀྱི་ངེས་པ་དང་སྦྱོར་ན། ཐོག་མར་ཚིག་དོན་གྱི་ཆོས་དྲུག་ཐོབ་པས་གོ་བར་བྱ་བ་ཡིན་ཏེ། ཉོན་མོངས་པ་ལ་གཏུམ་ཞིང་འཇོམས་པར་བྱེད་པའི་ཡེ་ཤེས་ཀྱི་བདེ་བ་དང་། འཁོར་འདས་ཀྱི་ཆོས་ཐམས་ཅད་སྒྱུ་མའི་ལུས་ཙམ་དུ་སྣང་བ་དང་། འཁྲུལ་ངོར་སྣང་བའི་ཆོས་ཐམས་ཅད་སྣང་ཡང་བདེན་པར་མ་གྲུབ་པ་རྨི་ལམ་གྱི་དཔེས་མཚོན་པ་དང་། ཆོས་ཐམས་ཅད་ཀྱི་གནས་ལུགས་འོད་གསལ་སྤྲོས་པའི་མཐའ་ཐམས་ཅད་དང་བྲལ་བ་དང་། གཉིས་སུ་སྣང་བའི་འཁྲུལ་རྟོག་གིས་འཁོར་འདས་ཀྱི་བར་མ་དོར་འཁྱམས་པ་དང་། མདོ་རྒྱུད་ཕྱིན་ཅི་མ་ལོག་པའི་དམ་ཆོས་ཉམས་སུ་བླངས་པས་ས་ལམ་གོང་ནས་གོང་དུ་འཕོ་བ་དྲུག དེ་རེ་རེ་ལའང་མདོ་དང་སྔགས་ཀྱི་གཞུང་ལུགས་ཀྱི་དགོངས་པར་སྦྱོར་བའི་ཚུལ་གཉིས་སུ་ཤེས་པར་བྱའོ། །སྤྱི་དོན་ཆོས་དྲུག་བསམ་པས་མྱོང་བར་བྱ་བ་ཡིན་ཏེ། ཙཎྜི་དམ་ཚིག་གི་ཕྱག་རྒྱ་བཅིང་བ་དང་། ཡུལ་སྣང་ལྷ་སྐུ་སྒྱུ་མར་ལྟ་བ་དང་། རྨི་ལམ་འདུན་པའི་གནད་ཀྱིས་བཟུང་བ་དང་། རིམ་འཛིན་རྗེས་གཞིག་གི་འོད་གསལ་སྦྱང་བ་དང་། བར་དོ་རང་ངོ་ཤེས་པས་གཅོད་པ་དང་། འདའ་ཀའི་ཡེ་ཤེས་གོང་དུ་འཕོ་བ་དྲུག དེ་རེ་རེ་ལ་རྒྱུད་མན་ངག་ཐུན་མོང་དུ་གྲགས་པ་དང་། ཁྱད་པར་སྙན་བརྒྱུད་གནད་ཀྱི་གདམས་ངག་གཉིས་སུ་ཡོད་དོ། །སྦས་དོན་གྱི་ཆོས་དྲུག་ནི་བསྒོམས་ནས་རྟོགས་པར་བྱ་བ་ཡིན་ཏེ། བདེ་སྟོང་མི་རྟོག་པའི་རྩལ་ཆེན་རྫོགས་པ་དང་། རླུང་སེམས་ལྷ་སྐུ་སྒྱུ་མར་སྨིན་པ་དང་། སྟོང་པ་བཞི་ལམ་རླུང་སེམས་ཙམ་ཀྱི་ལྷ་སྐུར་ལྡངས་པ་དང་། དཔེ་དང་དོན་གྱི་འོད་གསལ་རང་ངོ་འཕྲོད་པ་དང་། སྣང་སྟོང་ཟུང་འཇུག་ལོངས་སྐུར་གྲོལ་བ་དང་། འོད་ཀྱི་གོང་བུ་སྦྲ་ཡིས་འཕོ་བ་དྲུག དེ་རེ་རེ་ལ་རྗེས་མཐུན་གྱི་ཉམས་སྐྱེ་བ་དང་དངོས་སུ་རྟོགས་པའི་དབྱེ་བས་གཉིས་སུ་ཡོད་དོ། །མཐར་ཐུག་གི་དོན་འཆད་པར་འགྱུར་བའི་ཆོས་དྲུག་པོ་འཕགས་པ་སློབ་པ་རྣམས་ཀྱིས་རྗེས་མཐུན་པ་དང་། མི་སློབ་པའི་ཟུང་འཇུག་ཐོབ་པའི་ཚེ་དངོས་ཉིད་འགྲུབ་པར་འགྱུར་བ་ཡིན་ནོ། །

སྒོམ་དོན་ཞིབ་མོར་བསྟན་པ་ལ་གཉིས། ངོ་བོ་དང་དགག་བྱ་དགག་བྱེད་ཚབས་ཙིག་ཏུ་བཤད། བསྒོམ་དོན་དངོས་སོ་སོར་བཤད་པའོ། །

ངོ་བོ་དང་དགག་བྱ་དགག་བྱེད་ཚབས་ཙིག་ཏུ་བཤད་པ་ནི། གོང་དུ་བཤད་པའི་ཆོས་དྲུག་པོ་དེ་དག་ལས་སྐབས་སུ་བབས་པའི་འཆད་བྱ་ནི། ཁྱད་པར་སྟན་བརྒྱུད་གདན་གྱི་གདམས་ངག་ལས་འབྱུང་བའི་སྒོམ་དོན་ཉིད་ཡིན་ཏེ། དེ་དག་གི་ངོ་བོ་རིམ་པ་བཞིན་དུ་སྨོས་ན། གཏུམ་མོའི་མན་ངག་སྒོམ་ཐབས་དང་དེ་ལས་བྱུང་བའི་བདེ་སྟོང་ཟུང་འཇུག་དང་། དེ་གཉིས་སྟོན་པའི་རྗོད་བྱེད་ལའང་གཏུམ་མོ་ཞེས་པའི་སྒྲས་སྨོས་པ་མང་ཡང་། གཞན་རྣམས་ནི་བཏགས་པ་ཡིན་ལ། བདེ་སྟོང་ལྷན་ཅིག་སྐྱེས་པའི་ཡེ་ཤེས་ནི་གཏུམ་མོ་དངོས་ཡིན་པས་དེའི་ངོ་བོ་ཞེས་བྱ། དེ་ལྟ་བུའི་དངོས་བཏགས་ནི་ཕྱི་མ་རྣམས་ལའང་སྦྱོར་དགོས་སོ། །སྒྱུ་ལུས་ཀྱི་ངོ་བོ་ནི་སྣང་སྟོང་ལྷན་ཅིག་སྐྱེས་པའི་ཡེ་ཤེས་ཡིན་ལ། དེའི་ཟུང་འཇུག་ཀྱང་དོན་དམ་པའི་བདེན་པ་མངོན་དུ་མ་བྱས་པས་རྟོགས་མི་ནུས་ཤིང་། འོད་གསལ་ལས་ལུགས་ལྡོག་གི་སྣང་གསུམ་ཡེ་ཤེས་ཀྱི་རླུང་དང་བཅས་པ་ལས་སྒྱུ་མ་ལྟ་བུར་དག་པའི་སྐུར་བཞེངས་པ་ནི་སྒྱུ་ལུས་དངོས་སོ། །རྨི་ལམ་གྱི་ངོ་བོ་ནི་རིག་སྟོང་ལྷན་ཅིག་སྐྱེས་པའི་ཡེ་ཤེས་ཏེ། མིག་ཡོར་ཙམ་དུ་སྣང་བ་རང་སེམས་ལས་གཞན་མེད་པ་དེ་ལ་རིག་སྟོང་དུ་བཞག་པའོ། །འོད་གསལ་གྱི་ངོ་བོ་ནི་གསལ་སྟོང་ལྷན་ཅིག་སྐྱེས་པའི་ཡེ་ཤེས་ཏེ། རྣམ་ཤེས་གསུམ་མམ་སྟོང་པ་གསུམ་རྣམ་པར་དག་པ་ནི་ཐམས་ཅད་སྟོང་པ་དང་། དེའི་གསལ་བ་ནི་གཞན་རྐྱེན་གྱིས་གསལ་བྱ་མིན་པར་ནོར་བུ་རང་འོད་ཀྱི་གསལ་བ་བཞིན་ཡིན་པར་རིམ་ལྔ་ལས་གསུངས་པས་སོ། །བར་དོའི་ངོ་བོ་ནི་དུས་གསུམ་ལྷན་ཅིག་སྐྱེས་པའི་ཡེ་ཤེས་ཞེས་བྱ་སྟེ། རྡོ་རྗེ་ཕྲེང་བ་ལས་སྐྱེ་གནས་འཇིག་པ་གསུམ་དུ་བརྟགས་ཀྱང་རླུང་སེམས་ཕྲ་བའི་ལུས་ཙམ་ཡིན་པར་བཤད་པས་སོ། །འཕོ་བའི་ངོ་བོ་ནི་དབྱེར་མེད་ལྷན་ཅིག་སྐྱེས་པའི་ཡེ་ཤེས་ཡིན་ཏེ། འཕོ་བྱ་འཕོ་བྱེད་དང་བྲལ་བའི་ངོ་བོ་སྐུ་གསུམ་ཐ་མི་དད་པ་རྡོ་རྗེ་གསུམ་དབྱེར་མེད་ལ་བྱར་རུང་བས་སོ། །ལྷན་ཅིག་སྐྱེས་པའི་ཡེ་ཤེས་ཞེས་ཐམས་ཅད་ཀྱི་མཐར་སྦྱར་བ་ནི། ཟུང་འཇུག་དེ་ཉིད་སྔ་ཕྱིར་

བྱུང་བ་ལྟ་བུ་མ་ཡིན་པར་དུས་མཚུངས་སུ་གནས་པ་ལ་ལྷག་ཅིག་སྐྱེས་པ་ཞེས་བྱ་སྟེ། ལྷན་ཅིག་སྐྱེས་གྲུབ་ལས། གང་དང་མཚུངས་པར་སྐྱེས་པས་ན། །དེས་ན་ལྷན་ཅིག་སྐྱེས་པར་བརྗོད། ཅེས་ཆོས་དང་ཆོས་ཉིད་རོ་མཉམ་པ་ལྟ་བུ་ལ་ལྷན་ཅིག་སྐྱེས་པར་བཤད་པས་སོ། །དེ་བཞིན་དུ་ཐམས་ཅད་ཀྱང་འཇིག་རྟེན་ལས་འདས་པའི་ལམ་གྱི་ངོ་བོ་ཡིན་པས་ཡེ་ཤེས་ཞེས་བརྗོད་པ་ཡིན་ནོ། །དག་བྱ་གང་ཞིག་ལ་དག་བྱེད་ཀྱི་ཆོས་གང་སྦྱོར་ན། དག་བྱེད་གཏུམ་མོའི་མན་ངག་གིས་དག་བྱ་ཡེ་ཤེས་ཀྱི་ཕུང་པོ་དང་། ཡེ་ཤེས་ཀྱི་ཁམས་སོགས་སྦྱངས་ནས་དག་འབྲས་དྲུག་པ་རྡོ་རྗེ་སེམས་དཔའི་རིགས་ཀྱི་དངོས་གྲུབ་དང་ཡེ་ཤེས་ཀྱི་སྐུ་མངོན་དུ་བྱེད་དོ། །དེས་འགྲེལ་ཏེ། སྒྱུ་ལུས་ཀྱི་མན་ངག་གིས་གཟུགས་ཀྱི་ཕུང་པོ་ས་ཁམས་སོགས་སྦྱངས་ནས་དེ་བཞིན་གཤེགས་པའི་རིགས་ཀྱི་དངོས་གྲུབ་དང་སྤྲུལ་པའི་སྐུ་མངོན་དུ་བྱེད། རྨི་ལམ་གྱི་མན་ངག་གིས་ཚོར་བའི་ཕུང་པོ་དང་མེ་ཁམས་སོགས་སྦྱངས་ནས་པདྨའི་རིགས་ཀྱི་དངོས་གྲུབ་དང་ལོངས་སྤྱོད་རྫོགས་པའི་སྐུ་མངོན་དུ་བྱེད། འོད་གསལ་གྱི་མན་ངག་གིས་འདུ་ཤེས་ཀྱི་ཕུང་པོ་དང་ཆུ་ཁམས་སོགས་སྦྱངས་ནས་རྡོ་རྗེ་རིགས་ཀྱི་དངོས་གྲུབ་དང་ངོ་བོ་ཉིད་ཀྱི་སྐུ་མངོར་དུ་བྱེད། བར་དོའི་མན་ངག་གིས་འདུ་བྱེད་ཀྱི་ཕུང་པོ་དང་རླུང་ཁམས་སྦྱངས་ནས་ལས་ཀྱི་རིགས་ཀྱི་དངོས་གྲུབ་དང་ཆོས་ཀྱི་སྐུ་མངོན་དུ་བྱེད་དོ། །འཕོ་བའི་མན་ངག་གིས་རྣམ་ཤེས་ཀྱི་ཕུང་པོ་དང་ནམ་མཁའི་ཁམས་སྦྱངས་ནས་རིན་པོ་ཆེའི་རིགས་ཀྱི་དངོས་གྲུབ་དང་བདེ་བ་ཆེན་པོའི་སྐུ་མངོན་དུ་བྱེད་དོ། འདི་ལྟར་དག་བྱ་དག་བྱེད་དག་འབྲས་རྣམས་ལེགས་པར་ཁོང་དུ་ཆུད་པ་ལམ་གྱི་གནད་གོ་བ་ལ་གལ་ཆེ་བར་དགོངས་ནས། རྗེ་མར་པས་བདུད་རྩི་ཆུ་རྒྱུན་ལས་ཕྱོགས་ཙམ་གསུངས་པ་ལྟར་དཔལ་རང་བྱུང་རྡོ་རྗེ་དང་རྗེ་མཁའ་སྤྱོད་དབང་པོ་སོགས་ཀྱིས་རྒྱས་པར་གསུངས་སོ། །

བསྒོམ་དོན་དངོས་སོ་སོར་བསྟན་པ་ལ་ཤིན་ཏུ་ཟབ་བྱུང་གི་རྒྱུད་ལས། གཏུམ་མོ་ལས་ཀྱི་ཕྱག་རྒྱ་དང་། སྒྱུ་མ་རྨི་ལམ་འོད་གསལ་དང་། བར་དོ་འཕོ་བ་གྲོང་འཇུག་གོ །ཞེས་ལམ་བརྒྱད་དུ་བསྟན་པ་ལས། ལས་རྒྱ་དང་གྲོང་འཇུག་བོར་བའི་ཆོས་དྲུག་ཏུ་བསྡུས་ནས

གསུངས་པ་ཡིན། དེ་ལའང་གཏུམ་མོ་ལམ་གྱི་གཞི་མ། སྒྱུ་ལུས་ལམ་གྱི་སྲོག་ཤིང་། རྨི་ལམ་ལམ་གྱི་དྲོད་ཚད། འོད་གསལ་ལམ་གྱི་སྙིང་པོ། བར་དོ་ལམ་གྱི་སློ་ཆོད། འཕོ་བ་ལམ་གྱི་བསུན་མ་ཞེས་གསུངས་པའང་ཡོད་མོད། འདིར་གཏུམ་མོ་ལམ་གྱི་གཞུང་ཤིང་། སྒྱུ་ལུས་ལམ་གྱི་ཐོགས་འདོན། རྨི་ལམ་ལམ་གྱི་ཚོད་འཛིན། འོད་གསལ་ལམ་གྱི་སྙིང་པོ། བར་དོ་ལམ་གྱི་སློ་ཆོད། འཕོ་བ་ལམ་གྱི་སྐྱེལ་མའོ། །

གཅིག་གཏུམ་མོ་ལ་གཉིས། སྒྲ་དོན་དང་དབྱེ་བ་སྤྱིར་བསྟན། བསྒོམ་དོན་བྱེ་བྲག་ཏུ་སྨོས་པའོ། །

སྒྲ་དོན་དང་དབྱེ་བ་སྤྱིར་བསྟན་པ་ནི། འཇིག་རྟེན་དང་འཇིག་རྟེན་ལས་འདས་པའི་ལྷན་སྐྱེས་རྒྱུད་ལ་བསྐྱེད་པས་ཟུང་འཇུག་གི་ལམ་གྱི་གཞུང་ཤིང་ངམ་རྨང་རྗེ་དང་འདྲ་བའི་ཕྱིར་ལམ་གྱི་གཞུང་ཤིང་ནི་གཏུམ་མོ་སྟེ། དེའི་སྒྲ་དོན་ཡང་། གང་ལ་གནད་དུ་བསྣུན་པས་ཕུང་ཁམས་མ་དག་པ་རྣམས་སྲེག་ཅིང་ཉོན་མོངས་རྣམ་རྟོག་ཐམས་ཅད་ཟད་ནས་གཅོད་པའི་དོན་གྱིས་ན་གཏུམ་ཞེས་བྱ་སྟེ། རྡོ་རྗེ་སྙིང་འགྲེལ་ལས། སྲེག་བྱེད་ཕྱིར་ན་གཏུམ་མོར་བཤད། ཅེས་དང་། མཚོ་སྐྱེས་ཀྱི་ཀྱཻ་རྡོར་དཀའ་འགྲེལ་ལས། གཏུམ་མོ་ནི་སྲིད་པའི་ཉོན་མོངས་ཟད་ནས་མེད་པར་བྱེད་པ་ཉིད་དོ། །ཞེས་དང་། ནཱ་རོ་པའི་དཀའ་འགྲེལ་ལས། གཏུམ་པའི་ལས་ནི་བྱེད་པའི་ཕྱིར། གཏུམ་མོ་རུ་ནི་བརྗོད་པ་ཡིན། ཅེས་སོ། །བདེ་སྟོང་ལྷན་ཅིག་སྐྱེས་པའི་ཡེ་ཤེས་མྱུར་དུ་སྐྱེད་པར་བྱེད་པའི་དོན་གྱིས་ན་མོ་ཞེས་བྱ་སྟེ། མི་འཇིགས་པའི་གཞུང་འགྲེལ་ལས། ཙཎྜ་ནི་ཤེས་རབ་རྫོགས་པའི་རང་གི་ངོ་བོ་ངེས་པར་རྟོགས་པའོ། །ལཱ་ནི་སྙིང་རྗེ་ཆེན་པོའོ། །དེ་དག་ནི་ཐུལ་དུ་དབྱུང་དུ་མེད་པའི་གོ་འཕང་དུ་འདྲེན་ནོ་ཞེས་པས་གཏུམ་མོའོ། །ཞེས་གསུངས་སོ། །བྱེ་བྲག་ཨ་ཐུང་ཨ་ཤད་ཅེས་གསུམ་དུ་འབྱུང་ལ། དེའི་དང་པོ་ནི་ཉོན་མོངས་འཇོམས་པ་སྟེ་བྱེད་ལས་དང་། གཉིས་པ་སྐྱེ་བ་མེད་པ་སྟེ་རང་བཞིན་དང་། གསུམ་པ་ཨ་ཕྱིས་པའི་ཞུལ་གྱི་ཨ་ཤད་ལྟ་བུ་སྟེ་དབྱིབས་གསུམ་ལས་བཏགས་པ་ཡིན་ནོ། །གཏུམ་མོའི་དབྱེ་བའི་རྣམ་གྲངས་ཤིན་ཏུ་མང་ཡང་དཔལ་ལྡན་མཁའ་

སྤྱོད་དབང་པོས་ཕྱི་ནང་གསང་གསུམ་གྱི་རྣམ་གཞག་མཛད་དེ། དེའི་ཁུངས་ནི། ནམ་མཁའ་དང་མཉམ་པའི་རྒྱུད་ལས། རང་རིག་ཡེ་ཤེས་གང་འདོད་པས། །ཙཎྜ་ལཱི་ཡི་བྱེ་བྲག་བརྟགས། །དང་པོ་རང་བཞིན་ཙཎྜ་ལཱི། །གཉིས་པ་གཏུམ་མོའི་ཙཎྜ་ལཱི། །གསུམ་པ་ཁ་སྦྱོར་ཙཎྜ་ལཱི། ཞེས་པའི་རང་བཞིན་ཙཎྜ་ལཱི་ནི་ཆོས་ཐམས་ཅད་ཀྱི་རང་བཞིན་སྟོང་པ་ཉིད་ཡིན་པས་ཕྱིའི་གཏུམ་མོ་དང་། གཏུམ་མོ་ཙཎྜ་ལཱི་ནི་ལྟེ་བའི་ཨ་ཐུང་ཉིད་ཡིན་པས་ནང་གི་གཏུམ་མོ་དང་། ཁ་སྦྱོར་ཙཎྜ་ལཱི་ནི་རྣམ་ཀུན་མཆོག་ལྡན་གྱི་སྟོང་ཉིད་དང་མཆོག་ཏུ་འགྱུར་མེད་ཀྱི་བདེ་ཆེན་ཁ་སྦྱོར་ཟུང་འཇུག་ཡིན་པས་གསང་བའི་གཏུམ་མོ་གསུམ་དུ་གསལ་བར་བསྟན་ལ། དང་པོས་ལྟ་བའི་སྒྲོས་པ་བཅད། གཉིས་པས་བསྒོམ་དོན་ཉམས་སུ་ལེན། གསུམ་པས་མཆོག་ཏུ་མི་འགྱུར་བའི་བདེ་བ་ཆེན་པོའི་གོ་འཕང་ལ་སྦྱོར་བར་བྱེད་པས་གང་ཟག་གཅིག་གིས་བསྒོམ་པའི་གོ་རིམ་སྦྱོར་དེ་ལྟར་ལ། བྱེ་བྲག་ཐོག་མར་ནང་གི་ཙཎྜ་ལཱི་ལ་སྦྱངས་ནས་པོགས་འདོན་ཕྱིའི་ཙཎྜ་ལཱི་དང་གསང་བའི་ཙཎྜ་ལཱི་ལ་སློབ་པའང་ཡོད་དོ། །སྔ་མ་སྒོམ་པའི་ཚེ་མཆོག་གི་གཏུམ་མོ་དང་སྦྱོར་བར་ནུས་ནས་ངོ་སྤྲོད་ཐེབས་པས་ཕྱི་མ་དག་གི་སྒྲོང་བ་འདྲེན་ཐུབ་པའང་སྲིད་ཅིང་། གསང་བའི་གཏུམ་མོ་སྒོམ་པའི་ངེས་པ་ལས་མ་གཡོས་པར་ལམ་གྱི་ཆ་ལག་ཏུ་ཕྱི་ནང་གི་གཏུམ་མོ་འཁྲིར་བ་ནི་རྨད་དུ་བྱུང་བའི་ཉམས་ལེན་དུ་འགྱུར་བས་དབང་པོའི་རིམ་པ་དང་བསྟུན་ཏེ་འཁྲིད་པ་ཡིན་ནོ། །དེ་དག་ལས་ཕྱི་དོན་ངེས་ཤེས་རྟོག་པའི་ཙཎྜ་ལཱི་ཞེས་པ་ལྷན་ཅིག་སྐྱེས་སྦྱོར་སོགས་ཕྱག་རྒྱ་ཆེན་པོའི་ཁྲིད་ཀྱི་རིམ་པ་དང་དེ་ལས་བྱུང་བའི་སྒྲོང་བ་ལ་བྱ་སྟེ། འདི་ལ་རྗེ་སྒམ་པོ་པས་ཕྱག་རྒྱ་ཆེན་པོའི་གཏུམ་མོ་ཞེས་ཀྱང་གསུངས་ཤིང་། འདི་དོན་དམ་པའི་གཏུམ་མོ་ཡིན་ཀྱང་ཕྱི་དོན་དུ་མཛད་པ་ལ་ཉེས་པ་མེད་དེ། ཤེས་རབ་སྟོང་ཉིད་གཙོ་བོར་སྟོན་པས་འཁོར་ལོ་བར་མཐའ་གཉིས་ཀའི་ངེས་དོན་དང་ཆ་མཐུན་པ་ལས་ཁྱད་པར་འཕགས་ཤིང་། ཐུགས་སུ་སེམས་དམིགས་ཀྱི་མཐུས་རང་བཞིན་བརྒྱད་ཅུའི་སེམས་ཐམས་ཅད་སྟོང་པར་ཐིམ་པ་དང་ཡང་དོན་གཅིག་པས་མདོ་སྔགས་ཐུན་མོང་བ་ཉིད་ཀྱི་ཕྱིར། ཕྱི་དོན་ངེས་ཤེས་རྟོགས་པའི་ཙཎྜ་ལཱི་ཞེས་འཆད་པར་མཛད་པས

སོ། །གསང་དོན་ཉེར་སྦས་ནམ་མཁའི་ཙནྡྲ་ལླི་ཞེས་པའི་ནམ་མཁའ་ལ་ཕྱིའི་ནམ་མཁའ་ནི་ཆོས་ཐམས་ཅད་ཀྱི་རང་བཞིན་སྟོང་ཉིད་དེ། དཔལ་མཆོག་ལས། ཐམས་ཅད་ནམ་མཁའི་མཚན་ཉིད་དེ། །ནམ་མཁའ་ལ་ཡང་མཚན་ཉིད་མེད། ཅེས་པ་ལྟར་རོ། །ནང་གི་ནི་འཆད་འགྱུར་ལྟར་རྒྱ་ཧྲིའི་ནམ་མཁའོ། །གསང་བའི་ནི་རྡོ་རྗེ་བཙུན་མོའི་རྷ་གའོ། དེ་ཁོ་ན་ཉིད་ཀྱི་ནི། དུས་འཁོར་ལས། མཁའ་ཁྱབ་མཁའ་ཡི་རྡོ་རྗེ་ཅན། ཞེས་བཤད་པ་རྣམས་སོ། །འདི་ནི་ནང་གི་ནམ་མཁའ་ཨ་བ་རྷུ་ཧྲིའི་དོག་པ་མེད་པའི་ཆོས་འབྱུང་ཁམས་གསུམ་པོ་མཐའ་དག་ཤོང་བའི་མཁའ་དབྱིངས་འོད་གསལ་ཞིང་སྦྲིབ་པ་དང་བྲལ་བ་ལ། གཟུང་འཛིན་གྱི་རྣམ་པར་རྟོག་པས་མི་ཕྱེད་པའི་རང་རིག་ཡེ་ཤེས་དོན་དམ་པའི་རྡོ་རྗེ་འགྱུར་མེད་ཀྱི་བདེ་བས་རྣལ་འབྱོར་དུ་བྱེད་པ་ནི་ནམ་མཁའི་ཙནྡྲ་ལླི་སྟེ། རྡོ་རྗེ་ཕྲེང་བ་ལས། གསང་བ་སྦས་པ་ཞེས་ནི་བཤད། ཅེས་པ་ལྟར་སྐལ་པ་དང་མི་ལྡན་པ་རྣམས་ཀྱིས་རྟོགས་མི་ནུས་པས་སྦས་པའམ་གསང་བའི་དོན་ཅན་ནོ། །རྣམ་པ་ཀུན་ལྡན་གྱི་སྟོང་ཉིད་དང་མི་འགྱུར་བའི་བདེ་བ་གཉིས་སུ་མེད་པ་དེ་ལ་ཙནྡྲ་ལླི་ཞེས་པའི་ཐ་སྙད་ཅིའི་ཕྱིར་གདགས་ཤེ་ན། དོན་འདི་ཉིད་ཟབ་མོའི་རྒྱུད་སྡེ་ལས་འབྱུང་བ། ལྟེ་བར་གཏུམ་མོ་སྦར་བ་ཡིས། དེ་བཞིན་གཤེགས་པ་ལྔ་སྲེག་ཅིང་། སྤྱན་མ་མིག་ལ་སོགས་པ་ཡང་། བསྲེགས་པས་རི་བོང་ཅན་ཧཾ་འཛག །ཅེས་པའི་ངེས་ཚིག་དང་བྱེད་ལས་རྗེས་སུ་མཐུན་པའི་ཕྱིར་ཏེ། ལྟེ་བའི་སྒྲས་མཚོན་ནས་ཆོས་ཐམས་ཅད་ཀྱི་དབུས་སམ་སྙིང་པོ་སྟེ་དབུ་མའི་དོན་མཐའ་ཐམས་ཅད་སྤངས་པའོ། །གཏུམ་མོ་ནི་རང་རིག་ཡེ་ཤེས་ཏེ་དེས་རྣམ་རྟོག་ཐམས་ཅད་གཅོད་ཅིང་བདེ་ཆེན་མི་རྟོག་པའི་ཡེ་ཤེས་སྦྱིན་པར་བྱེད་པས་སོ། །སྦར་བ་ནི་རྣལ་འབྱོར་གྱི་མཐུས་མངོན་དུ་བྱེད་པ་ཡིན་ལ། དེས་ཕུང་ཁམས་སྐྱེ་མཆེད་རྣམས་བདེན་དངོས་སུ་འཛིན་པའི་དྲི་མ་བསལ་ཏེ་དེ་བཞིན་གཤེགས་པའི་འཁོར་ལོར་གདོད་ནས་ལྷུན་གྱིས་གྲུབ་པ་གསལ་བར་བྱེད་པས་རིགས་ལྔ་ཡུམ་ལྔ་བྱང་སེམས་ཀྱི་ཚོགས་བཅས་ལ་དེ་མ་ཡིན་གྱི་རྟོག་ཚོགས་བསྲེག་པའི་སྒྲས་བསྟན་ལ། ཚུལ་དེ་ལས་བྱང་ཆུབ་ཀྱི་སེམས་བདེ་བ་ཆེན་པོའི་ཟླ་བ་བཟང་པོ་སྲིད་པ་ཀུན་ཏུ་སྒྱུ་འཕྲུལ་གྱི་རོལ་པ་ཟད་མི་ཤེས་པ་

སྟོན་པ་ལ་འཛོག་པའམ་འཕྲོ་བའི་སྐབས་བསྟན་པར་མཛད་པས་སོ། །དབྱེ་བའི་རྣམ་གྲངས་གཞན་མན་སྔེ་ལས། ལས་དང་རྣལ་འབྱོར་དང་ལྷན་སྐྱེས་ཀྱི་གཏུམ་མོ་གསུམ་དུ་བཤད་པ་དང་། ནམ་མཁའ་དང་མཉམ་པའི་རྒྱུད་ལས་གཅེར་བུ་ཙཎྜ་ལཱིའི་དབྱེ་བ་བཅུ་གཉིས་སུ་བཤད་པ་དང་། གསང་བ་བདུད་རྩིའི་རྒྱུད་ལས་སྟུག་པོ་ཙཎྜ་ལཱི་སོགས་ཀྱི་དབྱེ་བ་མཛད་པ་དང་། གཞན་ཡང་ལས་དང་ཡེ་ཤེས། ཐལ་པ་དང་མཆོག མཚན་བཅས་མཚན་མེད། ཀུན་རྫོབ་དོན་དམ། གཞི་ལམ་འབྲས་བུ། རྫས་སྔགས་ཡེ་ཤེས། རྩ་རླུང་ཐིག་གསུམ་གྱི་གཏུམ་མོ་ལ་སོགས་པའི་དབྱེ་སྒོ་མང་དུ་མཆིས་སོ། །

སྒོམ་དོན་བྱེ་བྲག་ཏུ་བཤད་པ་ལ་གསུམ། གང་ལ་གནད་དུ་བསྣུན་པའི་ཡུལ། ཇི་ལྟར་གནད་དུ་བསྣུན་པའི་ཐབས། དེ་ལྟར་གནད་དུ་བསྣུན་པའི་ཡོན་ཏན་ནོ།

གང་ལ་གནད་དུ་བསྣུན་པའི་ཡུལ་ནི། དེའང་སྤྱིར་ལམ་འདི་དག་རྩ་རླུང་ཐིག་ལེའི་རྣལ་འབྱོར་ལ་བརྟེན་ནས་བདེ་སྟོང་ལྷན་ཅིག་སྐྱེས་པའི་ཡེ་ཤེས་མངོན་དུ་བྱས་ཏེ་ཟུང་འཇུག་རྡོ་རྗེ་འཆང་གི་གོ་འཕང་སྒྲུབ་བྱེད་ཡིན་ལ། དེའི་ཕྱིར་རྩ་རླུང་ཐིག་གསུམ་གྱི་རྣམ་གཞག་ལ་མཁས་པར་བྱ་དགོས་ཀྱང་འདིར་ཡི་གེས་འཇིགས་པས་མ་སྤྲོས་ལ། གོང་དུ་ཐོས་པའི་རིམ་པར་ཕྱེ་བ་ལས་མཆོན་ཙམ་བསྟན་ཅིང་། ཀྱུས་པར་རྒྱུད་སྡེ་རིན་པོ་ཆེ་རྣམས་དང་ཁྱད་པར་རྒྱུད་དང་མཚུངས་པའི་དགོངས་འགྲེལ་ཟབ་མོ་ནང་དོན་གྱི་གཞུང་སོགས་ལས་རྟོགས་པར་བྱ་དགོས་སོ། །འདིར་བསྒོམ་བྱ་མདོར་བསྡུ་ན། ཟབ་མོའི་རྣལ་འབྱོར་གང་ཞིག གང་ལ་གནད་དུ་བསྣུན་པར་བྱ་བའི་ཡུལ་ལམ་རྟེན་ནི། ཏེ་ལོ་པའི་དེ་ཁོ་ན་ཉིད་བཞིའི་མན་ངག་གསལ་སྒྲོན་ལས། དེ་ལ་རྟེན་གང་ཞེ་ན་རྩའོ། །དེའང་གྲངས་སུ་ཞེ་ན་གཙོ་བོ་སྟོང་ཕྲག་བདུན་ཅུ་རྩ་གཉིས་སོ། །དེ་ལས་སུམ་བརྒྱ་དྲུག་ཅུའོ། །དེ་ལས་བརྒྱ་ཉི་ཤུའོ། །དེ་ལས་སུམ་ཅུ་རྩ་གཉིས་སོ། །དེ་ལས་ཉི་ཤུ་རྩ་བཞིའོ། །དེ་ལས་གསུམ་མོ། །དེ་ནི་གཙོ་བོའོ། །དེ་ལ་བརྒྱ་ཉི་ཤུ་ནི་འཁོར་ལོ་བཞིའོ། །དེའི་གནས་གང་དང་གང་ཞེ་ན། ལྟེ་བ་དང་སྙིང་ག་དང་མགྲིན་པ་དང་སྤྱི་བོ་ལའོ། །གྲངས་ཇི་ལྟར་གནས་ཤེ་ན། ལྟེ་བ་ལ་དྲུག་ཅུ་རྩ་བཞིའོ། །སྙིང་

ག་ལ་བརྒྱད་དོ། །མགྲིན་པ་ལ་བཅུ་དྲུག་གོ །སྤྱི་བོ་ལ་སུམ་ཅུ་རྩ་གཉིས་སོ། །དབྱིབས་ཇི་ལྟ་བུ་ཞེ་ན། པདྨའི་གདན་ལ་ཉི་མའི་འོད་དང་ཕྲད་པ་ལྟ་བུ་རྒྱས་པ་བཀྲག་དང་ལྡན་པའོ། །ཁ་དོག་ནི་ཉི་མ་དང་ཟླ་བའི་རྒྱུ་ལས་བྱུང་བས་ཟླ་བའི་ནོར་བུ་ལྟ་བུ་ལ་ཞུན་མར་གྱི་ཟེར་སོང་བ་ལྟ་བུའོ། །ཚུལ་ཇི་ལྟར་ཞེ་ན། ཐབས་དང་ཤེས་རབ་སྦྱར་བས་ན་ཁ་སྦྱོར་གྱིས་གནས་པའོ། །ཞེས་གསུངས་པ་ལྟར་རྩའི་རྣམ་གྲངས་དེ་དག་གི་ནང་ནས་རྣལ་འབྱོར་དུ་བྱེད་པ་ན་རྩ་གསུམ་འཁོར་ལོ་བཞི་ལ་གནད་དུ་བསྣུན་པར་ཧེ་ལོ་པའི་གཞུང་ཚུང་དང་ཆོས་དྲུག་དྲིལ་བ་རྡོ་རྗེའི་གླུ་རྣམས་ལས་གསུངས་སོ། །

ཇི་ལྟར་གནད་དུ་བསྣུན་པའི་ཐབས་ནི། རྣལ་འབྱོར་གསུམ་གྱི་རྣམ་གཞག་སྤྱིར་བསྟན། དེའི་ལག་ལེན་ཁྱད་པར་དུ་བཤད་པའོ། དང་པོ་རྣལ་འབྱོར་གསུམ་གྱི་རྣམ་གཞག་སྤྱིར་བསྟན་པ་ལ་གསུམ། རླུང་། ཐིག་ལེ། གཏུམ་མོའི་རྣལ་འབྱོར་རོ། །

རླུང་ནི། སེམས་ཡུལ་ལ་འཇུག་པའི་ཞོན་པ། ཁམས་གསུམ་སྣོད་བཅུད་ཀྱི་བཀོད་པ་བྱེད་པའི་བཟོ་བོ་རྩ་བ་དང་ཡན་ལག་གི་རླུང་གཡོ་མེད་དུ་འཆིང་བ་ནི་ཐབས་གྲོལ་ལམ་ཀུན་གྱི་གཞི་རྟེན་ཡིན་པས། དེ་ལ་ཇི་ལྟར་རྣལ་འབྱོར་དུ་བྱེད་ན། སྦྱོར་བ་བཞི་དང་གདན་ལྔ་ལ་བརྟེན་ནས་སྟེང་འོག་གི་རླུང་ལྟེ་བར་ཁ་སྦྱར་བའི་བུམ་པ་ཅན་ལ་གཙོ་བོར་བྱ་སྟེ། སྡོམ་འབྱུང་ལས། སྟེང་དང་འོག་ཏུ་རྒྱུ་བའི་རླུང་། ཁ་སྦྱོར་དུ་ནི་ཡིད་ཀྱིས་བྱ། དེ་ཡི་སྦྱོར་བ་གོམས་བྱེད་ན། དེས་ནི་བརྟན་པའི་གོ་འཕང་ཐོབ། ཅེས་པས་སོ། །སྦྱོར་བ་དེས་རླུང་ཟིན་པ་ལའང་རིགས་བཞི་སྟེ། འབྱུང་བ་རང་རང་གི་སོར་མོའི་གྲངས་ཕྱིར་ཐུང་དུ་སོང་བ་ཚད་ཟིན་པ། འབྱུང་རྟབ་ཉུང་དུ་སོང་བ་གྲངས་ཟིན་པ། ཕྱི་རྒྱུ་བ་དལ་འཇམ་དུ་སོང་བ་ཤུགས་ཟིན་པ། རང་གནས་ལྟེ་བ་སོགས་སུ་གནས་ནས་ཕྱིར་མི་རྒྱུ་བ་ཡུན་རིང་དུ་འགྲོ་བ་ཡོན་ཏན་ཟིན་པ་རྣམས་ལས། དང་པོ་གསུམ་དུད་འགྲོའི་རིགས་འགའ་ཞིག་ལའང་འབྱུང་བས་རྣལ་མ་མིན་ལ། ཕྱི་མ་ནི་རླུང་ཟིན་པ་རྣལ་མ་སྟེ་དེ་ལས་ཉམས་མྱོང་རྒྱུད་ལ་སྐྱེ་བས་སོ། །དེ་ལ་སྦྱོར་བ་བཞི་ནི། བཀའ་དཔེ་ཕྱི་མ་ལས། རྔུབ་དང་དགང་དང་གཞིལ་བ་དང་། མདའ་

ལྟར་འཕང་བ་རྣམ་པ་བཞི། སྦྱོར་བ་བཞི་ལྡན་མ་ཤེས་ན། ཡོན་ཏན་སྐྱོན་དུ་འགྱུར་བའི་ཉེན། ཞེས་གསུངས་པ་ལྟར་དང་། གནད་ལྔ་ནི། རླུང་ལོག་མི་འབྱུང་བ་འབུད་པའི་གནད། རང་གནས་སུ་གཟུང་བ་རྟུབ་པའི་གནད། དབང་དུ་བསྡུ་བ་དགང་བའི་གནད། རྩ་མིག་ཏུ་གདབ་པ་གཞིལ་བའི་གནད། ཕྱི་ནང་བསྲེ་བ་འཕང་བའི་གནད་རྣམས་སོ། །

ཐིག་ལེ་ནི། རྩ་བ་མི་ཤིགས་པའི་ཐིག་ལེ་ལས་གྱེས་པའི་ཐིག་ལེའི་རྣམ་གྲངས་མཐའ་ཡས་པ་ལས་རྣལ་འབྱོར་དུ་བྱེད་པ་ན། གཙོ་བོར་བྱང་སེམས་དཀར་དམར་ཞུ་བདེའི་ཐིག་ལེ་གཉིས་འབར་འཛག་གི་འཕྲུལ་གྱིས་ཁ་སྦྱོར་བ་ལ་བརྟེན་ནས་འཕོ་བའི་ཀུན་རྟོག་འཛད་མེད་དུ་འཆིངས་ཏེ་བདེ་སྟོང་ལྷན་ཅིག་སྐྱེས་པའི་ཡེ་ཤེས་བསྒོམས་པ་ཡིན་ཏེ། མངལ་དུ་ཁུ་ཁྲག་གཉིས་ཡོངས་སུ་གྱུར་པ་ལས་ལུས་འདི་འགྲུབ་པའི་ཕྱིར་ན་བྱང་སེམས་དཀར་དམར་གཉིས་ཁམས་ཀྱི་གཙོ་བོ་དང་ལུས་གཞན་རྣམས་དེ་གཉིས་ཀྱི་རྣམ་འགྱུར་ཡིན་པས་སོ། །བྱང་སེམས་གཉིས་ཀྱང་སྤྱི་བོར་དཀར་པོ་དང་། ལྟེ་བར་དམར་པོ་ཤས་ཆེ་བར་གནས་པ་ཡིན་ལ། མ་ལས་ཐོབ་པ་དམར་ཆའི་དྭངས་མ་གཏུམ་མོ་ཨ་ཐུང་གི་མཚན་ཉིད་ནི། ཉི་མའི་ཆོས་ཉིད་རྣམ་པར་དག་པའི་ཁ་དོག་དམར་བ། རླུང་མེའི་དྲོད་ཅན་གྱི་ངོ་བོར་གྲུབ་པའི་རེག་བྱ་ཚ་བ། བྱང་ཆུབ་ཀྱི་སེམས་ཡེ་ཤེས་ཀྱི་བདུད་རྩི་དམ་པའི་ཕྱིར་ཉམས་མྱོང་བདེ་བ། ཆོས་ཀྱི་དབྱིངས་ཤེས་རབ་ཀྱི་ཕ་རོལ་ཏུ་ཕྱིན་པའི་ངོ་བོ་ཉིད་ཀྱི་ཕྱིར་རང་བཞིན་སྟོང་པ་ཉིད་དེ་མཚན་ཉིད་བཞི་དང་ལྡན་པ། ཕ་ལས་ཐོབ་པའི་དཀར་ཆའི་དྭངས་མ་བྱང་ཆུབ་ཀྱི་ངོ་བོ་ཧཾ་ཡིག་ནི་ཟླ་བའི་ཁམས་ཀྱི་ཆ་ཡིན་པའི་ཕྱིར་དཀར་བ་ཤེས་རབ་ཀྱི་རང་བཞིན་ཙནྡྲ་ལྡི་དང་འབྲེལ་བའི་ཕྱིར་མུ་ཏིག་གི་རྫོག་ལྟར་འཆོར་བ། བྱང་ཆུབ་ཀྱི་སེམས་བདུད་རྩིའི་བཅུད་དང་ལྡན་པའི་ཕྱིར་སྣུམ་པ། རྩའི་གནས་གང་ཡང་རུང་བར་སྤྱན་དྲངས་བདེ་བའི་ཕྱིར་ཀུན་ནས་ཀུན་ཏུ་ཟླུམ་པས་འདྲིལ་བ་སྟེ་མཚན་ཉིད་བཞི་དང་ལྡན་པའོ། །དཀར་ཆ་དེ་ཉིད་གཙོ་ཆེར་སྤྱི་བོར་གནས། ཆ་ཤས་ཀྱིས་ལུས་སྤྱི་དང་ཁྱད་པར་འཁོལ་ལོ་རྣམས་ལ་ཁྱབ་པས་དེ་བཞི་རེ་རེར་ལུས་ངག་ཡིད་བདེ་བའི་ཁམས་བཞིའི་དྲི་མ་སྦྱོང་བའི་སྐུ་གསུང་ཐུགས་ཡེ་ཤེས་ཀྱི་དགའ་བ་བཞི་སྐྱེ

བའི་རྟེན་བྱེད་པའི་ཡོན་ཏན་ཅན་གྱི་དཀར་ཆའི་ཞུ་ཆ་སོ་སོར་གནས་པ་དང་། འཁོར་ལོ་གོང་མ་རྣམས་ནས་དེ་ལྟའི་ཡོན་ཏན་སྐྱེ་ནུས་ཀྱི་ཞུ་ཆའི་རྒྱུན་འབྱུང་བས་དཀར་ཆ་བཅུ་དྲུག་ལ་བརྟེན་པའི་དགའ་བ་བཅུ་དྲུག་གི་མཐར་ལྡན་སྐྱེས་ཀྱི་དགའ་བ་འཆར་བ་དང་། དམར་ཆའང་ལྟེ་བར་གནས་ཀྱང་ཆ་ཤས་ཀྱིས་འཁོར་ལོ་རྣམས་ལ་ཁྱབ་པས་དེ་བཞི་རེ་རེར་རྟུལ་སྨུན་སྙིང་སྟོབས་གསུམ་གྱི་དྲི་མ་སྦྱོང་བའི་རྡོ་རྗེ་གསུམ་གྱི་བདེ་བ་སྐྱེ་བའི་རྟེན་བྱེད་པའི་ཡོན་ཏན་ཅན་གྱི་དམར་ཆའི་ཞུ་མ་སོ་སོར་གནས་པ་དང་། འཁོལ་ལོ་གོང་མ་རྣམས་ནས་དེ་ལྟའི་ཡོན་ཏན་སྐྱེད་ནུས་ཀྱི་ཞུ་ཆའི་རྒྱུན་འབྱུང་བས་དམར་ཆ་བཅུ་གཉིས་ལ་བརྟེན་པའི་དགའ་བ་བཞི་གསུམ་བཅུ་གཉིས་ཀྱི་མཐར་ལྡན་སྐྱེས་ཀྱི་དགའ་བ་འཆར་བ་ཡིན་ནོ། །ཁམས་དཀར་དམར་ལ་བྱང་སེམས་ཞེས་པའི་དོན་ཇི་ལྟ་བུ་སྙམ་ན། བྱང་སེམས་ལ་རྒྱུ་ལམ་འབྲས་བུ་གསུམ་ཡོད་པའི་རྒྱུ་ནི་སེམས་ཅན་གྱི་རྒྱུད་ལ་གདོད་ནས་གྲུབ་པའི་ཐོག་མ་མེད་པའི་བྱང་ཆུབ་ཀྱི་སེམས་སོ། །ལམ་ལ་སྤྱི་སྤྲས་གཉིས་ལས་སྤྱི་དོན་ནི་རྒྱུའི་ཐེག་པར་གྲགས་པའི་བདེན་གཉིས་ཀྱི་བྱང་སེམས་སོ། །སྤྲས་དོན་ནི་གདོད་ནས་གནས་པའི་སྒྲིབ་མེད་དྭངས་མའི་ཁམས་བྱང་སེམས་དེ་རྡོ་རྗེའི་ལུས་སྒྲིབ་བྲལ་དུ་གནད་བཅིངས་པས་དེ་ཉིད་ཞུ་བ་ན་རྟེན་འབྲེལ་གྱི་དབང་གིས་བདེན་གཉིས་ཀྱི་བྱང་སེམས་རྒྱུད་ལ་སྐྱེ་བས་དཀར་དམར་གྱི་དྭངས་མའང་བྱང་སེམས་སོ། །སྤྱི་སྤྲས་ཀྱི་བྱང་སེམས་གཉིས་ཀྱང་ཕྱི་མ་མཆོག་སྟེ་སྤྱི་ནི་རྟེན་པ་སེམས་རྐྱང་པའི་བྱང་སེམས་ཡིན་པས་ཕྱིར་མི་ལྡོག་པ་དང་འགྱུར་མེད་ཀྱི་བྱང་སེམས་སུ་མི་འགྲུབ་ལ། སྤྲས་པ་ནི་རྟེན་ལུས་དང་བརྟེན་པ་སེམས་གཉིས་ཀའི་བྱང་སེམས་ཡིན་པས་དེ་གཉིས་སུ་འགྲུབ་བས་སོ། །འབྲས་བུའི་ནི་རྡོ་རྗེ་འཆང་ཉིད་དོ། །མདོར་ན་ལྟེ་བ་དང་སྤྱི་བོར་བྱང་སེམས་དཀར་དམར་ཨ་ཧཾ་གྱི་ངོ་བོར་གནས་པ་ནི་འཁོར་བ་པའི་དུས་སུ་ངའོ་ཞེས་པའི་སྒྲ་ལས་ཆོས་དང་གང་ཟག་གི་བདག་འཛིན་གཉིས་བསྐྱེད་ཀྱང་། རྟེན་གྱི་གནད་བཅིངས་པའི་འབར་ཞུའི་རྟེན་འབྲེལ་ལས་བདག་མེད་གཉིས་ཀྱི་ཡེ་ཤེས་ཀྱང་རང་བྱུང་གིས་འཆར་ལ་དེ་བཞིན་གཤེགས་པའི་དབུགས་དབྱུང་གཟུགས་སྐུ་དང་རྡོ་རྗེ་འཆང་གི་དབུགས་དབྱུག་ཆོས་སྐུ་བདག་མེད་པའི་

བདག་ཐོབ་ནས་གཞན་དུ་མི་གཡོ་བར་ཕྱིན་ལས་ཀུན་འགྲོ་རྟག་བཞུགས་ཀྱི་གོ་འཕང་འགྲུབ་པ་རྡོ་རྗེ་ཕྲེང་བ་ལས་གསུངས་སོ། །

གཏུམ་མོའི་རྣལ་འབྱོར་ནི། འགྱུར་མེད་ཀྱི་བདེ་བ་སྐྱུབ་བྱེད་ཐུན་མོང་མ་ཡིན་པ་ནང་གི་གཏུམ་མོ་ལའང་གཞི་དུས། ལམ་དུས། འབྲས་དུས་ཀྱི་གཏུམ་མོ་གསུམ་ལས། དང་པོ་བཞི་དུས་ཀྱི་གཏུམ་མོའི་གནས་ནི་རྒྱུད་སྡེ་ཕལ་ཆེར་ལས་ལྟེ་བ། འཇམ་དཔལ་ཞལ་ལུང་ལས་གསང་བ། རྡོ་རྗེ་སྙིང་འགྲེལ་ལས་གཉིས་ཀར་བཤད་པ་སོགས་ཡོད་ཀྱང་མི་འགལ་ཏེ། སྙིང་འགྲེལ་ལས། ཆུ་དང་ནམ་མཁར་ཟླ་གཟུགས་བཞིན། ཞེས་ཏེ་ནམ་མཁར་ཟླ་བ་བཞིན་གཏུམ་མོ་དངོས་ལྟེ་བར་གནས་པ་དང་། ཆུ་ནང་དུ་ཟླ་གཟུགས་བཞིན་གཏུམ་མོའི་སྣང་བརྙན་གསང་གནས་སུ་འཆར་བར་བཤད་པས་ལྟེ་གསང་གང་རུང་རེ་དང་གཉིས་ཀར་ཡོད་པ་ལྟར་སྣང་བའི་ཕྱིར་རོ། །ངོ་བོ་ཇི་ལྟར་ཡོད་ན་རྫས་དང་རྟགས་དང་ཡེ་ཤེས་སུ་བཤད་པ་གསུམ། དང་པོ་ལའང་རྣམ་གྲངས་བཞིར་བཤད་དེ། བདེ་མཆོག་ལས་ཐིག་ལེ། རྡོར་ཕྲེང་ལས་མེ། ཕྱག་ཐིག་ལས་རླུང་། སྙིང་འགྲེལ་ལས་རོ་མའི་མར་སྣེར་གཏུམ་མོའི་མིང་གིས་བསྟན་པས་རྫར་བཤད་པ་རྣམས་སོ། །རྟགས་སུ་བཤད་པ་ནི། དཔྱིད་ཐིག་ལས། །ལྟེ་བར་ཨ་ཡིག་གཟུགས་སུ་སྐྱེ། །ཐུང་ངུ་རུ་ནི་ཡོངས་སུ་གྲགས། ཞེས་ཨ་ཐུང་གི་རང་བཞིན་དུ་གསུངས་པ་ལྟར་རོ། །ཡེ་ཤེས་སུ་བཤད་པ་ནི། ཨ་ཧྲི་ཧྣ་ན་ལས། ཡེ་ཤེས་ཀྱི་མེ་འདི་ལས་ཀྱི་རླུང་གིས་བསྐྱོད་ནས། ཞེས་པ་ལྟར་རོ། །མང་དུ་བཤད་ཚུལ་དེ་དག་ལས་དོན་ལ་གང་གི་ངོ་བོར་ཡོད་ཅེ་ན། འདི་ལ་བདེན་པ་གཉིས་ལས་ཀུན་རྫོབ་ཀྱི་དབང་དུ་བྱས་ན་དངོས་ཐིག་ལེ་དང་ནུས་པ་མེའི་ངོ་བོར་ཡོད་པ་འཐད་དེ། འདི་ཉིད་མ་ལས་ཐོབ་པའི་རཀྟའི་དྭངས་མ་ལུས་ཀྱི་རྡུལ་ཐམས་ཅད་ཀྱི་རྩ་བ་དང་དམར་ཆའི་ཁམས་ཐམས་ཅད་ཀྱི་བདག་པོར་བཤད་པའི་ཕྱིར་དང་། འདི་ཉིད་སྦར་བ་ན་ཕུང་ཁམས་སྐྱེ་མཆེད་ཀྱི་བག་ཆགས་སྲེག་ཅིང་བདེ་ཆེན་གྱི་བྱང་སེམས་བཞུ་བ་སྟེ་སྲེག་བཞུའི་ནུས་པ་དང་ལྡན་པའི་ཕྱིར་རོ། །གཞན་རྣམས་ནི་ཕྱོགས་རེ་ལས་བཏགས་པ་ཡིན་ཏེ། རླུང་ནི་གཏུམ་མོ་འབར་བྱེད་ཀྱི་རྐྱེན་ཡིན་པ་དང་། རྩ་ནི་དེའི་

གནས་སམ་རྟེན་ཡིན་པ་དང་། ཐིགས་ནི་གཏུམ་མོ་བྱིན་གྱིས་རློབ་བྱེད་ཡིན་པ་སོགས་ཀྱིས་དེར་བཏགས་པའོ། །དོན་དམ་གྱི་དབང་དུ་གཏུམ་མོ་ཡེ་ཤེས་ཀྱི་ངོ་བོར་གྲུབ་པས་ཀུན་རྫོབ་ཏུ་ཐིག་ལེའི་ངོ་བོར་ཡོད་ཀྱང་དོན་ལ་ཡེ་ཤེས་ཡིན་པར་བཞེད་དོ། །གཉིས་པ་ལམ་དུས་ཀྱི་གཏུམ་མོ་ལ་ལམ་གྱི་རྟེན་གང་གིས་སྦར་བའི་རྐྱེན་ནི། ས་བོན་ཕྱག་མཚན་སྐུ་གཟུགས་མེ་དང་ཐིག་ལེ་ནཱ་ད་སོགས་དམིགས་པས་སྦར་བ་དང་། སྦྱོར་ལས་ཀྱི་རླུང་གིས་བསྐུལ་ཞིང་བྱེ་བྲག་ཏུ་མཁའ་འགྲོ་རྒྱ་མཚོ་ལས་རོ་རྐྱང་གི་རླུང་དབྱངས་གསལ་གྱི་ཡི་གེའི་རང་བཞིན་ཅན་གྱིས་སྦར་བ་དང་། རྡོར་ཕྲེང་ལས་དབུ་མའི་རླུང་གཅིག་པུས་སྦར་བ་དང་། དུས་འཁོར་ལས་སྲོག་ཐུར་གོང་བུར་འདྲེས་པས་སྦར་བར་གསུངས་པ་སོགས་རླུང་གི་སྦར་བ་དང་། རང་ལུས་དང་གཞན་ལུས་ཐབས་ལྡན་ལ་བརྟེན་པའི་ཐབས་ཀྱི་སྦར་བ་གསུམ་མོ། །འབར་བའི་མེའི་ངོ་བོ་ནི། རགས་པའི་རྟུལ་ཕྲ་རབ་ཀྱི་ཆོས་ཉིད་ལས་འདས་པས་དྭངས་ཤིང་ཐོགས་པ་མེད་པ། མཉམ་གཞག་སོ་སོ་རང་རིག་མངོན་སུམ་གྱི་ཡུལ་དུ་ཉམས་སུ་མྱོང་བ། རླུང་གི་རྣལ་འབྱོར་སོགས་ཀྱི་ནུས་པ་མཐུ་ཅན་དུ་གྱུར་པ། ཕུང་ཁམས་སྐྱེ་མཆེད་ཀྱི་བག་ཆགས་སྲེག་ཅིང་དགའ་བཞི་དང་སྟོང་བཞི་འདྲེན་པ། ཡེ་ཤེས་ཀྱི་མེའི་བདག་རྐྱེན་བྱེད་པ་ཞིག་ཡིན་ཏེ། དེ་ནི་ཕྱི་རོལ་གྱི་མེ་མིན་ཡང་རྣལ་འབྱོར་གྱི་བྱིན་རླབས་ཀྱི་སྟོབས་ཀྱིས་མེ་བཞིན་དུ་དྲོ་བར་ནུས་པ་ཡིན་ནོ། །འབར་བའི་ཚད་ནི། ཞུགས་གནས་ཐེམ་གསུམ་ག་འབར་བ་ཆུང་ངུ་དང་འབྲིང་པོ་དང་ཆེན་པོ་གསུམ་དུ་འབྱུང་ངོ་། །དེའི་ལམ་གྱི་ངོ་བོའམ་དངོས་ནི་གཏུམ་མོ་མེའི་རྣམ་པར་འབར་བའི་བདེ་བས་རྐྱེན་བྱས་པ་ལས་བྱུང་བའི་ཡེ་ཤེས་དེ་ཉིད་ཡིན་ཏེ། གཏམ་མོ་རྣམ་རྟོག་གི་གཉེན་པོར་གསུངས་པས་ན་ཡེ་ཤེས་ཀྱིས་རྣམ་རྟོག་གི་དངོས་གཉེན་བྱེད་ཀྱི་དྲོད་ཙམ་གྱིས་དེ་མི་ནུས་པའི་ཕྱིར་རོ། །ཡེ་ཤེས་དེའང་མི་རྟོག་པ་དང་བདེ་བ་དང་གསལ་བའི་ཆ་གསུམ་དུ་ཡོད་དོ། །དེ་ལ་མི་རྟོག་པའི་ཡེ་ཤེས་ནི་གཏུམ་མོའི་འབར་སྣང་གིས་རླུང་རྒྱུ་བ་དང་དབང་པོ་ཡུལ་ལ་འཇུག་པ་བཀག་པས་དེ་དག་ལ་འཁྲུ་བའི་རྣམ་རྟོག་མེད་པར་བྱས་ནས་རྣམ་པར་མི་རྟོག་པ་ལ་གནས་པ་དང་། བདེ་བའི་ཡེ་ཤེས་ནི་གཏུམ་མོ་འབར་བས་བྱུང་སེམས་ཞུ་བའི་

དགའ་བས་མཚོན་པའི་བདེ་བའི་ཡེ་ཤེས་བསྐྱེད་པ་དང་། གསལ་བའི་ཡེ་ཤེས་ནི་གཟུང་འཛིན་གྱི་རྣམ་རྟོག་ཐམས་ཅད་དབུ་མར་དག་པས་བདེ་སྟོང་ངམ་གསལ་སྟོང་ཟུང་འཇུག་གི་ཡེ་ཤེས་སེམས་དམིགས་ཀྱི་རིམ་པ་སྣང་གསུམ་འཇུག་ལྡོག་གི་ཚུལ་གྱིས་འཆར་བའོ། །གསུམ་པ་འབྲས་དུས་ཀྱི་གཏུམ་མོ་ནི། དུས་འཁོར་ལས། ཡེ་ཤེས་མེ་ལྷེ་རབ་ཏུ་རྒྱས་པ་དེ་ནི་བདུད་ཚོགས་ཡུལ་དང་བཅས་པ་མཐའ་དག་སྲེག་བྱེད་ཅིང་། ཞེས་བདུད་དཔུང་འཛོམས་པ་སོགས་ཀྱི་བྱེད་ལས་ཅན་སོ་སོར་རྟོག་པའི་ཡེ་ཤེས་ལ་བཤད་དོ། །

གཉིས་པ་དེའི་ལག་ལེན་ཁྱད་པར་དུ་བཤད་པ་ལ་གཉིས། སྙིང་སྒོ་རྣམ་སྦྲོལ། འོག་སྒོ་བདེ་ཆེན་གྱི་ལམ་བཤད་པའོ། །

སྙིང་སྒོ་རྣམ་སྦྲོལ་ནི། དེ་ལྟར་རྩ་རླུང་ཐིག་ལེའི་རྣལ་འབྱོར་གྱིས་བདེ་སྟོང་གི་ཡེ་ཤེས་སྒྲུབ་པ་ལ། ཐོག་མར་རང་ལུས་ཐབས་ལྡན་ལ་བརྟེན་པའི་སྙིང་སྒོ་རྣམ་གྲོལ་གྱི་ལམ་ཉམས་སུ་ལེན་དགོས་ཏེ། དེའང་བཀའ་དཔེ་ཕྱི་མ་ལས། དེ་ལ་གནད་ནི་རྣམ་གསུམ་སྟེ། །ལུས་དང་དུས་དང་ཡུལ་ཀྱང་ངོ་། །ཞེས་པ་ལྟར། བཅའ་བ་ལུས་ཀྱི་གནད། ཉམས་ལེན་དུས་ཀྱི་གནད། དམིགས་པ་ཡུལ་གྱི་གནད་གསུམ་དང་ལྡན་པ་བསྒོམ་པར་བྱའོ། །དེའི་དང་པོ་ནི་བསམ་གཏན་གྱི་ཆོས་དྲུག་ལྡན་པ་ཡིན་ལ། གཉིས་པ་ནི་མཉམ་རྒྱུའི་དུས་ལ་སོགས་པ་དང་། གསུམ་པ་ལ་མ་ཟིན་པ་ཟིན་བྱེད། ཟིན་པ་བརྟེན་བྱེད། བརྟན་པ་བོགས་འདོན་གསུམ་དུ་ཡོད་པའི་དང་པོ་ལའང་སྣང་བརྟན་གྱི་སྐུ་སྒྲུབ་པ། རིགས་ལྡན་གྱི་གཞི་བཟུང་བ། གསང་གསུམ་གྱི་འཁྲིས་སྦྱར་བ། ཆུ་ཟླའི་གར་སྦྱར་བ་བཞིས་བསྐྱེན་པའི་རྣལ་འབྱོར་མཐར་དབྱུང་ངོ་། །གཉིས་པ་ལ་ལུས་རྩ་རླུང་ཐིག་ལེ་ཡེ་ཤེས་ཀྱི་འཁོར་ལོར་སྦྲ་བ་བཞི་དང་ལྡན་པའི་ཞི་བ་དང་དྲག་པོའི་ཙཎྜ་ལཱིའི་ཕྲིན་ལས་སྐྱུལ་བས་སྒྲུབ་པ་ཚད་ལ་དབབ། གསུམ་པ་ལ་འཕེལ་སྦྱོར། སྒྱུར་སྦྱོར། ཕྲན་སྦྱོར། མཆོག་ལ་སྦྱོར་བའི་སྒྲུབ་པ་ཆེན་པོ་ལ་ཡང་དག་པར་འཇུག་དག་བྱ་གཞི། དག་བྱེད་ལམ། དག་པ་འབྲས་བུ། དབྱེར་མེད་དོན་གྱི་ཆོས་ཐམས་ཅད་གསང་ཆེན་ཟབ་མོ་ཙཎྜ་ལཱིའི་རང་ཞལ་སྟོང་པའི་ངོ་སྤྲོད་ཀྱི་འཁོར་ལོ་ཕྱུགས་མེད་དུ་བསྐོར། ཆོས་མ་ལུས་

པའི་རྣལ་འབྱོར་སྣང་བ་ཟབ་མོ་ཙཎྜ་ལཱིའི་ངོ་བོར་ལམ་དང་འབྲས་བུའི་ཆོས་ཐམས་ཅད་སྡུད་པ་ལ་མཁས་པས་ཀུན་སྣང་གི་ཡེ་ཤེས་ཅིག་ཆོད་དུ་བསྡུས་ཏེ་བསྒོམ་པའོ། །

འོག་སྒོ་བདེ་ཆེན་གྱི་ལམ་ནི། སྟེང་སྒོ་རྣམ་གྲོལ་གྱི་ལམ་ལ་བརྟན་པ་ཐོབ་པའི་གང་ཟག་གིས་ཡེ་ཤེས་ཀྱི་རོགས་འདོན་པའི་ཡན་ལག་ཏུ་གཞན་ལུས་ལས་ཀྱི་ཕྱག་རྒྱ་བརྟེན་པ་ཡིན་ཏེ། དེ་ལའང་། སྡོམ་འབྱུང་ལས། དེ་ནས་རྣལ་འབྱོར་མའི་མཚན་ཉིད། །དགེ་བ་ཡང་དག་རབ་བཤད་བྱ། །མཁའ་འགྲོ་མ་ནི་པདྨ་ཅན། །ལྷཱ་མ་ཏ་སྲཱི་ནྲི་ཉིད་འགྱུར། །ཁཎྜ་རོ་ཧི་ཤངྑི་ནཱི། གཟུགས་ཅན་ཙི་ཏྲ་ནཱི་ཉིད་འགྱུར། །རིགས་ནི་བཞི་པོའི་རང་དངོས་སུ། །མཁས་པ་ཡིས་ནི་བརྟག་པར་བྱ། ཞེས་མདོར་བསྟན་རྗེས་སོ་སོའི་ལུས་དང་བསམ་པ་དང་རྩ་བཙལ་ཚུལ་སོགས་རྒྱས་པར་འབྱུང་བ་ལྟར་རིགས་ལྡན་ཕྱི་ནང་གསང་བའི་ལེགས་པའི་ཡོན་ཏན་ཅན་བརྟགས་འགྲུགས་མི་སྣང་བའི་ཐབས་ཀྱིས་བཙལ་ལ། བསླབ་པ་དང་དབང་གིས་རྒྱུད་སྨིན་ཅིང་སྡོམ་དང་དམ་ཚིག་རྣམ་པར་དག་པ་ཉིད་ལ། སྙོམས་འཇུག་བདེ་བར་སྦྱོར་བའི་དུས་སུ་གཉིས་ཀའི་ལུས་རྟེན་བྱིན་གྱིས་བརླབས་ཤིང་གསང་རྩ་བཙལ། དབབ་བཟུང་ཟློག་དགྲམ་གྱི་སྦྱོར་བས་བདེ་ཆེན་གྱི་ཡེ་ཤེས་མཐར་ཕྱུག་པ་བསྐྱེད་པའོ། །

དེ་ལྟར་གནད་དུ་བསྣུན་པའི་ཡོན་ཏན་ནི། ལུས་ལ་གནད་དུ་བསྣུན་ནས་གཏུམ་མོ་བསྒོམས་པའི་ཕན་ཡོན་གནས་སྐབས་སུ་རྟགས་བཅུ་ཡོན་ཏན་བརྒྱད་སོགས་འབྱུང་བའི་བཅུ་ནི་དུ་བ་སྨིག་རྒྱུ་སོགས་ཡོངས་སུ་གྲགས་པ་ལྟར་ཡིན་ལ། བརྒྱད་ནི། བདུད་རྩིའི་ཆུ་རྒྱུན་ལས། ཡོན་ཏན་བརྒྱད་འཆར་བ་ནི། སའི་ཡོན་ཏན་ལུས་བརྗིད་བག་མངའ་ཆེ་བ། ཆུའི་ཡོན་ཏན་ལུས་སྣུམ་པ། མེའི་ཡོན་ཏན་བཀྲག་ཆེ་བ། རླུང་གི་ལུས་ཡང་བ། ཟླ་བའི་གྲིབ་མ་གཞན་གྱིས་མི་མཐོང་བ། ཉི་མའི་གཟུགས་མི་སྣང་བ། ནམ་མཁའི་ཡོན་ཏན་སྟོན་ཀའི་དུས་ཀྱི་ནམ་མཁའ་ལྟ་བུར་ཉིན་མཚན་མེད་མིག་ཕྱི་བཙུམ་མེད་པར་འབྱུང་བའོ། །ཞེས་དང་། ཐམ་ཐམས་ཅད་ཀུན་ཏུ་སོན་པའི་ཡོན་ཏན་བདེ་བ་སྒྲིབ་མེད་ལྷན་ཅིག་སྐྱེས་པའི་ཡེ་ཤེས་ནང་ནས་ཤར་བས་འོད་གསལ་རྒྱུན་ཆད་མེད་པ་འབྱུང་སྟེ། ཞེས་པ་ལྟར་རོ། །ཕྱེད་པར་མཐར་

ཐུག་ཏུ། སམྦུ་ལས། དེ་ཕྱིར་དེ་ལས་ཅི་ཞིག་བྱ། །མདོར་བསྡུས་པས་ནི་སངས་རྒྱས་ཉིད། །བསྐལ་པ་བྱེ་བ་གྲངས་མེད་པས། །ཇི་སྲིད་སངས་རྒྱས་གང་ཐོབ་པ། །གང་གིས་དམ་པའི་བདེ་བས་ཁྱོད། སྐྱེ་བ་འདིར་ནི་འཐོབ་པར་འགྱུར། ཞེས་ཐབས་ཀྱི་མཆོག་བདེ་བ་ཆེན་པོས་ཁྱད་པར་དུ་བྱས་པར་ཚེ་གཅིག་ལ་ཟུང་འཇུག་རྡོ་རྗེ་འཆང་གི་སྐུ་འགྲུབ་པར་བྱེད་དོ། །ཁྱད་པར་གཞན་ལུས་ཚུལ་བཞིན་བསྟེན་པས་གནས་སྐབས་སུ་ལུས་སྟོབས་བཀྲག་མདངས་རྒྱས། ཚེ་རིང་ཞིང་ནྲ་གི་འདུ། ནྡོ་གསལ་ཞིང་ཏིང་ངེ་འཛིན་འཕེལ། མཐར་གྲུབ་པའི་དངུལ་ཆུས་ལྕགས་སྤྲམ་གསེར་དུ་བསྒྱུར་བ་བཞིན་དུ་རྩ་ཐིག་ཀླུང་གསུམ་གྱི་དྭངས་མ་འཕེལ་བས་སྙིགས་མ་རྣམས་རིམ་གྱིས་ཟད་ནས་ལུས་འཇའ་ལུས་སྣང་སྟོང་དབྱེར་མེད་ལོངས་སྤྱོད་རྫོགས་པའི་སྐུ་དང་། སེམས་འོད་གསལ་བདེ་སྟོང་དབྱེར་མེད་ཆོས་ཀྱི་སྐུའི་དགོངས་པ་མངོན་དུ་གྱུར་ཏེ་འཚང་རྒྱ་བས་དེ་ལྟར་འགྲུབ་བྱེད་ཉིད་དོ། །ཞེས་སྨོས་པའོ། །

གཉིས། པོགས་འདོན་སྒྱུ་ལུས་བཤད་པ་ལ་གཉིས། སྒྲ་དོན་དབྱེ་བ་རྣམ་གཞག་སྤྱིར་བསྟན། བསྒོམ་དོན་བྱེ་བྲག་ཏུ་སྨོས་པའོ། །

དང་པོ་སྒྲ་དོན་དབྱེ་བ་རྣམ་གཞག་སྤྱིར་བསྟན་ནི། ཡུལ་ཅན་བདེ་བ་ཆེན་པོ་ཉིད་ཡུལ་སྒྱུ་མ་ལྟར་འཆར་བའི་པོགས་འདོན་པར་བྱེད་པའི་ཕྱིར་ལམ་གྱི་པོགས་འདོན་ནི་ལུས་ཏེ། དེའི་སྒྲ་དོན་ཡང་། རྣམ་པ་མེད་ཀྱང་རྣམ་པ་སྣ་ཚོགས་འཛིན་པའམ། སྣང་ཡང་རང་བཞིན་མ་གྲུབ་པའི་ཕྱིར་སྒྱུ་མའི་ལུས་ཞེས་བྱའོ། །སྒྱུ་ལུས་ལ་སྤྱིར་དབྱེ་ན། དཔེའི་སྒྱུ་མ། སྣང་བ་སྒྱུ་མ། རྨི་ལམ་སྒྱུ་མ། བར་དོ་སྒྱུ་མ། འོད་གསལ་སྒྱུ་མ། སྤྲུལ་པ་སྒྱུ་མ། ཡེ་ཤེས་སྒྱུ་མ་སྟེ་བདུན་དུ་བཤད་པའི་དང་པོ་ནི། མདོ་ལས། སྒྱུ་མ་བྱེད་པ་དག་གིས་གཟུགས་སྤྲུལ་ནས། ཞེས་སོགས་ལྟར་རྫས་སོགས་ལ་བརྟེན་ནས་དོན་ལ་མེད་བཞིན་དུ་གློ་བུར་དུ་རྟ་གླང་སོགས་འཆར་བའོ། །གཉིས་པ་ནི། རྩ་ཤེར་ལས། རྨི་ལམ་ཇི་བཞིན་སྒྱུ་མ་བཞིན། ཞེས་སོགས་ལྟར་ཆོས་ཐམས་ཅད་རྨི་ལམ་དང་སྒྱུ་མ་ལྟར་སྣང་བཞིན་དུ་བདེན་པར་མེད་པ་འདིའོ། །གསུམ་པ་ནི། རྣམ་འགྲེལ་ལས། ལུས་ཡིན་ན་ཡང་ཕྲ་བའི་ཕྱིར། འགའ་ཞིག་ལ་ལར་ཐོགས་

མེད་དེ། ཞེས་སོགས་ལྟར་བག་ཆགས་ལས་བྱུང་བའི་རྨི་ལམ་གྱི་ལུས་རླུང་སེམས་ཕྲ་བ་ལས་གྲུབ་པ་གང་ལའང་ཐོགས་མེད་དེའོ། །བཞི་པ་ནི། མཛོད་ལས། དབང་པོ་ཀུན་ཚང་ཐོགས་མེད་རྒྱུ། ཞེས་སོགས་ལྟར་ཡིད་ལས་བྱུང་བའི་བར་དོའི་ལུས་དབང་པོ་ཀུན་ཚང་ཐོགས་མེད་དུ་རྒྱུ་བ་དེའོ། །ལྔ་པ་ནི། མཁའ་འགྲོ་རྒྱ་མཚོ་ལས། རྣམ་འབྱོར་རྣམས་ལས་རྒྱུད་རྒྱལ་དུ། དེ་དང་དེ་ཡི་ཚིག་བཤད། འོད་གསལ་སྒྱུ་མ་དག་གི་ནི། སྒྱུ་མ་འཇིག་རྟེན་ལ་བརྗོད་དོ། །ཞེས་སོགས་ལྟར་རྫོགས་རིམ་སྒོམ་སྟོབས་ལས་བྱུང་བའི་སྟོང་གཟུགས་ཕྲ་ཕབ་པ་ལྟ་བུའོ། །དྲུག་པ་ནི། བསྐྱེད་རྫོགས་ལ་བརྟེན་པ་ཐོབ་པའི་ཏིང་ངེ་འཛིན་གྱིས་སྤྲུལ་པའི་དཀྱིལ་འཁོར་སོགས་སོ། །

བདུན་པ་ནི། མདོ་ལས། དེ་བཞིན་གཤེགས་པ་ནི་ཡེ་ཤེས་ཀྱིས་སྤྲུལ་པའི་སྒྱུ་མའོ། །ཞེས་པ་ལྟར་དེ་བཞིན་གཤེགས་པ་རྣམས་ཀྱི་གསང་གསུམ་མི་ཟད་པ་རྒྱན་གྱི་འཁོར་ལོ་རྣམས་སོ། །གཞན་ཡང་སྤྱི་དོན་སྒྱུ་ལུས་དང་སྦས་དོན་སྒྱུ་ལུས་གཉིས་སུ་དབྱེ་བ་དང་། མཉམ་གཞག་སྒྱུ་མ་དང་རྗེས་ཐོབ་སྒྱུ་མ་གཉིས་སུ་དབྱེ་བ་དང་། ལས་དང་པོ་པའི་སྒྱུ་ལུས་དང་། རིམ་པ་གསུམ་པའི་སྒྱུ་ལུས། ཟུང་འཇུག་གི་སྒྱུ་ལུས་གསུམ་དུ་དབྱེ་བ་དང་། སྤྱི་དོན་སྦས་དོན་ཟུང་འཇུག་གི་སྒྱུ་ལུས་གསུམ། ཚིག་དོན་སྤྱི་དོན་སྦས་དོན་མཐར་ཐུག་གི་སྒྱུ་ལུས་བཞི་སོགས་རྣམ་པར་དབྱེ་བ་ལས་སྐབས་འདིར་བརྒྱུད་པ་རིན་པོ་ཆེ་འདི་ཉིད་ཀྱི་མན་ངག་གི་ཚུལ་ཙུང་ཟད་བསྟན་པར་བྱའོ། །

གཉིས་པ་བསྒོམ་དོན་བྱེ་བྲག་ཏུ་སྨོས་པ་ལ་གསུམ། མ་དག་པའི་སྒྱུ་ལུས། དག་པའི་སྒྱུ་ལུས། རྣམ་དག་སྒྱུ་ལུས་སོ། །

མ་དག་པའི་སྒྱུ་ལུས་ནི། བཀའ་སྲོལ་འདི་ཉིད་ཀྱི་ཉམས་ལེན་གནད་ཀྱི་མན་ངག་རིམ་ཅན་དུ་བསྒྲུབ་དགོས་པ་གསུམ་གྱི་དང་པོ་མ་དག་སྒྱུ་ལུས་སུ་གྲགས་པ་སྟེ། དེ་ལ་མ་དག་པའི་སྒྱུ་མ་ཞེས་པའི་མིང་གི་དོན། རྡོ་རྗེ་མཁའ་འགྲོའི་རིམ་པར་ཕྱེ་བ་དང་པོ་དང་ལས། ཁམས་གསུམ་པོ་ནི་མ་ལུས་པའི། །འགྲོ་བ་སྒྱུ་མ་ལྟ་བུ་ཡིན། །བརྟན་པ་དང་ནི་གཡོ་བ་ཡི། །འགྲོ་

བ་དམིགས་སུ་མེད་པ་སྟེ། །མཐོང་བ་དང་ནི་རེག་པའི་དངོས། །ཐམས་ཅད་སྒྱུ་མ་ཇི་བཞིན་ནོ། །ཞེས་ཁམས་གསུམ་བརྟན་གཡོ་མཐོང་རེག་གི་དངོས་པོ་མ་དག་པའི་སྣང་བ་འདི་ཐམས་ཅད་སྒྱུ་མ་ལྟར་སྣང་ཡང་བདེན་པར་མ་གྲུབ་པས་ན་མ་དག་པའི་སྒྱུ་མ་དང་། དེ་ལྟར་མ་རྟོགས་ཏེ་བདེན་དངོས་སུ་ཞེན་པའི་མཚན་འཛིན་སྤྱོང་བྱེད་ཀྱི་ཐབས་ལ་དེའི་མན་ངག་ཏུ་བརྗོད་པ་སྟེ། དེ་ལ་སྤྱིར་སྦྱོར་བ་ནི། ཆོས་དྲུག་གསེར་ཞུན་མ་ལས། དེ་ནས་དང་པོ་ཕྱི་རོལ་གྱི་སྣང་བ་རྣམས་སྒྱུ་མའི་དཔེ་བརྒྱད་དང་འདྲ་བར་ལྟ་སྟེ། གཟུགས་ལ་སོགས་པ་འདི་རྣམས་སེམས་འཁྲུལ་པ་ལ་སྣང་བ་ཕྱི་རོལ་ན་མེད་པ་རྨི་ལམ་དང་སྒྱུ་མ་ལྟ་བུ། རྒྱུན་ལས་བྱུང་བ་བྲག་ཅ་དང་གཟུགས་བརྙན་ལྟ་བུ། མི་རྟག་པ་ཟིལ་པ་དང་ཆུ་བུར་ལྟ་བུ། སྣང་ལ་རང་བཞིན་མེད་པ་སྨིག་རྒྱུ་དང་འཇའ་ཚོན་ལྟ་བུ་སྟེ། དེ་ལྟར་སྦྱངས་ཤིང་གོམས་པས་སྣང་བ་ལ་བརྟེན་པའི་རྟོག་པ་སྤྱོང་ངོ་། །ཞེས་པ་ལྟར། ཁམས་གསུམ་སྣོད་བཅུད་ཀྱིས་བསྡུས་པའི་ཕྱི་ནང་གི་དངོས་པོ་འཁོར་འདས་ཀྱི་སྣང་བ་འདི་ཐམས་ཅད་སྣང་བཞིན་དུ་བདེན་པར་མ་གྲུབ་པ་སྒྱུ་མ་དང་རྨི་ལམ་སོགས་ཀྱི་དཔེས་གཏན་ལ་འབེབས་ཤིང་བསྒོམ་པ་ཡིན་ནོ། །བྱེ་བྲག་ཏུ་སྦྱོང་བ་ནི། རང་གི་ལུས་སྣང་སྟོང་གཟུགས་བརྙན་དང་། ངག་གྲགས་སྟོང་བྲག་ཅ་དང་། སེམས་དྲན་སྟོང་སྒྱུ་མ་དང་མཚུངས་པར་གཏན་ལ་དབབ་པར་བྱ་བ་སྟེ། འདི་ནི་ཤེར་ཕྱིན་གྱི་མདོ་དང་རྒྱུད་སྡེ་རྣམས་ལས་ཀྱང་འབྱུང་བས་མདོ་སྔགས་ཐུན་མོང་གི་བསྟན་དོན་ནོ། །

དག་པའི་སྒྱུ་ལུས་ནི། སྣོད་བཅུད་མ་དག་པའི་སྣང་བ་རྣམས་དག་པ་ལྷའི་དཀྱིལ་འཁོར་དུ་བསྒྱུར་ནས་ཉམས་སུ་བླང་བའི་དོན་གྱིས་ན་དག་པའི་སྒྱུ་ལུས་ཞེས་བྱ་ལ། འདི་ནི་རྒྱུད་སྡེ་འོག་མ་རྣམས་དང་ཐུན་མོང་བ་ཡིན་ཡང་ཕ་རོལ་ཏུ་ཕྱིན་པའི་ལམ་ལས་ནི་ཆེས་ཁྱད་པར་དུ་ཕྱུར་པའོ། །དེའང་ཟབ་མོ་སྔགས་ཀྱི་ཚུལ་ལ་ཕུང་ཁམས་སྐྱེ་མཆེད་ཐམས་ཅད་གདོད་ནས་ལྷའི་རང་བཞིན་དུ་གྲུབ་པར་གསུངས་ཏེ། དེ་ཉིད་མ་རྟོགས་པ་རྟོགས་ཕྱིར་ཡིན་ལུགས་གཏན་ལ་ཕབ་སྟེ་བསྒོམས་པས་སྒྱུ་འཕྲུལ་གྱི་ཏིང་ངེ་འཛིན་ཁྱད་པར་ཅན་འཆར་ཏེ་སྣོད་བཅུད་ལྷར་གསལ་བས་ཐ་མལ་གྱི་སྣང་ཞེན་སྦྱོང་ཞིང་ལྷ་ཡང་སྣང་སྟོང་སྒྱུ་མ་ལྟར་གཏན་ལ་

ཕབ་པས་གྱི་ནོམ་ལྟར་ཞེན་གྱི་རྟོག་པ་སྦྱོང་བའི་རིམ་པས་སོ། །དེས་ན་རང་གི་ལུས་དང་སྣོད་བཅུད་ཀྱི་སྣང་བ་ཐམས་ཅད་རྟེན་གཞལ་ཡས་ཁང་དང་བརྟེན་པ་ལྷའི་དཀྱིལ་འཁོར། སྒྲ་གྲགས་པ་ཐམས་ཅད་ཟབ་མོ་སྔགས་ཀྱི་རང་སྒྲ། སེམས་ཀྱི་འཕྲོ་འདུ་ཐམས་ཅད་ཡེ་ཤེས་ཀྱི་རོལ་པར་ལྟ་ཞིང་། དེའང་རང་གིས་བཏགས་པ་ཙམ་མ་གཏོགས་བདེན་པར་མ་གྲུབ་པ་སྒྱུ་མ་ལྟ་བུར་སྒོམ་པ་ཡིན་ནོ། །དེ་ཉིད་དཔེ་གསུམ་གྱིས་མཚོན་པའི་ཚུལ་ནི་རིམ་ལྔའི་ཚིག་གིས་གོང་དུ་བསྟན་པ་ལྟར་རོ། །བཀའ་བརྒྱུད་འདི་པའི་ལུགས་ལ་མ་དག་སྣོད་བཅུད་ཀྱི་སྣང་བ་གང་ཤར་ཐམས་ཅད་སྒྱུ་མར་གཏན་ལ་འབེབས་པ་ལ་མ་དག་པ་དང་། དེ་ཉིད་ལྟར་བསྒྱུར་ཏེ་དེ་ལྟར་གཏན་ལ་འབེབས་པ་ལ་དག་པའི་སྒྱུ་མ་ཞེས་ཐ་སྙད་མཛད་ལ། འདུས་པའི་རིམ་ལྔ་འཆད་པ་རྣམས་ནི་དཔེན་གསུམ་གྱི་མཐའི་སྒྱུ་ལུས་ལ་མ་དག་པ་དང་། དེ་འོད་གསལ་གྱིས་སྦྱངས་པའི་ཟུང་འཇུག་གི་ཡ་གྱལ་གྱི་སྒྱུ་ལུས་ལ་དག་པའི་སྒྱུ་ལུས་སུ་འཆད་པའོ། །རྣམ་དག་སྒྱུ་ལུས་ལ་གསུམ། ངོ་བོ། ཉམས་ལེན། ངོགས་གཅོད་དོ། །

ངོ་བོ་ནི། དག་པའི་སྒྱུ་ལུས་ཐ་མལ་གྱི་སྣང་བ་བསལ་ཏེ་ལྟར་བསྒོམ་པ་ཙམ་གྱིས་དག་པར་བཞག་ཀྱང་ངོ་བོ་རྟོག་པས་བཏགས་པའི་སྒོམ་པ་ཡིན་པས་ཤིན་ཏུ་རྣམ་དག་མིན་ལ། འདི་ནི་རླུང་སེམས་ཀྱི་དྭངས་མ་ལས་གྲུབ་པའི་ལུས་རྟོག་པས་མ་བཏགས་པར་ཕྲ་ཕབ་ལྟར་སྣང་བ་ཡིན་པས་རྣམ་དག་སྒྱུ་ལུས་ཞེས་བརྗོད་པ་སྟེ། སྔགས་བླ་མེད་ཐུན་མོང་མིན་པའི་སྦས་དོན་གྱི་སྒྱུ་ལུས་རླུང་སེམས་བདག་བྱིན་གྱིས་བརླབ་པའི་ལམ་གྱི་རིམ་པ་དངོས་དེ་ཉིད་ཡིན་ནོ། །བདག་བྱིན་གྱིས་བརླབ་པ་ཞེས་པ་ཡའང་རྒྱུད་སྡེ་རྣམས་ནམ་འཆད་ཚུལ་མི་འདྲ་བ་འགའ་ཞིག་གསུངས་ཀྱང་། འདུས་པར་སྒྱུ་ལུས་བདག་བྱིན་གྱིས་རློབ་པ་དང་། དུས་ཀྱི་འཁོར་ལོར་སྟོང་གཟུགས་ལ་བདག་བྱིན་རློབ་ཏུ་མཛད་པ་གཉིས་ནི་དོན་གཅིག་པ་ཡིན་ཏེ། སྒྱུ་ལུས་དང་སྟོང་གཟུགས་གཉིས་ཀ། དུས་ཀྱི་ཁྱད་པར་རགས་པ་དང་ཕྲ་བའི་སྣང་བ་དང་རྟོག་པ་རྣམས་ཐིམ་པའི་རྗེས་སུ་འཆར་བ་དང་། ཐབས་ཀྱི་ཁྱད་པར་གཟུང་འཛིན་གྱི་རླུང་རྟོག་དབུ་མར་འགོག་པ་ལས་འབྱུང་བ་དང་། རྒྱུའི་ཁྱད་པར་རླུང་སེམས་ཀྱི་དྭངས་མ་ཤིན་ཏུ་

ཐྲ་བ་ལས་གྲུབ་པ་དང་། རྣམ་པའི་ཁྱད་པར་མ་བརྟགས་པར་གསལ་བར་སྣང་བ་ཕྲ་ཕབ་ལྟ་བུར་མཐོང་བ་དང་། ངོ་བོའི་ཁྱད་པར་རྟུལ་ཕྲ་རབ་ཀྱི་ཆོས་ཉིད་ལས་འདས་པའི་ཡེ་ཤེས་ཀྱི་སྣང་བ་རྣམ་པ་ཀུན་གྱི་མཆོག་དང་ལྡན་པ་ཡིན་པ་སོགས་སུ་རྒྱུ་མཚན་ཀུན་ནས་མཚུངས་པའི་ཕྱིར་ཞེས་རྗེ་བརྒྱུད་པ་ཡབ་སྲས་བཞེད་དོ། །བླ་མེད་ཐུན་མོང་མ་ཡིན་པའི་སྦས་དོན་གྱི་སྒྱུ་ལུས་གང་དུ་བསྒྲུབ་པའི་གཞི། གང་ཞིག་སྒྲུབ་པའི་སྔོན་འགྲོ། ཇི་ལྟར་སྒྲུབ་པའི་ཚུལ། རིམ་པ་གཉིས་ཀྱི་ཐབས་ཀྱི་ཁྱད་པར་སོགས་བཀའ་བརྒྱུད་རིན་པོ་ཆེ་རྣམས་ཀྱི་བཞེད་པ་སྙིང་པོར་དྲིལ་བ་ནི་གོང་དུ་བཤད་པ་ལྟར་ལ། འདིར་ནི་སྦས་དོན་གྱི་ཙཎྜ་ལིའི་འབར་སྣང་མཐར་ཕྱིན་པ་ལས་ཡེ་ཤེས་ཀྱི་རླུང་མཆོག་གི་ཨ་བ་དྷཱུ་ཏིར་ཐིམ་པའི་འབར་འཛག་གི་ཞུ་བདེ་རྒྱུན་མི་འཆད་པ་ལས་མཆོག་གི་དགའ་བ་བཞི་སྐྱེ། དེ་ལས་སེམས་དབེན་ཁྱད་པར་ཅན་བསྐྱེད་པ་ལས་ཁྱད་པར་ལྷ་ལྡན་གྱི་སྒྱུ་ལུས་ཙམ་པོ་འགྲུབ། དེ་དོན་གྱི་འོད་གསལ་གྱིས་དྲི་བྲལ་དུ་བྱས་པའི་མཐར་སྒྱུ་ལུས་ཁྱད་པར་ཅན་འགྲུབ་པ་དེ་ཉིད་ཟུང་འཇུག་གི་སྐུའམ་ལོངས་སྤྱོད་རྫོགས་པའི་སྐུ་ཞེས་ཀྱང་བརྗོད་དོ། །འདི་ལ་རྗེ་ཏེ་ལོ་པས། དཔེའི་སྒྱུ་ལུས་མེ་ལོང་ནང་གི་གཟུགས་བརྙན། དོན་གྱི་སྒྱུ་ལུས་སྒྲིབ་བྲལ་གྱི་ཕུང་པོ། སྒྱུ་ལུས་རང་གི་ངོ་བོ་དབྱངས་གསལ་དག་པའི་མཚན་དཔེ། སྒྱུ་ལུས་ཀྱི་ཡོན་ཏན་རྟེན་དེ་ལ་བདུད་བཏུལ་ཏེ་མངོན་པར་བྱང་ཆུབ་ནས་སྐུ་དེ་ནམ་མཁའ་གནས་ཀྱི་བར་གནས་པར་བྱེད་པའོ། །ཞེས་ཏེ་སྒྱུ་ལུས་ཀྱི་རྒྱུ་ལམ་འབྲས་གསུམ་གྱི་ལུས་ཡོངས་རྫོགས་བསྟན་པ་ཡིན་ནོ། །སྦས་དོན་སྒྱུ་ལུས་འདི་ནི་བསྐྱེད་རིམ་ནས་བཟུང་སེམས་དབེན་གྱི་མཐར་ཐུག་པའི་བར་དུ་མེད་པར་སྤྱོད་བསྡུས་ལས་བཤད་ཅིང་། རྟགས་ལུགས་ཀྱི་ཚེ་གཅིག་ལ་འཚང་རྒྱ་བའི་གཟུགས་སྐུ་སྒྲུབ་པ་ལ་མེད་དུ་མི་རུང་བ་ཡིན་ནོ། །

ཉམས་ལེན་ལ་གཉིས། མཉམ་བཞག་སྒྱུ་ལུས་དང་། རྗེས་ཐོབ་སྒྱུ་ལུས་སོ། །

མཉམ་བཞག་སྒྱུ་ལུས་ལ་གསུམ། སྔོན་དུ་འགྲོ་བའི་རྟེན་དབེན་གསུམ། དེ་ལ་བརྟེན་པའི་དངོས་གཞི་མཚན་མེད་དང་། མཚན་བཅས་སོ། །སྔོན་དུ་འགྲོ་བའི་རྟེན་དབེན་གསུམ་

ནི། མཚན་མེད་སྦྲོས་མེད་ལ་བརྟེན་པ་དང་། མཚན་བཅས་སྦྲོས་པ་ལ་བརྟེན་པའི་རྣལ་འབྱོར་གཉིས་ཀ་ལ་ཏིང་ངེ་འཛིན་སྒྲུབ་པའི་གཞི། ངག་དབེན་རྡོ་རྗེའི་བཟླས་པ་དེའི་གཞི་ལུས་དབེན། དེ་ལས་སྐྱེས་པའི་སེམས་དབེན་ཏེ་དབེན་པ་གསུམ་པོ་རྫོན་དུ་སོང་ནས་སྟོང་པའམ་བདེ་བ་ལས་སྐྱེས་པའི་སྒྱུ་ལུས་ཀྱི་རིམ་པ་ཤུགས་ཀྱིས་སྐྱེ་བར་འགྱུར་བས། འདིར་མཚན་མེད་ལ་གནད་ཁྱད་པར་ཅན་དང་འབྲེལ་བས་སྒོ་གསུམ་མི་གཡོ་བར་བཞག་པ་དང་། མཚན་བཅས་ལ་ལུས་གནད་བྱེད་བཅིངས། ངག་རླུང་བུམ་པ་ཅན་གྱི་རྫོར་བཟླས། སེམས་ཀྱི་བྱུང་ཚོར་ཞུ་བདེའི་ངང་དུ་ནུབ་པ་རྣམས་འདུས་པ་ལས་གསུངས་པའི་དབེན་གསུམ་དང་སྒྲུབ་ཚུལ་ཅུང་ཟད་ཐ་དད་ཀྱང་། དབུ་མར་རླུང་ཞུགས་གནས་ཐིམ་གསུམ་གྱི་བྱེད་པས་བསྒྲུབ་བྱ་ཏིང་ངེ་འཛིན་འཆར་བ་ལ་གནད་གཅིག་པ་མ་ཟད་ལུགས་འདི་དབང་པོ་ཐ་མ་དང་འབྲིང་གི་ཕྱོགས་ལ་མན་ངག་ཟབ་པ་ཡིན་ནོ། །

དངོས་གཞི་མཚན་མེད་ནི། དེ་ལ་མཚན་མེད་ཀྱི་རྣལ་འབྱོར་སྒྲུབ་པ་རྣམས་ཀྱིས་གནས་དབེན་པར་བཤད་མ་ཐག་པའི་དབེན་གསུམ་གྱི་ངང་ནས། བླ་མ་ལ་ལུས་ཡོངས་སྤྱོད་དགེ་རྩ་དང་བཅས་པ་ལྟོས་མེད་དུ་ཕུལ་ཞིང་མོས་གུས་ཚད་དུ་ཡོངས་པས་སེམས་དུས་གསུམ་གྱི་སྦྲོས་པ་བཅད་དེ་མཉམ་པར་བཞག་པས་བྱིན་རླབས་ཀྱི་སྟོབས་ཀྱིས་སྒྲིབ་གཉིས་ཀྱི་མཚན་མ་རང་སར་ཞི་ནས་ཕྱག་རྒྱ་ཆེན་པོའི་ཡེ་ཤེས་མངོན་སུམ་དུ་འཆར་ལ། དེ་ཉིད་ལ་དམིགས་ཏེ་བསྒོམས་པ་ལས་སེམས་ཟིན་པས་རླུང་ཟིན་ཞིང་དེ་ལས་ཉམས་སྣང་སྐྱེ་སྟེ། ས་ཆུར་ཐིམ་པས་དུ་བ། ཆུ་མེར་ཐིམ་པས་སྨིག་རྒྱུ། མེ་རླུང་ལ་ཐིམ་པས་མེ་ཁྱེར། རླུང་སེམས་ལ་ཐིམ་པས་མར་མེ། སེམས་སེམས་བྱུང་ལ་ཐིམ་པས་ཟླ་སྣང་། སེམས་བྱུང་མ་རིག་པར་ཐིམ་པས་ཉི་སྣང་། མ་རིག་པ་ཐམས་ཅད་སྟོང་པར་ཐིམ་པས་སྨྲ་གཅན་གྱི་སྣང་བ། དེ་ནས་ཐམས་ཅད་སྟོང་པ་སྤྲིན་མེད་ནམ་མཁའ་ལྟ་བུ་འཆར། སླར་སྣང་གསུམ་ལུགས་ལྡོག་ཏུ་འཆར་ཏེ། ཐམས་ཅད་སྟོང་པ་ལས་མི་རིག་པ། དེ་ལས་སེམས་བྱུང་། དེ་ལས་སེམས། སེམས་རླུང་དང་བཅས་པ་ལས་དཔེ་བཅུ་གཉིས་ཀྱིས་མཚོན་པའི་སྒྱུ་མའི་སྐུ་མཚན་དཔེས་བརྒྱན་པ་སོ་སོ་

རང་རིག་གི་ཡེ་ཤེས་ཀྱི་ངོར་མངོན་སུམ་དུ་འཆར་ལ། དེར་མ་ཟད་དུས་གསུམ་གྱི་སྣོད་བཅུད་དག་མ་དག་ཐམས་ཅད་སྒྲིབ་བྲལ་དུ་མཐོང་བ་སྐམ་བྱེད་དེ། སློའི་བྱེ་བྲག་གི་རིམ་གྱིས་ཐོད་རྒལ་ཅིག་ཅར་ཅི་རིགས་སུ་འབྱུང་བ་ཡོད་དོ། །

མཚན་བཅས་ནི། མཚན་བཅས་ལ་རྟེན་པས་ནི། རྟོར་བཟླས་དང་སེམས་དཔེན་འདུས་པའི་ལུགས་དངོས་ལ་བརྟེན་པའང་ཡོད། གོང་སློས་ཙནྡྲ་ལྀའི་རྣལ་འབྱོར་ལས་སྐྱེས་པའང་ཟུང་སྟེ། གང་ལྟར་རྟེན་གཞི་ཙ་བའི་རྣལ་འབྱོར་དཔེན་གསུམ་ཁྱད་པར་ཅན་ལེགས་པར་གྲུབ་ནས། རིག་མ་མཚན་ལྡན་ལས་ཀྱི་ཕྱག་རྒྱ་དང་། ཏིང་ངེ་འཛིན་གྱིས་སྤྲུལ་པའི་ཡེ་ཤེས་ཀྱི་ཕྱག་རྒྱ་ལ་སྙོམས་པར་ཞུགས་པའི་རྐྱེན་གྱིས་ཟག་མེད་ལུས་ཀྱི་རྒྱུ་རིགས་གདོད་ནས་གནས་པ་ཉིད་སྣང་གསུམ་ལུགས་འབྱུང་དང་ལུགས་ལྡོག་འོད་གསལ་བཅས་པ་རྡོ་རྗེ་གསུམ་དུ་ཤར་བས་སྒྲིབ་བྲལ་དུ་བྱས་ཏེ། རྟུལ་ཕྲ་རབ་ཀྱི་ཆོས་ཉིད་ལས་འདས་ཤིང་རླུང་སེམས་ཀྱི་དྭངས་མ་ལས་གྲུབ་པའི་སྐུ་ལྟ་བས་ཆོག་མི་ཤེས་པའི་མཚན་དཔེས་སྤྲས་པ་མེ་ལོང་གི་གཟུགས་བརྙན་ལྟར་སྣང་ལ་རང་བཞིན་མེད་པས་དངོས་དངོས་མེད་གཉིས་ཀ་གཉིས་མིན་གྱི་ཟུ་བཞི་ལས་གྲོལ་བ། ཕུང་ཁམས་སྐྱེ་མཆེད་ཀྱི་མཚན་མས་མ་གོས་པའི་སངས་རྒྱས་རྣམས་ཀྱི་ཡིད་ཀྱི་རང་བཞིན་གྱི་སྐུ་ཡེ་ཤེས་ཙམ་དུ་སྣང་བ། རྣམ་པ་ཐམས་ཅད་ཀྱི་མཆོག་དང་ལྡན་པའི་སྟོང་པ་ཉིད་ཀྱི་གཟུགས་དྭངས་གསལ་ཐོགས་པ་མེད་པ་འཇའ་ཚོན་ལྟ་བུར་འཆར་བར་འགྱུར་ལ། ཉམས་རྟོགས་དང་ངེས་པ་མ་སྐྱེས་ན་རྒྱ་སྐྱེགས་ཀྱི་ཆུ་དང་རལ་གྲི་མེ་ལོང་གི་འཁྲུལ་འཁོར་ལ་སོགས་པ་སྤྱོགས་ཚག་གི་སྦྱོར་བའང་ཉམས་སུ་བསྟན་པར་བྱའོ། །ཚུལ་འདི་ནི་ད་ལྟའི་བར་རྒྱུན་སྲོལ་མ་ཉམས་པའི་བཀའ་བརྒྱུད་སྤྱིའི་ཁྲིད་སྲོལ་གྱི་སྤྲས་དོན་ལྷག་པར་བཀྲོལ་བ་ཡིན་གྱི་རྗེ་བརྒྱུད་པ་སོགས་ཀྱི་བཞེད་པ་ལྟར་ན་སྒྱུ་ལུས་ཀྱི་སྐབས་འདིར་འདུས་པ་དང་གཙོ་བོར་སྦྱོར་བ་དཔེན་གསུམ་ལ་བརྟེན་པ་དང་། བདེ་དགྱེས་གསང་གསུམ་ཀའི་དགོངས་དོན་དང་སྦྱོར་བ་ཕྱག་རྒྱ་ལ་བརྟེན་པ་གཉིས་སུ་རྣམ་པར་གཞག་པ་མཛད་དོ། །

རྗེས་ཐོབ་སྒྱུ་ལུས་ནི། དེ་ལྟར་མཉམ་བཞག་ཏུ་སྒྱུ་མའི་སྐུ་ལ་གསལ་སྣང་སྐྱེས་ནས

རྗེས་ཐོབ་ཏུ་ཐ་མལ་གྱི་སྣང་བ་ཐམས་ཅད་དང་། སོགས་ཁོངས་ནས། སྒྲི་ལམ་བར་དོ་བཅས་སྒྱུ་མ་ལྷ་བུའི་ཏིང་ངེ་འཛིན་གྱིས་ལམ་དུ་ཁྱེར་བར་བྱའོ།

དོགས་གཅོད་ནི། འདི་ནི་གསང་འདུས་ཀྱི་རིམ་པ་ལྔའི་གསུམ་པ་བདག་བྱིན་རླབས་དང་། རྡོ་རྗེ་རྣལ་འབྱོར་གྱི་སོར་བསམ་ལས་བྱུང་བའི་སྟོང་གཟུགས་ཕྱག་རྒྱ་ཆེན་མོ་རྣམ་ཀུན་མཆོག་ལྡན་རྣམས་དང་དོན་གཅིག་པ་ཡིན་ཏེ། སློབ་བཤད་ལས་འབྱུང་བའི་སྐབས་དོན་ཤིན་ཏུ་ཟབ་པ་སླན་བརྒྱུད་དངོས་གཞིའི་གདམས་ངག་ཡིན་པའི་ཕྱིར་ཁྲིད་ཡིག་རྣམས་ཀྱི་དཀྱུས་སུ་མ་བསྟན་པར་གུད་དུ་སྤྲས་པས་མཁས་པ་སྤྱིགས་བམ་ཙམ་གྱི་ཁོངས་པ་རྣམས་ཀྱང་འདི་ལྟ་བུའི་རིགས་ལ་ཇི་བཞིན་མ་རྟོགས་ཏེ་རྣམ་པར་འཁྲུམ་སོ། །

གསུམ། ཚོད་འཛིན་རྨི་ལམ་ལ་གཉིས། སྤྲ་དོན་དབྱེ་བ་རྣམ་གཞག་སྤྱིར་བསྟན། ལག་ལེན་བྱེ་བྲག་ཏུ་བཤད་པའོ། །

སྤྲ་དོན་དབྱེ་བ་རྣམ་གཞག་སྤྱིར་བསྟན་པ་ནི། སྒྱུ་མ་སུམ་བརྒྱུད་ཀྱི་ལམ་རྣམས་ཀྱི་ཏྲོད་ཚོད་རྨི་ལམ་དུ་སྦྱོང་བ་བརྟན་མི་བརྟན་གྱིས་འཛིན་པར་བྱེད་པས་ལམ་གྱི་ཚོད་འཛིན་རྨི་ལམ་གྱི་རྣལ་འབྱོར་ཏེ། བག་ཆགས་ཀྱི་རང་གཟུགས་འཆར་བས་སམ་ཡུལ་གྱི་སྟོག་གཟུགས་འཛིན་པའི་ཕྱིར་རྨི་ལམ་ཞེས་བྱ་ཞིང་། དེ་ལ་དབྱེ་ན། དཔེའི་རྨི་ལམ་དེ་ཉིད་དངོས། དོན་གྱི་རྨི་ལམ་ཉིན་སྣང་། དུས་མཐའི་རྨི་ལམ་བར་དོ་གསུམ། ངོ་བོའི་སྒོ་ནས་ལས་དང་པོ་པ། རྣལ་འབྱོར་པ། འཕགས་པའི་རྨི་ལམ་གསུམ། སྣང་བ་ཉི་ཚེ་བ་གཉིད་ལོག་པ་རྨི་ལམ་ཆུང་ངུ། སྣང་བ་མི་བརྟན་པ་བར་དོ་རྨི་ལམ་འབྲིང་། འཁྲུལ་སྣང་བརྟན་པ་སད་དུས་ཀྱི་སྣང་བ་རྨི་ལམ་ཆེན་པོ་སོགས་སུ་དབྱེར་ཡོད་དོ། །དེ་ལ་འདིར་བསྟན་དོན་དཔེའི་རྨི་ལམ་ནི། རྩ་གནས་སུ་རླུང་སེམས་འདུ་ཚུལ་གྱི་ཁྱད་པར་གྱིས་རྨི་ལམ་དུ་བྱུང་ལ། རྨི་ལམ་གྱི་ངོ་བོ་ནི་གཉིད་ཀྱི་ནང་དུ་བག་ཆགས་ཀྱི་སྣང་བ་སྣ་ཚོགས་སུ་འཆར་བ་དེའོ། །དེའི་ལུས་ནི་རགས་ལུས་འདི་ལས་བྱེ་མ་བྱེ་གཉིས་འབྱུང་ཡང་ངོ་བོ་རླུང་སེམས་ཀྱི་ལུས་དང་དེའང་ད་ལྟའི་ལུས་ཀྱི་བག་ཆགས་ཀྱི་རྗེས་སུ་འབྲངས་པས་བག་ཆགས་ཀྱི་ལུས་ཞེས་ཀྱང་བྱ་ཞིང་། དུས་དེར་ད་ལྟའི་

ཀུན་རྫོབ་ཀྱི་སྣང་བ་འཁྲུལ་པ་འདིའི་བག་ཆགས་ཀྱི་དབང་གིས་ཀུན་རྫོབ་ཏུ་ཡང་མ་གྲུབ་པའི་སྣང་བ་སྣ་ཚོགས་འཆར་བས་ཉིང་འཁྲུལ་ཏེ། དེ་གདམས་ངག་གིས་ལམ་དུ་བྱེད་པ་ལ་སྒྱུ་ལུས་ཀྱི་གདམས་པ་ཞེས་བྱའོ། །

ལག་ལེན་བྱེ་བྲག་ཏུ་བཤད་པ། སྒྱུ་ལུས་ལམ་དུ་བྱེད་པ་ལ་ཐོག་མར་ཉིན་མོ་དྲན་པ་རྒྱུན་ཆགས་དང་། མཚན་མོ་མན་ངག་བཙན་ཐབས་ཀྱི་གནད་གཉིས་ཀྱིས་བཟུང་། མ་ཟིན་པའི་གེགས་སྟོང་འཕྲུལ་བ་གཏུགས་འཕྲུལ་བ་སད་འཕྲུལ་བ་དྲེད་འཕྲུལ་བ་བཞི། གཉེན་པོའི་མན་ངག་གིས་བསལ་བས་སྒྱུ་ལུས་ལ་དེ་ཉིད་དུ་ངོ་ཤེས་པ་ནི་སྒྱུ་ལུས་ཟིན་པ་ཡིན་ལ། དེའང་སྒྱུ་ལུས་ལྟར་ཆོས་ཐམས་ཅད་ངོ་བོས་སྟོང་ཞིང་ཅིར་ཡང་སྣང་བས་བདེན་གཉིས་ཟུང་དུ་འབྲེལ། ཆོས་ཅན་ཆོས་ཉིད་ཡ་མ་བྲལ་བ་རྟེན་འབྲེལ་གྱི་གཟུགས་བརྙན་ངོ་མཚར་ཆེའོ། །སྣམ་པ་རྒྱུའི་ཐེག་པའི་སྒྱུ་ལུས་ཀྱི་ཉམས་ལེན་དང་། སྒྱུ་ལུས་ཉིད་སྐུ་ལུས་ལྷ་སྐུ་ཕྱག་རྒྱ་ཆེན་པོར་ལྡང་ཐུབ་པ་རྫོགས་རིམ་སྐབས་འདི་པའི་སྒྱུ་ལུས་ཀྱི་ཉམས་ལེན་ཡིན་ནོ། །བར་དུ་ཟིན་ནས་ལྷ་དང་འབྱུང་བཞི་སོགས་སྤྲུལ་སྒྱུར་སྦྱོང་བ། བདེན་མེད་དུ་ཤེས་པའི་ཐོག་བརྫིས་སྒྱུ་མར་སྦྱོང་བ། འཇིག་རྟེན་དང་འཇིག་རྟེན་ལས་འདས་པའི་རྣམ་ཐར་ལ་སྦྱོང་བའི་ཏིང་ངེ་འཛིན་སྒྲོང་དུ་གྱུར་ནས། མཐར་སྒྱུ་ལུས་དང་འོད་གསལ་བསྲེས་ཏེ་དེ་ཁོ་ན་ཉིད་བསྒོམ་པ་གཅིག་ཏུ་བྱ་བའི་མན་ངག་གི་ཉིན་སྣང་སྒྱུ་མ་ལྟ་བུ་དང་མཚན་མོའི་སྒྱུ་ལུས་ཀྱི་སྣང་བ་གཉིས་བསྲེས་ནས་སྒྱུ་ལུས་སྐུ་ལུས་སུ་ལྡང་ཞིང་། སྐུ་ལུས་དེ་ཉིད་རྗེས་གཞིག་དང་རིལ་འཛིན་གྱི་འོད་གསལ་དུ་བསྲེ་ཞིང་འགོ། ཁྱད་པར་དཔེ་མཚན་མོའི་སྒྱུ་ལུས་དང་སྦྱར་ནས་དོན་ཉིན་མོའི་སྣང་བ་བདེན་མེད་དུ་གཏན་ལ་ཕབ་ཅིང་སྒོམ། དེས་ཤི་བའི་སྣང་བ་སྒྱུ་ལུས་དུ་གཏན་ལ་ཕབ་ནས་བར་དོའི་འཕྲང་སྤྲ་ཚོད་དུ་སྒོམ་པ་ཡིན་ཏེ། ཇི་ལྟར་གཉིད་པའི་སྒྱུ་ལུས་ན་རང་ཉིད་ཤི་བ་དང་བར་དོར་འཁྱམས་པ་དང་ཡང་སྲིད་ཉིང་མཚམས་སྦྱོར་བར་སྣང་ཡང་དོན་དུ་མ་གྲུབ་པ་བཞིན་དུ་དངོས་སྣང་གི་འཆི་བ་དང་བར་དོ་དང་སྐྱེ་བ་ཡང་འབྱུང་བཅས་དེ་ཁོ་ན་ལྟར་རང་བཞིན་མེད་པར་གཏན་ལ་དབབ་ཅིང་ལ་བླའོ། །

སྙིང་པོ་འོད་གསལ་བཤད་པ་ལ་གཉིས། སྒྲ་དོན་གྱི་དབྱེ་བ་རྣམ་གཞག་སྤྱིར་བསྟན། བསྒོམ་དོན་བྱེ་བྲག་ཏུ་སྨོས་པའོ། །

སྒྲ་དོན་གྱི་དབྱེ་བ་རྣམ་གཞག་སྤྱིར་བསྟན་པ་ནི། ཆོས་ཐམས་ཅད་ཀྱི་གནས་ལུགས་རང་བཞིན་གྱིས་འོད་གསལ་བར་རྟོགས་པ་ཉིད་ཉམས་ལེན་གྱི་རྩ་བ་ཡིན་པས་ལམ་གྱི་སྙིང་པོར་གྱུར་པ་འོད་གསལ་གྱི་རྣལ་འབྱོར་ཏེ། དེའི་སྒྲ་དོན་ནི། གནས་ལུགས་ཀྱི་རང་འོད་འགག་མེད་དུ་གསལ་བའམ་རང་བཞིན་མེད་ཀྱང་ལྷུན་གྲུབ་ཏུ་སྣང་བའི་ཕྱིར་འོད་གསལ་ཞེས་བྱ། དེ་ལ་དབྱེ་ན། དཔེ་དོན། ཉམས་རྟོགས། ཉིན་མཚན། སྲིབ་མཐུག མ་བུའི་འོད་གསལ་གཉིས་སོགས་སུ་གྲགས་ཆེ་ཞིང་། རང་བཞིན་འོད་གསལ་ལ་སོགས་པ་བཞི་དང་ལྔ་རུའང་དབྱེ་བ་ཡོད་དེ། རིམ་ལྔ་བསྡུས་གསལ་ལས། རང་བཞིན་དང་ཏིང་ངེ་འཛིན་དང་གསལ་ལ་རྟོགས་མེད་དང་དོན་དམ་པའི་འོད་གསལ་བཞིར་གསུང་པ་དང་། རོ་མཉམ་རྡོ་རྗེའི་འདུས་པའི་འགྲེལ་པར། མཚོན་བྱ་རང་བཞིན། མཚོན་བྱེད་གཉིད། གོམས་པ་ལམ། མཚམས་སྦྱོར་འཆི་ཁ། འབྲས་བུ་ཆོས་སྐུའི་འོད་གསལ། ཞེས་ལྔར་བཤད་པ་དང་། བཀའ་དཔེ་ཕྱི་མར། འོད་གསལ་འདི་ནི་རྣམ་ལྔ་སྟེ། རང་བཞིན་གྱི་འོད་གསལ་བ་དང་། ཤེས་པའི་འོད་གསལ་འཆར་བ་དང་། ཏིང་ངེ་འཛིན་གྱི་འོད་གསལ་དང་། དེ་བཞིན་ཉིད་ཀྱི་འོད་གསལ་དང་། རྟོགས་པའི་འོད་གསལ་བསྟན་པའོ། །དེ་ལ་དུས་ནི་ལྔ་ཡིན་ཏེ། འཆི་བའི་དུས་དང་དབུ་མར་གནས། མཉམ་བཞག་དང་ནི་ལོག་པའི་ཚེ། མཉམ་རྗེས་རོ་གཅིག་གྱུར་པ་ཡིན། ལྷག་མཐོང་རྟོགས་པའི་དུས་ཡིན་ནོ། །ཞེས་འོད་གསལ་ལྔ་དང་དེ་འཆར་པའི་དུས་བཅས་བཤད་པ་སོགས་མང་ངོ་། །མདོར་ན་གཞིའི་ཆོས་ཉིད་ལྷག་ཚད་སོགས་ཀྱི་མཐའ་དང་བྲལ་བ་ནི་ཡུལ་གྱི་འོད་གསལ་དང་། དོན་དེ་ཇི་ལྟ་བ་བཞིན་དུ་རྟོགས་པ་ནི་ཡུལ་ཅན་གྱི་འོད་གསལ་ཡིན་ལ། རྣམ་གཞག་འདི་ཙམ་ནི་མདོ་སྔགས་གཉིས་ཀར་འབྱུང་བས་སྤྱི་དོན་གྱི་འོད་གསལ་ཞེས་བྱ་ཞིང་། སྔགས་བླ་མེད་ནས་གསུངས་པ་ལ་ནི་སྦས་དོན་གྱི་འོད་གསལ་ཞེས་བྱའོ། །འདི་ལའང་གནས་སྐབས་སུ་མིང་ཐ་དད་པས་བཞག་པ་འགའ་ཞིག་ཡོད་

དེ། །དབང་དུས་སུ་སྐྱེས་པའི་དཔེའི་ཡེ་ཤེས་དང་། བསྐྱེད་རིམ་གྱི་འོད་གསལ་རྣམས་ནི་འོད་གསལ་རྗེས་མཐུན་པ་ཡིན་ལ། རྫོགས་རིམ་ལས་སྐྱེས་པ་རྣམས་ནི་འོད་གསལ་ཡང་དག་པ་ཡིན་ནོ། །འདིར་བསྟན་སྐབས་དོན་གྱི་འོད་གསལ་ནི། དོན་གྱི་འོད་གསལ་ཁྱད་པར་ཅན་ཞིག་མངོན་དུ་བྱེད་པ་ཡིན་ལ་དེའང་སྒྱུ་ལུས་དངོས་སམ་རྗེས་མཐུན་པ་ཞིག་བསམ་གཏན་གཉིས་ཀྱི་བསྡུས་ནས་འོད་གསལ་བ་མངོན་དུ་བྱེད་པ་ནི་སློབ་མི་སློབ་ཀྱི་འོད་གསལ་ཏེ་འདི་ལས་ལྷག་པའི་འོད་གསལ་ནི་མེད་དོ། །

སྒོམ་དོན་བྱེ་བྲག་ཏུ་སྨོས་པ་ལ་གསུམ། གཞི་དུས། ལམ་དུས། འབྲས་དུས་སོ། །

གཞི་དུས་ནི། དབྱེ་བ་དེ་དག་ལས་འདིར་བསྟན་གྱི་ཉམས་སུ་ལེན་བྱ་ནི་ཐོག་མར་གཞི་དུས་ཀྱི་འོད་གསལ་རང་ངོ་སྤྲོད་པར་བྱ་དགོས་ལ། དེའང་། སེམས་ཅན་ཐམས་ཅད་ཀྱི་སེམས་རང་བཞིན་གྱིས་འོད་གསལ་བ་ཆོས་ཐམས་ཅད་ཀྱི་ཁྱབ་བདག་དེ་ལ་གཞི་གདོད་མའི་འོད་གསལ་ཞེས་བྱ་ཞིང་། དེ་ལའང་བློ་ནུས་ཀྱིས་འདོད་ལུགས་མང་སྟེ། མདོ་སྡེ་པ་རྣམས་ཤེས་པས་རང་ཡུལ་རིག་པ་ཙམ་ལ་དེར་འདོད་པ་དང་། སེམས་ཙམ་པས་གཟུང་འཛིན་མེད་ཀྱི་ཤེས་པ་རང་རིག་རང་གསལ་ལ་འདོད་པ་དང་། དབུ་མ་པ་ལ་འཕགས་སེང་སོགས་ཀྱིས་སེམས་བདེན་སྟོང་ལ་རང་བཞིན་འོད་གསལ་དུ་མཛད་ནས་དེ་ཉིད་རིགས་སུ་འགྱུར་ཚུལ་སོགས་གསུངས་པ་དང་། འཁོར་ལོ་ཕྱི་མ་དང་དེའི་དགོངས་འགྲེལ་རྒྱུད་བླ་ར། སེམས་རང་བཞིན་གྱིས་འོད་གསལ་བ་དང་། བདེ་གཤེགས་སྙིང་པོ་དོན་གཅིག་པར་བཤད་ལ། སེམས་ཙམ་པ་དང་མི་མཚུངས་ཏེ། དེས་ཀུན་གཞི་བསྒྲིབས་ལུང་མ་བསྟན་དུ་འདོད་ལ། འདིར་ནི་དགེ་བར་བཞེད་པས་སོ། །འདིའི་མཚན་ཉིད་མང་ཡང་མདོར་ན་སེམས་ཀྱི་ངོ་བོ་དྲི་མས་རང་བཞིན་གྱིས་དག་པའི་ཕྱིར་ན་འོད་གསལ་ཞེས་བརྗོད་པ་ཡིན་ལ། སེམས་ཙམ་པ་མན་གྱིས་འདོད་པའི་སེམས་ཀྱི་རང་བཞིན་འོད་གསལ་དེ་དང་ཁྱད་པར་ཅི་ཡོད་སྙམ་ན། རྒྱུད་བླ་ར། ཐ་ཕྱིར་ཐོས་པའི་ཡུལ་མ་ཡིན། །དོན་དམ་ཉིད་ཕྱིར་བསམ་པའི་མིན། །ཆོས་ཉིད་ཟབ་ཕྱིར་འཇིག་རྟེན་པའི། །སྒོམ་པ་ལ་སོགས་ཡུལ་མ་ཡིན། ཞེས་འཇིག་རྟེན་པའི་ཐོས

བསམ་སྒོམ་པའི་ཡུལ་ཡིན་མིན་གྱི་ཁྱད་པར་ཆེའོ། །ཐུགས་བླ་མེད་ཀྱི་ཐབས་ལམ་ཟབ་མོའི་སྐབས་འདིར་སེམས་ཀྱི་རང་བཞིན་འོད་གསལ་དེ་འང་། སྣང་བ་སེམས། སེམས་རང་རིག རང་རིག་བདེ་ཆེན། བདེ་ཆེན་ཉིད་ཀྱང་སྟོང་པ་དང་ཟུང་དུ་འཇུག་པའི་ཁྱད་པར་བཞི་ལྡན་དུ་འདོད་པ་ཡིན་ལ། དེའི་སྒྲིབ་བྱེད་ཀྱི་དྲི་མའང་རྒྱུའི་ཐེག་པར་ཡུལ་སྲུན་ཕྱུང་ནས་གཟོད་དེར་འཛིན་གྱི་བློ་སྤོང་ཞིང་འདོར་བར་བཞེད་མོད། བླ་མེད་ཀྱི་ཐེག་པ་འདིར་ནི་སེམས་ཀྱི་རང་བཞིན་མཐོང་བར་བྱས་པས་དེ་ལ་སྒྲིབ་བྱེད་ཀྱི་དྲི་མ་དང་གིས་སྤོང་བ་ཡིན་གྱི། ཡུལ་སྲུན་ཕྱུང་ནས་ཉོན་མོངས་སྤོང་བར་མི་བཞེད་དེ་དཔེར་ན་མཁྲིས་ནད་ཅན་ལ་དུང་སེར་པོར་སྣང་ཚེ་དེ་ཉིད་དཀར་པོ་ཡིན་པའི་གནས་ཚུལ་ཤེས་ཀྱང་སེར་སྣང་མི་ལྡོག་ལ། མཁྲིས་ནད་བསལ་བ་ན་སེར་སྣང་གི་བློ་ངང་གིས་ལྡོག་པ་བཞིན་ནོ། །ཞེས་བཞེད་པའོ། །རང་བཞིན་འོད་གསལ་དེ་མཐོང་བའི་ཐབས་ནི། མདོར་བསྡུས་དང་པོ་ལས། ཇི་ལྟར་མེ་ནི་ཤིང་ལ་རྟག་གནས་ཀྱང་། །བཅད་དང་དབྱེ་བའི་ཐབས་ཀྱིས་མི་མཐོང་སྟེ། །གཙུབས་ཤིང་གཙུབས་གཏན་ལག་པས་བསྒྲུབས་པ་ལས། །དེ་ལ་གནས་པ་ཡང་ནི་མཐོང་བར་འགྱུར། །དེ་བཞིན་སེམས་ཀྱི་འོད་གསལ་རྫོགས་པ་ཡི། །སྒོམ་པའི་ཐབས་རྣམས་དག་གིས་མི་མཐོང་སྟེ། །དེ་ཉིད་དུ་ནི་རྒྱུང་མ་དག་དང་ནི། །རོ་མ་གཅིག་ཏུ་སྦྱོར་བས་མཐོང་བར་འགྱུར། ཞེས་པ་ལྟར། རོ་རྒྱང་གཟུང་འཛིན་གྱི་རླུང་སེམས་དབུ་མར་འཆིང་བའི་རྫོགས་རིམ་གྱི་རྣལ་འབྱོར་ཟབ་མོ་ལ་བརྟེན་ཏེ་མཐོང་བར་འགྱུར་བའོ། དེ་ནི་གཞིའི་འོད་གསལ་ཞེས་པ་སེམས་ཀྱི་རང་བཞིན་འདི་ལྟ་བུའོ་ཞེས་གསལ་བར་ངོ་སྤྲད་པའོ། །

ལམ་དུས་ནི། ལམ་དུས་ཀྱི་འོད་གསལ་གཏན་ལ་དབབ་པ་ལ། སྤྱིར་འོད་གསལ་གྱི་རང་ངོ་ལ་མཉམ་པར་འཇོག་ཚུལ་ནི། ཏི་ལོ་པས། མ་བཅོས་གཉུག་མའི་ངང་དུ་གློད་ལ་ཞོག བཅིངས་པ་གློད་གྲུར་གྲོལ་བར་ཐེ་ཚོམ་མེད། ཅེས་སོགས་གྲུབ་པའི་དབང་ཕྱུག་རྣམས་ཀྱིས་མགྲིན་གཅིག་ཏུ་གདམས་པ་ལྟར། ལུས་བསམ་གཏན་གྱི་ཆོས་བདུན་དང་ལྡན་པས་ཤེས་པ་རྟེན་མེད་དུ་མ་བཅོས་པར་གློད་ནས་བཞག་པས་སྟོང་པ་ཉིད་འབྲལ་མེད་རྣལ་འབྱོར་པའི་

མངོན་སུམ་དུ་བྱེད་པ་འདི་ནི་རྒྱུད་སྡེ་ཟབ་མོ་རྣམས་ལས་འབྱུང་བའི་རྫོགས་རིམ་མཐར་ཐུག་པའི་མན་ངག་སྟེ། རྟེན་རྡོ་རྗེའི་ལུས་ཀྱི་གནད་བཅིངས་ནས་ཡིད་མིག་རླུང་གསུམ་རྣམ་པར་མི་རྟོག་པའི་ངང་ལ་བཞག་པ་ན་ལུས་སེམས་རྟེན་འབྲེལ་ཁྱད་པར་ཅན་གྱིས་རོ་རྐྱང་གི་རྒྱུ་བ་འགགས་པ་དབུ་མར་རེངས་པས་རྣམ་པ་དང་བཅས་པའི་སྟོང་ཉིད་ཕྱག་རྒྱ་ཆེན་མོ་མངོན་སུམ་དུ་ཉམས་སུ་མྱོང་བའི་ཕྱིར་རོ། །དེས་ན་བརྟེན་པ་འོད་གསལ་གྱི་སེམས་སྟོང་ཉིད་དུ་རྟོགས་པའི་སྣང་བ་སྟོང་གཟུགས་ཕྱག་རྒྱ་ཆེན་མོ་འཆར་བ་ཡང་། རྟེན་མཆོག་གི་དབུ་མར་རོ་རྐྱང་གི་རླུང་ཐིམ་པ་ལ་རག་ལས་ཤིང་། དེ་ཐིམ་པའི་ཐབས་ལའང་སེམས་མ་བཅོས་པར་གློད་ནས་བཞག་པ་འདི་ལས་ཟབ་པ་མེད་པས་བླ་མེད་ཀྱི་མན་ངག་རྣམས་སུ་འདི་ལ་སོར་སྡུད་ཀྱི་མན་ངག་ཅེས་རྣམ་པར་གཞག་པའོ། །ཁྱད་པར་གྱི་གདམས་པས་བཙན་ཐབས་སུ་འཛིན་པ་ནི། སྣོད་བཅུད་དག་པའི་འཁོར་ལོ་འོད་གསལ་དུ་བསྡུ་བའི་ཏིང་ངེ་འཛིན་ཟབ་མོས་ཟླ་ཉི་སྒྲ་གཅན་གྱི་རླུང་སྙིང་གར་ཟིན་པས་སྣང་གསུམ་གྱི་མཐར་འོད་གསལ་དུ་འཆར་ལ། གཉིད་དུ་མ་སོང་གོང་དུ་འདི་ཉིད་ལ་སྦྱངས་ན་གཉིད་ཀྱི་འོད་གསལ་ཚོགས་མེད་དུ་ཟིན་ཅིང་། དེ་ཟིན་ན་འཆི་བ་འོད་གསལ་ཡང་ཟིན་པས་འོད་གསལ་གསུམ་འབྲེལ་གྱི་མན་ངག་ཏུ་གྲགས་སོ། །གཞན་ཡང་རྟེན་དང་བརྟེན་པའི་གནད་བཅིངས་ཏེ་ཕྱི་དང་ནང་དང་ཐུན་མོང་བའི་མངོན་པར་བྱང་ཆུབ་པའི་འོད་གསལ་མངོན་དུ་བྱ་སྟེ། དེའང་ཟླ་འོད་ནུབ་ཅིང་ཉི་འོད་མ་ཤར་བའི་མཚམས་ཀྱི་མུན་པ་ལས་ཀྱང་འདས་པའི་ཐོ་རངས་ཀྱི་ནམ་མཁའ་དེ་ནི་རང་བཞིན་གྱིས་རྣམ་པར་དག་པ་ཡིན་པ་ལྟར། ཉི་ཟླ་མཚམས་གསུམ་གྱིས་མཚོན་པའི་སྦྲིས་བཅས་སྦྲིས་མེད་དབུ་མ་ལས་ཀྱང་འདས་ནས་ཤེས་རབ་ཀྱི་སྟོབས་ཀྱིས་ཐོག་ཐ་དབུས་གསུམ་གང་དུའང་མི་རྟོག་པ་སྟེ། རྒྱུའི་ཐེག་པ་དང་ཐུན་མོང་བར་བསྟན་པའི་ཕྱིའི་བྱང་ཆུབ་ཅེས་བྱའོ། །གཞན་ལུས་ལ་བརྟེན་ནས་འོད་གསལ་འཛིན་པ་ཡིན་ན། དྲོད་ཀྱི་ཉི་མ་ཤར་བ་ཐབས་ཆགས་པའི་སྣང་བ་མཆེད་པ་དང་། བདེ་བའི་ཟླ་བ་ཤར་བ་ཤེས་རབ་ཆགས་བྲལ་གྱི་སྣང་བ་དང་། དེ་གཉིས་ཀ་མིན་པའི་ཐུན་མཚམས་དབུ་མ་ཉེར་ཐོབ་ལས་ཀྱང་འདས་ཏེ་བདེ་བ་ཆེན་པོ་

ཉམས་སུ་སྨྱོང་བ་ལས་དུས་གསུམ་གང་དུའང་རྣམ་པར་མི་རྟོག་པའི་སྐད་ཅིག་གི་འོད་གསལ་འཆར་ལ། འདི་ནི་བསྐྱེད་རིམ་པའང་ཡོད་པས་ནང་དུ་མངོན་དུ་གྱུར་སྟོབས་ཀྱིས་འོད་གསལ་བའི་ཡེ་ཤེས་སྨྱོང་བ་མིན་ཡང་རིག་མ་དང་འབྲེལ་སྟོབས་ཀྱི་མངོན་བྱང་ཡིན་པས་ཕྱི་ནང་ཐུན་མོང་བ་ཞེས་བྱ་སྟེ། རྒྱུའི་ཐེག་པར་བཤད་པའི་མངོན་བྱང་གི་དག་པ་ཚང་བའི་སྟེང་དུ་ཕྱག་རྒྱ་ལ་བརྟེན་པའི་སྣང་གསུམ་གྱི་མཐར་འོད་གསལ་ཟིན་པ་ཡིན་པས་སོ། །ནང་གི་མངོན་བྱང་ནི། བྱང་ཆུབ་དང་པོ་ལས་རླུང་ཕལ་ཆེར་རླུང་གི་རླུང་ལ་ཐིམ་པས་སྨིག་རྒྱུ་ལྟ་བུ་འོད་ཟེར་ལྷ་ལྷན་མཐོང་བའོ། །གཉིས་པ་འདོད་ཆགས་ཀྱི་ཀུན་རྟོག་ཐིམ་པས་སྣང་བ་ནམ་མཁའ་དྲི་མེད་ལ་ཟླ་འོད་ཤར་བ་ལྟ་བུ། གསུམ་པ་ཞེ་སྡང་ཐིམ་པས་སྣང་བ་མཆེད་པ་དེ་ལ་ཉི་འོད་ཤར་བ་ལྟ་བུ། བཞི་པ་གཏི་མུག་ཐིམ་པས་སྣང་བ་ཐོབ་པ་དེ་ལ་མཚམས་ཀྱི་མུན་པས་ཁྱབ་པ་ལྟ་བུ། ལྔ་པ་རྣམ་ཤེས་ཀུན་ཐིམ་པས་མུན་པ་དང་བྲལ་བའི་སྐད་ཅིག་མ་འོད་གསལ་བ་སྟེ། གཟུང་འཛིན་གྱི་མུན་པ་དང་བྲལ་བས་འོད་གསལ་བའི་ཆོས་ཉིད་མི་རྟོག་པའི་ཡེ་ཤེས་ཀྱི་མིག་ལ་མངོན་དུ་འགྱུར་བ་རབ་རིབ་དང་བྲལ་བས་སྐྲ་ཤད་ཀྱི་དེ་ཉིད་མཐོང་བ་ལྟར་རོ། །རྗེ་བརྒྱུད་པས་སྐབས་འདིར་རྣམ་ཤེས་སྡུད་པའི་མངོན་བྱང་དང་ཡེ་ཤེས་འཆར་བའི་མངོན་བྱང་ཞེས་ཁྱད་པར་ཅན་གྱི་ཞལ་གདམས་ཀྱང་སྣང་ངོ་། །འདིར་ཕྱག་ལེན་དུ་འདེབས་རྒྱུའི་འོད་གསལ་ཐོག་མར་མ་ཟིན་པ་ཟིན་བྱེད་ནི། འཇམ་དཔལ་ཞལ་ལུང་ལས། ཤི་དང་བརྒྱལ་དང་གཉིད་ལོག་དང་། སླལ་དང་འཁྲིག་དུས་སྐད་ཅིག་ཙམ། སྨྱོང་བར་འགྱུར་བ་རབ་གོམས་ན། ལུས་ཅན་རྣམས་ཀྱི་ཡིད་ནི་སྦྱོང་། ཞེས་སྤྱིར་འོད་གསལ་འཆར་བའི་སྐབས་ལྔར་བཤད་པ་ལས། གཉིད་དུས་ཀྱི་འོད་གསལ་དཔེ་རུ་བཟུང་ནས། རྨི་ཏིར་འབྲུ་ལྔའི་སྦྱོར་བས་སྟོང་པ་བཞིའི་མཐར་ཐམས་ཅད་སྟོང་པའི་ངོས་བཟུང་བ་ལ་བསླབ་པ་ཡིན་ཅིང་། འོད་གསལ་དེའི་ངོ་བོ་ནི་གཉིད་ཀྱི་ཤེས་པ་ཐ་མ་རྣམ་པར་དག་ཅིང་། སྣར་རྩེ་ལམ་གྱི་རྟོག་པ་དང་རླུང་སྦྱོར་བྱེད་ཀྱི་གཉིད་ཐུ་མའི་རིགས་འདྲ་མ་སྐྱེས་པའི་བར་དེར་ཐ་མར་པ་ལ་གཏི་མུག་གིས་བསྒྲིབས་ཀྱང་། རྣལ་འབྱོར་ཅན་ལ་རྟོག་པ་དང་བྲལ་བའི་ཆོས་ཀྱི་སྐུ་བདེ་སྟོང་གཉིས་སུ་མེད་

པའི་ཡེ་ཤེས་དག་ཅིང་འོད་གསལ་བ་མར་མེའི་སྙིང་པོའམ་སྟོན་གནམ་དྭངས་པ་ལྟ་བུ་ཞིག་འཆར་བ་དེ་ཡིན་ལ། འོན་ཀྱང་སྣང་གསུམ་མ་དག་པའི་ཕྱིར་དེ་དག་མཐར་ཐུག་གི་འོད་གསལ་དོན་དམ་བདེན་པ་དངོས་མཐོང་བ་མིན་པས་དཔེའི་འོད་གསལ་དུ་ཤེས་པར་བྱའོ། །དེ་ལ་དཔེ་དོན་གྱི་འོད་གསལ་ཞེས་བྱ་བའང་བསམ་གཏན་གཉིས་སོགས་ཀྱིས་རླུང་སེམས་སྙིང་གར་བསྡུས་སྟོབས་ཀྱིས་གཉིད་འཁྲུལ་ལ་བརྟེན་པའི་སྒྲིབ་གཉིས་མངོན་གྱུར་དང་བྲལ་བ་ནི་དཔེའི་འོད་གསལ་དང་། གཉིད་འཁྲུལ་ལ་བརྟེན་པའི་མཐོང་སྣང་དང་སྒོམ་སྣང་གཉིས་ཀའི་སྒྲིབ་གཉིས་ཀྱི་ས་བོན་ཡང་ལམ་གྱི་འོད་གསལ་སྟོབས་ལྡན་གྱིས་སྤངས་པས་གཞིའི་འོད་གསལ་སློ་བུར་དྲི་བྲལ་དུ་གྱུར་པ་ནི་དོན་གྱི་འོད་གསལ་ལོ། །དེ་ལྟར་གཉིད་འོད་གསལ་གྱིས་སྦྱངས་པ་ན་ཕུང་ཁམས་ཀྱི་རྟོག་པའི་ས་བོན་བསད་ནས་ལྷ་བ་པ་ལྟར་འོད་གསལ་གྱིས་ངང་དུ་ཐྱ་སུ་ཀའི་སྤྱོད་པ་སྤྱད་ན་སྒྱུ་མ་ལྟ་བུའི་སྐུ་ཆེ་འདི་ཉིད་ལ་འགྲུབ་བོ། །བཟུང་བའི་མན་ངག་གིས་ཟིན་ནས་བརྟན་པའི་ཐབས་ནི། རླུང་སེམས་བསྡུ་བའི་ཐབས་སམ་རྟེན་འབྲེལ་གྱིས་གཏུམ་མོ་འབར་བས་བྱང་སེམས་ཞུ་བའི་བདེ་སྟོང་གི་རྟོག་པ་སྣང་གསུམ་འོད་གསལ་དང་བཅས་པའི་རླུང་སེམས་ཀྱི་རྟགས་སྣང་ལས་སྒྱུ་མའི་སྐུར་ཤར་བ་ཉིད། དོན་གྱི་འོད་གསལ་མངོན་དུ་བྱེད་པའི་ཆེད་དུ་སྤྱོད་པ་གསུམ་དང་བསམ་གཏན་གཉིས་ཀྱི་སྒོ་ནས་རླུང་སེམས་ཤིན་ཏུ་ཕྲ་བ་འོད་གསལ་དུ་གཞུག་དགོས་ཤིང་། སྤྱོད་པ་གསུམ་ནི་འོག་ཏུ་འབྱུང་ངོ་། །བསམ་གཏན་གཉིས་ནི་རིམ་ལྡང་དང་སྤྱོད་བསྡུས་ལས་བཤད་པ་ལྟར། མེ་ལོང་ལ་ཏུས་བཏབ་པ་ཡལ་བའི་དཔེས་ཅིག་ཅར་སྡུད་པ་རིལ་འཛིན་དང་། ཆུ་བོའམ་ལྟེང་ཀའི་ཆུ་འཁྱག་པ་ཞུ་བའི་དཔེས་རིམ་གྱིས་སྡུད་པ་རྗེས་གཞིག་སྟེ། གསམ་གཏན་དེ་གཉིས་ཀྱིས་སྒྱུ་ལུས་འོད་གསལ་དུ་བཙུག་ནས་སླར་ལུགས་ལྡོག་གི་ལུས་སུ་ལྡང་བ་ནི། སློབ་པའི་སྒྱུ་ལུས་ཀྱི་རྟེན་དེ་ལ་མི་སློབ་པའི་སྒྱུ་ལུས་མངོན་དུ་བྱེད་དེ། རྣམ་སྣང་མངོན་བྱང་ལས། འཇའ་ཚོན་ལྟ་བུའི་ལུས་འདི་ནི། འདི་ཉིད་བསྒོམས་པས་འཐོབ་པར་འགྱུར། ཞེས་པ་ལྟར་རོ། །དེ་ཉིད་ཉམས་སུ་ལེན་ན། བདག་དང་སེམས་ཅན་ཐམས་ཅད་ཀྱི་སྒོ་གསུམ་དབྱེར་མེད་རྡོ་རྗེ་གསུམ་གཞོམ་

མེད་ཀྱི་སྒྲ་དང་བཅས་པ་བསམ་གཏན་གཉིས་ཀྱི་འཇུག་ལྟང་གི་སྦྱོར་བ་ལ་བསླབས་པས། ཐིག་ལེ་རྟེན་བཅས་ཀྱིས་བསྒྱུས་པའི་སྒྲིབ་གཉིས་མངོན་གྱུར་ལས་ བླུང་གི་བཞོན་པ་དང་བཅས་པ་བསལ་ནས། འོད་གསལ་སྟོན་གནམ་དྲི་མེད་ལ་སྣང་བྱེད་ཀྱི་རྐྱེན་གསུམ་དང་བྲལ་བ་ཐོ་རངས་ཀྱི་ནམ་མཁའ་ལྟ་བུ་ཞིག་འཆར་བ་ལ་གོམས་པ་མཐར་དབྱུང་སྟེ་ཟིན་པ་བརྟན་པར་བྱའོ། །

འབྲས་དུས་ནི། གཞི་གདོད་མའི་འོད་གསལ་ཆོས་ཉིད་རང་གི་རྒྱུད་ལ་ཇི་ལྟར་གནས་པ་དེ་ཉིད་བླ་མས་ངོ་སྤྲད་དེ་ཉིན་མཚན་གྱི་འོད་གསལ་གྱིས་ལམ་དུ་བྱས་པས། དོན་འབྲས་གནས་ལུགས་ཀྱི་རྟོགས་པ་མཐར་ཕྱིན་པ་ནི་འབྲས་བུའི་འོད་གསལ་ལོ། །དེ་ཉིད་ཟུང་འཇུག་གི་རིམ་པ་དང་གཅིག་པ་སྟེ། བཀའ་དཔེ་ཕྱི་མ་ལས། འོད་གསལ་མངོན་དུ་གྱུར་པ་ལས། དེ་ལས་ཟུང་དུ་འཇུག་པ་འཆར། ཞེས་འོད་གསལ་མཐར་ཕྱིན་པ་ཉིད་ཟུང་འཇུག་ཏུ་བཤད་པའོ། །སྐབས་འདིར་རྗེ་མར་པས། དཔེའི་འོད་གསལ་གཞན་ལུས་ཤེས་རབ་མ་ལ་བརྟེན་པའི་ཡེ་ཤེས། དོན་གྱི་འོད་གསལ་ཉེ་བར་ཐོབ་པའི་བར་མ་དོར་ཀུན་གཞི་འོད་གསལ་དུ་ཐིམ་པའི་ཡེ་ཤེས། འོད་གསལ་རང་གི་ངོ་བོ་སངས་རྒྱས་ཐམས་ཅད་ཀྱི་མཁའ་ཁྱབ་བྱང་ཆུབ་རྡོ་རྗེ། འོད་གསལ་གྱི་ཡོན་ཏན་ཉེར་ཐོབ་མུན་པའི་དྲི་མ་སངས་པས་གནས་ངན་ལེན་ཐམས་ཅད་ལས་གྲོལ་ཏེ་སྲིད་ཞིར་མི་གནས་པའི་ཆོས་གཟུགས་ཀྱི་སྐུ་འགྲུབ་པའོ། །ཞེས་ཚིག་ཉུང་ལ་དོན་རྒྱ་ཆེ་བས་འོད་གསལ་རྒྱུ་ལམ་འབྲས་བུའི་ལུས་ཡོངས་སུ་རྫོགས་པ་བསྟན་པར་མཛད་དོ། །

ལྔ། གློ་ཆོད་བར་དོའི་རྣལ་འབྱོར་བཤད་པ་ལ་གཉིས། སྒྲ་དོན་དབྱེ་བ་རྣམ་གཞག་སྤྱིར་བསྟན། བསྒོམ་དོན་བྱེ་བྲག་ཏུ་བཤད་པའོ། །

སྒྲ་དོན་དབྱེ་བ་རྣམ་གཞག་སྤྱིར་བསྟན་པ་ནི་སྲིད་པ་བར་དོར་འོད་གསལ་དང་སྒྱུ་ལུས་ཀྱིས་གློ་ཅིག་ཆོད་བྱས་པས་ཟུང་འཇུག་མངོན་དུ་བྱེད་པའི་ཕྱིར་ལམ་གྱི་གློ་ཆོད་ཀྱི་རྣལ་འབྱོར། ཕྱོགས་གཉིས་སུམ་ལྡུང་བས་སམ་སྔོན་རྗེས་གཉིས་ཀྱི་བར་ན་གནས་པའི་ཕྱིར་བར་དོ་ཞེས་བྱ་

པ་ལ་ནང་གསེས་ཀྱི་དབྱེ་བསྡུ་མང་སྟེ། རྗེ་བཙུན་མི་ལས། དོན་དམ་ཆོས་ཉིད་ཀྱི་བར་དོ། རང་བཞིན་ལམ་གྱི་བར་དོ། སྣང་བ་སྐྱེ་ཤིའི་བར་དོ། རྨི་ལམ་གཉིད་ཀྱི་བར་དོ། ཐམ་སྲིད་པའི་བར་དོ། སྐྱེ་གནས་བརྒྱུད་པའི་བར་དོ། སྟེ་དྲུག་ཏུ་མཛད་པ་དང་། ཡང་། ལྟ་བ་དང་། སྒོམ་པ་དང་། སྤྱོད་པ་དང་། རྨི་ལམ་དང་། བསྐྱེད་རྫོགས་དང་། གནད་དང་། སྐུ་གསུམ་དང་། འབྲས་བུའི་བར་དོ་སྟེ་བརྒྱད་དུ་ཕྱེ་ནས་སྒམ་པོ་པ་ལ་གསུངས་པ་དང་། རྗེ་རས་ཆུང་པས། ལྟ་སྒོམ་འབྲས་བུ་གསུམ། ཆགས་ཅན་ཆགས་བྲལ་དང་། སྐྱོན་ཅན་སྐྱོན་མེད་དང་། ཚིག་དོན་གྱི་བར་དོ་སྟེ་དྲུག་ཏུ་གསུངས་པ་དང་། རྗེ་མཁའ་སྤྱོད་པས། ཟུང་འཇུག་སྐུ་བཞིའི་བར་དོ། རང་གི་ཡེ་ཤེས་ཀྱི་བར་དོ། དུས་མཚམས་རང་བཞིན་གྱི་བར་དོ། འཆུག་མེད་རྟེན་འབྲེལ་གྱི་བར་དོ་ཞེས་བཞི་དང་། བར་དོ་ཡིད་བཞིན་སྙིང་པོའི་བདེ་ཁྲིད་ལས། སྐྱེ་འགག་གི་བར་དོ་རྩད་བཅད། བདག་གཞན་གྱི་བར་དོ་རོ་མཉམ། འགྲོ་འོང་གི་བར་དོ་ངོས་བཟུང་། ཡིན་མིན་གྱི་བར་དོ་འཕྲང་བསལ་ཞེས་བཞིར་མཛད་པ་སོགས་མང་དུ་འབྱུང་བ་ལས། རྗེ་མར་པས། སྣང་བ་སྐྱེ་ཤིའི་བར་དོ། རྨི་ལམ་གཉིད་ཀྱི་བར་དོ། ཐམ་སྲིད་པ་བར་དོ་ཞེས་གསུམ་དུ་བསྡུ་བ་ཉིད་གྲགས་ཆེ་ཞིང་། དེ་ལས་སྔ་མ་གཉིས་ནི་རྩ་བའི་ཆོས་བཞིས་ལམ་དུ་བྱེད་པ་ཡིན་པས། བར་དོའི་དབྱེ་བ་དེ་དག་རྣམས་ལས་འདིར་བསྟན་སྐབས་དོན་བློ་ཆོད་ཀྱི་རྣལ་འབྱོར་ནི་སྲིད་པ་བར་དོ་ལ་སྦྱོར་བའོ། །དེའང་མངོན་པ་ཀུན་བཏུས་ལས། སྲུང་མདའི་མཐོ་དམན་ལྟར་འཆི་འཕོ་ཞིང་ཉིང་མཚམས་སྦྱོར་རོ། །ཞེས་འཆི་སྲིད་འགག་པ་དང་བར་སྲིད་འགྲུལ་པ་དུས་མཉམ་དུ་འབྱུང་བར་གསུངས། དེའང་སེམས་ཅན་ཤི་ནས་སྐྱེ་བ་མ་བླང་བ་ལ་བར་སྲིད་ཅེས་བརྗོད་ཅིང་། དེའི་མཚན་ཉིད་ནི། སྤྱོད་བསྡུད་ལས། ཡང་དོན་དམ་པའི་བདེན་པའི་དཀྱིལ་འཁོར་ལ་འཇུག་པའི་རིམ་གྱིས་ཕུང་པོ་ཡོངས་སུ་སྤངས་ཏེ་ཀླུང་གི་ཁམས་ཀྱིས་བླངས་ནས་ཚོར་བ་དང་ལྡན་ཞིང་སྲིད་པས་རྗེས་སུ་བཅིངས་ལ། ཆོས་ཀྱི་དབྱིངས་ཀྱི་རྒྱུ་མཐུན་པ་ལས་བྱུང་བའི་དྲན་པས་ཡོངས་སུ་བཟུང་བ། དགེ་བ་དང་མི་དགེ་བའི་རྣམ་པའི་ཡིད་དང་ལྡན་པས་བྱིས་པ་ལོ་ལྔ་པ་དང་མཉམ་པ།

ཐམས་ཅད་མཐོང་བ། དབང་པོ་ཐམས་ཅད་ཚང་བ། དྲིའི་ཟས་ལ་སྤྱོད་པ། རྡོ་རྗེ་ལ་སོགས་པས་མི་ཐོགས་པ། མཚན་ཉིད་ཐམས་ཅད་དང་ལྡན་པ། ལས་ཀྱི་རྫུ་འཕྲུལ་གྱི་ཤུགས་དང་ལྡན་པ། ཉི་མ་བདུན་གྱིས་འཕོ་བའི་བར་ལ་གནས་ནས་རང་གི་རྣམ་པར་རྟོག་པ་ལས་བྱུང་བའི་ལས་དགེ་བ་དང་མི་དགེ་བས་བསྐྱུན་པར་གྱུར་པས་རྒྱུ་དང་རྐྱེན་ཐོབ་ནས་འགྲོ་བ་ལྔ་རྣམས་སུ་ཟློ་ཆུན་གྱི་འཁྲུལ་འཁོར་གྱི་ཚུལ་གྱིས་ཡང་དང་ཡང་དུ་ཉིང་མཚམས་སྦྱོར་བ་ལེན་པར་བྱེད་ཅིང་། འཁོར་བའི་སྡུག་བསྔལ་རྗེས་སུ་མྱོང་བར་འགྱུར་རོ། །ཞེས་བར་སྲིད་ཀྱི་རྣམ་གཞག་ཞིབ་པར་གསུངས་པ་དང་། ཐེག་དམན་གྱི་བསྟན་བཅོས་མཛོད་ལས་ཀྱང་གསལ་བར་བཤད་པ་ལྟར་རོ། །

སྒོམ་དོན་བྱེ་བྲག་ཏུ་བཤད་པ་ནི་དེ་ཉིད་སྦྱོང་བྱེད་ཀྱི་རྣལ་འབྱོར་ནི། རབ་རྣམས་ཀྱིས་བར་དོ་དང་པོའི་འོད་གསལ་ངོས་བཟུང་། འབྲིང་གིས་བར་དོ་གཉིས་པར་སྒྱུ་ལུས་ལ་རྩལ་སྦྱོང་། ཐ་མས་བར་དོ་གསུམ་པ་ལ་མངལ་གྱི་སྒོ་དགག་ཅིང་གདམ་པར་བྱའོ། །དེ་ལ་དང་པོ་ནི། འཆི་ཀར་འབྱུང་བ་བཞི་དང་ཕྲ་རགས་ཀྱི་སྣང་རྟོག་ཐམས་ཅད་ཐིམ་ཞིང་སྟོང་པ་བཞི་ཕྱི་ནང་གི་རྟགས་སྣང་བཅས་འཆར་བའི་ཚེ། སྔར་འོད་གསལ་འཛིན་དུས་ཀྱིས་རིལ་འཛིན་རྗེས་གཞིག་གི་མངོན་པར་རྟོགས་པ་ལྟ་བུ་སོགས་ཀྱི་དགེ་སྦྱོར་དང་བསྲེ། ཁྱད་པར་སྣང་གསུམ་དང་འོད་གསལ་འཆར་དུས་བླ་མས་ངོ་སྤྲད་པའི་ལྟ་ཐོག་ཏུ་འཇོག འཆི་བ་འོད་གསལ་གྱི་དུས་རླུང་སེམས་སྙིང་གའི་དབུ་མར་ཐིམ་པ་ན་གཉིས་སྣང་གི་སྤྲོས་པ་ཉེ་བར་ཞི་བ་ནམ་མཁའ་སྤྲིན་མེད་པ་ལྟ་བུ་ཞིག་འཆར་མོད། དེའི་ཚེ་སྔོན་གོམས་ཀྱི་མྱོང་བ་མཆོག་དང་ལྡན་པ་ལ་སྔར་འདྲིས་ཀྱི་མི་དང་ཕྲད་པའམ། མགྲོན་པོ་རང་ཡུལ་དུ་ཕྱིན་པ་ལྟ་བུ་འབྱུང་ལ། དེ་ངོས་ཟིན་ནས་མཉམ་པར་འཇོག་ཐུབ་ཀྱང་སྟོན་སྒྲོ་འདོགས་ཆོད་པའི་ལྟ་ཐོག་ཏུ་བཞག་ནས་སྐྱོང་རྒྱུ་མེད་ན་གནས་ལུགས་རྟོགས་པར་མི་འགྲོ་བས། ཚེ་འདིར་སྟོང་ཉིད་ཀྱི་ལྟ་བ་གཏན་ལ་ཕེབས་པ་དེ་ཉིད་བདེ་ཆེན་དང་ཟུང་འབྲེལ་དུ་བསྒོམ་པའི་བུའམ་ལམ་གྱི་འོད་གསལ་ལ་འབད་པར་བྱའོ། །དེའང་ཕལ་ཆེ་བ་ཞིག་གཞི་འཆི་བའི་འོད་གསལ་ནི་མ་དང་

ལམ་ཉེན་མཚན་གྱི་འོད་གསལ་སྒོམ་པ་ནི་བྱུར་འདོད་མོད། ཇེ་བཙུན་མར་མི་སོགས་ཀྱི་བཞེད་པས། ཆོས་ཐམས་ཅད་ཀྱི་གནས་ལུགས་རང་བཞིན་གྱི་འོད་གསལ་བ་དེ་ལ་མ། དྭངས་མ་ལྷ་འདུས་ཀྱི་རྟེན་འབྲེལ་ལས་སྐབས་འདིར་ཏིང་ངེ་འཛིན་གསལ་པར་ཤར་པ་ལ་བྱུར་འདོད་དེ། བསྐྱེད་བྱ་སྐྱེད་བྱེད་ཀྱི་འབྲེལ་པ་ཡོད་པས་སོ། །གང་ལྟར་ཡང་རུང་དུ་ལྟ་སད་དུས་སྲོག་དབུ་མར་བསྡུས་པས་སྟོང་བཞི་ལ་གོམས་པ་དང་། གཉིད་མཐུག་འོད་གསལ་དུ་བསྲེ་ཐུབ་ན་རླུང་སྟོབས་ཀྱིས་གཟོད་འཆི་སྲིད་དུ་འོད་གསལ་མ་བུ་བསྲེ་ནུས་ལ། ནུས་ན་དེའི་ཕྱི་ལོགས་སུ་བར་དོ་འཆར་བ་གདོན་མི་ཟ་བར་ངོ་ཤེས་པས་བར་དོ་ཟིན་པའི་ཐབས་ཀྱིའང་མཆོག་དམ་པའོ། །ཐིམ་རིམ་རྫོགས་ནས་དཀར་དམར་འདྲེས་ཏེ། རྩ་རླུང་ཐིག་ལེ་སེམས་ཀྱི་ནུས་པ་དང་དྭངས་མ་ཐམས་ཅད་སྙིང་གའི་དབུ་མར་འདུས་པས་སྟོང་གསལ་བདེ་ཆེན་གྱི་ཏིང་ངེ་འཛིན་སྐྱེ། དེ་ཙ་ན་སྒྲིབ་པ་ཐམས་ཅད་ཡེ་ཤེས་ཀྱི་རླུང་གིས་བྱུས་པའི་གཏུམ་མོའི་ཚྭད་ཀྱིས་བསྲེགས། བྱང་སེམས་དྭངས་མའི་ཐིག་ལེ་གཡོས། ལམ་གྱི་འོད་གསལ་ཉམས་སུ་བླང་པའི་རྣལ་འབྱོར་པ་ལ་སྔར་གོམས་ཀྱི་དབང་གིས་མཆོག་གི་དབུ་མར་སྒྲིབ་པ་དང་འབྲུལ་པའི་སྟོབས་ཐམས་ཅད་འཕྲོགས་ཤིང་། སྒྲ་གཅན་ཡེ་ཤེས་རྡོ་རྗེས་གཟུང་འཛིན་གྱི་ཉི་ཟླའི་ས་བོན་མངོན་གྱུར་ཐམས་ཅད་ཟ་བའི་སྐབས་དེར་བསྒོམས་པས། སྔར་བརྗོད་པའི་གནས་སྐབས་ཀྱི་འོད་གསལ་ལ་བརྟེན་ནས་བདེ་གསལ་མི་རྟོག་པ་གང་གཙོ་བོར་སྒོམ་པ་དེ་ཉིད་དེའི་ཚེ་རྟོགས་པའི་འོད་གསལ་གྱི་ངོ་བོར་སྟོབས་སུ་གྱུར་པའི་མཐུས་སྐད་ཅིག་གི་སྒྲིབ་གཉིས་འཛོམས་པ་དང་ཚོགས་གཉིས་རྫོགས་པ་ལ་ནོར་བདག་པོས་ལོངས་སྤྱོད་པ་ལྟར་རང་དབང་ཐོབ་ནས་བདེ་བ་ལོངས་སྐུ་དང་གསལ་བ་སྤྲུལ་སྐུ་དང་མི་རྟོག་པ་ཆོས་སྐུ་ཞེས་རིམ་ལྷ་སྣར་ཁྲིད་པ་སྤྱ་རབས་རྣམས་འཆད་པ་ལྟ་བུའི་སྐུ་གསུམ་གྱི་ངོ་བོར་འཚང་རྒྱ་བ་ནི་རྡོ་རྗེའི་ལུས་སེམས་ཀྱི་རྟེན་འབྲེལ་སླུ་བ་མེད་པའོ། །འདིར་རྟོགས་པའི་ཡེ་ཤེས་དེ་སྐུ་གསུམ་ཐ་མི་དད་ཡིན་མོད་ཀྱང་གཙོ་བོར་འཆི་བ་འོད་གསལ་ཆོས་ཀྱི་སྐུ་གྲུབ་པས་དེར་བརྗོད་པ་ཡིན་ནོ། །གཉིས་པ་ནི། བར་དོ་དང་པོའི་འོད་གསལ་དེ་ཉིད་ཁམས་དྲུག་ལྡན་གྱི་སེམས་ཅན་

ཐམས་ཅད་ལ་འཆི་བའི་ཚེ་འབྱུང་ཡང་། མན་ངག་གི་གནད་ལ་གོམས་པ་ཆུང་བས་ངོ་མ་ཤེས་ཤིང་ཤེས་ཀྱང་གནས་མ་ནུས་པའི་རྐྱེན་གྱིས་དྭངས་མ་ལྷུ་འདུས་ཀྱི་ཚོགས་པ་སོ་སོར་གྱེས་ཤིང་ཡལ་ནས་རྣམ་ཤེས་སྲོག་རླུང་གི་བཞོན་པ་དང་བཅས་པ་སྣ་དགུ་གང་རུང་ནས་ཐོན་དེ་བེམས་རིག་བྲལ་མ་ཐག་བར་དོའི་ཡིད་ལུས་སུ་གྲོང་གིས་སྐྱེ་བ་ནི་སྲིད་པ་བར་དོའི་མཚན་གཞི་དངོས་ཡིན་ལ། དེའི་མཚན་ཉིད་གོང་དུ་སྨོས་པ་ལྟར་དང་། སྐབས་དེར་སེམས་ཅན་ཕལ་ཆེ་བ་ལ་འཇིགས་པའི་སྣྲ་བཞི། ཡ་ངའི་གཡང་ས་གསུམ་ལ་སོགས་པ་སྡིག་སེམས་བག་ཆགས་ཀྱི་རང་གཟུགས་འཁྲུལ་སྣང་འཇིགས་སྐྲག་གི་ཉེར་འཚེ་བཛོད་ཀྱིས་མི་ལངས་པས་ཉམ་ཐག་པར་འགྱུར་ལ། བསོད་ནམས་བྱས་པའི་སྐྱེ་བོ་ལ་ནི་སྣང་ལོག་དེ་རྣམས་མི་འཆར་བར་ལྷས་བསུ་ཞིང་བཀུར་སྟིས་མཆོད་པ་སོགས་དག་པའི་སྣང་བ་དང་བཅས་ཏེ་བདེ་ནས་བདེ་བར་འགྲོ་བའོ། །དེ་ཉིད་ལམ་དུ་བྱེད་པ་ལ་བར་དོ་ངོ་ཤེས་དགོས་པས། ལས་ཀྱི་རྫུ་འཕྲུལ་དང་ལྡན་པ་སོགས་ངེས་པའི་རྟགས་དྲུག་གི་སྒོ་ནས་ངོ་ཤེས་པར་བྱས་ལ་བཟང་ངན་གྱི་སྣང་བ་གང་ཤར་ཡང་ཉན་ཐོས་ཀྱི་བསླབ་པ། ཐེག་ཆེན་གྱི་སེམས་བསྐྱེད། སྔགས་པའི་བསྐྱེད་རིམ། རྣལ་འབྱོར་པའི་ལྷ་བ་སོགས་རང་གང་ལ་གོམས་པའི་དགེ་སྦྱོར་ལ་འཛོག་སྟེ། དེ་ཉིད་དྲན་པ་ཙམ་གྱིས་འཇིགས་པ་ལས་སྐྱོབ་ཅིང་འཆི་བ་རྣམས་རང་གྲོལ་དུ་འགྱུར། དེས་ན་འཁྲུལ་སྣང་རང་ག་མའི་རྗེས་སུ་སྐད་ཅིག་ཀྱང་མ་ཤོར་བར་རིག་པ་སེམས་ཀྱི་རང་སོ་བཟུང་བས་རྣམ་ཤེས་སྟོབས་སུ་གྱུར་ཏེ་རླུང་ལ་དབང་ཐོབ། དེའི་ཚེ་འཁྲུལ་སྣང་ཡད་ཡུད་ཤར་ཡང་དེ་ཉིད་ལམ་དུ་སློངས་འགྲོའོ། །གཟོད་དེ་ལྟ་བུའི་ཉམས་ལེན་འབྱུང་བ་གོམས་འདྲིས་གལ་ཆེ་བས་ད་ལྟ་ནས་བར་དོའི་སྐབས་ཡིན་པར་བསམ་གྱིན་དགེ་སྦྱོར་དང་བསྲེ། ཁྱད་པར་འཇིགས་སྐྲག་དང་མྱ་ངན་སྐྱེ་བ་སོགས་ཀྱི་ངང་ལ་འཛོག་པའམ་བདེན་མེད་སྒྱུ་མ་ལྟར་ནན་ཏན་དུ་སྒོམ། སྐབས་སྐབས་སུ་བར་དོར་ངེས་པའི་རྟགས་དྲུག་ཀྱང་འདུག་མི་འདུག་བརྟག་པ་སོགས་ད་ལྟ་ནས་བར་དོ་སྦྱོང་བ་ལ་ནན་ཏན་བྱ། བར་དོ་ཟིན་ཏེ་ལམ་སྒོམ་པ་ནི་གཞན་ལས་ཆེད་ཆེ་བ་ཡིན་ཏེ། རྗེ་ནཱ་རོ་པས། བར་དོ་འདི་རླུང་སེམས་འདྲེས་པའི་ལུས་ལོངས་སྐུ་དང་ཆོས་མཐུན་དུ་གདོད་

མ་ནས་གནས་པས་རྟེན་ཤིན་ཏུ་བཟང་། ཤེས་པའང་ཉིན་སྣང་ལས་རྨི་ལམ་བདུན་འགྱུར་གྱིས་གསལ། རྨི་ལམ་ལས་བར་དོ་བདུན་འགྱུར་གྱིས་གསལ་ཞིང་འགྱུར་བ་ཡང་སླ་སྟེ། ཤེས་པ་རྟེན་མེད་པས་དྲན་འདུན་བརྟེན་པར་དཀའ་ཞིང་། དྲན་པས་ཟིན་ན་ལམ་བགྲོད་པ་ལ་ཆོགས་མེད་དེ་བར་དེར་ཐུན་ཙིག་བསྒོམས་པས་གྲོལ་ལོ། །ཞེས་གསུངས་པ་ལྟར་རོ། །འོན་ཀྱང་གང་ཟག་དབང་རབ་ཡིན་ན་དེ་འདྲའི་ཚུལ་ལ་ལྟོས་མི་དགོས་ཏེ། སྤྱོད་བསྡུས་དང་ཞལ་ལུང་སོགས་ལས་གཞན་ལ་འཆི་བའི་མཐར་བར་དོ་འབྱུང་བའི་དོད་དུ་དེ་ཉིད་ལ་སྒྱུ་ལུས་ལོངས་སྐུ་འགྲུབ་སྟེ་རྟེན་དེ་ལ་འཚང་རྒྱ་བར་གསུངས་སོ། །དེའི་ཚུལ་ནི་འཆི་རིམ་སྣང་གསུམ་དང་བཅས་པ་ངོས་ཟིན་པར་བྱས་ཏེ་འོད་གསལ་ལ་ཅི་གནས་སུ་མཉམ་པར་བཞག་ནས། ལུགས་ལྡོག་གི་སྣང་གསུམ་འཆར་བར་ཉེ་བ་ན་སྒྱུ་ལུས་སུ་ལྡང་བའི་འཕེན་པ་དྲན་པས་གསོས་བཏབ་སྟེ་སྐད་ཅིག་མར་ལྷའི་སྐུ་སྣང་སྟོང་སྒྱུ་མའི་ལུས་སུ་ལངས་ལ། སླར་དེ་ཉིད་དོན་དམ་འོད་གསལ་གྱིས་སྦྱངས་པས་མ་དག་འཁོར་བའི་བར་སྲིད་ལས་འདས་ཏེ། འོད་གསལ་ལས་ལྡང་བ་ན་ལུགས་ལྡོག་གི་སྣང་གསུམ་ཡེ་རླུང་དང་བཅས་པ་ཙུ་ལས་ཉ་འཕར་ལྟར་ཟུང་འཇུག་གི་སྐུར་བཞེངས་ནས་བར་དོར་མི་སློབ་པའི་མཆོག་གི་དངོས་གྲུབ་ལོངས་སྤྱོད་རྫོགས་སྐུ་མངོན་དུ་བྱེད་པ་ཡིན་ཏེ། འདི་ལ་གོང་མ་རྣམས་ཀྱིས་ལེ་ལོ་ཅན་བར་དོར་འཚང་རྒྱ་བ་ཞེས་གསུངས་སོ། །གསུམ་པ་ནི། བར་དོ་གཉིས་པ་ལ་མ་གྲོལ་བ་རྣམས་རིང་མཐའ་བདུན་ཕྲག་བདུན་དང་། ཐུང་བ་བདུན་ཕྲག་གཅིག་ཕན་ཆད་དུ་འཁྱམས་ཤིང་། དེའང་བར་སྲིད་དེ་ལུས་མེད་པས་ཤིན་ཏུ་སྐྱོ་ནས་མིང་གཞི་འཁྱམས་པོ་རྣམ་ཤེས་རླུང་དང་བག་ཆགས་ཀྱིས་བདས་པས་རང་དབང་མེད་པར་སྐྱེ་གནས་འཚོལ་ཞིང་དྲི་ཟ། མངལ་སྒོ་འཁྲུལ་བ་ལས་རླུང་ལྔ་རྒྱུ་ཞིང་དུག་ལྔ་འདུས་པའི་སྣང་སེམས་ཀྱི་རྟེན་འབྲེལ་ལས། རྣམ་བྱང་འོད་ཀྱི་ལམ་ལྔ་དང་རིགས་དྲུག་གི་མངལ་བཟང་ངན་དང་སྐྱེ་གནས་བཞིའི་སྣང་བ་འཆར་བ་ན། གང་ལ་གོམས་པའི་དགེ་སྦྱོར་གནད་དུ་བསྣུན་ཏེ་རྒྱུ་རྣམ་བྱང་འོད་ཀྱི་ལམ་ལ་དབང་མེད་དུ་འཇུག་པ་དང་། རྐྱེན་མཚམས་སྦྱོར་གྱིས་སྐྱེ་བ་འཛིན་པ་ལ་འཇུག་ཡུལ་དང་འཇུག་མཁན་དགག་པའི་ཏིང་ངེ་

འཛིན་ཡིད་ལ་བྱ། ཅེས་ཀྱང་མ་ཁེགས་མངལ་སྒོ་གདམས་པ་ནི་ཐབས་ལམ་ཚིགས་བཅད་མ་ལས། བཞི་པ་མངལ་སྒོ་གདམས་པ་ནི། སྐྱེ་ཤི་སྲི་ལམ་བར་དོ་རུ། །སྦྱངས་པ་ཤིན་ཏུ་ཞན་པ་ཡིས། །བར་དོར་བྱང་ཆུབ་མ་ཐོབ་ན། །མངལ་གདམས་པ་ཡི་གདམས་ངག་བྱ། །དེ་ཡང་འཕེན་པ་འདི་བཞིན་བྱ། །བདེ་བ་ཅན་གྱི་ཞིང་ཁམས་སམ། པདྨ་ཅན་གྱི་ཞིང་ཁམས་སུ། །རྫུན་ཏེ་སྐྱེ་བར་བསམ་པ་ཡི། །བདུན་པ་དྲག་པོ་བཏང་བར་བྱ། །མ་ཡི་མངལ་དུ་འཇུག་ན་ཡང་། །འཁོར་ལོར་སྒྱུར་རྒྱལ་བྲམ་ཟེ་དང་། །སེམས་ཅན་དོན་བྱེད་ནུས་པ་ཡི། །བསོད་ནམས་ཅན་གྱི་ལུས་པོ་ཞིག །ལྷང་ངེ་སླམ་པའི་འདུན་པ་བཏང་། །དེ་ཡིས་གང་དུ་བསམ་པ་དེར། སྒྱོགས་དང་འཕྲུལ་འཁོར་ཇི་བཞིན་དུ། །ཐེ་ཚོམ་མེད་པར་འགྲོ་བ་ཡིན། །བྱང་ཆུབ་སེམས་དཔའ་ཤེས་བཞིན་དུ། །འཇུག་པར་བྱ་བ་ཡིན་ནོ་གསུངས། །ལུས་དེས་གདམས་ངག་བསྒོམས་པ་ཡིས། །ཚེ་གཅིག་ལུས་གཅིག་སངས་རྒྱས་ཐོབ། །ཅེས་གསུངས་པ་ལྟར་རྟེན་བཟང་པོ་ལས་ལམ་གྱི་འཕྲོ་མཐུད་དེ་སྐྱེ་བ་སྣ་ཚོགས་སྤྲུལ་པའི་སྐུར་འཚང་རྒྱ་བ་ལ་འབད་དོ། །

དྲུག ཚད་མཐུད་འཕོ་བ་བཤད་པ་ལ་གཉིས། སྤྲ་དོན་དབྱེ་བ་རྣམ་གཞག་སྤྱིར་བསྟན། སྒོམ་རིམ་བྱེ་བྲག་ཏུ་བཤད་པའོ། །

སྤྲ་དོན་གྱི་དབྱེ་བ་རྣམ་གཞག་སྤྱིར་བསྟན་པ་ནི། དབང་པོ་རབ་འབྲིང་ཐ་མའི་ལམ་གྱི་ལས་འཕྲོ་སྨྲུབ་པའི་རྟེན་བཟུང་བའི་གེགས་ལས་སྒྲོལ་བས་ལམ་གྱི་སྐྱོལ་མར་གྱུར་པ་དང་། གོ་འཕང་གཞན་དུ་བགྲོད་པས་སམ་རང་བཞིན་མེད་ཀྱང་ཀུན་ཏུ་འཇུག་པའི་ཕྱིར་འཕོ་བ་ཞེས་བྱ་བ་ལ། བཀའ་དཔེ་ཕྱི་མ་ལས། འཕོ་བའི་དབྱེ་བ་ཤིན་ཏུ་མང་། །སྦྱངས་ཏེ་འཕོ་དང་ཏིང་འཛིན་དང་། །སྲོག་དང་རྩོལ་བས་འཕོ་བ་དང་། །ལུས་ཀྱི་རྩོལ་བས་འཕོ་བ་དང་། །རྣམ་ཤེས་བླ་མར་འཕོ་བ་དང་། །བཙན་ཐབས་དག་ཏུ་འཕོ་བ་དང་། །སྤྲོས་མེད་ཆོས་སྐུའི་འཕོ་བ་དང་། །སྤྲོས་བཅས་གཟུགས་སྐུའི་འཕོ་བ་དང་། །ལོངས་སྤྱོད་རྫོགས་སྐུའི་འཕོ་བ་དང་། །སྤྲུལ་པ་སྐུ་ཡི་འཕོ་བ་དང་། །ཡིད་འོང་མཁའ་འགྲོའི་འཕོ་བའོ། །ཞེས་རྣམ་དབྱེ་

བཅུ་གཅིག་ཙམ་བཤད་པ་དང་། སྦྱོ་རབས་པ་མང་པོས་ཆོས་སྐུ། ལོངས་སྐུ། སྤྲུལ་སྐུའི་འཕོ་བ་གསུམ་དུ་མཛད་པ་དང་ཡང་སྦྱངས་ཏེ་འཕོ་བ། ལུས་བཙོས་ཏེ་འཕོ་བ། བཙན་ཐབས་སུ་འཕོ་བ་གསུམ། རྫས། རླུང་སྟོབས། ཏིང་ངེ་འཛིན་གྱི་འཕོ་བ་གསུམ། གོང་འཕོ། གྲོང་འཇུག་གཉིས། རྟེན་ཅན། རྟེན་མེད་གཉིས་ལ་སོགས་པ་དང་། རྗེ་མཁའ་སྤྱོད་པས། དོན་དམ་གསང་ཆེན་གྱི་འཕོ་བ། གཤིས་ལུགས་གཉུག་མའི་འཕོ་བ། གསལ་སྣང་མིག་འཕྲུལ་གྱི་འཕོ་བ་ཞེས་གསུམ་དུ་མཛད་པ་སོགས་ཀྱི་དབྱེ་བ་མཐའ་ཡས་པ་མཆིས་སོ། ལམ་འདིའི་དགོས་པ་ནི། ཞལ་ལུང་ལས། ཚེ་ག་འདི་ཡིས་སེམས་ཅན་གང་། །མཚམས་མེད་བྱེད་དང་རྫོངས་པ་ཡིས། །ཉིན་རེ་བྲམ་ཟེ་གསོད་པ་ཡང་། འདི་ཡིས་མི་འགྲུབ་གང་ཡང་མེད། །ཅེས་གསུངས་པས་ཤིན་ཏུ་དོན་ཆེའོ། །འོན་ཀྱང་སྐྱེ་བ་འདིར་སྡིག་ལས་དེ་རྣམས་སྤྱད་ཀྱང་སླར་དབང་བསྐུར་མནོས་ཤིང་དམ་ཚིག་ཚུལ་བཞིན་དུ་སྲུང་བ་དང་། བསྐྱེད་རིམ་སྔོན་དུ་སོང་བའི་རྫོགས་རིམ་རྩ་རླུང་གི་སྦྱོར་བ་ཁྱད་པར་ཅན་དང་ལྡན་པ་ཞིག་གིས་འགྲུབ་པ་ཡིན་ལ། སྡིག་ཅན་རང་ག་པ་རླུང་སྦྱོར་དང་འཕོ་དམིགས་ཕལ་བ་ཞིག་བསླབས་པ་སྦྱངས་པས་ནི་དམིགས་པའི་བྱིན་རླབས་ཀྱིས་ཕན་ཡོན་ཅུང་ཟད་རེ་འབྱུང་ཡང་ཚུལ་བཞིན་འགྲུབ་པ་མ་ཡིན་ནོ། །མ་བསྒོམས་པར་འཚང་རྒྱ་བའི་གདམས་ངག་གསུངས་པའི་དོན་ཡང་། འཕོ་བའི་མན་ངག་གི་ཟབ་ཁྱད་ཀྱིས་སྡིག་པོ་ཆེ་ངན་སོང་དུ་ལྟུང་འགྱུར་ཞིག་ཀྱང་སྡིག་པའི་འབྲས་བུ་རེ་ཞིག་ཐག་བསྲིངས་ནས་ཁམས་གོང་དུ་སྟེགས་སྤྱོད་ཀྱི་རྟེན་མཆོག་ཏུ་གྱུར་པར་སྐྱེ་བ་ལེན་ལ། དེ་ལྟ་ན་སངས་རྒྱས་སྒྲུབ་པའི་རྟེན་ཁྱད་པར་ཅན་དེ་ཉིད་ཐོབ་པ་ལ་དེར་བཏགས་པ་དང་། རྟེན་དེ་ལ་བརྟེན་ཏེ་བསྒྲུབས་པས་རིམ་གྱིས་འགྲུབ་པ་ལའང་དགོངས་པ་དང་རྣམ་པ་གཅིག་ཏུ་ན་ཞལ་ལུང་ལས། གལ་ཏེ་སྐུ་གསུམ་མ་འགྲུབ་ན། །རིག་པ་འཛིན་པའི་གཙོར་འགྱུར་ཏེ། རིམ་གྱིས་ཕྱག་རྒྱ་ཆེན་པོ་འགྲུབ། །ཅེས་འཕོ་བས་རིག་འཛིན་ཐོབ་ལ་རིག་འཛིན་གྱི་ཚེ་དེས་ལམ་ལྷག་མ་བསྒོམས་ནས་ས་དང་པོ་ལྟ་བུ་སངས་རྒྱས་ཀྱི་ཐ་སྙད་གདགས་རུང་གི་གོ་འཕང་ཐོབ་པ་ལ་དགོངས་པར་ཡང་བཤད་དུ་ཡོད་

དོ། །འཕོ་བའི་རྣལ་འབྱོར་མཚན་ཉིད་པ་འགྲུབ་པ་ལ། བུམ་པ་ཅན་གྱི་སྦྱོར་བ་བྱང་བས་ཐུར་སེལ་གྱི་རླུང་གིས་གཏུམ་མོ་འབར་བའི་མེ་རླུང་གི་ཤུགས་ཀྱིས་སྙིང་གའི་མི་ཤིགས་པའི་རླུང་སེམས་རང་གནས་ལས་བསྐྱོད་ནམ་གཙུག་ཏོར་གྱི་བར་འཕིགས་ནུས་པ་ཞིག་དགོས་པ་ཡིན་ཏེ། རྡོ་རྗེ་མཁའ་འགྲོ་ལས། གནས་ཀྱི་མཐའ་ནི་དག་པར་བྱ། །དག་ནས་སྲིད་པ་འཕོ་བྱ་ཡིས། །གཞན་དུ་ན་ནི་དོན་མེད་འགྱུར། །བུམ་པ་ཅན་གྱི་སྒོ་བཅིངས་ནས། །སྒོ་ཡི་བུ་ག་དག་པར་བྱ། ཞེས་གདན་བཞི་དང་སམྦུ་ལས་ཀྱང་གསུངས་ཏེ། དོན་བདེ་སྡུག་གི་གནས་ནི་ལུས་དང་དེའི་མཐའ་སྤྱི་མཐར་ཐུག་གི་རྩ་དབུ་མ་ཡིན་ལ། གཏུམ་མོའི་རྣལ་འབྱོར་གྱིས་རྩ་དེར་མེ་རླུང་འདུན་གསུམ་གྱིས་སྦྱངས་པས་དག་པར་མ་བྱས་ན་འཕོ་བ་མི་འགྲུབ་པས་ངལ་བ་དོན་མེད་ཡིན་ཞེས་རྗེ་བ་རྗེ་དྲུས་བཤད་པ་ལྟར་རོ། །

སྨོམ་དོན་བྱེ་བྲག་ཏུ་སྨོས་པ་ནི། བཀའ་དཔེ་སྡེ་ཕྱི་སོགས་ཀྱི་དགོངས་དོན་རྗེ་རང་བྱུང་ཞབས་སོགས་ཀྱིས། རབ་འོད་གསལ། འབྲིང་སྒྱུ་ལུས། ཐ་མ་བསྐྱེད་རིམ་ལ་འཕོ་བ་དང་གསུམ་དུ་མཛད་པའི་དང་པོ་ནི། གནས་ལུགས་ཀྱི་དོན་ཇི་ལྟ་བ་བཞིན་རྟོགས་པའི་ཤེས་རབ་དང་དེའི་ངང་ལ་རྩེ་གཅིག་ཏུ་གནས་པའི་ཏིང་ངེ་འཛིན་ཟུང་འབྲེལ་གྱི་གནད་ཟབ་མོ་ལ་གོམས་པར་བྱས་པ་ན། ནམ་འཆི་བ་ལ་མངོན་དུ་ཕྱོགས་ཏེ་འབྱུང་བ་ཐིམ་སྡུད་ཀྱི་རྟགས་རྣམས་ཤར་བའི་ཚེ་འཕོ་བྱ་འཕོ་བྱེད་སོགས་ཀྱི་འཁོར་གསུམ་མི་དམིགས་པ་དེ་ཕོན་ཉིད་ཀྱི་ལྟ་བ་འབྲལ་མེད་ཀྱི་སྟེང་དུ་གཞག་བྱ་འཛོག་བྱེད་རྩོལ་བ་མེད་པར་བཞག་པས་གཞིའི་འོད་གསལ་དང་ཆུ་ལ་ཆུ་བཞག་སྟར་དབྱེར་མེད་དུ་འདྲེས་ཏེ་བར་དོ་དང་པོར་བཏགས་པ་འཆི་བ་ཆོས་ཀྱི་སྐུར་འཚང་རྒྱ་བ་ལ་བྱའོ། །གཉིས་པ་ནི། དབང་པོ་འབྲིང་དུ་གྱུར་པས་འཆི་སྲིད་ཐིམ་རིམ་དང་སྣང་གསུམ་མཐའི་འོད་གསལ་ངོས་མི་ཟིན་ཅིང་ཟིན་ཀྱང་གནས་པར་མ་ནུས་ན། སྒྱུ་ལུས་ལོངས་སྐུར་ལྡང་བར་བྱའོ་སླམ་པའི་སྨོན་གྱི་འཕེན་པས་གསོས་བཏབ་སྟེ་སྣང་གསུམ་ལུགས་ལྡོག་གི་མཐར་སྒྱུ་ལུས་ལྷ་སྐུར་ལྡངས་ཤིང་། དེ་ཉིད་ཀྱང་འོད་གསལ་དོན་དམ་པའི་རིམ་པས་སྦྱངས་ཏེ་འཁོར་བའི་བར་སྲིད་ལས་ཤིན་ཏུ་འདས་པའི་ཟུང་འཇུག་སྒྱུ་མའི་སྐུ

ཆུ་ལས་ཉ་འཕར་བ་ལྟར་བཞེངས་ནས་བར་དོ་ཡོངས་སྐྱར་འཚང་རྒྱ་བ་ལ་བྱ་སྟེ། བརྒྱུད་པ་འདིའི་རྗེ་བཙུན་གོང་མ་རྣམས་འཕོ་བ་དང་པོ་གཉིས་དང་། བར་དོ་དང་པོ་གཉིས་ཀྱི་ཉམས་ལེན་ཁྱད་མེད་དུ་བཞེད་དོ། །གསུམ་པ་ལ་བཞི། སེམས་སྦྱངས་ཏེ་འཕོ་བ། ལུས་བཙོས་ཏེ་འཕོ་བ། བཙན་ཐབས་སུ་འཕོ་བ། གྲོང་འཇུག་གི་འཕོ་བའོ། །དང་པོ་ནི། ཕྱི་ནང་གི་སྟོང་ར་དང་ རླུང་ རྩུབ་ བཟུང་ འཕང་ གསུམ་ གྱི་ སྦྱོར་ བས་ སེམས་ ཀྱི་ ཡིག་ འབྲུ་ བསྐྱལ་ ནས་འཇུག་ལྡོག་ལ་དབང་ཐོབ་པར་སྦྱངས་ཏེ་རྟགས་ཀྱིས་ཉམས་སད་ཅིང་། དུས་མིན་གྱི་འཕོ་བ་སྤངས་ལ་དུས་སུ་བབས་པའི་ཚེ་ལས་ལ་སྦྱར་བའོ། །གཉིས་པ་ནི། སྦྱངས་པ་ཚགས་སུ་མ་ཚུད་པར་གློ་བུར་དུ་འཆི་བས་ གཏུགས་ན་རྟེན་བྱིན་རླབས་ཅན་གྱི་སྤྱན་སྔར་མོས་གུས་སེམས་བསྐྱེད་ཀྱིས་མཚམས་སྦྱར་ལ། དེ་བཞིན་གཤེགས་པ་མྱ་ངན་ལས་འདས་པའི་བཞུགས་སྟངས་དང་། སྐྱེ་མེད་ཀྱི་ཡིག་འབྲུའི་སྦྱོར་བས་དག་པའི་ཞིང་དུ་འཇུག་པར་བྱ་སྟེ། ཐ་མལ་པ་དང་དུད་འགྲོ་ རྣམས་ ལ་ ཕན་ པ་ རྒྱ་ ཆེར་ འབྱུང་ བའི་ གདམས་ ངག་ ཟབ་ མོར་ གསུངས་ སོ། །གསུམ་པ་ནི། སྡོན་ལས་ངན་པས་གཤེད་མས་གསོད་པར་ངེས་པ་སོགས་ལ་ལུས་ཀྱི་གནད་འབྲུལ་འཁོར། སེམས་ཀྱི་གནད་དགུ་གསུམ་ལས་འདས་པ། ངག་གི་གནད་དབྱངས་གསལ་ཕྱེད་དང་གསུམ་པའི་སྦྱོར་བས་སྐད་ཅིག་ལ་ཐུགས་སྤྱོད་ཀྱི་རྟེན་ཁྱད་པར་ཅན་འཛིན་པའོ། །བཞི་པ་ནི། བརྟུས་གསལ་ལས། ལམ་མྱུར་གཅོད་པ་འཕོ་བ་སྟེ། །གྲོང་དུ་འཇུག་པ་ཡན་ལག་གོ །ཞེས་གསུངས་པ་ལྟར། ཡེ་ཤེས་གོང་དུ་འཕོ་བའི་ཡན་ལག རྣམ་ཤེས་རང་ལུས་ཀྱི་གྲོང་ལས་འཕོས་ནས་གཞན་ཤི་བའི་ལུས་མ་ཉམས་པའི་གྲོང་དུ་འཇུག་པས་གྲོང་འཇུག་ཅེས་བྱ་བའི་གདམས་པ་འདིའང་བླ་མེད་ཀྱི་རྒྱུད་སྡེ་རབ་ཏུ་མང་པོ་ནས་གསུངས་ལ། འདི་སྒྲུབ་པའི་གང་ཟག་ཀྱང་དབང་ལེགས་པར་ཐོབ་ཅིང་དམ་སྡོམ་ཚུལ་བཞིན་བསྲུང་ལ་བསྐྱེད་རིམ་སྦྱངས་པ་ཞིག་དགོས་པ་ནི་འཕོ་བ་སྤྱི་དང་འདྲ་ལ། ཁྱད་པར་དུ་རྡོ་རྗེ་མཁའ་འགྲོ་དང་གདན་བཞི་དང་སམྦུ་སོགས་ཀྱི་རྒྱུད་རྩ་འགྲེལ་རྣམས་ནས། འཕོ་བ་ཁྱད་པར་ཅན་དང་། རང་གི་རྣམ་ཤེས་གཞན་ལུས་ལ་འཇུག་པ་དང་། གཞན་གྱི་རྣམ་ཤེས་བཏོན་ནས་རང་ལུས་ལ་

འཇུག་པ་གསུམ་ག་ལ་སྔོ་དཀྱུར་ཡི་གེ་བཀོད་ནས་རླུང་འགོག་ནུས་པ་དང་། བུམ་པ་ཅན་གྱིས་ཀྱང་སྔོ་དེ་རྣམས་སྦྱངས་ནས་སྲོག་རླུ་ཧིར་གཟུད་ནུས་པ་དང་། གཏུམ་མོའི་རྣལ་འབྱོར་གྱིས་ཨ་ཐུང་སྦར་བའི་ཤུགས་ཀྱིས་སྙིང་གའི་ཡིད་ཤེས་ཀྱི་ཧཱུ་ཡིག་སྲོག་རླུང་ཕྲ་བའི་བཞོན་པ་ཅན་བསྐུལ་ནུས་པ་ཞིག་དགོས་པར་གསུངས་པ་ལྟར་རོ། །དགོས་པ་ཅིའི་ཕྱིར་བྱེད་ན། ལུས་དེས་རང་གཞན་གྱི་དོན་མི་འགྲུབ་པར་མཐོང་ནས་དེ་ལས་ལྷག་པའི་ལུས་འཛིན་པ་སྟེ། རིགས་དམའ་བ་རིགས་བཟང་དང་ནད་བུ་ཅན་ནད་མེད་དང་རྒས་པ་གཞོན་པའི་ལུས་རྟེན་འཛིན་པ་སོགས་ཀྱི་དོན་དུ་བྱེད་པའོ། །ལུས་ཕྱི་མ་ལ་བརྟེན་ནས་ལམ་གྱི་འགྲོ་མཐུད་དེ་ཕྱི་མ་སྒྲུབ་པའི་ཕྱིར་གྲོང་འཇུག་ལམ་གྱི་མཐུད་མ་ཞེས་ཀྱང་གསུངས་སོ། །དེའི་ཉམས་ལེན་ནི། སྙན་བརྒྱུད་རྡོ་རྗེའི་ཚིག་རྐང་ལས། རླུང་སེམས་དབང་ཐོབ་བསྐྱེད་རྫོགས་བརྟན་པ་ཡིས། །སྐྱོན་མེད་རོ་ལ་རྣམ་ཤེས་ཡིག་འབྲུ་འཕངས། ཞེས་དང་། ཆོས་དྲུག་ཟིལ་བར། རང་ལུས་དུས་ཀྱི་ཚད་ཕེབས་པས། །གཞན་རྐྱེན་མཚན་ལྡན་ཡུལ་གྱི་གནད། །བར་ན་ཡིག་འབྲུ་རླུང་གི་རྟ། །ཐིག་ལེ་རླུང་སེམས་འཁྲུལ་འཁོར་གྱིས། །རང་ལུས་ཁང་སྟོང་བཞིན་དུ་བསྐྱུར། །གཞན་ལུས་སྤྲུལ་སྐུའི་ངོ་བོ་ཉིད། །མིང་ཡང་གྲོང་འཇུག་གི་གདམས་ངག་ཟེར། །རླུང་ལས་སུ་རུང་ངམ་ལོ་ཙཱ་བ། ཞེས་གསུངས་པ་ལྟར་དང་པོ་སྦྱངས། བར་དུ་སད། ཐ་མར་ལས་ལ་སྦྱོར་ཏེ་ལམ་གྱི་འགྲོ་མཐུད་པར་བྱའོ། །

གསུམ་པ། འབྲས་བུ་མངོན་དུ་བྱེད་ཚུལ་ནི། དེ་ལྟར་ཟབ་མོའི་ལམ་མཐར་ཕྱིན་པའི་འབྲས་བུ་རྟགས་བཅུ། ཡོན་ཏན་བརྒྱད། གྲུབ་པ་བརྒྱད། ཕྲིན་ལས་བཞི་སོགས་ཐུན་མོང་གི་དངོས་གྲུབ་རྣམས་དང་། ཡན་ལག་བདུན། དབང་ཕྱུག་བརྒྱད། སྐུ་བཞི་ཡེ་ཤེས་ལྔ་སོགས་མཆོག་གི་དངོས་གྲུབ་མཐར་ཕྱིན་ཐོབ་ཅིང་། ཁྱད་པར་བདེ་སྟོང་ཟུང་འཇུག་འགྱུར་བ་མེད་པ། འཇའ་ལུས་སྒྲིབ་བྲལ་སྒྱུ་མའི་ཚུལ་ཅན། སྣང་སྟོང་རང་ཤར་སོ་སོར་རྟོགས་པ། ཆོས་སྐུ་ཀློང་འབྱམས་ཡེ་ཤེས་ཆེན་པོ། ངེས་པ་ལྔ་ལྡན་ལོངས་སྤྱོད་རྫོགས་པ། གང་དུའང་འཕོ་མེད་མཁའ་སྤྱོད་ཆེན་པོ་སྟེ་མཐར་ཐུག་གི་ཆོས་དྲུག་མངོན་དུ་འགྱུར་བ་ཡིན་ནོ། །

2. གྲོལ་ལམ་ཕྱག་རྒྱ་ཆེན་པོའི་ལམ་གྱི་རིམ་པ་བཤད་པ།

གྲོལ་ལམ་ཕྱག་རྒྱ་ཆེན་པོའི་ལམ་གྱི་རིམ་པ་བཤད་པ་ལ་གསུམ། མདོ་སྔགས་ཀྱི་རིང་སྲོལ་སྤྱིར་བཤད་པ། ཉམས་ལེན་ལུགས་གསུམ་བྱེ་བྲག་ཏུ་བཤད་པ། གདམས་པའི་བཀའ་སྲོལ་གྱི་རྣམ་གྲངས་སློས་པས་དོན་བསྡུ་བའོ། །

（1） མདོ་སྔགས་ཀྱི་རིང་སྲོལ་སྤྱིར་བཤད་པ། དེའང་མཉམ་མེད་དྭགས་པོ་བཀའ་བརྒྱུད་ཅེས་ཡོངས་སུ་གྲགས་པ་འདི་ཉིད། ཚིག་བརྒྱུད་ཙམ་མ་ཡིན་པར་དོན་གྱི་བརྒྱུད་པ་མཐར་ཐུག་པ་ཞིག་ཡིན། ཞེས་གསུངས་པའི་དོན་ནི། ཕྱག་རྒྱ་ཆེན་པོ་དྲི་མ་མེད་པ་རྟོགས་པའི་བརྒྱུད་པ་བར་མ་ཆད་པ་ཡིན་པའི་ཕྱིར། སློབ་མ་གང་ཞིག་གིས་རྩ་བའི་བླ་མའང་ཕྱག་རྒྱ་ཆེན་པོའི་རྟོགས་པ་གང་ལས་བརྙེས་པ་དེ་ལ་མཛད་པའི་ཕྱག་སྲོལ་ད་ལྟའི་བར་དུ་མ་ཉམས་པ་ཡོད་པས། བརྒྱུད་པ་རིན་པོ་ཆེ་འདི་ལ་གྲགས་ཆེ་བའི་གདམས་ངག་ཕྱག་རྒྱ་ཆེན་པོ་ཞེས་པ་འདི་ལ། མདོ་ལུགས་དང་མཐུན་པའི་སྙིགས་བྲལ་འོད་གསལ་གྱི་ཡུལ་ལ་ཡུལ་ཅན་ཡིད་ལ་མི་བྱེད་པའི་གདམས་པས་མཉམ་པར་འཇོག་པ་དང་། སྔགས་ལུགས་བདེ་སྟོང་ཟུང་འབྲེལ་གྱི་ཕྱག་རྒྱ་ཆེན་པོ་ལྷན་ཅིག་སྐྱེས་པའི་སྦྱོར་བ་ལས་སྐྱེས་པའི་ཡེ་ཤེས་དང་། ནཱ་རོའི་ལུས་ལ་གནད་དུ་བསྣུན་པས་ཁྱད་པར་དུ་བྱས་པ་གཉིས་སུ་གྲགས་སོ། །དེ་ལ་དང་པོ་ནི། མཉམ་མེད་དྭགས་པོས། རྗེ་ཕག་མོ་གྲུ་པ་ལ། འོ་སྐོལ་གྱི་ཕྱག་རྒྱ་ཆེན་པོ་འདིའི་གཞུང་ནི་བཅོམ་ལྡན་འདས་བྱམས་པས་མཛད་པའི་ཐེག་པ་ཆེན་པོ་རྒྱུད་བླ་མའི་བསྟན་བཅོས་ཡིན་ནོ་ཞེས་གསུངས་པ་ལ་བརྟེན་ནས་དཔལ་ཕག་མོ་གྲུ་པ་ཡབ་སྲས་དང་། ཆོས་རྗེ་འབྲི་གུང་པ་དཔོན་སློབ་ཀྱིས་ཀྱང་ཐེག་པ་ཆེན་པོ་རྒྱུད་བླ་མའི་བཤད་པ་མང་དུ་མཛད་པ་དང་། དེ་བཞིན་དུ་རྒྱལ་བའི་དབང་པོ་ཀུན་མཁྱེན་རང་བྱུང་རྡོ་རྗེ། འགོས་ལོ་གཞོན་ནུ་དཔལ་བ། རྗེ་མི་བསྐྱོད་རྡོ་རྗེ། འབྲུག་པ་ཀུན་མཁྱེན་པདྨ་དཀར་པོ། དྭགས་རམ་པ་བཀྲ་ཤིས་རྣམ་རྒྱལ། དྭགས་རམ་པ་ཆོས་རྒྱལ་བསྟན་པ། སྟག་ལུང་ངག་དབང་རྣམ་རྒྱལ། སི་ཏུ་པཎ་ཆེན་ཆོས་ཀྱི་འབྱུང་གནས། ཀརྨ་ཀ་ར། འཇམ་མགོན་བློ་གྲོས་མཐར་ཡས་སོགས་ནས་བདག་ཅག་གི་རྣམ་འདྲེན་དམ་པའི་བར་དུ་

བསྟན་བཅོས་འདི་ལ་ག་སོགས་སུ་མཛད་ནས་རྩལ་དུ་བཏོན་པའི་བཤད་པ་མང་དུ་མཛད་པ་ནི་མདོ་ལུགས་ཀྱི་ཕྱག་རྒྱ་ཆེན་པོའི་ཁྲིད་སྐྱོལ་རྒྱུན་འཛིན་གནང་བ་ཞིག་ཡིན་ནོ། །དེ་ནི་མངའ་བདག་མཻ་ཏྲི་པའི་བཞེད་པ་ཡིན་ཏེ། དེའང་མངའ་བདག་མཻ་ཏྲི་པས་བྲམ་ཟེ་ཆེན་པོ་ཡབ་སྲས་ཀྱི་གདམས་ངག་བརྙེས་ནས་སྔགས་དང་རྗེས་སུ་མཐུན་པའི་ཕ་རོལ་ཏུ་ཕྱིན་པའི་མན་ངག་དེ་ཁོ་ན་ཉིད་བཅུ་པ་སོགས་མཛད་ལ། དེ་ལས་རྗེ་མར་པས་གསན་ཏེ། ཐེག་པའི་མཐར་ཐུག་སྙིང་པོའི་དོན། །མཐར་བྲལ་ཡིད་ལ་མི་བྱེད་པ། ཆོས་ཕྱག་རྒྱ་ཆེ་ལ་ངོ་སྤྲོད་བགྱིས། །ཞེས་སོགས་ནས། རྗེ་མེ་ཏྲི་ཆེན་པོའི་བཞེད་གཞུང་ལུགས། ཞེས་གསུངས་པ་དང་། རྗེ་མི་ལས་ཀྱང་། ད་རེས་འཁོར་འདས་བར་དོ་ན། །གནས་ལུགས་ངོ་སྤྲོད་ཕྱག་རྒྱ་ཆེ། །གཞི་ལྟ་བ་གཏན་ལ་དབབ་ཀྱང་འཚལ། ཞེས་གསུངས་པ་རྣམས་ཀྱི་དོན་ཏེ། དེའི་ལྟ་སྒོམ་གྱི་ཚུལ་ཡང་། འདི་ལ་བསལ་བྱ་ཅི་ཡང་མེད། །གཞག་པར་བྱ་བ་ཅུང་ཟད་མེད། །ཡང་དག་ཉིད་ལ་ཡང་དག་ལྟ། ཡང་དག་མཐོང་ན་རྣམ་པར་གྲོལ། །ཞེས་དང་། རྒྱུད་བླ་མ། རྣམ་དབྱེ་བཅས་པའི་མཚན་ཉིད་ཅན། །གློ་བུར་དག་གིས་ཁམས་སྟོང་གི །རྣམ་དབྱེར་མེད་པའི་མཚན་ཉིད་ཅན། །བླ་མེད་ཆོས་ཀྱིས་སྟོང་མ་ཡིན། །ཞེས་གསུངས་པས་སེམས་ཀྱི་རང་བཞིན་འོད་གསལ་འདི་ལ་བསལ་བར་བྱ་བའི་དྲི་མ་ཅིའང་མེད་དེ། གཟོད་མ་ནས་རང་བཞིན་ལ་དྲི་མ་མེད་པའི་ཕྱིར། །ཡོན་ཏན་སྔར་མེད་གསར་དུ་བསྐྱེད་ཅིང་གཞག་པར་བྱ་བ་ཅུང་ཟད་ཀྱང་མེད་དེ། །གདོད་མ་ནས་ཡོན་ཏན་རྣམ་པར་དབྱེར་རུང་བའི་མཚན་ཉིད་ཅན་བཅོས་མ་གློ་བུར་གྱི་དྲི་མ་དག་གིས་ནི་ཁམས་སྟོང་ལ། རྣམ་པར་དབྱེར་མེད་པའི་མཚན་ཉིད་ཅན་མ་བཅོས་པའི་རང་བཞིན་བླ་ན་མེད་པའི་ཆོས་སངས་རྒྱས་ཀྱི་ཡོན་ཏན་སྟོབས་བཅུ་ལ་སོགས་པས་ནི་ཁམས་སྟོང་པ་མ་ཡིན་ཏེ། དཔེར་ན་མཁྲིས་ནད་ཀྱིས་དུང་སེར་པོར་སྣང་བའི་ཚེ་དུང་གི་སྟེང་དུ་སེར་པོས་ནི་སྟོང་ལ་དཀར་པོས་མི་སྟོང་པ་ལྟ་བུའོ། །དེས་ན་དྲི་མ་བསལ་འདོད་དང་ཡོན་ཏན་གཞག་འདོག་གཉིས་ཀ་རེ་དོགས་ཀྱི་རྣམ་རྟོག་གིས་བསྒྲིབས་པ་ཡིན་པས་དེ་སྤངས་ནས་ཡང་དག་པའི་དེ་ཁོ་ན་ཉིད་ད་ལྟར་གྱི་ཐ་མལ་ཤེས་པ་སྣང་སྟོང་དབྱེར་

མེད་བདེན་རྫུན་དང་བྲལ་བ་འདི་ཉིད་ལ་བླང་དོར་གྱིས་བཅོས་བསླད་མི་བྱ་བར་སོ་སོ་རང་གི་རིག་པའི་ཤེས་རབ་ཀྱིས་དེ་ཁོ་ནར་བལྟ་ཞིང་བསྒོམ་པར་བྱའོ། །ལྟ་བ་ཞེས་བྱ་བ་ནི་ཤེས་རབ་ཀྱིས་ཤེས་ཤིང་ལྟ་བར་བྱེད་པ་ཡིན་ལ། སྒོམ་པ་ཞེས་པ་ནི་དེའི་ངང་དུ་མ་ཡེངས་པར་རྩེ་གཅིག་ཏུ་གཞག་པ་ཉིད་དེ། ཚུལ་འདི་ནི་རང་བྱུང་ཞབས་ཀྱིས། ཐམས་ཅད་བདེན་མིན་རྫུན་མིན་ཏེ། །ཆུ་ཟླ་བཞིན་དུ་མཁས་རྣམས་འདོད། །ཐ་མལ་ཤེས་པ་འདི་ཉིད་ལ། །ཆོས་དབྱིངས་རྒྱལ་བའི་སྙིང་པོ་ཟེར། །ཞེས་གསུངས་ཤིང་གསལ་བར་མཛད་པའི་ཕྱིར། དཔལ་མཁའ་སྤྱོད་པས། དུས་ད་ལྟའི་སྣང་རིག་གསལ་ཙམ་འདི། །ཆོས་ཀུན་རྫོབ་བདེན་པའི་རང་ངོ་ཡིན། །འདི་མ་བཅོས་རང་གའི་གནད་ཤེས་ན། །དོན་དམ་པའི་བདེན་པའང་འདི་ཁོ་ན། །གཞུང་ཐ་སྙད་མཁན་གྱི་བདེན་གཉིས་དེ། །ལུང་རིགས་པ་མང་ཡང་གནད་མ་གོ །གཉིས་ཐ་དད་དུ་བཟུང་བས་གཉིས་མེད་ཉམས། །ཞེས་གསུངས་ཏེ་ཀུན་རྫོབ་ཀྱི་བདེན་པ་ནི་གློ་བུར་གྱི་དྲི་མ་དུང་གི་སྟེང་སེར་པོ་ལྟ་བུའོ། །དོན་དམ་པའི་བདེན་པ་ནི་དེ་བཞིན་གཤེགས་པའི་སྙིང་པོ་དུང་གི་དཀར་པོ་ལྟ་བུའོ། །དེ་ནི་ཡུལ་ཅན་འཁྲུལ་ངོར་སྣང་ཙམ་མ་གཏོགས་ཡུལ་དུང་སྟེང་དུ་དཀར་སེར་བསལ་བཞག་བྱ་རྒྱུ་མེད་པས་ན་མ་བཅོས་པར་རང་བབས་སུ་གཞག་པ་ནི་མན་ངག་ཡིན་ལ། མདོར་ན་འཁོར་བ་དང་མྱང་འདས་ཞེས་བྱ་བ་ནི་ཀུན་རྫོབ་སྣང་ཙམ་གྱི་ངོ་ནས་བཞག་ཅིང་དེ་གཉིས་ཀའི་རང་བཞིན་སྤྲོས་བྲལ་འོད་གསལ་དེ་ལ་བདེ་གཤེགས་སྙིང་པོ་ཞེས་གསུངས་པས་ངེས་པའི་དོན་དུ་སྣང་ཙམ་དང་དེའི་རང་བཞིན་ཡང་སོ་སོར་དབྱེ་རུ་མེད་དེ་མེ་དང་ཚ་བ་ལྟ་བུའོ། །རྒྱུ་མཚན་དེའི་ཕྱིར་ཡུམ་ལས་ཀྱང་། གཟུགས་སྟོང་པའོ། སྟོང་པ་ཉིད་གཟུགས་སོ། །ཞེས་བྱ་བ་ལ་སོགས་པ་གསུངས་ཤིང་། རང་བྱུང་ཞབས་ཀྱིས། གནས་ལུགས་སྤྲོས་བྲལ་ཕྱག་རྒྱ་ཆེན་པོ་ནི། རྣམ་རྟོག་སྤྲོས་པའི་མཚན་མ་ཀུན་གྱིས་སྟོང་། །གསལ་ལ་འཛིན་མེད་དག་པའི་རང་བཞིན་ཏེ། །དེ་བཞིན་གཤེགས་པའི་སྙིང་པོ་ཞེས་ཀྱང་བྱ། །ཞེས་གསུངས་སོ། །འདི་ལ་ཆོས་རྗེ་ས་སྐྱ་པཎ་ཆེན་གྱིས་ངེད་ཀྱི་ཕྱག་རྒྱ་ཆེན་པོ་ནི། དབང་ལས་སྐྱེས་པའི་ཡེ་ཤེས་ལགས། ཞེས་གསུངས་པ་ལ་བརྟེན་ནས། འགའ་

ཞིག་གིས་ཕ་རོལ་ཏུ་ཕྱིན་པའི་ལུགས་ལ་ཕྱག་རྒྱ་ཆེན་པོའི་ཐ་སྙད་མེད་ཅེས་བཞེད་མོད་ཀྱི། འོན་ཀྱང་སློབ་དཔོན་ཡེ་ཤེས་གྲགས་པས་མཛད་པའི་དེ་ཁོ་ན་ཉིད་ལ་འཇུག་པ་ལས། ཡུམ་ཤེས་རབ་ཀྱི་ཕ་རོལ་ཏུ་ཕྱིན་པ་ཉིད་ཀྱི་མཚན་གཞན་ཕྱག་རྒྱ་ཆེན་པོ་སྟེ། དེ་ནི་གཉིས་སུ་མེད་པའི་ཡེ་ཤེས་ཀྱི་ངོ་བོ་ཉིད་ཡིན་པའི་ཕྱིར་རོ། །ཞེས་མདོ་ལས་གསུངས་པའི་ཤེར་ཕྱིན་དང་སྔགས་ཀྱི་ཕྱག་ཆེན་གཉིས་མཚན་གྱི་རྣམ་གྲངས་སུ་བཤད་པར་མ་ཟད། ཕ་རོལ་ཏུ་ཕྱིན་པ་ལ་མངོན་པར་བརྩོན་པའི་དབང་པོ་རབ་ནི། ཞི་གནས་དང་ལྷག་མཐོང་བསྒོམས་པས་སོ་སོའི་སྐྱེ་བོའི་གནས་སྐབས་ཉིད་ན་ཕྱག་རྒྱ་ཆེན་པོ་དང་ངེས་པར་ལྡན་པ་ཡང་དག་པར་རྟོགས་པས་ཕྱིར་མི་ལྡོག་པའི་རྟགས་ཉིད་དང་། ཞེས་པས་མིང་གི་ཐ་སྙད་ཀྱང་བཤད་ལ། ལྷན་སྐྱེས་རྡོ་རྗེ་ཀྱང་དེ་མཚུངས་བཤད་པ་ནི་འོད་ཏུ་འབྱུང་ངོ་། །དྭགས་པོ་རིན་པོ་ཆེས། ལས་དང་པོ་པས་དབང་བསྐུར་མ་ཐོབ་པ་ཡང་རྟོན་དུ་ཐུན་མོང་དང་ཐུན་མོང་མ་ཡིན་པའི་བློ་སྦྱོང་ལེགས་པར་ཁྲིད་ནས་དངོས་གཞིའི་ཁྲིད་བཏབ་ནས་ཕྱག་རྒྱ་ཆེན་པོའི་རྟོགས་པ་སྐྱེས་པར་མཛད་པ་ནི་ཕ་རོལ་ཏུ་ཕྱིན་པའི་ལུགས་འདི་ཡིན་ལ། འདི་ནི་གཙོ་བོ་བཀའ་གདམས་པ་ལས་བྱུང་བའི་གདམས་པ་སྟེ། རྗེ་བོས་མཛད་པའི་ཕྱག་ཆེན་ལྷན་ཅིག་སྐྱེས་སྦྱོར་གྱི་ཆ་གཉིས་པའི་མན་ངག་དང་ད་ལྟའི་ལུགས་སྲོལ་འདི་རྣམ་པ་ཐམས་ཅད་དུ་མཚུངས་ཤིང་རྣལ་འབྱོར་བཞི་རིམ་ཡང་དེར་གསལ་བར་བསྟན་པ་ཡིན་ནོ། །དེ་ལྟར་ཡང་ཚོགས་པ་ཕལ་མོ་ཆེ་རྣམས་བཀའ་གདམས་ལས་བྱུང་བའི་ལམ་རིམ་གྱིས་ཁྲིད། ཐུན་མོང་མ་ཡིན་པ་རྣམས་བླ་མ་མི་ལ་ནས་བྱུང་བའི་ཐབས་ལམ་གྱིས་ཁྲིད་པར་མཛད་ཅེས་འབྱུང་བའི་སྟ་མའི་དོན་ནོ། །འདི་ལ་དགོངས་ནས་རྗེ་མི་བསྐྱོད་ཞབས་ཀྱིས། ཆོས་སྐུ་རྡོ་རྗེ་འཆང་ཆེན་པོ་ནས་བརྒྱུད་པའི་ན་རོ་ཆེན་པོའི་བཀའ་བརྒྱུད་ཀྱི་ཕྱག་རྒྱ་ཆེན་པོའི་དངོས་གྲུབ་མཚན་ཉིད་པ་ནི་མཆོག་དབང་གོང་མ་གསུམ་གྱིས་དཔེ་དོན་གྱི་ཡེ་ཤེས་མཚན་ཉིད་པ་མངོན་སུམ་དུ་མ་གྱུར་པ་ལ་ཡོད་པ་མ་ཡིན་ལ། དེང་སང་གི་རྒྱ་ཕར་ཕྱིན་ཐེག་པ་དང་ཐུན་མོང་བའི་ཞི་ལྷག་གི་ཁྲིད་སྲོལ་མགོན་པོ་ཨ་ཏི་ཤ་ནས་བརྒྱུད་པ། བྱང་ཆུབ་ལམ་སྒྲོན་གྱི་མན་ངག་རྗེ་བཙུན་སྒོམ་པོ་པ་དང་མགོན་པོ་ཕག

མོ་གྲུབ་པས། སློགས་མའི་གདུལ་བྱ་ཐེག་པ་མཐོ་མཐོ་ལ་དགའ་བའི་ངོར་ཕྱག་ཆེན་ལྷན་ཅིག་སྐྱེས་སྦྱོར་གྱི་མིང་གདགས་པར་མཛད་པ་ཞེས་གསུངས་ལ། དྭགས་པོའི་ཐུགས་སྲས་ཕལ་མོ་ཆེ་རྣམས་ཀྱི་ཕྱག་བཞེས་སུ་དབང་བསྐུར་སྔོན་སོང་ལ་ཕྱག་ཆེན་གྱི་གདམས་ངག་བསྟན་ཏེ་མདོ་སྔགས་ཐུན་མོང་གི་ལམ་སྲོལ་དུ་བཞེད་པ་ཡིན། སྔགས་ཀྱི་ལམ་དུ་གྱུར་པའི་ཕྱག་རྒྱ་ཆེན་པོ་ནི། རྡོ་རྗེ་ཐེག་པའི་ཟབ་ལམ་གྱི་གདམས་པ་སྔོན་དུ་འགྲོ་བའི་སྐལ་ལྡན་གྱི་སློབ་མའི་ཚོགས་རྣམས་ཐོག་མར་དཔལ་འཁོར་ལོ་སྡོམ་པ་ལ་སོགས་པའི་དཀྱིལ་འཁོར་དུ་བཅུག་སྟེ། སྨིན་བཅས་ཀྱི་དབང་བསྐུར་བའམ། ཡང་ན། རྡོ་རྗེ་ཡེ་ཤེས་ཀྱི་དབང་གིས་རྒྱུད་སྨིན་པར་བྱས་ཏེ་གདོད་ཕྱག་རྒྱ་ཆེན་པོའི་གདམས་པ་གནང་བར་མཛད་པ་ནི་སྒྲུབ་བརྒྱུད་རིན་པོ་ཆེ་འདིའི་བཀའ་སྲོལ་ཡིན་ནོ། །

གཉིས་པ་ནི། སྤྱིར་ཕྱག་རྒྱ་ཆེན་པོ་ཞེས་བྱ་བའི་ཚིག་གི་ཐ་སྙད་ནི་སྔགས་ཕོ་ནར་གསུངས་ཤིང་དོན་ནི་ཟུང་དུ་འཇུག་པ་ལ་ཕྱག་རྒྱ་དེའི་རང་བཞིན་གྱིས་ཆོས་ཐམས་ཅད་ལ་ཁྱབ་པས་ཆེན་པོ་སྟེ་ཆོས་ཐམས་ཅད་དེ་ལས་མི་འདའ་བའོ། །དེའི་ཚེ་ཕྱིའི་སྣང་བ་མཐའ་དག་སྣང་སྟོང་ཟུང་འཇུག །ནང་གི་རིག་པ་མཐའ་དག་རིག་སྟོང་ཟུང་འཇུག །སྣང་རིག་ཐྲད་པའི་ཚོར་བ་མཐའ་དག་བདེ་སྟོང་ཟུང་འཇུག་ཡིན་པ་ལས་དང་པོ་གཉིས་ལ་རྣམ་ཀུན་མཆོག་ལྡན་གྱི་སྟོང་ཉིད་ཅེས་བྱ། ཕྱི་མ་ལ་མཆོག་ཏུ་མི་འགྱུར་བའི་བདེ་བ་ཆེན་པོ་ཞེས་གསུངས་ཤིང་། སྟོང་ཉིད་དང་བདེ་ཆེན་སོ་སོ་ལ་ཕྱག་ཆེན་གྱི་སྒྲས་བསྟན་པའང་ཡོད་དེ། ཐ་རབ་རྟུལ་གྱི་ཆོས་ཉིད་འདས། །ཐ་ཕབ་པ་ཡི་རང་བཞིན་ཅན། །རྣམ་པ་ཀུན་གྱི་མཆོག་ལྡན་མ། །ཕྱག་རྒྱ་ཆེན་མོ་དེ་ལ་འདུད། །ཅེས་དང་། ཡང་། ཕྱག་རྒྱ་ཆེན་པོས་མི་འགྱུར་བདེ། །ཞེས་ཀྱང་གསུངས་པས་སོ། །དོན་ཡོངས་རྫོགས་ནི་རྣམ་པ་ཀུན་ལྡན་གྱི་སྟོང་པ་ཉིད་དེ་ཡུལ་ཤེས་བྱར་བྱས། དེ་མཐའ་དག་འགྱུར་མེད་ཀྱི་བདེ་བ་ཆེན་པོར་ཤེས་པ་དེ་ཡུལ་ཅན་ཤེས་པར་བྱས་ནས་ཡུལ་ཡུལ་ཅན་དེ་གཉིས་འདྲེས་ཤིང་གཅིག་ཏུ་གྱུར་པ་ཞིག་ལ་བརྗོད་དེ། སྟོང་པ་ལས་བྱུང་གཟུགས་བརྙན་རྒྱུ། །མི་འགྱུར་ལས་སྐྱེས་བདེ་བ་འབྲས། །རྒྱུ་ལ་འབྲས

བུས་རྒྱས་གདབ་ཅིང་། །འབྲས་བུ་ལ་ཡང་རྒྱས་རྒྱས་གདབ། ཅེས་དང་། ཤེས་དང་ཤེས་བྱ་གཅིག་པའི་སྐུ། །ཞེས་སོགས་དང་པོའི་སངས་རྒྱས་ཀྱི་རྒྱུད་ལས་གསུངས་ཤིང་དེ་ཐོག་མར་མངོན་དུ་འགྱུར་བའི་དུས་ནི་དབང་བཞི་པ་ཐོབ་པའི་དུས་དང་། མཐར་ཐུག་གི་རྟོགས་པ་ནི་ཡན་ལག་བདུན་ལྡན་གྱི་རྡོ་རྗེ་འཆང་ཐོབ་པའི་ཚེ་རྫོགས་པའོ། །ལྷན་ཅིག་སྐྱེས་པ་ལའང་ཐོག་མཐའ་མེད་པའི་རྡོ་རྗེ་སེམས་དཔའ་བརྟན་གཡོའི་དངོས་པོ་ཀུན་དང་སྤྱི་ཁྱད་པར་མེད་པར་གྲུབ་པ་རང་བཞིན་ལྷན་ཅིག་སྐྱེས་པ་དང་། ཐབས་ཤེས་སྒོམས་པར་འཇུག་པ་ལས་རིམ་གྱིས་སྐྱེས་པའི་དགའ་བ་བཞིས་ཞུ་བདེ་ལྷན་ཅིག་སྐྱེས་པ་གཉིས་སུ་ཡོད་པ་ལས་ཕྱི་མ་དོན་གྱི་ལྷན་སྐྱེས་ལ་སྦྱོར་བར་བྱེད་པས་དེ་སྐབས་སུ་གདམས་པར་མཛད་དོ། །སྒོམ་པའི་ཚུལ་ནི། རིགས་པས་དཔྱད་མཐར་མ་རྙེད་པའི་མེད་དགག་རྗེས་དཔག་ལམ་བྱེད་ཀྱི་རྟོག་སྒོམ་ཙམ་མ་ཡིན་པར། སྣང་རིག་མ་འགགས་པ་ལ་དེར་འཛིན་གྱི་རྟོག་པ་མེད་པ་མངོན་སུམ་དུ་རྟོག་བྲལ་ལམ་དུ་བྱེད་པ་སྟེ། དེའི་གདམས་པ་ཕྱག་ཆེན་ལྷན་ཅིག་སྐྱེས་སྦྱོར་དང་། ཆོས་དྲུག་གི་སྒྱུ་ལུས་འོད་གསལ་རྣམས་ཏེ། དོན་དྲིལ་ན། སྣང་བའི་སྟེང་དུ་འོད་གསལ་གཟུང་། །ཞེས་པའི་ཐབས་ལ་མཁས་པས་སྣང་བ་ལ་དངོས་འཛིན་གྱི་རྟོག་པ་དག་ན་སྣང་བ་མཐའ་དག་སྟོང་གཟུགས་སུ་འགྱུར་ལ། མུན་ཁང་སོགས་སུ་བསྒྲུབས་པའི་དུ་སོགས་ཀྱི་སྟོང་གཟུགས་ཀྱང་། གནས་ལུགས་འདི་ཉིད་མ་རྟོགས་རྟོགས་བྱེད་ཀྱི་ཐབས་ལམ་རྟགས་མཚོན་པ་ཙམ་ཡིན་གྱི་དོན་དངོས་ཀྱི་རྟོགས་བྱ་ནི་ད་ལྟའི་ཐ་མལ་གྱི་སྣང་བ་འདི་ཉིད་སྟོང་པའི་གཟུགས་རྣམ་པ་ཐམས་ཅད་པར་ངེས་པ་ཉིད་དོ། །དེས་ན་རྒྱུད་བླ་ནས་དེ་བཞིན་གཤེགས་པའི་སྙིང་པོ་ལ་བསལ་བཞག་མི་བྱ་བ་དང་། ཐུགས་སུ་སྣང་སྟོང་དབྱེར་མེད་ཀྱི་ཕྱག་རྒྱ་ཆེན་པོའི་སྒོམ་ཚུལ་གསུངས་པ་གཉིས་ག་ལྷ་བའི་གནས་ལུགས་དབུ་མ་དང་གཅིག་པ་ཞིག་དགོས་ལ། དབུ་མའི་ལྟ་བ་ནི། ཡོད་ཅེས་བྱ་བ་རྟག་པར་ལྟ། །མེད་ཅེས་བྱ་བ་ཆད་པར་ལྟ། །དེ་ཕྱིར་ཡོད་དང་མེད་པ་ལ། །མཁས་པས་གནས་པར་མི་བྱའོ། །ཞེས་དང་། ཡོད་མིན་མེད་མིན་གཉིས་ཀ་མིན། །གཉིས་ཀའི་བདག་ཉིད་མིན་པའང་མིན། །མཐའ་བཞི་ལས་ནི་རྣམ་གྲོལ་བ། །དེ་

ཉིད་དབུ་མ་པ་ཡི་རིག །ཅེས་གསུངས་པ་དེ་ཁོ་ནའོ་ཞེས་རྗེ་བརྒྱུད་པ་ཡབ་སྲས་བཞེད་དོ། །

(2) ཉམས་ལེན་ལུགས་གསུམ་གྱི་བྲག་ཏུ་བསྟན་པ་ལ་གསུམ། མདོ་ལུགས་སྔགས་ལུགས། སྙིང་པོའི་ལུགས་སོ། །མདོ་ལུགས་ནི། མཚན་ཉིད་མདོར་བསྟན། གཞི། ལམ། འབྲས་བུའི་ཕྱག་ཆེན་སོ་སོར་བཤད་པའོ། །མཚན་ཉིད་མདོར་བསྟན་ནི་ལུགས་སྲོལ་གསུམ་གྱི་ནང་ནས་མདོ་ལུགས་ཀྱི་ཕྱག་ཆེན་ནས། ཕྱིས་སུ་མདོ་སྔགས་རྗོགས་པ་བསྲེས་པའི་ཕྱག་ཆེན་དུ་བཞེད་པ་འདི་ནི་སློབ་དཔོན་ལྷན་ཅིག་སྐྱེས་པའི་རྡོ་རྗེས་མཛད་པའི་དེ་ཁོ་ན་ཉིད་བཅུ་པའི་འགྲེལ་པར། ངོ་བོ་ཕ་རོལ་ཏུ་ཕྱིན་པ། སྔགས་དང་རྗེས་སུ་མཐུན་པ། མིང་ཕྱག་རྒྱ་ཆེན་པོ་ཞེས་བྱ་བའི་ཁྱད་པར་གསུམ་དང་ལྡན་པའི་དེ་བཞིན་ཉིད་རྟོགས་པའི་ཡེ་ཤེས་སུ་གསལ་བར་བཤད་པ་ལྟར་རོ། །གཞི་ཕྱག་རྒྱ་ཆེན་པོ་དངོས་པོ་གཤིས་ཀྱི་གནས་ལུགས་བསྟན་པ་ལ་གསུམ། གནས་ལུགས། འཁྲུལ་ལུགས། ཡིན་ལུགས་རང་ངོ་སྤྲོད་པའོ། །དང་པོ་ནི། གཞི་དངོས་པོ་གཤིས་ཀྱི་གནས་ལུགས་འཁོར་འདས་གཉིས་ཀའི་ངོ་བོར་མ་གྲུབ་ཅིང་གང་གི་འང་ཕྱོགས་རིས་སུ་མ་ཆད་ཅིང་ཡོད་མེད་རྟག་ཆད་སོགས་སྤྲོས་པའི་མཐའ་ཐམས་ཅད་དང་བྲལ་བས་བློ་བསམ་བརྗོད་པའི་ཡུལ་ལས་འདས་པ། གདོད་ནས་འཁྲུལ་པས་བཅིངས་མ་མྱོང་ལ། རྟོགས་པས་གྲོལ་མ་མྱོང་བ། རང་མཚན་གང་དུའང་མ་གྲུབ་པའི་གནད་ཀྱིས་ནམ་མཁའ་ལྟ་བུར་འཁོར་འདས་ཀྱི་ཆོས་ཀུན་ལ་ཁྱབ་པའི་གནས་ལུགས་ཕྱག་རྒྱ་ཆེན་པོ། ཤེས་རབ་ཕར་ཕྱིན། བདེ་གཤེགས་སྙིང་པོ། དང་པོའི་སངས་རྒྱས། རྒྱུའི་རྒྱུད་སོགས་མདོ་རྒྱུད་རྣམས་སུ་མཚན་གྱི་རྣམ་གྲངས་དུ་མས་བསྟན་པ། ཟབ་གསལ་གཉིས་མེད་དོན་དམ་པའི་བདེན་པ་སྙིང་གཞི་རྣམ་དག་སེམས་ཀྱི་ངོ་བོ་ཉིད་བཤད་ཟིན་དང་འཆད་འགྱུར་ཤེས་བྱའི་གནས་ལུགས་སུ་གྱུར་པ་ཉིད་དོ། །གཉིས་པ་ནི། རང་བཞིན་རྣམ་དག་འོད་གསལ་སེམས་ཀྱི་རྡོ་རྗེ་དེ་ཉིད་རང་གི་ངོ་བོ་རང་རྩལ་གྱིས་མ་རིག་པས། ཀུན་གཞི་ལས་ཡིད་གཡོས་པའི་མཐུས་རིག་པ་བདག་དང་། རང་སྣང་ཡུལ་ཏེ་ཡུལ་ཡུལ་ཅན་ཐ་དད་དུ་བཟུང་བའི་གཉིས་སྣང་དབང་གིས་ལས་དང་བག་ཆགས་སྣ་ཚོགས་པ་བསགས་ཏེ་འཁྲུལ་པ་ལུ་གུ་རྒྱུད་དུ

འཁོར་བ་མཐའ་མེད་པར་འཁྲམས་པ་ནི། འཁྲུལ་ལུགས་ཀུན་རྫོབ་ཀྱི་བདེན་པ་སྣང་བ་སེམས་སློ་བུར་གྱི་དྲི་མར་གྱུར་པ་གཉིས་ལ་མི་གནས་པས་སྣང་ཡང་བདེན་པར་མ་གྲུབ་པའི་ཕྱིར། རང་ངོ་ཤེས་པའི་གཉེན་པོས་གྲོལ་བར་ནུས་པའོ། །

གསུམ་པ་ནི། འཁོར་འདས་ཐམས་ཅད་སེམས་ཀྱི་རྣམ་པར་རོལ་པ་ལས་བྱུང་ཞིང་དེ་ཉིད་གསལ་སྟོང་ཟུང་འཇུག་ཏུ་རང་བཞིན་གྱིས་གནས་པའི་སྟོབས་ཀྱིས། སྣང་ཙམ་ཉིད་ཀྱང་སྐྱེ་འགག་གནས་གསུམ་དང་བྲལ་བའི་སྐུ་གསུམ་གྱི་རོལ་པ་ཆེན་པོ་ཡིན་ཏེ། དེའང་གཉིས་སྐྱེ་མེད་ཆོས་སྐུ། གདངས་འགག་མེད་ལོངས་སྐུ། རྩལ་ཅིར་ཡང་འཆར་བ་སྤྲུལ་སྐུ། གསུམ་ཀའང་ངོ་བོ་དབྱེར་མེད་དུ་གདོད་ནས་ལྷུན་གྱིས་གྲུབ་པའི་ཡིན་ལུགས་རང་ངོ་ཤེས་པས་ཆོས་ཐམས་ཅད་གཉུག་མ་དེ་བཞིན་ཉིད་དབྱིངས་རབ་འབྱམས་ཀྱི་འཁོར་ལོར་དགག་སྒྲུབ་བླང་དོར་དང་བྲལ་བ་ནི་གཞི་གནས་ལུགས་ཕྱག་རྒྱ་ཆེན་པོའི་ལྟ་བའི་རང་ངོ་ཤེས་པའོ། །

(3) ལམ་ཕྱག་རྒྱ་ཆེན་པོ་རང་བྱུང་ཞི་ལྷག་གི་ས་ལམ་བགྲོད་ཚུལ་ཉམས་སུ་ལེན་པའི་ཏིང་འཛིན་བསྟན། ཀོལ་ཤོར་གྱི་འཕྲང་བཅད། རྣལ་འབྱོར་བཞི་བསྟན་པ་ལ་གསུམ་རིམ་སྐྱེ་ཚུལ་སྨོས་པའོ། །དང་པོ་ནི། ལམ་གྱི་དུས་སུ་ལྟ་བ་གཏན་ལ་ཕེབས་པའི་དོན་རྣལ་འབྱོར་དུ་བྱ་བ་ལ་སྒོམ་པ་ཕྱག་རྒྱ་ཆེན་པོ་ཞེས་བྱ་སྟེ། དེའང་སྒོམ་པ་སྐྱེས་པ་སྐྱེ་བར་བྱེད་པ་སྟོན་འགྲོ་བཞི་ཕྱིར། སྐྱེས་པ་ལམ་དུ་བྱེད་པ་ངོ་སྤྲོད་རྣམ་གསུམ། དེ་ལ་པོགས་དབྱུང་ཞིང་ཡོན་ཏན་སྐྱེད་པའི་ཚུལ་ཞེས་ལུགས་འདིའི་ཤིང་རྟའི་སྲོལ་འབྱེད་ཆེན་པོ་རྣམས་ཀྱིས་རྣམ་པར་གཞག་པ་ལས། དང་པོ་ནི། བཀའ་ཕྱག་ཐུན་མོང་བའི་ལམ་རིམ་བློ་ལྡོག་རྣམ་པ་བཞི་དང་། སྐྱབས་སེམས་བསག་སྦྱོང་བླ་མའི་རྣལ་འབྱོར་ལ་རྟགས་ཐོན་པར་སྦྱངས་ནས་བློ་ཆོས་དང་ཆོས་ལམ་དུ་འགྲོ་བར་བྱ། གཉིས་པ་ནི། ལྷན་སྐྱེས་བསམ་གྱིས་མི་ཁྱབ་པའི་རྒྱུད་ལས། སེམས་ཉིད་ལྷན་ཅིག་སྐྱེས་པ་ཆོས་ཀྱི་སྐུ། སྣང་བ་ལྷན་ཅིག་སྐྱེས་པ་ཆོས་སྐུའི་འོད། །སྣང་སེམས་དབྱེར་མེད་ལྷན་ཅིག་སྐྱེད་པའོ། །ཞེས་དང་གྲུབ་པའི་དབང་ཕྱུག་རྣམས་ཀྱིས་དེའི་དོན་བཀྲོལ་བའི་རྗེ་རྗེའི་གསུང་མཐའ་ཡས་པ་འབྱུང་བ་ལྟར། ལྷན་སྐྱེས་གསུམ་གྱི་ངོ་སྤྲོད་དུ་

བསྡུ་བར་བཞེད་པ་ལས། དང་པོ་སེམས་ཉིད་གཉུག་མ་ལྷན་སྐྱེས་ནི་ཆོས་ཀྱི་སྐུ་སྟེ་དེ་ངོ་སྤྲོད་པ་ལ་ཞི་ལྷག་གཉིས། ཞི་གནས་ལ་རྟེན་ཅན་རྟེན་མེད་གཉིས། ལྷག་མཐོང་ལ་ངོ་བོ་བསྟན་པ། ངོས་བཟུང་བ། ངོ་སྤྲོད་པ་གསུམ་གྱིས་ལམ་གྱི་འཁྲུལ་པ་བསལ། གཉིས་པ་སེམས་ཀྱི་རང་རྩལ་རྣམ་རྟོག་ལྷན་ཅིག་སྐྱེས་པ་ལ་གནས་འགྱུ་དང་རྒྱབ་བསྙོལ་གྱི་རྟོག་པ་དང་། བདག་འཛིན་རྩད་གཅོད་པ་གསུམ་གྱིས་རྟོག་ཚོགས་ཆོས་སྐུར་བསྒྲེ། གསུམ་པ་སེམས་ཀྱི་རང་མདངས་སྣང་བ་ལྷན་ཅིག་སྐྱེས་པ་ཆོས་སྐུའི་རང་འོད་དུ་ངོ་སྤྲོད་པ་ལ་མ་བཅོམ་པའི་ཤེས་པ་རང་སྣང་དང་འཛིན་པའི་ཤེས་པ་འཁྲུལ་སྣང་གི་རྩད་བདར་བཅད་ཅིང་ཆོས་ཉིད་གཉུག་མའི་རོལ་པར་རྟོགས་པའི་འཁྲུལ་པ་ཡེ་ཤེས་སུ་འཆར་བར་བྱེད་པའོ། །གསུམ་པ་ནི། ཞེན་ལོག་སྒོམ་གྱི་རྐང་པ། མོས་གུས་སྒོམ་གྱི་མགོ་བོ། དྲན་པ་སྒོམ་གྱི་དངོས་གཞི་གསུམ་པོ་དང་མ་བྲལ་བར་ཐབས་ལས་བྱུང་བའི་རིམ་པ་རྣམས་ཀྱིས་བོགས་འདོན་ལ་ཡོན་ཏན་སྐྱེད་དོ། །ཚུལ་འདིའི་མཉམ་པར་འཇོག་པའི་ཏིང་འཛིན་ཀྱང་མདོར་བསྡུ་ན། མ་ཡེངས་སོ་མར་གཞག་པ་དང་། མི་སྒོམ་ལྷུག་པར་གཞག་པ་དང་། རང་དྭངས་བཟོ་མེད་གཉུག་མར་གཞག་པ་གསུམ་ལ་འདུ་སྟེ། འཇོག་ཚུལ་དེས་དུས་གསུམ་གྱི་རྣམ་པར་རྟོག་པའི་སྤྲོས་པ་ཀུན་རང་གྲོལ་ཆོས་ཉིད་དུ་ཞི་བ་ནི་རྣམ་པར་ཐར་པའི་སྒོ་གསུམ་གྱི་དོན་ནོ། །གཉིས་པ་གོལ་ཤོར་གྱི་འཕྲང་བཅད་པ་ནི། དེ་ལྟར་བསྒོམ་པའི་ཚེ་ཆོས་ཐམས་ཅད་སྟོང་པར་འཛིན་པ་གཤིས་ལ་ཤོར་བ་དང་། སྟོང་ཉིད་ཀྱི་གོ་ཉམས་ཙུང་ཟད་ཐོབ་པ་ན་དེ་གས་ཆོག་པར་བཟུང་སྟེ་བསག་སྦྱོང་གི་རྒྱུན་གཅོད་པ་སྟོང་ཉིད་ལམ་ཤོར་དང་། སྟོང་ཉིད་ལམ་དུ་བྱས་ནས་འབྲས་ཕྱིས་དུས་སུ་རེ་བ་སྤང་གཉེན་དབྱེར་མེད་དུ་མ་ཤེས་པའི་གཉེན་པོར་ཤོར་བ་དང་། སྣང་བ་ལ་སྟོང་ཉིད་དུ་གློས་བཟོ་བའི་རྒྱས་འདེབས་སུ་ཤོར་བ་སྟེ་ལྷག་མཐོང་ལ་བརྟེན་པའི་ཤོར་ས་བཞི་དང་། བདེ་གསལ་མི་རྟོག་པ་གསུམ་ལ་ཞེན་ན་རིམ་བཞིན་ཁམས་གསུམ་དུ་འཁོར་བའི་གོལ་ས་ཡིན་པས་ཞི་གནས་ལ་བརྟེན་པའི་གོལ་ས་དེ་གསུམ་ལས་གྲོལ་བ་དང་། གཞན་ཡང་སྟོང་པ་སྙིང་རྗེ་རྒྱུ་འབྲས་དཀྲར་ལངས་ཏེ་འཕྲང་གསུམ་སོགས་ལས་ལེགས་པར་སྒྲོལ་བར་དགོས

སོ། གསུམ་པ་ནི། དགའ་བ་བཞི་ནི་དཔེའི་ཡེ་ཤེས་ཡིན་པས་དེ་ལས་འདས་པའི་དོན་གྱི་ཡེ་ཤེས། བདེ་གསལ་མི་རྟོག་པའི་རྒྱན་གསུམ་ནི་ཉམས་ཡིན་པས་དེ་ལས་འདས་པའི་རྟོགས་པའི་རང་ཞལ། གཞན་ཡང་ཐོས་པའི་གོ་ཡུལ། བསམ་པའི་མྱོང་བ། སྒོམ་པའི་ཉམས་སྣང་སྟེ་ཤེས་རབ་གསུམ་གྱི་ཡུལ་ལས་འདས་ཤིང་། ཆེན་པོ་གསུམ་གྱི་བློས་མ་རེག་པའི་སྒོམ་པ་གནད་དུ་སོང་བས་རིམ་སྐྱེས་ཐོད་རྒལ་ཅིག་ཅར་ཏེ་སྐྱེ་བའི་ཚུལ་གསུམ་གྱིས་མཚམས་སྦྱར་ནས་རྩེ་གཅིག་སྤྲོས་བྲལ་རོ་གཅིག་སྒོམ་མེད་དེ་རྣལ་འབྱོར་གྱི་རིམ་པ་བཞི་པོ་རེ་རེ་ལའང་ཆུང་འབྲིང་ཆེན་པོར་དབྱེ་བའི་བཅུ་གཉིས་པོས་ནང་གི་ས་ལམ་རྩོལ་མེད་དུ་བགྲོད་པར་འགྱུར་རོ། །རྣལ་འབྱོར་རིམ་པ་བཞི་པོའང་ཨཱ་ལི་ཀཱ་ལི་གསང་བ་བསམ་མི་ཁྱབ་པའི་རྒྱུད་ལས། སེང་གེ་རྣམ་པར་བསྒྲིངས་པའི་ཏིང་འཛིན་གྱིས། །མི་གཡོ་རྩེ་གཅིག་དྭངས་པའི་ཤེས་པ་གསར། །རང་རིག་ཡེ་ཤེས་ཡོང་ནས་སད་པར་བྱེད། །བཟོད་པ་བརྟན་པོས་ངན་སོང་སྡུག་བསྔལ་སྤོང་། །གཉིས་པ་སྒྱུ་མ་ལྟ་བུའི་ཏིང་འཛིན་གྱིས། །སྤྲོས་དང་བྲལ་བའི་མཉམ་གཞག་ཆེན་པོ་ལ། བསམ་གྱིས་མི་ཁྱབ་ཏིང་འཛིན་རྩལ་དུ་འཆར། །དྲོད་ཐོབ་ནས་ནི་སྐྱེ་ལ་དབང་བ་ཡིན། །གསུམ་པ་དཔའ་བར་འགྲོ་བའི་ཏིང་འཛིན་གྱིས། །དུ་མ་རོ་གཅིག་ས་བཅུའི་རྟོག་པ་འཆར། །དུས་གསུམ་རྒྱལ་བའི་སྲས་པོ་གཞན་དོན་མཛད། །རྩེ་མོ་ཐོབ་ནས་འཕེལ་བ་རྒྱུན་མི་འཆད། །བཞི་པ་རྡོ་རྗེ་ལྟ་བུའི་ཏིང་འཛིན་གྱིས། །བསྒོམ་དུ་མེད་པའི་ཉམས་ལེན་བརྩོན་པ་ལས། །མཁྱེན་པའི་ཡེ་ཤེས་སངས་རྒྱས་ཞིང་ཁམས་མཐོང་། །མ་བཅོས་ལྷུན་གྲུབ་ཆོས་མཆོག་ཆེན་པོའི་ངང་། །ཞེས་འབྱུང་བ་དང་དགོངས་པ་གཅིག་པར་ལང་ཀར་གཤེགས་པའི་མདོ་ལས་རྒྱ་ཆེར་གསུངས་ཤིང་། སློབ་དཔོན་ཆེན་པོ་པདྨ་སཾ་བྷ་བ་དང་། ཤཱནྟི་པ། ནཱ་རོ་པ་སོགས་ཀྱིས་གསལ་བར་བཤད་པའི་དོན་མགོན་པོ་ཟླ་འོད་གཞོན་ནུས་རབ་ཏུ་རྒྱས་པར་མཛད་པ་ཡིན་ལ། དེའི་བཀའ་བརྒྱུད་འཛིན་པའི་གྲུབ་ཆེན་རྣམས་ཀྱིས་རྣམ་གཞག་རྒྱས་བསྡུས་མང་དུ་མཛད་པ་ལས། གཙོ་བོར་ཕྱག་རྒྱ་ཆེན་པོའི་གོ་ཉམས་རྟོགས་གསུམ་གྱི་དབྱེ་བས་རྣལ་འབྱོར་བཞི་གསུམ་བཅུ་གཉིས་དང་། དེ་རེ་རེ་ལའང་བརྟན་པ་ཐོབ་ཚུལ་ཆེ་འབྲིང་

ཆུང་གསུམ་གྱི་དབྱེ་བས་མཆོག་དམན་འབྲིང་གསུམ་གསུམ་དུ་འགྱུར་བའི་ཕྱིར་སུམ་ཅུ་སོ་དྲུག
འཛིག་རྟེན་ལས་འདས་མ་འདས་ཀྱི་ཞི་ལྷག་གཉིས་སོ་སོར་རྣལ་འབྱོར་བཞི་བཞི་སྟེ་བཅུ་དྲུག
དེ་རེ་རེ་ལ་བརྟན་པ་ཐོབ་ཚུལ་ཆེ་འབྲིང་ཆུང་ངུའི་དབྱེ་བས་མཆོག་དམན་འབྲིང་གསུམ་གྱིས་
བསྒྱུར་བས་བཞི་བཅུ་རྩ་བརྒྱད་ཀྱི་རྣམ་གཞག་ལ་སོགས་པ་འཆད་ཚུལ་སྣ་ཚོགས་པའི་དོན་
རྫིལ་གྱིས་དྲིལ་ན། ཐམས་ཅད་མཁྱེན་པ་སྒྱུར་ལྷ་ཆོས་ཀྱི་གྲགས་པས། སྐབས་འདིའི་རྣལ་
འབྱོར་བཞི་ནི་སྔགས་ལུགས་ཀྱི་ཕྱག་རྒྱ་ཆེན་པོའི་ཁྲིད་སྲོལ་ལྟར་ན་ཡས་འབབ་མས་བརྟན་གྱི་
དགའ་བ་བཞིའི་ངོ་བོར་གྱུར་པའི་ཕྱག་རྒྱ་ཆེན་པོའི་ཡེ་ཤེས་ཉིད་ལ་འཆད་པ་ཡིན་ལ། མདོ་
སྔགས་ཐུན་མོང་བའི་ཁྲིད་སྲོལ་གྱི་དབང་དུ་བྱས་ན་དེ་ལྟའི་དགའ་བཞི་རྗེས་མཐུན་པའི་ཕྱག་
ཆེན་གྱི་སྒོམ་པ་སྐྱེ་ཚུལ་ཡིན་ནོ། །ཞེས་གསུངས་པ་ལྟར་རོ། །འདིར་གོ་ཉམས་རྟོགས་གསུམ་
ཡང་། རྗེ་བརྒྱུད་པ་མི་བསྐྱོད་རྡོ་རྗེས་ཕྱག་ཆེན་སྨྲོས་འབུམ་དུ། རྟོགས་བྱའི་ལྟ་སྒོམ་གང་
དང་གང་ཡིན་པ་ལ་གོ་ཉམས་རྟོགས་གསུམ་ལས། གོ་བ་ནི་རྟོགས་བྱ་དེ་ཉིད་སྒྲ་རྟོག་གི་ཐོབ་
བསམ་གྱི་ཤེས་རབ་ཀྱི་ཡུལ་དུ་བྱེད་པའོ། །ཉམས་ནི་རྟོགས་བྱ་དེ་ཉིད་དམིགས་པར་བཟུང་
ནས་དེ་ལ་སེམས་ཟིན་པའི་གནས་ཆས་སྒོམ་བྱུང་གི་ཤེས་རབ་ཡུལ་དུ་བྱེད་པའོ། །རྟོགས་པ་
ནི་རྟོགས་བྱ་དེ་ཉིད་ལ་སེམས་ཟིན་པའི་སྒོམ་ཆུང་རྩེ་གཅིག་པ་ཙམ་གྱི་ཞི་གནས་ཀྱི་ཆས་ཡུལ་
དུ་བྱེད་པ་ལས་ལྷག་པའི་རྟོག་པའམ་རྟོག་མེད་ཀྱི་ཤེས་རབ་རྣམ་པར་བྱེད་པས་ཡུལ་དུ་བྱེད་
པའོ། །ཞེས་གསུངས་སོ། །འབྲས་བུ་ཕྱག་རྒྱ་ཆེན་པོ་དྲི་བྲལ་དོན་གྱི་སངས་རྒྱས་མངོན་དུ་
འགྱུར་བའི་ཚུལ་ནི། གཞིའི་གནས་ལུགས་སྣང་སེམས་གཉིས་ཀ་སྐུ་གསུམ་རང་ཆས་སུ་
གནས་པའི་ལྟ་བའི་དོན་ལ་སྒྲོ་འདོགས་བཅད་ཅིང་ངོ་སྤྲོད་པས་དོན་ཕྱིན་ཅི་མ་ལོག་པར་གོ
སེམས་མ་བཅོས་པ་གནས་ལུགས་ཀྱི་སྟེང་རང་བབ་ཏུ་འཇོག་པའི་སྒོམ་པས་དོན་དེ་ཉིད
ཉམས་སུ་མྱོང་། སྟོང་ཉིད་སྙིང་རྗེ་ཟུང་འཇུག་འགག་མེད་ཤུགས་འབྱུང་གི་སྤྱོད་པས་ཐོགས་
བརྟོན་ཏེ་གནས་ལུགས་ཀྱི་རང་བཞིན་མངོན་དུ་གྱུར་པའི་རྟོགས་པ་མཐར་ཕྱིན་པ་ནི་འབྲས་
བུ་སྟེ། སངས་རྒྱས་སེམས་ལས་རྙེད། སྐུ་གསུམ་རང་ཞལ་མཇལ་བས་ཕྱི་དུས་ཀྱི་ཡིད་སྨོན་མ་

ཡིན་པར་ཆོས་སྐུ་ཕྱག་རྒྱ་ཆེན་པོ་ད་ལྟ་ཉིད་དུ་འཐོབ་པའོ། །ལམ་རིམ་འདི་ནི་དྭགས་པོ་རིན་པོ་ཆེའི་མནལ་ལྟས་དང་མི་ལས་ལུང་བསྟན་པ་བཞིན་དུ་ཕོ་བོས་བཀའ་གདམས་པའི་ཆོས་ཀྱིས་ཀྱང་འགྲོ་བ་མང་པོ་ལ་ཕན་ཐོགས་པར་འདུག་ཅེས་གསུངས་པ་དང་། ད་ལྟ་ཕོ་བོས་སེམས་ཅན་ལ་ཕན་པག་ཙམ་ཐོགས་པ་འདི་བཀའ་གདམས་པའི་བླ་མ་རྣམས་ཀྱི་དྲིན་ཡིན་གསུངས་པ་དང་། ཇ་བཏུངས་པར་རི་དྭགས་མང་པོས་ཉན་པ་དང་། དེ་དག་ལ་འོ་མ་འཕྱེད་པར་སྨིས་པ་སོགས་ཐམས་ཅད་ཁྲིད་ཚུལ་འདིའི་དོན་དུ་གནས་པ་ཡིན་ཏེ། དེ་དག་གི་དོན་ནི་སྙིགས་མ་ཤས་ཆེར་བདོ་བའི་དུས་སུ་སོན་པས་རྡོ་རྗེ་ཐེག་པའི་ཐུན་མོང་མིན་པའི་སྐལ་ལྡན་ཆེས་ཉུང་བར་གྱུར་ཀྱང་། དབང་བརྟུལ་སྐལ་བ་དམན་པའི་གདུལ་བྱ་རྣམས་ལ་སྐྱེས་བུ་གསུམ་གྱི་ལམ་རིམ་གྱིས་ཁྲིད་པས་མཐར་སྐལ་བ་རབ་ཏུ་འཕོས་པས་སྔགས་ཀྱི་ཐུན་མོང་མིན་པའི་སྣོད་དུ་གྱུར་ཏེ་ཚེ་གཅིག་ལ་གྲོལ་བ་ཐོབ་པའམ་དེ་ལྟར་མ་ཡིན་ཀྱང་ཐབས་དེས་མང་དག་ཅིག་ཕྱག་རྒྱ་ཆེན་པོའི་དོན་མཐོང་ནས་ཕྱིར་མི་ལྡོག་པའི་ལམ་ལ་བཀོད་པ་ལ་དགོངས་པ་ཡིན་པའི་ཕྱིར་རོ། །དེས་ན་རྗེ་བཙུན་ཉིད་ནས་ཉེ་བར་བཟུང་སྟེ་ད་ལྟ་ཡན་དུ་ཁྲིད་ཚུལ་འདིས་གདུལ་བྱ་སྐལ་བ་མཆོག་དམན་ཐབས་ཅད་མ་བརྟགས་པར་བགྲོ་བའི་ཕྱག་བཞེས་ཡོད་ཅིང་། དེའི་སྟེང་དུ་སྐལ་ལྡན་ལ་སྔགས་ཀྱི་ཐབས་ལམ་ཟབ་མོ་སྟོན་པའི་ཚེ། འདི་ལ་རྒྱུ་དུས་ཀྱི་གདམས་ངག་གམ་གཞི་ཁྲིད་ཀྱི་མིང་དུ་མཛད་པ་ཡིན་ནོ། །དོན་འདི་ལ་རྗེ་ནང་རྗེ་བཙུན་ཆེན་པོས། དེང་སང་གནས་ལུགས་ཕྱག་རྒྱ་ཆེར་གྲགས་པ། །འཁོར་ལོ་ཐ་མའི་མདོ་ལུགས་སྒོམ་རིམ་ཞིག །དབང་པོའི་རིམ་པས་སྔགས་དང་གོ་བསྟུན་པས། འགྲོ་བ་རྣམས་ལ་སྒྲོན་མེ་ལྟ་བུར་གྱུར། །ལམ་འབྲས་པ་ཡི་སྣང་གསུམ་སོགས་དང་མཚུངས། ཞེས་སོགས་གསུངས་སོ། །

སྔགས་ལུགས་ནི། བདེ་ཆེན་ཕྱག་རྒྱ་ཆེན་པོ་ཞེས་ཡོངས་སུ་གྲགས་པ་སྔགས་བླ་མེད་ནང་གི་རྒྱུད་སྡེ་རྣམས་ཀྱི་ཚུལ་ལུགས་ལས་འབྱུང་བ་ནི། མཆོག་གི་དབང་བསྐུར་བ་དང་། བདག་བྱིན་རླབས་དང་། ཕྱག་རྒྱའི་རིམ་པ་སོགས་ཐབས་ལམ་རྣམས་ལས་སྐྱེས་པ་སྟེ།

མངའ་བདག་མར་པའི་ཞལ་ནས། རྫོགས་རིམ་གྱི་ངོ་བོ་ནི་བདེ་བ་ལ་བརྟེན་ནས་བདེ་བ་ཆེན་པོ་སྐྱེད་པ་སྟེ། སྒྱུ་མའི་བརྟག་པའི་ལེའུ་གཉིས་པ་ལས། རྫོགས་པའི་རིམ་པའི་རྣལ་འབྱོར་གྱིས། །དེ་ཡི་བདེ་བ་བདེ་ཆེན་བརྗོད། །ངེས་ཚིག་ནི་ཡེ་ཤེས་དངོས་སུ་སྐྱེ་བས་ན་རྫོགས་རིམ་སྟེ། པུཎྜ་ཤ་རི་བའི་ཞལ་ནས། དུས་འདིའི་དུས་སུ་ལུས་གནད་འདི་ལྟར་འཆོས་ལ་སེམས་འདི་ལྟར་གཏོད་དང་ཡེ་ཤེས་མི་སྐྱེ་མི་སྲིད་གསུངས། །དབྱེ་ན་སྦྱོང་གཞི་ཐ་མལ་གྱི་རྣམ་པར་རྟོག་པ་དུ་མ་དང་བཅས་པ་དང་། གཉིད་མཐུག་པོ་ལོག་པ་དང་། རྨི་ལམ་མང་པོ་རྨི་བ་དང་། ཐ་མལ་གྱི་བུད་མེད་དང་སྙོམས་པར་འཇུག་པའོ། །དེ་སྦྱོང་བྱེད་གཏུམ་མོ་ལ་བརྟེན་པའི་ཕྱག་རྒྱ་ཆེན་པོ་དང་། འོད་གསལ་ལ་བརྟེན་པའི་ཕྱག་རྒྱ་ཆེན་པོ་དང་། སྒྱུ་ལུས་ལ་བརྟེན་པའི་ཕྱག་རྒྱ་ཆེན་པོ་དང་། ལས་རྒྱ་ལ་བརྟེན་པའི་ཉམས་སུ་སྤྱོད་པའོ། །ཞེས་བསྟན་པ་ལྟར་དཔལ་ནཱ་རོ་ཆོས་དྲུག་ལ་སོགས་པའི་གདམས་ངག་སྒོམ་པ་ལས་རྟོགས་པར་འགྱུར་རོ། །

སྙིང་པོའི་ལུགས་ནི། སྔ་མ་གཉིས་ཀ་ལས་ཟབ་ཅིང་ངོ་མཚར་ལ་ཁྱད་པར་རྨད་དུ་བྱུང་བ་ཟབ་མོའི་སྙིང་པོ་བཙན་ཐབས་སུ་རྟོགས་པའི་ལམ་ནི། རྟོགས་ལྡན་གྱི་བླ་མས་སྐལ་ལྡན་གྱི་སློབ་མ་ཆེས་དབང་རྣོན་དུ་གྱུར་པ་ལ་རྡོ་རྗེ་ཡེ་ཤེས་ཀྱི་དབང་གི་བྱིན་རླབས་འབེབས་པ་ཙམ་གྱིས། ཐ་མལ་ཤེས་པ་སྙིང་དབུས་སུ་སད་ནས་རྟོགས་གྲོལ་དུས་མཉམ་དུ་འགྱུར་བས་སྦྲིས་བཅས་ཀྱི་ཐབས་དང་སྦྱངས་པའི་རྩོལ་བ་ལ་མ་ལྟོས་པའི་ཕྱིར། །བཀའ་བརྒྱུད་ཆེ་བཞི་ཆུང་བརྒྱད་ཀྱི་གྲུབ་ཐོབ་ས་ཆེན་པོའི་རྟུལ་ཙམ་བྱོན་པའི་རྣམ་ཐར་དང་ལག་རྗེས་མངོན་སུམ་སྣང་བ་འདི་ཉིད་ཡིན་ཅིང་། ཚུལ་དེ་ལྟ་བུ་ཡང་ཨིནྡྲ་བྷུ་ཏིས་ཡེ་ཤེས་གྲུབ་པར་རྟོག་པ་ཐམས་ཅད་རྣམ་སྤངས་པའི། །ཡེ་ཤེས་མཆོག་བཟང་ཐོབ་པ་ཡི། །རྡོ་རྗེ་ཡེ་ཤེས་དབང་བསྐུར་བས། །དངོས་གྲུབ་མཆོག་ནི་བསྒྲུབ་པར་བྱ། །ཡང་དག་ཡེ་ཤེས་ཀུན་ལྡན་ན། །བྲིས་པའི་དཀྱིལ་འཁོར་ལོག་གཞན་དུ། །དབང་བསྐུར་བ་ནི་ལེན་ཅེ་ན། །འདི་ནི་དམ་ཚིག་ཉམས་པར་འགྱུར། །དམ་ཚིག་ཉམས་པའི་སྡུག་བསྔལ་ནི། །ལུས་དང་དེ་བཞིན་ཡིད་དང་ནི། །

དེ་ཡི་དོན་རྣམས་ཉམས་འགྱུར་ཞིང་། །སྨྱུར་བ་ཉིད་དུ་ཤི་བར་འགྱུར། །ཤི་ནས་དམྱལ་བའི་སྡུག་བསྔལ་ནི། །བསྐལ་པ་བྱེ་བ་བརྒྱ་ཕྲག་ཏུ་འདང་། །སྟོང་ནས་གནས་ནས་འཕོས་ཀྱུར་ནའང་། །གདོལ་པའམ་དམན་པའི་རིགས་སུ་སྐྱེ། །སྐུགས་པའམ་ཡང་ན་འོན་པའམ། །སྐྱེ་ཞིང་སྐྱེ་བར་དམུས་ལོང་དུ། །སྐྱེ་བར་འགྱུར་བ་ཐེ་ཚོམ་མེད། །དེ་བཞིན་གཤེགས་ཀུན་ཡེ་ཤེས་ནི། །རྡོ་རྗེ་ཡེ་ཤེས་ཞེས་བྱར་བཤད། །བློ་ལྡན་དེ་ཡིས་དབང་བསྐུར་ན། །དབང་བསྐུར་པར་ནི་ཤེས་པར་བྱ། །ཞེས་སོགས་རྒྱ་ཆེར་གསུངས་པ་ལྟར་དབང་རབ་སྨིན་གྲོལ་དུས་གཅིག་ཏུ་སྐྱེ་བའི་ལམ་མཆོག་བླ་ན་མེད་པའོ།

གདམས་ངག་སོ་སོའི་བཀའ་སྲོལ་བརྗོད་པས་འཇུག་བསྡུ་བ་ནི། བདེ་གཤེགས་འཁོར་བ་འདྲེག་དངོས་འགྲོ་བའི་མགོན་པོ་ཕག་མོ་གྲུ་པས་སྡེ་སྣོད་གསུམ་དང་རྒྱུད་སྡེའི་དོན་རྣམས་ཉམས་སུ་ལེན་ལུགས་ལྔ་རུ་བསྡུས་ནས་ཕུན་སུམ་ཚོགས་པའི་དགེ་འདུན་སྟོང་ཕྲག་ལྔ་ལ་ཚོགས་སུ་གསུངས་པས་གཞན་རྣམས་ཀྱིས་ཟབ་མོའི་དོན་གྱི་ངེས་པ་མ་རྙེད་པ་ལ། འཇིག་རྟེན་མགོན་པོ་འབྲི་གུང་པས་བུམ་པ་གང་བྱོའི་ཚུལ་དུ་ཐུགས་སུ་ཆུབ་ནས་ཉམས་སུ་བཞེས་པས་རེ་རེས་ཀྱང་གནས་སྐབས་དང་མཐར་ཐུག་གི་ནད་དང་བར་ཆད་ཞི་བ་དང་མཆོག་དང་ཐུན་མོང་གི་ཡོན་ཏན་ཐམས་ཅད་ཐོགས་པ་མེད་པར་ཐོབ་པར་མཁྱེན་ནས་ཟབ་པ་དང་རྒྱ་ཆེ་བའི་བཀའ་སྒྲོལ་ཇི་སྙེད་པ་ཐམས་ཅད་ཀྱང་འདིའི་དོན་དུ་སྟོན་ཅིང་། བཅུ་ཆོས་དང་གསུམ་ཆོས་ཞེས་པ་ཡང་འདིའི་གནད་སྟོན་པ་ཡིན་ཏེ་དེ་བཞིན་གཤེགས་པ་རྣམས་ཀྱི་གསུང་གི་མཛོད་ཆེན་པོ་ཡིན་ནོ། །དེའི་ཚུལ་ནི། བྱང་ཆུབ་སེམས་དང་ཡི་དམ་ལྷ། །བླ་མ་ཕྱག་རྒྱ་ཆེན་པོ་དང་། །བསྔོ་བའི་ཆོས་ཀྱི་ཉམས་སུ་བླང་། །ཞེས་གསུངས་པ་ལྟར། སེམས་བསྐྱེད། མོས་གུས། བསྐྱེད་རིམ། རྫོགས་རིམ། བསྔོ་བ་ལྔ་སྟེ། དང་པོ་ཐ་མ་གཉིས་ཐེག་པ་ཐུན་མོང་བ་ཡིན་ལ། བར་པ་གསུམ་ནི་གསང་སྔགས་ཐུན་མོང་མ་ཡིན་པའི་ཉམས་ལེན་ཡིན་ནོ། །དེས་ན། ཕྱག་རྒྱ་ཆེན་པོ་སེང་གེ་འདྲ། ལྔ་ལྡན་མེད་ན་མིག་མེད་ཡིན། །ཅེས་གསུངས་ཏེ་གཞི་ཉོན་མོངས་པ་ལྔ་ལ་གནད་དུ་འགྲོ། ལམ་དུས་སུ་ཁྱད་པར་ཅན་གྱི་ལམ་རྗེས་

ལྷ་ཐོན། གདོན་རིགས་ལྷ་ཞི་ཞིང་འགྲོ་བ་ལྷ་གདུལ་བྱར་འགྱུར། །འབྲས་བུའི་སྐབས་སྐུ་ལྷ་ཡེ་ཤེས་ལྷ་འཆར་བའོ། །དེ་དག་ལ་བརྟེན་པ་ཐོབ་ན་ཐམས་ཅད་ཕྱག་རྒྱ་ཆེན་པོར་འགྱུར་ཏེ། དམིགས་པ་མེད་པ་བྱང་ཆུབ་ཀྱི་སེམས། སྣང་སྟོང་དབྱེར་མེད་ཀྱི་ལྷ་སྐུ། འཁོར་འདས་བླ་མའི་རོལ་པ། རིག་སྟོང་དབྱེར་མེད་ཀྱི་ཕྱག་ཆེན། འཁོར་གསུམ་ཡང་དག་གི་བསྔོ་བ་སོགས་ལ་རིམ་པ་བཞིན་བྱང་སེམས་ཕྱག་ཆེན། ལྷ་སྐུ་ཕྱག་ཆེན། མོས་གུས་ཕྱག་ཆེན། གནས་ལུགས་ཕྱག་ཆེན། བསྔོ་བ་ཕྱག་ཆེན་ཞེས་སོགས་བརྗོད་དུ་རུང་ཞིང་དོན་ལའང་གནས་པས་ཕྱག་རྒྱ་ཆེན་པོ་ལྔ་ལྡན་ཞེས་ཡོངས་སུ་གྲགས་པ་ཡིན་ནོ། །མ་ཕྱིན་སངས་རྒྱས་དྲུག་པ་སེང་གེའི་སྒྲ་ཉིད་བྱང་ཆུབ་སེམས་དཔའི་སྤྱོད་པ་ལ་གནས་པ་དཔལ་ལྡན་ཀརྨ་པ་རང་བྱུང་རོལ་པའི་རྡོ་རྗེས་སྐུ་གསུང་ཐུགས་གནད་བཞི་ཆོས་ཉིད་ཀྱི་འཁོར་ལོ་ཕྱོགས་མེད་དུ་བསྐོར་ནས་གྲུབ་པའི་ཚོ་འཕྲུལ་ཞིང་ཁམས་ཀུན་ཏུ་ཁྱབ་པ་དུས་གསུམ་རྒྱུན་ཆད་མེད་པར་སྟོན་པའི་ཆོས་སྒོ་ཐམས་ཅད་ཀྱི་རྩ་བ་ནི། གང་ཟག་བློ་དམན་པ་རྣམས་སྨིན་དུ་འགྲོ་བའི་ཆོས་བཞིས་རྒྱུད་སྦྱོང་བ་དང་། དབང་པོ་འབྲིང་རྣམས་ལ་བཅའ་བ་ལུས་ཀྱི་གནད། སྲོག་རྩོལ་རླུང་གི་གནད། དམིགས་པ་སེམས་ཀྱི་གནད། ལུས་སྦྱོང་འཁྲུལ་འཁོར་གནད་བཞི་དང་། བཞི་ཀའི་རྩ་བ་བདེ་དྲོད་གཏུམ་མོའི་རྣལ་འབྱོར་བཅས་སྟོན་ཅིང་། དབང་པོ་རབ་ཏུ་གྱུར་པ་རྣམས་ལ་སྐུ་གསུམ་ངོ་སྤྲོད་ཕྱག་རྒྱ་ཆེན་པོ་ཅིག་ཅར་བའི་ལམ་ལ་ཡང་དག་པར་འཁྲིད་པར་མཛད་དོ། །དེའང་། པུཎྜ་ཀ་རིའི་འོག་ཁང་དུ། སྤྲུལ་སྐུ་ཐོགས་མེད་ཆར་རྒྱུན་འབེབས། །ཞེས་པའི་བརྡས་མཚོན་པ་ཀུན་རྫོབ་བྱང་སེམས་དང་འབྲེལ་བ་སྤྲུལ་སྐུའི་ངོ་སྤྲོད། །པུཎྜ་ཀ་རིའི་བར་ཁང་དུ། །ལོངས་སྤྱོད་རྫོགས་སྐུ་བརྡ་ཡིས་མཚོན། །ཅེས་པའི་བརྡས་མཚོན་པ་སྲོག་རྩོལ་དང་འབྲེལ་བ་ལོངས་སྐུའི་ངོ་སྤྲོད། བརྡ་ཡིས་མི་མཚོན་ཅིང་ཐ་སྙད་ལས་འདས་པ་གཉུག་མ་རང་བཞག་གི་གནད་དང་འབྲེལ་བ་ཆོས་སྐུའི་ངོ་སྤྲོད་པའི་ཕྱག་རྒྱ་ཆེན་པོ་རྟོགས་པ་རབ་འབྱམས་རང་བྱུང་ཡེ་ཤེས་ཉམས་སུ་བླངས་པའི་རིམ་པ་འདི་ཉིད་འཆི་ཀར་ཞག་བདུན་ཙམ་བསྒོམས་པས་ཀྱང་གདོན་མི་ཟ་བར་རྡོ་རྗེ་འཆང་གིས་བརྙེས་པར་གསུངས་སོ། །དཔལ་

ལྷན་འབྲུག་པ་བཀའ་བརྒྱུད་ལ་ཤིན་ཏུ་གྲགས་ཆེ་བ་སྟོད་འབྲུག་རྣམས་ཀྱིས་ཁྲིད་ཆེན་བརྒྱད་དང་ཁྲིད་ཆུང་བརྒྱད་དུ་གྲགས་པ། སྨད་འབྲུག་རྣམས་ཀྱིས་ཐུབ་པ་ལྔ་ལྡན། རྩ་བའི་བཀའ་བརྒྱུད་རྣམས་ཀྱིས་སྐོར་དྲུག་ལ་སོགས་པ་རྩལ་དུ་བཏོན་ནས་འཆད་པར་མཛད་དེ། དེ་ལ་དཔལ་ལྷན་འབྲུག་པ་ཞེས་ཡོངས་སུ་གྲགས་པའི་མཚན་གཞི་ཆོས་རྗེ་གཙང་པ་རྒྱ་རས་པས་ཕྱག་ཆེན་ལ་བཤད་པ་ཚིག་གི་སྐོར། གདམས་ངག་ཉམས་ལེན་གྱི་སྐོར། རྟོགས་པ་བྱིན་རླབས་ཀྱི་སྐོར་གསུམ། ཆོས་དྲུག་ལ་བསྒོ་འཕོ་གནད་ཀྱི་སྐོར། བྲུལ་ཚོ་བློ་རིག་གི་སྐོར། འཇུག་ཕྱོགས་སྤྱི་ཁབ་ཀྱི་སྐོར། མངོན་པར་རྟོགས་པའི་སྐོར། ཞལ་གདམས་གནད་ཀྱི་སྐོར། རྟོག་པ་ལམ་ཁྱེར་ནད་འདོན་སྐོར་ཏེ་ཐབས་ལམ་གནད་ཀྱི་སྐོར་དྲུག རོ་སྙོམས་ལ་གཏེར་མཛོད་བཀའ་རྒྱ་ཅན། ཡང་མཛོད་ཐུགས་ཀྱི་མེ་ལོང་། གསང་མཛོད་སྦས་པ་མིག་འབྱེད་གསུམ། རྟེན་འབྲེལ་ཁོ་བོ་ལུགས། ལམ་ཟབ་མོས་གུས་ཆེན་པོ་རྣམས་ཀྱི་ཤིང་རྟའི་སྲོལ་ཕྱེ་ནས་འཆད་པར་མཛད་ཅིང་། སྟོད་འབྲུག་པའི་ཁྲིད་ཆེན་བརྒྱད་ནི། ལམ་ཟབ་མོས་གུས་ཀྱི་ཁྲིད། ཕྱག་རྒྱ་ཆེན་པོ་ལྷན་ཅིག་སྐྱེས་སྦྱོར་གྱི་ཁྲིད། ཐབས་ལམ་ཁྱད་པར་ཅན་གྱི་ཁྲིད། གསང་སྤྱོད་ཕྱོགས་སྙོམ་གྱི་ཁྲིད། དག་སྣང་ཞིང་སྦྱོར་གི་ཁྲིད། ཆོས་བརྒྱད་འགོ་སྙོམས་ཀྱི་ཁྲིད། བྱམས་སྙིང་རྗེའི་ཁྲིད། རྒྱུ་འབྲས་རྟེན་འབྲེལ་གྱི་ཁྲིད་རྣམས་ཡིན་ལ། སྟོད་འབྲུག་བསྟན་པའི་རྩ་ལག་གཉིས་པ་རྒྱལ་བ་ཡང་དགོན་པས་རི་ཆོས་སྐོར་གསུམ་དུ་བསྟན་ཏེ། དེའང་སྒྲུབ་པ་ཉམས་ལེན་གྱི་ཆོས་ཐམས་ཅད་ཚང་བར་སྟོན་པ་དགོས་པ་ཀུན་འབྱུང་གི་སྐོར། རྡོ་རྗེ་ལུས་ཀྱི་གནས་ལུགས་གསལ་བར་སྟོན་པ་སྦས་བཤད་ཀྱི་སྐོར། འཆི་བ་ལམ་དུ་བྱེད་པ་བར་དོ་འཕྲང་སྒྲོལ་གྱི་སྐོར་གསུར། དང་པོ་ལ་རྩ་བ་ལུས་ལྔ་བུའི་ཆོས་གསུམ། གྱེས་པ་ཡན་ལག་ལྔ་བུའི་ཆོས་དགུ། ཟབ་པ་དོན་སྙིང་ལྔ་བུའི་ཆོས་དྲུག གཅེས་པ་སྲོག་ལྔ་བུའི་ཆོས་དྲུག་དམར་ཁྲིད་དབང་པོའི་སྒོ་ལྔ་ལྔ་བུའི་ཆོས་ལྔ་ལ་སོགས་བཞུགས་ཤིང་། འབའ་ར་བ་རྒྱལ་མཚན་བཟང་པོའི་ཆོས་དྲུག་གི་ཡིག་ཆུང་ལ་འཇམ་དབྱངས་ཆོས་ཀྱི་གྲགས་པས་རྒྱས་པར་མཛད་པ་བདེ་ཆེན་སྐོར་གསུམ་གྱི་གདམས་ངག་ཅིག་ཅར་བ་དང་རིམ་གྱིས་པའི་ལམ་གཉིས་སུ

བཞུགས་པ་དང་། སྨད་འབྲུག་གི་ཐུབ་པ་ལྷོ་ལྷུན་ནི། ཕྱག་རྒྱ་ཆེན་པོ་འཆི་ཐུབ། གཏུམ་མོ་རས་ཐུབ། གསང་སྤྱོད་རི་ཐུབ། ནད་གདོན་འཁྲུགས་ཐུབ། གཉེན་པོ་རྐྱེན་ཐུབ་ཀྱི་ཁྲིད་ལྷོ་འོ། །རྗེ་བཙུན་མི་ལའི་ཐུགས་སྲས་ཟླ་བ་ལྷ་བུ་རས་ཆུང་རྡོ་རྗེ་གྲགས་པ་དང་། ངན་རྫོང་སྟོན་པ་གཉིས་ཀྱིས་ཡིད་བཞིན་ནོར་བུ་སྐོར་གསུམ་གྱི་མཛོད་ནས་ཕྱུང་བའི་བདེ་མཆོག་མཁའ་འགྲོ་སྙན་བརྒྱུད་ཀྱི་བཀའ་སྲོལ་འཛིན་པ་སྟེ། དེའང་འཁོར་ལོ་སྡོམ་པ་ཡབ་ཀྱི་དཀྱིལ་འཁོར་དུ་དབང་བསྐུར་ནས་དབང་དང་འབྲེལ་པ་རྒྱུད་ཀྱི་གདམས་པ་ཞེས་རྩ་བཤད་ཀྱི་རྒྱུད་རྣམས་དང་། སིནྡྷུ་ར་ཡེ་ཤེས་ཀྱི་དཀྱིལ་འཁོར་དུ་ཡུལ་གྱི་བྱིན་རླབས་དབང་བཞི་ལ་བརྟེན་ནས་བྱིན་རླབས་དང་འབྲེལ་བ་སྙན་བརྒྱུད་ཀྱི་གདམས་པ་ཞེས་ནོར་བུ་རྣམ་གསུམ་གྱི་མན་ངག་རྣམས་དང་། ལུས་མེད་ཌཱ་ཀིའི་བརྡ་དབང་ལ་བརྟེན་ནས་བརྡ་དང་འབྲེལ་པ་ངོ་སྤྲོད་ཀྱི་གདམས་པ་ཞེས་ལུས་མེད་མཁའ་འགྲོའི་ཆོས་སྐོར་གསུམ་དུ་བཞུགས་ཤིང་། བཀའ་སྲོལ་དེ་གཉིས་ནི་ཡོངས་སུ་གྲགས་པའི་དབང་དུ་བྱས་ཀྱི་རྗེ་བཙུན་མི་ལས་ཐུགས་སྲས་བརྒྱད་ལ་སྙན་བརྒྱུད་ཀྱི་གདམས་པ་ཚ་རེ་བྱིན་པར་བཤད་པ་དང་། ཁྱད་པར་ཟུར་མང་བཀའ་བརྒྱུད་ལ་བཀའ་བབ་པའི་དྭགས་པོ་སྙན་བརྒྱུད་ཀྱི་སྨིན་གྲོལ་གདམས་པ་ཟབ་ལ་རྒྱ་ཆེ་བ་ད་ལྟའི་བར་རྒྱུན་མ་ཆད་པར་བཞུགས་པ་དང་། ཆེ་བཞི་ཆུང་བརྒྱད་ཀྱི་བཀའ་བརྒྱུད་གྲུབ་ཐོབ་རེ་རེས་ཆོས་སྐོར་རབ་འབྱམས་རྒྱ་མཚོར་ཕྱེས་པའི་ཚད་དང་མཐའ་བཟུང་བར་མི་ནུས་ཀྱང་རྗེ་བཙུན་མི་ལའི་གདམས་ངག་མཐའ་དག་རྒྱུད་དང་འབྲེལ་བའི་ཐབས་ལམ་དང་། བྱིན་རླབས་དང་འབྲེལ་བ་སྙན་བརྒྱུད་གཉིས་སུ་འདུ་བར་གསུངས་ཤིང་། དེ་དག་ཀུན་གྱི་རྩ་བ་ནི་ཕྱག་རྒྱ་ཆེན་པོ་དང་ན་རོ་ཆོས་དྲུག་གཉིས་ཡིན་ནོ། །དེ་གཉིས་ཀྱི་ཟབ་གསང་མདོ་རྒྱུད་ཀྱི་དགོངས་པ་དང་སྦྱར་བའི་ལུང་སྦྱོར་ཤིང་ཏུ་རྒྱས་པ་གར་དབང་སྤྱན་སྔ་ཐམས་ཅད་མཁྱེན་པ་སོགས་ཀྱིས་གསུང་རབ་ལས་རྟོགས་པར་བྱ་བ་ཡོ་ནའོ། །

དངོས་འཛིན་འཁྲུལ་བའི་སྣང་བ་འདི་ཀུན་སེམས་སུ་ངེས་པར་ཡོ་ཐག་ཆོད། །
སེམས་ཀྱི་ངོ་བོ་གཅེར་གྱིས་བལྟས་པས་སེམས་ཀྱང་བདེན་མེད་མཐོང་བ་ཡིས། །

ཆགས་དང་སྡང་དང་རྨོངས་པར་བཅས་པའི་རབ་རིབ་དྲི་མ་ཀུན་གསལ་ནས། །
འཁྲུལ་མེད་རང་ངོ་རང་གིས་ཤེས་པའི་ཕྱག་རྒྱ་ཆེན་པོ་མངོན་གྱུར་ཤོག །

ས་བཅད་བཞི་པ། ཞར་བྱུང་།

དང་པོ། ཤངས་པ་བཀའ་བརྒྱུད་ཀྱི་གྲུབ་མཐའི་བྱུང་བ་བརྗོད་པ།

ན་མོ་གུ་རུ་བཛྲ་ཧཱ་ར་ཡ། །
རྡོ་རྗེ་བཙུན་མོ་མི་ཡི་སྒྱུ་འཕྲུལ་གར། །
མཁའ་སྤྱོད་ཡེ་ཤེས་དབང་མོ་རྣམ་པ་གཉིས། །
འཕགས་བོད་མཁས་གྲུབ་གཉིས་སྐྱེས་བྱེ་བའི་དབུས། །
མཚན་དོན་རབ་བརྗིད་ཁྱུང་པོ་ལོ་ཙྪར་འདུད། །
ཟུང་འཇུག་རྒྱལ་སར་སྐུ་ཚེ་གཅིག་ལ་གཤེགས། །
གཟུང་འཛིན་མདུད་པ་གཉུག་མའི་དབྱིངས་སུ་གྲོལ། །
རྒྱུད་མཆོག་རྣམས་ཀྱི་བདག་པོའི་གནས་ཐོབ་པ། །
རིན་ཆེན་བརྒྱུད་པར་བཅས་པ་གུས་པས་བཏུད། །
སྒྲུབ་བརྒྱུད་ཤིང་རྟའི་ལམ་སྲོལ་མཁའ་ལྟར་ཡངས། །
ཁྱུང་པོའི་གསེར་ཆོས་ཉི་ཟླ་བཞིན་དུ་དཀོན། །
གང་ལ་སྣང་དེར་སྙིང་གི་མུན་བསལ་ཏེ། །
རྣམ་པར་གྲོལ་བའི་ནམ་མཁའ་ལངས་པར་མཛད། །
རྡོ་རྗེའི་རྒྱ་ཡིས་བཏབ་པའི་ཚིག་གི་མཛོད། །
ཡེ་ཤེས་ཌཱ་ཀིའི་ཁ་སྐྱངས་ངང་ཚགས་པས། །
སྲ་བཞིན་ལོངས་སུ་སྤྱོད་པའི་སྐལ་ལྡན་འབྲས། །

ཏུས་ཀྱི་ མཐར་ ཡང་ མི་ ཆུང་ ཡོངས་ འདུའི་ གཉེན། །དཔལ་ ལྡན་ ཤངས་ པ་ བཀའ་

བརྒྱུད་ཀྱི་རིང་ལུགས་འཆད་པ་ལ་གསུམ། བཀའ་སྲོལ་ངོས་བཟུང་བ། བརྒྱུད་པ་སོ་སོའི་ཚུལ་སྨོས་པ། ལམ་གྱི་རིམ་པ་དངོས་བཤད་པའོ། །བཀའ་སྲོལ་ངོས་བཟུང་བ་ནི། རྡོ་རྗེ་འཆང་དངོས་ལས་ཆོས་གསན་པའི་ཡེ་ཤེས་ཀྱི་ཌཱ་ཀི་ནི་གུ་མ་དང་། སུ་ཁ་སིདྡྷི་རྣམ་པ་གཉིས། ཁྱད་འཕགས་ཀྱི་བླ་མ་བཅུ་གསུམ། རྩ་བའི་བླ་མ་རྣམ་བཞི་སོགས་མཁས་གྲུབ་བརྒྱ་དང་ལྔ་བཅུའི་ཐུགས་བཅུད་ཆོས་ཀྱི་མཛོད་མ་ལུས་པ་མཐར་ཕྱིན་ལྔ་ལྡན་ཁྱུང་པོ་རྣལ་འབྱོར་གྱིས་བླངས། དེའང་མཁས་གྲུབ་ཁྱུང་པོ་རྣལ་འབྱོར་དེ་ཉིད་བོན་དང་རྙིང་མ་ལ་རིམ་གྱིས་མཁས་ཤིང་གྲུབ་པ་ཐོབ་ཀྱང་བྱང་ཆུབ་སྤྱོད་པའི་སྨོན་ལམ་དུས་སུ་སོན་པས་འཕགས་ཡུལ་ནས་མདོ་རྒྱུད་ཀྱི་ཟབ་ཆོས་བཙལ། གཏུམ་མོ་སྟོན་པའི་མཐར་ཕྱིན་དགྱེས་མཛད། ལམ་རྒྱ་མཐར་ཕྱིན་བདེ་མཆོག སྒྱུ་ལུས་འོད་གསལ་མཐར་ཕྱིན་གསང་འདུས། རྨི་ལམ་མཐར་ཕྱིན་མ་ཧཱ་མཱ་ཡཱ། ཕྲིན་ལས་མཐར་ཕྱིན་རྡོ་རྗེ་འཇིགས་མཛད་དེ་རྒྱུད་སྡེ་ལྔ་སྐུའི་གནས་ལྔར་དངོས་སུ་སྒྲུབ་པས་མཆོན་མདའ་བསྟུན་ཞབས་ཡེ་ཤེས་ཀྱི་སྐུ་བརྙེས་པ་རྣམས་དང་མི་གཉིས་པའི་གྲུབ་པའི་ས་ལ་བཞུགས་པ་དེས་གཙང་གཡས་རུ་ཤངས་ཀྱི་ཞང་ཞོང་དུ་གདན་ས་མཛད་ནས་བླ་མ་ཤངས་པ་དང་། བརྒྱུད་འཛིན་རྣམས་ལ་ཤངས་པ་བཀའ་བརྒྱུད་དུ་གྲགས། དགུང་ལོ་བརྒྱ་དང་ལྔ་བཅུར་བཞུགས་ཤིང་བསམ་གྱིས་མི་ཁྱབ་པའི་ཆོ་འཕྲུལ་ཆེན་པོས་ཆོས་ཀྱི་འཁོར་ལོ་མཐར་ཡས་པ་བསྐོར་བའི་ལམ་སྲོལ་དེ་དག་བསྡུ་ན། བཤད་པ། རྩོད་པ། སྒྲུབ་པའི་ལམ་རིམ་གསུམ་དུ་འདུ་བ་སྟེ། བཤད་པའི་ལམ་རིག་ལ། མདོ་དང་དེའི་བསྟན་བཅོས། རྒྱུད་རྒྱུད་འགྲེལ་དང་བཅས་པ། མཚན་ཉིད་ཐེག་པ་ལ་གྲུབ་མཐའ་ཆེན་པོ་བཞི། རྡོ་རྗེ་ཐེག་པ་ལ་རྒྱུད་སྡེ་ཆེན་པོ་བཞི་ཚུལ་བཞིན་དུ་བཤད་པ་དང་། རྩོད་པའི་ལམ་རིམ་ལ་ཚད་མ་སྡེ་བདུན་སོགས་རྟོག་གེ་ཕྱི་རབས་པའི་ལུགས་ཀྱང་གསན་མོད། གཙོ་བོ་ཚད་མ་སྔ་རབས་པ་ལ་གྲགས་པ་ལྟར་གཏན་ཚིགས་ཆེན་མོ་བཞིས་མཚན་ཉིད་གསུམ་གཏན་ལ་ཕབ་ཅིང་། ཚད་མ་ཡང་མངོན་སུམ་རྗེས་དཔག་ཡིད་ཆེས་གསུམ་ཕྱེ་ནས། བཀལ་ལན་རྣམ་པར་ངེས་པ་དང་བྱེད་པ་དང་། སྒྲུབ་པའི་ལམ་རིམ་ལ་རྒྱུ་ཕར་ཕྱིན་ཐེག་པ་དང་། འབྲས་བུ་རྡོ་རྗེ་ཐེག་པ་

གཉིས་ཀྱི་ཉམས་ལེན་མཐའ་དག བྱང་ཕྱོགས་སོ་བདུན་ཐུན་མོང་དང་ཁྱད་པར་གྱི་གནད་ཀྱིས་ཉམས་སུ་ལེན་ཚུལ་མན་ངག་ཏུ་དྲིལ་ནས་སྟོན་པས། གང་ས་ཅན་དུ་ཕྱིན་པའི་སྟོན་པ་ཞིག་ལ་ཆོས་ཀྱི་སྒོ་མཐའ་ཡས་པ་དང་། འགྲན་ཟླ་མེད་པའི་ཕྲིན་ལས་ཅན་ཡིན་པས་བསམ་གྱིས་མི་ཁྱབ་བོ། དེ་དག་ཐམས་ཅད་ལས་ཕྱི་མ་སྨྲུབ་པའི་ལམ་རིམ་གྱི་སྙིང་པོའི་བཅུད་ཙམ་ཞིག་དེང་སང་གི་བར་དུ་བཞུགས་པ་སྟེ། དེའང་ནི་རྗེ་རྣམ་གཉིས་ཀྱི་གསེར་ཆོས་རྩ་བར་གྱུར་པའི་ཆོས་སྐོར་ལྔར་གྲགས་པ་སྟེ། ནཱ་རོ། སུ་ཁ། རྡོ་རྗེ་གདན་པ། མཻ་ཏྲི་པ། རཱ་ཧུ་ལའི་སྐོར་ལྔ། མན་ངག་ཐོར་བུ་དང་བཅས་པ་རྣམས་སོ། །

བརྒྱུད་པ་སོ་སོའི་ཚུལ་སྨོས་པ་ནི། རིང་བརྒྱུད། ཉེ་བརྒྱུད། ཤིན་ཏུ་ཉེ་བརྒྱུད། ཁྱད་པར་འཕགས་ཚུལ་བསྟན་པའོ། ། དང་པོ་ནི། གྲུབ་ཆེན་ཁྱུང་པོའི་སྔ་བུ་ལྔ། ཕྱི་བུ་གཅིག་དང་དྲུག་གི་གཙོས་བཤེས་གཉེན་ཁྲི་ཕྲག་བཅོ་བརྒྱད་སོགས་ས་ཆེན་པོའི་རྟུལ་དང་མཉམ་པའི་གདུལ་བྱ་སྨིན་ཅིང་གྲོལ་བར་མཛད་པ་སྟེ། དེ་ལ་སྔ་བུ་ལྔ་ནི། དྲི་མེད་ཤེས་རབ་ཀྱི་སྟོང་པོ་རྨེའུ་སྟོན་པ། ཕན་སེམས་ཡལ་ག་གཡོར་པོ་རྒྱ་མོ་ཆེ། སྙིང་རྗེའི་ལོ་འདབ་དཾུལ་སྟོན་རིན་དབང་། བྱམས་པའི་མེ་ཏོག་ལ་སྟོད་དཀོན་མཆོག་མཁར། འོག་གསལ་སྙིང་པོ་ཞང་སྒོམ་ཆོས་སེང་རྣམས་དང་། ཕྱི་བུ་གཅིག་ནི་སྐུ་ལུས་རྩི་ལམ་གྱི་འབྲས་བུ་སྨིན་པ་རྫོགས་ལྡོགས་པ་རིན་ཆེན་བརྩོན་འགྲུས་ཏེ། རྡོ་རྗེ་འཆང་གི་གསང་ཚིག་ཚིག་བརྒྱུད་ཀྱི་བཀའ་ནི་རྫོགས་ལྡོགས་པ་ཡོན་ལ་བབས། དེ་ནས་རིམ་བཞིན་དཔོན་སྟོན་སྐྱེར་སྒང་པ། སངས་རྒྱས་གཉན་སྟོན། འགྲོ་མགོན་སྟོན་པའི་བར་དུ་བརྒྱུད་དེ་རྡོ་རྗེ་འཆང་དང་ཡེ་ཤེས་ཌཱ་ཀིས་ལུང་བསྟན་པ་བཞིན་དུ་ཚིག་བརྒྱུད་རྡོ་རྗེའི་རྒྱ་རིན་ཆེན་བདུན་པར་གྱུར་པ་འགྲོ་མགོན་ཆོས་རྗེ་སྟོན་པས་བཀྲོལ་ཏེ་ཛམྦུའི་གླིང་དང་གླིང་ཕྲན་ཚུན་ཆད་གྲུབ་ཐོབ་ཀྱི་སློབ་མས་ཁྱབ་པ་ལས། གཙོ་བོ་གཙང་མ་ཤངས་སྟོན། བསམ་སྡིང་པ་གཞོན་ནུ་གྲུབ། འཇག་ཆེན་རྒྱལ་མཚན་འབུམ་སྟེ་མཁས་གྲུབ་རྣམ་པ་གསུམ་གྱིས་བརྒྱུད་པའི་རྐང་བཟུང་ཞིང་གདམས་ངག་ཡི་གེར་བཀོད། ཤངས་སྟོན་སློབ་མ་ཁྱུང་པོ་ཚུལ་མགོན་སོགས་རིན་ཆེན་རྣམ་བདུན་ཕྱི་མར་གྲགས

པ་ངོ་མཚར་བའི་བརྒྱུད་པ་དང་། འཇམ་བསམ་གཉིས་ཀྱི་གདན་ས་སློབ་བརྒྱུད་མཐའ་ཡས་པ་ཕྱིན་ཅིང་། གཞན་ཡང་ཆོས་རྗེ་སྟོན་པའི་དངོས་སློབ་གསེར་གླིང་པ་བཀྲ་ཤིས་དཔལ་ལས་གྲེས་པ་དང་། ཆེ་བ་བཅུ་དང་ལྡན་པ་ལ་སྟོད་གནས་རྙིང་གི་གདུང་རབས་ལ་སྤྱན་རས་གཟིགས་ཀྱི་རྣམ་འཕྲུལ་བརྒྱད་ཅུ་རྩ་བརྒྱད་ཕྱིན་ནས་བསྟན་འགྲོའི་དོན་བྱེད་པར་ལུང་བསྟན་པའི་ཐོག་མའི་རབས་སུ་གྱུར་པ་ལ་སྟོད་པ་དཀོན་མཆོག་མཁར་གྱི་གདན་ས་པ་རིམ་ཕྱིན་དང་སློབ་བརྒྱུད་ལས་གྲེས་པ་སོགས་མཐའ་ཡས་སོ། ། གཉིས་པ་ནི། ཀུན་མཁྱེན་ངོ་ལ་པོ་སངས་རྒྱས་ཀྱི་སྐུའི་སྐྱེ་བ་ཕྱི་མ་གྲུབ་ཆེན་བརྩོན་འགྲུས་བཟང་པོའམ་ཐང་སྟོང་རྒྱལ་པོ་སོགས་སྐུ་གཅིག་ལ་མཚན་ལྔ་ལྡན་པ་དེ་ཉིད་ཀྱིས། རིང་བརྒྱུད་མཁས་གྲུབ་ཤངས་སྟོན་གྱི་སློབ་མ་མུས་ཆེན་རྒྱལ་མཚན་དཔལ་བཟང་ནས་རི་གོང་སྟོད་བརྒྱུད་དུ་གྲགས་པའི་སྙན་བརྒྱུད་རྣམས་བྱང་སེམས་སྦྱིན་པ་བཟང་པོ་ལས་གསན་ནས་ཐུགས་ཉམས་སུ་བཞེས་པས་ཡེ་ཤེས་མཁར་འགྲོ་དངོས་ཀྱིས་རྗེས་སུ་བཟུང་བའི་ཉེ་བརྒྱུད་རིམ་པ་གསུམ་བྱུང་སྟེ། དང་པོ་གཙང་གི་རི་བོ་ཆེར་ནི་གྲུམ་དངོས་སུ་ཕྱིན་ཏེ། ཆོས་དྲུག ཕྱག་ཆེན། ལམ་ཁྱེར། འཆི་མེད། བླ་མ་མགོན་པོ་དབྱེར་མེད་རྣམས་ཀྱི་ཁྲིད། གཉིས་པ་མདོག་སྨད་སྲིན་རྫོང་ཤུག་སྡོང་གི་རྩ་བར་དེ་དག་སོ་སོའི་དབང་། གསུམ་པ་མཁའ་སྤྱོད་ཀྱི་གདམས་པ་ཡི་གེ་མེད་པའི་བརྡ་ཐབས་སུ་བྱུང་བ་བཅས་བཀའ་བབས་སྤྲུ་ཕྱི་བར་གསུམ་མང་མཁར་བ་བློ་གྲོས་རྒྱལ་མཚན་སོགས་ལས་སོ་སོར་བརྒྱུད་དེ་ད་ལྟའི་བར་བཀའ་བརྒྱུད་ཟམ་མ་ཆད་པར་བཞུགས་སོ། །

གསུམ་པ་ནི། །ཉེ་བརྒྱུད་དག་པའི་སྣང་བར་རྗེ་བཙུན་མོ་ནི་གུཧྱ་ཞལ་དངོས་སུ་བསྟན་ཏེ་གདམས་ངག་ཁྱད་པར་ཅན་ལན་གཉིས་བསྩལ་བ་དང་། རིང་བརྒྱུད་འཇག་བསམ་གཉིས་དང་ཐང་རྒྱལ་སོགས་བརྒྱུད་པའི་རྣམ་གྲངས་ཉེར་བཞི་སྟེ། བརྒྱུད་སྤྲུལ་ཉེར་ལྔ་ཁྲིད་ཐེངས་བརྒྱ་ལྷག་བཅས་འཇམ་མགོན་གྲུབ་པའི་དཔལ་པོ་དཔལ་ལྡན་ཀུན་དགའ་གྲོལ་མཆོག་གིས་གསན། ཁྲིད་ཚུལ་ལན་གྲངས་བརྒྱ་ལྷག་བསྩལ་བས་སྐལ་ལྡན་དུ་མ་གྲུབ་པའི་ས་ལ་བཀོད། དེ་ལྟར་རིང་བརྒྱུད། ཉེ་བརྒྱུད་གཉིས། ཡེ་ཤེས་ཌཱ་ཀིས་གྲོལ་མཆོག་ཞབས་རྗེས་

སུ་བཟུང་བའི་ངོ་མཚར་ཤིན་ཏུ་ཆེ་བརྒྱུད་བཅས་ཀྱི་བཀའ་བབས་ཤིང་། ཙ་བ་ཤངས་པའི་སྙན་བརྒྱུད་ཀྱི་གསེར་ཆོས་གཙང་མ་ལ། གདམས་ངག་རྗེ་སོ་ཆེ་བརྒྱུད་མཁའ་འགྲོའི་ཁ་རླངས་ཅན་གྱིས་ཟུར་བརྒྱན་པ་ཟབ་དོན་ཐང་བརྡལ་མ་སོགས་གསང་བདག་སྒྲོལ་བའི་མགོན་པོའི་བཀའ་སྲོལ་ཁྱད་པར་ཅན་འདི་ནི་ད་ལྟའི་སྐབས་ཁྲིད་ཚུལ་གཞན་དག་ལས་རྣམ་པ་དུ་མས་ཁྱད་པར་དུ་འཕགས་པ་ཡིན་ནོ། །བཞི་པ་ནི། བཀའ་བརྒྱུད་འདི་གཞན་ལས་འཕགས་པའི་ཁྱད་ཆོས་གསུམ་དང་ལྡན་པ་ཡིན་ཏེ། བརྒྱུད་འཛིན་ཁྱད་པར་དུ་འཕགས་པ་སྲིད་པ་ཐ་མ་པའི་བྱང་ཆུབ་སེམས་དཔའ་འབའ་ཞིག་ཕྲེང་བར་བརྒྱུད་པ་ལས་གང་ཟག་ཐ་མལ་པས་བར་དུ་མ་ཆོད་པ། གདམས་ངག་ཁྱད་པར་དུ་འཕགས་པ་དོན་མ་ནོར་ཞིང་ཚིག་མ་བསླད་པ་ཡེ་ཤེས་ཌཱ་ཀིས་ཐེམས་སུ་བཏབ་པའི་རྡོ་རྗེའི་ཚིག་ཀང་སོ་སྐྱེའི་བློས་བཏགས་ཀྱིས་བཅོས་བསྒྱུར་དང་རྗོམ་པ་མ་ཕོག་པ། བྱིན་རླབས་ཁྱད་པར་དུ་འཕགས་པ་སྙིགས་མའི་དུས་ཀྱི་མཐར་ཐུག་འདིར་ཡང་བརྩོན་འགྲུས་ལྡན་ཅིང་དམ་ཚིག་མ་ཉམས་པ་ལ་གྲུབ་པའི་འབྲས་བུ་སྨིན་པ་མངོན་སུམ་དུ་མཐོང་བས་བཤད་ཆོད་ཙམ་དུ་མ་ལུས་པའོ། །སྨུར་མཛད་ཕྲིན་ལས་ལ་མཐའ་ཡས་ཏེ། །སྨུར་མཛད་ཡེ་ཤེས་ཀྱི་མགོན་པོའི་ཆོས་སྐོར་ཁོ་ན་ལ་མཆོན་ན། སྔོན་དུས་སྟོད་ལུགས་པས་ཕལ་ཆེར་ལ་ཁྱབ། ཕྱིས་སུ་སྨད་ལུགས་རི་གོང་བརྒྱུད་པ་ཆེས་འཕེལ་ཏེ་གདན་སའི་བརྒྱུད་པ་ལས་ཕག་གྲུ། ཀ་ཚང་། ཚོགས་སྡེ་བཞི་སོགས་ལ་ཁྱབ་ཅིང་། བསམ་ལྡིང་པ་ལས་ལྷོ་གཙོད་ཀྱི་བརྒྱུད་པ་སོ་སོར་འཕེལ་བ་དང་། འཇག་པ་ལས་སྟོད་བརྒྱུད་སྨད་བརྒྱུད་བར་བརྒྱུད་གསུམ་བྱུང་ཞིང་ཁྱད་པར་རྗེ་ཙོང་ཁ་པས་འཇག་ཆེན་བྱམས་པ་དཔལ་བ་དང་། རིག་པའི་དབང་ཕྱུག་དགེ་ལེགས་དཔལ་བས་མུས་ཆེན་ནམ་མཁའི་རྣལ་འབྱོར་ལས་གསན་ཏེ་དབུས་གཙང་ཁམས་གསུམ་རྒྱ་སོག་ཡན་ཆད་དུ་ཁྱབ། སོགས་ཁོངས་ནས་བརྒྱུད་པ་ཕྱི་མ་ལས་འོངས་པ་སྐྱེར་སྒང་ཐུགས་རྗེ་ཆེན་པོ་དང་རྟ་མགྲིན་གསང་སྒྲུབ། མཉན་སྟོན་པའི་འཆི་མེད་འཕྲུལ་འཁོར་སོགས་ཀྱིས་ཀྱང་གྲུབ་མཐའ་ཕལ་ཆེར་ཁྱབ་པ་སོགས་དཔལ་ལྡན་ཤངས་པ་བཀའ་བརྒྱུད་ཀྱི་ཕྲིན་ལས་ནི་མཐའ་ཡས་སོ། །

ཤངས་པ་བཀའ་བརྒྱུད་ཀྱི་སྲོལ་གཏོད་ནི་ཁྱུ་མ། ཡེ་ཤེས་ཀྱི་མཁའ་འགྲོ་ནི་ཁྱུ་མ་ནི། གསོལ་འདེབས་ཡེ་ཤེས་སྒྲ་དབྱངས་ཞེས་བྱ་བ་ལས། ཉི་མ་ཁྱུང་པའི་བྱིན་རླབས་ལས་སྤྲུལ་པའི། །ངོ་མཚར་ས་གཞི་ཀསྨི་ར་ཡི་ལྗོངས། །ཛམྦུ་གླིང་ན་དཔེ་མེད་རབ་གྲགས་པའི། །གྲོང་ཁྱེར་མཆོག་ཏུ་འཁྲུངས་ལ་གསོལ་བ་འདེབས། །རྣམ་དག་བྲམ་ཟེ་ཞི་བའི་གོ་ཆ་ཡི། །རིགས་ཀྱི་ཐིག་ལེ་ན་རོ་ཏ་པ་དང་། །ཡེ་ཤེས་མཁའ་འགྲོ་དྲལ་དང་ལྷུམ་མོའི་ཚུལ། །ཉི་ཟླ་ཟུང་འབྲེལ་སྨིན་ལ་གསོལ་བ་འདེབས། །རྣམ་ཀུན་མཆོག་ལྡན་སྟོང་པ་ཉིད་ཀྱི་དངོས། །རྒྱལ་ཀུན་བསྐྱེད་པའི་གཟུགས་སུ་སྣང་བའི་མོད། །སྲིད་པའི་ཚུལ་དུ་རྣམ་པར་འཕྲུལ་པ་ཡང་། །སྲིད་ལེན་མཚམས་སྦྱོར་བྲལ་ལ་གསོལ་བ་འདེབས། །གྲངས་མེད་དགོངས་ནས་ས་དང་ལམ་རྣམས་ཀྱི། །ཕ་རོལ་སོན་པས་རྟེན་འདིར་རང་བྱུང་གི །གྲུབ་པའི་རྣམ་ཐར་བསམ་མི་ཁྱབ་པ་བརྙེས། །ལྡན་སྐྱེས་མཁའ་འགྲོ་མ་ལ་གསོལ་བ་འདེབས། །སྦྱངས་པའི་ངལ་བ་ཆེད་དུ་མ་བརྟེན་པར། །གྲུབ་པའི་དབང་ཕྱུག་དག་གི་གསུང་སྒྲོས་ཙམ། སྙན་ལ་སིམ་པས་ཆོས་ཀུན་ཡོང་དུ་ཆུད། །རང་གྲོལ་བདེ་བ་ཆེ་ལ་གསོལ་བ་འདེབས། །རྒྱུད་དང་གདམས་པའི་ཟབ་དོན་ཕྲ་མོ་ཡིས། །གཅིག་ཤེས་ཀུན་གྲོལ་མཁྱེན་གཉིས་རྩལ་ཁ་རྒྱས། །ཆོས་ཉིད་བདེན་པ་སྒྲིབ་བྲལ་མངོན་སུམ་གཟིགས། །དཔལ་ལྡན་གྲུབ་པ་མོ་ལ་གསོལ་བ་འདེབས། ཞེས་དང་། ཉེ་རྒྱུའི་སྦྱོད་པས་དགྱེས་དགུར་རོལ་མཛད་པས། །རྡོ་རྗེ་འཆང་གི་རྗེས་བཟུང་དངོས་ཉིད་དང་། །སྐལ་བ་མཉམ་ཡང་སློབ་པའི་ཟུང་འཇུག་སྐུས། །མཁའ་ཁྱབ་འགྲོ་དོན་མཛད་ལ་གསོལ་བ་འདེབས། །ཞེས་འབྱུང་བ་ལྟར་རྡོ་རྗེ་འཆང་དངོས་ལས་ཆོས་གསན་ཅིང་། །རྡོ་རྗེ་འཆང་དང་མི་གཉིས་པའི་རྣམ་ཐར་མངའ་བའི་མཁའ་འགྲོ་མ་ཞིག་གོ །

སུ་ཁ་སིདྡྷི་འམ། བདེ་བའི་དངོས་གྲུབ་ཞེས་བྱ་བའི་མཁའ་འགྲོ་མ་འདི་ཉིད་ནི། ཡུལ་རྒྱ་གར་ཁ་ཆེའི་གྲོང་ཁྱེར་ན་བཟའ་མི་གཉིས་ལ་བུ་གསུམ། བུ་མོ་གསུམ་པོ་རང་གཉིས་དང་བརྒྱད་ཡོད་པ་ལས་ཤིན་ཏུ་ཕོངས་ཤིང་དབུལ་བས་བཟའ་རྒྱ་འབྲས་བུམ་པ་གང་ལས

མེད་སྟབས། དེ་ཟ་མ་བྲ་བ་ཁ་བཅད་དེ་བཞག བུ་གསུམ་སྐྱེར། མོ་གསུམ་བྱུང་། ཕ་ནུབ་ཏུ་ཟས་འཚོལ་དུ་སོང་། ཤུལ་དུ་ཤིན་ཏུ་ཕོངས་པ་གཅིག་ཟས་འཚོལ་དུ་བྱུང་བས་འབྲས་བུམ་པ་ཕྱེད་བཙོས་ནས་དེ་ལ་བྱིན། ཕ་བུ་རྣམས་ཟས་མ་རྙེད་པར་བཀྲེས་ཏེ་ད་ཁྱིམ་འབྲས་བུམ་པ་གང་དེ་ཟོས་ལ། དེ་ནས་བཙལ་དགོས་སྙམ་ནས་ཐམས་ཅད་ཁྱིམ་དུ་ལོག །མ་ལ་ད་ནི་འབྲས་བུམ་པ་གང་དེ་བྱིན་ཅིག །བཀྲེས་པས་ཉེན་ཅིང་ཉམ་ཐག་པར་གྱུར་ཏོ། ཞེས་ཟེར་བར། མས་སྨྲས་པ། ཁྱེད་རྣམས་ཀྱིས་ཟས་རྙེད་དེ་འོང་སྙམ་ནས་ཤིན་ཏུ་ཉམ་ཐག་པ་ཞིག་སློང་དུ་བྱུང་བར་བྱིན་ཚར་ཟེར་བས། ཕ་བུ་ཀུན་བསྡེབས་ནས་མགྲིན་གཅིག་ཏུ། ཁྱོད་ཀྱིས་ནམ་ཡང་དེ་ཡོན་བཞིན་བྱས་པས་ངེད་རྣམས་སྐྱིད་ཏུ་མ་བཅུག་པས་ཕྱིར་ཐོན་ཅིག་ཟེར་ཞིང་ཁྱིམ་ནས་བཏོན་ཏོ། །དེ་ནས་བུད་མེད་དེ་རང་ཡུལ་ནས་ནུབ་ཕྱོགས་ཨོ་རྒྱན་གྱི་ཡུལ་དུ་ཕྱིན། དེར་ནི་མི་ཕོ་མོ་ཐམས་ཅད་དཔའ་བོ་དང་དཔལ་མོ་ཤ་སྟག་ཏུ་འདུག་པ། གནས་དེར་སླེབས་པ་ཙམ་གྱིས་རིག་པ་རང་བཞིན་གྱིས་དྭངས། འབྲས་རྩ་བ་དང་འཛོམས་ཤིང་འབྲས་བསྒྲུབ་པས་ཁལ་གཅིག་ཙམ་རྙེད། དེ་གྲོང་ཁྱེར་དུ་ཁྱེར་ནས་ཆང་ཚོང་མ་བྱས། དེའི་དུས་སུ་ཨོ་རྒྱན་གྱི་ནགས་ཁྲོད་ན། སློབ་དཔོན་ནག་པོ་བིརྺ་པ་ཞེས་ཀྱང་བྱ། ཨ་ཝ་དྷཱུ་ཏི་པ་ཞེས་ཀྱང་བྱ་བ་དེས། ཕྱག་རྒྱ་མ་ཨ་ཝ་དྷཱུ་ཏི་མ་དང་གཉིས་གསང་སྤྱོད་མཛད་ཅིང་ཡོད་པ་ལས། རྣལ་འབྱོར་མ་དེས་རྟག་ཏུ་ཆང་ཉོར་ཕྱིན་པ་ན་སྐབས་འགར་ཀུན་མོ་ཆང་ཚོང་མ་དེ་ལའང་ཆང་ཉོས་པས། ཆང་གཞན་བས་ཞིམ་པ་ཤ་སྟག་བཙོངས། དེར་ཀུན་མོས་རྣལ་འབྱོར་མ་ཁྱོད་ཆང་ཉོས་ནས་སུ་ལ་འཁྱེར་བ་ཡིན་དྲིས་པས། ནགས་ཁྲོད་ན་རྣལ་འབྱོར་པ་བཟང་པོ་ཞིག་བཞུགས་པས་དེ་ལ་འདྲེན་པ་ཡིན་ཟེར། ཀུན་མོས་དེ་ལྟར་ཡིན་ན་ཆང་རིན་མི་དགོས་ཟེར་ནས་འབྲས་ཆང་ཉིང་བསྲིངས་བྱས་ཏེ་རྒྱུན་དུ་བསྐུར་བས། བིརྺ་པས། རྣལ་འབྱོར་མ་རིན་མི་དགོས་པའི་ཆང་ཞིམ་པོ་ཤ་སྟག་བྱུང་བ་འདི། ཇི་ལྟར་བྱས་པ་ཡིན་གསུངས་པ་དང་། དེར་སྔར་གྱི་ཆང་ཚོང་མ་དང་མི་འདྲ་བའི་དད་པ་ཅན་ཞིག་འདུག །ངས་རྒྱུ་མཚན་བཤད་པས་ཁོ་མོས་དད་པ་སྐྱེས་ནས་བསྐུར་བ་ལགས་ཞུས་པས། བིརྺ་པའི་ཞལ་ནས། ཀུན་མོ་དེ་

ཅེས་ཀྱང་ཁམས་གསུམ་ནས་འདྲེན་དགོས་པས་ཁྱེད་ལ་ཨོག་གསུངས། དེར་རྒྱལ་འབྱོར་མ་ཀན་མོའི་རྩར་ཕྱིན་ཏེ་ངའི་བླ་མ་པིཎྜ་པའི་ཞལ་ནས། ཆང་ཚོང་མ་ཁྱེད་ཨོག་འཁོར་བ་ནས་འདྲེན་དགོས་གསུངས་པས། ཁྱོད་འདོད་དང་བྱས་པས་ཀན་མོ་ཤིན་ཏུ་མོས་ཏེ། འབྲས་ཆང་བུམ་པ་གང་ཁྱེར་ཏེ་འཛམ་དུ་ཕྱིན། རྗེ་བཙུན་པིཎྜ་པས་དུས་དེ་ཉིད་དུ་གསང་སྔགས་ལྟེ་བ་སྤྲུལ་འཁོར་གྱི་དབང་བཞི་རྫོགས་བསྐུར། བསྐྱེད་རྫོགས་ཆོས་དྲུག་དང་བཅས་པ་གསུངས་པས་དུས་དེ་ཉིད་ལ་ཡེ་ཤེས་མཁའ་འགྲོ་མར་གྱུར་ཏོ། །དེ་ཡང་ཡུལ་ནས་བཏོན་དུས་ལོ་ང་བརྒྱད། ཨོ་རྒྱན་དུ་ཆང་ཚོང་ཙ་ན་དྲུག་ཅུར་སོན། དྲུག་ཅུ་རྩ་གཅིག་ན་ཐྲ་པ་དང་མཇལ་ནས་གདམས་པ་ཐོབ། དེར་ནུབ་གཅིག་ལ་གྲུབ་པ་ཐོག་པའི་སྟོབས་ཀྱིས་རྣམ་སྨིན་གྱི་ལུས་རང་དག་འཇའ་ལུས་སུ་གྱུར་ནས། གཞོན་ཞིང་ལང་ཚོ་དར་ལ་བབ་པ། བཅུ་དྲུག་གི་ན་ཚོད་ཅན། སྐུ་མདོག་ཤིན་ཏུ་དཀར་བ། དབུ་སྐྲ་སིལ་བུས་སྐུ་རྒྱབ་གནོན་པ་ལྟ་བས་ཚོག་མི་ཤེས་པ། ཏཱ་ལ་བདུན་སྲིད་ཙམ་གྱི་ནམ་མཁར་བཞུགས་པའི་ཡེ་ཤེས་ཀྱི་མཁའ་འགྲོ་མ་སུ་ཁ་སིདྡྷི་ཞེས་བྱ་བར་གྱུར་ཏོ། །དེ་ཡང་མཁའ་འགྲོ་མ་དེ་བཅོམ་ལྡན་འདས་བདག་མེད་མ་དངོས་སུ་གྱུར། པིཎྜ་པ་དང་དགྱེས་མཛད་ཐ་དད་མེད་པའི་གསང་ཡུམ་ཡང་མཛད། ད་ལྟར་ཡང་འདས་གྲོང་མི་མངའ་བར་ཁམས་གསུམ་སེམས་ཅན་ཐམས་ཅད་ལ་ཡེ་ཤེས་ཀྱི་གཟིགས་པ་དུས་དྲུག་ཏུ་འཇུག་ཅིང་ཁྱད་པར་དུ་སྣང་བ་དག་པ་རྣམས་ལ་ཆོས་གསུངས། གསང་སྔགས་ཉམས་སུ་ལེན་པ་དང་། གསོལ་བ་འདེབས་པ་པོ་ཐམས་ཅད་ལ་དངོས་སུ་བྱིན་གྱིས་རློབ་ཅིང་མཆོག་ཐུན་མོང་གི་དངོས་གྲུབ་ཐོབ་པར་བྱེད་ཅིང་བཞུགས་པའི་མཚན་ཐོས་པ་ཙམ་གྱིས་དད་པའི་ས་བོན་གཏིང་ནས་གཡོས་ཏེ། ཁྱུང་པོ་རྣལ་འབྱོར་གྱིས་རྒྱ་གར་གྱི་ཕྱོགས་ཀུན་ཏུ་བཙལ་བས་ཙནྡན་གྱི་ནགས་སུ། ཏཱ་ལ་བདུན་སྲིད་ཙམ་གྱི་ནམ་མཁར་བཞུགས་པ་དང་མཇལ། ཕྱག་དང་གསེར་གྱི་མཎྜལ་ཕུལ་ནས་གདམས་པ་ཞུས། ཐུན་མོང་མ་ཡིན་པའི་དབང་བཞི་རྫོགས་པར་བསྐུར། ལོ་ཟླ་ཙམ་གྱིས་སངས་རྒྱ་བའི་གསང་སྔགས་ཀྱི་གནད་མ་ལུས་པར་ཞུས་པའི་བླ་མ་གཙོ་བོ་སྟེ། ཁྱུང་པོའི་ཞལ་ནས། བདག་གི་རྩ་བའི་བླ་མ

བཞི་ལས་ཁྱད་པར་དུ་དྲིན་ཆེ་བའི་བླ་མ་ནི། སུ་ཁ་སིདྡྷི་ཡིན་ཏེ། དང་པོར་ལུང་སྟོན་བར་དུ་གསང་ཡུམ་མཛད། ཐ་མར་དབང་ལག་ལེན་ཞལ་གདམས་དང་བཅས་པ་གནང་། རྒྱ་བོད་ཀུན་ཏུ་འདུ་འབྲལ་མེད་པར་བྱིན་གྱིས་རློབ་ཅིང་དབང་བཞི་རྫོགས་རྟག་ཏུ་བསྐུར། གསང་སྔགས་ཀྱི་གནད་རྣམས་རྒྱུན་ཆད་མེད་པར་གསུངས་པས་ཤིན་ཏུ་བཀའ་དྲིན་ཆེའོ་གསུངས་ཤིང་། དེ་བཞིན་ཕྱི་རོལ་གྱི་དུ་སློབ། རྫོག་ལྡོགས་པ། སྐྱེར་སྒང་པ། སངས་རྒྱས་གཉན་སྟོན་སོགས་བརྒྱུད་འཛིན་ཐམས་ཅད་ལའང་བྱིན་གྱིས་བརླབས་ཤིང་རྗེས་སུ་འཛིན་པར་གྲགས་སོ། །

མཁས་གྲུབ་ཁྱུང་པོ་རྣལ་འབྱོར་ནི། སྤྱི་ལོ(༩༩༠ – ༡༡༤༠)ཡུལ་སྙེ་མོ་ར་མངས་ཉུས་ཁྱུང་པོ། ཡབ་སྟག་སྐྱེས་དང་ཡུམ་བཀྲ་ཤིས་སྐྱིད་གཉིས་ཀྱི་སྲས་སུ། མེ་མཁའ་རྒྱ་མཚོའི་ལོ་ལྟུགས་སྟག་ལ་འཁྲུངས། བཙས་མ་ཐག་རྒྱ་གར་གྲུབ་ཐོབ་ཨ་མོ་གྷས་ལེགས་པའི་ལུང་བསྟན། ལོ་བཅུ་གཉིས་ནས་རྒྱ་བོད་ཀྱི་ཡིག་སློག་མཁྱེན། དུས་འཁོར་ལ་མཁས། ལོ་བཅུ་གསུམ་ན་བོན་ལ་སྦྱངས་པས་མཁས་པར་གྱུར། གཞན་ལ་བཤད་པས་དཔེ་འདྲེན་བདུན་བརྒྱ་ཙམ་བྱུང་། དེ་ནས་བླ་མ་འབྱུང་གནས་སེང་གེ་ལས་རྫོགས་ཆེན་སེམས་སྡེ་སྙིར་མང་དུ་གསན་ཅིང་གཞན་ལ་བཤད་པས། དེར་ཡང་སློབ་མ་བདུན་བརྒྱ་ཙམ་བྱུང་། དེ་ནས་སྟོད་ལུང་སོགས་སུ་ཆོས་མང་དུ་གསན་ཅིང་། གསེར་མང་པོ་བསྡུམས་ནས་བལ་པོར་ཕྱིན། པཎྜི་ཏ་སུ་མ་ཏི་ལས་ལོ་ཙཱ་བསླབས། གྷི་ཡོག་གི་དབང་སོགས་མང་དུ་ཞུས། ཨ་ཏུ་ལ་བརྫུས་གྲོགས་མཛད་ནས་རྡོ་རྗེ་གདན་པ་དང་མཇལ། དགེ་ཚུལ་ཞུས་ཆོས་མང་དུ་གསན། དེ་ནས་ནཱ་རཱ་དྲ་སརྦ་ན། བཻ་རོ་ཙ་ན། ཁ་ཆེན་དགོན་པ་བ། མེ་ཏྲི་པའི་སློབ་མ་རྡོ་རྗེ་མཆེད་གསུམ་སོགས་ལས་གསང་སྔགས་ཀྱི་ཆོས་མང་དུ་གསན། དེ་ནས་བོད་དུ་ཕེབས་ལམ་ན་ཇག་པ་ནུས་པས་བཏུལ་བ་སོགས་གྲུབ་རྟགས་མང་དུ་བསྟན། ཡུལ་དུ་ལོངས་སྤྱོད་མང་དུ་བྱུང་ཞིང་གུ་ལང་གི་གསེར་ཁ་བརྡོལ་བ་དང་ཕྱུག་པས་གསེར་སྲང་སྟོང་ལྷག་བྱུང་། ཡང་བལ་པོ་བརྒྱུད་རྒྱ་གར་ཕེབས་པ་ན། ཕམ་མཐིང་པ་ལས་བདེ་མཆོག་རྩ་རྒྱུད་སོགས་ཞུས། རྡོ་རྗེ་གདན་པ་ལ

གསེར་སྲངས་བརྒྱ་ཕུལ། ནཱ་རོ་པའི་སློབ་མ་དྣ་ཆེན་པོ་སུ་མ་ཏི་ཀཱིརྟི་སོགས་ལས་ཆོས་མང་དུ་ཞུས། མཻ་ཏྲི་པ་དང་མཇལ་ནས་རྒྱུད་མང་པོ་དང་། ཡིད་བཞིན་གྱི་མགོན་པོ་ཕྱག་དྲུག་པའི་ནོར་སྒྲུབ་ལྷག་ཁྱད་ཆེ་བ་ཞིག་ཞུས། གསེར་སྲང་བདུན་ཕུལ། གསེར་སྲང་ལྔ་བརྒྱ་བསྣམས་ཏེ། རྡོ་རྗེ་འཆང་དངོས་ལས་ཆོས་ཐོབ་པ་སུ་ཡོད་དྲིས་པས། ནཱ་རོ་པའི་ལྕམ་ནི་གུ་མ་ཞེས་བྱ་བ། སྐུ་འཇའ་ལུས་གྲུབ་སྟེ་སོ་ས་གླིང་གི་དུར་ཁྲོད་དུ་མཁའ་འགྲོ་མའི་ཚོགས་དཔོན་མཛད་དེ་བཞུགས་ཡོད་པས་སེམས་དག་ན་མཐོང་སྲིད་ཟེར་བ་གསན་པས་དེར་ཕྱིན། གསོལ་བ་བཏབ་པས། ཏ་ལ་བདུན་སྲིད་ཙམ་གྱི་ནམ་མཁར་མཁའ་འགྲོ་མ་སྐུ་མདོག་སྨུག་ནག རུས་རྒྱན་ཅན་ཕྱག་ན་ཁ་ཊྭཾ་ག་དང་ཐོད་པ་བསྣམས་པ་གཅིག་དུ་མའི་གར་བསྒྱུར་བཞིན་ཡོད་པ་མཐོང་བས་དེ་ཡིན་ངེས་སྙམ་སྟེ་ཕྱག་དང་སྐོར་བ་བྱས། གདམས་པ་གནང་འཚལ་ཞུས་པས། ང་ནི་ཤ་ཟ་མཁའ་འགྲོ་ཡིན་གསུངས། ཡང་གསོལ་བ་བཏབ་པས་གསང་སྔགས་ཀྱི་གདམས་པ་ཞུ་ན་གསེར་དགོས་གསུངས། གསེར་སྲང་ལྔ་བརྒྱ་པོ་ཕུལ་བས་བཞེས་ཏས་ནགས་སུ་གཏོར། ཐེ་ཚོམ་གྱིས་ནམ་མཁར་གཟིགས་པས། མཁའ་འགྲོ་མང་པོས་དཀྱིལ་འཁོར་སྤྲུལ་ཏེ་སྒྱུ་ལུས་རྨི་ལམ་གྱི་དབང་བསྐུར། དཔག་ཚད་གསུམ་དུ་ཁྱེར་ནས་གསེར་གྱི་རིའི་ཁར་བཞག དེར་རྨི་ལམ་དང་དངོས་སུ་རྡོ་རྗེ་བཙུན་མོ་ལས་ཆོས་དྲུག་ཚར་བཞི། རྡོ་རྗེའི་ཚིག་རྐང་། སྒྱུ་མ་ལམ་རིམ། རྒྱུད་དང་སྒྲུབ་ཐབས་ཤིན་ཏུ་མང་པོ་གསུངས། ནི་གུ་མའི་ཞལ་ནས་ཆོས་དྲུག་གི་གདམས་པ་འདི་རྣམས་ཤེས་མཁན་ང་དང་ལྭ་བ་པ་མ་གཏོགས་མེད། བརྒྱུད་པ་བདུན་གྱི་བར་ཚིག་བརྒྱུད་ཀྱིས། དེ་རྣམས་ངས་བྱིན་གྱིས་རློབ་ཅིང་ལུང་ཡང་སྟོན་པ་ཡིན་གསུངས། དེ་ནས་སྦས་པའི་རྣལ་འབྱོར། རོལ་པའི་རྡོ་རྗེ། ཨཱནྟ་དེ་བ། ཌཱ་ཀི་སུ་མ་ཏི་རྣམས་ལའང་ཆོས་མང་དུ་གསན། དེ་རྣམས་ཀྱིས་ལུང་བསྟན་པས། དཔལ་བིརྺ་པའི་སློབ་མ་མཁའ་འགྲོ་མ་སུ་ཁ་སིདྡྷི་མཇལ་ཞིང་། གསེར་ཕུལ་བས་དབང་བསྐུར། བརྒྱུད་པ་རྣམས་ལའང་སྐུ་དངོས་སུ་སྟོན་ཅིང་བྱིན་གྱིས་རློབ་པའི་ཞལ་བཞེས་མཛད། གཞན་ཡང་མཁའ་འགྲོ་མ་དང་། པཎ་གྲུབ་མང་པོ་ལས་གདམས་པ་སྣ་ཚོགས་གསན། དེ་ནས་བོད་དུ

སྤྱན་གསེར་མང་དུ་བཏེགས། སྐར་རྒྱ་གར་དུ་སྤྱན་ནས། རྡོ་རྗེ་གདན་ལ་གསེར་སྲང་བརྒྱད་ཙུའི་མཆོད་པ་དང་། ནེ་གུ་མ་དང་ས་ལུ་ཁ་སིདྡྷི། རྡོ་རྗེ་གདན་པ། རྡོ་རྗེ་མཆེད་གསུམ། མི་ཏྲི་པའི་ཇོ་མོ་གཉྫ་ཧ་ར་སོགས་བླ་མ་བརྒྱ་དང་ལྔ་བཅུ་ལ་གསེར་གྱི་འབུལ་བ་ཕུལ་ཅིང་གདམས་ངག་མང་དུ་གསན། སྐར་མངའ་རིས་སུ་སྤྱོན་པ་ན། ཇོ་བོ་རྗེ་དང་མཇལ། གསང་འདུས་ལ་སོགས་པའི་ཆོས་དུ་མ་གསན། གླང་རི་ཐང་པ་ལས་བསྙེན་པར་རྫོགས། འཕན་ཡུལ་ཇོག་པོར་འཆད་ཀ་དགོན་པ་བཏབ། དེར་ནཱ་ཏུ་ལ་གུཧྱ་བཛྲ་སྤྱོན་པ་ལས། རྒྱུད་སྡེ་ལྔའི་དབང་སོགས་མང་དུ་གསན། རིམ་གྱིས་ཤངས་སུ་སྤྱོན། ལོ་གསུམ་གྱི་ནང་དུ་ཞང་ཤོང་ལ་སོགས་པའི་དགོན་གནས་བརྒྱ་རྩ་བརྒྱད་བཏབ། ཆོས་བསྟན་པ་དང་ཏིང་འཛིན་དང་རྫུ་འཕྲུལ་གྱིས། གདུལ་བྱ་རྣམས་བཤད་སྒྲུབ་ཀྱི་བསྟན་པ་ལ་བཙུད། ལྷ་འདྲེ་མི་གསུམ་གྱི་བར་ཆད་ཐམས་ཅད་ཐེལ་གྱིས་གནོན་སྐུ་ཚེ་མཐར་ཕྱིན་ནས་གྲུབ་པ་རྣམས་ལ་དེ་རིང་གི་འདི་ཆོས་ཀྱི་ཐ་མའོ་གསུངས་ནས། དཀྱུང་གྲངས་བརྒྱ་དང་ལྔ་བཅུ་པ། རབ་བྱུང་གཉིས་པའི་ལྕགས་སྤྲེལ་ལ་ཞི་བར་གཤེགས། ཕུར་མ་སྦྱངས་པར་གསེར་དངུལ་གྱི་སྒམ་དུ་བཞུགས་ན། ཞང་ཤོང་རྡོ་རྗེ་གདན་དང་མཉམ་པར་འགྱུར་བ་ལུང་བསྟན་ཀྱང་། སློབ་མ་རྣམས་ཀྱིས་ཕུར་སྦྱངས་པས། རྒྱུད་སྡེ་ལྔའི་ལྷ་ཚོགས་ལ་སོགས་པ་ཤིན་ཏུ་མང་བར་བྱོན། སྤུ་ཕྱིར་བསྒོམས་པས་གྲུབ་པ་ཁྲི་ཚོ་བརྒྱད་བྱུང་བ་ལས་གཙོ་བོ་ནི། མེའུ་སྟོན་པ། གཡོར་པོ་རྒྱ་མོ་ཆེ། ཛལ་སྟོན་རིན་དབང་། ལ་སྟོད་དཀོན་མཆོག་ཁར། རྨོག་ལྕོགས་པ། ཞང་སྒོམ་ཆོས་སེང་རྣམས་ཡིན་ནོ། །

རྨོག་ལྕོགས་པ་རིན་ཆེན་བརྩོན་འགྲུས་ནི་སྤྱི་ལོ(༡༡༡༠ – ༡༡༧༠)ཉིད་ཀྱིས། བདག་གི་ཡུལ་ནི་ལྷ་ཕུག་སྤང་རྩ། རུས་ནི་ཤེ། ཕ་ཤེས་རབ་སྨན་ཆུང་། མ་འབེ་མོ་པད་མ་སྒྲོན་གྱི་སྲས་སུ་འཁྲུངས། རུས་ནི་ཕག་གྲུ་དང་མཚུངས་པར་གསུངས་པས་རབ་བྱུང་གཉིས་པའི་ལྕགས་སྟག་ནས་གསུམ་པའི་ལྕགས་སྟག་བར། དེབ་སྔོན་ལས། ལོ་བཅུ་བདུན་ནས་ཞང་ཤོང་དུ་ཆོས་སྐོར་བཞུགས། བླ་མ་ཤངས་པས་ཀྱེ་རྡོར་གྱི་དབང་བསྐུར། བཙུན་ཆུང་

ཁྱོད་རང་བཞོན་དུས་ཐོས་པ་གྱིས། སྒོམ་སྟུ་ན་འདྲེས་འཁྱེར། ངས་ཆ་རྐྱེན་དཔེ་ཆ་ཁྱེར་གསུང་བར། ཆོས་རྗེའི་ཆོས་གཞི་སར་ཐོས་པ་ལ་ཡིད་ཆད་པའི་གསུང་མང་དུ་བྱོན་ཅིང་སྒོམ་པ་འཐད་ཚུལ་ཐོས་པས། སླར་བླ་མ་ལ་གདམས་པ་གནང་བར་ཞུས་ཀྱང་། སྔར་བཞིན་གསུངས་པས། བླ་མའི་སློབ་མ་ལ་ཆེངས་པ་ལས་གདམས་པ་འགའ་ཞུས་ཏེ་བསྒོམས་ཀྱང་ཉམས་མྱོང་ཆེར་མ་བྱུང་། ཡང་བླ་མའི་དྲུང་དུ་ཕྱིན་པས་མགོན་པོའི་སྐོར་དང་ཉེ་ཁྲིས་ཀྱི་གདམས་པ་གནང་། གཡོར་པོ་རྒྱ་མོ་ཆེ་འབུལ་སྐྱེལ་དུ་བྱུང་བས། བླ་མས་གསེར་ཞོ་དྲུག་དང་། དར་ཡུག་དྲུག་མདོ་སྨེ་རྒྱན་པོ་ཏི་གཅིག་རྣམས་གནང་ནས་རྒྱ་མོ་ཆེའི་རྗེས་ལ་སོང་གསུང་བ་བཞིན་ཕྱིན་པ་ན། ཁམས་པ་ཨ་སེང་བྱ་བ་མང་དུ་ཐོས་ཤིང་མཁྱེན་པ་ལ་སྙིང་པའི་གདམས་ངག་ལ་མཁས་ཟེར་བ། གནམ་རྫིང་ཁ་ན་བཞུགས་པའི་དྲུང་དུ་ཕྱིན། ཕོང་དབང་མཇལ་བ་དང་ཐུག་པས། བདག་ལའང་ཐུགས་རྗེས་འཛིན་པར་ཞུས་བྱས་པས། ཁྱོད་སུའི་སློབ་མ་ཡིན་གསུངས། ཤངས་པའི་ལགས་ཞུས་པས། འོ་ན་ཁྱོད་རྟ་ལས་བབས་ནས་སོང་བུ་ལ་ཞོན་ནམ་གསུངས། ནན་གྱིས་ཞུས་པས་རུང་གསུངས་ནས། དགེ་བཤེས་ཆེན་པོ་ཕྱུ་བ་སོགས་དྲུག་ཙུ་ཙམ་ཚོགས་པ་ལ་དོན་དམ་བདེན་པའི་སྐོར་གྱི་བགྲོ་གླིང་མཛད་པས་བླ་མ་ལ་སངས་རྒྱས་དངོས་ཀྱི་འདུ་ཤེས་སྐྱེས། དེར་རྟུལ་མཆོན་དང་ཏིང་ངེ་འཛིན་གྱི་དཀྱིལ་འཁོར་ལ་བསྟེན་པ་གཉིས། བསྐྱེད་རིམ་ལུ་ཡི་པ་དང་ལྷན་སྐྱེས་གཉིས་རྫོགས་རིམ་སྦྱོར་དྲུག་རྩ་འགྲེལ། སྦྱོར་ཕྲེང་རྩ་འགྲེལ། སྙིང་པོ་གསུམ་རྩ་འགྲེལ་གཉིས་བཅས་ཞུས། བླ་མ་དཔེན་པ་ཁོ་ནར་དགྱེས། སྐབས་ཤིག་ན་བུ་སྒོམ་ཡང་བླ་མའི་མདུན་ཆོས་ཞུར་བྱོན་པ་དང་། ལྷན་དུ་རས་ཆུང་ལུགས་ཀྱི་གདམས་ངག་ཀྱང་ཐོབ། བུར་སྒོམ་གྱི་ཕྱུགས་མ་རྣམས་ཤུན་པས་ཁྱེར་བར། བླ་མའི་བཀའ་བཞིན་སེར་བ་ཀྱང་རིམ་གསུམ་ཙམ་ཕབ། མིའང་འགའ་རེ་ཤི་བས་ཤུན་པས་བཤགས་གསོལ་ཕུལ། དེར་ངས་སྡིག་བསགས་བྱས་ནས་དུས་པས། དེ་ནི་བསྟན་པ་དང་བླ་མའི་ཆེད་ཡིན་པས་ས་ལམ་མང་པོ་ཆོད། བླ་མ་བདེ་ན་མཚམས་མེད་བྱས་པའང་སངས་རྒྱ་བའི་གདམས་ངག་ཡོད་ཡོད་གསུངས་ནས་གནང་། རྗེ་བཙུན་མའི་ཞལ་མཐོང་སྐྱེ

ལམ་ཟིན། ནཱ་རོ་པའི་གསུངས་ལས། དབང་པོ་རབ་ཏུ་གྱུར་པ་ལ། །ལོ་ཡིས་ཟིན་པ་དག་ཀྱང་སྲིད། ཅེས་འབྱུང་བས་བློ་བདེ། ད་ཁྱོད་ཀྱི་མགོན་པོ་དང་ཉེ་ཁྲིམས་གཉིས་ང་ལ་ཕུལ་གསུང་པས་བླ་མ་ལ་ཕུལ། ཞག་མོ་དགེ་བཤེས་སོགས་བླ་མ་རྣམས་ལས་ཀྱང་སྨྱུན་སྤྱིའི་སྒོམ་རིམ་སོགས་གདམས་ངག་མང་དུ་ཞུས། སླར་ཡུལ་དུ་ཕྱིན་པ་ན། ཕ་གྲོངས་འདུག་པས། ས་ཞིང་བཙོངས་ནས་དགེ་བ་བྱས། དགེ་བཤེས་རྒྱ་གྲགས་བསོད་སོགས་བླ་མ་རྣམས་ལས་གདམས་པ་མང་དུ་ཞུས། སླར་གཡོར་པོའི་མདུན་འགྲོ་བསམ་པ་ལ། བླ་མ་ཤངས་པའི་མདུན་སླེབས། རྣམ་འབྱོར་མའི་ཞལ་མཐོང་བ་དང་། རྨི་ལམ་ཟིན་ཞུས་པས། ཤེས་ཚོག་པའི་ཕར་ཕྱིན་དེ་མི་ཤེས་པར་རྫུན་ཤེས་འདུག་ངའི་རྩར་མ་བསྡད། ཅེས་བཀའ་བསྐྱོན་གནང་ཡང་། དེ་ནུབ་རང་སྐུ་མདུན་དུ་ཤོག་གསུངས་ནས། དབང་ཚོག་གདམས་ངག་ཐམས་ཅད་གནང་། གཟིམ་གཡོག་ཀྱང་མཛད། སུ་ཁྲི་ལོ་ལྔ་དང་ཟླ་བ་བདུན་གྱི་བར་ཆོས་ཟབ་དགུ་རྣམས་གནང་ནས། ད་ངའི་བརྒྱུད་པ་བཟུང་རྩེ་གཅིག་ཏུ་བསྒྲུབ་པ་གྱིས། གསུངས་ནས་བླ་མ་ཞི་བར་གཤེགས། དགུང་རྗེས་ཀྱི་བྱ་བ་རྣམས་ཚར་རྗེས། ལོ་གཉིས་སུ་བསྒོམས་པས་ཉམས་མང་པོ་བྱུང་བར་ཤངས་པ་མི་བཞུགས་པས། རྗེ་སྒམ་པོ་པ་ལ་འདྲེན་ཕྱིན་པ་ན། ལམ་དུ་ཕག་མོ་གྲུ་པ་དང་མཇལ། གདམས་ངག་ཞུ་རེས་མཛད། དེ་ནས་སྒམ་པོ་པའི་དྲུང་དུ་ཆོས་དྲུག་སོགས་ཞུས། ཕྱག་ཆེན་གྱི་ལྟ་བ་ལ་ཐག་ཆོད་པའི་བོགས་ཐོན། ཚུར་འབྱོན་དུས་སྐྱེས་ཐུང་ཡང་མཛད། དེ་ནས་རྗོག་ལྟོགས་སུ་ལོ་བཅུ་གཉིས་སུ་སྒྲུབ་པ་མཛད་པས་སྙན་པའི་གྲགས་པས་ཕྱོགས་རིས་ཀྱི་སློབ་མ་མང་དུ་འདུས། དེར་གྲྭ་པ་རྣམས་མ་ཤོང་བས་ལྷུགས་ལུང་བཏབ། དངོས་སུ་གདམས་པ་བཏབ་པ་རྣམས་ལྟ་ཅི། མོས་གུས་ཀྱིས་ལམ་དུ་ཞུགས་པ་ཙམ་གྱིས་རྟོགས་པ་ཤར་བའང་མང་དུ་བྱུང་། ཞལ་ནས་ངའི་བརྒྱུད་པ་འདི་དཔོན་སློབ་སྐྱེར་སྒང་པས་འཛིན། དེ་ནས་སངས་རྒྱས་གཉན་སྟོན། དེའི་བརྒྱུད་པ་སངས་རྒྱས་སྟོན་པ་བྱ་བས་འཛིན། དེའི་སློབ་མ་རྣམས་ཀྱི་ཆོས་འདི་དར་བར་བྱེད་པར་འགྱུར་རོ་ཞེས་ལུང་བསྟན། བདེ་བ་ཅན་དུ་སྤྱན་འདྲེན་པའི་ཕོ་ཉ་བྱུང་ཡང་ད་ལན་མི་འགྲོ་གསུངས་

ནས་ལོ་གསུམ་བཞུགས། དེ་ནས་བུ་སློབ་རྣམས་ལ་ང་དག་པའི་ཞིང་དུ་འགྲོ་བས་དེར་གསོལ་བ་ཐོབ་ཅིག་གསུངས་ནས་ཞི་བར་གཤེགས་པའོ། །

དཔོན་སྟོན་སྐྱེར་སྒང་པ། （སྤྱི་ལོ་༡༡༥༩–༡༢༡༧） རྫོགས་ཅིག་པའི་ཞལ་ལས་འཁྲུངས་པའི་བརྒྱུད་འཛིན་གྱི་གྲུབ་ཐོབ་སྐྱེར་སྒང་པ་ཆོས་ཀྱི་སེང་གེ་ནི། ཡུལ་སྟོད་ལུང་གནམ་པ། གདུང་རུས་འབལ། དུས་འཁྲི་གུང་པ་དང་མཚུངས་པར་གསུངས་པས། རབ་བྱུང་གསུམ་པའི་ཤིང་ཕྱི་ནས་བཞི་པའི་མེ་གླང་བར། དེབ་ཐེར་སྔོན་པོ་ལས། དགུང་ལོ་བཅུ་གཉིས་ནས་གཤིན་རྗེའི་གཤེད་ལ་བསྙེན་པ་བསྐྱལ། བཅུ་བདུན་ནས་ཁུ་བོ་འབལ་ཐམས་ཅད་མཁྱེན་པའི་མདུན་རབ་ཏུ་བྱུང་། ཆོས་མང་དུ་གསན་པས་མཚོན་མཁས་གྲུབ་ཀྱི་བླ་མ་མང་དུ་བསྟེན། བསྒོམས་པས་སྤྱན་རས་གཟིགས་དང་གཤིན་རྗེའི་གཤེད་སོགས་ཡི་དམ་གྱི་ལྷ་དུ་མའི་ཞལ་གཟིགས་གྲུབ་པ་བརྙེས། གདུལ་བྱ་མཐའ་ཡས་པའི་དོན་མཛད་དེ་དགུང་གྲངས་དོན་གསུམ་ལ་ཞི་བར་གཤེགས་སོ། །

སངས་རྒྱས་གཉན་སྟོན། （༡༡༧༥–༡༢༥༥）སྐྱེར་སྒང་པའི་ཐུགས་སྲས་སངས་རྒྱས་གཉན་སྟོན་ཆོས་ཀྱི་ཤེས་རབ་ནི། ཡུལ་ཡོལ་གྱི་མདའ། གདུང་རུས་གཉན། དུས་སྤྱན་སྔ་པ་དང་མཚུངས་པར་གསུངས་པས། རབ་བྱུང་གསུམ་པའི་ཤིང་ལུག་ནས་བཞི་པའི་ཤིང་ཡོས་བར། སྐུ་ཆུང་ངུའི་དུས་ནས་འཁོར་བ་ལ་ཞེན་པ་ལོག་ཅིང་། ཆོས་སྐོར་ཞུགས་སྟེ་རབ་ཏུ་བྱུང་། དགུང་ལོ་ཉི་ཤུ་ནས་བསྙེན་པར་རྫོགས་ཏེ་ཆོས་མདོ་སྔགས་གཉིས་ལ་སྦྱངས། དབུས་གཙང་ཀུན་ཏུ་གཉུལ་ནས་བླ་མ་མང་དུ་བསྟེན་ཅིང་། ཁྱད་པར་ཆོས་རྗེ་འབྲི་གུང་པ། སྐྱེར་སྒང་པ། མདོ་པོ་པ། ས་སྐྱ་པ་རྣམས་བསྟེན། དེའང་སྐྱེར་སྒང་པའི་རྣམ་ཐར་ཐོས་པ་ཙམ་གྱིས་གདུང་བའི་མཆི་མ་དང་བཅས་མྱུར་དུ་མཇལ་བའི་གསོལ་སྨོན་དྲན་ཏུ་བྱས། ཕྱིས་བླ་མ་དང་མཇལ་བ་ཙམ་གྱིས་སྔར་གསོལ་བ་འདེབས་མཁན་དེ་ཁྱེད་ཡིན་ནས་གསུང་། ལགས་ཏེ་བྲེལ་ཆེན་གྱིས་ད་བར་མཇལ་མ་ཐུབ། ད་བླ་མའི་གདམས་ངག་རྫོགས་པར་ཐུགས་ལ་འདོགས་པར་ཞུ་ཞུས་པས་སྔར་ཤངས་ཆོས་འདི་བཀའ་དོགས་ཀྱང་ཁྱོད་ལ་ཅིག་བརྒྱུད་མ་

ལུས་པ་སྦྱིན་གསུངས་ནས་གནང་། བསྒོམས་པས་ཉམས་མྱོང་ཡང་བླ་མ་དང་མཉམ་པར་སྐྱེས་ཤིང་ལུང་ཡང་བསྟན། དེ་བཞིན་དུ་སུ་ཁ་སིདྡྷི་དང་། གྲུབ་ཆེན་བརྒྱད་ཅུ་སོགས་མང་པོ་མཇལ་ཅིང་གདམས་པ་ཐོབ། སངས་རྒྱས་ཀྱི་ཞིང་མང་དུ་བགྲོད་པ་སོགས་གྲུབ་པའི་ཡོན་ཏན་མཆོག་ལ་མངའ་བརྙེས། རི་གུང་གི་མགོན་པ་བཏབ། གདུལ་བྱ་མང་དུ་བསྐྱངས་ཤིང་། སློབ་མ་རྣམས་ལ་ང་དང་འཕྲད་པས་ཆོག་པའི་ཞལ་བཞེས་ཀྱང་མཛད། དུས་དེའི་བསྟན་པའི་བདག་པོར་གྱུར་པའོ། །

སངས་རྒྱས་སྟོན་པ། སངས་རྒྱས་མཉན་སྟོན་གྱི་སློབ་མའི་གཙོ་བོ་ནི་སངས་རྒྱས་སྟོན་པ་སྟེ། དགུང་ལོ་དོན་གཉིས་བར་དུ་བསྟན་འགྲོའི་དོན་དཔག་ཏུ་མེད་པར་མཛད། དགུ་ཞིང་དུ་འགྲོ་ངེས་ཀྱི་སློབ་མ་བརྒྱ་རྩ་བརྒྱད་འབྱུང་བར་ལུང་བསྟན་ནས་ཞི་བར་གཤེགས། དེ་ཡན་ཆོད་ཀྱིས་ཆིག་བརྒྱུད་ཀྱི་རིམ་པ་རྫོགས་ཏེ། ཡན་ལག་དང་དུམ་བུ་རེ་རེས་འགྲོ་དོན་མཛད་པ་བསམ་གྱིས་མི་ཁྱབ་པོ། །

གྲུབ་ཆེན་ཐང་སྟོང་རྒྱལ་པོ། (སྤྱི་ལོ་༡༣༨༥ – ༡༥༠༩) མཚན་དངོས་གམ་གམ་པ་བརྩོན་འགྲུས་བཟང་པོ་ནི། ཤིང་སྐྱང་ལོར་གཙང་སྟོད་ཀྱི་ཆབ་འོག་ངམ་རིམ་རྫོང་གི་འོལ་དཀར་ལྷ་རྩེར་འཁྲུངས་ཤིང་། རྗེ་ཙོང་ཁ་པ་དང་དུས་མཉམ། གྲུབ་ཐོབ་ཀྱི་སྙན་པ་ཕྱོགས་ཀུན་ཏུ་ཁྱབ། ཤངས་པའི་ཆོས་བརྒྱུད་འཛིན། རྒྱ་དཀར་ནག་དང་བོད་དབུས་གཙང་ཁམས་སོགས་ཡུལ་གྲུ་མང་པོར་ཕེབས་ནས་འགྲོ་དོན་མཛད། བོད་ཡུལ་སྟོད་སྨད་དུ་ལྷ་ཁང་དང་ལྕགས་ཟམ་གྲུ་ཤན་བཅས་མང་དུ་བཙུགས། ལྷ་ལྡན་གྱི་ལྕགས་པོ་རིར་ལྷ་ཁང་བཞེངས་ཤིང་སྨན་རྒྱལ་གྱི་རི་ཞེས་མཚན་གསོལ། བོད་ཀྱི་ཆོས་རྒྱལ་སོགས་ཀྱི་རྣམ་ཐར་ཟློས་གར་གྱི་ལམ་ནས་སྟོན་པ་དེང་སང་ཨ་ཅེ་ལྷ་མོ་ཞེས་གྲགས་པའི་འཁྲབ་གཞུང་བརྩམས། གསོ་བ་རིག་པའི་སྐོར་ལ་ཁོང་ནད་ཀུན་འཇོམས་རིལ་བུ་དཀར་པོ་དང་། གཉན་རིམས་འཇོམས་བྱེད་རིལ་བུ་དམར་པོ་སོགས་སྨན་ངག་མང་པོ་མཛད། དགུང་ལོ་བརྒྱ་དང་ཉེར་ལྔ་པ་ས་མོ་སྦྲུལ་ལ་གཙུང་རི་བོ་ཆེར་གཤེགས། །

རྗེ་བཙུན་ཀུན་དགའ་གྲོལ་མཆོག （སྤྱི་ལོ་༡༤༩༦ – ༡༥༦༦）བཀའ་བབས་ཤིན་ཏུ་ཉེ་བརྒྱུད་ཀྱི་མངའ་བདག འཇམ་མགོན་གྲུབ་པའི་དཔའ་བོ་ཀུན་དགའ་གྲོལ་མཆོག་ནི། ཡུལ་གློ་བོ་སྨོན་ཐང་དུ་བརྒྱུད་པའི་ཤིང་ཡོས་ལ་འཁྲུངས། སྐུ་གཞོན་དུས་ནས་སྙིང་སྟོབས་ཀྱི་སྤོབས་པ་སྦྱོམ། ཆོས་དོན་ལ་དབང་འབྱོར། སེམས་ཀྱི་མདུད་པ་གྲོལ། དབྱངས་ཅན་མཁྱེན་པར་ཞུགས་ཤིང་མཁས་ཚུལ་གསུམ་གྱི་འཕྲིན་ལས་ལ་དབང་འབྱོར། མཁས་གྲུབ་ཀྱི་བླ་མ་མང་དུ་བསྟེན་ཅིང་བཀའ་བབས་རིན་ཆེན་རྣམ་བཞིའི་གདམས་པ་ཐོབ། ཁྱད་པར་རྗེ་རྗེ་འཚང་དངོས་རྒྱ་སྨོམ་ཆེན་པོས་ཐུགས་ཀྱི་བང་མཛོད་གཏད། ཡེ་ཤེས་ཀྱི་མཁའ་འགྲོ་ནི་གུ་མས། ཆོས་དྲུག་གི་གདམས་པས་རྗེས་སུ་བཟུང་བས་འོད་གསལ་མཐའ་དབུས་མེད་པའི་རྟོགས་པ་མངོན་དུ་གྱུར་པས་མཆོན། བླ་མ་ཡི་དམ་དཔག་ཏུ་མེད་པའི་ཞལ་གཟིགས་ཤིང་གདམས་པ་བསྟན་པས། བརྒྱུད་པ་ཉེར་ལྔའི་བདག་པོར་གྱུར། གངས་ཅན་གྱི་གདམས་པའི་ཆུ་ཀླུང་མཐའ་དག་བསྡུས། ནི་གུའི་ཁྲིད་སྲོལ་བརྒྱ་ཕྲག་ལྷག་པས་མཚོན་སྐལ་ལྡན་གྱི་སློབ་མ་དཔག་ཏུ་མེད་པ་གྲོལ་བར་མཛད་དེ་དགུ་པའི་མེ་སྟག་ལ་མཁའ་སྤྱོད་དུ་གཤེགས། །

ལམ་གྱི་རིམ་པ་དངོས་བཤད་པ་ལ། ལམ་རིམ་གྱི་རྣམ་གྲངས་སྤྱིར་བསྟན། སྒྲུབ་པའི་ཉམས་ལེན་ཐེ་ཐྲག་ཏུ་སློས་པའོ། །ལམ་གྱི་རྣམས་གྲངས་སྤྱིར་བསྟན་པ་ནི། མཁས་གྲུབ་ཀྱི་རྒྱལ་པོ་ཁྱུང་པོའི་བཀའ་སྲོལ་ལས་བྱོན་པའི་ཤངས་པ་བཀའ་བརྒྱུད་པ་རྣམས་ལ་མདོ་སྔགས་བཤད་སྒྲུབ་ཀྱི་ལུགས་སྲོལ་བསམ་གྱིས་མི་ཁྱབ་པ་བཞུགས་ཤིང་འཆད་ཉན་སྒོམ་སྒྲུབ་ཀྱི་ཕྲིན་ལས་རྒྱ་ཆེར་མཛད་པ་དེ་དག་ཀྱང་མདོར་བསྡུ་ན། བཤད་པ། རྩོད་པ། སྒྲུབ་པའི་ལམ་རིམ་གསུམ་དུ་འདུ་སྟེ། དེའི་ཚུལ་ནི་གོང་དུ་བཤད་པ་ལྟར་རོ། །དེ་དག་ལས་ཕྱི་མ་སྒྲུབ་པའི་ལམ་རིམ་ལ། ནི་གུ། སུ་ཁ་སིདྡྷི། རྡོ་རྗེ་གདན་པ། མེ་ཏྲི་པ། ནཱ་རོ་པའི་ཆོས་སྐོར་ལྔ། མན་ངག་ཐོར་བུ་དང་བཅས་པ་བཞུགས་ཤིང་། དེ་རྣམས་ཀྱང་གཙོ་ཆེར་སྡེ་ཚན་དུ་བསྡོམས་པའི་བརྟར་བཞག་པ་ལས་ཁྱུང་པོ་ཉིད་ཀྱིས་ཇི་ལྟར་གསན་པའི་ཆོས་སྐོར་ཚང་བ་ནི་མ་ཡིན་ཏེ་ཐོག་མ་ནས་ཀྱང་བརྒྱུད་སྲོལ་གཅིག་ལ་ཚང་བར་འབྱོན་དུ་མ་བཏུབ་ན་ད་ལྟ་ལྟ་སྨོས་ཅི་དགོས་

པས་སོ། །

སྒྲུབ་པའི་ཉམས་ལེན་བྱེ་བྲག་ཏུ་སྨོས་པ་ལ་གཉིས། མདོར་བསྟན། རྒྱས་བཤད་དོ། མདོར་བསྟན་པ་ནི། སྒྲུབ་པའི་ལམ་རིམ་ཉམས་ལེན་གྱི་གཙོ་བོ་ནི། རྩ་བ་ནི་ཤུ་ཆོས་དྲུག སྟོང་པོ་ཕྱག་རྒྱ་ཆེན་པོ། ཡལ་ག་ལམ་ཁྱེར་རྣམ་གསུམ། མེ་ཏོག་མཁའ་སྤྱོད་དཀར་དམར། འབྲས་བུ་འཆི་མེད་འཕྲུག་མེད་དེ་གསེར་ཆོས་ལྔར་གྲགས་པ་ཡིན་ནོ། རྒྱས་པར་བཤད་པ་ལ་དྲུག རྩ་བ་གསེར་ཆོས་ལྔ། ཞར་བྱུང་སུ་ཁ་སོགས་ཀྱི་གདམས་ངག་བཤད་པའོ། རྩ་བ་ནི་ཤུ་ཆོས་དྲུག་ལ་བདུན། སྔོན་འགྲོ། གཏུམ་མོ། སྒྱུ་ལུས། རྨི་ལམ། འོད་གསལ། འཕོ་བ། བར་དོ་རྣམས་སོ། དང་པོ་ནི། བརྒྱུད་པ་རིན་པོ་ཆེ་འདི་པའི་ལུགས་སུ་བྱིན་རླབས་དབང་གི་གཞི་ཞེས་གྲགས་པ་ལྟར་དབང་བཞི་བྱིན་རླབས་ཀྱི་ཚུལ་དུ་བསྐུར་བས་རྒྱུད་སྨིན་པའི་གང་ཟག དད་པ་བརྩོན་འགྲུས་སྐྱོ་ཤས་ངེས་འབྱུང་སྟེ་ཐུན་མོང་གི་སྔོན་འགྲོའི་ཆོས་རྣམས་ལེགས་པར་ལྡན་པས་ཐུན་མིན་དག་བྱེད་ཨའི་སྟོང་རས་རྒྱུད་སྦྱོང་སྟེ། དག་བྱེད་ཅེས་པའི་དོན་ཡེ་ཤེས་མཁའ་འགྲོའི་ཁྱད་འཕགས་ཀྱི་གདམས་པ་བཅོ་ལྔ་པ་ལས། རང་རྒྱུད་དྲི་མ་ཉམས་ཆགས་འདག །འདི་ནི་སྟོང་རའི་མཚན་ཉིད་ཡིན། ཞེས་པ་ལྟར། རང་རྒྱུད་ཀྱི་སྡིག་སྒྲིབ་ཉེས་ལྟུང་སོགས་དྲི་མ་མཐའ་དག་སྦྱོང་བར་བྱེད་པའི་རྣལ་འབྱོར་ཁྱད་པར་ཅན་ཞིག་ཡིན་ལ། ཐིམ་ཡིག་ལས། སྔོན་འགྲོ་དག་བྱེད་སྟོང་ར་ལ། །གསོལ་འདེབས་གསུམ་ལ་དམིགས་པ་གསུམ། །ཞེས་གསུངས་པ་ལྟར་གསོལ་འདེབས་གསུམ་སྔོན་དུ་འགྲོ་བས། དམིགས་པ་དག་བྱེད་ཨའི་སྟོང་ར། སྟོང་ར་ནད་གདོན་སེར་བྱེད། རྟགས་གསུམ་སྟོང་རའི་ཁྱད་པར་ཏེ་ཕྱིམ་ལ་དམིགས་པར་བཞག་པ་ནི་རྒྱུ་མིང་འབྲས་བུ་ལ་བཏགས་པ་སྟེ། ལུགས་འདིར་འདི་ལྟ་བུ་གཞན་ལའང་མང་ངོ་། །དེ་ནས་ཟབ་ལམ་དངོས་ལ་འཇུག་པར་བྱ་སྟེ། རྡོ་རྗེའི་ཚིག་རྐང་ལས། དབང་བཞིས་སྨིན་བྱས་དད་དང་བརྩོན་འགྲུས་ལྡན། །མི་རྟག་སྐྱོ་ཤས་ཉེས་དམིགས་སྔོན་འགྲོ་བས། །ལམ་མཆོག་འདི་ལ་གང་གིས་འབད་གྱུར་ན། །ཚེ་དྲུག་ལོའམ་ཚེ་འདིར་འཚང་རྒྱ་འགྱུར། །ཞེས་གསུངས་སོ། །

གཉིས་པ་ནི། གསེར་ཆོས་འདིའི་རྩ་བ་ཆོས་དྲུག་གི་ཐོག་མ་ཐབས་ལམ་བདེ་སྟོང་རང་འབར་གྱི་མཚན་ཉིད་ནི། བདེ་སྟོང་རང་བཞིན་སྟོང་གསལ་འཆར། །འདི་ནི་ཐབས་ལམ་མཚན་ཉིད་ཡིན། །ཞེས་པ་ལྟར་ཨ་ཧཾ་འབར་འཛག་གིས་རྡོ་རྗེའི་ལུས་ལ་བདེ་སྟོང་བསྐྱེད་དེ་སྟོང་གསལ་གྱི་ཡེ་ཤེས་ཁྱད་པར་ཅན་སྐྱེད་པར་བྱེད་པའི་རྣལ་འབྱོར་ཞིག་ཡིན་ལ། དེའང་རང་ལུས་ཐབས་ལྡན་དང་གཞན་ལུས་ཤེས་རབ་ཀྱི་རྣལ་འབྱོར་གཉིས་ཀྱི་སྒོ་ནས་ཡས་བབ་ཟག་བཅས་དང་། མས་བརྟན་ཟག་མེད་དགའ་བཞི་འཕོ་འགྱུར་མེད་པ་བསྐྱེད་ལ་བདེ་སྟོང་ལྷན་སྐྱེས་ཀྱི་ཡེ་ཤེས་བརྟན་པར་བྱ་སྟེ། དེ་ལ་གཏུམ་མོ་མེ་རྐོད་དྲག་པོའི་སྦྱོར་བས་རྩ་རྐོད་རླུང་རྐོད་བཏུལ་ནས་དྲོད་བཙན་ཐབས་སུ་བསྐྱེད་པ་གཏུམ་མོ་རང་གི་སྔོན་འགྲོ་སྔོན་དུ་སོང་ནས། སྦྱོར་བ་བཞི་ལྡན་གྱི་བུམ་པ་ཅན་དང་སྦྲེལ་བ་དཔྱིད་ཐིག་འབར་འཛག་འཇམ་པོའི་རྣལ་འབྱོར་གྱིས་དངོས་གཞི་ཟས་སུ་ཟ་བ། ཡན་ལག་ཏུ་གོས་སུ་གྱོན་པ། གདན་དུ་འདིང་བ། ཧ་རུ་ཐོན་པ་རྣམས་སྦྱོད་ལམ་གང་དང་འཚམས་པར་ཉམས་སུ་ལེན་ཅིང་། རྗེས་སྲིད་པའི་དབང་ཞུ་བ། གེགས་རང་གྲོལ། ཐོན་ཆོས་བྱིན་རླབས་བླ་མའི་གཏུམ་མོ་རྣམས་ཀྱིས་གྲུབ་པ་ཡིན་ནོ། །

གསུམ་པ་ནི། སྒྱུ་ལུས་ཆགས་སྡང་རང་གྲོལ་གྱི་མཚན་ཉིད་ནི། སྣང་ཡང་རང་བཞིན་མ་གྲུབ་པ། །འདི་ནི་སྒྱུ་མའི་མཚན་ཉིད་ཡིན། །ཞེས་སྣང་གྲགས་ཀྱི་ཆོས་ཐམས་ཅད་སྒྱུ་མར་ཤེས་ནས་ཆགས་སྡང་རང་སར་གྲོལ་བར་བྱེད་པའི་རྣལ་འབྱོར་ཞིག་ཡིན་ལ། དེའི་གདམས་པ་ལ། དབང་པོ་རབ་བླ་མ་དམ་པ་གྲོགས་སུ་བསྟེན་པ། འབྲིང་ཚིག་གཞན་གྱིས་བར་མ་ཆོད་པར་འཁྲིད་པ། ཐ་མ་མལ་གཅིག་ཏུ་ཏིང་ངེ་འཛིན་སྐྱེད་པ་གསུམ་གྱི་དང་པོ་ལ། ཐོས་གུས་བླ་མ་ལམ་ཁྲིར་དང་། ཅི་སྣང་བདེན་མེད་ལམ་ཁྲིར་གཉིས། གཉིས་པ་ལ་རང་ལུས་སྣང་སྟོང་ལྷ་སྐུ། ཅིར་སྣང་སྒྱུ་མའི་ལམ་ཁྲིར་གཉིས། གསུམ་པ་ལ་སད་པ་བཞི་དང་བྲལ་བས་འགྲོ་དྲུག་སྒྱུ་མར་འཆར་བྱེད་ཀྱི་ཏིང་ངེ་འཛིན་གནད་བརྒྱད་ལྡན་སྒོམ་ཞིང་། ནད་གདོན་སྒྱུ་མར་ལམ་དུ་ཁྱེར་བས་འཆར་བྱེད་ཡོན་ཏན་ཚོགས་དྲུག ཞེན་མེད་སྒྱུ་མ་རང་ཤར་

རྣམས་ཤུགས་ལས་འབྱུང་བར་འགྱུར་རོ། །

བཞི་པ་ནི། །རྩི་ལམ་ཉིང་འཁྲུལ་རང་དག་གི་མཚན་ཉིད་ནི། ཉིང་འཁྲུལ་བདེན་མེད་བདེ་བར་ཤར། །འདི་ནི་རྩི་ལམ་མཚན་ཉིད་ཡིན། །ཞེས་ཉིང་འཁྲུལ་ཐམས་ཅད་བདེན་མེད་དུ་ཤར་ཏེ། རྩི་ལམ་གྱི་འཁྲུལ་བ་ཐམས་ཅད་རང་ཡལ་ལ་འགྲོ་བའི་རྣལ་འབྱོར་ཁྱད་པར་ཅན་ཞིག་ཡིན་ལ། དེའི་གདམས་ངག་གི་ཐོག་མར་རང་ཟིན་ཐིག་ལེ་དབང་བཞིའི་གནད་དང་འཕྲུག་མེད་ཀྱི་གནད་དགུ་ལ་བརྟེན་ནས་རྩི་ལམ་དུ་ཤར་ཚད་ངོས་བཟུང་། འཁྲུལ་འབྱམས་སད་འབྱམས་སྟོང་འབྱམས་ཀྱི་གེགས་རྣམས་ལ་མོས་གུས་ཚོགས་གསོག་ལ་སོགས་པས་བསལ། ཅི་འདོད་དུ་ཟིན་ནས་ལུས་ཀྱིས་སེམས་སྦྱོང་བ། སེམས་ཀྱིས་ལུས་སྦྱོང་བ། བདག་མེད་མ་དང་བདུན་པས་སྦྱོང་བ་རྣམས་ཀྱི་རྩི་ལམ་གྱི་རྩལ་སྦྱོང་ཞིང་འོད་གསལ་དང་བསྲེ། འབྱུང་བཞི་དང་སེམས་ཕྲ་རགས། འཇིག་རྟེན་ལས་འདས་པ་རྣམས་ལ་ཐུག་ཕྲད་དང་གང་འདུལ་དུ་སྤྲོལ་ཞིང་སྤྲུལ། འབྱུང་བ་བཞི་དང་སེམས་ཕྲ་རགས། ལྷ་སྐུ་སྔ་ཚོགས་པ་རྣམས་སྣང་སྟོང་ཞེན་བྲལ་དུ་བསྒྱུར་བས་བདེ་ལ་ཞེན་པ་མེད་པ། གསལ་ལ་རྟོག་པ་མེད་པ། སྣང་ལ་རང་བཞིན་མེད་པའི་མཚན་ཉིད་གསུམ་ལྡན་གྱི་ལྷ་སྐུ་རང་ཤར་དུ་བསྒྲུབ། དབང་པོ་རབ་འབྲིང་ཐ་གསུམ་དང་སྦྱར་བའི་དམིགས་མེད་གསལ་མཁྱེན། གང་བསམ་གསལ་མཐོང་། ཡིད་ལུས་མཁའ་ལྡིང་དང་དམིགས་པའི་ཡུལ་སྣང་གསལ་བྱེད་ཀྱི་གདམས་པ་གསུམ་པོས་ཡུལ་སྣང་གཏན་ལ་འབེབས་པས་རྩི་ལམ་གྱི་རྣམ་ཐར་འབྱོངས་པར་འགྱུར་རོ། །

ལྔ་པ། འོད་གསལ་གཏི་མུག་རང་སངས་ཀྱི་མཚན་ཉིད་ནི། གསལ་སྟོང་ནམ་མཁའ་མཐའ་དབུས་མེད། །འདི་ནི་འོད་གསལ་མཚན་ཉིད་ཡིན། །ཞེས་གསལ་སྟོང་དབྱེར་མེད་འཛིན་པ་ཐམས་ཅད་དང་བྲལ་བ་ནམ་མཁའ་མཐའ་དབུས་མེད་པ་ལྟ་བུ་ཞིག་ཡིན་ལ། དེ་ཉིད་ཉམས་སུ་ལེན་པ་ལ་སྔོན་འགྲོ །རྩ་བ་མི་རྟག་སྒོམ་ཤས། ཡལ་ག་སྦྱོང་ལམ་དམ་རྫས། སོ་འདབ་ཐབས་ལམ་རང་མདངས། གསོལ་འདེབས་མི་ཏོག་འཆར་བྱེད་བཞིས་ཀང་བཟུང་།

དངོས་གཞི་འཛིན་པའི་ཐབས་གསུམ་གྱིས་སྲབ་མཐུག་གི་འོད་གསལ་བཟུང་། ཉིན་མཚན་སྐུ་གསུམ་རང་ཤར་གྱིས་ལམ་དུ་ཁྱེར། གསལ་སྟོང་མཉམ་རྗེས་ཉིན་མཚན་བདེ་སྟོང་དབྱེར་མེད་དུ་བསྲེ་བ་རྣམས་ལ་བསླབས་པས་འོད་གསལ་གྱི་རྟོགས་པ་དང་པོ་གསལ་སྟོང་དབྱེར་མེད། གཉིས་པ་བདེ་སྟོང་དབྱེར་མེད། གསུམ་པ་ཟབ་ཞི་སྤྲོས་བྲལ། བཞི་པ་དབྱེར་མེད་མཐར་ཐུག་འོད་གསལ་རྣམས་རིམ་གྱིས་འཆར་ཏེ་མཐར་དག་པ་གཉིས་ལྡན་གྱི་འོད་གསལ་མངོན་དུ་འགྱུར་རོ། །རྗེས་དམ་ཚིག་སྤྱི་དང་བྱེ་བྲག་བསྲུང་། གེགས་སེལ་ཉེས་སྐྱོན་རང་དག་དང་། བོགས་འདོན་ཐེ་ཚོམ་གཅོད་བྱེད་ཉམས་སུ་བསྟར། ཁྱད་འཕགས་འཆར་སྒོ་ངོས་འཛིན་དང་། ཉམས་རྟོགས་ཉིན་མཚན་ཁྱད་པར་རྣམས་ཀྱིས་ས་མཚམས་བཟུང་བས་འཆར་ཚུལ་བཅུ་དྲུག་གི་སྒོ་ནས་བདེ་གསལ་མི་རྟོག་དབྱེར་མེད་པའི་འོད་གསལ་བཞི་པོ་མཐར་ཕྱིན་པར་འགྱུར་རོ། །དེ་ལས་འོད་གསལ་འཆར་ཚུལ་བཅུ་དྲུག་ནི། ཉམས་དང་རྟོགས་པའི་འོད་གསལ་གཉིས། དེ་གཉིས་ལ་ཉིན་མཚན་གྱི་འོད་གསལ་གཉིས་གཉིས་ཏེ་བཞི། བཞི་ག་ལ་སྣང་བཅས་དང་སྣང་མེད་གཉིས་ཏེ་དབྱེ་བས་བརྒྱད། སྣང་བཅས་བཞི་ལ་ཕྱི་དང་འབྲེལ་བ་བཞི་དང་མ་འབྲེལ་བ་བཞི་སྟེ་བརྒྱད། སྣང་མེད་ལ་སྲབ་མཐུག་གི་འོད་གསལ་གཉིས་གཉིས་དབྱེ་བས་བརྒྱད་དེ་བསྡོམས་པས་བཅུ་དྲུག་གོ །དེ་དག་ནི་བསྲེ་བ་སྤྱི་ལུས་ཞེས་སམ་རྩ་བའི་ཆོས་བཞིར་གྲགས་པའོ། །

དྲུག་པ་ནི། །འཕོ་བ་མ་བསྒོམས་སངས་རྒྱས་ཀྱི་མཚན་ཉིད་ནི། འཆི་ཀར་དྲན་པས་མངོན་འཚང་རྒྱ། །འདི་ནི་འཕོ་བའི་མཚན་ཉིད་ཡིན། །ཅེས་འཆི་ཀར་དྲན་པ་ཙམ་གྱིས་མཁའ་སྤྱོད་ཆེན་པོར་བགྲོད་པར་བྱེད་པའི་རྣལ་འབྱོར་ཞིག་ཡིན་ལ། དེའི་གདམས་ངག་ནི། ཆོས་སྐུ་དེ་བཞིན་ཉིད་ཀྱི་འཕོ་བ། ཟུང་འཇུག་ཡི་དམ་གྱི་འཕོ་བ། བྱིན་རླབས་བླ་མའི་སྟོབས་དང་། འཕྲུག་མེད་མཁའ་སྤྱོད་ཀྱི་ལམ་ནས་གོང་དུ་འཕོ་བ་སྟེ་གཞུང་རྡོ་རྗེའི་ཚིག་རྐང་གིས་བསྟན་པ་བཞི་དང་། ལྷན་ཐབས་ཀྱི་འཕོ་བ་ཡེ་ཤེས་སྐར་ཁྱུང་མ་རྣམས་སུ་ཡོད་དོ། །

བདུན་པ་ནི། བར་དོ་རྒྱལ་བ་ལོངས་སྐུའི་མཚན་ཉིད་ནི། སྣང་སྟོང་ཞེན་བྲལ་བདེ་

ཆེན་སྐུ། །འདི་ནི་ལོངས་སྐུའི་མཚན་ཉིད་ཡིན། །ཞེས་སྣང་སྟོང་དབྱེར་མེད་ཞེན་བྲལ་བདེ་བ་ཆེན་པོའི་སྐུ་མངོན་དུ་བྱེད་པའི་རྣལ་འབྱོར་ཞིག་ཡིན་ལ། དེ་ཉམས་སུ་ལེན་པའི་ཚུལ། འོད་གསལ་ཆོས་སྐུ་རང་ཤར། རྒྱལ་བ་ལོངས་སྐུ་རང་ཤར། སྤྲུལ་སྐུ་འགག་མེད་རང་ཤར། ཕྱི་མ་གཉིས་ལ་ཅི་རིགས་པར་བསྟན་དགོས་པའི་སྒྱུ་གནད་འཕྲུག་མེད་བཅས་ཀྱི་དབང་པོ་རབ་འབྲིང་ཐ་མའི་རིམ་པ་དང་མཐུན་པར་བར་དོ་དང་པོ་ལ་སོགས་པའི་རིམ་པ་གསུམ་ལ་གྲོལ་ཚུལ་མཆོག་འབྲིང་དམན་གསུམ་དུ་འགྱུར་རོ། །འདི་དག་ངོ་བོ་ངེས་ཚིག་དབྱེ་བ་ལ་སོགས་པ་ནི་ན་རོ་ཆོས་དྲུག་གི་སྐབས་སུ་སྨོས་ཟིན་པ་དང་ཁྱད་པར་མེད་པས་བསྐྱར་ནས་མ་སྨོས་སོ། །

སྟོང་པོ་ཕྱག་ཆེན་ནི། །མདོ་རྒྱུད་ཐམས་ཅད་ཀྱི་བརྗོད་བྱ། མན་ངག་ཐམས་ཅད་ཀྱི་ཉིང་ཁུ། མཆོག་གི་དངོས་གྲུབ་མི་རིང་བར་ཐོབ་པར་བྱེད་པའི་ཐབས་ཀུན་གྱི་ནང་ནས་མཆོག་ཏུ་གྱུར་པ་ཕྱག་རྒྱ་ཆེན་པོ་ཡིད་ལ་མི་བྱེད་པ་སྙིང་པོ་དོན་གྱི་གདམས་པ་ལ། སྐལ་པ་ཅན་གྱི་གང་ཟག་བགྲི་ཚུལ་མང་དུ་ཡོད་པ་ལས། འདིར་རྡོ་རྗེ་འཆང་གིས་ཡེ་ཤེས་མཁའ་འགྲོ་མ་ལ་དངོས་སུ་གདམས་པའི་གསེར་ཆོས་ལྔའི་ནང་ཚན། མཁས་གྲུབ་ཁྱུང་པོས་བལ་པོའི་གཙུ་སྙིང་འདྲ་བ་ཞིག་གི་ནང་དུ་ཤོག་དྲིལ་མགུལ་བར་འཆང་བའི་ཐུགས་ག་ཅོགས་སུ་མཛད་པ་ལས་མཚན་གཙུ་མར་གྲགས་པ་ལ། སྔོན་དུ་འགྲོ་བ་ཐབས་ཟབ་མོ་བླ་མའི་མོས་གུས་དང་། བཞག་ཐབས་སྒོ་གསུམ་རང་བབས་རྣམ་པ་གསུམ་གྱིས་སྐྱོན་མེད་པའི་ཞི་གནས་སྒྲུབ་ཅིང་སེམས་འཚོལ་སོགས་ཀྱིས་ལྷག་མཐོང་བསྐྱེད། དངོས་གཞི་གསང་ཚིག་རྡོ་རྗེའི་རྒྱ་ལྡན་གྱི་བྱིན་འབེབས་པས་ཡེ་ཤེས་རྐྱ་ཐབས་སུ་ངོ་སྤྲོད་ཅིང་། སྐྱོན་བཞི་རང་སར་གྲོལ་བའི་སྒོ་ནས་སེམས་ཉིད་ཀྱི་བཏར་ཤ་ཆོད་པར་བཅད་དེ། སྐྱོན་བཞི་ནི། རང་སེམས་ཆོས་སྐུ་དང་འདུ་འབྲལ་མེད་ཀྱང་ཉེ་གྲགས་ནས་ངོ་མ་ཤེས། རང་ལ་ཤར་ཡང་ཟབ་དྲགས་ངོས་མ་ཟིན། དྲན་པས་ཚོག་ཀྱང་སླ་དྲགས་ནས་ཡིད་མ་ཆེས། སྐུ་གསུམ་རང་ལ་ཤར་ཡང་བཟང་དྲགས་ནས་བློར་མ་ཤོང་བའི་སྐྱོན་བཞི་ལས་གྲོལ་བའོ། །རྗེས་ཐ་མལ་ཤེས་གདོད་ནས་གསལ་སྟོང་ཟུང་

འཇུག་དེ་ཉིད་སྟོང་པ་ཆོས་སྐུ། གསལ་བ་སྤྲུལ་སྐུ། ཟུང་འཇུག་ལོངས་སྐུ་སྟེ་སྐུ་གསུམ་རང་ཤར་བར་ཐག་བཅད་ཅིང་ངེས་ཤེས་སྐྱེས་ནས་རང་བབ་དེ་ཀའི་ངང་བསྐྱངས་ཤིང་། སོས་གུས་ཚད་མེད་དང་སྙིང་རྗེ་ཚད་མེད། ཐབས་ཁྱད་པར་ཅན་ཐ་མལ་ཤེས་པ། འོད་གསལ་ལྷ་སྐུ། ཟུང་འཇུག་ཤེས་པ་རླུང་དང་བསྲེ་བ་རྣམས་ལ་བརྟེན་ནས་ཐོགས་འདོན། ཉམས་ཀྱི་རྩིས་མ་བཅིངས་པ་དང་། སྣང་སྟོང་ཕྱོགས་རེར་མ་ཤོར་བ་ལ་འབད་ཅིང་ཐུན་མོང་མ་ཡིན་པའི་གེགས་བསལ་བས་རང་ཤར་གྱི་ཚད་གསུམ་གཏན་ལ་ཕེབས་སྐུ་བཞི་རང་གྲོལ་མངོན་དུ་འགྱུར་བ་ནི། ཕྱག་རྒྱ་ཆེན་པོ་གཞུ་མདའ་རང་བབ་རྣམ་གསུམ་ཞེས་བྱ་བ་གསེར་ཆོས་ལྷ་ཡི་དཔག་བསམ་ལྗོང་པ་བཟང་པོ་ལས་སྔོང་པོར་གྱུར་པ་ཉིད་དོ། །ཡལ་ག་ལམ་ཁྱེར་རྣམ་གསུམ་ནི། སྣང་བ་ལ་བརྟེན་ནས་བླ་མ་ཡི་དམ། སྒྱུ་མ་ལམ་དུ་ཁྱེར་བ་གསུམ་ཉམས་སུ་ལེན་པའི་ཚུལ། ཅིར་སྣང་ཐམས་ཅད་དཔལ་ལྡན་བླ་མའི་གསང་བ་གསུམ་གྱི་རོལ་པར་བལྟ་བ་དང་། གཟུགས་སྣང་དང་སྒྲ་གྲགས་ཐམས་ཅད་ཡི་དམ་ལྷའི་སྐུ་སྣང་སྟོང་འཇའ་གཟུགས་དང་གཞོམ་མེད་རང་བྱུང་སྔགས་ཀྱི་སྒྲ་གདངས། སྣང་བ་སེམས། སེམས་སྒྱུ་མ་རྨི་ལམ་དུ་ཤེས་པས་ཉིན་མཚན་གྱི་རྣལ་འབྱོར་ལ་བསླབ་ཅིང་། ཉམས་སུ་ལེན་པའི་ཐབས། ཐག་ཆོད་གསུམ་དང་ཟུང་འཇུག་ལ་བརྟེན་པའི་མོས་གུས། འབྲལ་མེད་ཀྱི་གནད་དྲུག་དང་ལྡན་པའི་དག་སྣང་། ཚོགས་དྲུག་གི་འཆར་སྒོ་བདེན་མེད་གསལ་སྟོང་འཛིན་བྲལ་གྱི་ཏིང་ངེ་འཛིན་ལ་བརྩོན་པ་སྟེ། དེ་ལྟར་ན་བླ་མ་ལ་བརྟེན་ནས་མོས་གུས། དེ་ལས་བཀའ་དྲིན། དེ་ལས་ཚོགས་གསོག དེ་ལས་སྐུ་གསུམ་རང་ཤར། ཡི་དམ་ལ་བརྟེན་ནས་དག་སྣང་། དེ་ལས་ཚོགས་གསོག དེ་ལས་ལྷ་སྐུ་ཕྱག་རྒྱ་ཆེན་པོ་རང་ཤར། སྣང་བ་རང་སེམས་སྒྱུ་མ། དེ་ལས་རྨི་ལམ། དེ་ལས་འོག་གསལ་རང་ཤར་དུ་འབྱུང་ཞིང་། གསུམ་ཀས་ལོ་ཟླ་ཙམ་ལ་གསལ་སྟོང་བདེ་ཆེན་སྐུ་གསུམ་རང་ཤར་མངོན་དུ་འགྱུར་བ་ནི་འཕྲུག་མེད་ལམ་ཁྱེར་རྣམ་གསུམ་ཞེས་བྱ་བ་ཡན་ལག་གི་ཉམས་ལེན་ཡིན་པས་ཡལ་གའི་ཆོས་སུ་གྲགས་པའོ། །

མི་རྟོག་མཁའ་སྤྱོད་གཉིས་ནི། །གསེར་ཆོས་བཞི་པ་མི་རྟོག་མཁའ་སྤྱོད་དཀར་དམར་

ཟུང་གི་ཉམས་ལེན་ནི། བཅོམ་ལྡན་འདས་རྡོ་རྗེ་བཙུན་མོ་བདེ་ཆེན་ཟག་པ་མེད་པའི་སྙིང་རྗེའི་མཐུ་རྩལ་གྱི་རྒྱུན། ཁྱད་འཕགས་གསོལ་བདེབས་རྡོ་རྗེའི་གདུང་ཚིག་གིས་བསྐུལ་ཞིང་། ལུས་གནས་འཁོར་ལོ་རྣམ་བཞིར་རྟེན་གྱི་ཐེ་བྲག་དང་མཐུན་པར་ཆགས་གྲོལ་གྱི་ལས་སོ་སོ་ལམ་བརྟེན་པའི་བདེ་སྟོང་མར་མེ་རབ་ཏུ་སྦར་བའི་ཏིང་ངེ་འཛིན་གྱིས་རྟེན་དེ་ཉིད་ལ་ཟུང་འཇུག་ཆེན་པོའི་མཁའ་ལ་སྤྱོད་པར་འགྱུར་བ་དང་། དབང་པོ་དམན་པ་རྣམས་སྐྱེ་གནས་ལྡེ་ཅིག་ཅར་དུ་དགག་པའི་བཙན་ཐབས་ཀྱི་གསང་ལམ་ལ་བརྟེན་ནས་མཁའ་སྤྱོད་རྡོ་རྗེའི་གྲོང་ཁྱེར་དུ་བཀའ་བ་མེད་པར་བགྲོད་པའོ། །

འབྲས་བུ་འཆི་མེད་འཕྲུག་མེད་ནི། །རྒྱལ་བ་གཉན་སྟོན་ཆོས་རྗེ་ལ་བཀའ་བབས་པའི་ལུས་འཕྲུག་མེད་དང་། ཁྱུང་པོ་ཉིད་ལས་བྱོན་པའི་སེམས་འཆི་མེད་ཟུང་དུ་འབྲེལ་བའི་གདམས་པ་ནི། ཡེ་ཤེས་རྒྱ་མཚོའི་རྒྱུད་ལས། ལུས་དང་སེམས་འདི་དབྱེར་མེད་དེ། །རྟེན་དང་བརྟེན་པ་འབྱུང་ཚོགས་གིས། །ཀུན་གྱི་གནད་དུ་ཤེས་པར་བྱ། །ཞེས་གསུངས་པའི་དོན་ཏེ། དེ་ལ་ཐོག་མར་འཆི་མེད་གྲུབ་པའི་འཁྲུལ་འཁོར་སུམ་ཅུ་རྩ་གཉིས་ཀྱིས་རྩ་ཐིག་རླུང་གསུམ་ལེགས་པར་སྦྱངས་པ་སྔོན་དུ་འགྲོ་བས་ལུས་ཐར་པའི་ལམ་དུ་གཟུད་པར་བྱ་བ་ནི། སློབ་དཔོན་པིནྡྷ་པའི་ཞལ་ནས། བསོད་ནམས་ཆེན་པོའི་བགོ་སྐལ་གྱིས། །མི་ཡི་ལུས་ནི་ངེས་པར་ཐོབ། །བླ་མའི་གསུང་གི་བྱིན་རླབས་ལས། །ཐར་པའི་ལམ་དུ་འགྲོ་བར་འགྱུར། །ཞེས་སོགས་གསུངས་པ་ལྟར་རོ། །དངོས་གཞི་ནི་རྗེ་བཙུན་རྨོག་ལྕོགས་པའི་ཞལ་ནས། མདོ་རྒྱུད་མན་ངག་ཉམས་སྙིང་གིས། །མ་བསྒོམས་ཚང་རྒྱ་འཆི་མེད་གནད། །འདི་ལྟར་རྣམ་སྨིན་ལུས་འདི་ལ། །ཡེ་ཤེས་ལུས་ནི་རང་དག་འབྱུང་། །རྣམ་སྨིན་ལུས་ལ་ལྷ་ཡི་སྐུ། །གསལ་ལ་དེར་འཛིན་མེད་པར་བསྒོམ། །དེ་ཉིད་སེམས་དང་དབྱེར་མེད་དེ། །སེམས་པ་ངོ་བོ་མ་གྲུབ་པས། །དེ་ལ་འཆི་རྒྱུ་ག་ལ་ཡོད། །འཆི་བ་ཞེས་བྱ་རྣམ་རྟོག་ཡིན། །རྟོག་ཚོགས་འཁོར་འདས་ཆོས་མ་གྲུབ། །ཅེས་སོགས་གསུངས་པ་ལྟར། རང་སེམས་ངོ་བོ་གང་དུའང་མ་གྲུབ་པའི་ཕྱིར་གདོད་མ་ནས་མ་སྐྱེས་པས་ན་འཆི་མེད་རང་གྲོལ་ཆེན་པོར་གྲུབ། རྣམ་སྨིན་གྱི་

ལུས་ཉིད་ནི་བེམ་པོའི་ཚོགས་པ་ཡིན་པའི་ཕྱིར་སྐྱེ་འཆིའི་ཐ་སྙད་གདགས་པའི་གཞི་མ་ཡིན་པས་སྟོང་། དོན་དུ་ལུས་ཀྱང་སེམས་ཀྱི་སྣང་བ་ཙམ་ལས་བྱུང་བས་སེམས་སྐྱེ་འཆི་མེད་པར་རྟོགས་པའི་གདིང་འཆོས་པ་ན། ལུས་སྣང་ལྷ་སྐུ་ཕྱག་རྒྱ་ཆེན་པོ་འཕྲུལ་སྣང་གི་ལམ་དུ་འཕྱུག་པ་མེད་པའི་དབྱིངས་སུ་བསྡམ་པར་འགྱུར་བའི་གདམས་ངག་དེ་ལྟ་བུས་ཚེ་འདི་ལ་ཟུང་འཇུག་གི་སྐུ་བརྙེས་ཤིང་། ཐོས་པ་ཙམ་གྱིས་ཀྱང་བར་དོར་རྒྱལ་བ་ལོངས་སྐུར་འཚང་རྒྱ་བ་གསེར་ཆོས་ལྔ་ལས་སྨིན་པ་འབྲས་བུ་ལྟ་བུར་གསུངས་སོ། །

ཞར་བྱུང་སུ་ཁ་སོགས་ཀྱི་གདམས་ངག་བཤད་པ་ནི། གཞན་ཡང་ཡེ་ཤེས་ཀྱི་མཁའ་འགྲོ་མ་སུ་ཁ་སིདྡྷི་ལས་གསན་པའི་ཐབས་ལམ་ཆོས་དྲུག་དང་། ཕྱག་ཆེན་དག་པ་ཡེ་ཤེས། གྲུབ་ཆེན་ནཱ་རོ་ཏ་པ་ལ་གསན་པའི་ལྷ་བཞི་དྲིལ་སྒྲུབ་དང་། བླ་མ་མགོན་པོ་དབྱེར་མེད་ཀྱི་གདམས་སྐོར་སོགས་ཁོངས་ནས་རྡོ་རྗེ་གདན་པ་ཨ་བྷ་ཡའི་ཟབ་ཆོས་རིན་ཆེན་རྒྱ་མཚོའི་རྒྱུད་ཀྱི་དངོས་བསྟན་རྒྱུད་སྡེ་ལ་དཀྱིལ་འཁོར་གཅིག་ཏུ་སྒྲུབ་པ་ཟབ་མོའི་ལུས་དཀྱིལ་དང་བཅས་པ་ལ་སོགས་པ་བྱིན་རླབས་དང་སྨིན་གྲོལ་གྱི་རྒྱུད་མ་ཉམས་པའི་ཟབ་ཆོས་མང་ཞིང་། སྤྱིར་གྲུབ་ཆེན་ཁྱུང་པོས་འཕགས་ཡུལ་གྱི་མཁས་གྲུབ་བརྒྱ་དང་ལྔ་བཅུའི་ཐུགས་བཅུད་རྫོགས་པར་བཞེས་པས་གངས་ཅན་དུ་སྒྲོན་པའི་སྟོན་པ་ཞིག་ལ་ཆོས་ཀྱི་སྒོ་མཐའ་ཡས་ཤིང་འགྲན་ཟླ་དང་བྲལ་བར་གྲགས་སོ། །འདིར་ནི་ནི་གུ་ཆོས་དྲུག ཕྱག་ཆེན། ལམ་ཁྱེར། འཕྱུག་མེད། འཆི་མེད་རྣམས་ལ་རྡོ་རྗེའི་ཚིག་རྐང་སོ་སོར་བཞུགས་པའི་སྔ་མ་གཉིས། ཕྱི་མ་གཅིག་བཅས་རྡོ་རྗེ་འཆང་གི་བཀའ་ཡིན་ལ། བར་མ་གཉིས་ཀྱི་སྔ་མ་ནི་གུ་མ་དང་། ཕྱི་མ་བིརྺ་པའི་གསུངས་བསྟན་བཅོས་རྡོ་རྗེའི་ཚིག་རྐང་ཡིན་ཅིང་བརྒྱུད་པ་གཞན་ལའང་འདི་འབྱུང་སྟེ། བདེ་མཆོག་སྙན་བརྒྱུད་ཀྱི་རྡོ་རྗེའི་ཚིག་རྐང་ལྟ་བུ་བཀའ་དང་། ལམ་འབྲས་རྡོ་རྗེའི་ཚིག་རྐང་། སྦྲས་མེད་རྡོ་རྗེའི་ཚིག་རྐང་སོགས་བསྟན་བཅོས་སུ་སྣང་ངོ་། །གདམས་སྐོར་འདི་ལ་གསོལ་འདེབས་དང་དམིགས་པའི་རྐང་གྲངས་རྣམས་ཀྱང་ཡེ་ཤེས་ཀྱི་མཁའ་འགྲོ་མ་ཉིད་ཀྱིས་ཐེམས་ཡིག་གིས་བསྡམས་པར་མཛད་པས་གང་ཟག་ཕྱི་མས་རྟོག་བཟོས་འཆོས་སུ་མེད་པའི་

ཤིན་ཏུ་ཁྱད་པར་འཕགས་པ་ཉིད་དོ། །ཕྱིར་ཤངས་པ་བཀའ་བརྒྱུད་པ་རྣམས་ཀྱི་རིང་ལུགས་ལ་ལམ་རྒྱས་བསྡུས་ཤིན་ཏུ་བསྡུས་པ་སྟེ་གསུམ་དུ་མཛད་ནས། རྒྱས་པ་ནི་རྒྱ་གར་མཁའ་འགྲོའི་ཁྱད་འཕགས་ཀྱི་གདམས་པ་བཅོ་ལྔ་ཞེས་གྲགས་པ་སྟེ། དེ་དག་ཀྱང་སྟོན་འགྲོ་དག་བྱེད་སྟོང་ར། ཐབས་ལམ་བདེ་སྟོད་རང་འབར། སྒྱུ་ལུས་ཆགས་སྤང་རང་གྲོལ། རྨི་ལམ་འཁྲུལ་པ་རང་དག ཁྱད་པར་འཁོར་ལོ་རྣམ་དྲུག བསྲེ་འཕོ་ཤེས་རབ་རྣམ་བཞི། འཕྲུག་མེད་ལམ་ཁྱེར་རྣམ་གསུམ། དག་སྣང་ལྷ་སྐུ་རང་ཤར། ཡུལ་སྣང་གང་བསམ་གསལ་མཐོང་། འོད་གསལ་གཏི་མུག་རང་སངས། འཕོ་བ་མ་བསྒོམས་སངས་རྒྱས། བར་དོ་ལོངས་སྤྱོད་རྫོགས་སྐུ། ཀུན་རྫོབ་སྒྱུ་མ་རྨི་ལམ། དོན་དམ་ཕན་མེད་གནོད་མེད། གཞན་དོན་གཟུགས་སྐུ་རང་ཤར་རྣམས་ཡིན་ཅིང་། དེ་དག་ཀྱང་བསྡུ་ན། ལུས་གསུམ་གདམས་པས་མ་ཟིན་ན། །འཁྲུལ་པ་འབབ་ཞིག་རྗེས་སུ་འཇུག །རྣམ་སྨིན་བག་ཆགས་ཡིད་ཀྱིས་ལུས། །གནད་ཀྱིས་ཟིན་པ་རྒྱལ་བའི་སྐུ། །ཇི་སྲིད་འཁོར་བ་མ་སྟོང་བར། དེ་སྲིད་འགྲོ་དོན་རྒྱུན་མི་འཆད། ཅེས་གསུངས་པས་ལུས་གསུམ་གྱི་གདམས་པར་འདུས་ལ། དེའང་ལུས་གསུམ་ནི། རྣམ་པར་སྨིན་པའི་ལུས། བག་ཆགས་ཀྱི་ལུས། ཡིད་ཀྱི་ལུས་དང་གསུམ་ཡིན་ལ། དེ་དག་གི་རྣམ་པར་གཞག་པ་མཁས་གྲུབ་ཁྱུང་པོ་རྣལ་འབྱོར་གྱི་འཕྲུག་མེད་བར་དོ་གསུམ་གྱི་གདམས་པ་ལས། དེ་ལ་རྣལ་འབྱོར་པའི་སྦྱང་གཞི་བར་དོའི་ལུས་གསུམ། སྦྱོང་བྱེད་བསྐྱེད་རྫོགས་རྨི་ལམ་འོད་གསལ་ཏེ། ཡེ་ཤེས་རོལ་པའི་རྒྱུད་ལས། བར་དོ་དག་གི་ལུས་གསུམ་པོ། །བསྐྱེད་རྫོགས་རྨི་ལམ་འོད་གསལ་སྦྱང་། ཞེས་དང་། དགེས་པ་རྡོ་རྗེ་ལས། ཇི་ལྟར་སྒྱུ་མ་རྨི་ལམ་དང་། ཇི་ལྟར་བར་མའི་སྲིད་ཡིན་པས། ཞེས་སོ། །དེ་ལ་སྦྱང་གཞི་བར་དོའི་ལུས་གསུམ་ནི། སྐྱེ་ཤི་བར་དོ། རྨི་ལམ་བར་དོ། སྲིད་པ་བར་དོའོ། ། དང་པོ་ནི། སྐྱེས་ནས་མ་ཤིའི་བར་དུ་སྐྱེ་ཤི་བར་དོ་སྟེ་རྣམ་པར་སྨིན་པའི་ལུས་སོ། །ཅིའི་ཕྱིར་རྣམ་སྨིན་གྱི་ལུས་ཤེ་ན། དགེ་སྡིག་དུ་མའི་ལས་བསགས་པས་བདེ་སྡུག་སྣ་ཚོགས་སུ་སྨིན་ཞིང་སྤྱོང་བས་རྣམ་པར་སྨིན་པའི་ལུས་སོ། ། གཉིས་པ་ནི། གཉིད་དུ་སོང་ནས་སད་ཀྱི་རྨི་ལམ་བར་དོ་བག་ཆགས་ཀྱི་

ལུས་སོ། །ཅིའི་ཕྱིར་བག་ཆགས་ཀྱི་ལུས་ཤེ་ན། ཚེ་འདིའི་བག་ཆགས་སྣ་ཚོགས་རྨི་ལམ་དུ་འབྱུང་བས་རྨི་ལམ་བག་ཆགས་ཀྱི་ལུས་སོ། །གསུམ་པ་ནི། ཤི་ནས་སྐྱེ་བ་མ་བླངས་བར་དུ་སྲིད་པ་བར་དོ་ཡིད་ཀྱི་ལུས་སོ། །ཅིའི་ཕྱིར་ཡིད་ཀྱི་ལུས་ཤེ་ན། ཟས་སུ་དྲི་ཟ་ཞིང་སེམས་སྒྱུ་མ་ལྟ་བུ་དབང་པོ་ཚང་ཞིང་ཐོགས་པ་མེད་པའི་ཡིད་ཀྱི་ལུས་སོ། །གཉིས་པ་སྦྱོང་བྱེད་ནི། རྣམ་སྨིན་གྱི་ལུས་ལྷ་སྐུ་ཕྱག་རྒྱ་ཆེན་པོས་སྦྱང་། བག་ཆགས་ཀྱི་ལུས་རྨི་ལམ་སྒྱུ་སྒྱུར་ལ་སོགས་པས་སྦྱང་། ཡིད་ཀྱི་ལུས་འོད་གསལ་གྱི་སྦྱང་བར་བྱའོ། །ཡང་ན་ལུས་གསུམ་པོ་དེ་དག་རེ་རེ་ལ་འང་སྦྱང་གཞི་ལུས་ངག་ཡིད་གསུམ་ལ་སྦྱོང་བྱེད་བདེ་གསལ་མི་རྟོག་གསུམ་སྟེ། ཐོབ་བྱ་འབྲས་བུ་སྐུ་གསུམ་དབྱེར་མེད་དོ། །དེ་ལ་དབང་པོ་རབ་རྣམ་སྨིན་གྱི་ལུས་ལ་འཚང་རྒྱ། འབྲིང་བག་ཆགས་ཀྱི་ལུས་ལ་འཚང་རྒྱ། ཐ་མ་རྣམ་སྨིན་གྱི་དུས་སུ་བླངས་པ་དེ་ས་བོན་གྱི་ཚུལ་དུ་སོང་ནས་བར་དོར་འཚང་རྒྱ་བར་བྱེད་པར་མཁས་གྲུབ་ཁྱུང་པོ་དང་། གཉན་སྟོན་སོགས་ཀྱིས་གསལ་བར་གསུངས་ཤིང་། རྣམ་སྨིན་གྱི་ལུས་གདམས་པའི་ཐབས་ཀྱིས་ཟིན་ན་བག་ཆགས་དང་། དེས་ཡིད་ལུས་རིམ་གྱིས་ཟིན་པར་འགྱུར་བས། ཐོག་མར་རྣམ་པར་སྨིན་པའི་ལུས་རྩ་རླུང་ཐིག་ལེའི་རང་བཞིན་ཅན་འདི་ལ་རང་ལུས་ཐབས་ལྡན་གྱི་མན་ངག་ཨ་ཧཾ་འབར་འཛག་གི་རྣལ་འབྱོར་དང་། གཞན་ལུས་ཤེས་རབ་ཀྱི་རྣལ་འབྱོར་ཁ་ག་མུ་ཁ་མཉམ་པར་སྦྱང་ཏེ་བྱང་ཆུབ་ཀྱི་སེམས་བཞུ་བ་ཏུལ་བྱས་པས་ཟག་བཅས་ཡས་བརྟན་གྱི་དགའ་བཞི་དང་། ཟག་མེད་མས་བརྟན་གྱི་དགའ་བཞིའི་སྒོ་ནས་བྱང་ཆུབ་ཀྱི་སེམས་ནོར་བུ་ལས་གཙུག་ཏོར་གྱི་བར་དུ་གཤེགས་ཏེ་ཡོངས་སུ་གང་བ་ན་ལུས་འཇའ་ལུས་རྡོ་རྗེའི་སྐུ་དང་། ངག་གཞོམ་དུ་མེད་པ་ནཱ་དའི་གསུང་དབྱངས། སེམས་རྟོག་མེད་ཆོས་ཀྱི་སྐུར་མངོན་པར་རྫོགས་པར་འཚང་རྒྱ་བས་དབང་པོ་རབ་རྣམ་སྨིན་གྱི་ལུས་ལ་འཚང་རྒྱ་བ་ཞེས་པའི་ཐ་སྙད་བཞག དབང་པོ་འབྲིང་གིས་ཉིན་པར་སྒྱུ་ལུས་ཀྱི་དྲན་འདུན་དང་། མཚན་མོ་རྨི་ལམ་བཟུང་སྦྱང་སྤེལ་བསྒྱུར་སོགས་ཀྱིས་ཉིང་འཁྲུལ་རང་དག་ཏུ་སྦྱངས་པས་འབྲིང་བག་ཆགས་ཀྱི་དུས་སུ་ཉམས་སུ་བླངས་པ་དེ་ས་བོན་གྱི་ཚུལ་དུ་སོང་ནས་དབང་པོ་རབ་འབྲིང་ཐ་གསུམ་བར་དོ་

གསུམ་རིམ་བཞིན་འཚང་རྒྱ་བ་ལ། དབང་པོ་ཐ་མ་ཡིད་ཀྱི་ལུས་ལ་འཚང་རྒྱ་བ་ཞེས་པའི་ཐ་སྙད་བཞག ཤིན་ཏུ་བསྡུས་པ་ནི། ལུས་གསུམ་རྒྱལ་བའི་སྐུ་གསུམ་དེ། །རང་སེམས་འཆི་མེད་རང་གྲོལ་ལོ། །ཨེ་མ་དུས་གསུམ་རྒྱལ་བ་ཡི། །དགོངས་པ་རིན་ཆེན་མཛོད་ཡིན་ནོ། །ཞེས་གསུངས་པས། སེམས་ཉིད་ཉག་གཅིག་གི་སྟེང་དུ་ཡེངས་མེད་དུ་འཛོག་པ་ཁོ་ན་ལས་ལམ་གྱི་རིམ་པ་མཐའ་དག་བགྲོད་ནས་འབྲས་བུ་མཆོག་ལ་སྦྱོར་བར་གསུངས་སོ། །བསྡུ་འཕོ་ཤེས་རབ་རྣམ་གསུམ་མམ་རྣམ་བཞིར་གྲགས་པ་ཉིད་ཉམས་ལེན་གྱི་གདམས་པ་དང་སྦྱོར་བའི་ཟབ་གནད་ཁྱད་པར་ཅན་ཛོ་ནང་ཛྙཱ་བརྩོན་ཆེན་པོའི་གསུང་རབ་ལས་འབྱུང་བ་དང་། ལུགས་འདིའི་སྤྱིའི་ལམ་རིམ་གྱི་རྣམ་གཞག་ཁྱད་པར་ཅན་སྒྱུ་མ་ལམ་རིམ་རྩ་འགྲེལ་ཡེ་ཤེས་མཁའ་འགྲོ་ཉིད་ཀྱིས་མཛད་པ་སོགས་ལས་རྟོགས་པར་བྱ་བ་གལ་ཆེའོ། །

རིན་ཆེན་གསེར་གྱི་ཁྲུར་པོ་ཐེག་ཚན་དང་། །
ལུས་སྲོག་གཟན་དུ་བོར་བའི་དཀའ་སྤྱད་ཀྱིས། །
མཁས་གྲུབ་བརྒྱ་དང་ལྔ་བཅུ་ཁྱད་པར་དུ། །
ཡེ་ཤེས་མཁའ་འགྲོའི་གཅེས་པའི་དབྱིག་བསྡུས་པ། །
མི་མཆོག་མཐར་ལམ་པ་ཡིས་ཕྲེང་བ་ཡིས། །
གངས་ཅན་སྐྱེ་དགུ་གྲུབ་པའི་ཁང་བཟང་དུ། །
རྡོ་རྗེའི་ལོངས་སྤྱོད་སྤྲུལ་དང་སྤྲུལ་འདི་ལ། །
གཏན་གྱི་དབུལ་སེལ་འདོད་རྣམས་དོན་གཉེར་འོས། །
བརྟན་གཡོའི་སྲོག་ཏུ་ཀུན་ཁྱབ་བཀྲ་ཤིས་ཀྱི། །
དཔལ་འབར་རྡོ་རྗེ་འཆང་ཆེན་གར་གྱི་ཕྲེང་། །
ཐོག་མཐའ་བར་དུ་དགེ་བའི་རྗོགས་ལྡན་སྲིན། །
སྙིགས་མའི་མཐར་ཡང་སྲིད་པ་གསུམ་འགེངས་ཤོག །

གཉིས་པ། བསྡུས་དོན་དང་སྨོན་ཚིག

བསྡུས་དོན་ནི།

དེའང་ཇི་སྐད་དུ། ཚུལ་གནས་ཐོས་དང་བསམ་ལྡན་པས། །བསྒོམ་པ་ལ་ནི་རབ་ཏུ་སྦྱོར། །ཞེས་གསུངས་པས། དང་པོ་ཉིད་དུ་ཁམས་གསུམ་གྱི་གནས་རིས་འདི་དག་སྡུག་བསྔལ་གསུམ་གྱི་རང་བཞིན་དུ་ངེས་པར་ཤེས་པས། དེ་ལས་འདའ་ཞིང་སྡུག་བསྔལ་དང་བྲལ་བར་འདོད་པའི་ངེས་པར་འབྱུང་བའི་བློ་ཡང་དག་པས་བསྐུལ་ཏེ། ཐེག་པ་ཆེ་ཆུང་གི་ལམ་ནས་རྒྱལ་བའི་བསྟན་པ་རིན་པོ་ཆེའི་སྒོར་ཞུགས་པ་ནས་བཟུང་། དེ་དག་གི་ལམ་ནས་ཇི་སྐད་བཤད་པའི་སྡོམ་པའི་ཚུལ་ཁྲིམས་ཀྱི་བསླབ་བྱ་གང་ཞིག་མིག་དང་སྲོག་ལས་གཅེས་པའི་བསྲུང་ལུགས་མ་འཆོལ་བས་གཞི་ལེགས་པར་བཏིང་བ་ནི། ཇི་སྐད་དུ། ཁྲིམས་ནི་རྒྱུ་དང་མི་རྒྱུའི་ས་བཞིན་དུ། །ཡོན་ཏན་ཀུན་གྱི་གཞི་རྟེན་ལགས་པར་གསུངས། །ཞེས་གསུངས་པས་ཐེག་པ་དམ་པའི་ཆོས་ཀྱི་གཞི་དང་། རྩ་བ་དང་། རྟེན་དང་། གླིང་ལྷ་བུར་གྱུར་པས་འདི་ལ་ནན་ཏན་དུ་འབད་པས་བསྒྲིམས་པར་བྱ་ཞིང་། དེའང་སྡོམ་པ་གསུམ་གྱི་བསླབ་བྱ་མཐའ་ཡས་པ་ཞིག་གསུངས་ཀྱང་། བསྡུ་ན་སོ་ཐར་གྱི་ངོ་བོ་ངེས་འབྱུང་། བྱང་སེམས་ཀྱི་ངོ་བོ་གཞན་ཕན། གསང་སྔགས་ཀྱི་ངོ་བོ་དག་པའི་སྣང་བ་རྣམས་གཞིར་བྱས་པའི་སྟེང་། སོ་སོར་ཐར་པ་རིས་བདུན་གང་རུང་གི་བསླབ་པ་ལ་གནས་ཤིང་། བྱང་སེམས་ཀྱི་གཞན་ཕན་བཞིར་བཅས་ནག་པོའི་ཆོས་བཞིའི་ལྡོག་ཕྱོགས་དཀར་ཆོས་བཞི་བསྟེན་པ། རྡོ་རྗེ་ཐེག་པའི་རྩ་བ་བླ་མའི་དམ་ཚིག་འཁོར་བཅས་ཉམས་པ་མེད་པར་རྟག་པ་རྒྱུན་དུ་དྲན་ཤེས་ཀྱིས་བཟུང་བས་འགལ་ཉམས་ཀྱི་དྲི་མས་མ་གོས་པ་ཙམ་བྱུང་ན་སྡོམ་པ་གསུམ་གྱི་ཚུལ་ཁྲིམས་གང་ཞིག་དུས་སྐལ་དང་འཚམས་པར་རྒྱུད་ལ་ཡོད་པ་ཡིན་ཞིང་། དེ་ནས་མང་དུ་ཐོས་པའི་ནོར་དང་མི་ལྡན་པ་དག་གིས་བསམ་བསྒོམ་ལ་འཇུག་ལོ་བྱས་ཀྱང་གནད་དུ་འགྱུར་བའི་དུས་

མི་འོང་བ། ཇི་ལྟར་ན་རྒྱུས་མེད་པའི་ས་ཕྱོགས་སུ་སོང་ཡང་བགྲོད་ཡུལ་གྱི་ལམ་མི་འཁྲིད་པ་དང་མཚུངས་པ་དེ་ལྟ་བས་ན། ཐོག་མར་རིག་པའི་གནས་ཀྱི་གཙུག་ལག མདོ་སྔགས་ཐེག་པ་ཆེ་ཆུང་གི་གཞུང་གདམས་མན་ངག་རབ་འབྱམས་ལ་ཐོས་པ་ཕྱོགས་མེད་དུ་བསྟེན་པར་བྱས་པས་དེས་གཞུང་ལམ་གྱི་དགོངས་པའམ་གནད་གསང་དག་ཇི་བཞིན་དུ་མཐོང་བར་འགྱུར་བ་དང་རྗེས་སུ་འབྲེལ་བའི་དེ་དག་གི་ཐོས་དོན་རྣམས་གོ་ལོ་ཐོས་ལོར་མི་བཞག་པར་དགོངས་དོན་གང་ཞིག་མཐིལ་མ་ཕྱིན་བར་ཡང་ནས་ཡང་དུ་རྟོག་དཔྱོད་གཞིགས་འབྲེལ་གྱིས་གཏན་ལ་འབེབས་དགོས། འོན་ཀྱང་ཐོས་བསམ་ཁོ་ན་ལ་མཐའ་གཅིག་ཏུ་ཞེན་པར་ཡང་མི་བྱ་བར། ཇི་སྐད་དུ། །ཚེ་ནི་ཡུན་ཐུང་ཤེས་བྱའི་རྣམ་པ་མང་། །ཚེ་ཡི་ཚད་ཀྱང་ཇི་ཙམ་མི་ཤེས་པས། །ངང་པས་ཆུ་ལས་འོ་མ་ལེན་པ་ལྟར། །རང་གིས་འདོད་པ་དང་དུ་བླང་བར་བྱ། །ཞེས་པའི་ཚུལ་གྱིས་ཐོས་བསམ་གྱིས་ཆོས་ཀྱི་མཚན་ཉིད་སྤྱི་ཙམ་དུ་མ་རྒྱངས་པར་གོ་བའི་ཤེས་རབ་སྐྱེས་པ་དེའི་ཚེ་ན། གཅིག་ཏུ་གཡེལ་བ་མེད་པའི་བཟོད་བརྩོན་ཆེན་པོས་ནང་དུ་ཡང་དག་པར་འཛོག་པའི་ཏིང་ངེ་འཛིན་ཐུན་མོང་དང་ཐུན་མོང་མ་ཡིན་པའི་ཚུལ་གྱིས་ཆོས་དང་ཆོས་ཅན་གྱི་གདར་ཤ་ལེགས་པར་བཅད་པས་གཉིས་མེད་དོན་དམ་གྱི་སྙིང་པོ་མངོན་དུ་མ་གྱུར་པ་དེ་ཉིད་དུ་ཐོས་བསམ་གྱི་དོན་ལ་མཉམ་པར་གཞག་པའི་བསྒོམ་པ་ཟབ་མོ་ལ་མངོན་པར་སྦྱོང་བའི་ཚུལ་ལ་བརྟེན་པ་མི་བརྟུལ་བའི་རྟག་གྲུས་ཀྱི་སྦྲོ་བ་བསྐྱེད་པ་འདི་དག་མ་ནོར་བའི་ལམ་གྱི་ཉམས་ལེན་གྱི་གོ་རིམ་ངེས་པ་ཅན་དུ་རྒྱལ་དང་དེ་སྲས་རྒྱ་མཚོས་རྣམ་པར་བཞག་པ་ཉིད་ཡིན་པས་དེ་ལྟར་བསླབ་པ་དང་། ཟབ་མོའི་དོན་གནད་སྙིང་པོར་མདོར་བསྡུ་ན། རང་རེ་ཐེག་པ་ཆེན་པོ་བྱང་ཆུབ་སེམས་དཔའི་བརྟུལ་ཞུགས་བླངས་པའི་ཕྱིར་ན། དེའི་རྩ་བ་ནི་ཇི་སྐད་དུ། ཐེག་ཆེན་ལམ་གྱི་རྩ་བ་དམ་པ་གསུམ། །ཞེས་གསུངས་པས། དགེ་བ་ཐབས་ཀྱིས་འཛིན་བྱེད་སྦྱོར་བ་སེམས་བསྐྱེད་དམ་པ། དགེ་བ་རྐྱེན་གྱིས་མི་ཤིགས་པར་བྱེད་པ་དངོས་གཞི་དམིགས་མེད་དམ་པ། དགེ་བའི་ཚོགས་གོང་འཕེལ་དུ་བྱེད་པ་རྗེས་བསྔོ་བ་དམ་པ་སྟེ་དམ་པ་གསུམ་གྱི་ཉམས་ལེན་འདི་ལ་ཐེག་པ་ཆེན་པོའི་བསླབ་བྱ་ཀུན་ཚང་ལ་མ

ནོར་བར་བཞུགས་པས་དགེ་བ་ཆེ་ཕྲ་ཐམས་ཅད་འདིའི་རྗེས་ཐེབས་ན་རྫོགས་པའི་སངས་རྒྱས་ཀྱི་རྒྱུ་ལས་གཞན་དུ་འགྲོ་ས་མེད་པས་འདི་ལ་ནན་ཏན་དུ་བྱ་བར་ཅིས་ཀྱང་རིགས་ཤིང་། དེའང་འདི་ལྟར་ཁམས་གསུམ་ན་འཁོར་བའི་འགྲོ་བ་འདི་དག་སྡུག་བསྔལ་ཆེན་པོ་རྣམ་པ་སྣ་ཚོགས་པའི་ཁུར་གྱིས་ནོན་ལ། འདི་དག་རང་གི་དྲིན་ཆེན་ཕ་མར་མ་གྱུར་པ་གཅིག་ཀྱང་མེད་པས་དེའི་གནས་སྐབས་ན་དྲིན་བསམ་གྱིས་མི་ཁྱབ་པས་བསྐྱངས་པ་ཤ་སྟག་ཡིན། དྲིན་ཆེན་དེ་དག་སྡུག་བསྔལ་གྱི་རྒྱ་མཚོ་ལས་བསྒྲལ། བདེ་བ་དམ་པ་སངས་རྒྱས་ཀྱི་གོ་འཕང་ལ་བཀོད་པའི་ཆེད་དུ་བདག་སངས་རྒྱས་ཐོབ་པར་བྱ། དེའི་ཕྱིར་དུ་ལུས་ངག་ཡིད་གསུམ་གྱི་དགེ་རྩ་ཆེ་ཕྲ་གང་ཡང་རུང་འདི་དང་འདི་ལྟ་བུ་བསྒྲུབ་པར་བྱའོ་སྙམ་པའི་བློས་སྨོན་སེམས་དང་། སེམས་དེས་ཟིན་བཞིན་དུ་དགེ་བ་ལ་འཇུག་པ་འཇུག་སེམས་དེ་རྣམ་པ་དེ་དག་གིས་ཟིན་པ་དང་། དངོས་གཞི་སྦྱོར་གཟུང་འཛིན་གྱི་ཆོས་ཐམས་ཅད་དངོས་པོའམ་རྟག་བརྟན་བདེན་གྲུབ་ཀྱི་ངོ་བོས་ཡེ་ནས་སྟོང་པ་ལ། སྟོང་པ་དེ་ཉིད་ཀྱི་ཀློང་ནས་རྩལ་སྣང་ཅི་ཡང་འབྱུང་བ་སྟེ་འདིར་སྣང་ཐམས་ཅད་མེད་བཞིན་སྣང་བ་ཆུ་ཟླའི་གཟུགས་བརྙན། རྨི་ལམ་དང་སྒྱུ་མའི་སྣང་བ་ལྟ་བུར་ངེས་པར་གནས་པ་དེས་ན་བསྒྲུབ་བྱ་དགེ་བ་དང་། སྒྲུབ་བྱེད་དང་། བསྒྲུབ་པའི་འབྲས་བུ་རྣམ་པར་སྨིན་པ་དང་བཅས་པ་ཐམས་ཅད་བདེན་མེད་སྒྱུ་མའི་རྣམ་རོལ་དུ་བལྟ་བ་ནི་ཐེག་པ་ཆེན་པོའི་ལྟ་བ་དོན་དམ་པའི་སེམས་བསྐྱེད་དེ། དམིགས་པ་མེད་པའི་གོ་ཆ་ཆེན་པོ་དུག་གསུམ་ལ་སོགས་པའི་རྐྱེན་གྱིས་གླགས་མི་རྙེད་པས་དགེ་བའི་ཚོགས་མི་ཤིགས་པའི་ཐབས་ཚུལ་ཟབ་མོའོ། །ཚུལ་འདིར་ཡང་། འཁོར་ལོ་བར་པའི་བཀའ་དང་དགོངས་འགྲེལ་གྱི་རིགས་རྒྱས་པའམ། དེ་ཙམ་མ་ལྕོགས་ཀྱང་མཐའ་བྲལ་དབུ་མ་ཆེན་པོའི་ལྟ་བ་སྟོན་པའི་གཞུང་ལུགས་ཆེ་ཆུང་གང་ལའང་ཐོས་བསམ་བྱུང་ན་དམིགས་མེད་ཀྱི་ཚུལ་ལ་བློ་འཇོག་ཚུལ་མ་ནོར་བ་ཞིག་འབྱུང་བས་ཆེས་ལེགས་པ་ལས་ཐོས་པ་མེད་པ་དག་གིས་སྟོང་ཉིད་ལ་ཕྱོགས་ཁུལ་བྱས་ཀྱང་། །སྟོང་པ་ཉིད་ལ་བལྟ་ཉེས་ན། །ཤེས་རབ་ཆུང་རྣམས་ཕུང་བར་འགྱུར། །གསུངས་པའི་ལྟ་ཉེས་པའང་འབྱུང་སྐབས་ཡོད་པས་སོ། །འོན་ཏེ་ཐུན་མོང་མིན་

པའི་བསྒོམ་པ་ཕྱག་རྒྱ་ཆེན་པོ་ལྷ་བུའི་ཡིད་ལ་མི་བྱེད་པའི་ལྷ་སྒོམ་ལ་ཉམས་སྐྱོང་ཙུང་ཟད་ཡོད་ན་དམིགས་མེད་ཀྱི་སྒོ་ཟབ་མོ་དེའི་རང་ངོར་བཞག་པ་ན་ཆེས་ཁྱད་པར་འཕགས་པས་དེ་ལྷ་བུ་ལ་ནི། ཐུན་མོང་བར་ཕྱིན་ཐེག་པའི་ཕྱོགས་ལ་ཐོས་བསམ་རྒྱ་ཆེར་མ་བྱུང་ནའང་མི་ནོངས་སྙམ་མོ། །རྗེས་ནི་ཇི་སྐད་དུ། །ཇི་ལྟར་ཆུ་ཐིགས་རྒྱ་མཚོ་ཆེ་ནང་ལྷུང་། །རྒྱ་མཚོ་མ་ཟད་བར་དུ་དེ་མི་སྐམས། །དེ་བཞིན་བྱང་ཆུབ་ཡོངས་བསྔོའི་དགེ་བ་ཡང་། །བྱང་ཆུབ་མ་ཐོབ་བར་དུ་དེ་མི་འཛད། །ཅེས་གསུངས་པས། དགེ་བ་བསྒྲུབས་པའི་དངོས་པོ་དེ་ཉིད་མཐའ་ཡས་པའི་ཡིད་ཅན་མ་ལུས་པ་རྫོགས་པའི་སངས་རྒྱས་ཀྱི་བྱང་ཆུབ་ཆེན་པོ་ཐོབ་པའི་རྒྱུ་རུ་རང་དོན་དུ་བློས་འཛིན་པ་མེད་པར་ཡོངས་སུ་བསྔོ་ཞིང་བཏང་བར་བགྱིའོ་སྙམ་ཞིང་། །དེའང་འཇམ་དཔལ་དཔལ་བོ་སོགས་རྒྱལ་བ་སྲས་དང་བཅས་པ་རྣམས་ཀྱིས་ཇི་ལྟར་བསྔོས་པ་དེ་བཞིན་དུ་བདག་གིས་ཀྱང་ཡོངས་སུ་བསྔོ་བར་བགྱིའོ་སྙམ་པའི་འཕེན་པ་དྲག་པོ་བཏང་བས་འཁོར་གསུམ་རྣམ་པར་དག་པའི་བསྔོ་བ་མཚན་ཉིད་པའི་རྗེས་མཐུན་དུ་འགྲོ་བ་ཡིན་ལ། རྗེ་མི་ལས། བྲག་ལ་བསྒོམ་པའི་སྒོམ་ཆེན་དང་། །འཚོ་བ་སྦྱོར་བའི་ཡོན་བདག་གཉིས། །སངས་མཉམ་པོར་རྒྱ་བའི་རྟེན་འབྲེལ་ཡོད། །རྟེན་འབྲེལ་གྱི་སྙིང་པོ་བསྔོ་བ་ཡིན། །རྗེས་བསྔོ་བ་འདི་ལ་ནན་ཏན་མཛོད། །ཅེས་པ་ལྟར་དགེ་རྩ་བྱང་ཆེན་གྱི་རྒྱུར་འགྲོ་བའི་ཐབས་ཟད་དུ་བྱུང་བ་ཉིད་ཡིན་ན་འདི་ལ་རབ་ཏུ་བརྩོན་པར་བྱ་ཞིང་། གོང་དུ་སྨོས་པ་འདི་ཙམ་རྒྱུད་ལ་འགྱུར་ཀྱང་རྒྱལ་བའི་བསྟན་པ་ལ་ཞུགས་པ་སྙིང་པོ་ཡོད་པ་ཡིན་ནོ། །

སླར་སྨྲས་པ།

རྒྱལ་བསྟན་ཆོས་ཀྱི་ཉི་མ་མཁའ་ལ་ཤར།
དེ་འཛིན་པད་མོའི་གེ་སར་ས་ལ་བཞད། །
བཤད་སྒྲུབ་ལས་ཀྱི་རྒྱལ་མཚན་སྲིད་རྩེར་བསྒྲེངས། །
གཟི་བརྗིད་འོད་ཀྱིས་འཇིག་རྟེན་མཛེས་པར་གྱུར། །

སྔོན་བྱོན་གོང་མའི་རྣམ་ཐར་སྙིག་མོའི་གཟུགས། །
བརྗོད་པ་མེ་ལོང་གཙང་མའི་ངོས་ཤར་བས། །
དེ་དག་དུས་ཀྱིས་རིང་དུ་བསྐལ་གྱུར་ཀྱང་། །
དེ་ཚུལ་མཛེས་སྡུག་མངོན་སུམ་བཞིན་དུ་སྣང་། །
རྣམ་པ་ཐམས་ཅད་མཁྱེན་པའི་གོ་འཕང་མཆོག །
མཆོག་གི་དངོས་གྲུབ་སྒྲུབ་ལ་དགོས་པའི་ཆོས། །
ཆོས་ཀྱི་རྒྱལ་པོའི་བཀའ་བརྒྱུད་རིན་ཆེན་ཀུན། །
ཀུན་མཁྱེན་ལས་གཞན་མཐའ་དག་སུ་ཡིས་དཔོག །
འོན་ཀྱང་འོད་སྣང་མཐའ་ཡས་མི་ཡི་གར། །
གྲགས་པ་དོན་གནས་ཡོངས་རྫོགས་བསྟན་པའི་བདག །
ཀུན་གཟིགས་མགོན་པོའི་བཀའ་ནན་རི་བོའི་ལྗིད། །
མཁོས་ཆུང་ཁུར་དུ་བབས་པ་མགོ་བོས་བཀུར། །
མདོ་དང་སྔགས་ཀྱི་གདམས་ཟབ་གངས་རིའི་ཁམས། །
དཔྱད་གསུམ་ཡིད་ཆེས་ཉི་མས་མ་བཞུས་པས། །
རིགས་པ་སྨྲ་བའི་ཆུ་རྒྱུན་ཆེས་ཕྲའི་ཕྱིར། །
མཁྱེན་དཔྱོད་རྒྱ་མཚོའི་རེ་བ་གང་དཀའ་ཡང་། །
མཉམ་མེད་མར་པའི་བཀའ་བརྒྱུད་རིན་ཆེན་གྱི། །
ཆོས་ཚུལ་རྒྱ་མཚོ་རྙོག་པ་མེད་པའི་གཏམ། །
སྲིད་པའི་མཐའ་ཡང་འབྲི་བར་མི་འགྱུར་སྙད། །
ཆུ་ཐིགས་གཅིག་གི་སྨྲ་བ་དོན་ཡོད་བྱས། །
འདུས་པའི་མཆོག་འདི་ཕལ་པ་མ་ཡིན་དམ་པའི་ཚོགས་ཀྱི་རྣམ་སྤྲུལ་ཡིན། །
བསྟན་པའི་གཙོ་འཛིན་རིས་ཆད་མ་ཡིན་རྒྱལ་བསྟན་ཡོངས་ཀྱི་བདག་པོ་ཡིན། །

སློབ་གླིང་འདི་ནི་གལ་ཆུང་མ་ཡིན་ཡང་དར་བསྟན་པའི་སྲོག་ཤིང་ཡིན། །
ཚེད་རྩོལ་འདི་ཡང་འགྲན་འདོད་མ་ཡིན་བཀའ་བཞིན་རྗེས་སུ་སྒྲུབ་པ་ཡིན། །
འདི་སྨྲ་པོ་ནི་མཁས་པ་མ་ཡིན་སྐྱེས་སྦྱངས་བློ་རྩལ་དམན་པ་ཡིན། །
ཐོས་བསམ་རྫོགས་པའི་དཔྱོད་ལྡན་མ་ཡིན་ཐོས་ཆུང་ཕྱོགས་རེའི་མིག་ཅན་ཡིན། །
དེ་བས་རང་བློས་རྟོག་བཟོས་མ་ཡིན་མཁས་པའི་གསུངས་བཞིན་བཀོད་པ་ཡིན། །
འོན་ཀྱང་ཚིག་དོན་ནོངས་མེད་མ་ཡིན་ལྷག་ཆད་ནོར་བ་ཡོད་ངེས་ཡིན། །

དེ་ཕྱིར་ཐོས་ཆུང་བྱིས་པས་མ་རྟོགས་པས།
མ་ཚང་མ་འབྲེལ་མི་དགོས་ལ་སོགས་པའི། །
ཉེས་པ་གང་མཆིས་ཀུན་གཟིགས་བླ་མ་དང་། །
དམ་པའི་ཚོགས་ཀྱི་སྤྱན་སྔར་མཐོལ་ཞིང་བཤགས། །
གསང་སྔགས་ཟབ་མོའི་གབ་སྦས་རྡོ་རྗེའི་ཚིག །
གནས་མིན་རྗེན་ཕྱུང་གསང་བ་སྒྲགས་པ་སོགས། །
ནོངས་པའི་དྲི་མ་གང་མཆིས་རྩ་གསུམ་གྱི། །
བྱིན་རླབས་བདུད་རྩིའི་ཆུ་ཡིས་འཁྲུལ་པར་གསོལ། །
འདིར་འབད་ལེགས་བྱས་ཟླ་ལྟར་དཀར་བའི་ཆ། །
ཅུང་ཟད་མཆིས་ན་དེ་ཡོས་འགྲོ་བ་ཀུན། །
སྲིད་པ་མུན་པའི་སྨག་ཆེན་གཏན་བཅོམ་སྟེ། །
ཀུན་མཁྱེན་ཡེ་ཤེས་སྣང་བས་འཚོ་གྱུར་ཅིག །
རྒྱལ་བས་ཡོངས་བསྔགས་གངས་རིའི་ཉེ་ཞོལ་དུ། །
རྒྱལ་བའི་བསྟན་པ་དབྱར་གྱི་མཚོ་བཞིན་རྒྱས། །
རྒྱལ་སྲས་སྤྱོད་པའི་རླབས་ཕྲེང་གཡོ་བ་དེ། །
རྒྱལ་ཀུན་དགྱེས་པའི་མཆོད་སྤྲིན་ཉིད་གྱུར་ཅིག །

སྣ་ཚོགས་གྲུབ་མཐའི་ཆོས་འཁོར་རླུང་གི་རྟས། །
ཡོངས་དྲངས་ཕན་བདེའི་ཉི་མ་འབུམ་གྱི་གཟི། །
སྨོན་གླིང་དམ་པའི་ཚལ་དུ་ཐོག་པ་ནས། །
ཡང་དར་བསྟན་པའི་འདབ་སྟོང་དགོད་གྱུར་ཅིག །
ལྷག་བསམ་ཉ་གྲོ་དྷ་ཤིང་ས་བོན་ལས། །
གྲུབ་མཐའི་ཡལ་འདབ་རྒྱས་པ་སྲིད་པའི་རྩེར། །
སླེགས་ནས་འཆད་ཉན་མངར་པོའི་རོ་བཅུད་ཀྱིས། །
རྒྱལ་བསྟན་ཡུན་རིང་སྲོག་འཚོའི་རྒྱུར་གྱུར་ཅིག །
འཕགས་པའི་ཡུལ་དང་གངས་རིའི་ལྗོངས་སུ་མཁས་དང་གྲུབ་པ་བྱེ་བའི་དབུས། །
ཟབ་དང་རྒྱ་ཆེའི་ངེས་དོན་སྙིང་པོའི་འཇིགས་མེད་ཆོས་ཀྱི་སྒྲ་ཆེན་སྒྲོགས། །
སྲིད་པས་བསྔུས་པའི་འགྲོ་བ་མཐའ་དག་ཐར་པའི་ས་ལ་དབུགས་འབྱུང་བའི། །
བཀའ་བཞི་བརྒྱུད་པའི་སྒྲུབ་བརྒྱུད་རིང་ལུགས་སྲིད་མཐའི་བར་དུ་དར་གྱུར་ཅིག །
ཚིག་དང་དོན་མཁས་ལུང་གི་ཆོས་སྐྱོང་ཞིང་། །
རྟོགས་པའི་བདུད་རྩིས་བདག་རྒྱུད་ཡོངས་སུ་གྲོལ། །
དམ་པའི་ཚུལ་དགུས་རྒྱལ་བསྟན་འཛིན་མཛད་པའི། །
སྐྱེས་བུ་མཆོག་རྣམས་བསྐལ་བརྒྱར་ཞབས་བརྟན་ཤོག །
ཁྱད་པར་རྗེ་བཙུན་བླ་མ་ཆོས་རྗེ། །
བསྟན་པའི་རྒྱལ་མཚན་འཛིན་པ་ཡོངས་ཀྱི་གཙོ། །
གསང་གསུམ་མི་ཤིགས་ཚེ་ལྷའི་ངོ་བོ་རུ། །
བསྐལ་པ་རྒྱ་མཚོའི་བར་དུ་བཞུགས་གསོལ་འདེབས། །
འཇིག་རྟེན་སྤྱི་དང་ཁྱད་པར་རྒྱལ་བསྟན་གང་དུ་འཚོ་ཞིང་གཞེས་པའི་གནས། །
འགྲོ་བ་ཀུན་ལ་ཐོངས་ཤིང་རྒུད་པའི་དགུན་གྱི་གྲང་རེག་མི་ལྡང་བར། །

སྣོད་བཅུད་དཔལ་འབྱོར་དབྱར་གྱི་དགའ་སྟོན་རྟག་ཏུ་མི་ཉམས་གོང་འཕེལ་ཏེ། །
མཁའ་དང་མཉམ་པའི་སྐྱེ་དགུའི་བདེ་སྐྱིད་ལྷ་ལས་ལྷག་པར་བདོ་གྱུར་ཅིག །
རིན་ཆེན་གསུམ་གྱི་བྱིན་རླབས་ཐུགས་རྗེའི་སྤྲིན་གྱི་ཕུང་པོ་རྣམ་བཀོད་པས། །
བསྟན་དང་འགྲོ་ལ་ཕན་དང་བདེ་བའི་དགེ་ལེགས་དབྱར་གྱི་ཆར་རྒྱུན་འབེབས། །
གྲུབ་གཉིས་འབྲས་བུ་གཡུར་དུ་ཟ་བའི་སྙིང་པོའི་བསྟན་པ་དར་ཞིང་རྒྱས། །
དེ་ཡི་མཐུ་ལས་འཛིག་རྟེན་ཁམས་སུ་བདེ་སྐྱིད་བཀྲ་ཤིས་འཕེལ་གྱུར་ཅིག །

ཅེས་ཆོས་ཀྱི་རྒྱལ་པོ་འགྲོ་མགོན་བཀའ་བརྒྱུད་པའི་གྲུབ་མཐའ་ཅུང་ཟད་བཤད་པ་དྭགས་བརྒྱུད་གྲུབ་པའི་མེ་ལོང་ཞེས་པ་འདི་ནི་པཎ་ཆེན་ཆོས་ཀྱི་ཉི་མའི་བཀའ་སློབ་ལྟར་པེ་ཅིང་ལྷ་ཁང་སེར་པོའི་ཉེ་ཞོལ་ནང་བསྟན་སློབ་གླིང་དུ་རབ་བྱུང་བཅུ་བདུན་པའི་མེ་ཡོས་ལོར་ཁྲི་རུ་ཚེ་རྣམ་ནས་བྲིས་པ་དགེ་ལེགས་འཕེལ།

མཁས་དབང་ཁྲོ་རུ་ཚེ་རྣམ་མཆོག་གི་གསུང་འབུམ། པོད་བཅུ་དྲུག་པ།

༄༅། །བཀའ་བརྒྱུད་པའི་གྲུབ་མཐའ་སྤྱི་བཤད་བཞུགས་སོ།

ཇུས་འགོད་པ།	ཀང་བརྩུགས།
གཙོ་སྒྲིག་པ།	བསོད་ནམས་འཚེ་མེད།
གཙོ་སྒྲིག་གཞོན་པ།	གཡང་མེར།
རྩོམ་སྒྲིག་འགན་འཁུར་བ།	པ་སངས་དབང་ཆེན། བསོད་ནམས་སྒྲོལ་མ།
མདུན་ཤོག་མཛེས་འཆོས་པ།	སྐལ་བཟང་ནོར་བུ།
དཔེ་སྐྲུན་འགྲེམས་སྤེལ་ཚན་པ།	བོད་ལྗོངས་མི་དམངས་དཔེ་སྐྲུན་ཁང་། （ལྷ་ས་གླིང་སྐོར་བྱང་ལམ་སྒོ་ཨང་20པ།）
པར་འདེབས་ཚན་པ།	བོད་ལྗོངས་ཞིན་ཧྭ་པར་འདེབས་བཟོ་གྲྭ།
དེབ་ཚད།	787 ×960　1/16
པར་ཤོག	21.5
ཡིག་གྲངས།	ཁྲི28
པར་གཞི།	2019ལོའི་ཟླ12པར་པར་གཞི1བསྒྲིགས།
པར་ཐེངས།	2019ལོའི་ཟླ12པར་པར་ཐེངས1བཏབ།
པར་གྲངས།	01 –2,000
དཔེ་རྟགས།	ISBN978 –7 –223 –06213 –8
རིན་གོང་།	སྒོར42.00